법과 성서와 역사
연구시리즈 제8권

삶 속에서의 신앙고백

김상용 저

법과 성서와 역사 연구소 / pnc publishing and culture 피앤씨미디어

머리말

시의 형식을 빌어, 그간에 일기로 쓴 나의 일상의 삶과 신앙과 나의 내면의 가치세계의 글을 모아 이렇게 삶 속에서의 신앙고백이란 서명(書名)으로 책을 출판하게 되었다. 책을 출판하게 되니 기쁨보다는 나의 부족함을 크게 느낀다. 누구에게 보이기 위해 쓴 것도 아니며, 나의 매일매일의 삶 속에서 내가 나일 수 있다고 생각되는 글들을 모아 이렇게 좀 두꺼운 책으로 엮게 되었다. 시의 형식을 빌렸다고 하지만 진정한 아름다운 시의 형식에는 가까이 가지 못하였으며, 내용이 중복되고 반복되는 글이 많다. 그러나 삶을 살아오면서 나의 생각이 모이고 쌓이고 다시 확인하여 나의 내면의 가치와 사상과 철학이 된 내용으로 나를 기록해 두고 싶은 마음에서 이 책을 엮어 출판하였다. 부족하지만 기록으로 남겨두고픈 마음에서 이 책을 엮었다. 이 책의 서명은 삶 속에서의 신앙고백이지만, 나의 기독교 신앙에 기초하여 나의 사상과 내가 추구하여온 가치와 철학을 담았다고 생각한다. 나의 평소의 생각들인, 신앙과 기도, 정의와 사랑, 인간의 하나님 형상론, 하나님의 계속 창조론, 사해동포주의, 공동체주의, 사랑의 공동체주의로의 전환, 말씀의 법제화, 기독자연법, 자유주의와 개인주의, 평화주의, 7덕목론 등등에 관하여 시의 형식을 빌어 일기로 쓴 일기문학의 장르에 속한다고 생각해본다. 나는 서정시는 쓰기가 힘들었다. 그리하여 서사시로 써 보고자 하였다. 이 책의 내용은 하루아침에 단숨에 쓴 글이 아니다. 세월을 두고 생각하고 생각한 글들이다. 일기로 쓴 것 글들이다. 많은 숙고를 거쳐서 쓴 글이다. 또한 이 글을 나의 이성의 생각만으로 쓴 글이 아니다. 기도하면서 성찰하고 성찰한 글이다. 주님으로부터 깨달음을 받아 쓴 글이라 감히 생각하게 된다. 그러고 보니 나에게는 참으로 뜻이 있는 책이라는 생각이 든다. 한편으로 시대의 흐름에 맞지 않는 내용도 있다고 생각한다. 그러나 가감 없이 나의 내면을 그대로 기록해 두고자 하였다. 언제나 생각이 앞서가고 그 생각을 실천으로 옮기지 못한 점이 항상 아쉽고 극히 부족한 나임을 책망하고 있다. 부족한 나의 내면의 삶을 글로 정리해 기록해 두고자 하였다고 생각하면서 스스로 또 위로를 받고자 한다. 이 책은 나의 자서전이기도 하다. 이미 참회와 속죄의 서명으로 나의 자서전을 출판하였다. 그 참회와 속죄의 자서전은 나의 외면적의 삶을 중심으로 쓴 자서전이라면, 이 삶 속에서의 신앙고백은 나의 내면의 생각들, 내가 추구하고자 하여 온 사상과 지키고자 한 가치와 철학을 담은 저서전이다. 이 두 권의 자서전을 통하여 내가 누구이며, 무엇을 가슴에 간직하고 살았으며, 무엇을 이루고자 하였는지를 스스로 반추하고 정리하여 글로 남기게 되었다.

이 책의 출판은 피앤씨미디어의 박노일 사장님의 나를 향한 극진한 사랑으로 이루어졌다. 어려운 출판환경 속에서도 기꺼이 방대한 양의 책을 출판해 주심에 마음으로부터 감사를 드린다. 박 사장님의 그 크신 사랑을 가슴에 고이 담아 감사하며 살아가고자 한다. 거듭거듭 박 사장님의 그 큰 사랑에 감사를 드린다.

부족한 나의 생각들을 글로 정리해 보았지만, 온 땅에 모든 이들의 소망의 기도의 내용들이 빛을 발하기를 바라며, 주님의 깨우쳐 주심으로 더 좋은 사상과 철학과 가치가 발굴되고 전파되어 온 이 세상이 기쁘고 즐겁고 더욱 아름다운 소망의 나라가 되기를 간절히 기도한다. 창조주 하나님의 사랑이 넘쳐나는 이 세상이 되기를 기원하고 기도한다.

2024. 7. 5.
저자 씀

차 례

제 1 편 삶 속에서의 신앙고백

제 1 편

삶 속에서의 신앙고백

I

믿음

1. 기도 1

기도는 생명이다.
기도는 호흡이다.
기도는 주님과 나와의 소통이다.
기도는 인간의 이성과 하나님의 계시와 만나는 시간이고 계기이다.
기도는 인간의 감정과 하나님의 영감과 만나는 시간이고 계기이다.
이렇게 기도는 인간이 창조주이신 주님과의 만남의 시간이고 만남의 상태이다.
기도.
기도하여야 한다.
기도가 있어야 한다.
기도는 자신을 하나님께 있는 그래도 다 드러내어 주님의 치유를 구하는 일이다.
기도는 거짓이 없다.
기도는 진실이다.
진실로 기도하기에 하나님은 다 아시고 구원의 역사를 하신다.
다윗은 회개의 기도를 벼개가 다 젖도록 하였다.
밤을 세워 기도하였다.
야곱은 천사를 붙들고 기도하였다.
자신의 환도뼈가 부러지도록 천사를 붙잡고 기도하였다.
기도는 자신을 다 들어내는 하나님에 대한 울부짖음이다.

그 기도에 하나님이 귀를 기우리신다.
그래, 그래
기도다.
시간을 내어 기도하여야 한다.
기뻐서 기도하고,
설어워서 기도하고,
가슴이 북받쳐서 기도하고
너무나 즐거워서 기도하고
일이 잘 되어 기도하고
일이 풀리지 않아 기도한다.
이웃을 위해 기도하고
원수를 위해 기도한다.
잘 풀려서 기도하고
아무리 해도 풀리지 않아 하소연하는 기도를 한다.
기도는 제대로 살고자 하는 몸부림이다.
평화를 위해서 기도하고
지유를 위해서 기도한다.
고요한 정적의 상태로 가고자 기도하고
풀리지 않는 숙제를 풀어달라고 기도한다.
집에서 기도하고
골방에서도 기도하고
산에서 기도하고 들에서도 기도하고
조용히 기도하고
소리내어 기도한다.
애끓는 마음으로 기도하고
병든 이를 위하여 기도하고
고생하는 이를 위하여 기도하고
태어나지 않는 애기를 위해 기도하고

죽음을 앞에 둔 이를 위해 기도한다.
기도에는 때가 없다.
기도에는 장소가 없다.
기도에는 호불호(好不好)가 없다.
기도는 호흡이기에 기도한다.
기도가 삶이다.
삶은 기도로 움직인다.
기도가 삶이고
삶이 기도다.
기도로 이루어가는 삶은 진중(鎭重)하다.
기도의 삶은 거짓이 없다.
기도의 삶은 자신의 삶이 아니라 주님의 섭리의 삶이다.
눈을 감고 기도하고
눈을 뜨고서 기도하고
걸으면서 기도하고,
엎드려서 기도하고
벽을 집고 기도하고
울면서 기도하고
기뻐하면서 기도하고
온 삶이 기도로 이루어진다.
기도의 삶이어야 한다.
기도는 소망이고 희망의 표현이다.
기도는 부활과 구원의 길이다.
가까이 있는 이웃을 위해 기도하고
먼 곳에 있는 이웃을 위해서 기도하고
보고 싶은 이를 위해서 기도하고
고향을 위해서 기도하고
지구촌의 세계시민을 위해서 기도한다.

기도는 평화를 가져온다.
기도는 자유를 가져온다.
기도는 고요의 무아의 경지를 가져온다.
기도는 사랑실천의 힘이다.
기도다.
기도가 사람을 움직이고 하나님의 섭리를 일으킨다.
기도는 자신과의 대화이면서,
하나님과의 소통의 길이다.
기도는 하나님의 형상의 회복의 길이다.
기도는 숨겨져 있는 하나님의 형상의 회복으로 가는 길이다.
기도는 하나님과 함께 살겠다는 고백이다.
기도는 하나님 나라에서 영원히 살고 싶다는 탄원이다.
기도가 마음이다.
진실한 마음이다.
순수한 마음이다.
간절한 마음이다.
호소력 있는 기원이다.
기도, 기도, 기도, 기도,
하나님의 피조물의 길은 기도의 길이다.
기도가 하나님과 소통하는 길이다.
기도는 인간의 이성이 하나님의 계시와 만나는 방법이고 계기이고 기회이다.
기도다.
영혼에 땀이 날 정도로 기도하라는 그 예전의 목사님의 말씀이 생각난다.
기도는 자신을 바로 잡아 주는 최고의 방법이다.
기도는 주님이 들으신다.
자신에게 말하고
주님께 드리는 말씀이 기도다.
기도의 묘미를 체득하여야 한다.

기도로 마음을 정하게 하여야 한다.
기도로 영혼이 맑아져야 한다.
기도로 하나님의 사랑을 체험하여야 한다.
기도가 제대로 사는 길이다.
기도하여야 한다.
기도의 시간을 좀 길게 가져야 한다.
기도로 자신을 만들어 나가야 한다.
기도로 하나님의 계시를 받아야 한다.
기도로 하나님의 영감을 받아야 한다.
기도로 하나님이 주시는 깨달음을 얻어야 한다.
기도로 영을 맑게 하여야 한다.
기도는 하나님과 함께 있고 싶어하는 소망이다.
기도로 검은 세력을 물리치고
주님의 밝은 세계로 들어가야 한다.
기도로 세상을 이겨야 한다.
기도로 하늘나라를 이 땅에 이루어야 한다.
기도다.
기도가 생명이다.
기도가 호흡이다.
기도하여야 계시를 받을 수 있다.
기도하여야 영감을 얻을 수 있다.
기도하여야 부활에 이른다.
기도하여야 구원에 이른다.
다니엘의 기도가 너무나 간절하였기에
하나님은 불타는 풀무에서도 죽지 않고
사자굴에서도 사자에 물리지 않도록 구해 주셨다.
기도다.
기도가 삶이어야 한다.

삶이 기도이어야 한다.
기도다.
기도로 살자.
기도로 하나님과 소통하자.
그것이 살 길이다.
살 길은 기도다.
기도다.
기도다.
기도로 살아 왔고, 기도로 살고 있고, 기도로 살아갈 것이다.
아멘이다.

<2023. 7. 16. 15:36>

2. 기도 2

기도는 인간의 슬픔을 이기게 해 준다.
인간의 슬픔은 인간사에 많다.
노예들의 아픔과 슬픔,
히브리인들의 바빌로니아에로의 포로생활,
아르메니아 기독교인들의 집단학살의 슬픔,
아우쉬비츠의 유대인들의 죽음과 슬픔,
한국인들의 전란의 고통과 슬픔,
북한 사람들의 배고픔과 죽음과 슬픔,
인디안들의 나라의 잃음과 고통과 슬픔,
인류의 슬픔의 역사는 수없이 많다.
인류의 슬픔의 역사는 역사의 정의로 다루어진다.
인간의 슬픔은 아무리 학문적으로 논의해도 그 슬픔을 지울 수 없다.
기도로써 풀고 이겨야 한다.

나는 몸이 아프다.
이 아픔도 기도로 이겨가고 있다.
인술(仁術)이 좋기는 하지만
그래도 나는 아프다.
기도로써 주님의 가호를 빌면서 이기고 있다.
주님은 왜 인간이 나이가 들면 몸이 아프도록 창조하셨을까?
그것은 인간이 이 땅에서 영원히 살 수 없다는 반증이기는 하지만,
태어날 때는 기뻤지만,
떠나갈 때에는 슬프다.
떠나감에는 기도가 명약이다.
기도,
그것은 아무리 강조해도 부족하다.
기도다.
기도는 인내를 낳는다.
기도는 참음을 낳는다.
기도는 현재의 고통을 이기게 해 준다.
기도 속에는 인간의 염원이 있고,
하늘의 구원을 비는 소원이 있다.
하늘을 움직이는 것은 기도다.
기도로 하나님의 계속적 창조를 이어간다.
기도를 들으시고 하나님은 그의 계획을
기도의 내용에 따라서 새로운 창조를 계속해 나가신다.
기도다.
기도가 새로움의 창조의 씨앗이 된다.
기도는 위대함의 기초이다.
기도 중에 하나님이 마음에 말을 하신다.
나는 기도하는 너를 위해 계획을 다 갖고 있다고 답하신다.
지금까지의 축복이 다가 아니다.

아직 더 있다.
줄 것이 더 있다고 하신다.
그것이 무엇인지는 나는 모른다.
때가 되면 구체적으로 알려주실 것이다
그렇다.
기도에 대한 주님의 대답을 나의 마음에 새겨 주신다
기도에 대한 응답은 틀림이 없다.
기도에 대한 하나님의 답은 나의 생각보다 더 크고 넘친다.
그것이 기도의 묘미이다.
그것이 기도의 기쁨이다.
기도,
그것은 내가 살아있다는 증거이다.
기도,
그것은 눈을 감으나 눈을 뜨나,
누우나 일어서나,
나가나 집에 있으나,
걸으나, 달리나, 쉬나,
끝없이 하여야 하는 나의 호흡이고 나의 생명의 살아있음의 증거다.
기도하면 평화를 얻는다.
기도하면 자유를 얻는다.
기도하면 고요에 다다른다.
기도하면 만나를 받는다.
기도하면 새로운 세상을 만난다.
기도하면 희망의 내일을 갖게 된다.
기도하면 길이 열린다.
기도가 길이요, 생명이다.
기도는 하나님의 섭리로 그 결실을 거둔다.
기도다.

기도하여야 한다.
기도한다.
기도다.
기도,
또 기도,
그리고 또 기도다.
기도가 이렇게 좋은 것을,
기도다.
기도다.
아멘이다.

<2023. 7. 16.>

3. 기도 3

기도는 주님의 위로를 받는 길이다.
인간으로부터의 위로는 못받더라도 주님으로부터의 위로의 받는 길은 기도다.
기도다.
슬픔을 이기는 길은 기도다.
마음의 울쩍함을 이길 수 있는 길도 기도다.
기도는 갈급한 마음을 낳는다.
갈급한 마음을 가진 자는 기도를 한다.
주님은 기도를 할 수 있게 갈급한 마음을 주신다.
주님은 다 이미 아시고 기도할 수 있게 해 주신다.
주님은 기도로 자신에게로 다가오라고 하신다.
이렇게 좋으신 주님이시다.
주님은 다가와 자신과 얘기하자고 하신다.

기도로 얘기하라고 하신다.
기도로 마음에 있는 것을 다 털어 놓으라고 하신다.
주님은 이미 다 아신다.
나의 기도의 내용이 무엇인지를 다 아신다.
그래도 또 기도하라고 하신다.
그렇게 주님께 다가가자.
그것이 평화로 가는 길이다.
그 길이 생명의 길이다.
그 길이 희망의 길이다.
그 길이 위로를 받는 길이다.
그 길로 오라고 하신다.
기도하며 오라고 하신다.
기도다.
간구다.
마음에 있는 것을 주님께 말하라고 하신다.
기도다.
기도다.
기도이고 기도다.
기도다.
아멘이다.

<2023. 7. 16. 15:36>

4. 믿음과 기도

어제는 뒷산을 산책하고 돌아왔다.
허리가 몹시 아팠다.
오늘 아침에 일어나니 역시 몹시 아프다.

병원으로 가야 하겠다
MRI를 먼저 찍어 보아야 하겠다.
세브란스 병원 홈 페이지를 열었다.
그 전에 내가 진료받은 바 있는 그 교수는
신경외과 전문의이시고
척추관협착증 전문 교수는 정형외과 교수이시다.
나는 척추관협착증이다.
신경문제이다.
어느 선생님이 좋을까?
아프다.
말이 없다.
기도한다.
기도 뿐이다.
내가 의지할 분은 주님 뿐이다.
그 누구도 나를 고쳐줄 수 없다.
주님 만이 고쳐주실 수 있다.
기도한다.
믿음이다.
사랑이다.
성령이다.
천사다.
더욱 믿음을 온전히 가져라는 주님의 섭리다.
그렇다.
주님을 향한 믿음이다.
믿음 뿐이다.
주님께 의지하는 일 외는 다른 길이 없다.
걱정하지 마라.
주님이 계시지 않느냐?

기도한다.
강하게 기도한다.
길게 기도한다.
주님께 나를 다 드린다.
믿음이다.
믿음은 구원에 이르게 한다.
중국에 선교사로 왔던 야소회 소속의 마담 샬을 보라.
그는 중국, 청나라에서 거열형(車裂刑)의 선고를 받았다.
그 때 그는 얼마나 간절한 기도를 하였을까!
영혼에 땀이 나도록 기도하였을 것이다.
그는 그 거열형의 집행이 미루어진 후에 결국 자연사로 하나님 나라로 갔다.
믿음이고 기도였다고 생각한다.
얼마나 간절한 기도였을까?
다니엘이 풀무에서 타지 않았던 것도
다니엘이 사자굴에 던져졌어도 사자밥이 되지 않은 것은,
그의 믿음이고 기도였다.
그 얼마나 간절하고 처절하게 기도하였을까?
기도다.
성령이다.
믿음이다.
믿음이 구원에 이르게 한다.
오오,
주여, 나도 기도하겠나이다.
주님이 다 이루어주신 이후에
주님께서 나에게 더 강하게 온전히 주님을 향해 기도하라고 하심을 믿습니다.
기도입니다.
믿음입니다.

기도, 또 기도입니다.
기도입니다.
그것이 생명입니다.
아멘입니다.

<2023. 7. 20.08:59>

5. 아침 기도시간의 고백

하루의 시작은 기도다.
기도로 아침을 연다.
모든 인간의 창조주이신 하나님께 하루의 일과를 말씀드린다.
성령의 인도로 살겠습니다.
사랑으로 살겠습니다.
천사로 살겠습니다.
온전히 주님의 섭리를 믿고 따르겠습니다.
그렇게 사는 것이 정상이라 생각한다.
그러나 그렇게 살지 못하는 날이 많다.
나의 일에 더 관심을 두는 날이 많다.
그래도 나중에라도 기도한다.
노인이 되어갈 수록 더욱 기도로 하루를 열어야 한다.
그리고 일기를 쓴다.
아침 일기를 쓴다.
하루의 계획을 쓴다.
생각을 쓴다.
사상을 쓴다.
나는 누구냐고 나에게 묻고 그것을 글로 정리한다.
주님은 나를 지극히 사랑하신다.

주님은 자신이 계획한 길로 가도록 나를 인도해 주신 후에는
그는 그것에 대해 전적인 책임을 져 주신다.
그것도 평생을.
그 길의 완성으로 향하여 가게 하신다.
주님은 책임을 다 하시는 분이시다.
참으로 좋으신 하나님이시다.
하나님 안에 사는 것이 진정한 삶이다.
그러한 삶이 가장 아름답고 값지다.
주님은 삶을 통해서 섭리하신다.
한시도 눈을 떼지 않고 나와 함께 하신다.
일거수 일투족을 다 살피신다.
참 섬세하신 하나님이시다.
참 오묘하신 하나님이시다.
그 분께 기도한다.
그 분께 나를 의탁한다.
그 분께 삶을 부탁한다.
기도로 부탁한다.
하나님은 나의 기도를 다 들으신다.
참 좋으신 들어주시는 분이시다.
그리고 살피신다.
이 세상을 다 살피신다.
그런 분에게 기도한다.
세상의 유혹에 흔들리지 않도록 또 기도한다.
세상의 유혹이 강하게 밀려온다.
감각의 유혹,
물질의 유혹,
허영의 유혹,
그 때마마 주님만이 알아주시면 족합니다 라고 기도한다.

주님만이 알아주신 그것으로 충분합니다.
그 이상은 욕심이다.
그렇게 자신을 다독거린다.
사랑하자고 기도로 스스로에게 말한다.
이웃을 위해 기도하는 것도 이웃사랑이다.
온전히 주님께 의탁하여 살자고 말한다.
그러나 그대로는 안 된다.
세상의 유혹이 아주 강하다.
세상의 즐김이 행복이라고 그 어디에서인가 말한다.
그러나 그것이 아니다.
다시 마음을 가다듬는다.
내가 가야할 길은 주님이 계획해 놓으신 그 길이다.
바로 그 길이다.
다른 길은 없다.
나에게는 다른 길은 없다.
그 길 뿐이다.
그 길이
생명의 길이다.
기도는 바르게 살겠다는 의지의 표출이다.
기도는 공동체의 평화를 위한 간구이다.
기도는 세계시민들의 세계평화를 위한 염원이다.
기도는 사랑하며 살겠다는 마음의 표현이다.
기도는 사랑의 동력을 만든다.
기도는 하나님께로 가는 길이다.
예수님도 아침에 기도하셨다.
기도는 정도(正道)를 가고자 하는 다짐이다.
기도하여야 한다.
좀 더 길게 기도하여야 한다.

좀 더 널리 이웃을 위한 기도를 하여야 한다.
그것이 사는 길이다.
그것이 평화로 가는 길이다.
기도하자.
기도가 호흡이다.
기도로 아침을 열자.
그 날이 좋으리라.
그 날에 주님이 항상 길을 인도해 주시리라.
믿고 기도하자.
간절히 기도하자.
기운이 진하도록 기도하자.
그것이 삶다운 삶을 사는 길이다.
그렇게 믿는다.
그렇게 기도하며 살고자 한다.
힘들어도 그렇게 기도하려고 한다.
기도로 아침을 열고
기도로 하루를 감사로 마감하자.
그 삶이 참 아름답다.
그렇게 살자.
그 길이다.
그 길로 오늘도 가고 내일도 가고 또 가자.
아멘이다.

<2023. 8. 3. 09:27>

6. 주님만을 믿고 산다.

이 세상에 누구를 믿고 살아야 하나?

그야 당연히 창조주 하나님을 믿고 살아야지.
그것은 진리이다.
이 세상에 태어났을 때에는 어머님만을 믿고 살았다.
그것은 본성으로 그러하였으리라.
그러나 차츰 아버님에게로 어색하지 않게 가깝게 다가간다.
그것은 아마도 출생의 원인관계 때문일 것이며,
자신의 DNA가 아버님과 어머님의 DNA를 받았기 때문일 것이다.
점차 나이가 들고 의식이 들고서부터는
자기의 우상이 눈에 들어오고 마음으로 받아들이게 된다.
그 우상은 아버지, 어머니일 수도 있고,
역사 속의 인물일 수도 있고,
자기를 지도해 준 분일 수도 있고,
일찍부터 창조주 하나님일 수도 있다.
그러나 더욱 성장하게 되고,
견문이 넓어지고
세상의 이런 저런 풍파를 겪다보면,
이 세상의 우상들에 대한 회의가 들게 되기도 하고,
때로는 더욱 가까워지는 관계가 형성될 수도 있다.
나이가 들어 좀 성숙의 단계에 들어서면,
자신의 삶에 대한 성찰을 깊이 하게 되고
누가 자신의 지도자이며,
누가 자기의 구원자이며,
자기는 어디로 갈 것인가에 대한 깊은 사색에 들어간다.
지나온 날들이 아름다왔다고 감사하기도 하고
후회되고 아쉬어 하기도 하며
이루기는 많이 했으나
그래도 충실히 이루지 못한 안타까움의 회한에도 잠긴다.
그리하여 남은 삶을 어떻게 누구의 인도로 살아갈까를 생각한다.

누구일까?
어떻게 살아야 할까?
여전히 자신일 수도 있고
이 세상에 없는 과거의 우상일 수도 있다.
그러나 창조주 하나님이 가장 확실하게 나를 맡길 수 있는 존재이다.
자연스럽게 그런 생각에 잠긴다.
궁극에는 자신 만이 이 세상에 남게되고,
그렇게 믿어 우러러 보왔던 우상도
이 세상에 더 이상 함께 하지 못하고
오로지 자기 혼자만이 이 세상의 마지막을 맞이 하여야 한다는 변함없는 진실에 직면하면,
영원히 항상 존재하시고
무한한 능력과 에너지이며
무한 사랑과 무한 능력의 소지자이신
하나님이 계신다는 진리를 깨달으면,
그 하나님께 자신을 맡기는 것은 정한 이치이고 또한 진리이다.
그런 깨달음의 시기가 일찍 올수록 좋은 것이다.
지금은 없어진 풍습이겠지만,
몽고의 유목민들이 이사를 갈 때에는
나이든 아버지를 두고 떠난다.
아버지에게 먹을 것을 남겨두고
아들들은 울면서 마지막 절을 한다.
살아있는 늙으신 아버지에게.
홀로남은 늙으신 아버지는 일어서지도 못하고 앉아서
어서 가라고 아들들에게 손짓한다.
홀로 남은 아버지는
춥고 쓸쓸해서 아들이 준 양식으로 밥을 해먹을 마음이 생기지 않는다.
기력도 없다.

그냥 그대로 혼자서 죽음을 맞이한다.
그 뒤는 독수리가 맡아 처리한다.
그렇게 살 수는 없다.
창조주이신 하나님께 다 맡겨야 한다.
그것이 제대로의 삶이다.
살아 있는 동안에는 하나님의 인도를 받아 살다가,
나이가 들면 전적으로 하나님께 자신의 삶을 맡김이 아름답고 든든하다.
그렇게 살아야 한다.
하나님은 나의, 우리 모두의 아버지이다.
그 아버지에게 나를 맡기고,
그 아버지에게로 돌아가는 그 삶이 정도다.
그것이 믿음이고
그것이 신앙이다.
그렇게 되어야 한다.
하나님이 인도해 주시는 그 길로 가는 것이 가장 아름다고 안전하다.
나를 만드신 아버지가
나를 버리지 않으신다.
믿고 가면 된다.
그 전능하신 지혜의 하나님이 나를 온전히 인도해 주실 것이다.
천사가 다 뒷바라지를 해 준다.
그것을 믿고 살아야 한다.
그 삶이 바른 삶이다.
그렇게 살자.
내 아들아,
내 새끼들아
내가 살아보니
시초와 궁극은 하나님의 것이지
인간의 것이 아니더라.

나는 나의 것인 내가 아니고
하나님의 것인 나이더라.
그래,
하나님께로 나아가자.
영접하고 경배하자.
젊어서 영접하고
열심을 내어 경배하자.
주님은 결코 실수가 없으시다.
주님은 사랑으로 이끌어주신다.
믿고 가자.
하나님께로.
그곳이 우리들의 안식처이다.
그것이 사랑의 안식처이다.
사랑의 하나님의 나라로 나아가자.
그래 함께 나아가자.
서로 손잡고 기뻐하며 나아가자.
사랑의 하나님께로
하나님이 저기, 바로 저기에서
팔 벌리시고 기다리신다.
천사가 수발을 하고 있다.
가자.
기다리시는 하나님께로.
그래, 그러자.
아멘이다.

<2023. 8. 29. 09:01>

7. 참으로 섬세하시고 오묘하신 하나님

아아,
주님은 나를 이렇게 까지 사랑하셨네.
참으로 오묘하시고 사랑의 하나님이시다.
나를 어찌 이렇게 까지 사랑하시는지.
나의 학설의 내용과 나의 일거수 일투족을 다 섭리하시고 계신다.
그렇다.
그렇게 나를 사랑하시고 섭리하고 계신다.
나의 주, 나의 하나님,
내가 무엇이관데 주님은
나를 이렇게 까지 사랑하시는지요?
이제야 더욱 깨닫고 있습니다.
주님은 나의 모든 일을 다 주관해 주심을 깨달았습니다.
읽을 책 뿐만아니라,
더욱더 글 쓰는 일 뿐 만아니라,
그 내용도 다 주님이 바로 잡아 주심을 믿습니다.
그러하네요.
주님은 아주 섬세하심을 믿습니다.
아주,
아주,
나의 모든 것을 다 주관하심을 이제야 깨닫습니다.
주님의 사랑으로 오늘까지 살아왔습니다.
그렇습니다.
그러함을 고백합니다.
사랑의 하나님,
감사합니다.
감사합니다.

감사하고 감사합니다.
아버지의 뜻을 알겠습니다.
깨달아가고 있습니다.
이 부족한 소인인 나를 어찌 그렇게도 사랑하시는 지요!
감사합니다.
감사합니다.
아멘입니다.

<2023. 8. 19. 14:06>

8. 주님의 완벽한 책임 이행

주님은 자신이 계획하시고 실행하신 일에 대해서는
자기 책임을 완벽하게 이행하신다.
그 대표적인 예가 바로 바울의 삶의 경우라 생각한다.
바울은 본래 유대교 교인이었다.
그는 율법주의자였다.
그는 기독교인을 박해하는 일을 행하던 사람이었다.
그는 바리세인이었다.
그런 그가 다마스커스를 향해
기독교인을 박해하기 위하여 가던 길에
주님은 그의 길을 막아 서시고
기독교인 박해의 일을 하지 못하게 하셨다.
그러시면서
바울아, 바울아 하고 부르시고
너는 왜 나를 미워하고, 기독교인을 박해하느냐?
나는 너가 핍박하는 예수 그리스도이다 라고 말씀하셨다.
이렇게 주님은 바울의 길을 막아서시고

그의 눈을 보지 못하게 하셨다.
그는 3일 동안을 앞을 보지 못하였다.
예수님의 지시를 따라서
바울은 그의 눈에 비늘같은 것을 벗겨내고
물로 씼었다.
그때 그는 앞을 볼 수 있었다.
이것이 바울의 다메색 도상의 회심의 체험이다.
그리고 바울은
자신이 유대교인에서 기독교인으로 변화하여
사랑을 전하는 기독교를 전파하고
교회를 세우고
사랑의 종교인 기독교의 사상적 기초를 닦았다.
바울로 인하여 율법의 유대교에서
사랑의 기독교로 전환이 되었다.
바울은 기독교의 전파를 위하여 3차례에 걸친 전도여행을 하고
그의 전도여행의 마지막은
로마에서 네로 황제의 명(命)에 따라서
순교하였다.
바울이 가고자 하던 유대교의 길을 주님은 가로 막아 서셨다.
바울은 유대교를 지키고자 하였다.
그 길은 율법의 길이었다.
그러나 주님은 바울이 율법의 길을 가지 못하게 막아 서셨다.
그리고는 주님 자신을 바울에 보여 주셨다.
율법의 길로 가지 말고
사랑의 길로 가라고 하셨다.
바울의 사랑의 길은
자신은 힘들게 갔지만,
주님이 그로 하여금 영광의 길로 가도록 하신 바로 그 길이었다.

주님은 바울로 하여금
전도를 하게 하고
교회를 세우게 하시고
기독교의 사랑의 기초를 놓게 하셨다.
바울을 영광의 자리에 서게 하셨다.
비록 바울이 육신으로는 몹시 힘들었지만,
사랑의 기독교의 기초를 놓았다.
바울의 사역은 주님이 다메섹 도상의 회심에 대한
주님의 책임이행을 완벽하게 하신 것이다.
주님은 자신이 한 일에 대해서는 전적으로 책임을 져 주신다.
인간의 이성으로는 이해하기 힘들지만,
신의 눈으로는 주님의 전적인 자기책임의 이행의 결과임을 깨달을 수 있다.
주님은 결코 자기가 한 일에 대하여
그냥 지나가지 않으신다.
주님은 인간이 가고자 하는 길을 막아서신 그 결과에 대해서는
전적으로 책임을 지신다.
그것이 체험이고
주님의 계시이고
주님의 섭리이고 또한 사랑이다.
주님의 섭리가 없었던들
바울은 기독교의 사랑의 기초자가 될 수 없었을 것이다.
주님은 주님의 사랑에 사로잡힌 자의 삶을 영광되게 하신다.
주님은 자신의 책임을 완벽하게 이행하신다.
바울과 같이
이 세상의 길을 가지 말라고
주님이 그 길을 가로 막아 서신
사건들은 적지 않을 것이다.
바울의 다메색 도상의 회심의 체험을 경험하고 싶은 분들이 많을 것이다.

자세히 자기의 삶을 살펴보면,
주님은 각자의 삶에서,
세상으로 난 길을 가지 말고,
주님이 계획하시는 그 길로 가라고 하여,
지금의 자기 길로 가고 있다는 진리를 그 누구나 깨닫게 될 것이다.
정도의 차이는 있을 것이지만,
믿는 자는 다 주님의 섭리로,
세상의 부귀영화의 길로 가지 말라고 주님이 그 길을 막아 서시고,
현재의 주님이 인도해 주신 삶의 길을 가고 있다고 생각된다.
나도 예외는 아니다.
세상의 길로 가지 말라고 주님이 그 길을 막아 서시고
주님이 계획해 둔 그 길로 가라고 하여 온 그 삶이 바로
오늘의 나의 삶이라 고백한다.
이성으로 생각했던 길보다
주님의 계시로 인도해 주신 그 길이 훨씬 좋은 길이었다.
영광의 길이었다.
그 영광의 길에서 오늘의 내가 있다.
그 길은 기쁨의 길이었고
감사의 길이었고
결과가 있는 길이었다.
내가 생각하지 못했던 길이었다.
그 길이 더 좋았다.
그 길에서는 주님이 일일이 챙겨주시는 길이었다.
그 길에서는 기쁨과 즐거움과 보람이 있었다.
바울에게만 주님이 역사한 것이 아니라
바로 모든 인간에게 다같이 역사하신다.
그것이 믿음의 길이었다.
그것이 주님 섭리의 길이었다.

그것이 감사가 넘치는 길이었다.
바로 그 길이 믿음을 가지고 담대하게 살아갈 수 있는 길이었다.
그 길이 축복의 길이었다.
그 길이 영광의 길이었다.
그 길이 깨달음의 길이었다.
그 길이 진리의 길이었다.
주님께 맡긴 삶은 주님이 다 섭리해 주신다.
믿음의 삶은 주님이 축복해 주신 삶이다.
그 길로 가는 것이 정도다.
그 길은 의(義)와 사랑의 길이다.
정의와 사랑의 길이다.
주님은 자신의 책임을 다 이행하여 주신다.
믿고 기도하면서 가면 된다.
믿고 열심히 가면 주님의 길을 가게 된다.
참 좋다.
그 길이 참 삶의 길이다.
바로 그 길이다.
그렇다.
아멘이다.

<2023. 8. 28. 09:16>

9. 주님이 주신 문명발전의 큰 깨달음

주님은 오늘 인류의 문명발전에 대한 주님의 계획에 대하여 큰 깨달음을 주셨다.
인구가 줄고 있다.
기후 변화가 인류의 장래를 위협하고 있다.

과학이 고도로 발전하고 있다.
과학의 발전으로 인공지능이 인간을 대신해 가는 형국이다.
경제발전을 위한 자원의 과잉개발과 소비로 지구가 신음하고 있다.
소득은 높아졌으나 삶과 사회의 불안과 위험은 더 증대되었다.
지구가 과연 견디어 낼 수 있을까 의문이 제기된다.
이러한 지구를 위협하는 일들은 분명히 인간의 이성으로 이룬 부정적인 결과이다.
더 지구를 괴롭히면 지구가 저항한다.
지구를 더 괴롭히면,
이기적인 인간에게 한없이 자비를 베푸는 포용적인 지구가 저항할 것이다.
그렇게 생각한다.
그러면 어떻게 이러한 지구적 현상을 이해하고 대처해야 할까?
주님의 계획과 섭리없이 이러한 지구적 위협의 일이 일어날 수 있을까?
이러한 지구적인 위협과 위험을 극복하기 위하여 또 인간이 이성을 발휘한다.
각종의 주장을 하고 과학이 이를 뒷받침 하려고 하고 있다.
오늘 학술원에서 시흥의 서울대학교 자율기능 기계 연구단지를 견학하였다.
자율주행자동차의 서험장이 그곳에 있었다.
자율주행자동차의 설명을 듣다 보니
인간이 스스로 자동차를 운전하면 될 텐데
굳이 복잡한 자유주행자동차를 만들어 더 편하게 살아야만 할까 하는 의문이 들었다.
이것은 평소의 나의 의문이었다.
문명사적 입장에서 경제학을 연구하시는 교수님에게 하나님의 창조질서에 과연 부합하는 일일까 하고 의문을 제기하였다.
하나님이란 말에 듣고 싶지 않은 듯 듣지 않으려고 하였다.
또 나이가 많으신 노학자분께 애기를 하였다.
그분은 세상의 발전과 좀 조화를 이루는 발전이었으면 좋겠다는 말씀을 하셨다.

노학자님은 나의 생각과 일치하는 면이 있었다.
주님이 나에게 깨달음을 주셨다.
이러한 인간의 이성의 노력을 주님은 이미 오래 전부터 예견하고 계셨다.
주님은 이미 인간의 이성에 의한 이러한 과학발전과 사회변화에 대해 주님이 계획을 세워두셨다.
주님의 그 계획에 따라 현재 이 사회의 현상이 일어난다는 깨달음이었다.
인간이 이렇게 지구자원을 과대하게 쓰고
그로 인하여 지구가 힘들어 한다는 것을 예견하시고
지구와 인간을 다 살리기 위하여,
먼저 인구의 수를 줄여 자원 소비를 줄이기로 하셨다.
주님의 그런 계획의 일환으로 신생아가 줄고 있고 인구가 감소하고 있는 것이다.
지구의 자원소비를 줄이고
지구자원의 생산을 위한 시간을 갖기 위해
인구감소를 아주 천천히 진행되도록 하시고 계심을 깨달았다.
그리고 전지구인을 주님은 사랑하시기 때문에
선진국은 인구를 줄이고, 준 인구를 보충하기 위하여 후진국의 사람들이 선진국으로 이동하여 선진국과 후진국의 인구분포를 균등하게 하시고 계심을 깨달았다.
그리하여 인구이동에 따라서 자연스럽게 사해동포주의로 나아가도록 섭리하시고 계심을 깨달았다.
이러한 주님의 인간과 지구의 구원은 이미 시작되었으며
주님은 사랑으로 이를 이루어가시고 계신다.
인간의 이성의 활동 이전에 이미
주님은 이성의 작용에 의한 부정적 결과를 아시고
이에 대한 대처를 하시고 계심을 깨달았다.
인간이 아무리 이성적이라고 해도
주님의 지혜를 넘을 수 없다.
인간은 이성에 의해 이기적으로 지구를 괴롭히면서 살아왔지만

주님은 사랑으로 이미 이성 활동의 부작용을 아시고
그것에 대해 대처하시고 계신다.
그래도 주님은 인간을 사랑하신다.
주님은 자신이 자신의 형상을 따라 지은 자신의 자녀인 인간을 결코 버리시지 않음을 알겠다.
이것은 주님의 무한하신 사랑이다.
그러나 인간은 이를 알지 못하고 인정하지도 않는다.
그것은 인간의 오만이다.
이성의 오만이다.
줄여야 한다.
인구도 줄이고
자원소비도 줄어야 한다.
그 줄임의 주님의 역사가 지금 진행되고 있다.
그것이 인구감소다.
지구를 살려야 인간도 살 수 있다.
지구가 살아나면 인구도 증대한다.
이 지구와 인간의 관리는 주님의 관장사항이다.
인간은 주님을 멀리하고 자신의 한계를 깨닫지 못하고 이기적으로 가고 있다.
주님이 놀라운 깨달음을 주셨다.
그렇다.
주님은 사랑으로 인간과 지구를 다시 살리려고 하신다.
주님께 길을 물어야 한다.
이성이 이기심으로 발전한 인간을 그래도 구원하시기 위해 주님이 역사하신다.
놀라운 사랑이다.
주님은 사랑이다.
사랑으로 인간을 구하고 계신다.
사랑으로 지구를 살리고 계신다.

주님이 부족한 나에게 이런 중요한 깨달음을 주셨다.
인구를 더 줄여라.
그래야 자원소비가 줄고 지구가 살아난다.
더 갖기 위해 이성을 사용하지 말라.
정의롭고 적정한 수준으로 살도록 하여야 한다.
천천히 가야 한다.
무던히 가야 한다.
기도하며 가야 한다.
주님의 계시를 받아야 한다.
나의 이런 깨달음에 대해 과학자들은 용인하지 않을 것이다.
그러나 주님은 과학자의 이성을 초월해 계신다.
나의 깨달음이 맞다.
그렇다.
주님이시다.
주님이 이 세상과 인간의 삶의 주관자이다.
전적으로 그렇다.
그것은 진리다.
변할 수 없는 진리다.
그것을 믿고 받아들여야 한다.
그래야 인간이 산다.
주님안에서 살아야 한다.
주님 앞에 무릎을 꿇어야 한다.
이성에는 한계가 있다.
주님의 계시를 받아야 한다.
아멘이다.

<2023. 9. 8. 19:51>

10. 하나님 나라의 생명록

하나님 나라에도
하나님 나라의 행정을 담당하는 기관이 있으리라.
물론 하나님이 창조하신 인간의 생명록도 다 보존하고 계시리라.
인간의 창조는 어머니가 잉태할 때에 이루어진다.
그러므로 하나님 나라의 생명록에는 잉태된 모든 사람에 관한 기록을 담고 있을 것이다.
지금 세계인구가 80억명 정도이다.
서기 1세기에는 세계인구가 4억명 정도였단다.
하나님의 창조에 의해서 이 땅에 태어난 모든 사람은
현재 인구의 약 14배가 된단다.
그러니 이 땅에서 인간으로 태어난 사람의 총체는
1,120억명정도로 추산된다.
그러나 실제는 그 숫자보다 많으리라.
잉태되었으나 출생하지 못한 사람들이 적잖이 많을 것이기 때문이다.
앞으로 어느 정도의 인구까지 지구가 먹여 살릴 수 있을까?
바다가 인간을 위한 가장 큰 식량창고이다.
그 식량창고의 고기들이 더 늘어날까?
인구가 늘다보니 바다고기가 충분히 자라지 못한 채로 잡힌다.
이 땅은 어느 정도의 식량을 생산해 낼 수 있을까?
인구가 아무리 늘어도 땅과 바다가
인간을 충분히 먹여 살릴 수 있을까?
인간이 외계로 탈출하면 지구가 견딜 수 있을까?
외계로 쉽게 이웃집 가듯이 갈 수 있을까?
인간은 최선을 다해 살아남기 위한 길을 찾을 것이다.
그러나 지구의 역사를 보면, 공룡도 맘모스도 다 멸종하였다.
인간은 영원히 멸종하지 않고 생존을 이어갈 수 있을까?

하나님이 적정 인구를 관리해 나가고 계시겠지.
하나님 나라의 생명록에는 적정 인구의 규모를 다 계산하시고 계시리라.
그런데 그 생명록은 어떻게 편찬하고 어떤 글자로 쓰시고,
어떻게 보존하시고 계실까?
아마도 그 생명록을 영원히 보존하실 것이다.
각 개인의 신상에 관한 기록을 상세히 기록하여 두셨을 것이다.
천사가 와서 데려가 심판대 앞에 섰을 때,
하나님은 그 생명록의 기록을 보시겠지.
그 많은 사람들의 기록을 어떻게 짧은 시간 안에 다 보시고 심판을 하실까?
개인기록을 어떻게 찾아내실까?
어느 목사님은
인간이 하늘 나라에 감에는 순간적으로 간다고 하신다.
이를 순간이동이라 하신다.
순간이동은 빛보다 훨씬 빠른 속도란다.
순간적으로 영혼이 하늘나라로 간단다.
순간이동처럼 하늘나라에서 생명록을 찾아내는 것도 순간적으로 이루어질 것이다.
인간을 위한 생명록을 기록하고 관리하고 보전함과 함께,
하늘 나라에서는
하늘나라의 창조시부터 지금까지의 변화를 다 기록한 하늘나라 역사서가 있을 것이다.
창조의 신비를 담고,
우주의 팽창의 변화 역사를 담고 있는 역사서가 있을 것이다.
그 역사서도 방대한 양일 것이다.
하나님이 혼자서 생명록도 역사서도 다 기록하고 보존하실까?
아닐 것이다.
하늘나라의 궁전에 하늘나라 행정부가 있어서
다 기록하고 보존할 것이다.

그 일을 맡아 일하는 분은 천사들과
부활하여 구원받은 인간이 동참하여 그 일을 할 것이다.
하늘에는 하나님이 혼자서 쓸쓸히 계시는 것이 아니라,
하늘나라의 궁전에서
천사들과 구원받아 부활한 의인(義人)들이 함께 하늘나라 궁전의 직원으로 일하고 있을 것이다.
천사들과 의인들은 조용히 실수 없이 하늘나라의 업무를 보시고 계시리라.
그들은 초능력자일 것이다.
순간이동을 하시면서 일할 것이다.
암, 그래야 하지 않을까?
어느 천체물리학자에게 물었다.
지구의 중심은 아는데,
우주의 중심은 어디냐고 물었다.
그러나 그는 우주의 중심은 어딘지 모른다고 답해 주셨다.
그리고 우주는 계속 팽창하는데,
어떻게 팽창하느냐고 물었다.
그는 우주가 처음 생성될 때에
우주의 변화의 공식이 입력되었고,
우주는 입력된 공식에 따라서 계속 변화하고 있으며,
그 변화가 우주의 팽창이라고 답해 주셨다.
우주변화의 공식을 누가 입력해 주셨는지?
나는 창조주 하나님이라고 믿는다.
그러나 그 천체물리학자는 창조론으로도 진화론으로도
우주변화의 공식과 그 입력을 설명할 수 없다고 하셨다.
하늘나라에서는 우주생성의 시작과 그 후의 변화를 다 기록해 두신
우주 역사서가 있을 것이다.
하나님이 아무 기록도 없이
자기 생각만으로 이 우주를 운행하시고 계시지는 않을 것이다.

하나님도 독단적으로 이 우주를 운행하시고 계시지는 않으리라 생각한다.
하나님의 섭리를 따라서 우주가 운행되고 있을 것인데,
생명록도 우주 역사서도 잘 기록되어 보존되어 있을 것이다.
그 기록을 담당하는 하늘나라의 부서가 있을 것이다.
거기에는 천사도 부활한 인간도 일하고 있을 것이다.
또 하나 의문은,
우주가 팽창하고 있는데,
영원히 팽창만 할 것인가?
아니면 현재의 우주와는 다른 새로운 우주를 새로 만들기도 할 것인가?
분명히 이 우주가 변화하도록 공식을 만들고 그 공식을 집어 넣어 준 분은
창조주 하나님이시라 믿는다.
그러므로 창조론이 맞다고 생각한다.
진화론은 창조이후의 변화과정에는 적용될 수 있을지 모르지만
창조 자체를 설명할 수는 없다고 생각한다.
이 우주가 계속 팽창만 한다면,
이 우주는 계속 늘어날 수 있는가?
너무 팽창하여 너무 과대하면
하나님이라도 이 우주를 관리할 수 있을까?
순간이동의 믿음에 의하면 가능하다고 할 수도 있을 것이다.
아닐 수도 있지 않을까?
이 우주가 너무 팽창하여 관리하기 힘들면,
창조주는 팽창을 멈추고
새로운 우주를 만들어
새롭게 시작할 수도 있지 않을까?
나는 알지 못하겠다.
그러나 흥미로운 일이다.
신비한 일이다.
이 모든 신비는 하나님 섭리의 오묘함이다.

이렇게 오묘하신 섭리의 하나님의 사랑하는 아들과 딸이 우리 인간이라 생각한다.
이 오묘하신 섭리의 하나님께 다가가는 길은 기도다.
이러한 생각을 하면 허무주의에 빠질 수 있다고 생각할 수도 있겠지만,
이 오묘하신 무한의 하나님의 형상으로 만들어진 나라는 생각을 하니,
무한 가능성과 희망의 미래를 기대하게 된다.
영원히 살 수 있다는 것도 진리라 생각한다.
이 땅에서 살다가
하늘나라에 가서
그곳에서 또 일할 수 있을 기대를 갖는다.
미래는 밝고 희망적이다.
하늘나라는 사랑으로 다스려지는 곳일 것이다.
이 땅에서의 사랑은 하늘나라에서의 사랑과 다르지 않을 것이다.
이 땅에서의 삶은
하늘나라에서의 삶으로 계속 이어져
영원히 산다.
다만 모습의 변화는 있게 된다.
기도로 영원히 사는 길을 터득하여야 한다.
말씀으로 계시로 영감으로 부활로
영원히 사는 길로 갈 수 있다.
그렇게 믿어진다.
인간은 희망이다.
영원히 사는 희망이다.
생명록, 역사서, 하늘 궁전, 천사, 구원받은 하나님의 사랑하는 자녀들,
이런 생각을 하여 보았다.
이런 생각이 들었다.
기도로
믿음으로

받은 이성을 바탕으로 하여
이런 생각이 든다.
하나님은 위대한 사랑의 인격체이시다.
모든 잉태된 인간은 다 하나님의 형상을 받은 존재이다.
그들은 다 하늘나라의 생명록에 등재되어 영원히 보존되어 있다.
모든 인간은,
죽은 자가 산자나 다,
창조주 하나님과 함께 공동체를 이루고 있다.
그렇게 생각하고 또 믿는다.
믿어진다.
기도로 감사한다.
기도다.
기도를 통해 하나님과 소통한다.
좀 더 긴 시간의 기도를 통하여
더 아름다운 희망의 미래로 간다.
미래는 희망이다.
새로운 세계가 계속 이어진다.
이런 생각을 이 아침에 해 보았다.
희망의 미래다.
아멘이다.

<2023. 7. 19. 08:44>

11. 나도 주님을 증거하고 싶다

나도 주님을 증거하는 한 사람이 되리라.
주님을 외치리라.
한번 해 보리라.

주님은 나를 세상으로 내려가지 말라고 하신다.
그렇기에 주님은 세상으로 발걸음을 옮기고자 하는 나를 붙잡고
주님의 길로 가게 하셨다.
그것은 확실하다.
그 간에 세상을 가지 말라고 나의 길을 막아 서시고,
주님 나라의 정의와 사랑의 길로 나를 이끄셨다.
세상을 조금이라도 터득하게 위해 애썼다.
그러나 오늘의 이 자리에 오니
무엇인가 마음이 안정이 안 된다.
그래도 내가 세상을 보고 있었기 때문이었다는 생각이 든다.
세상에 살면서 세상을 잘 살아야 하는 것은 정한 이치라
세상으로 눈이 자꾸 가지만,
한편으로 나는 주님의 길로 가야 한다고 주님이 자꾸 확인시켜 주신다.
그런 것 같다.
주님의 길로 가야할 나이다.
세상으로 가지 말아야 한다.
신앙으로 살라고 하신다.
순수로 살라고 하신다.
세상의 부귀영화를 원하지 말라고 하신다.
주님안에 살라고 하신다.
주님을 증거하며 살라고 하신다.
어제는 주님을 믿는 나이라고 명시적으로 얘기하였다.
주님의 세계가 정의와 사랑이고
사랑이 궁극의 가치이고
그 사랑을 공동체주의 내지 공동체 사상으로
세속에서 실천할 수 있을 것이라고
감히 말하고 말았다.
귀한 자리에서

격에 맞지 않고 분위기에 맞지 않는 말이었다.
그래도 말하고 말았다.
김철수 선생님의 추모논문집 봉헌식에
가서 그만 말하고 말았다.
말이 틀린 것은 아니지만 자리에 맞지 않는 나의
얘기를 하고 말았다.
곰곰히 또 생각한다.
주님의 길로 가야 한다.
순수의 길로 가야 한다.
기도의 길로 가야 한다.
정의와 사랑의 길로 가야 한다.
주님을 증거하여야 한다.
주님을 증언하여야 한다.
주님을 외쳐야 한다.
그것이 주님께서 나에게 주실 사명이 아닐까 생각해 본다.
그런데 눈이 아프다.
허리가 아프다.
자꾸 입이 땡긴다.
당뇨가 심해질 수 있다.
절제가 필요하다.
극히 절제하여야 한다.
절제다.
주님을 증언함에도 절제되어야 한다.
극히 절제된 주님의 증거이어야 한다.
주님 감사합니다.
주님은 구체적으로 역사해 주실 것임을 믿는다.
그 한 사람을 찾아 나선다.
그 한 사람,

오늘 밤에도 부흥회에 나가고자 한다.
믿음이다.
주님의 계시다.
주님의 인도다.
주님을 증거하며 나아간다.
주님이시다.
주님을 증언한다.
절제된 상태로
기도를 많이 하여야 한다.
기도의 몸이어야 한다.
내 마음이 악해지지 않도록 주님께서 나를 붙들어 주실 것을 기도한다.
세상으로 향하고자 하는 내 마음을 주님께로 단단히 묶는다.
믿음의 말을 한다.
믿음의 글을 쓴다.
믿음의 그림을 그린다.
믿음의 음악을 한다.
믿음의 시를 쓴다.
주님을 외친다.
소리 내어 외친다.
순차적으로 치료를 받는다.
허리 치료,
이 치료
눈치료,
당뇨치료
혈압치료
심장치료
순차적으로 단계단계 치료를 받는다.
주님이 섭리해 주실 것임을 믿는다.

과식이 문제다.
마음의 불편을 음식으로 채우고자 하는 것이 나인 것 같다.
기도다.
말씀이다.
주님으로부터의 깨달음을 얻어야 한다.
부족하지만 주님을 증언하고 싶다.
주님을 증거하고 싶다.
주님을 말하고 싶다.
세상을 보는 눈에서
하늘을 보는 눈으로 시선을 확실히 한다.
주님이시다.
주님 나라다.
사랑이다.
계시다.
섭리다.
오로지 주님이시다.
주님이시다.
주님이시다.
나의 구원자 주님이시다.
아멘이다.

<2023. 10. 6. 09:35>

12. 예수님의 세상치리 전략

예수님은 하나님의 아들이면서 동시에 하나님 자신이다.
예수님은 삼위일체의 한 하나님이시다.
그러므로 예수님은 하나님이시다.

창조주 하나님이시고
이 세상 치리의 하나님이시고
영원한 세계로 이끄시는 부활의 하나님이시다.
예수님은 이 세상을 창조하셨으며
지금도 세상을 치리하시고
계속해서 창조를 거듭하고 있으시며
영원한 하늘 나라에 하나님의 사랑하는 아들 딸들을 살게 하시고 또 보살피신다.
예수님이 창조하신 아름다운 지구에 걱정거리가 생긴다.
근자에는 걱정거리가 아주 크고 위태롭다.
그 걱정거리는 다 인간이 만들어 낸 결과들이다.
그 누가 만든 것이 아니라 인간이 만든 결과물들이다.
전쟁의 확산, 경제의 불안정, 기후변화,
핵무기의 공포, 난민들의 불안,
곳곳에 불안이 밀려온다.
모두가 인간이 만든 결과들이다.
인간도 위대하다.
인간이 모여 이렇게 거대한 문명을 이루고 풍요를 가져왔다.
과학의 발전을 이루고 경제적 부를 축적하여 그 어느 시대보다 잘 살고 있다.
그러나 불안한 삶이 이 지구에서의 현재의 삶이다.
이러한 지구적인 불안에 대해 인간은 어떻게 대처하고 있나.
지구를 살리고
평화를 이루기 위한 노력을 계속하고 있다.
그러나 인간의 노력의 결과는 완결적이지 못하다.
불안을 다소 완화는 할 수 있지만 근본적인 해결책은 못된다.
그것이 인간의 한계이다.
예수님은 이 세상의 치리를 어떠한 전략으로 이루어 왔나?
사랑이다.

사랑이었고 사랑이다.
사랑은 눈에 보이지 않는다.
사랑은 모양을 가지고 있지 않다.
사랑은 색깔도 없다.
사랑은 극히 미약해 보인다.
사랑은 완력앞에 섬찟한다.
그러나 사랑이 가장 강력한 힘이다.
사랑은 미움을 녹인다.
사랑은 차거움을 따뜻함으로 바꾼다.
사랑은 원망을 칭찬으로 바꾼다.
사랑은 그렇게 강력한 왕조도 무릎은 끓게 한다.
사랑은 아무리 좋은 무기를 가진 장군도 무기를 놓게 한다.
사랑은 차디찬 가슴의 사람도 눈물을 흘리게 한다.
사랑은 어디에서 이런 거대한 힘이 나올까?
사랑은 잡을 수도 없다.
그러나 사랑은 서로를 묶는다.
사랑은 서로를 묶어주는 보이지 않는 끈이다.
그 사랑의 끈은 칼로도 끊을 수 없다.
사랑은 이렇게 단단한 끈이다.
그러면 사랑은 어디에서 오며,
사랑의 본질은 무엇이며,
사랑은 어떻게 해서 이런 강한 힘을 가질까?
예수님은 이 세상을 치리함에 사랑이외에는 다른 아무런 전략이 보이지 않는다.
분명히 예수님은 이 세상을 치리하시고 계신다.
수많은 사람들이 예수님을 경배하고 따르고 있다.
사랑이외는 없다.
사랑의 전략이외는 없다.

사랑이 무엇인가?
사랑은 어디서 오는가?
사랑은 어느 정도의 힘을 가지고 있는가?
분명히 사랑으로 예수님은 이 세상을 치리하시고 계신다.
사랑으로의 치리에 조금이라고 흠이 생기면
예수님은 사랑으로는 이 세상을 치리하실 수 없다.
사랑이 다른 어떤 일에 굴복한다면
사람들은 그 다른 일을 믿고 따를 것이다.
그러한 일은 일어나지 않았다.
예수님을 이긴 사람도 권력도 인류의 역사에는 없었다.
과거에도 없었고 지금도 장래에도 없을 것이다.
만에 하나라도 사랑에 흠이 생기고
사랑이 그 무엇에 끌려간다면
예수님은 사랑으로 이 세상을 치리하실 수 없다.
아아,
위대한 사랑이구나.
무한 힘의 사랑이구나.
무한 에너지의 사랑이구나.
무한 사랑의 에너지를 지닌 인격체가 바로 예수님이시구나.
그러면 사랑은 무엇인가?
나는 알 수가 없다.
그러나 사랑이 이 세상 창조의 동인(動因)이다.
사랑으로 이 세상이 창조되었다.
사랑으로 이 세상이 서로 결속되어 있다.
이 세상을 조화롭게 움직이는 에너지가 바로 사랑이다.
사랑으로 이 세상은 유지되고 있다.
사랑은 미래의 희망의 빛이다.
부활을 가져다 주는 힘이 바로 사랑이다.

부활도 사랑으로 이루어진다.
예수님의 사랑없이 인간이 다시 살아날 수 있을까?
아니라고 생각된다.
이 세상의 본질은 사랑이다.
사랑으로 이 세상의 만물이 구성되어 있다.
사랑으로 이 세상이 움직인다.
사랑으로 이 세상의 미래가 열려가고 있다.
이러한 사랑은 어떤 존재일까?
플라톤의 에로스 사랑인가?
그것은 아니다.
아리스토텔레스의 필리아 사랑인가?
그것도 아니다.
기독교의 아가페 사랑인가?
그것만도 아닌 것 같다.
여기서의 사랑은 예수님의 사랑이다.
그 예수님의 사랑은 이 세상의 창조의 에너지이고
이 세상 치리의 에너지이고
이 세상 부활의 무한 에너지이다.
그 사랑으로 이 세상을 치리하시고 계신다.
그 사랑을 조금이라고 체험하고 싶구나.
예수님을 이긴 사람은 이 세상의 창조 이래로 아무도 없다.
이 세상의 어느 누구도 예수님의 사랑에 끌리지 않는 사람은 없다.
이 세상의 어느 나라도 예수님의 사랑을 꺽은 나라가 없다.
어느 강대국도 예수님의 사랑을 이긴 나라가 없다.
예수님은 이 세상의 모든 사람, 모든 나라,
사탄까지도 다 이기셨다.
그것은 바로 예수님의 사랑 그것이었다.
오로지 사랑으로 이기셨다

이 예수님의 사랑에 아주 작은 흠이라도 있었다면
그 흠을 찾아 인간은 예수님을 떠났을 것이다.
그러나 그런 일은 없었다.
예수님은 사랑으로 이 세상을 만드시고
사랑으로 치리하시고
사랑으로 영원의 나라로 이끄신다.
아아,
그렇구나.
예수님은 창조주 하나님이시다.
그는 이 세상을 창조하셨다.
원죄의 인간세계에 사람의 몸으로 오셔서
인간의 원죄의 삶을 살펴보셨다.
원죄를 극복하는 길은 바로 예수님의 사랑이었다.
사랑이구나.
사랑이구나.
예수님의 사랑이구나.
인간이 살아가는 길은 사랑이구나.
사랑으로 인간은 삶을 살아야 한다.
그 사랑의 힘을 예수님으로부터 받아야 하겠구나.
그렇구나.
그렇구나.
예수님의 사랑이다.
그 사랑으로 세상을 살면
이 세상의 불안은 다 사라질 것이다.
그러나 그런 세상을 바라지 않는 사람들이 또한 많을 것이다.
그러나 갈 길은 예수님의 사랑 뿐이다.
그렇지만 세상에서 그런 사랑의 주장이 그대로 받아들여질까?
그것이 딜레마다.

세상을 향해 예수님의 사랑만이 구원의 길이라고 외치고 싶지만
세상의 비웃음을 받을 소지가 충분히 있다.
인간 이성이 예수님의 사랑을 용납하지 않을 것이기 때문이다.
예수님없이 인간의 이성만으로 잘 살 수 있다는 세상이 지금이다.
인간중심의 세상에 예수님의 사랑을 강조하면
인간세계에서는 헛웃음을 칠 소지가 충분히 있다.
그것이 이 세상이다.
그러나 사랑이다.
예수님의 사랑이다.
사랑의 에너지다.
사랑의 에너지의 불씨다.
사랑의 에너지의 불씨를 지펴야 한다.
그것이 진정 생명의 길이다.
그것이 예수님의 전략인 사랑이다.
사랑으로 세상을 평화롭게 한다.
사랑이 이 세상치리의 방법이고 전략이다.
예수님의 세상의 삶을 터득하여야 한다.
그것은 사랑이다.
예수님은 사랑으로 죽임을 당하셨다.
예수님의 죽음도 사랑이었다.
예수님의 죽음으로 세상을 구하였다.
그러나 자꾸만 세상은 불안으로 들어간다.
사랑으로 구해야 한다.
사랑만이 구해낼 수 있다.
사랑이다.
사랑이다.
사랑이고 사랑이다.
사랑이 삶의 본질이고 궁극이다.

사랑이 예수님이 가르쳐 주신 삶의 전략이다.
사랑이다.
사랑을 강조하고 또 강조하고 싶다.
사랑이다.
그것은 이 세상의 궁극의 진리이다.
사랑이 삶의 궁극가치이다.
아멘이다.
아멘.
아멘.

<2023. 10. 22. 15:51>

13. 예수님의 삶의 방식

예수님은 사랑으로 사셨다.
예수님의 본체는 사랑이셨다.
오로지 사랑으로 사셨다.
예수님은 결코 화를 내지 않으셨다.
그렇다고 허허 웃으시지도 않으셨다.
고뇌의 삶을 사셨다.
원죄의 짐을 지고 사는 인간을 구원하시는 일로 사셨다.
완력으로 구원을 얻으려고 하시지 않으셨다.
지배하려고 하실 생각은 추호도 없으셨다.
오로지 사랑으로 사셨다.
오로지 사랑의 마음으로, 사랑의 일을 하시고 사셨다.
자신의 사랑의 마음을 알아주지 못하는 인간들로부터
결국 죽임을 당하셨다.
자신의 죽음으로 세상을 구원하셨다.
사랑으로 사시고

자신의 죽음을 요구하는 원죄의 인간들을 죽음으로 사랑하시고,
자신의 죽음으로 이 세상의 원죄의 인간을 다 구원하셨다.
주님은 사랑으로 사셨다.
다른 삶의 방식은 없었다.
온전한 사랑이셨다.
기적도 사랑으로 이루셨다.
사랑의 에너지로 기적을 이루셨다.
예수님의 삶의 방식은 오직 그 한 가지
사랑이었다.
사랑이외는 없었다.
잔꾀도 술수도 없었다.
권력도 없었다.
무력도 없었다.
자신을 지킬 힘은 오로지 사랑 뿐이셨다.
사랑으로 사셨다.
사랑은 힘인 에너지다.
그 사랑은 무한 에너지를 갖고 있다.
이 세상 창조의 에너지였고
이 세상 치리의 에너지이며,
이 세상 구원의 에너지이다.
그 사랑으로 예수님은 사셨다.
그 사랑으로 병자를 고치시고,
기적을 행하셨다.
그 무엇보다도 원죄의 인간을 구원하셨다.
부활의 세계를 열어주셨다.
주님은 사랑이시다.
사랑 그 자체가 주님이시다.
사랑이 이 세상의 근원이다.

사랑을 이길 힘은 이 세상에는 그 아무 것도 없다.
그렇다.
그것이 기독교 신앙이다.
사랑이 기독교 신앙이다.
사랑을 알지도 못하고
자신의 굴레에서 헤어나지 못한
원죄의 나에게
어떻게 주님이 찾아오시고,
사랑의 예수님의 삶에 대해서까지 연구하고 글을 쓰게 하셨을까?
참으로 알 수 없다.
나의 길을 자신이 계획한 길로 인도하시고,
사랑의 노래가 가장 감미롭게 들리도록 하시고
하나님 자신인 사랑의 글을 쓰게 하시고
사랑이 가장 강한 에너지임을 깨닫게 해 주시고
참으로 알 수 없다.
주님이 어떻게 이렇게 나를 이렇게까지 사랑하실까?
법학을 전공한 나에게 어떻게 주님이 이렇게 찾아주시고 길러주시고 키워주시고
사랑의 궁극의 경지까지 데리고 오셨을까?
사랑이 최고의 경지이지만
나는 사랑을 논할 사람이 못된다.
그런데도 어찌 주님께서 나로 하여금 깨닫도록 하실까?
사랑의 경지에 까지 왜 나를 데리고 오셨을까?
세상의 기준과
기독교의 기준은 다르다.
세상은 힘이 최고다.
그러나 기독교에는 사랑이 최고의 힘이다.
세상의 힘은 가장 강한 것 같지만 존경이 따르지 않는다.

기독교의 사랑은 힘이 없어보이지만
가장 강력하다.
사랑을 이긴 이 세상의 힘은 없다.
그 어떤 권력도 국가도 다 예수님의 사랑을 이기지 못하였다.
예수님은 죽음으로써 사랑을 완성하셨다.
아아,
나는 사랑을 실천하지 못하고 사랑을 얘기만 하여
항상 죄의식 속에서 지냈다.
그러나 주님은 그런 죄의식을 갖지 말라고 하시고
사랑을 논하는 것만이라도 하라고 하신다.
깨달음을 주신다.
아아,
주님의 그 크신 사랑,
내가 주님의 사랑의 경지의 깨달음에 까지 왔으니 무엇을 더 바라랴?
주님은 사랑이시다.
사랑이고 사랑이다.
이제 성서연구 모임에 나가야 하겠다.
세상 공부보다는 믿음 연구하러 나가야 하겠다.
그렇다.
그렇게 살아야 하겠다.
사랑의 에너지 운동을 한다.
새로운 운동법이다.
사랑의 에너지로는 모든 병을 다 고칠 수 있다.
못 고칠 병이 없다.
사랑이다.
사랑의 에너지이다.
국선도에서 배운 기(氣)운동과
사랑의 에너지 운동을 결합하여 아픈 곳곳을 치료할 수 있다고 믿어진다.

사랑이다.
예수님의 사랑이다.
예수님의 사랑으로의 문제해결 방식을 따른다.
사랑이다.
사랑으로 산다.
사랑이 가장 위대하다.
사랑은 진리를 향한 갈급함이다.
진리는 세상의 구성원리이다.
사랑은 진리의 힘이다.
사랑은 진리다.
진리는 하나님이시다.
진리는 예수님이시다.
예수님의 사랑의 삶의 방식을 나도 따른다.
주님이 어떻게 나에게 이런 깨달음을 주실까?
내가 감당하기 힘드는데.
이제는 나의 정체성을 분명히 한다.
나는 기독교인이다.
나는 사랑으로 산다.
사랑의 에너지가 충만한 사람으로 산다.
사랑의 인격자로 산다.
사랑의 힘으로 산다.
사랑의 에너지로 병을 이긴다.
사랑이다.
사랑으로 그 한 사람과 산다.
사랑을 공동체 정신으로 실천한다.
아아,
사랑이다.
주님이시다.

하나님이시다.
내가 과연 이런 경지에 오를 인물인가?
아니다.
오로지 주님의 은혜이다.
분명히 주님이 나의 세상의 길을 막아 서셨다.
주님은 나를 지극히 사랑해 주셨다.
사랑의 글을 쓰게 하셨다.
참으로 이상하다.
내가 이런 깨달음을 얻을 그런 사람인가?
주님은 사랑이시다.
사랑으로 산다.
사랑이다.
주님의 아들로 삽니다.
성경공부하러 가고자 합니다.
그 곳으로 주님이 인도해 주실 것을 믿습니다.
주님입니다.
사랑입니다.
사랑이고 사랑입니다.
사랑입니다.
사랑입니다.
사랑이고 사랑입니다.
그것이 주님의 삶의 방식이었습니다.
나도 그렇게 사랑으로 살겠습니다.
세상의 방식이 아닌,
주님의 방식의 삶을 살겠습니다.
그것은 바로 사랑입니다.
아멘입니다.

<2023. 10. 17. 09:42>

14. 주님께 드리는 소망의 기도

주님, 저는 주님의 은혜로 오늘에 이르렀습니다.
주님께서 구체적으로 은혜를 주셔서 학문하여 여기에 이르렀습니다.
주님께서 저에게 생각을 주셨고,
길을 인도해 주셨고,
이 자리를 주님이 챙겨주셨습니다.
지금도 주님을 사모하고 주님께 간구하며 소망의 날을 이어가고자 하고 있습니다.
앞으로의 날도 주님의 은혜중에 살아가며
주님이 계획하시는 그 일을 할 것으로 생각합니다.
그리고 우스 땅의 욥에게 임재하여 축복해 주셨던 그 은혜를
관동의 욥에게도 내려 주실 것으로 믿고 있습니다.
어느 하나도 주님의 섭리를 떠나서 살지를 않았다고 생각합니다.
주님은 저를 너무나 사랑해 주셨습니다.
주님, 저는 주님의 사랑으로 자랐습니다.
주님의 사랑이외에는 없습니다.
주님이 저에게 구체적으로 은혜주셔서
좋은 분들을 만나고,
좋은 우정을 쌓고
좋은 스승과 제자로 학문하며 살고
구체적인 축복으로 외국에서 연구도 하고
훌륭한 명예로운 위치에도 갈 수 있었습니다.
그 모두는 주님의 은혜였습니다.
그 결과 저가 쓰고 싶은 글과 책을 쓰고
민법 중 물권법과 자연법을
집대성하였다고 생각합니다.
이 모든 결과는 주님의 전적인 은혜였습니다.

나도 무척이나 열과 성으로 이루어 왔다고 생각하고 있습니다.
이렇게 이룬 것이 올해가 절정이었습니다.
그런데 이렇게 다 이룬 것 같은 올해의 중반기 이후부터
건강에 문제가 생기고
마음의 약해지고
의지가 부족해 지고
미약하지만 불안의 감정이 생겨
지금은 좀 우수수한 감정을 씻을 수가 없습니다.
자꾸 자리에 눕게 되고,
기운이 좀 떨어지고
귀에 소리가 들리고
나 자신의 장래에 대하여 불안의 마음이 생깁니다.
허리시술도 받고
코로나의 심한 고통도 겪고,
침도 맞고,
여러 약을 먹고
기운을 차리려고 하고 있습니다.
그래도 머리가 아픕니다.
머리의 아픔은 오래 되었다.
빨리 좀 깨어 나라고 머리 맛사지를 좀 세게하였다.
그것은 오히려 약한 뇌진탕을 만드는 것과 같다는 생각이 들었다.
그래도 머리가 깨어나라고 지압도 하고 맛사지를 하고 있다.
이러한 상황에서 연구는 이제 예전같이 할 수 없음은 분명하고
스스로 자각하고 받아들이고 있습니다.
새로운 연구는 이제 시작하지 않으려고 합니다.
다만 쉬운 과제는 아주 천천히 수행하고자 합니다.
생각이 가는 대로 쓰고자 합니다.
그것이 끝나면 연구하는 일도 전적으로 다 내려놓고자 합니다.

그러니 무엇을 하고서 나날을 보내야 하나 하는 생각이 나를 우수수하게 합니다.
무엇보다도 몸이 아프니
그로 인해 정신이 약해지고
믿음도 약해지는 것 같고
미약한 불안으로 내가 우수수해 집니다.
주님, 저는 주님에 대한 소망이 있습니다.
주님의 구체적이고 체험적인 은혜를 받기를 원합니다.
비록 내가 욕심을 내는 것 갖지만
주님의 은혜를 구체적으로 체험하고 힘을 내고 싶습니다.
추상적인 은혜보다는 구체적인 체험적인 주님의 섭리를 맛보고 싶습니다.
그런 주님의 은혜 중에 살고 싶습니다.
그러면 주님께서 구체적으로 나의 머리의 아픔을 완전히 씻어 주실 것을 기원합니다.
맑은 머리로 맑은 생각으로 사랑하며 살고 싶습니다.
사랑의 삶을 살고 싶습니다.
주님께서는 얽힌 지난 날들의 사연들을 일거에 사랑으로 돌려주셨습니다.
처음의 자연상태로 원상회복을 이루어 주셨습니다.
그런대도 말이 없어지고
마음이 가라앉고
그러면서 약한 우수수함에
나는 마음이 불안합니다.
저는 그 불안이 사탄의 소행이라 물리치고 있지만,
그래도 주님의 온전한 은혜 중에 들어가 평안하게 살기를 원합니다.
아무 불편함도 거리낌도 없는 순수의 상태에 들어가 살고 싶습니다.
그런데 어느 곳에서 어떤 일을 하면서 그런 은혜의 삶을 살 가에 대해서는 결정이 이루어지지 못하고 있습니다.
저는 주님께,

구체적으로 주님께서 은혜를 내려주실 것을 소망하고 기도합니다.
구체적이고 체험적인 주님의 은혜를 기원하고 기도합니다.
길을 인도해 주옵소서.
나는 주님의 사랑하는 아들임을 고백합니다.
그 사랑하는 아들이 좀 방황하고 있습니다.
붙들어 주님의 길로 가게 하여 주시옵소서.
그것을 소망하고 기도합니다.
구원해 주시옵소서.
그 누구와 만나 얘기를 나누어도
저의 마음 깊숙한 곳에는 우수수함이 자리하고 있습니다.
말이 없어집니다.
좀 활기를 주시옵소서.
무엇인가 일을 할 수 있게 하여 주시옵소서.
주님이 아니고서는 그 누구도 나의 현재를 풀어줄 수가 없습니다.
나도 나 자신을 풀 수가 없습니다.
주님이 고쳐주시고 풀어주시옵소서.
주님의 은혜로요.
그래도 마음 한 곳에서는
주님을 향한 소망을 갖고 있습니다.
저가 가장 좋아하였던 우스 땅의 욥과 같이 저를 사랑해 주시옵소서.
그렇게 축복해 주실 것으로 믿습니다.
비록 내가 욕심을 내고 있지만,
사랑하는 주님 아들의 기도와 소망을 아시고 이루어주실 줄 믿습니다.
다들 웃으면서 평안히 다 잘 살고 있는데,
어쩐지 나는 혼자만이 덩그러이 남아있는 것 같습니다.
주님의 은혜로 구해 주소서.
주님은 저의 상태를 세세히 다 아시지요.
고쳐주시고 풀어주시고 자연상태로 회복하여 주시옵소서.

전적으로 믿습니다.
전적으로 믿고 간구합니다.
주님만을 믿습니다.
일어서고 싶습니다.
힘을 낼 수 있기를 소망합니다.
전적으로 주님의 은혜로 살아가겠습니다.
저가 좀 욕심을 낸다고 할 수 있지만
저는 주님의 전적인 은혜로 살기를 원합니다.
저에게 고침과 회복의 은혜를 주시옵소서.
자연상태로의 회복을 주시옵소서.
그리고 주님 영광을 위하여 일할 수 있는 기회를 주시옵소서.
주님이 은혜로 임재해 주실 것을 간구합니다.
저는 주님의 은혜로 일어나고 싶습니다.
주님과의 믿음의 관계가 돈독하고 확실하길 기도합니다.
주님과의 믿음의 관계와
아내와의 사랑의 관계가 원만하면
행복합니다.
그러면
그 이외의 일들은 원만하고 수월하게 할 수 있습니다.
내 새끼들과의 사랑의 관계가 원만하고
내 형제와의 사랑의 관계가 원만하고
우수수한 마음은 없을 것입니다.
주님께서 그럴 수 있도록 섭리해 주셨습니다.
아무 문제가 없습니다.
자연상태로의 회복의 길을 주님의 은혜로 마련되었습니다.
정치에는 관심이 없습니다.
학문의 더 높은 경지도 더 이상 추구하기 힘듭니다.
그림을 그리고

음악을 하고
시를 쓰는 일은 초보상태이지만
조금씩 계속해 나가고 싶습니다.
성서연구 모임에 참가해 보고 싶습니다.
그리고 북한주민을 세계시민으로 만들 수 있는 일의 기회가 주어지만 그 일을 하겠습니다.
북한 주민들이 스스로
하나님의 형상을 따라 창조된 존엄한 존재임을 깨닫게 하는 일에 동참하고 싶습니다.
주님을 믿는 신앙활동에 적극 참여하겠습니다.
함께 신앙공동체를 이루는데 적극 참여하겠습니다.
이것이 나의 주님을 향한 소망이고
기도의 내용입니다.
욥에게 허락하신 축복의 기회를
관동의 욥에게도 허락해 주시옵소서.
저는 주님의 사랑하는 아들로 살기를 원합니다.
주님께 길을 묻고 기도합니다.
주님이 인도해 주시는 그 길로 가겠습니다.
조용히 고요히 주님의 은혜의 세계에서 살고 싶습니다.
간곡히 기도합니다.
주님은 나의 주,
나의 하나님입니다.
주님의 사랑받는 아들로 노년을 꾸려 가고 싶습니다.
주님께 나를 드립니다.
주님이 치리하여 주시옵소서.
나는 주님의 은혜로만 살아갈 수 있습니다.
주여 나를 받아주옵소서.
나의 소망의 기도를 이루어주옵소서

좀 욕심을 내어 주님의 은혜를 구합니다.
감사합니다.
아멘입니다.

<2023. 11. 26. 16:08>

15. 나의 삶과 창조주의 아름다운 창조

불기둥과 구름기둥의 인도를 받아 살아온 삶
만나를 풍성히 받은 넉넉한 삶
심중에는 전능하시고 영원하신 창조주가 자리하고 계시는 나의 삶
참 아름다운 지구
기묘하고 웅장한 지구
에베레스트의 장엄한 설산
세계의 지붕에도 에베레스트에도 물바구니 없이 인도양 물을 실어온 지구
펄펄끓는 인도네시아의 므라피 화산, 필립핀의 마욘 용암화산
대서양과 인도양이 부닺치는 남아공 케입타운의 앞바다.
저 깊은 협곡의 중국 운남성의 계곡
저 푸른 천산산맥 속의 초원지대
모래바람이 끊임없이 부는 사하라 사막
아아,
누가 이런 아름다운 지구를 만들었을까?
손도 없이
기계도 없이
그져 바람과 비와 세월로 빚은 이 아름다운 지구
이 아름다운 지구에 내가 살고 있다.
모든 것이 다 있다.
이곳에 삶을 꾸리고 있다.

창조주의 위대한 섭리의 지구 속에 내가 살고 있다.
아름다운 이 지구
아름다운 이 세상
경이로운 이 지구
이 속에 경이로운 나의 삶을 꾸려가고 있다.
이 아름다운 지구의
운행원리인 자연법을 연구하면서
이 세상을 참 아름답고
경이롭게 살고 있다.
위대한 창조주
아름다운 이 지구
경이로운 자연
그 곳에 조용히 내가 숨쉬고 있다

<2021. 3. 19. 08:40, 2021. 3. 19. 17:03>

16. 주님이 주신 깨달음

어제 급히 병원으로부터 연락이 와서
MRI를 촬영하고 오늘 오후에 담당 의사 선생님으로부터 결과진료를 받게 되었다.
내일 아침에는 안과 선생님의 진료를 받는다.
이 모두가 김병수 총장님의 사랑의 결과였다.
그러나 내가 좀 새치기를 해서 혹시나 다른 환자들에게 불이익이 가지 않았을까 반성이 된다.
오늘 아침에는 또 충격적인 소식이 들려온다.
이상태 학장이 전립선암 수술을 받았단다.
참 충격적이다.

내 주변에 다 아프다.
신인묵 목사
정병택 장로
이상태 학장
구청광 목사님,
다들 아프다.
다들 믿음의 아들들이다.
주님의 사랑하는 아들들이다.
나이는 70대 후반이다.
이런 깨달음을 얻었다.
그 동안 세상을 살면서 얽히고 설킨
사랑스럽지 않는 일들을 서로 다 용서하고 깨끗하게 정리하라는 주님의 놀라운 섭리라는 사실이다.
그렇구나,
아프지 않으면 그 동안의 일들을
다 풀 수 없을 것이다.
그러나 그것을 아무런 전제조건없이 다 용서하고
보통의 인간관계로 돌아간 다음에
영혼이 깨끗한 사람으로 하늘나라로 데려가기 위해
주님의 놀라운 섭리가 바로 아픔이다.
아픔을 통하여 주님은 역사하신다.
서로 사랑하라고
그리고 영혼이 아주 맑은 사람이 되라고 하신다.
그런 영혼이 맑은 사람만이 하늘나라로 들어갈 수 있다고 하신다.
구원을 위한 마지막 정화작업이시다.
놀라운 주님의 섭리이고 사랑이다.
이 아픔도 주님의 사랑이다.
영혼이 맑도록 해 주시는 삶의 마지막 단계의 정화작업이다.

그러니까 하늘나라에는 오로지 영혼이 맑은 사람만이 갈 수 있다.
주님 감사합니다.
이런 깨달음을 주셔서 참으로 감사합니다.
오늘 오후에 병원으로 갑니다.
이제 시술이냐 수술이냐의 갈림길에 서 있게 되었습니다
저는 시술을 원합니다.
주님의 섭리를 구합니다.
감사합니다.
나의 주님,
깨달음을 주시는 주님,
감사합니다.
아멘이다.

<2023. 11. 14. 10:27>

17. 주님께서 영원을 준비하라는 깨달음을 주신다

오늘 아침에 조용히 주님께서 영원에 대해 깨달음을 주셨다.
영원으로 가는 시기는 이 땅의 삶이 끝나는 때이다.
그 때가 내가 이 세상의 삶에서 하늘나라에서의 영원한 삶의 시작이다.
하늘나라에서의 영원한 삶의 시작은
이 땅에서의 신체적 기운이 다하고
정신도 작용을 멈추고
영혼만이 나의 육체에서 벗어나
하늘나라로 들어가는 순간이다.
영혼만이 하늘 나라도 간다.
영혼의 하늘나라에서의 영원의 계속은 어떻게 이루어질 것인지는 모른다.
영혼이 조용히 시간의 흐름을 의식하지 못한 체

주님과 함께 영원 무한히 살아가는 것일 것이다.
그 이전에는 젊은 시절에는 기운으로 의지로 살다가,
어느 때에 나이가 들면 주님께서 나의 기운의 바람을 뺀다.
그 때에 영원으로 가기 전의 약 10여년 정도의 시간이 될 것이다.
그 10여년의, 기간 동안 이 세상의 과업을 정리하게 된다.
그 때가 회개를 하고 영혼을 맑게 하는 기간이다.
이제 나도 주님께서 세상의 기운을 푹 한 번 빼셨다.
그러니 기운이 푹 줄어져서
기력이 혼미해지는 상태이다.
이러한 혼미의 상태가 조금 지속될 것이다.
나는 이 세상의 좋은 것들에 대한 동경과 욕망을 다 내려 놓는다.
아무 것도 바라지 않는다.
기운이 달리지만 나를 정돈하고 정리한다.
이 세상의 것들도 주님이 허락해 주셔야 가질 수 있다.
주님이 허락하지 않으시면 가질 수 없다.
주님은 나에게 기운을 빼셨다.
이제부터 이 땅에서의 삶을 하나하나 정리하고
영원의 나늘나라로 들어갈 준비를 하라고 하신다.
그간에 맡은 일은 정리하고
기도에 힘쓴다.
전적으로 주님의 섭리에 나의 삶을 다 맡기라고 하신다.
내가 열심히 공부하고,
책을 쓰고
강의를 하고
상을 받고
학술원 회원이 되는 것으로서 주님이 나에게 기운과 희망을 주셨다.
그리고 올해는 그 한 권의 책인 자연법을 출판하고
나의 삶의 여정을 정리한 참회와 속죄의 책을 출판하였다.

나의 이 땅의 삶의 클라이막스다.
최고정점에 이르렀다.
더 이상은 올라갈 생각을 하지 말라고 하신다.
이것으로 나에게 주실 주님의 축복은
끝을 맺고
욥에게 70년을 더 살도록 생명을 연장시켜 주신 축복을
나에게도 허락해 주시마고 하신다.
세상의 부귀영화를 구하지 말고
하늘이 주는 평안을 누리라고 하신다.
내가 원하는 가정공동체의 평화를 주실 것임을 믿는다.
세상으로 관심을 가지는 것은 이제 끝내라고 하신다.
안으로 영혼의 맑음을 위해 눈을 돌리라고 하신다.
허리도 조금씩 나아질 것이다.
차차 나아질 것이다.
발의 어색함도 나아질 것이다.
완전히 깨끗하게 낫기는 어렵다.
주님의 창조는 너무나 섬세하다.
그러나 인간의 보수(補修)는 주님의 완전에는 도저히 이를 수 없다.
이제는 교회 목사님의 신앙지도를 받으며
신앙안에서 믿음의 착실한 생활을 하며
하늘나라의 영원의 길로 들어갈 준비를 한다.
몸의 기운이 예전처럼 청년시절 처럼 되돌아 가지 않는다.
정신도 예전처럼 맑지 못한다.
주어진 범위 내에서 기운을 내고 정신을 차려 기도와 신앙생활에 충실하는 것이 내가 가야할 삶의 마지막 단계의 길이다.
이제 조금씩 깨달아 가고 있다.
무어 더 하려고 하지 않는 것이 좋다.
무리하지 않음이 정도다.

주님의 전적인 임재를 믿으며
주님께 나의 삶을 맡기고 산다.
지금은 기운의 빠짐과 영원의 하늘 나라로 들어가는 시간의 과도기이다.
영원히 기운차게 살 수는 없다.
영원히 이 땅에 머무를 수는 없다.
무슨 좋은 약으로 살아보려고 하지만 약간의 도움이 될 뿐
만병통치약은 아니다.
자연의 섭리를 받아들이고
주님안에서 주어진 기운 안에서 할 수 있는 일을 한다.
집착도 애련도
미움도 원망도
성공도 출세도
더 많이 가짐도
더 높이 올라감도
이제는 다 내려 놓아야할 시기라고 주님이 말씀해 주시고
기운을 빼신다.
이것이 삶의 과정인 것이다.
다 버리고 내려놓고
사랑으로 다가가며
주어진 기운의 범위내에서 영혼을 맑게 하는 일을 하다가
주님이 영원의 나라로 오라고 하신다.
그 길로 바로 간다.
주님께 나를 다 맡기고 부탁드린다.
주님안에서 무한 여유의 삶을 살아야 한다.
여유의 삶의 마지막 단계의 삶을 살아야 한다.
그것이 정도다.
그것이 극히 정상이다.
지금 나는 극히 정상적인 삶을 살고 있다.

조금도 비정상이 아니다.
너무 혼자서 걱정하지 말아라.
바른 삶을 살고 있다.
쉬어 가야 한다.
누웠다가 다시 글을 써야 한다.
그것이 극히 정상이다.
나 여호와는 그의 사랑하는 아들을 극히 사랑한다.
관동의 욥을 사랑한다.
나는 너의 하나님이고
너는 나의 사랑하는 아들이다.
사랑으로 키우고 사람으로 만들어 왔다.
나는 너를 사랑한다.
우스 땅의 욥처럼 너를 사랑한다.
조금도 염려 말아라.
나는 붙잡고 오너라.
나는 너를 지켜 주고 있다.
내가 너를 다스리고 있다.
염려 말아라.
나는 너의 하나님이다.
아멘이다.

<2023. 11. 23. 12:03>

18. 주님의 놀랍고 오묘한 섭리

주님은 나의 처지를 다 알고 계신다.
주님은 나를 지극히 사랑하신다.
주님은 사랑으로 나를 지켜 주신다.

주님이 나에게 무엇이 필요한 지를 다 아시고 계신다.
주님은 때를 맞추어 고침을 주신다.
참으로 오묘한 주님의 섭리이다.
인간으로서는 도저히 알 수 없는 놀라운 섭리이다.
주님은 사랑이시고 능력이시다.
놀라운 능력이시다.
전지전능하신 주님이시다.
아주 작은 일들도 다 아시고 챙겨 주신다.
나는 학술원 회의에 갔다가
김장이 거의 끝날 무렵에 집으로 돌아왔다.
너무 반가왔다.
나도 모르게 반가왔다.
주님은 이렇게 사랑으로 아픈 곳을 치유해 주셨다.
주님의 놀리운 섭리이다.
주님의 섭리가 바로 이런 것이구나 하고 깨달았다.
참으로 놀랍다.
이렇게 나의 감사를
자연상태로의 회복을 기도했는데,
일거에 다 해결해 주셨다.
가까운 분들에게도 감사의 나의 마음을 표하려고 하였는데,
아주 적은 금액의 아주 적은 선물로 다 나의 마음을 전하였다.
감사하다.
나의 아픔을 통하여 나의 아주 작은 사랑의 마음을 표할 수 있어서 감사하다.
주님이 주신 기회이다.
그렇다.
주님은 내가 자연상태로 돌아가고자한 마음을 다 아시고
일거에 단번에 다 해결해 주셨다.
주님의 놀라운 섭리다.

주님은 진정 나를 지극히 사랑하신다.
내가 깨어나기만 하면 된다.
나의 뇌리에서와 가슴에서 우울의 감정이 없어지면 된다.
나을 것이다.
주님은 나를 더욱더 어려움에 빠지게 하는 사탄을 막아주신다.
일어선다.
깨어난다.
감사하다.
주님의 놀랍고도 오묘하신 섭리이다.
주님께로 나아간다.
기도로 나아간다.
믿음도 주님이 주셔야 한다.
사랑도 주님이 주셔야 한다.
주님은 사랑이고
능력이고
전능하신 지혜의 인격체이시다.
세상의 것은 다 내려 놓는다.
다 주님의 것이다.
나를 내려 놓는다.
이 세상에는 주님과 나의 관계가 믿음으로 굳게 서고,
아내와 나의 부부관계가 단단하면
이 땅의 삶은 행복이다.
부부관계, 주님과 나와의 신앙관계가 흔들림이 없이 단단하고 공고하면
세상에는 아쉬울 것이 없다.
그러한 관계의 상태가 행복이다.
이제 주님께서는 나에게 행복을 주신다.
욥에게 허락하신 축복을 나에게도 주시려고 하신다.
그렇게 믿는다.

분명히 그러할 것임을 믿는다.
주님은 그의 사랑하는 아들의 기도를 들어 이루어 주신다.
분명히 그러한 분이 바로 내가 믿는 하나님이시다.
그런 믿음으로 살리라.
그렇게 살리라.
주님은 사랑이다.
주님은 능력이다.
주님은 사랑의 인격체이시다.
주님은 기도하는 아들의 그 간구를 이루어 주신다.
분명히 그렇다.
그것은 확실하고 분명하다.
그렇게 믿는다.
그것이 틀림없다.
지금까지 길러주시고 키워주신 하나님께서
장래에도 함께 해 주실 것임을 믿는다.
분명하다.
정병택 장로님의 삼키시는 그 눈물을 기억한다.
인간은 나약한 갈대다.
그 갈대를 지켜주실 이는 하나님이시다.
그렇게 믿는다.
함께 눈물의 기도를 드린다.
사랑의 친구로 같이 살아 가자고.
우리 집안도 평화롭기를 기도한다.
사탄이 흔드는 집안이 아니기를 기도한다.
좋은 소식이 있기를 기도한다.
그 간에 나는 참 무지한 삶을 살아왔다.
참 우둔하고 깨달음이 부족한 삶을 살아온 사람이었다.
그래도 주님은 무지한 나를 사랑해 주시고

길러주시고
키워 주셨다.
그리하여 오늘의 내가 있다.
감사하다.
너무나 감사하다.
이제는 평화의 세계에서 평안한 삶을 누린다.
그리고 주님의 인도를 따라서 산다.
예술의 세계에서 깊은 주님과의 소통이 있기를 소망한다.
주님과의 관계가 더욱 깊어지기를 기도한다.
아내와의 관계가 더욱 행복으로 들어가기를 기원한다.
주님의 섭리와 은혜를 구한다.
감사합니다.
아멘입니다

<2023. 10. 22. 15:51; 2023. 11. 25. 12:57>

19. 무지의 죄의 용서를 구합니다

참으로 무지하게 살아온 나이다.
나는 너무나 무지하였다.
오로지 공부하는 것이 전부였던 지난 날의 삶이었다.
그 외는 아무 것도 없다.
지금와서 생각하니 나는 너무나 무지하였다.
무지의 죄를 지었다.
무지였다.
공부하는 것 외는 아무 것도 몰랐다.
오로지 공부하면 다른 문제는 자연스럽게 다 풀린다고 생각하였다.
그러나 그렇지 않다.

공부이외의 부분은 까막눈이 되고 말았다.
노는 것도
취미도
아무 것도 가지고 즐길 것이 없게 되었다.
참으로 무지하였다.
논문을 한 편 더 쓰는 것이 희열이었다.
평균적으로 한 달에 한 편 이상의 논문을 썼다.
1년에 거의 한 권씩 책을 출판하였다.
이것이 나의 삶의 전부였다.
몸이 아프도록 하면 무슨 결과가 있겠지 하는 마음으로 휴일없이
계속 공부했다.
그러나 양은 늘었다.
그러나 질은 문제였다.
그렇게 살아왔다.
세상을 알려고도 하지 않고 그렇게 공부했다.
세월이 지나
정년을 하고서도 계속 공부했다.
책도 이것 저것 도서관에서 빌려와 읽었다.
책을 계속 썼다.
머리가 조여 왔지만 그래도 썼다.
그래서 그 한 권이 책까지 쓰고
자서전까지 출판을 하였다.
몸이 문제를 일으킨다.
생각이 안 나고 우수수한 우울의 감정에 말이 없어진다.
코로나까지 걸렸다.
다운이 되었다.
허리가 아파 시술도 받았다.
머리가 깨어나지 않는다.

잠은 길게 잔다.
그래도 깨어나지 않는다.
눈은 바르게 보이는데
머리에는 밝지 못한 생각이 계속 생각난다.
문제가 있음을 알아채린다.
모두가 자신이 없고
좀 불안하다.
손에 잡히는 것도 없고 용기가 나지 않는다.
무지의 삶을 살았다.
세상을 모르고 알려고도 하지 않았다.
그 때에 세상을 좀 알려고 했더면 지금은 많이 바뀌었을 것이다.
이미 때는 지나갔다.
너무나 무지의 죄가 크다.
나의 무지로 아내가 힘들어 하고
아이들은 정신적인 문제가 생기고
주위에는 사람도 이웃도 없는 상태로 빠져 들었다.
나 혼자 뿐이다.
교회에 나가서도 마음을 붙치지 못한다.
약하지만 불안의 늪으로 빠져들어가 있다.
그것이 올해다.
자연법을 출판 한 그 해의 후반기 부터다.
일어나려고 한다.
그러나 용기가 나지 않는다.
만사가 다 무지의 결과
너무나 몰랐던 나였다.
무지의 죄의 용서를 구한다.
주님께와 가족들에게
나의 무지의 죄의 용서를 구한다.

그 누구도 탓하지 말라.
그 누구도 원망하지 말라.
주님께 구하고 깨달음을 구하라.
주님께서는 깨달음을 많이 주시더니,
근자에는 통 깨달음이 없어졌다.
주님께서 구원의 은혜를 주실 것을 기도한다.
주님의 구원의 섭리를 구한다.
주님께로 나아간다.
주님은 항상 함께 계신다.
그 누구도 항상 나와 함께 하지는 못한다.
주님께로 나아가자.
원망하지 말라.
탓하지 말라.
주님이 해결해 주시고 축복해 주신다.
우스 땅의 욥에게 내려주신 그 축복을 나도 기다린다.
그럴 것으로 믿는다.
주님뿐이다.
무지의 죄의 용서를 구한다.
자연상태로 살고 싶어라.
탄생의 그 단계를 회복하고 싶어라.
무지의 죄의 용서를 구한다.
감사합니다.
감사합니다.
아멘입니다.

<2023. 11. 28. 09:06>

20. 무지의 죄를 용서받을 수 있는 길이 무엇일까?

나는 왜 그다지도 무지하였을까?
공부하는 일외는 다 눈에 들어오지 않았고
마음에 와 닿지도 않았고,
시도해 본 일도 없이 그렇게 살았다.
그것이 무지였고 그것이 죄였다.
그 죄의 결과는 엄혹하다.
나의 정신이 바로 잡히지 않는 우울과 힘없음의 상태였다.
그 시간도 상당히 길었다.
무지가 만든 눈을 극히 좁게 뜨게한 것은 무엇이 그렇게 하였을까?
왜 나의 눈과 의지는 공부하는 일외에는 아무 것도 보이지 않았고 마음에 들지도 않았던가?
나로 하여금 외눈으로 오로지 공부와 공부할 수 있도록 하나님께 기도하도록 나를 외눈박이로 만든 것은, 나에게도 문제가 있었지만, 나와 하나님의 관계를 어색하게 만들려는 사탄의 소행이라 생각된다.
그렇지 않고서야 어찌 그렇게도 무지하였을까?
그것이 무지의 죄였다.
그러나 무지의 죄속에 있는 나를 주님은 그래도 지켜주시고
그렇게 하고 싶어하는 공부를 하게 해 주셨다.
이제 공부에서 눈을 좀 뜨고
나의 무지의 죄로 고통당한 아내와 아들과 며느리와 손녀와 손자를 돌보라고 하신다.
무지의 죄 중에도 연구는 하였다.
그러나 연구가 전부가 아니다.
연구의 연장으로 법과 성서와 역사연구소의 설립과 운용을 꿈꾸어 왔다.
그러나 그 일은 이루어지지 않고 있다
법과 성서와 역사 연구의 시리즈는 계속 이어가고 있다.

연구소 겸 기도처 겸, 제실을 하나 지어 운영하고 싶었지만 그것도 이미 시간이 지났다.

그것은 전적으로 나의 소망이었고
아내와 가족들에게는 전혀 관심의 대상이 이니었다.
그럼에도 불구하고 그것을 소망하여 기도해 왔다.
어제 밤에 아내와 우리 노후의 대책에 관하여 운을 때는 얘기를 하였다.
아내는 당장 자신의 몸의 아픔과 노후에 실버타운에 들어갈 생각을 하였다.
나는 섭섭하였지만 공동체, 집안공동체를 이루는 일이 관심사라고 얘기하였다.
아침에 일어나 생각하니,
나의 무지의 죄로 인하여 가장 고통을 받은 사람은
아내이고 두 아들이었다.
내가 하여야할 일은 공동체를 위한 먼 장래의 구상이 좋지만
가장 급한 것은 우리가 움직이기 힘들 때의 가정살림이다.
바로 아내의 소망을 풀어주는 것이 가장 중요한 과제이고
두 아들의 장래와 손녀와 손자의 장래도 챙겨여할 과제이다.
그렇구나.
아내를 구하는 것이 첫째의 과제이다.
내가 벌고 아껴 모은 재물이지만
아내의 소망을 이루어주는 것이 무지의 죄를 용서받는 길이라는 깨달음을 얻었다.
나는 이렇게 깨달음이 느리다.
그렇다.
아내의 소망을 이루어는 것이 최상위의 과제이고 가장 긴급한 과제이다.
그래 이루어주마.
그것이 무지의 죄의 용서의 길이다.
내가 집안만을 생각하여 나의 계획을 고집하면
아무도 나를 돌아보지 않을 것이다.

그렇다.
아내를 돌보고
두 아들의 장래를 돌보고
두 아들이 긴 시간 후에 아버지를 위하여
연구소를 하나 세워 집안의 후대들이 모이고 정을 나누는 장소로 사용해 줄 수 있기를 바란다.
두 아들의 당대에 이루지 못하면 그 다음 대가 노력해 주면 된다.
그렇게 이루어주면 된다.
이제야 깨닫는다.
한편으로 욥을 축복해 주신 주님께서
내 당대에 다 이루어주실 수도 있다.
아내의 소망을 이루어주는 것이 무지의 죄의 용서를 받는 첫 걸음이다.
그렇다.
주님 깨달음을 주셔서 감사합니다.
참으로 감사합니다.
그렇게 하겠습니다.
아멘입니다.
사탄이 그렇게도 나를 괴롭혔다.
그것은 주님이 나를 사랑하시고
나는 오로지 주님을 의지하였기 때문이라 생각한다.
나와 주님의 관계를 끊어 놓으려고 하는 것이 사탄의 소행이었다.
사탄은 악의 존재다.
그러나 주님은 다 아시고
사탄으로부터 나를 구해 주셨다.
나는 주님의 사랑하는 아들이다.
주님 안에 내가 있다.
다 내려 놓는다.
재물도 아내와 후대를 위해 다 내려 놓는다.

지금까지 지내온 과거는 전적으로 주님의 은혜이다.
어느 것도 주님의 뜻에 어긋난 것은 없다.
사탄이 그렇게도 시기(猜忌)하였다.
그 시기로부터 주님은 나를 꼭꼭 지켜주셨다.
나는 주님의 사랑하는 아들이다.
아내의 소망이 첫째이고
새끼들의 소망이 둘째이다.
그것이 주님의 뜻이다.
나를 위한 삶에서 벗어난다.
그것이 주님의 뜻이다.
주님이 깨달음을 주신다.
이루어갈 것입니다.
주님의 뜻대로 살아갈 것입니다.
아멘입니다.

<2023. 12. 1. 13:44>

21. 종말론(eschatology)에 관하여

정말 이 세상의 종말이 있을까?
지구가 만들어지고 인간이 창조된 후 지금까지
인간은 계속 살아왔고
지구도 정상적으로 운행하며
그 가혹한 노아의 홍수심판,
소돔과 고모라의 멸망심판에도
사람은 다 죽지는 않고 살아
오늘 이렇게 인구가 80억을 넘었다.
지금도 위기는 계속되고 있다.

세계를 사로잡은 코로나의 기세는 꺽기지 않고 있다.
성서에는 요한계시록을 마지막 편으로 구성되어 있다.
최후 심판의 날이 올 것이며
아마게돈 전쟁으로
창조주는 이 세상을 심판하실 것이라고 쓰여져 있다.
그 최후 심판의 날을 준비하라고 적혀 있다.
창세기에서 이 세상을 그렇게도 아름답게 사랑으로
창조하신 하나님이
요한계시록에서는 무시무시한 지구멸망의 심판을 적어 놓아
우리 인간에게 경전으로 주셨다.
요한계시록은 쓴 분은 사도 요한이다.
사도 요한이 요한계시록을 쓴 이유는
그가 살았던 로마제국의 가혹한 지배를 받던
유대인들이 로마제국의 압제로부터 해방되어
자유롭고 평화로운 세상에서 살기를 갈망함에 있었다고 한다.
요한은 진정으로 이 세상의 종말이 오기를 바라서
요한계시록을 썼을까?
아니다.
로마제국의 압제를 벗어나 새로운 자유와 평화의 나라를 갈망하는
희망을 주고자 쓴 성서이다.
종말 후에 세상은 없어진다는 뜻이 아니다.
새로운 이상세계를 열기 위한 종말이다.
종말이후에도 역사는 계속되고
인간은 계속 살아간다.
요한계시록은 희망의 인간 역사를
멸망이라는 것으로 역설적으로 말하고 있다.
하나님은 세상이 창조의 본래의 뜻과 달리 갔을 때에
심판을 하셨다.

그러나 인간을 완전히 멸망시키지는 않았다.
의인을 살리셨다.
그리하여 인간의 생명을 이어가게 하셨다.
지금이 코로나 위기도 나는 하나님의 인간심판이라고 믿는다.
그러나 인간을 다 멸종시키지는 않는다.
살아서 인간의 역사를 계속 이어간다.
죽은 사람은 미움을 받은 악의 존재였는가?
그렇지 않다.
죽은 분들도 주님은 다 하늘나라로 데려가셨음을 믿는다.
종말론은
인간이 제발 하나님의 창조의 뜻대로 살아주기를 바라는
하나님의 간절하신 인간에게 주시는 말씀이다.
코로나 위기에 대해
이 위기가 인간의 오만과 자만으로
하나님을 멀리하게 된 인간의 태도에 대한
하나님의 엄중한 경고임을 깨달아야하는데
인간은 지금은 그렇지 않는 것 같다.
인간 모두의 탓이고 성찰의 계기로 삼는 것이 아니라
다른 나라의 탓이고
인간의 과학으로 이길 수 있다는
자신 만만한 자세로 보인다.
아니다.
인간이 창조 본래의 모습으로 돌아갈 생각을 하여야 한다.
하나님이 인간을 창조하신 본래의 뜻을 다시 생각하여야 한다.
주님의 성령의 은혜를 입은 믿음의 지도자들은
너무나 세상의 진행의 길을
감동적인 글로 정리하여
나에게 까지 읽게 하셨다.

나는 법학을 공부하였기에
기독교에서의 자연법을 통하여
더 나은 이상세계로 가기 위한 법의 길을
자연법으로 설명하고 있다.
하나님의 형상을 입은 인간이
하나님의 말씀을 따라서
사랑하고 위하고 이치에 맞는 생활을 하고
평화롭게 살고자 하면
창조주 하나님은 기쁘신 마음으로
인간을 축복해 주실 것이다.
그러나 인간세계에는 말씀대로만 역사가 진행되지 않는다.
하나님은 미리 아시고
하나님의 뜻에 어긋나게 살면
인간의 종말을 고하고
새로운 이상세계를 펼칠 것이라고 하셨다.
그 이상세계를 열 희망을 주는 말씀이 요한계시록의
종말론이다.
종말 바로 다음에는 희망의 세계의 시작이다.
역사는 창조자의 주관사항이다.
하나님은 인간의 역사가 모순에 차고,
하나님을 멀리하고 살면
인간의 종말을 고하고
새로운 세계를 열겠다고 하셨다.
차분히 하나님 중심으로 살으라고 하신다.
인간의 역사는 계속된다.
그러나 역사의 주관자는 주님이시다.
종말은 수없이 왔다.
그 종말은 끝이 아니라

언제나 새로운 세계의 시작이었다
종말은 멸망이 아니라
희망이었다.
과거에도 지금도 미래에도 종말과 신세계는 반복적으로 일어날 것이다.
언제나 희망쪽으로 진행할 것이다.
창조주는 인간을 사랑하여 인간을 창조하셨다.
창조주 안에서 희망의 신세계를 이루어 나가는 것이
인간의 삶이고 역사이다.
그렇게 만들어 나가야 한다.
그렇게 살 것을 하나님은 원하신다.
종말론은 희망론이다.
종말과 희망은 동전의 양면이다.
종말과 희망으로 역사는 진행한다.
역사의 끝은 없다.
역사는 영원하다.
창조주가 영원히 창조해 가시니
창조주의 피조물인 인간의 역사도 영원하다.
영원한 희망이다.
희망이다.
희망이다.

<2021. 4. 1. 10:26>

22. 성서 이해하기

성서는 특정인의 책이 아니라 만인의 책이다.
성서는 창조주의 계시와 영감으로 쓰여진 책이지
인간의 지식으로 쓰여진 책이 아니다.

성서는 쓰여진 신성과 이성,
번역되고 해설서가 나오고,
성서를 모델로 한 수많은 책의 근원이 된 책이다.
지금 성직자들과 학자들이 성서를 기초로 하여 설교를 하고 또 책을 쓰고 있다.
성서를 어떻게 이해하고 읽을까?
대원칙은 성서를 쓸 당시의 창조주의 뜻을 그대로 이해하는 것이다.
그러나 수많은 덧칠이 더하여져 성서의 본래의 뜻이 승화되기도 하였지만 좀 다른 방향으로 흘러가기도 하였다고 생각한다.
지금 이 시점에서 나는 성서를 어떻게 이해하려고 하여야 할까?
덧칠을 좀 벗겨내고 쓰여질 당시의 순수한 그 모습으로 받아들이는 것이라고 생각한다.
과연 그것이 가능할까?
우선 수식어를 좀 벗아나야 한다고 생각한다.
수많은 사람들이 성서 본래의 내용에 수식어를 너무 많이 붙었다고 생각된다.
물론 시대에 따라서 성서의 해석을 시대사정에 부합되게 하기 위하여
덧칠을 많이 하였을 것으로 생각된다.
그 덧칠을 좀 벗거내면 성서의 본래의 모습에 좀 가까이 갈 수 있을 것으로 생각한다.
그러면 읽는 사람의 주관에 따라서 성서를 이해하게 되는 문제점이 없지 않다.
자기 주장이 다 성서의 본래의 뜻이라고 주장할 가능성도 있다.
성서에서는 사람을 하나님의 형상을 따라서 창조하셨다고 기록하고 있다.
그리고 교회에서의 설교에서는 이 세상에서 살고 있는 사람들에게
세상을 악으로 말씀하고 있다.
진정 하나님의 형상을 따라 창조된 인간이 사는
이 세계가 악의 세계인가?

그러면 하나님의 형상도 악의 근원으로 보게 될 소지가 있다.
또한 하나님의 형상으로 창조된 인간에게 하나님이 자유의사를 주셨다고 설명하고 있다.
그러면 세상을 악으로 보는 것과 인간의 자유의사가 조화를 이룰 수 없다.
인간의 자유의사가 악의 근원이 되기 때문이다.
설명하기 어려운 부분들이 참 많다.
성경 66권을 모두 자세히 읽어 성서를 통달한 분들이 많다.
그러나 나는 재미가 있는 부분만을 읽은 편이다.
창세기, 출애급기, 시편, 전도서, 욥기 등의 구약을 주로 읽고
신약성경은 다 읽었지만 요한계시록을 거의 읽지 않았다.
성서를 전문으로 연구한 사람이 아니기 때문에 성서에 대한 이해가 극히 부족하다.
그래도 성서를 읽고 재미를 느끼고 하나님의 섭리의 위대함과 오묘함을 느낀다.
원문에 충실하게 성서를 이해하고 받아들이고자 한다.
영어성경, 독일어 성경은 다 원문을 번역한 성경이고
한글성경은 거의 다 영어성경을 바탕으로 번역한 성경이다.
그러니 성서의 본래의 원문에 충실한 이해를 한다는 것은 불가능하다.
그러나 가능한한 수식어를 좀 벗어버리고
원문에 그래도 가까이 가 보려고 한다.
예컨대 주님은 참새 한 마리도 그의 뜻이 아니면 떨어지지 않는다는 말씀은 있는 그래도 믿는다.
진정 하나님의 피조물인 참새 한 마리도 주님의 뜻이 아니면 떨어지지 않는다고 믿는다.
그러나 현실에서는 하나님의 형상을 입은 사람에게 도저히 주님의 뜻으로 볼 수 없는 일들이 일어나고 있다.
그러한 일을 성서에 비추어 어떻게 이해하여야할까?
주님의 전적인 권능을 믿는 것으로 이해하고 싶다.

그런 믿음을 갖고 살아가는 것이다.
주님의 인간에 대한 사랑의 극진한 표현으로 이해하고 싶다.
주님의 전능하심을 보여주는 예시라 이해하고 싶다.
믿음을 온전히 갖고 살 것을 말씀하신 것이라 이해하며
주님은 인간을 언제나 눈동자같이 살피신다는 뜻으로 이해하고 싶다.
이렇게 원문에 충실한 성서의 해석이 성서의 본래의 뜻을 제대로 이해할 수 있는 길이 아닐까 생각된다.
주님을 간절히 사모하고
주님의 뜻을 따라서 조금이라고 살려고 하면
주님은 자신의 모습을 조금씩 보여주신다고 생각한다.
그것은 성서의 말씀을 통하여 그렇게 이루어진다고 믿는다.
하나님의 형상을 모든 것의 출발점으로 삼고 싶다.
인간이 하나님의 형상을 갖고 있다는 것은
인간의 존엄, 인권, 세상치리에의 인간의 참여,
인간의 이성, 자연법의 근원이라고 생각된다.
진정으로 창조주는 그렇게 이 세상과 이 세상을 창조하셨다고 믿는다.
너무 인본적인 요소들을 성서의 이해에 개입하는 것은 자제되어야 한다고 생각한다.
주님이 이 세상을 이렇게 아름답게 창조하시고
인간을 너무나 사랑하여 자기 모습이 나타나도록 창조하셨음을 믿고 받아드리면
주님의 사랑과 인간의 귀중함을 이해할 수 있을 것으로 생각한다.
주님은 창조자이시고
사랑으로 창조하시고
정의의 질서를 주셨으며
만나로 먹을 것을 주시며
불기둥과 구름기둥으로 오늘도 인간을 인도하시며
영원히 주님과 함께 인간이 살아가도록 하셨다는 진리를 믿고 살아간다.

그러므로 인간에게는 희망이 있고
영원이 있고
소망이 있고
내일에 대한 희망과 신뢰를 가질 수 있다고 생각한다.
그것이 믿음이고
그러한 믿음을 말해주는 책이 성서라 생각한다.
그 하나님, 그 하나님의 치리를 믿는다.
영원히 주님과 함께 살 것이기에
소망과 희망과 내일을 기대하고 기다리며 산다.
아멘이다.

<2021. 5. 20. 09:01>

23. 빛(light)

하나님은 세상을 창조하실 때에 가장 먼저 빛을 창조하셨다.
빛이 세상을 밝혀주어야 후속 창조의 작업을 하실 수 있었다.
빛이 있어야 삶이 가능하다.
빛도 아무런 장애가 없이 비추어야 한다.
빛에도 여러가지가 있다.
태양의 빛, 불빛, 깊은 산속 초가집의 호롱불빛
마음의 빛, 인격의 빛, 삶의 빛,
가르침의 빛, 지혜의 빛
빛에는 보이는 것도 보이지 않는 빛도 있지만 다 밝다.
빛은 직선이지만 직선이 아닌 파장이다.
파장에 따라서 빛의 색깔이 다르다.
가시적인 빛도 있지만 보이지 않는 빛, 자외적, 적외선 등의 빛도 있다.
빛이 내는 아름다움의 대표적인 것이 무지개이다.

무지개는 빛이 물에 반사되어 그 파장에 따라서 빛을 내는 것이다.
무지개는 너무나 아름답다.
빛 역시 색깔을 가지고 있기 때문에 영롱하다.
그러나 평소에는 빛의 색깔을 볼 수가 없다.
세상을 빛으로 살아야 한다.
빛은 따스함을 주고
빛은 광합성을 하게 하여 생명을 키운다.
인간에게 빛이 없으면 어떻게 살까?
비타민 D는 햇빛을 쪼여야 생성된다.
치매기운이 있는 분도 빛을 쪼어야 한다.
빛이 삶의 기분을 바꾸어준다.
참으로 신기하고 오묘하다.
오늘날은 맑은 햇빛을 보기가 쉽지 않다.
구름끼인 날이 많고
미세먼지가 많아 흐린 날이 많다.
인구가 늘고
대도시가 형성되다 보니
하늘이 구름먼지에 보이지 않는다.
그것이 햇빛을 가린다.
날이 항상 흐리다.
몸이 무거워진다.
몸이 쉽게 정상으로 돌아오지 못한다.
이렇게 세상의 날씨까지 점점 나빠지는 현상을 보이고 있다.
빛을 비추어주어야할 분들에 대한 사회적 신뢰와 존경도 약화되었다.
참 좋은 분이라고 흠모해 왔던 분이 어느날 실망의 모습을 보여주어
그의 빛이 그만 흐려지는 모습에 실망을 하게 된다.
요즈음은 참지 못하는 시대가 되어 가고 있다.
빛은 누구에게나 무엇에게나 다 평등하게 비추는데

사람은 조그만 이익의 침해 앞에 소리를 낸다.
다 빛의 자녀들이었으면 좋겠다.
주님은 빛이시다.
우리는 빛의 자녀이다.
그 주님의 빛이 하나님의 형상이다.
내 속의 하나님의 형상을 회복하여야 하겠다.
주님은 큰 빛이시다.
나는 작은 빛이다.
그 작은 빛을 점점 키워야 한다.
주님께 가까이 감으로써 키워야 한다.
주님의 빛은 세상을 비추어 변화를 가져온다.
주님의 빛,
그것은 생명을 살리는 빛이고
구원을 이루시는 빛이다.
태양도 주님의 것이다.
빛이 있으라 하니 빛이 있었다.
그 빛이 태양 빛이 아닐까?
주님은 태양을 만들어 세상에 빛을 비추게 하셨다.
주님은 빛의 빛이시다.
주님의 빛을 받아야 생명이 깨끗하게 살 수 있다.
태양의 빛을 받아야 식물이 생명을 이어가듯
주님의 빛을 받아야 인간은 제대로 삶다운 삶을 살 수 있다.
주님의 빛은 성서로 기록해 두었다.
성서가 주님의 빛을 받는 길을 기록해 두었다.
빛을 받고
빛을 내어야 한다.
주님의 빛을 받아
나는 그 주님의 빛을 반사하여야 한다.

주님의 빛을 반사하는 것이 삶이다.
그것이 인격적인 삶이다.
그것이 하나님의 형상을 나타내고 키우는 것이다.
빛,
그것은 태양의 빛도 중요하지만
마음의 빛이 더 중요하다.
그 마음의 빛은 하나님의 형상의 빛이다.
그래
하나님의 빛을 키우고 비추어나가자.
그것이 삶의 진수이다.
그렇게 살자.
하나님의 형상의 빛을 발하며 살자.
그렇다.
그것이다.
머리도 가볍고
가슴도 맑고
몸도 산뜻하고
얼굴도 환하고
아름다운 빛을 발하며 살자.
빛의 자녀로 살자.
그렇다.
그렇게 살자.
아멘이다

<2021. 5. 21. 10:39>

24. 신인협력(神人協力)의 시대를 향하여

시대는 변한다.
시대를 이끌어가는 사상도 변한다.
모든 것이 변한다.
고대 그리스에서는 신과 인간이 함께 더불어 즐겁게 살았다.
그리하여 고대 사상가들은 이 세상보다는
더 높은 이상사회가 있을 것이라는 사상을 펼쳤다.
플라톤의 이데아, 스토아의 로고스가 그러한 이상세계를 향한 사상이다.
그러다가 중세에 들어와서는 신이 인간세계를 지배하는 신의 시대를 이루었다.
이러한 중세의 신중심의 시대를 극복한 것이
근세의 인간중심, 인간이성 중시의 시대로 변화하였다.
이러한 근세의 인간중심, 이성 중시의 사상은 오늘날에도 계속되고 있다.
이러한 인간중심, 이성존중의 시대가 앞으로 변함없이 계속될 수 있을 것인가?
가능하다고 보는 것이 일반적인 사상이 아닐까 싶다.
달에 사람이 가고
화성에 인간의 정착지를 건설할 계획을 추진하고
인간이 만든 위성이 태양계를 넘어 외계로 들어갔고
오늘 아침에는 미국에서 공중급유를 무인으로 하는 모습을 공개하였다.
인간의 이성이 대단하고
이렇게 웅대한 문명을 이루었다.
인간이 이렇게 비상하니
이 세상을 창조하신 창조주는 점점 인간으로부터 밀려나는 형국이다.
물론 위대한 과학자, 위대한 철학자들이 신의 존재와 신의 역사를
피력하지만, 그들의 소리에 귀 기울이는 사람은 점점 줄어드는 형국이다.
또한 성직자의 수도 점점 줄어든단다.

세상이 인간 이성으로 과학이 발달함으로써
먹을 것이 풍부해지고
이성으로 인간이 원하는 사회를 만들어 갈 수 있다는 자신감을 내비치기도 한다.
정말 신이 뒤로 물러나고
인간이 스스로 이 지구를 인간이 원하는 대로 만들어 나갈 수 있을까?
이 지구가 인간을 언제까지 먹여살릴 수 있을까?
이 지구가 과연 시간에 관계없이 튼튼하게 서서 인간을 지켜줄 수 있을까?
벌써 지구가 인간의 개발로 인하여 아픈 데가 많다고
견디기가 힘들다고 신음하는 소리가 들려 온다.
빙하가 녹고
기후가 변화하며
전염병이 확산되고
녹색 자연이 줄어들고
이 지구가 아프다는 증상을 보이고 있다.
인간은 이성으로 어떻게든 이 신음하는 지구를 살리고
무한히 풍요로운 인간사회를 유지하기 위하여
갖가지 신기한 물질들을 개발하고 있다.
또 한편으로는 창조주가 보내신
선각자들로 하여금
이 지구가 견딜 수 있는 길을 찾으라는 경고를 보내고 있다.
앞으로의 이 지구는 어떻게 될까?
지구 상층을 온통 인터넷 연결망으로 감싸서
지구를 완전히 한 나라로 연결하는 일을 하며
우주여행을 가게 되고
달나라는 이제 외계로 가기 위한 중간기지 역할을 하는 시대로 가고 있다.
주님은 가만히 계시기만 하실까?
인간의 이성의 오용현상에 대해서도 주님은 잠잠히만 계실까?

과연 창조주는 자신의 전지전능을 인간에 다 넘겨주시고
이 지구에서 손을 떼실까?
아니다.
주님은 이 지구와 우주의 창조자 이시다.
이 지구를 관리하신다.
이 지구의 치리자이시다.
인간이 아무리 이성으로 위대한 문명을 이룬다해도
창조주는 여전히 이 우주를 치리하시고 계신다.
인간이 자만하였을 때에 창조주는 심판하고 인간에게 경고를 하셨다.
노아의 홍수 사건
소돔과 고모라의 심판사건
수 많은 전염병의 창궐 사건
지금의 코로나의 확산 사건
이 모두가 다 우연히 생긴일일까?
인간의 오만에 대해 주님이 경고를 보내신 것일까?
주님은 인간을 창조하시면서
다른 피조물이 갖지 못하는 하나님의 형상으로 인간을 만들어 주셨다.
그리하여 인간은 하나님의 성품의 작은 한 부분을 갖고 있다.
이렇게 주님은 인간을 자신의 한 부분을 내어주어 창조해 주셨다.
그것은 바로 창조주의 인간에 대한 사랑이다.
주님은 인간을 너무나 사랑하신다.
노아의 홍수 때도
소돔과 고모라의 심판 때도 인간을 멸종시키시지 않으시고
인간의 생명을 이어가게 하셨다.
그 동안 수 많은 전염병에는 백신을 만들 수 있게 하여
인간의 대(代)가 이어지도록 하셨다.
지금 코로나 바이러스의 확산에도 백신을 만들게 하셔서
인간의 삶이 이어가도록 하시고 계신다.

이것을 모두 인간의 이성에 의한 인간승리로 자랑한다면
그것은 인간의 자만이다.
주님은 결코 인간을 멸망시키시지 않으신다.
자신의 형상을 따라서 창조한 인간의 대를 끊으시지 않으신다.
주님은 사랑이시다.
주님은 사랑 그 자체이시다.
주님은 인간을 무한히 사랑하신다.
인간은 주님의 그 무한하고 극진한 사랑을 자꾸 잊어가고 있다.
인간만이 이 세상의 주인이 아니다.
주님과 인간이 함께 이 세상을 관리해 나가야 한다.
이제는 인간이 자신의 자만(自慢)을 반성하고
주님을 찾아야 한다.
주님의 섭리를 받아
인간이 이 세상을 구해야 한다.
그것이 인간이 갈 길이다.
그것이 신인협력이다.
이제는 신인협력의 시대를 열어가야 한다.
그것이 인간이 살아갈 길이다.
고대에는 신인일치(神人一致)의 시대였다면
미래는 신인협력의 시대로 가야 한다.
주님이 창조를 하실 때에 완전히 종결적으로 이 세상을 창조하신 것이 아니라
자신의 형상으로 창조한 인간과 더불어 함께 계속적으로
이 세상을 창조해 나가시기로 하였다고 나는 생각하고 믿는다.
인간은 창조주의 섭리를 구하고
창조주는 인간의 기도소리를 받아들여 세상을
더욱 아름답게 창조해 나가는 시대가 미래의 시대라 생각한다.
그런 시대를 희망한다.

인간도 이성을 충분히 활용하고
창조주도 자신이 그렇게도 사랑하는 인간의 소망을 받아들여
함께 더 아름다운 미래를 열어가는 신인협력의 시대를 열어가야 한다고 생각한다.
그것이 나의 사상이다.
그 시발점을 바로 인간은 하나님의 형상으로 창조되었다는 점이다.
주님은 인간이 자신과 함께 이 세상을 영원히
아름답게 더 아름답게 만들어 나가자고 하신다.
그 하나님의 부름에 인간은 귀 기울어야 한다.
그것이 인간이 갈 길이다.
그것이 인간의 소망이고 희망이다.
그것이 나의 소망이고 사상이고 희망이다.
신인협력,
그 시대를 여는데
나도 아주 낮은 자세로
욥같은 믿음으로
자연법으로 참여하고자 한다.
주님 감사합니다.
아멘입니다.

<2021. 6. 9. 10:03>

25. 하나님의 위대하심

히말라야 고지에도 강이 있다.
강이 있어 사람이 산다.
그 고지에도 강물이 있어서 농사를 지을 수 있기 때문이다.
히말라야 고지의 강물의 근원은 인도양의 바닷물이다.

바다의 물이 구름으로 실려와 히말라야 산에 눈으로 내린다.
히말라야 산에 내린 눈은 차가운 공기를 만나,
빙하로 변하여 꽁꽁얼어 쌓이고 싸여 있다가,
조금씩 조금씩 녹아서 강물이 되어 흐른다.
안데스 산맥의 태평양 쪽은 사막이다.
그 사막에도 강이 있어 강물이 흐른다.
그 강물은 대서양의 바닷물과 아마존강의 강물이다.
그 바닷물과 강물이 역시 구름으로 실려와 안데스 산맥에서 눈으로 내린다.
그 눈이 찬공기로 얼어서 빙하를 이룬다.
그 빙하가 서서히 녹아서 강물이 된다.
참으로 자연현상은 신기하고도 위대하다.
어찌 그 바닷물이 저 산 꼭대기로 올라가,
눈으로 내려
그 눈이 빙하로 얼어 있다가 조금씩 조금씩 녹아서 강물이 되다니.
막연히 자연현상이라고만 설명할 수 있을까?
아니다.
창조주의 오묘한 창조의 섭리이다.
아무래도 신이 만들어준 오묘함이며 위대함이다.
창조주는 지구를 만들고, 다음에 산을 빚고 바다를 파서,
지구의 제일 아래의 바다의 물을
구름으로 실어와 하늘 아래 제일 높은 곳에서 눈으로 바꾸고,
그 눈을 얼음으로 저장했다가,
조금씩 조금씩 흘러 내려 보내서 인간이 살 수 있도록 창조해 주셨다.
절대로 인간이 만든 작품이 아니다.
우연히 그렇게 만들어진 것도, 진화에 의한 자연현상도 아니다.
창조주의 위대한 사랑의 작품이다.
그것은 바로 창조주의 사랑의 결과이다.
오 위대하신 하나님,

오 오묘한 주님의 사랑의 작품,
진정코 창조주, 신의 계심과 섭리를 믿습니다.
그것은 바로 주님의 사랑임을 고백합니다.
아멘. 아멘. 아멘. 할렐루야

<2017. 5. 18. 21:50>

26. 주님은 일을 되게 하여 주신다

창조주는 이 우주를 창조하시고
인간을 창조하셨다.
주님은 지금도 창조를 계속하신다.
우주의 팽창이 바로 창조의 계속이다.
창조주는 긍정의 주이시다.
일을 되도록 해 주신다.
창조주는 부정(否定)의 주가 아니시다.
일을 안되게 하시는 분이 아니시다.
때로는 창조주는 인간의 가는 길을 막아 서시기도 하지만
그것은 창조주의 그 사람에 대한 특별한 뜻이 있으시기 때문이다.
그 길로 가서는 안 되기에 가로 막아 서신 것이다.
창조주가 인간의 가는 길을 막아 서시면
반드시 창조주는 자신의 길로 가게 하시고
그 길을 인도해 주시고
은혜 주시고
결실을 거두게 해 주신다.
그것은 나의 체험이다.
주님께 길을 물어야 한다.
주님께 길을 물으면 주님은 될 길로 인도해 주신다.
그것은 분명하다.

전지전능하신 하나님이
왜
그의 피조물인 인간을 불행으로 이끄시겠는가?
주를 따르고 주님의 길로 가겠다는 사람을
왜 주님은 그의 피조물을 불행으로 이끄시겠는가?
그것은 나의 주님에 대한 믿음이고 신앙이다.
이 지구와 우주는 참으로 크고 오묘하다.
아주 질서 정연하다.
이러한 우주에 수많은 별들이 있고
지구에만 80억 가까운 사람이 살고 있다.
이렇게 거대한 우주가 우연히 생겼다고는 말할 수 없다.
이 우주가 존재해야할 목적이 있다.
그 목적의 원인자가 바로 하나님이시다.
분명히 하나님이 논리적으로도 계셔야만 한다.
분명히 창조주는 계신다.
그 분이 바로 여호와 하나님이시다.
여호와 하나님도 그의 관할범위가 점점 확대되었다.
이스라엘 민족의 하나님에서 출발하여
이 지구의 모든 인간에게로 확대되고
지금은 전 우주를 관할하는 자로 확대되었다.
하나님은 계신다.
계셔야 한다.
그가 이 우주의 치리자이시고
나의 치리자이시고 구원자이시다.
나를 중히 여기신다.
모두가 주님께로 나아오면
복에 복을 더하여 복을 주시겠다고 하신다.
주님은 없는 것이 없다.

주님의 나라는 무를 유로 만드시는 곳이다.
구하고 찾고 주님 나라의 문을 두드리면
주님은 하늘 나라의 보물을 인간에게 내려 주신다.
그러나 인간이 그것을 구해야 한다.
인간이 하늘나라의 보물을 거절하면
주님은 주시지 않는다.
그것은 인간의 인격과 의사를 존중하시기 때문이다.
주님께로 나아가야 한다.
기도하며 나아가야 한다.
주님은 자신의 아들과 딸을 지극히 사랑하신다.
어제 교황님의 복음의 기쁨의 책을 읽는 중에
믿음과 과학은 모순되지 않는다고 하셨다.
신앙도 과학도 다 하나님으로부터 나왔기 때문이라고 하셨다.
그렇다.
과학과 신앙은 모순되지 않는다.
과학의 법칙은 사랑의 질서이다.
사랑이 법칙으로 나타난다.
그 모두가 주님의 사랑이다.
과학법칙이 바로 신앙의 사랑의 결정체이다.
그렇다.
과학자일 수록 믿음이 더 깊어진다.
그것이 바로 이 우주에는 창조자가 있어야할 논리이고 이 지구생성의 목적이다.
창조주는 계신다.
인간에게 창조주는 이성을 부어 주셨다.
그 이성으로 주님을 찾고 주님의 섭리에 충실하게 살아라고 하셨다.
그렇게 살면,
주님은 복에 복을 더하여 주시겠다고 하셨다.

그것이 바로 주님의 사랑이다.
주님은 인간이 이해하기 힘든 경지의 사랑을 펼치신다.
주님은 사랑이다.
주님은 창조주이시다.
주님은 이 세상을 사랑으로 운행하시고 계신다.
그 사랑의 우주 운행이 과학법칙으로 표현되고
사회의 치리에는 정의로 표현된다.
정의와 과학법칙은 다 사랑의 다른 표현이다.
그러므로 이 세상은 사랑으로 구성되고 사랑으로 운행된다.
그렇다.
사랑이다.
이 세상은 사랑이 그 본체이다.
사랑이 이 세상 운행의 동인이다.
그 사랑이 창조주이시다.
이 세상의 창조주는 하나님이시다.
그렇다.
사랑이다.
사회과학에서는 사랑의 운행법칙이 정의로 표현된다.
정의는 사랑의 다른 표현이다.
사랑이 최고의 경지이다.
사랑은 창조주의 본성이다.
사랑은 이 우주의 운행법칙이다.
사랑은 창조주의 본성이시다.
사랑이 바로 창조주이시다.
사랑은 무한한 힘을 가진 에너지이다.
그 에너지의 작용이 이 우주의 운행이다.
질서있는 운행이다.
사랑이다.

사랑이다.
사랑이고 사랑이다.
원수도 사랑이다.
모두가 사 사랑이다.
사랑이다.
사랑이고 사랑이다.
사랑으로 산다.
사랑이 믿음이고 신앙이다.
사랑이다.
사랑이다.
사랑의 깊은 바다로 나가라
하나님을 만나라.
만나기를 바라면 주님은 만나주신다.
사랑이다.
사랑이고 사랑이다.
사랑이다.
사랑이고 사랑이다.
사랑,
사랑이다.
사랑이다.
아멘.

<2022. 8. 14. 08:00>

27. 사도들의 마음과 그 상태

법과 성서와 역사 연구소를 시작하면서
첫번째로 책의 집필을 부탁하였던 주제가
현 시대의 사도는 누구인가 였다.

그러나 그 책의 원고청탁을 수락하셨던 목사님이
원고료를 받으시고는 못 쓰시겠다고 원고료를 돌려 주셨다.
그리하여 오늘날의 사도는 누구인가의 주제로 쓴 책이 아직 쓰여지지 못하고 있다.
그러나 나의 뇌리에서는 늘
오늘날의 사도는 누구이며,
누구이어야 할까에 대하여 생각해 왔다.
어제는 깨달음을 얻었다.
예수님 시절의 사도들의 마음은 어떠했으며
그들이 능력을 가지고 전도할 수 있었던 마음의 상태는 어떠하였을까에 관하여
생각이 떠 올랐다.
그것은 분명히 계시(啓示)였다.
예수님을 따르던 사도들은,
마음이 평정되고
아주 평안하였을 것이며
아무런 근심도 걱정도 없었을 것이며
아무런 두려움도 불안도 없었을
아주 담담한 마음이었을 것으로 생각되었다.
오로지 주님의 성령이 충만하여
두려움과 불안이 전혀 없는 아주 평안한 마음이었을 것이다.
그리고 담대하였을 것이다.
주님으로부터 권능을 받아
병자를 치료하며
안증뱅이를 일으켜 세우고
사탄을 물리치는 능력을 발휘하였을 것으로 생각되었다.
오로지, 전적으로 주님 안에서 살고
모든 자신의 일은 주님의 권능에 있음을 믿고

아무런 두려움도 불안도 없는
평온함 그 자체이었을 것이다.
그리고 담대하고
주님의 권능을 받아 능력으로 상대에 나아갔을 것이다.
불의에 두려움없이 저항하고
정말 힘이 있는 당당한 능력있는 분들이었을 것이다.
그렇다.
그런 사도들이 오늘날은 누구인가?
누가 오늘날의 사도인가?
신학자, 성직자가 사도들일 것이다.
그 분들만이 아니라
다른 전공의 분들도 주님으로부터 선임을 받아 사도로서 활동하는 분들이 있다고 생각한다.
분명히 있다고 생각한다.
나도 사도이고 싶다.
불안과 두려움을 떨쳐 버리고
눈도 밝고
머리고 맑은 상태의 사도이고 싶다.
하나님을 증언하고 싶다.
그곳이 고향이든 북한이든 어디든
주님이 가라고 하시면 가서
주님을 증언하고 싶다.
그 하나님의 증언자가 사도가 아닐까?
나도 그 반열에 들어가고 싶다.
80이 되면 주님으로부터 부름을 받고 싶다.
그 때를 위하여
준비한다.
학문도 더 보태고

믿음도 더 키우고
건강도 잘 유지하고
나이는 들었어도
주님을 담대히 증언하는 일을 하고 싶다.
나의 삶도 증언할 만한 체험들이라 생각한다.
주님께서 이러한 체험을 하게 한 것이
오로지 법학교수로서의 생활을 하도록 할 목적이었다고는 생각되지 않는다.
그 일들은 나를 위한 체험이었지,
주님을 위한 체험은 아니었다.
이제 내가 바라는 것은 주님을 위한
마지막 일을 하고 싶은 것이다.
그것은 하나님에 대한 증언이다.
하나님에 대한 연구결과와
그 간의 생활체험을 통하여 얻은 결과를
주님나라를 위하여 담대히
증언하는 일을 하고 싶다.
그것이 바로 오늘날의 사도의 일이라 생각된다.
나도 사도가 되어
일하고 싶다.
결코 나를 위한 일이 아니라
주님 나라를 위한 일을 하고 싶다.
사도로서의 일을 하고 싶다.
지난날의 신앙체험만으로
나의 이 세상의 사명을 다했다고는 생각되지 않는다.
그것은 사도로서의 일을 행하기 위한 준비훈련이었다고 생각한다.
그러기를 바라고 소망하고 희망한다.
그러나 나에게는 기도의 권능이 있지 않다.
마음도 불안하고 우울하다.

담대한 것과는 거리가 멀다.
어찌할꼬.
기도하며 기다려야 한다.
그냥 이대로 밥 먹고 살다가
주님께로 갈 수만은 없다.
주님나라의 청지기로서 작은 일이라도 하다 가고 싶다.
그것이 나의 소망이고 희망이다.
불안에서 해방되고
무능에서도 해방되고
앞이 보이지 않는 우울함에서도 해방되고
주님 중심으로
사도로서
담대하게
주님을 증언하고 싶다.
그 길이 무엇일까?
북한으로 가서 일할 수도 있다.
고향을 내려가 할 수도 있다.
여기서도 불가능하지는 않다.
합창하고
그림 그리고
시 쓰고
하나님 중심의 자연법을 더 탐구하고
세상의 것은 다 버리고
어느 하나도 이 세상의 부귀영화는 다 버리고
텅텅비우고
주님의 성령만을 받아
권능을 가지고
몸과 마음을 다 드리는

담대한 주님의 증언을 하리라.
그렇게 살다 가고 싶다.
모세같이
조용기 목사님같이
그의 마음은 성령으로 충만하여
아주 평안하였으며,
담대하였으며,
희망의 빛을 보았으며
담대하게 주님을 증언하였을 것이다.
그것은 분명하다.
나도 그러고 싶다.
초기 사도들의 마음을 나도 갖고 싶다.
담대히 주님 증언하러 나아가고 싶다.
나를 들어 받아 주시옵기를 소망한다.
그럴 수 있기를 소망한다.
신앙은 이론보다는 실천이 중요하다.
지식은 조금 터득하였지만
실천, 사랑의 실천은 참 부족하였다.
나의 치장을 위해 죽으라고 애쓰며 살아왔다.
그 일에 주님은 한 없이 축복해 주셨다.
그 다음 주님께 드리는 일을 하고자 한다.
그 새일에 주님의 섭리와 인도를 구한다.
주님을 영접합니다.
주님께 경배드립니다.
길을 인도해 주실 것을 기도합니다.
담대하게
불안과 불편함이 전혀 없는
주님의 아들로

권능을 가지고
담대히 주님을 증언하고 싶습니다.
주님은 일이 되게 하시는 주님이심을 믿습니다.
아멘입니다.

<2022. 11. 1. 10:38>

28. 진리에 관하여: 왜 진리는 힘을 가고 있나?

진리란 무엇인가?
어떻게 진리를 찾을 수 있는가?
진리는 왜 힘을 갖고 설득력과 관철력을 갖는가?
왜 진리는 역사가 지날 수록 빛을 내는가?
왜 진리는 무너지지 않는가?
왜 진리가 아닌 가식(假飾)은 탄로가 나고 불신을 받으며 무너지고 마는가?
진리의 내용은 무엇인가?
인간이 진리를 만들 수 있는가?
하나님은 사랑으로 이 우주를 창조하시고
사랑의 질서를 정의로 세우셨다.
사랑과 정의가 진리이다.
진리는 하나님으로부터 나온다.
진리는 정의와 사랑을 그 내용으로 한다.
하나님은 무너질 수 없다.
진리는 하나님의 본성이므로 무너질 수 없다.
진리를 가식이 아무리 가려도 그 가식은 진리의 빛에 밀리고 무너지고 만다.
아아,
진리란 무엇인가?
그 진리를 어디서 구할 수 있나?

그 진리를 나도 체득하고 실천할 수 있나?
나를 여기까지 데리고온 힘은 어디에 있었나?
진리가 나를 여기까지 데리고 왔다.
진리의 힘으로 여기까지 왔다.
진리와 진실은 어떤 관계인가?
진실해야 함은 무엇인가?
가식을 가식라고 말하는 것은 진실이다.
가식을 가식이라고 말하는 것도 진리인가?
진실과 진리에는 차이가 있다.
진리의 탐구결과는 그 생명이 길다.
인간이 알고 있는 진리는 한계가 있다.
신의 진리는 완전하다.
인간의 진리라고 하는 그 진리에는 한계가 있다.
왜 진리는 힘을 갖는가?
보이지도 않는 진리가 어떻게 힘을 가지는가?
가식에는 왜 힘이 없는가?
가식에는 속임만이 있지 에너지가 없다.
진리는 왜 신뢰를 주고 믿음을 두고 설득력을 주고 관철력을 주는가?
진리를 위하여 생명을 내놓는 일이 있다.
어떻게 진리가 생명보다 중요할 수 있는가?
그 힘이 어디에서 나오는가?
그 힘은 도대체 무엇인가?
진리로 충만한 사람은 왜 밝고 용기가 있는가?
가식으로 꾸며진 사람은 왜 숨으려고 하는가?
진리가 사람을 용감하게 만드는 그 근원은 무엇인가?
가식이 사람을 용감하게 하지 못하게 하는 것은 왜 그런가?
진리 그 자체가 힘을 갖는가?
진리에 힘을 그 누가 부어주어 비로소 진리가 힘을 갖게 되는가?

진리는 일시적으로 수난을 받아도 왜 다시 그 생명을 갖고 또다시 나타나는가?
진리를 위해 살아야 하는 이유는 무엇인가?
진리는 어디서 생성되는가?
진리의 생산자가 있는가?
진리는 우연히 생기는가?
진리를 진리되게 하는 그 무엇이 있는가?
있다면 그것은 무엇인가?
법에서도 진리의 법이 있다.
그것이 자연법이다.
성서의 말씀에 기초한 자연법이 가장 훌륭한 자연법이다.
기독자연법이 자연법 중에서 가장 진리에 기초하고 있다.
그 진리의 자연법은 세월이 지나도 계속 새 생명을 갖고 다시 나타난다.
법에서 진리를 찾는 것은 바로 자연법을 구축하는 것이다.
이 세상의 궁극이 진리이고
그 세상의 궁극은 창조주이다.
창조주는 사랑으로 이 세상을 창조하시고
정의로 사랑의 질서를 세우셨다.
그 사랑과 정의가 창조의 동인이고 이 세상의 운행질서이다.
사랑과 정의가 진리이다.
사랑과 정의가 자연법의 내용이다.
진리는 사랑과 정의이고
사랑과 정의의 근원은 하나님이시다.
그러므로 진리는 하나님이시고
이 세상의 창조주의 창조의 섭리이고
정의와 사랑이다.
그것이 이 세상의 궁극이다.
진리는 궁극이다.

그 궁극은 하나님 자신이고 하나님의 힘이다.
진리는 그래서 힘이다.
진리에 반하는 가식은 위선이고 무너진다.
진리는 빛이다.
하나님도 빛이다.
빛은 세상의 희망이다.
진리로 세상은 희망을 갖는다.
진리는 불의를 용납하지 않는다.
진리의 사람이어야 한다.
진리의 삶이어야 한다.
진리의 오늘이고
진리의 내일이어야 한다.
백년 후의 진리를 생각하면서
오늘의 진리를 가꾸어 나가야 한다.
진리로 전신갑주를 입어야 한다.
진리로 완전무장을 하여야 한다.
진리가 이 세상의 근원이다.
진리가 주님이시다.
정의와 사랑은 진리이다.
그 진리는 그 자신 힘이 있다.
진리, 진리의 삶을 살아야 한다.
진리는 죽지 않는다.
진리는 영원히 계속된다.
진리를 따라서 사는 사람은 영원히 산다.
영원을 사모하는 자는 진리를 찾아나가야 한다.
진리 그것은 나의 본분이다.
세상 운행의 정의로운 사랑의 질서가 진리이다.
그것은 영원하다.

그 진리를 따라서 산다.
그렇다.
진리의 힘은 주님이다.
그렇다.
할렐루야
아멘입니다.

<2022. 1. 14. 11:31>

29. 우스 땅의 욥과 관동의 욥

관동의 욥은 우스 땅의 욥을 그렇게도 존경한다.
우스 땅의 욥은 우직스럽고 진실하고 진지하였다.
그 힘든 고통의 시간에도 창조자를 원망하지 않았다.
주신 이도 하나님이요,
가져 가실 이도 하나님이라고 고집했다
우스 땅의 욥은 자식도 재물도 다 잃었다.
친구들과의 우정도 잃었다.
남은 것은 오직 고통속의 자신 뿐이었다.
그가 잡은 것은 오로지 하나님 뿐이었다.
그러나 하나님은 즉시 우스 땅의 욥을 구원해 주시지 않으셨다.
다 잃고
절망속에 있을 때에 구원의 손을 내미셨다.
하나님이 데려 가시면 가리라고 자신을 다 내어 놓았을 때에
하나님의 구원이 임재하셨다.
자신의 힘으로는 아무 것도 할 수 없다고 생각하였을 때에
하나님이 임재하셨다.
우스 땅의 욥은 본래 행복한 사람이었다.

부자였다.
그러나 이유없이 다 잃었다.
성서에선 사탄의 소행으로 기술하고 있다.
그러나 하나님의 시험이었다.
잔인한 시험이었지만 욥은 피할 수 없었다.
그 잔인한 시험을 욥은 하나님의 뜻으로 알고 믿고 견디었다.
그 얼마나 힘들었을까?
그 고통의 시간 속에서
구원이 빛이 비출 것을 기대하였겠지만
과연 빛이 자신에게 비출 것이라고 확신하였을까?
아니다. 이미 귀한 자녀들이 다 세상을 떠났는데,
자신만이 끝내 빛을 보리라고 생각할 수 있었을까?
욥이 그렇게 믿었더라면
욥도 참으로 무정하고 잔인한 사람이다.
욥은 그렇게 잔인한 사람이 아니었다.
욥이 그렇게 무정한 사람이 아니었다.
욥은 전적으로 하나님의 섭리를 믿었다.
주시는 이도 하나님이시오,
가져 가시는 이도 하나님이시라고 믿었다.
오로지 하나님의 섭리와 하나님의 치리만을 믿었다.
우직스럽게 믿었을 뿐이다.
참으로 우직스러웠다.
그 고통의 시간을 보냈다.
주님의 치리만을 믿고서 견디었다.
참으로 처절한 삶이었다.
그 때가 지금으로부터 4000여년 전이다.
하나님은 우직한 욥을 구해 주셨다.
고통을 끝내고 70년을 더 살게 하시고

최소한 140세를 살게 하셨다.
재물도 배로 더 주셨다.
자식은 열을 새로 주셨다.
욥의 생애를 성서에서는
욥의 우직함,
하나님을 온전히 믿은 우직함에 대해 쓰고 있다.
그 외는 없다.
하나님을 우직스럽게 믿고 산 우스 땅의 욥이었다.
태어나서 가정을 이룰 때까지를 한 40년으로 본다면
아마도 30여년 간을 심한 고통 속에서 살았을 것이다.
그리고 욥은 구원을 받아 70년을 잘 살았다.
나는 내 스스로 관동의 욥이라 이름을 붙였다.
우스 땅의 욥처럼 우직스럽게 살고 싶었기 때문이다.
하나님을 전적으로 믿고 살고 싶었기 때문이다.
재주도 능력도 없는 나이다.
그져 하나의 일을 잡으면 우직스럽게 밀고 나가는
변함이 없는
항심의 나이고 싶었을 뿐이다.
항심이 우스 땅의 욥과 닮았다.
가진 재물도 넉넉지 못했다.
그냥 살아왔다.
콩나물을 많이도 먹었다.
미역국을 많이도 먹었다.
김치밥국은 너무 자주 먹어서 먹기가 싫었다.
그래도
그것 먹고 자랐다.
청년기를 지나 장년의 나이가 되니
얼굴에 기미가 많이 끼어있었다.

우스의 욥은 구원 후에
재물을 배나 축복받았지만,
관동의 욥은
장년에 기미가 사라졌다.
복에 복을 더하여 받아
최고의 위치에 까지 왔다.
최고의 위치에 와서
더 갈 목표를 잃어버렸다.
잠시 갈 길을 잃어 버렸다.
혼동의 상태로 빠져 버렸다.
허우적 대고 있다.
바로 지금,
바로 지금 공항상태에 빠졌다.
허우적 거릴 기운조차 잃어버린 상태다.
구원을 주님께 빌고 있다.
빛을 구하고 있다.
다시 비상(飛上)할 꿈을 꾸어 본다.
자신을 가다듬는다.
방황의 시간을 고요의 시간으로 바꾸어 달라고 기도한다.
우스 땅의 욥에게 임재하셨던 그 하나님께서
관동의 욥을 구해달라고 기도한다.
지식이 관동의 욥을 구하지 못한다.
구원을 요청할 주위의 사람도 가까이 없다.
혼자다.
외롭다.
고독하다.
목표도 없다.
아무 것도 손에 잡히지 않는다.

우수수함이다.
나이도 이미 우스 땅의 욥이 구원을 받은 나이를 넘어섰다.
일어 섰으면
가슴이 좀 환했으면,
머리가 좀 맑았으면,
복잡한 생각이 좀 없어졌으면,
아아,
한 가지 구원의 징조가 있다.
그렇게 복잡하게 꿈을 꾸었던 일이 없어졌다.
간밤에는 꿈을 전혀 꾸지 않고 잤다.
변화다.
발전이다.
큰 변화다.
나아지고 있다.
우스 땅의 욥에게 임재하셨던
하나님의 구원이 관동의 욥에게 임재하셨다.
우직스럽게 기다린다.
어딜 갈려고 하지 말고
하나님을 사모하고 기다려라.
그 길이 구원으로 가는 길이다.
세상의 것일랑 다 내려 놓아라.
하나님의 구원을 기다려라.
만물에는 때가 있다.
그 때를 기다려라.
그 때는 올 것이다.
너에게도 때가 있다.
하나님은 너를 무한히 사랑하셨다.
우스 땅의 욥 이상으로 사랑하셨다.

사랑하고 계신다.
한 없이 사랑하신다.
너를 제2의 우스 땅의 욥으로 만들어 주시마고 하신다.
먼먼 훗날
이 세상에는 욥이 두 사람이 있었다고 할 것이다.
우스 땅의 욥과
관동의 욥이 있었다.
다들 우직스러웠다.
하나님을 알고 믿는 것 외에는 아무 것도 모르고 산
참 우직스러운 욥이었다고.
우스 땅의 욥은 하나님만을 알고 산 우직한 사람이었고
관동의 욥은 변통을 모르는 순수하고 진실하고 우직한 사람이었다고.
너무 변통없이 우직스럽게 산 나머지
작은 일에도 죄의식과 죄책감에 사무쳐
원죄를 벗어나지 못하고 살면서
창조 그 상태인 창조상태, 자연상태를 동경하며
하나님만을 찾고 구하며 살아가고자 하였다고.
이제 하나님이 구원을 베푸사
70이 넘었을 때의 우스 땅의 욥과 같이
남은 삶을 살게 해 주시겠다고.
아아,
고요여
평화여,
초극이여,
살아서 부활이여,
우스 땅의 욥을 구원해 주셨던
그 하나님이
관동의 욥에게 임재해

구원을
살아서의 부활을
주시고 계심을 믿나이다.
믿습니다.
믿고 또 믿습니다.
하나님,
하나님,
하나님의 사랑에 감사합니다.
감사합니다.
감사합니다.

<2022. 11. 어느 날 어느 시>

30. 주여 어디로 가시나이까?: Quo Vadis, Domine

주여 나를 어디로 데리고 가시나이까?
나는 아무 생각도 나지 않습니다.
아무런 의욕도 생기지 않습니다.
생각도 의욕도 의지도 없습니다.
오로지 주님의 섭리와 은혜로 살아왔는데,
다 이룬 이후의 상태가 너무 한가합니다.
왜 이런 가요?
오로지 주님의 뜻을 따라 살겠다는 생각인데,
주님은 나를 어디로 인도해 주실 계획이신지요?
주님이 나를 선택해 주셨습니다.
주님께서 나를 세상으로 가는 길을
가로 막으시고, 주님이 계획하신 길로 들어가게 하셨음을 믿습니다.
열심히 공부하게 하시고

나를 영광의 자리로 데려다 주셨습니다.
모든 일이 다 이루어졌습니다.
이 일들이 어찌 주님의 뜻이 아니옵니까?
나의 의지도 능력도 재주도 아니었습니다.
전적으로 주님의 섭리와 은혜와 인도였습니다.
그렇게 굳게 믿고 고백하고 있습니다.
그렇게 가슴에 차오르던 가슴아픔도 거의 해소되었습니다.
눈은 좀 더 나빠졌지만
가슴은 많이 안정되었습니다.
아무 생각이 나지 않습니다.
무슨 의욕도 나지 않습니다.
어디 나가고 싶은 생각도 없습니다.
무슨 일을 해야할지도 모르겠습니다.
어디로 가야할지도 모르겠습니다.
어디에 머물러야할지도 모르겠습니다.
숨은 쉬고 있으나 의식이 없는 사람이 되었습니다.
움직이고 싶은 생각도 자꾸 줄어듭니다.
노화현상으로 생각하면서
주님의 뜻에 전적으로 다 의탁하고픈 생각 뿐입니다.
내가 나를 치리하지를 못하겠습니다.
주님께서 일으켜 세워 주시고
새로운 사명과 힘을 주시옵소서.
사랑의 경지에까지 왔습니다만
어느 순간에 사랑의 생각도 멈춘 듯 합니다.
혹시나 너무 하나님 나라로 온 것을 야단하시는 것은 아니신지요?
이 부족한 사람이
주님의 은혜로
법학의 전공분야를 어느 정도 정리하고

이 세상의 근본이고 궁극인
사랑의 세계에 까지 왔습니다.
어찌 이런 귀한 삶을 살 수 있었을까요?
그것은 전적으로 주님의 은혜였고 주님의 사랑이었습니다.
나의 능력으로는 안 될 일입니다.
주님 이제부터는 어디로 가야 하나요?
어디로 갈까요?
주님이 길을 인도해 주시고 열어주시옵소서.
힘을 내어보도록 사랑해 주시옵소서.
사랑의 에너지를 좀 부어 주소서.
너무 나를 낮추는 겸손으로부터도 해방되겠습니다.
나를 낮추니 내가 설 자리가 없어집니다.
모두가 다 주님의 사랑으로 이루어진 일입니다.
우스 땅의 욥에게 은혜 내려주셨던 주님,
관동의 욥인 저에게도 은혜로 새롭게 하여 주옵소서.
간절히 비옵니다.
내가 약해지만 주님이 마음 아프시리라 생각합니다.
나를 일으켜 세워주소서.
주님의 영광을 위해 작은 일이라도 하겠습니다.
나를 주께 드리옵니다.
받아주소서.
새롭게 하여 주옵소서.
나에게 주님의 은혜로 변화를 주옵소서.
생기를 불어넣어 주소서.
일어서렵니다.
사랑의 에너지에 불을 붙이겠습니다.
나를 받아주옵소서.
나를 새롭게 하여 주옵소서.

주님만을 의지합니다.
아멘입니다.

<2023. 10. 25. 17:52>

31. 주님이 나를 부르신 이유

주님은 전능하시다.
주님은 이 우주를 창조하시고 관리하시고 부활로 이끌어가신다.
주님은 사랑이다.
주님은 사랑의 인격체이시다.
주님은 지혜가 충만하시고 에너지가 충만하시다.
나는 주님의 아들이다.
나는 주님의 형상을 따라서 태어났다.
나는 어머님과 아버님의 몸을 통하여 태어났지만,
주님은 이미 오래 전에 나를 예정하시고
자신의 형상을 따라 지어서
나를 세상에 보내주셨다.
태어나서 지금까지 길러주시고 키워주시고
영광의 자리에 까지 데려다 주시고,
오늘의 나로 만들어 주셨다.
그 쓰고 싶던 그 한 권의 책도 다 쓰게 하시고,
지금은 그 한 사람의 친구도 만들어 주시고,
그 한 가지의 일 사랑을 실천할 수 있도록 길을 인도해 주신다.
주님은 나를 너무나 사랑하신다.
주님은 내가 원하는 기도를 다 이루어주시고
다 이루어주시고 계신다.
사탄은 내가 주님께 가까이 가는 것을 그렇게도 시기한다.

참으로 끈질기게 나를 괴롭힌다.
사탄은 악이다.
끝까지 악한 일만 한다.
주님이 나를 사랑하는 것을 그렇게도 시기하고 훼방한다.
주님은 왜 나를 이렇게도 사랑하시는가?
주님은 나를 왜 그렇게도 주님의 품안에 두시고 싶어하시는가?
주님은 왜 그렇게도 나를 사랑하시는가?
보잘 것 없는
부족하기 그지없는 나를 그렇게도 사랑하시는가?
주님은 나의 기도를 다 이루어 주실 것만 같다.
학문을 계속하고
법과 성서와 역사 연구소를 설립할 수 있게 하시고
못다한 사랑을 실천하게 하실 것만 같다.
또한 그렇게 믿고 기대한다.
그간에 혼자서 풀지 못한 일들을
주님은 단번에 해결해 주셨다.
그리고 사랑으로 이웃에게 다가가게 하신다.
그리고 그 한 사람의 친구를 만들어 주시고 계신다.
관동의 욥을 우스 땅의 욥과 같이 만들어 가시는 것 같다.
참 좋으신,
나의 주, 나의 하나님.
주님이 나를 사랑하는 이유는 무엇인가요?
주님의 사랑에는 조건이나 원인이 없다.
무조건적인 사랑이다.
주님을 경배하고 기도하고 구하면 다 이루어주신다.
주님은 이 우주를 창조하신 전능자이시다.
이 우주를 사랑으로 창조하셨다.
나를 창조하셨다.

나로 하여금 주님의 사랑으로 행복하게 살라고 하신다.
주님이 나에게 대해 무엇을 해 주기를 추호도 바라시지 않는다.
주님에게는 부족함이 전혀 없다.
주님에 대한 사랑도 존경도 원하시지 않는다.
주님은 나에게 이 세상에서 행복하게 살다가
주님 나라로 오라고 하신다.
아무 것도 원하시지 않는다.
주님에게는 부족함이 전혀 없다고 하신다.
남은 시간도 행복하게 삶을 즐기라고 하신다.
왜 주님이 나를 그렇게도 사랑하시는가?
그것은 나의 이 땅에서의 행복이라고 하신다.
그 외는 아무 것도 없다고 하신다.
이 땅에서 행복을 누릴려면
정의롭고,
항심이고,
주의 말씀을 늘 상고해서
말씀을 따라 살라고 하신다.
그것이 주님의 나의 행복을 위한 분부라고 하신다.
주님은,
내가 너를 낳았고,
내가 너를 길렀고,
내가 너를 오늘의 너로 만들었다고 말씀하신다.
그래도 잘 따르고 지켜 왔다고 평가해 주신다.
부족했는 데도 말이다.
그래도 나는 주님께 나의 무엇을 보시고 그렇게도 사랑하셨는냐고 묻는다.
무엇 때문에 나를 부르셨느냐고 묻는다.
나는 아픈 곳도 많은데,
주님은 대답해 주신다.

아픈 것도 은혜다 라고 답해 주신다.
허물 많고 부족함이 많은데 어찌 나를 그렇게도 사랑하셨느냐고 또 다시 묻는다.
나는 너를 만든 하나님이시다 라고 하신다.
주님은 나에게 내가 너에게 줄 것은 사랑이다.
사랑할 만나도 넉넉하다고 하신다.
때를 따라 너에게 주어야할 것들을 다 준비해 두었다고 하신다.
주님의 시간계획에 맞추어 다 들어주마고 하신다.
나는 너에게 원하는 것은 없다.
그져 다 주고 싶을 뿐이라고 하신다.
다 받아서 행복하게 살아라고 하신다.
그것이 주님이 나를 창조하신 뜻이라고 하신다.
주님은 나의 처지를 이미 다 아시고,
다 준비해 두셨다고 하신다.
의심하지 말고 믿고 때를 기다리라고 하신다.
다 이루어 주시마고 하신다.
학문의 길에서 더 탐구하고,
너가 그렇게도 원하였던 일들을 다 이루어 주마고 하신다.
그렇게 믿는다.
그것이 하늘 나라의 뜻에 부합하면 다 주시겠다고 하신다.
너는 너의 창조자임를 잊지 말고
나를 기억하고,
항심으로 믿음의 길을 가라고 하신다.
너가 할 수 있는 일,
너가 원하는 일,
다 이루어 주마고 하신다.
다 주고 싶어서 나는 너를 불렀다고 하신다.
그것이 바로 나이다 라고 하신다.

말씀에 충실한 삶을 살면 그것으로 족하다고 하신다.
나이가 들어 힘들지만
그것도 나의 뜻이고 은혜라고 하신다.
영원한 나라로 들어가는 부활을 이루기 위해서는
세상에 찌든 몸을 벗어야 한다고 하신다.
몸의 허물을 벗고 나서야 영혼이 나의 나라, 하늘 나라로 올 수 있다고 하신다.
육체의 허물을 벗는데 한 십년의 세월이 필요하고,
그 허물을 벗어가는 과정이 바로 늙음의 병이라고 하신다.
걱정을 말고
믿음을 가지고
말씀을 붙들고
항심으로 나 하나님을 바라보고 오너라고 하신다.
세상을 향해 뒤돌아보지 말라고 하신다.
견디지 못할 병을 내가 너에게 주지는 않는다고 하신다.
하늘나라로 들어가는 길이 꽃길만은 아니라고 하신다.
세상에 때묻은 육체의 허물을 벗어야 하늘나라에 들어올 수 있다고 하신다.
그 허물을 벗는 과정이 노화라는 것이라고 하신다.
그 노화가 바로 병이다.
노화의 병을 앓아야 영혼이 하늘나라에 들어올 수 있다고 하신다.
내가 주는 만나로 세상을 즐겁게 살다가
노화의 병의 과정을 거치면서 세상의 때를 다 벗고
그리고 영원한 하늘나라로 오라고 하신다.
너가 나를 필요로 하였을 때에
나는 너와 함께 하였다.
지금도 너와 함께 한다.
그리고 하늘나라에서 영원히 함께 있으마고 하신다.
나는 너의 하나님이다.
너의 행복을 위해 나는 너와 늘 함께 하였다.

너가 세상의 수렁에 빠지지 않게 너를 믿음의 길로 인도하였다.
나는 너와 영원히 함께 있으마.
나는 너를 사랑한다.
너가 이 땅에서 소망하였던 일들은 다 이루어주마.
때를 기다려라.
나는 너에게 복에 복을 더하여 주기 위하여 사랑하였다.
나는 너의 하나님이다.
나는 너를 사랑한다.
영원히 사랑한다고
말씀해 주신다.
그것이 주님이 나를 부른 이유라고 하신다.
아멘입니다.

<2023. 12. 10. 17:21>

Ⅱ

소망

1. 학문의 길로 가고 또 가라고 하시는 주님

학문의 길은 가도 가도 끝이 없다.
학문하는 사람은 학문하여야 평온하다.
자연법과 참회와 속죄의 책을 출판하고
이제 학문생활의 정점에 왔다고 생각하였다.
그러나 그것이 아니다.
주님은 학문의 새 논제를 주시고,
계속 학문의 길을 가라고 하신다.
먼저 민법사를 한글과 영문의 책으로 엮고,
그 다음에는 삶속에서의 신앙고백을 쓰고,
그 다음에는 다시 법에서의 가치문제를 다루고,
그 다음에는 다시 길, 바로 그 길을 가고 또한 글로 써라고 하신다.
그 사이에 주님이 법과 성서와 역사 연구소의 기틀을 잡아 주실 지도 모른다.
또한 예술의 세계에도 들어가
시를 쓰고
합창을 하고
그림을 그리라고 하신다.
그 수준은 최하위이다.
집 바깥에 나가는 것은 자제하고
조용히 자신만의 시간을 갖고
그 때에 주님이 조용히

마음속으로
주님의 계획을 말씀해 주시겠노라고 하신다.
그 예전에도 주님은 계속 앞으로 가고 또 나아가라고 하셨다.
그러면서 깨달음을 주시고
주님께 감사의 기도를 하게 하셨다.
어제도 마찬가지였다.
나는 너의 하나님이다.
나는 너를 낳았고 길렀고 키웠다.
그리하여 오늘의 너를 있게 하였다.
아직도 할 일이 있다.
더 공부하라.
더 연구하라.
내가 너에게 지혜도 주고 힘도 주고,
학문의 길로 가도록 다 주마고 하신다.
나는 전능자요, 지혜자다.
너가 그렇게 공부하고 싶어 하는데 내가 왜 너에게 그 꿈을 실현하도록
돕지 않겠느냐고 하신다.
나는 사랑이요,
전능자다.
모든 것을 다 가지고 있는 내가,
너가 그렇게 하고 싶은 일을 왜 하도록 돕지 않겠는가고 하신다.
다 주마,
일어나 다시 책을 펴라.
글로 써라.
나는 필요한 것을 다 가지고 있다.
얼마든지 줄 수 있다.
사랑하는 아들이 학문하고자 하는데,
다 가지고 있는 내가 왜 주지 않겠는가?

기도한다.
감사의 기도를 한다.
다짐의 기도를 한다.
감사합니다.
주님은 나를 지극히도 사랑하십니다.
노력하겠습니다.
글을 쓰겠습니다.
너의 소망과 희망을 다 이루도록 하마.
걱정 말아라.
나는 너의 하나님이요,
전능자요,
사랑이 나의 본성인데,
너가 할 수 있는 일을 다하도록 하마.
다 주마,
걱정하지 마라라고 하신다.
두 손을 불끈 쥐고 감사합니다라고 기도한다
그래 기도다.
기도의 시간을 늘리고,
출판사 사장님께서 자연법과 법치주의의 관계에 관한
소책자를 내자고 제안해 주심에 새로운 길을 찾았다.
그 동안 인세를 전혀 받지 않고
책을 출판하고
학술원으로부터 우수도서로도 선정되어
힘들어 하는 나의 이웃인 출판사에 작은 보탬을 주려고 했더니,
주님은 더 큰 지혜로 나를 축복해 주신다.
자연법과 법치주의를 넘어 법에서의 가치문제를 다루는 책을 쓰라고 하신다.
참 좋은 논제이다.
좀 공부를 해야 한다.

독일로 공부하러 가는 아들에게
가치법학, 가치가 들어간 자료의 목록을 좀 작성해 오라고 하였다.
주님은 사랑이시다.
주님은 찾고 구하고,
자신의 일에 충실하려고 하면
주님은 기어이 그 일을 이루게 하신다.
자신이 나의 길을 막아 서시고
학문의 길로 가게 하신 그 일에 대하여
주님은 무한책임으로 다 이루게 하여 주신다.
주님은 바로 이런 분이시다.
감사하고 감사하신 분이시다.
사랑의 하나님이시다.
전능하신 하나님이시다.
무한 지혜의 하나님이시다.
주님은 인격체이시다.
다 아신다.
다 되게 하여 주시겠다고 하시는 분이다.
주님은 다 가지고 계시면서
사랑하는 아들이 원하는데
아니주실 분이 아니시다.
다 주시고 싶지만,
받을 조건을 충실히 갖추지 못하여 못 주시는 일이 다반사일 것이다.
말씀에 충실하려고 하고
기도하고
주님께 길을 물으면서
무던히
묵묵히 성령이 인도하시는 그 길을 가고 또 가면
주님은 고요히, 아주 조용히 다 일이 되게 하여 주신다.

그렇게 믿는다.
그것이 믿음이 아닐까!
그런 믿음으로 산다.
그렇게 주님께 가까이 간다.
촌음을 아껴서 주님께로 간다.
그 길을 다 갈 수 있을지 모르겠다.
시간이 그리 많이 남아있지는 못하다.
그러나 다 이루기까지는 주님이 부르시지 않을 것이다.
그렇게 믿는다.
그러나 나의 길이 주님 보시기에 어긋났으면
언제든지 불러 달라고 기도한다.
주님께 신뢰를 드려야 한다.
내 정성을 다해야 한다.
그렇게 믿고 기도한다.
머리가 왠일인지 많이 좋아졌다.
감기약을 먹은 탓일까?
또 감기가 와서 지난 번의 감기약을 그대로 먹었다.
그랬더니 허리 아픔도 많이 좋아지고
머리 아픔도 많이 가벼워졌다.
하늘의 치유이기를 기도한다.
더 이상 아프지 말고
학문의 길에서 더 깊이 들어갔으면 좋겠다.
누가 보아주어서도 아니다.
스스로 마음으로부터 하고 싶다.
그러나 나의 힘만으로는 안 된다.
창조주 하나님의 섭리와 도움이 있어야 가능하다.
더 힘을 낸다.
힘이 난다.

기분이 좋다.
마음이 기쁘다.
그러나 말하지는 않는다.
감사의 기도를 드린다.
늘 기도하면서 성령의 인도를 따라 간다.
사랑하며,
천사같이 순결하게 산다.
자고(自高)하지 않는다.
자랑도 없다.
그저 충실히 산다.
성실히 산다.
깊은 학문의 세계로 들어간다.
가게 해 주신다.
머리가 아프지 않으면 깊이 들어갈 것 같다.
주님이 어찌 이렇게도 이렇게 부족한 나를 축복해 주시는지요?
한없는 주님의 사랑에 감사하고 감사합니다.
오직 주님의 사랑 뿐입니다.
죄인인 나를 어찌 이렇게도 사랑하시는지요?
주님은 항상 나와 함께 계심을 믿습니다.
한시도 눈을 떼지 않으시고 나를 보살펴 주심을 믿습니다.
기도하겠습니다.
기도의 시간을 늘려 기도하겠습니다.
사랑합니다.
천사같이 순결하게 살겠나이다.
주님만을 믿고서
가고 또 가겠습니다.
진리의 세계로 들어가겠습니다.
이름도 없이 빛도 없이

오직 주만을 믿고 가겠습니다.
그렇게 하겠습니다.
저는 주님의 사랑하는 아들입니다.
주님은 이 아들을 그렇게 사랑하시고 계심을 고백합니다.
감사합니다.
감사하고 감사합니다.
아멘입니다.

<2023. 7. 27. 08:39>

2. 변화

이 세상에서 변하지 않고
영원히 존재하는 것이 있을까?
창조주 하나님은 영원하시지만
하나님도 변화를 계속하신다.
그것이 바로 창조의 계속이다.
한 번 창조로 종결하신 것이 아니라,
계속해서 보다 더 나은 세상으로 창조를 계속해 나가고 계신다.
금은 변하지 않는다고 한다.
그러나 변화가 느려서 그렇지 금도 변화를 한다.
변화하지 않고 정지하면 존재할 수 없다.
변화하지 않으면 넘어지고 나약해지고 끝내는 사라진다.
고정된 상태로는 존재할 수 없다.
진리도 변한다.
그 예전의 진리가 오늘날에는 진리로 대접받지 못하는 사례들이 허다하다.
만물은 유전(流轉)한다.
변화하여야 존재할 수 있다.
변화하지 않으면 썩는다.

변화하지 않으면 이내 녹이 쓴다.
그것이 만물의 이치이다.
태양은 어제도 오늘도 펄펄 끓고 있다.
그렇게 변화를 주는 태양연료는 어디에서 충당해서 변화를 계속하나?
참으로 신기하다.
태양의 열이 이 태양계를 이렇게 움직이도록 하는데,
태양의 화염의 연료는 어디서 누가 공급하는가?
참으로 신기하다.
태양에 연료공급이 끊겨
태양의 변화가 끝날 날이 올까?
연료공급이 끊기면 태양도 펄펄 끓는 변화를 계속할 수 없다.
그린란드의 빙하는 수 킬로미터의 두께란다.
그러나 40만년 전에는 그 곳이 맨땅이었단다.
그렇게 그린란드의 빙하도 변화를 계속한다.
그러고 보면 이 세상의 만물이 다 변화하기 때문에,
이 세상의 만물이 다 그 자체의 생명을 가지고 있다고도 할 수 있을 것이다.
이 우주도 계속 변화한다.
우주가 팽창한다.
그 팽창이 언제까지 계속할지는 모른다.
그러나 팽창의 변화는 계속되고 있다.
그 팽창의 속도가 상상을 초월한다.
변화는 살아있음의 증거다.
살아있는 존재는 변화를 계속하여야 한다.
학문도 변화한다.
예술도 변화한다.
인간도 변화를 한다.
인간관계도 변화한다.
사랑도 변화한다.

변화하여야 한다.
역사는 변화의 기록이다.
나도 변하고,
세상의 만물도 변한다.
변화의 속도와 모습이 다를 뿐이다.
변화는 바른 방향으로 정의의 방향으로 변화하여야 한다.
더 나은 방향으로 변화하여야 한다.
나쁜 방향으로의 변화는 막아야 한다.
평화로운 방향으로의 변화이어야 한다.
더 아름다운 방향으로의 변화이어야 한다.
사해동포주의 인간애의 방향으로의 변화이어야 한다.
사랑스러운 방향으로의 변화이어야 한다.
더 좋은 세상으로의 변화이어야 한다.
그러나 인간 세계가 이런 방향으로만 변화하지 않는다.
창조주가 인간에게 이성을 주어
바른 방향으로 살라고 하였는데,
인간은 이성을 이기심을 위하여 사용한다.
더 거칠고 험한 방향으로 변화를 하고 있다.
핵무기를 만들고,
상대를 짓누르고,
전쟁을 하고,
식민지를 만들고,
노예를 만들고,
주민을 배고파 죽게 하고,
있어서는 안 될 사회주의를 전파하고,
창조주의 창조질서에 반하는 방향으로 변화를 시도한다.
아니다.
이 길로의 변화는 아니다.

가지 말아야할 길로의 변화는 변화가 아니다.
가야할 길로의 변화만이 변화다.
인간이 가야할 길이 어디로 일까?
창조주 하나님께 길을 물어야 한다.
가야할 길이 어느 길이냐고 물어야 한다.
함께 더불어 평화롭게 사랑하며 사는 길로 가야 한다.
하나님의 형상의 회복의 변화로 가야 한다.
그 길로 가고자 하면 창조주 하나님은 그 길로 가도록 힘을 주신다.
그 하나님의 길로 가야 한다.
그 하나님의 길로 가도록 변화를 계속하여야 한다.
모두가 다 가도록 천천히 가야 한다.
서로 격려하고 응원하며 서로 이웃이 되어 이웃으로 가야 한다.
모두가 이웃이고 한 고향 지구촌의 동향인(同鄕人)이다.
모두가 서로 이웃하여
서로가 힘이 되고,
정의와 사랑의 길로의 변화를 계속하여야 한다.
그런 마음만 가져서도 변화가 나타난다.
모두가 따뜻한 이웃으로 서로 다가가고 다가온다.
이러한 이 세상의 변화의 주인은 창조주 하나님이시다.
하나님이 변화의 주체이시다.
인간이 변화의 주체인 것 같지만
아니다.
창조주 하나님이 변화의 주체이다.
인간에게 변화를 하도록 늘 계시하신다.
창조주 하나님께 변화의 길을 물어야 한다.
생각하고 생각하고 또 기도하고 기도한 다음에
마음에 확신이 들면
그것을 하나님의 계시로 받아들이고

그 방향으로 변화를 계속하여야 한다.
그것이 제대로 사는 길이다.
그것이 경건하게 사는 길이다.
그것이 기도하고 믿음으로 사는 길이다.
그렇게 생각한다.
그것이 바른 삶이다.
그것이 바른 방향의 변화이다.
그것이 시류(時流)에 흔들리지 않는 하나님 중심의 삶의 길이다.
하나님 중심의 변화를 따라서 살아야 한다.
그것이 평화의 길이고 자유의 길이며,
올바른 변화이다.
변화를 중단없이 추진하여야 한다.
변화의 방향을 하나님께 물어야 한다.
마음에 확신으로 가르쳐 주시는 그 방향으로 가는 것이 올바른 변화이다.
과거를 잊어서는 안 되지만
과거에 집착해서도 안 된다.
희망의 미래를 향하여 하나님의 계시를 받아 천천히 변화를 거듭하여야 한다.
변화하지 않으면 썩는다.
변화하지 않으면 녹쓴다.
변화하지 않으면 굳어 버린다.
변화를 하여야 생명을 유지할 수 있다.
너무 급격한 변화도
너무 느린 변화도 피하면서
하나님이 말씀해 주시는 마음의 소리를 따라서 변화를 하여야 한다.
그러면 하나님은 그 변화를 하늘나라의 생명록에 기록하여
영원히 영원히 보존하실 것이다.
정의로의 변화다.

사랑으로의 변화다.
하늘나라로의 변화다.
말씀에 충실한 변화다.
평화와 자유로의 변화다.
말씀에 바탕한 변화를
하나님께 아뢰어
아름다운 미래를 향해
변화를 거듭하여야 한다.
그것이 인류보편의 가치의 나라로의 변화다.
그런 변화를 희망하고 나아간다.
하나님이 길을 열어주실 것이다.
그렇게 살아야 한다.
그렇게 오늘도 변화를 하여야 한다.
변화하고 나아져 가야 한다.
그것이 값진 삶이다.
그것이 의미있는 삶이다.
그러한 변화가 계속되는 한 생명은 살아있다.
그러한한 나도 이웃도 살아있다.
그렇다.
아멘이다.

<2023. 7. 28. 09:09>

3. 스승과 제자 되기와 만남

훌륭한 스승을 만나 배움을 받는 것은 삶의 최대의 행복이다.
천하에 영재(英才)를 얻어 제자 삼아 학문을 이어가는 것도 또한 삶의 최대의 행복이다.
역사에는 스승과 제자로 만나 역사의 흐름을 바로 잡고

역사의 사표(師表)가 된 사례들이 있다.
아무나 그런 스승과 제자의 관계를 맺어 행복한 삶을 꾸려나갈 수는 없다.
학식이 뛰어나야할 뿐만 아니라
인격이 고매하여야 가능한 일이다.
참으로 부러운 스승과 제자가 되어,
학문의 맥(脈)을 이어간 학자는 하늘의 복을 받은 사람이다.
역사에 길이길이 이어져 온 가장 위대한 사제지간의 관계의
예는 소크라테스와 플라톤, 플라톤과 아리스토텔레스일 것이다.
플라톤은 역사의 현인이신 소크라테스를 스승으로 하여 학문을 시작하였다.
소크라테스는 진리를 위해 순교한 현인이다.
그런 역사의 현인을 스승으로 모신 플라톤은 그것만으로도 행복한 사람이었다.
그런데 플라톤은 또한 역사의 현인인 아리스토텔레스를 제자로 두었다.
아리스토텔레스는 20여년간을 플라톤의 제자로서 아카데미아에서 지냈다.
플라톤은 소크라테스의 사상을 존중하고 이를 이어 발전시켰다.
객관적 보편적인 진리를 찾은 현인이 소크라테스이다.
플라톤은 스승의 철학을 이어서 객관적 보편적인 진리인 이데아(Idea)를 찾아 나갔다.
그러나 플라톤이 그 이데아를 찾고 찾았으나 그 이데아의 세계에 들어가지는 못하였다.
플라톤은 스승을 받들어 스승의 학문을 더 발전시킨 충실한 제자였다.
그러나 아리스토텔레스는 스승인 플라톤의 사상과 철학을 다 뒤집는 일을 하였다.
그는 플라톤이 찾고 찾은 저 높은 곳의 이상세계인 이데아를
현실의 세상 속으로 끌어내렸다.
아리스토텔레스는 이데아가 현실 위의 세계가 아니라,
현실 속에 있다는 인테레히(Enteleehie)를 주장하였다.
아리스토텔레스는 알렉산더 대왕의 스승이 되어

살아서 부귀영화를 누렸다.
그러나 플라톤은 그의 스승 소크라테스가 현실의 부정의(不正義)에 저항하면서
현실의 부정의의 희생재물이 되는 것을 보고서
플라톤 자신도 현실정치에 나갈 수 있고 또한 뜻도 있었지만,
그는 현실 속에서는 그의 철학을 실현할 수 없다는 진리를 깨닫고,
학문 속에서 이상세계를 실현할 수 있다는 자기 확신에 기하여,
학문세계를 궁구하고 천착하였다.
그리하여 플라톤은 세상의 부귀영화를 다 버리고,
진리의 학문세계를 연구하고 대화의 방식으로 불후의 저작을 남겼다.
이렇게 플라톤은 훌륭한 스승을 모시고 그의 사상을 더 발전시킨 청출어람(靑出御藍)이었다.
그러나 그의 제자는 그의 스승의 학문 세계를 뒤집어 놓고,
현실 정치 속에서 그 현실정치를 정당화하고,
부귀영화를 누렸다.
알렉산더 대왕의 동방원정은 서구가 동양을 침공하여 세력을 키운 역사에서 첫 번째의
서구가 동양을 정복한 대사건이었다.
그리하여 서구의 학계에서는 알렉산더 대왕의 동방원정을 자랑하고,
알렉산더 대왕의 동방원정에 의한 문명인 헬레니즘을 치켜세운다.
그 헬레니즘의 철학과 사상은 소크라테스, 플라톤이 개척하여 세운 사상이고 철학이다.
그 결과로 소크라테스, 플라톤이 서구문명, 더 나아가 세계문명의 기초자로 추앙받고 있다.
그러고 보면,
알렉산더 대왕의 스승이 아리스토텔레스이기 때문에,
플라톤은 현인 소크라테스를 스승으로 모시고,
역시 현인인 아리스토텔레스를 제자로 하여,

서구에서 최초의 최고권력자 알렉산더 대왕도 제자로 되어,
그의 사상과 철학은 그의 학문세계에서만이 아니라,
현실 정치에서 실현되어 갔다.
그리고 후대의 수많은 철학자들이 플라톤의 사상을 이어가고 있다.
나도 역시 플라톤의 높은 이상을 향한 그의 사상이 마음에 와 닿는다.
플라톤은 그의 사상세계가 순수하고 높은 이상을 향하고 있어서 좋다.
그는 이상세계의 궁극인 이데아를 찾았다.
그 이데아의 궁극을 그가 찾지는 못하였다.
현실세계는 이상의 궁극인 이데아를 향하여 나아가야 한다.
그것이 바로 현실정치이어야 하는 것이다.
플라톤은 현실이 가야할 궁극의 이상세계인 이데아를 찾아 나가도록 주장하였다.
그의 이러한 주장은 당시에 뿐만 아니라
오늘날도 진리이다.
그러므로 플라톤의 주장은 오늘날도 변하지 않는 진리로 살아있다.
그렇다.
진리는 죽지 않는다.
사상과 철학은 진리를 찾아 나가는 학문이다.
플라톤의 진리의 탐구와 개척은 훌륭한 스승, 훌륭한 제자.
그리고 힘있는 권력자에 의해 세계로 퍼져 나가고
지금까지 이어져 오고 있다.
플라톤 자신은 화려하게 살지 못했을 것이지만,
그의 이상세계인 이데아를 향한 삶과 학문의 길에서의 결실은
오늘날도 변하지 않은 진리로 영향을 주고 있다.
플라톤이 가장 훌륭한 학자이었고
스승과 제자를 가장 잘 모시고, 둔 행복한 철학자였다.
훌륭한 스승을 모시고 학문하는 사람은 참으로 행복한 사람이다.
스승은 훌륭하였으나 제자가 부족하여

불행한 학자도 있다.
네로의 스승이었던 세네카는 훌륭한 스토아(Stoa) 철학자였다.
그러나 그는 제자 네로를 잘못 둔 관계로
제자 네로의 명(命)에 따라 자살로 생명을 마감하였다.
못난 제자로 인한 스승의 비애였다.
우리 역사에서도 공부하기를 좋아하지 않았던 선조의
스승이 된 퇴계 이황도
마음이 그리 편치 못했을 것이다.
퇴계는 왜 관직을 버리고 낙향하였을까?
학문에 대한 극진한 사랑 때문이었을 것이지만,
선조를 비롯한 당시의 현실 정치권력 세계가
플라톤이 체험하였던 진리를 외면한 아테네의 실정과 유사하였을 것 같다는 생각이 든다.
현실 정치세계에는 높은 이상을 향한 이데아의 진리의 빛을 비추어 주어야 한다.
진리의 빛을 비추기 위해서는 권력에서 멀리 떨어져 있어야 한다.
이상과 현실은 하나가 될 수 없다.
이상은 현실이 가야할 방향을 제시할 수 있어야 한다.
현실의 부정의 속세에 들어가 매몰되어
이상의 진리의 빛을 찾아 그 빛을 비출 수는 없다.
그것 또한 진리이다.
그것은 역사의 변화에도 불구하고 변함없는 진리이다.
현실의 스승이 되고자 하는 사람은
현실 속에서 살고 있지만,
그의 마음과 눈과 생각은 저 높은 이상의 이데아를 향하고 있어야 한다.
현실을 초극하여야 진리의 이데아의 세계에 들어가
이데아 세계의 빛을 이 세상에 비출 수 있다.
그렇다.

그 이데아의 세계가 하늘나라이다.
하늘나라가 그대로 이 세상의 나라가 될 수는 없다.
그 나라는 하나님이 치리하는 곳이다.
현실의 인간세계는 하늘나라를 소망하고 희망하면서
기도하면서 이루어 나가야 하는 것이다.
하나님의 섭리를 받으면서 이루어 나가는 것이다.
그것이 인간역사이고 인간역사이어야 한다.
그것이 틱쿤 올람(Tikkun Olam)인 것이다.
그것이 신인협력에 의한 계속적 창조인 것이다.
나도 훌륭한 스승님의 지도를 받아 오늘의 내가 될 수 있었다.
나의 지도교수님은 참으로 성실한 분이셨다.
외국어를 아주 잘 하셨다.
참 검소하고 절제의 삶을 사셨다.
오로지 연구실을 지키시며 살으셨다.
선생님의 로마법, 서양법사의 책은 그 양은 적었지만 내용이 꽉 찬 책이었다.
나의 서양법사 연구에 큰 길잡이가 되었다.
선생님의 수제자의 반열(班列)에 오른 것은 아주 늦게 되었다.
내가 훔볼트 학술상을 수상하고
그 때부터 인정을 받은 것 같다.
훌륭한 선생님이 나의 지도교수님이셨지만,
나는 제자를 기르는 일에는 좀 정성이 부족하였다.
스승은 학식과 인격을 모두 겸비해야 한다.
그러나 나는 둘 다 부족하였다.
한다고는 하였지만 여전히 부족하다.
자연법을 연구하면서도 플라톤의 법률을 만나지 못하였고 또한
제대로 읽지 못하였다.
이제야 법률을 읽고 있다.
이런 내가 나이다.

훌륭한 선생님을 만나 스승으로 모시고 사사 받아야 한다.
나에게는 최고의 스승이신 하나님이 계신다.
그 어떤 스승보다 전지전능하시고 사랑이신 하나님이 나의 구원자이시다.
하나님 안에서 진리이신 하나님의 말씀을 터득하고 실천하는 것이 가장 위대한 학문이고 행복한 삶이다.
플라톤을 부러워할 것 없다.
창조주 하나님이 나의 최고의 스승이시다.
스승을 넘어 창조자이시고 치리자이시고 구원자이시다.
모든 인류의 위대한 스승이 하나님이시다.
하나님을 모시고 사는 것이 행복의 극치이다.
그렇다.
그렇게 믿는다.
하나님 안에서 살자.
그것이 행복이다.
모든 사람에게는 자신의 위대한 스승이 계신다.
그 분이 바로 창조주 하나님이시다,
자신의 형상을 따라 모든 사람을 창조해 주신 바로 그 하나님이시다.
하나님이 가장 위대한 스승이시다.
이 세상의 스승은 차선의 스승이다.
최고의 스승의 말씀과 인격을 닥고 닮아나가자.
말씀으로
기도로
사랑으로
아멘이다.
그렇다.
아멘이다.

<2023. 8. 23. 10:13>

4. 나의 지도교수님

오늘이 황적인 교수님께서 하늘 나라로 가진지 꼭 10년이 되는 날이다.
세월이 참 빠르다.
벌써 10년이라니.
2013년 8월 16일에 나는 독일 뮌헨에 가 있었다.
자연법을 공부하러
뮌헨 대학교 구약학신학대학에서 공부하고 있었다.
선생님의 장례에 참석하지 못하였다.
화야가 대신 조문하였다.
돌아와 바로 선생님을 위한 추모논문집을 준비하여
2주기가 되었을 때에 증정을 하였다.
10주기인 데도 무슨 행사를 하였어야 했는데
그러지 못하고 이렇게 한 편의 추모의 글을 쓰고 있다.
선생님은 참 성실하셨다.
연구실을 밤낮으로 지키셨다.
명절 때도 연구실로 인사를 간 적도 있다.
참으로 열성으로 연구하셨다.
그리고 아주 검소하셨다.
종이 한 장도 버리지 않으셨다.
도시락을 싸가지고 오셔서 점심을 드셨다.
차도 항상 고물이었다.
새 차를 사시기 보다는
수리하는 편을 선택하셨다.
옷도 항상 그 옷이었다.
바지 엉덩이를 기운 옷을 입으셨다.
검정색 신사복에
넥타이도 항상 검정색이었다.

대학원 수업을 항상 토요일 오후 시간에 하셨다.
그리고 그 다음 주의 수업은 월요일 첫 시간으로 하셨다.
그래야 주말의 시간을 허비하지 않고 다 쓸 수 있기 때문이었다.
참 알뜰하셨다.
선생님께는 아들이 없고 딸만 셋이었다.
아들이 있었더면 좋았을 것을.
남녀차별이 아니다.
그래도 아직은 대를 이를 후손이 아들이 아니지 않겠는가?
선생님은 학자의 자세를 세가지로 말씀해 주셨다.
보직하지 말라.
메스컴 타지 말라.
잡글 쓰지 말라 였다.
선생님을 그것을 실천하셨다.
선생님은 글을 쓰실 때에 수식어를 좋아하지 않으셨다.
본문만 간결하게 글을 쓰시는 것이 선생님의 글의 특징이었다.
선생님은 항상 새로운 영역을 개척하셨다.
남들이 하지 않는 영역을 연구하셨다.
경제법은 우리나라에서 선생님이 처음으로 시작하셨다.
저작권법, 소비자보호법, 농업법, 중소기업법, 수산업법에 관심을 가지셨다.
남들이 쓴 논문의 제목들을 정리하여 그것으로 자신의 논문으로 하시기도 하셨다.
선생님은 학술원 회원으로 천거될 수 있였음에도
다른 선생님이 추천되도록 하시고
선생님은 나중의 기회에 추천이 되셨다.
선생님은 선생님의 선생님을 극진히도 모셨다.
성을 다해 모셨다.
오늘날은 그런 제자가 나오지 않는다.
나올 수도 없다.

선생님은 오로지 연구에 맹진하셨다.
좋은 차를 하나 사심이 좋겠다고 하였더니,
선생님은 사람이 차에 메이면 안 된다고 하셨다.
선생님은 연구실에 계시면 마음이 그렇게 편하셨단다.
선생님은 여행을 하지 않으셨다.
독일에서 공부하시면서도
공부하는 도시에만 계시고 다른 독일 지역을 여행하지 않으셨다.
선생님은 외국어를 잘 하셨다.
영어, 독일어, 일본어를 회화까지 구사하셨다.
외국어에 타고난 달란트를 가지셨다.
선생님은 갈 곳이 없는 제자의 제자를 불러
등록금까지 주시면서 공부하게 하셨다.
선생님은 민법도 하시고 경제법도 하셨다.
그 결과 선생님은 학문함에서의 확신을 한 가지 가지고 계셨다.
한 사람이 두 가지를 동시에 제대로 할 수는 없고,
오로지 한 가지만을 일관되게 천착하여야 한다는 깨달음을 갖고 계셨다.
선생님의 이런 확신은 제자들의 지도에 그대로 나타났다.
그러나 제자들 중에는 두 가지 방면을 다 하고자 하는 제자들로부터
멀어지는 마음의 아픔을 겪기도 하셨다.
선생님은 꿈이 많으셨다.
연구소를 몇 개 세워서 학문의 맥을 이어가시고자 하셨다.
그러나 그 뜻을 이루어지 못하시고
하늘나라로 가셨다.
선생님은 젊어서 결핵으로 고생하셨다.
그 결과로 대학 졸업을 늦게 하셨다.
선생님은 운동을 그리 하시지 않으셨다.
오늘날처럼 운동으로 젊어질 생각을 하지 않으셨다.
선생님은 참으로 소박하셨다.

비싼 음식을 대접하려고 해도
소박한 음식을 주문하라고 하셨다.
모시기가 쉬었다.
선생님은 평양 출신이시다.
동향의 선생님들과 친구하여 잘 지내셨다.
선생님은 강직하셨다.
자격이 없는 사람에 대해서는 아니다라고 하셨다.
동기를 학술원 회원으로 밀어주시지 않은 관계로
내내 원망을 받기도 하셨다.
공과 사가 분명한 분이셨다.
선생님은 연구실을 돌아가실 때까지 지키셨다.
정년을 하시고는 자기 연구실에서
명예교수동이 완공되고서는 명예교수동에서 연구를 계속하셨다.
학자는 연구실을 지켜야 한다는 것이 선생님의 좌우명이셨다.
선생님이 가신 지 10년
선생님의 학문의 대를 이어가야할 후계자가 나와야 하는데,
그러나 그것은 사람의 뜻대로 되는 것이 아니다.
하나님이 도우셔야할 일이다.
그러나 하나님의 고귀한 학자로서의 자세와 지조는
후학들에게 학맥(學脈)을 통하여 이어져갈 것이다.
선생님은 천주교인이셨다.
하나님께서 그의 뜻을 살아있게 해주실 것임을 믿는다.
지금 양수리 천주교 공동묘지에 계시는 선생님의 뜻은
이어져갈 것이다.
면면히 이어져갈 것이다.
그것이 바로 학자의 길이니까.
그렇게 믿는다.
그렇게 믿는다.

그 길로 갈 것이다.
아멘이다.

<2023. 8. 16. 11:35>

5. 하나님의 형상으로 만들어진 인간

인간은 하나님의 형상을 따라서 지어졌다(창세기 1장 27절).
하나님의 형상은 주님의 본성인 창조와 사랑의 표현이다.
하나님의 형상은 인간 이성이 신의 이성의 일부임의 표현이다.
하나님의 형상은 법에서는 자연법이다.
하나님이 형상은 하늘 나라를 조금 들여다 볼 수 있는 인간의 지혜의 한 부분이다.
하나님의 형상은 인간 마음 중의 선성(善性)이다.
하나님의 형상은 인간의 희망을 표현한다.
하나님의 형상은 인간의 영원한 존재가능성을 표현한다.
하나님의 형상은 인간과 신과의 가교의 역할을 한다.
하나님의 형상은 인간내면의 도덕성의 표현이다.
하나님의 형상은 인간이 하나님과 영원히 살 수 있는 전제의 표현이다.
하나님의 형상은 인간가능성의 표현이다.
하나님의 형상은 사탄을 이길 수 있는 인간존재의 표현이다.
하나님의 형상은 인간의 무한 가능성의 표현이다.
하나님의 형상은 창조자가 인간을 얼마나 사랑하는지를 알려주는 징표이다.
하나님의 형상은 인간이 신법을 알 수 있는 통로이며,
신법을 자연법으로 만들어 가는 바탕이다.
하나님의 형상은 자연법이 실정법에 실현될 것을 요청하는 사상의 기초이다.
하나님의 형상은 인간이 신과 떨어질 수 없는 관계의 표현이다.
하나님의 형상은 인간이 창조주께로 나아갈 수 있는 자격의 표현이다.

하나님의 형상은 창조주가 인간을 가까이할 창조의 근거이다.
하나님의 형상으로 인하여, 나의 얼굴과 마음에서 하나님의 일부를 볼 수 있다.
하나님의 형상은 정의와 사랑으로 표현된다.
하나님의 형상은 인간사회가 문명사회를 갈 수 있다는 하나님의 허락과 인정의 근거이다.
하나님의 형상으로 인간은 문명사회를 이룰 수 있는 자격을 얻었다.
하나님의 형상은 인간존엄의 근거이며, 인권보호의 근거이다.
하나님의 형상으로 창조된 인간의 인격의 존엄과 인권은 신법과 자연법의 내용이다.

<2021. 3. 20. 13:24>

6. 인간의 하나님의 형상론이 담을 수 있는 사상들

사람은 하나님의 형상을 따라서 창조되었다.
그러므로 인간은 하나님의 모습을 지녔다.
하나님의 피조물인 인간은 이 땅에서 태어난 모든 사람과 앞으로 태어날 모든 사람이다.
모든 사람이 다 하나님의 형상을 따라서 창조되었다.
그러므로 인류가 모두 하나님의 피조물이다.
인간이 하나님의 모습을 닮았다는 것은
하나님이 그 얼마나 인간을 사랑하시느냐는 것이다.
그러므로 인간은 존엄한 존재라는 것이다.
인간의 존엄사상은 바로 인간의 하나님의 형상론에 기초하고 있다.
그리고 하나님은 인간을 창조하실 때에
한 사람, 한 사람을 만드셨지 인간을 한 번에 대량으로 만들지 않으셨다.
그것은 바로 한 사람, 한 사람의 존재의 가치를 인정하고 존중한다는 것이다.

이는 개인주의의 출발점이다.
개인의 가치를 인정하고 존중하는 개인주의가 바로
하나님의 형상론에서 출발하였다.
그러므로 하나님은 인간을 창조하실 때에
인간이 자유롭게 살 수 있도록 창조하셨지,
인간을 하나님 자신의 일을 하게 하기 위한 필요로 창조하신 것이 아니다.
하나님은 인간을 자유로운 존재로 창조하셨다.
자유주의도 바로 하나님의 형상론에서 출발하였다.
하나님은 인간집단에 자유를 준 것이 아니라,
인간 개개인에게 자유를 주셔서
행복하게 살도록 창조하셨다.
그리고 인간에게는 하나님이 인류의 아버지이시다.
하나님을 중심으로 하는 인류공동체가 인간사회이다.
인류공동체는 현재 살아있는 사람은 물론
죽은 자도 앞으로 올 자도 다 포괄하는 공동체이다.
거대한 하나의 공동체이다.
그 공동체의 인류는 모두가 형제이다.
인류공동체는 인류애, 형제애, 사해동포주의로 살아야 하는 공동체 윤리가 기초사상이다.
따라서 사해동포주의도 역시 하나님의 형상론에 기초하고 있다.
지금 살아있는 사람들은 형제애로 살아야 한다.
사해동포주의로 살아야 한다.
사해동포주의는 공동체 사상이다.
따라서 인간은 공동체를 인정하고 존중하는 공동체주의로 살아야 한다.
공동체주의도 역시 하나님의 형상론에 그 기본 사상을 두고 있다.
인간의 존엄,
개인주의,
자유주의,

공동체주의가
다 하나님의 형상론에 기초하고 있다.
따라서 하나님이 창조하신 인간질서는
개인주의, 자유주의, 공동체주의이다.
그러므로 이를 부인하는 집단주의,
전체주의, 식민지주의, 제국주의, 인종주의,
사회주의, 공산주의는 하나님이 창조하신 인간질서가 아니다.
그것은 하나님의 창조의 의사에 반하는 질서이다.
개인주의, 자유주의, 공동체주의가 하나님이 인간에게 부여한 창조의 질서이건만,
인간은 개인주의와 자유주의를 오해하고 남용하여
이기주의, 자유지상주의의 폐해를 낳았다.
개인이 자유를 누리고 살지만, 서로 서로는 공동체를 이루어
서로 공동체를 인정하고 공동체에 충실하면서 살도록 인간을 창조하셨다.
그러나 인간은 원죄로 인하여
하나님의 오묘하고 신비롭고 질서있는 창조의 질서를 따라서 살지 못하고
인간 개인의 자신의 이익만을 추구하며 살고자 하였다.
그 결과로 공동체주의가 많이 약화되었다.
아무리 개인의 자유를 강조한다 해도
공동체를 이루어 서로 돕고 살지 않으면
개인이 살아갈 수가 없다.
그것이 또한 하나님의 창조의 기본질서이다.
하나님의 창조의 기본질서는
개인주의와 자유주의를 기초로 하여
서로 같이 살 수 있도록 하는 공동체주의를 실현하도록 질서지워져 있다.
그러나 인간은 원죄로 인하여 창조의 질서에 어긋나게 살아왔다.
그것이 원죄의 결과라 생각한다.
그러나 인간은 원죄를 부인하고자 한다.

지금 이 세상은 원죄를 지고 있는 인간이 이룬 사회인데,
인간은 원죄를 부인하고 스스로의 의사와 능력으로 이룬 사회이고,
하나님이 인간을 그의 형상을 따라서 창조한 진리를 부인하고
인간 스스로가 자유의지로 자유롭게 살 수 있다고 하는 자기 중심의 사상에 빠져 있다.
아니다.
인간은 하나님의 피조물이다.
인간은 그냥 이 땅에 주어진 존재가 아니다.
하나님의 자기의 형상을 따라서 지음받은 고귀한 존재이다.
개개인의 존재와 자유를 인정하고 존중하지만,
함께 더불어 형제로서 살도록 지음받은 존재이다.
공동체를 이루어 살도록 지음받은 존재이다.
공동체주의이다.
이 모든 개인주의, 자유주의, 공동체주의의
인간과 인간사회의 운행원리는 다
하나님의 인간 사랑으로 이루어진 것이다.
하나님은 사랑이시고
인간은 하나님의 사랑으로 창조되었고,
인간이 자신도 사랑하고 형제도 사랑하도록 창조되었다.
그것이 개인주의, 자유주의, 공동체주의이다.
인간이 원죄로 인하여
인간 개인의 존재와 가치만을 너무 강조하고
서로 형제라는 진리를 망각하여
공동체주의가 약화된 것이 아닌가?
그것이 오늘날의 인간사회의 모습이 아닌가?
사랑은 공동체주의로 인간사회에 실천되어야 한다.
사랑은 교회의 윤리에서 그치는 것이 아니라,
인간사회의 가장 기본이고 궁극인 가치다.

하나님은 사랑이다.
사랑은 하나님 자신이다.
하나님의 인간 창조는 바로 사랑에 의한 사랑의 존재로서의 인간의 창조이다.
그러나 너무 자기 중심으로 인간 스스로 나아간 원죄로 인하여
형제애를 잊어 버렸다.
개인주의, 자유주의를 인간이 실현하였다.
잃어버린 형제애의 사상을 일깨우고 회복하여야 한다.
그것이 공동체주의이다.
인간은 하나님의 형상을 따라서 창조되었다.
하나님을 알지 못하고 이 세상을 떠난 우리의 선조들도
모두가 다 하나님의 피조물이다.
그 형제들도 다 부활을 받았다.
현재 믿는 사람만이 부활받는 것이 아니라
하나님이 창조한 모든 인류가 다 이미 부활을 받았다.
그것이 창조주 하나님의 사랑이다.
하나님의 본체는 사랑이고,
사랑으로 이 세상을 하나님이 창조하셨고,
사랑으로 하나님은 인간을 창조하셨다.
인간은 하나님의 사랑의 본성을 갖고 태어났다.
그러나 세상에는 하나님을 잊고 산 사람들이 많았고,
하나님 없이도 살아갈 수 있다고 생각하는 것이 일반화되고 말았다.
그리하여 형제애를 잊었다.
아니다.
형제로서 살아야 한다.
공동체로서 살아야 한다.
그렇게 살도록 피조되었다.
개인주의, 자유주의를 기초로 하고

공동체를 이루어 더불어 살아가야 하는 공동체주의를 회복하여야 한다.
공동체주의는 사랑의 실천 사상이다.
사랑이 역사적으로 교회에서 강조되었지만,
세상에서는 공동체주의로 사랑이 실천되어 간다.
그것이 하나님의 인간 사랑이라 생각한다.
그렇구나.
하나님은 이 진리를 깨닫게 하게 위해
부족한 나를 계속 깨우치신다.
하나님의 사랑의 깨우치심을 받고 있다.
사랑이다.
사랑은 공동체주의로 세상에서 실천된다.
공동체주의는 공동체 구성원의 존엄과 자유를 극히 존중한다.
아아,
그렇구나.
그 길이 진리의 길이다.
아멘이다.

<2023. 10. 8. 07:22>

7. 희망의 길을 가는 두 아들에게

사람의 일생이 평탄한 사람은 아무도 없다.
인생길은 누구에게나 울퉁불퉁하고
비오고 눈오고 바람부는 날이 반복된다.
고요하고 빛이 내리 비치는 날은 그리 많지 않다.
그런 인생길을 누가 대신 가줄 수도 없다.
자기 자신이 자신의 힘으로 가야하는 고독한 길이 인생길이다.
그 길을 인간이 긴 세월 동안 대를 이어 가고 또 걸어이 세상을 이 만큼 살만하게 만들었다.
고뇌와 고통과 환란 속에서
인간은 인생길의 그 험한 가시덩쿨을 헤치고 걷고 또 걸었다.
숨이 넘어가는 그 순간들을 그래도 자신을 붙들고 살아온 것이 바로 인생길이다.
그 고난을 이기어 온 사람들이 이 세상을 이렇게 아름답게 만들었다.
사람이 가는 이 험한 삶의 길을
다른 사람은 대신 가줄 수 없다.
동행해 줄 사람도 그리 많지 않다.
그러나 인간을 창조하신 하나님은 언제나 함께 하신다.
길을 인도해 주시고
험한 길은 막아 서셔서 그래도 나은 길로 인도해 주신다.
하나님이 계시기에 인생길은 고달프지 않다.
그러므로 인생길은 희망의 길이다.
아름다움 끝에 도달하는 희망의 길이다.
이렇게 희망의 길이 인생길이다.
하나님이 그 희망의 길로 인도하시고
그 끝에 도착할 수 있도록 힘을 주신다.
인생길은 정도의 차이는 있어도 다 평탄하지 못한 고난의 길이다.
대인은 그래도 잘 이기지만,
소인을 힘들어 한다.
험한 인생길을 가는 사람은
기도하여 그 험한 인생길의 고비고비를 이겨야 한다.
기도하여 다시 힘을 내어 일어서야 한다.
그것이 인생길의 아름다움이다.
아무리 어려워도 주저 앉아서는 안 된다.
다시 힘을 내어 일어나야 한다.
창조주이신 하나님께 길을 묻고 인도를 받아야 한다.

인간은 다 하나님이 창조하셨다.
인간은 다 하나님의 사랑하는 아들이고 딸이다.
아들과 딸은 하나님 아버지의 사랑의 인도를 따라서 가려고 하여야 한다.
그려면 힘든 인생길이라도 그 끝에서는 빛을 볼 수 있다.
그것이 믿음이다.
인생길을 믿음으로 가야 한다.
그것이 바른 인생길이다.
삶은 언제나 꽃길 만을 가는 것이 아니다.
힘들고 가기 힘든 길을 가야 한다.
땀흘리며 기도하며 가야 한다.
그것이 인생길이다.
모네의 기도하는 농부의 그림을 생각해 보아라.
우스 땅의 욥의 삶을 생각해 보아라.
다윗 왕의 처절한 인생길을 생각해 보아라.
풀무와 사자굴에 던져진 다니엘을 생각해 보아라.
집을 나가 생면부지(生面不知)의 남의 나라로 가신 아버지의 아버지를 생각해 보아라.
집을 나가 고생, 고생하신 아버지의 형님을 생각해 보아라.
참으로 고난과 고통의 험한 인생길이었다.
그것이 인생길이다.
그래도 그 험한 인생길에도 빛이 비친다.
하나님의 구원과 부활의 빛이다.
하나님이 함께 하신 그 인생길은 영광의 길이었다.
믿음으로 산 인생길은 성공과 환희의 길이었다.
고생을 고생으로 생각하지 말라.
힘들고 어려운 그 길의 끝에는 환희의 끝맺음이 있다는 것을 잊지 말자.
믿고 가면 그 결과는 하나님이 허락해 주신다.
내 아들아

젊어서는 사서도 고생한다고 하지만,
너무 힘에 겹게 일하지는 말아라.
일을 줄여 견딜 수 있을 정도로 함이 지혜있는 삶이다.
너무 짐이 무거우면
몸이 견디지 못한다.
탈이 난다.
줄일 것은 줄여라.
하고 싶어도 몸을 사랑하라.
하고 싶어도 절제하고 자제함이 바른 인생길이다.
염려하지 말라.
기도 하자.
함께 기도하자.
주님께 길을 묻자.
주님이 인도해 주실 것임을 믿는다.
언제나 희망이다.
전지전능한 하나님이 우리를 사랑하시고 계신다.
믿고
절제하고
너무 무거운 짐은 내려 놓고,
좀 가볍게 가자.
무던히 말이다.
그 길에도 주님은 함께 하심을 믿는다.
믿고 가자.
좀 가볍게 가자.
너무 무거운 짐에 눌리지 말고 가자.
하나님께 기도하자.
희망의 인생길을 함께 가자.
부부공동체, 가정공동체, 집안공동체, 나라공동체, 세계공동체의 한 사람으로서 힘을 합쳐 함께 가자.
희망의 그 나라로.
기도하자.
그리고 주님의 인도를 따라서 살자.
한 번에 짐을 너무 무겁게 지지 말자.
여러 번 옮기도록 하자.
땀 흐리며 가는 인생길에서
넘어져서는 안 된다.
나를 사랑하자.
나는 내가 사랑하여야 한다.
너무 힘에 겹게 짐지고 가지는 말자.
무던히 가자.
적절한 무게의 짐을 지고
여러 번 옮기자.
그것이 현명한 인생길이다.
하나님께 물으면서 가자.
희망으로
사랑으로
정의로
항심(恒心)으로
함께 기도하며 가자.
사랑하는 아들아,
주님이 늘 함께 하신다.
그리고 우리가 할 일은 지금까지 선대들이 탐구하여 발전시킨
그 지식에 조금 더 보태어 미래 세대에 넘겨주는 다리역할(bridge role)의
일이다.
하늘의 사명을 받아 태어난 이 시대의 사람들은
이 시대가 담당하여야할 그 역할을 하고 가야 한다.

그래야 후대세대가 넘겨받은 지식에 더 보태어 좀 나은 삶을 살 수 있다.
나는 그것을 역사의식이라고 말하고 싶다.
그 일은 하여야 한다.
그러나 그 일도 무리는 말아야 한다.
감당할 수 있는 정도를 하면 된다.
그 일도 주님께 묻고 답을 얻어 무던히 가면 된다.
나 혼자 가는 것이 아니다.
사람은 같이 못 가주지만
하나님은 같이 가 주신다.
하나님을 믿고
기도하면서
무던히 가고 또 가자.
그것이 인생길이라 생각되는구나.
그렇게 견딜 수 있는 범위내에서
이 시대에 자기에게 부과된 그 일을 하면서 가자.
몸이 감당하지 못해 이상이 생길 정도로 하지는 말아야 한다.
천천히 무던히 가자.
늘 기도하면서
주님이 인도하시는 그 길로
가고 또 가자.
너무 무거우면 좀 내려놓고
가볍게 하여 가고 또 가자.
그렇게 살자.
그렇게 믿는다.
주님이 항상 보살펴 주심을 믿는다.
그렇다.
아멘이다.

<2023. 9. 4. 09:53>

8. 다리역할론(Theorie der Brückenrolle)

인생은 인류문명사의 다리 역할을 한다.
그것이 바로 연구를 하는 이유이고 사명이다.
문명은 인류의 연구와 노력으로 이어져 간다.
전(前) 시대의 사람은 자신이 연구하고 노력하여 문명사의 다리를 놓는다.
그 다음 세대의 사람들은 그 다리를 건너
자신들이 그 다리를 다시 조금 더 연장한다.
그리고 그 다음 세대는 그 다리를 다시 조금 더 연장한다.
이렇게 사람들은 문명사를 이어가고 그 다음 세대의 사람들이 좀 더 잘 살게 되는 것이다.
그러한 과정으로 인류는 오늘의 문명시대에 이르렀다.
이렇게 인류의 모든 각각의 사람들이 알게 모르게 일하고 노력하여
문명사를 이어 오며,
각 사람들은 문명사의 다리를 조금씩 연장하여 온 것이다.
그러므로 모든 사람들이 다 가치있는 존재들이었다.
그렇게 각 사람이 참여하여 조금씩 연장하고 확장하여 온 다리의 혜택을 세대를 이어 각 사람이 받고 살아왔다.
온 인류가 다 문명사의 다리 건설과 연장과 확장에 기여하여 왔다.
기여의 정도는 조금씩 다를 것이다.
크게 기여한 사람도 있고 조금 기여한 사람도 있다.
정(正)의 방향으로 기여한 사람도 있고
부(否)의 방향으로 기여한 사람도 있다.
그러나 모두가 다 기여하였다.
기여하지 않은 사람은 없다.
모두가 다 기여하였다.
그리하여 모든 사람은 다 문명사의 다리 역할에 기여하였다.
그러므로 모든 사람은 다 존경받아야 할 존재들이다.

또한 모든 사람은 다 고귀하고 평등하다.
산 사람이나 죽은 사람이나,
앞으로 태어날 사람은 다 협력하고 살아가는 것이다.
그러므로 사해동포주의로 서로 다가가야 한다.
그렇게 하나님은 인간을 창조하시고 역할을 부여하셨다.
그것이 하나님의 크나 큰 사랑이고 섭리이다.
하나님은 이렇게 인간을 서로서로 사랑하고 함께 더불어 살도록 창조하셨다.
지금의 사람은 먼 과거의 사람들의 은덕을 입고 있다.
현재의 사람들은 미래의 후손들을 위하여 오늘 인류의 문명의 다리를 놓고 넓히고 연장해 나간다.
현재를 제대로 사는 것이 필요하다.
그래야 후손들이 더 안전하고 행복하게 살 수 있다.
하나님의 섭리는 참으로 오묘하고
섬세하고 웅대하다.
오늘 내가 하는 일이 인류의 문명사의 한 부분을 차지하게 하고
나만을 위한 오늘의 나의 일이 아니라 미래 세대를 위한 헌신이며
과거 세대의 문명을 이어가고 이어주는 고귀한 일이다.
긴 역사적 안목과
현재의 나는 인류 역사의 중간다리 역할을 하고 있다는 중차대한 역사적 일임으로 깨닫는다.
이렇게 하나님은 인간을 귀하게 만들었다.
참으로 위대한 하나님의 사랑의 사업이다.
인간 스스로는 하나님의 형상으로로 창조된 고귀한 존재이며,
인간의 하는 일이 또한 온 인류의 역사의 한 부분을 이루어 가고 이어가는 고귀한 일이며,
비록 나는 이 땅에서 삶을 끝내도 나의 일은 인류역사의 한 부분을 이루어 영원히 인류의 역사 속에 남는다.
인간은 결코 죽지 않는다.

하나님은 인간을 이렇게 귀하게 만들어 영원히 살도록 하셨다.
하나님의 위대한 역사이다.
하나님의 무한한 사랑과 지혜의 작품이 인간이다.
하나님은 영원하다.
인간도 영원하다.
그렇게 영원한 존재로 하나님이 인간을 창조하셨다.
인간은 하나님의 위대한 사랑과 지혜에 감사드려야 한다.
하나님께 지혜를 구하고 받아
인간으로서 하여야 할 중간다리 건설과 연장의 사명을 다하여야 한다.
그것이 인간이 하여야 할 일이다.
인간도 위대하다.
고귀한 존재다.
모두가 존경받아야 할 존엄한 존재이다.
이렇게 존엄한 존재로서의 인간이 하여야할 역사적 사명을 성실히 수행하여야 한다.
그리하여 인류의 문명이 발전되어 가도록 하여야 한다.
인간은 자기 자신의 당대만의 존재가 아니다.
영원한 존재다.
문명발전의 다리역할을 각자가 하는 것이다.
그것이 인간 각자의 삶이다.
참 놀라운 진리이다.
온 인류가 하나다.
온 인류가 다 형제다.
그렇다.
그것은 하나님의 창조섭리이다.
나는 인류문명의 다리의 한 부분을 놓고 연장한다.
나도 기여한다.
모두가 다 기여한다.

그것이 하나님의 창조질서이다.
하나님이 기획하고
인간이 다리를 놓고
대를 이어 계속 확장하고 연장하며
인류의 문명을 이어가고 발전시켜 나간다.
이렇게 신인(神人)은 협력한다.
신인협력으로 하나님과 인간은 함께 영원히 산다.
함께 더불어 문명을 이루면서 산다.
참 위대하고 거대하고 아름답다.
문명은 한 사람만의 것이 아니다.
인류 모두의 것이다.
하나님이 주신 것이다.
개인의 것이라고 고집하지 말라.
공동체 모두의 것이며
궁극적으로 하나님의 것이다.
그렇다.
그렇게 믿는다.
그렇다.
아멘이다.

<2023. 9. 11. 10:03>

9. 순례의 길

인생은 이 세상을 순례하는 여정이다.
이 세상에는 참 아름답고 가볼 만한 곳이 많다.
가볼 만한 곳으로는 스페인의 산티아고 순례길이 있고,
바티칸의 베드로 대성당,

뮌헨의 에탈 수도원,
예루살렘의 성지 등일 것이다.
나는 산티아고 순례길과 예수살렘 성지를 가지 못했고
베드로 대성당과 에탈 수도원에는 가보았다.
산티아고 순례길에서 피레네 산맥이 참 아름답다.
잔잔히 펼쳐져 있는 산들이 너무 정겹다.
한없이 걸어보고 싶다.
함부르크에 있을 때에 한없이 들을 걸었던 기억이 난다.
걷는 것이 좋다.
걷고 걷는 것은 육체의 건강에도 정신 건강에도 좋다.
에탈 수도원도 참 좋았다.
세 번 갔다.
다시 가보고 싶다.
그곳에서 기도하고 싶다.
이 세상의 순례길도 좋지만
인생의 순례길은 더욱 좋다.
삶은 이 세상의 순례길을 가는 것이다.
삶이 순례이다.
역사의 저 끝에서부터 이쪽 끝까지를 간다.
역사의 긴 길에 나는 작은 중간다리 하나를 놓는다.
선현(先賢)들이 이루어놓은 역사의 결실에 내가 조금 더 보태어
역사의 다리를 놓고
후대에게 다시 그들이 다리를 놓도록 전해 준다.
이렇게 중간다리를 놓는 것이 나의 인생길의 과업이다.
그렇다.
부지런히 나의 과업을 이루어 후대들에게 넘겨주고
나는 하늘나라로 간다.
인간은 다 중간다리 역할을 하는 것이 인간의 소명이다.

당대에 다 이루려고 해서도 안 되고, 다 이루지도 못한다.
당대로 삶이 끝나는 것이 아니다.
이어받아 자기가 좀 보태어 넘겨준다.
누구나 다 그런 과업을 수행한다.
그것이 삶이다.
과욕은 금물이다.
잘 가꾸어진 결과를 후손에 넘겨 주어야 한다.
정성을 드리지 않는 결실은 후손을 괴롭힌다.
지금 푸틴이나 북한의 독재자들은 극히 나쁜 유해한 결실을 만들고 거두어 후손에게 넘겨주려고 하고 있다.
중국의 지배자도 마찬가지이다.
우리나라에서도 알지 못했던 과거사를 끄집어 내어
말하는데,
그것이 역사의 미화인지, 진실인지 알 수가 없다.
왜 이렇게 시류에 편승한 순례의 길을 걷고 있을까?
진리의 순례길을 걸을 수 없을까?
진리의 순례길이다.
그 진리의 순례길은 어떤 길일까?
하나님과 함께 하는 길이다.
하나님이 인도하시는 그 길이 바로 진리의 순례길이다.
창조주의 길이 진리의 길이다.
그 길이 진정한 인간의 순례길이다.
그 순례길에는 흥청망청은 없다.
유혹도 없다.
가짜도 없다.
폭력도 없다.
사랑이 있다.
깊은 침잠 속에 사색이 있다.

하나님의 계시가 있다.
하나님의 오묘한 섭리가 있다.
경건한 길이다.
정의의 길이다.
항심의 길이다.
변함없는 길이다.
하나님이 주시는 깨달음으로 한없이 기뻐하는 길이다.
감사의 눈물을 흘리는 길이다.
자신을 찾는 길이다.
잃어버린 하나님의 형상을 회복해 나가는 길이다.
하나님의 축복이 있는 길이다.
평화가 있는 길이다.
깊은 성찰이 있는 고요의 길이다.
피레네 산맥의 그 산티아고의 길을 한 번 걸을 수 있었으면,
허리가 나아서 한 번 가볼 수 있었으면,
그럴 수 있기를 희망한다.
순례길을 걷는 삶은 희망이다.
영원에 대한 희망이다.
주님이 인간을 데리고 가시는 길이다.
신인협력(神人協力)의 길이다.
그 길로 가고 싶다.
그 길로 간다.
간다.
오늘도 내일도 간다.
후손들에게 전해줄 결실을 정리하면서 간다.
그것이 역사에서의 나의 소임이다.
무리는 할 수 없다.
해서는 안 된다.

몸이 견뎌주지 못한다.
말끔히 정리하여 전해 주고자 한다.
내용이 있는 결실로
중단다리를 단단히 놓고간다.
그렇게 한다.
그렇게 산다.
그것을 이룬다.
순례길에서,
삶의 순례길에서
감사합니다.
감사합니다.
감사하고 감사합니다.
아멘입니다.

<2023. 9. 13. 09:27>

10. 주님이 나를 부르신 이유

주님은 전능하시다.
주님은 이 우주를 창조하시고 관리하시고 부활로 이끌어가신다.
주님은 사랑이다.
주님은 사랑의 인격체이시다.
주님은 지혜가 충만하시고 에너지가 충만하시다.
나는 주님의 아들이다.
나는 주님의 형상을 따라서 태어났다.
나는 어머님과 아버님의 몸을 통하여 태어났지만,
주님은 이미 오래 전에 나를 예정하시고
자신의 형상을 따라 지어서

나를 세상에 보내주셨다.
태어나서 지금까지 길러주시고 키워주시고
영광의 자리에 까지 데려다 주시고,
오늘의 나로 만들어 주셨다.
그 쓰고 싶던 그 한 권의 책도 다 쓰게 하시고,
지금은 그 한 사람의 친구도 만들어 주시고,
그 한 가지의 일 사랑을 실천할 수 있도록 길을 인도해 주신다.
주님은 나를 너무나 사랑하신다.
주님은 내가 원하는 기도를 다 이루어주셨고
다 이루어주시고 계신다.
사탄은 내가 주님께 가까이 가는 것을 그렇게도 시기한다.
참으로 끈질기게 나를 괴롭힌다.
사탄은 악이다.
끝까지 악한 일만 한다.
주님이 나를 사랑하는 것을 그렇게도 시기하고 훼방한다.
주님은 왜 나를 이렇게도 사랑하시는가?
주님은 나를 왜 그렇게도 주님의 품안에 두시고 싶어하시는가?
주님은 왜 그렇게도 나를 사랑하시는가?
보잘 것 없는
부족하기 그지없는 나를 그렇게도 사랑하시는가?
주님은 나의 기도를 다 이루어 주실 것만 같다.
학문을 계속하고
법과 성서와 역사 연구소를 설립할 수 있게 하시고
못다한 사랑을 실천하게 하실 것만 같다.
또한 그렇게 믿고 기대한다.
그간에 혼자서 풀지 못한 일들을
주님은 단번에 해결해 주셨다.
그리고 사랑으로 이웃에게 다가가게 하신다.

그리고 그 한 사람의 친구를 만들어 주시고 계신다.
관동의 욥을 우스 땅의 욥과 같이 만들어 가시는 것 같다.
참 좋으신,
나의 주, 나의 하나님.
주님이 나를 사랑하는 이유는 무엇인가요?
주님의 사랑에는 조건이나 원인이 없다.
무조건적인 사랑이다.
주님을 경배하고 기도하고 구하면 다 이루어주신다.
주님은 이 우주를 창조하신 전능자이시다.
이 우주를 사랑으로 창조하셨다.
나를 창조하셨다.
나로 하여금 주님의 사랑으로 행복하게 살라고 하신다.
주님이 나에게 대해 무엇을 해 주기를 추호도 바라시지 않는다.
주님에게는 부족함이 전혀 없다.
주님에 대한 사랑도 존경도 원하시지 않는다.
주님은 나에게 이 세상에서 행복하게 살다가
주님 나라로 오라고 하신다.
아무 것도 원하시지 않는다.
주님에게는 부족함이 전혀 없다고 하신다.
남은 시간도 행복하게 삶을 즐기라고 하신다.
왜 주님이 나를 그렇게도 사랑하시는가?
그것은 나의 이 땅에서의 행복이라고 하신다.
그 외는 아무 것도 없다고 하신다.
이 땅에서 행복을 누릴려면
정의롭고,
항심이고,
주의 말씀을 늘 상고해서
말씀을 따라 살라고 하신다.

그것이 주님의 나의 행복을 위한 분부라고 하신다.
주님은,
내가 너를 낳았고,
내가 너를 길렀고,
내가 너를 오늘의 너로 만들었다고 말씀하신다.
그래도 잘 따르고 지켜 왔다고 평가해 주신다.
부족했는 데도 말이다.
그래도 나는 주님께 나의 무엇을 보시고 그렇게도 사랑하셨는냐고 묻는다.
무엇 때문에 나를 부르셨느냐고 묻는다.
나는 아픈 곳도 많은데,
주님은 대답해 주신다.
아픈 것도 은혜다 라고 답해 주신다.
허물 많고 부족함이 많은데 어찌 나를 그렇게도 사랑하셨느냐고 또다시 묻는다.
나는 너를 만든 하나님이시다 라고 하신다.
주님은 나에게 내가 너에게 줄 것은 사랑이다.
사랑할 만나도 넉넉하다고 하신다.
때를 따라 너에게 주어야할 것들을 다 준비해 두었다고 하신다.
주님의 시간계획에 맞추어 다 들어주마고 하신다.
나는 너에게 원하는 것은 없다.
그져 다 주고 싶을 뿐이라고 하신다.
다 받아서 행복하게 살아라고 하신다.
그것이 주님이 나를 창조하신 뜻이라고 하신다.
주님은 나의 처지를 이미 다 아시고,
다 준비해 두셨다고 하신다.
의심하지 말고 믿고 때를 기다리라고 하신다.
다 이루어 주시마고 하신다.
학문의 길에서 더 탐구하고,

너가 그렇게도 원하였던 일들을 다 이루어 주마고 하신다.
그렇게 믿는다.
그것이 하늘 나라의 뜻에 부합하면 다 주시겠다고 하신다.
내가 너의 창조자임를 잊지 말고
나를 기억하고,
항심으로 믿음의 길을 가라고 하신다.
너가 할 수 있는 일,
너가 원하는 일,
다 이루어 주마고 하신다.
다 주고 싶어서 나는 너를 불렀다고 하신다.
그것이 바로 나이다 라고 하신다.
말씀에 충실한 삶을 살면 그것으로 족하다고 하신다.
나이가 들어 힘들지만
그것도 나의 뜻이고 은혜라고 하신다.
영원한 나라로 들어가는 부활을 이루기 위해서는
세상에 찌든 몸을 벗어야 한다고 하신다.
몸의 허물을 벗고 나서야 영혼이 나의 나라, 하늘 나라로 올 수 있다고 하신다.
육체의 허물을 벗는데 한 십년의 세월이 필요하고,
그 허물을 벗어가는 과정이 바로 늙음의 병이라고 하신다.
걱정을 말고
믿음을 가지고
말씀을 붙들고
항심으로 나 하나님을 바라보고 오너라고 하신다.
세상을 향해 뒤돌아보지 말라고 하신다.
견디지 못할 병을 내가 너에게 주지는 않는다고 하신다.
하늘나라로 들어가는 길이 꽃길만은 아니라고 하신다.
세상에 때묻은 육체의 허물을 벗어야 하늘나라에 들어올 수 있다고 하신다.

그 허물을 벗는 과정이 노화라는 것이라고 하신다.
그 노화가 바로 병이다.
노화의 병을 앓아야 영혼이 하늘나라에 들어올 수 있다고 하신다.
내가 주는 만나로 세상을 즐겁게 살다가
노화의 병의 과정을 거치면서 세상의 때를 다 벗고
그리고 영원한 하늘나라로 오라고 하신다.
너가 나를 필요로 하였을 때에
나는 너와 함께 하였다.
지금도 나와 함께 한다.
그리고 하늘나라에서 영원히 함께 있으마고 하신다.
나는 너의 하나님이다.
너의 행복을 위해 나는 너와 늘 함께 하였다.
너가 세상의 수렁에 빠지지 않게 너를 믿음의 길로 인도하였다.
나는 너와 영원히 함께 있으마.
나는 너를 사랑한다.
너가 이 땅에서 소망하였던 일들은 다 이루어주마.
때를 기다려라.
나는 너에게 복에 복을 더하여 주기 위하여 사랑하였다.
나는 너의 하나님이다.
나는 너를 사랑한다.
영원히 사랑한다고
말씀해 주신다.
그것이 주님이 나를 부른 이유라고 하신다.
아멘입니다.

<2023. 12. 10. 17:21>

11. 주님이 나를 세상으로 나가지 못하게 한 이유. 나의 노년은 사랑의 에너지로 충만한 삶을 살리라.

주님은 왜 세상으로 나가고자 하는 나의 길을 막아서셨을까?
그 때에는 세상으로 나간다는 생각도 없었다.
그냥 일반적으로 세상을 사는 그 길을 따라서 가고자 하고 있었을 뿐이었다.
그러나 주님은 이미 다 아시고 계셨다.
내가 생각하던 그 길로 가면
분명히 세상에서 가장 비참한 삶을 살 것이라고
주님은 이미 다 아시고 계셨다고 생각된다.
근자에 나의 삶에 교훈적인 사건들에 대한 얘기들을 접할 기회가 좀 있었다.
그것도 주님의 나에 대한 섭리이고 사랑이라 생각된다.
러시아의 영토를 가장 넓힌 황제가 표토르 대제와 에카테리나 여제라고 한다.
표토르 대제는 너무나 잔인한 사람이었다.
그는 그의 잔인함으로 발틱함대를 창설하고 상페테르부르크를 개척하였다.
너무나 잔인하였다.
예카테리나 여제도 잔인함이 극에 달하였다.
그 여제 때에 러시아가 동쪽으로 진출하여
베링해를 지나 알레스카까지 차지하였다.
그런데 그렇게 잔인한 사람을 왜 대제라는 칭호를 붙여주었을까?
세상에는 잔인하든 말든 영토를 넓히면 대제라는 호칭을 부여한다.
그것이 이 세상의 길이다.
러시아의 두 대제만이 아니다.
나폴레옹, 진시황, 알렉산더 대왕,
일본의 풍신수길, 우리 나라의 영조,
그래도 역사에 기록되는 왕들은 다 잔인하게 권력을 행사한 사람들이었다.
그것은 세상의 인물판단의 기준은 잔인하든 말든 영토를 넓히고 자기의 권력을 공고히 한 사람을 칭송하고 역사의 큰 인물로 기록해 준다.
아니다.
가치판단의 기준이 잘못되었다.
수 많은 사람들의 목숨을 앗아가면서 자신의 권력을 강화한
인물에 대해 그의 잔임함을 미덕으로 역사가 기록해 주고 있다.
그것은 역사가 가치판단을 잘못한 것이다.
그것은 원죄의 인간이 원죄의 인간을 보는 눈이다.
예수님을 보라.
예수님은 완력을 쓴 일이 한 번도 없다.
오로지 사랑으로 세상을 사시고
사랑으로 죽임을 당하셨다.
오로지 사랑으로 사셨다.
그러나 완력의 행사를 전혀 하지 아니하시고
사랑으로 사시다가
죽임을 당하셨으나
예수님은 세상을 이기셨다.
모든 세상의 사람들을 다 이기셨다.
세상의 모든 사람들이 다 예수님의 사랑에
감복하고 사랑으로 살고자 하고 있다.
잔인하게 권력을 행사하고 수많은 사람들의 목숨을 빼앗은 왕들이 위대한가,
오로지 사랑으로 사시다가,
죽임을 당한 예수님이 더 위대하신가?
예수님은 모든 사람의 칭송을 받는 위대한 사랑의 실천자이시다.
잔인한 대제들이 칭송을 받고 있다는 말을 들어 보았는가?
예수님은 왜 나를 세상으로 가는 길을 막아서시고
자신이 계획하시는 길로 가게 하셨을까?
잔인한 권력의 세계에 들어가지 말라는 것이다.
사랑의 예수님 자신의 길로 오도록 하신 것이다.

사랑의 세계에서 사랑으로 살라는 것이다.
참으로 주님은 미리 다 아시고
이미 나를 구해 주셨다.
이제야 깨닫는다.
주님이 나를 구해 주셨다.
이미 나를 구하셔서 사랑의 길로 가게 하셨다.
그렇다.
세상으로 가는 길을 막아서시고
세상의 공부를 꾸준히 하게 하시면서
성서의 말씀을 어떻게 법제도화할 것인가를 생각나게 하시고
세상의 공부를 다 섭렵하게 한 후에
사랑의 길로 난 작은 오솔길로 나를 인도해 주셨다.
사랑의 글을 쓰게 하시고
사랑의 고뇌의 삶을 살게 하시고 계신다.
사랑을 실천하지 못한 죄의식에서 벗어나도록 나를 위로해 주시고,
오늘은 주님께서 나의 노년의 남은 삶은 사랑의 에너지가 충만한 삶을 살라고 하신다.
사랑의 에너지가 충만한 나로 만들어 주시겠다고 하신다.
잔잔하고 은은한 사랑으로 살라고 하신다.
그런 사랑의 에너지가 꽉찬 그런 사람으로 살라고 하신다.
예수님의 사랑으로
그 사랑의 에너지를 줄 테니
그 사랑의 에너지로 살라고 하신다.
몸이 아프지만 견딜 만하다.
머리도 아프지만 완전히 망가진 머리는 아니다.
사랑의 에너지가 충만하면 말끔히 나을 수 있다.
눈도 사랑의 에너지가 충만하면 맑아질 수 있다.
가슴도 사랑의 에너지가 충만하면 잠잠해 질 수 있다.

허리도 사랑의 에너지가 충만하면 힘차게 걸을 수 있다.
나를 사랑한다.
사랑의 에너지로 나를 사랑한다.
내 아내를 사랑으로 사랑한다.
아내는 나의 그 한 사람이다.
나는 아내의 그 한 사람이다.
사랑의 에너지로 그렇게 된다.
새끼들은 사랑으로 기른다.
나이가 들어도 새끼들을 사랑으로 기른다.
형제들도 사랑으로
조카들도 사랑이다.
처가도 사랑이다.
사랑의 에너지로 사랑한다.
그렇다.
주님의 그 깊은 뜻을 이제야 조금 깨닫고 있다.
나는 세상으로 갈 기회는 없다.
이미 다 지난 일이다.
남은 시간은 사랑이다.
사랑의 에너지로 충만한 나이다.
사랑의 삶이다.
사랑의 신앙생활이다.
지우 키우느라 웅이와 며느리가 참으로 수고했다.
미안하고 고맙다.
젊은 내외가 참 수고했다.
칭찬한다.
사랑한다.
사랑의 에너지로 사랑한다.
알겠습니다.

주님의 깊은 뜻을
주님의 사랑을 알겠습니다.
사랑의 에너지로 사랑의 삶을 살겠나이다.
사랑입니다.
사랑입니다.
사랑이고 사랑이다.
충만 사랑의 에너지로 삽니다.
주님 감사합니다.
감사하고 감사합니다.
아멘입니다.

<2023. 10. 14. 19:33>

12. 주님이 더 깨달음을 주실 계획이시란다

사랑의 에너지로 충만한 나이기를 기도하였다.
그 길이 생명의 길이라 생각되었다.
기도 중에 주님께서
더 깨달음을 주마고 하신다.
너무나 감사하다.
어릴 때에 태양은 떴다 지고
아침은 계속 오는데,
세상을 떠난 동네 노인들은 한 번 가시면 돌아오지 않아,
이불을 쓰고 울었던 어린 시절이 생각난다.
이런 생각이 들었다.
내가 실력이 없어서 실패했다면
내년에도 나는 안 된다는 생각이 들었다.
그리고 나서 무엇인가 초자연적인 그 무엇이 나를 지배하고 있다는 생각

이 들었다.
그 다음 해에 내가 대학시험을 치룰 때에
기도했더니 내가 여기 있다고 대답해 주셨던 주님,
그렇게 맑고 밝게 시험을 치루어 주님의 섭리를 체험하였던 경험이 있었다.
이 책 저 책, 이 논문, 저 논문을 읽다가 고시는 안 되고
기도하였을 때에 주님은 너는 안된다고 말씀하셨던 경험이 생각난다.
그 길로 고시의 세상길은 막히고 말았다
그런데 학문의 길이 열려 공부하여
대학교수가 되고
공부나 실컷해보자고 나 스스로 독백을 하였던 기억이 난다.
공부를 참 열심히 하여
좋은 대학의 교수가 되고
하나님의 학교인 연세대학교에서 학문의 꽃을 피우고
믿음을 살렸던 경험이 나에게는 신기롭기만 하다.
쓰고 싶은 법학논문과 책을 다 쓰고
주님은 다시 나를 정의와 사랑의 오솔길로 인도하셨다.
그 길에서 또 공부하여 부족하지만,
정의와 사랑,
그 중에서도 사랑의 글과 책을 썼다.
사랑을 세속에서 실천하기 위해서는 공동체주의로 가능하다는 깨달음을 얻고
사랑을 실천하지 못한 죄의식에서 벗어나게 해 주셔서
사랑을 학문적으로라도 더 연구하고 글을 쓰라는 말씀을 주셨다.
사랑의 에너지로 충만한 내가 될 것을 주님이 말씀하시고
더 깨달음을 주시겠다고 하신다.
그러나 지금은 건강이 여의치 못하다.
사랑의 생각으로 머리가 충만하다.
생각 속의 사랑이다.

실천은 제대로 못하고 있다.
몸이 아프니
신앙도 약해지는 것 같은 느낌도 들지만
사랑의 에너지로 충만한 삶을 살겠다고 다짐하고 있다.
세상에는 전쟁이 일어난다.
잘 지내왔는데
노년기에 전쟁이 일어난다.
전쟁으로 문제를 풀 수는 없다.
사랑으로 풀어야 한다.
사랑 뿐이다.
사랑의 길 뿐이다.
사랑의 에너지로 충만한 나이어야 한다.
그렇게 살아야 한다.
그런 노년이어야 한다.
사랑이다.
사랑의 에너지로 아픔을 치료한다.
사랑이다.
사랑이고 사랑이다.
사랑이다.
다 이루었는데,
사랑을 이루지 못했다.
그 한 사람도 주님은 이미 주셨다.
나도 그 한 사람이다.
그 한 사람만 있으면 세상을 다 이길 수 있다.
사랑이다.
사랑이고 사랑이다.
주님의 사랑으로 산다.
사랑이다.

사랑이고 사랑이다.
주님의 사랑으로 산다.
가장 궁극인 사랑의 세계로 왔다.
제일 궁극의 세계로 까지 왔다.
세상의 전공분야는 나름대로 정리하였다.
이제는 사랑의 세계에서 사랑의 에너지가 충만한 삶을 산다.
사탄이 그렇게도 나를 괴롭혔다.
하나님의 사랑으로부터 나를 떼어 놓으려고 하였다.
지금도 사탄의 괴롭힘은 계속 된다.
사랑의 에너지다.
그 사랑의 에너지로 병을 고치고
사랑의 사상을 완성하고
사탄을 물리치고
주님의 사랑하는 아들로 산다.
주님의 사랑하는 아들이다.
사랑의 에너지로 사랑을 말하며 산다.
사랑이다.
사랑의 에너지다.
사랑이다.
주님의 사랑이다.
사랑의 에너지다.
부족하기 그지 없는 나를
주님은 어떻게 그렇게도 사랑하시는지요?
나의 세상으로 가는 길을 막아서신 주님께서는
나를 쓰시겠다는 주님의 계획이 있을 줄 믿습니다.
그것은 사랑의 실천이라 생각합니다.
사랑의 에너지로 우선 충만하여야 하겠습니다.
주님의 뜻을 이루소서.

사랑입니다.
사랑의 에너지가 충만한 나입니다.
감사합니다.
감사하고 감사합니다.
아멘이다.

<2023. 10. 15. 13:16>

13. 주님은 나를 어디로 데려가실 계획이십니까? 주님은 나로 하여금 무엇을 하게 하실 계획이십니까?

주님은 나를 어디로 데려가실 계획이십니까?
사랑의 에너지를 어디에 쓰게 하실 계획이십니까?
사랑의 에너지로 충만한 나이길 원합니다.
사랑으로 살고자 합니다.
사랑의 에너지로 살기를 원합니다.
사랑의 에너지로 머리도, 눈도, 가슴도, 허리도 낫게 하고 싶습니다.
사랑으로 살고자 합니다.
우리는 모두 하나님의 아들과 딸입니다.
전인류가 다 하나의 거대한 인류공동체입니다.
공동체로 살아야 합니다.
공동체의 구성은 바로 사랑입니다.
사랑입니다.
사랑의 에너지는 돈을 주고 살 수 없습니다.
주님으로부터 받아야 합니다.
값없이 받아야 합니다.
주님의 사랑의 에너지는 무한대입니다.
태양이 부글부글 끓듯이

사랑의 에너지도 내면에서 끓어야 합니다.
주님의 사랑의 에너지를 받아야 합니다.
그 사랑의 에너지로 살아야 합니다.
예수님은 사랑으로 사셨습니다.
그러나 그 사랑으로 세상을 다 이기셨습니다.
주님의 사랑을 나도 가져야 합니다.
사랑의 에너지로 충만한 나이기를 원합니다.
사랑입니다.
사랑입니다.
사랑입니다.
사랑의 에너지입니다.
사랑으로 삽니다.
태양처럼 끓어 오르는 사랑의 에너지입니다.
사랑입니다.
사랑입니다.
사랑의 에너지입니다.
주님,
나를 어디로 데려 가실 계획이십니까?
주님 나에게 어떤 일을 하게 하실 계획이십니까?
주님의 섭리를 기도합니다.
주님의 인도를 기도합니다.
주님의 은총을 기도합니다.
아멘입니다.

<2023. 10. 16. 09:20>

14. 내가 도달한 곳; 내가 도달한 경지

내가 도달한 곳이 어디냐?
내가 도달한 경지가 어디냐?
그것은 사랑이다.
사랑의 에너지의 충만이다.
내가 사랑의 경지에 까지 왔다니,
그것은 분명히 주님의 은혜이고 섭리이고 인도하심이다.
그렇다.
그것은 분명하다.
주님은 나를 사랑의 경지로 데려고 오셨다.
사랑은 이 세상의 최고의 경지이요, 궁극의 경지이다.
사랑 위에 다른 경지는 없다.
하나님은 사랑이시다.
하나님의 세계에까지 나를 데리고 오셨다.
그리고 예수님의 일처리 방식이 바로 사랑이었다.
그 예수님의 사랑의 방식을 따라서 나로 하여금 세상을 살라고 하신다.
모든 문제를 사랑으로 해결하라고 하신다.
이 세상을 살아감에 사랑의 마음으로,
사랑의 에너지가 충만한 상태로 살고
사랑의 에너지가 충만한 환한 모습으로 살라고 하신다.
그렇다.
그것은 분명히 주님의 섭리이다.
나의 의지로 여기까지 온 것이 아니다.
주님이 여기까지 나를 데려다 주셨다.
사랑은 만물의 근원이다.
사랑으로 하나님은 이 세상을 창조하셨다.
사랑으로 하나님은 이 세상을 치리하신다.
가장 약할 것 같은 주님의 사랑으로

이 세상의 그 강한 힘도 권력도 다 그의 앞에 무릎을 꿇었다.
사랑은 죽음도 이긴다.
사랑은 부활로 이끈다.
사랑은 영원하다.
하늘나라는 사랑의 나라이다.
사랑으로 충만한 나라이다.
나는 사랑으로 산다.
사랑으로 문제를 해결한다.
예수님의 문제해결의 방식을 따라서 산다.
주님은 나를 세상으로 가는 길을 막아서셨다.
그리고 하나님은 나를 그의 계획을 따라서 나를 길러주셨다.
사랑의 길로 나를 인도하셨다.
사랑으로 이 세상에서는 공동체주의로 풀어나가고 실천해 나가도록 깨달음을 주셨다.
그러나 나의 이러한 사랑의 사상을
이 세상에서는 그대로 받아들이지 않는다.
세속에서는 권력으로
신앙의 정신세계에서는 사랑으로 해결하라고 한다.
아니다.
사랑은 하늘나라의 궁극의 가치이다.
그 궁극의 가치인 사랑은 세속의 사상으로 전환하여야 한다.
그것이 바로 공동체주의, 공동체 사상이다.
사랑과 공동체 주의가 일치는 하는 것은 아니다.
사랑이 세속에서도 기본사상이다.
그러나 세속에서는 이를 용인하지 않는다.
이를 세속의 사랑으로 전환하여야 한다.
그것이 공동체주의이다.
공동체주의도 가장 광범위한 공동체를 생각한다.

인류공동체이다.
아담 이후의 모든 생명을 가졌던 사람들의 공동체이다.
그 공동체의 구성원은 하나님의 형상을 따라서 창조된 모든 인간이다.
인류공동체의 결속의 끈은 바로 사랑이다.
사랑이다.
사랑이다.
사랑이고 사랑이다.
사랑이 최고 궁극의 가치이다.
그 사랑을 따라서 살고
사랑의 에너지로 활동한다.
아아,
부족하기 그지 없는 내가 이러한 사랑의 경지까지 온 것이 참으로 신기하다.
내 힘으로 온 것이 아니다.
하나님의 사랑으로 온 것이다.
사랑의 인도로 여기까지 온 것이다.
주님은 나에게 인간으로서 가질 수 있는 복을 다 주셨다.
주님은 나에게 그 한 권의 책을 쓰게 하셨다.
그 한 권의 책이 바로 자연법이다.
그 자연법도 신중심의 자연법이다.
사랑의 자연법이다.
그리고 주님은 나에게 그 한 사람을 주셨다.
이 땅에 같이 살 그 한 사람을 주셨다.
그 한 사람이 바로 아내이다.
아내는 사랑의 사람이다.
같이 언제나 살라고 그 한 사람 아내를 만나게 해 주셨다.
이제야 깨닫는다.
나는 이렇게 깨달음이 늦다.
그러나 깨달았다.

그 한 사람이 바로 나의 아내라는 것을.
그리고 주님은 또 나에게 그 한 가지 일을 주셨다.
그것은 사랑이다.
그 한 가지 가장 고귀한 것이 사랑이다.
사랑으로 살고 사랑으로 하나님의 나라로 오라고 하신다.
아아,
주님은 부족하기 그지 없는 나에게
이렇게 고귀한 선물을 다 주실까?
참으로 신기하다.
참으로 두렵고 감사하다.
왜 나에게 이렇게 가장 고귀한 선물을 주실까?
주님의 사랑이다.
전적인 주님의 사랑이다.
주님의 사랑으로
예수님을 본으로 하여
예수님의 삶의 방식을 따라서 산다.
평온하게
그리고 평화롭게
세상의 이웃을 사랑하면서
사랑으로 문제를 풀어가면서
사랑으로 산다.
사랑으로 이 세상을 산다.
사랑이다.
사랑이다.
사랑이고 사랑이다.
주님은 나로 하여금 사랑으로 살라고 섭리하신다.
그렇게 사랑으로 살겠나이다.
공동체주의로 살겠나이다.

사해동포주의로 살겠나이다.
주님은 살아 계셔서 구체적으로 나를 치리하시고 사랑하심을 믿습니다.
이제 남은 과제를 다 마친다.
먼저 나의 삶 속에서의 신앙고백을 책으로 엮는다.
그 내용의 중심은 사랑이다.
그 다음으로는 사랑의 공동체주의로의 전환과 실천을 책으로 엮는다.
그 책에서는 법에서의 가치 문제, 법치주의, 신중심의 자연법론, 7덕목을 포함한다.
차분히 엮어 나간다.
조용히 엮어나간다.
과욕은 금물이다.
나는 신앙으로 세상을 보고 세상을 산다.
신앙에서의 궁극가치를 세속의 가치로 전환한다.
신앙이 먼저이고 궁극이다.
말씀에 기초한 세속의 학문이다.
그렇게 삶의 끝을 살아간다.
그렇다.
그렇게 산다.
그렇게 사랑으로 산다.
주님은 나를 사랑으로 키워주셨다.
사랑의 궁극경지로 나를 데리고 오셨다.
나는 주님의 사랑하는 아들이다.
이 부족한 나를 주님의 아들로 사랑해 주신다.
감사합니다.
감사합니다.
감사하고 감사합니다.
아멘이다.

<2023. 10. 19. 17:21>

15. 두 아들아, 먼 장래를 생각하며 살자

나의 건강이 자꾸 약해진다.
의욕이 없다.
밤이 길게 계속되었으면 하는 마음이다.
몸이 곤하다.
그래도 운동하고 오늘의 내가 살아있음을 기록한다.
나의 두 아들이 되어준 화야와 웅이가 자랑스럽다.
나의 뒷일을 부탁한다.
나는 아무래도 주님께로 가야할 사람이다.
그것이 언제일지는 모르지만 요즈음 내가 의욕이 없다.
그렇게도 열심히 살았는데,
근자에 의욕이 다 떨어진 느낌이다.
몸도 아프고.
그래도 일어난다.
내일부터 시작이다.
내일 아침에 일찍 회의에 참석한다.
토요일에는 합창연습하러 가고
주일날은 예배에 참석하고
7일날 합창발표회에도 참석을 할 예정이다.
내가 움직이지 않으면 아무도 나를 살펴보지 않는다.
일어나야 한다.
힘들어도 일어나야 한다.
화야, 웅아,
올해가 나의 삶의 절정의 해였다.
내가 쓰고 싶었던 책을 다 쓰고
그 한 권의 책 자연법을 쓴 해이다.
더 쓰는 것은 덤이다.

앞으로 2년동안 물권변동론을 쓰게 되었다.
학술원으로부터 연구비를 받았다.
잘 정리하련다.
화야는 건강이 안정이 되고
불안으로부터 평화를 얻기 바란다.
기도를 부지런히 하고 있으니 다행이다.
나도 기도를 열심히 하고자 한다.
주님도 주님께 가까이 갈 때에 반가와 하신다.
그리고
이곳 뉴타운 집이 있다.
연금과 학술원 수당으로 생활이 가능하다.
남은 재산은 지유와 이안이의 공부를 위해서 줄 생각이다.
집안의 구심점이 될 수 있는 집 한 체를 마련하여
우리 집안을 이루어갔으면 좋겠다.
당장 마련해 달라는 것은 아니고
웅이가 새로운 자기 사업을 하면
그 사업자금으로 내가 투자하고
사업이 잘되어 몫이 좀 커지면
여유있게 집안을 이루는 일을 해 주기를 바란다.
급히 서둘 것은 추호도 아니다.
내가 연구소를 설립하여 운영하려고 하였으나,
그 일도 내 당대에 이루기는 힘들다는 판단을 한다.
너희 형제가 집안을 이루어 주기를 바란다.
새로운 집안을 만들어 주길 바란다.
믿음의 집안 말이다.
주님을 모신 집안을 이루어 주길 바란다.
관동으로 돌아가는 일은 접었다.
우리의 새로운 고향을 만들어 가면 좋겠다는 생각이다.

나의 책들과 기록들을 잘 정리해 주기를 바란다.
너무 쉽게 버리지 말았으면 좋겠다.
집을 마련하여 보관해 주면 참 고맙겠다.
나의 책들을 보관해 줄 수 있는 대학도서관이 있으면 좋겠다.
연대 중앙도서관도 좋겠다.
오늘 따라 이런 얘기를 글로 써 두고 싶은 생각이 나서 이렇게 적는다.
아직은 시간의 여유가 좀 있으나
미리미리 준비를 하여 두어야 하겠다.
이제 나는 말씀과 기도에 힘쓰고
너희 형제들이 잘 되기를 기도하며
손녀와 손자가 잘 크기를 기도하면서
말년을 보내고자 한다.
예전같지 않는 나의 마음과 건강상태다.
슬퍼하지는 않는다.
그러나 아픈 것은 견디기가 참 힘든다.
우리 모두 기도에 힘쓰자.
기도가 생명이다.
집안공동체를 이루어주길 바란다.
혼자만으로는 살 수 없다.
공동체를 이루어 살아야 한다.
가정공동체, 집안공동체를 이루어야 한다.
두 아들을 믿고 조용히 평화로운 말년을 보내고 싶다.
부탁한다.
뒷정리를 부탁한다.
잘 정리해 줄 것으로 믿는다.
부탁한다.
기도한다.
잘 될 것이다.

주님이 함께 해 주실 것이다.
나의 삶은 이제 정점을 지나고 있다.
다 내려 놓는다.
오로지 주님을 믿고 간다.
너희들에게 뒷정리를 부탁하고서.
아멘이다.

<2023. 11. 1. 10:01>

16. 평화와 자유와 고요와 감사

오늘은 날이 흐리다.
그러나 기온은 좀 올랐다.
어제까지만 해도 날이 참 맑았는데.
이렇게 세월도 변한다.
나도 변한다.
세상의 그 모두가 다 변한다.
흐르는 세월에 순응하면서 고요히 산다.
세상이 어지럽다.
국내는 정치가 비정상이다.
비정상이 일상인 한국정치다.
정치하는 사람들은 왜 선한 국민들을 불편하게 하나?
참 좋지 않은 사람들이다.
정상이 아닌 사람들이다.
그런데 그런 사람들이 힘을 쓰고
활개를 치며 산다.
무슨 근거로?
참으로 이상한 세상이다.
정상이 아니다.

정상이 아닌 곳에서는
비정상의 사람이 힘을 쓰는 모습이 발생한다.
세상이 너무 비정상이라 정상이 회복될 가능성이 안보인다.
선인(善人)은 조용히 계신다.
선인을 모셔 선한 정치를 하였으면 좋겠다.
어제는 일부러 오후에 뒷산을 올랐다.
허리가 아팠으나
오히려 좀 험한 돌길을 걸으면 허리가 좀 나을까 싶어서,
산을 올랐다.
날씨는 좋았으나 오후 좀 늦게 출발하여 조용한 샘물이 흘러나오는 곳까지 갔다가
속히 돌아왔다.
산속이 참 고요하였다.
그저께는 최영 장군묘를 찾아 갔었다.
당시에는 버리다 시피한 최영 장군의 사후였다.
다행히 그의 아버지 묘소 앞에 묻어주어서
지금도 부자가 아래 위로 나란이 묻혀 있다.
근 700년 전의 일이라 지금은 아마도 뼈도 없을 것 같지만,
그의 충성심과 청렴함은 오늘도 살아서,
사람들이 그리 많이 찾지는 않지만
황금을 보기를 돌같이 하라는 글귀가 나의 마음에 와 닿았다.
그 골짜기가 너무 조용하였다.
고요하였다.
나는 그러한 고요한 곳이 좋다.
어제의 뒤산골짜기도 참 고요하였다.
참 좋았다.
무리없이 잘 다녀왔다.
운동이 되었다.

허리가 나을 것이라는 소망을 갖고 간 산길,
주님께 치유의 은혜를 기도하였다.
어제께는 정병택 장로님이 입원해 계시는 일산의 국립암센터로 병문안을 갔다.
사모님과 따님은 아마도 예약받은 도시락을 준비하느라 병실을 지키지 못하시는 것 같았다.
병원의 휴게실에서 한 시간 정도 얘기를 나누고 돌아오는 길에
최영 장군묘를 찾아갔다.
이질(姨姪)이 미국에서 6년여 만에 귀국하였다.
참 잘 하였다.
미국으로 유학 간 것은 참 잘 하였다.
밥 한 그릇 대접하는 사랑으로 다가가고자 하였으나,
일정이 빠듯하여 어렵다는 인사를 전해왔다.
그럴 것이지만 아쉬었다.
사랑으로 다가가려고 했는데,
지난 날의 무지의 죄를 용서받으려고 하였는데,
그래도 주님은 다 아실 것이다.
물권변동론을 새로운 준비는 하지 않고 바로 원고를 쓴다.
연구해서 쓰기에는 나의 머리가 감당하기 힘든다.
예전에 써 놓았던 글들로 엮으려고 한다.
그래도 내용이 그런대로 잘 구성될 것 같다.
다만 전체적인 체계구성은 좀 어그러질 수 있다는 생각이 든다.
예전에 참 공부를 제대로 많이 하였다.
참 에써서 정리해 놓은 글들이다.
그 원고들을 찾아서
조금 가필하여 물권변동론을 엮고자 한다.
주님이 이미 다 준비시겨 주셨다.
오로지 주님의 은혜다.

주님이 섭리해 주시는 길이다.
어제 뒷산의 돌길도 주님이 이미 수십만년 전에
나의 현재의 허리 치유를 위한 예비해 두신 길이라 믿어진다.
그렇게 믿고 아파도 참으며 살려고 한다.
참으로 주님은 좋으신 하나님이시다.
오로지 주님을 믿고
주님의 은혜로 산다.
오늘은 수요일이라
수요예배에 참석하려고 한다.
주님의 길을 가고 가고 또 간다.
사탄이 나를 넘어지도록 하고 있지만 주님은 나를 눈동자처럼 지켜주실 것임을 믿는다.
우스 땅의 욥에게 임재하셨던 주님께서
오늘의 관동의 욥에게 임재하여 지켜주실 것임을 믿는다.
세상에서 어렵게 사는 사람들이 그렇게 많지만
내가 좀 이기적이긴 하지만 그들 모두를 다 보살피지는 못하고
나의 건강과 평안을 기도한다.
주님은 분명히 나음을 주실 것이며,
정 장로님과 허물없이 얘기를 나눌 수 있을 것으로 믿으며,
주님이 길을 인도해 주실 것임을 믿는다.
오로지 주님이시다.
오로지 주님의 은혜로 산다.
주님이 나를 항상 지켜주실 것임을 믿는다.
사탄이 잔꾀를 쓰지 못하도록 해 주실 것임을 믿는다.
행복이의 출산이 일주일 정도 남았다.
세상에 기쁨으로 나와서
엄마도 아버지도 누나 지유도
할아버지도 할머니도 행복하게 만나기를 기도한다.

오로지 주님이시다.
오로지 주님의 은혜이다.
오로지 주님의 인도이다.
욥에게 임재하셨던 주님께서
관동의 욥에게도 임재하실 것임을 믿는다.
축복의 주님,
주님의 축복을 기다립니다.
지금까지 주님의 축복으로 살아온 나의 삶이었지만,
장래에도 여전히 주님께서 축복으로 임재하실 것임을 믿습니다.
주님,
평화입니다.
자유입니다.
고요입니다.
주님,
그 한 사람 아내입니다.
그리고 또 그 한 사람, 정병택 장로님입니다.
관포지교(管鮑之交))로 사귀고 싶습니다.
주님이 보내주신 그 한 분입니다.
감사합니다.
주님의 사랑을 믿습니다.
주님을 사랑합니다.
감사합니다.
무지의 죄의 용서를 구합니다.
사랑으로 이웃에 다가가겠습니다.
아무 거리낌이 없습니다.
나에 대해 걸림이 있다면 그것은 그 분의 일입니다.
나는 없습니다.
던질 돌도 갖고 있지 않고

던질 이유도 전혀 없습니다.
사랑, 천사, 자유, 평화, 고요
그런 관조(觀照)의 세계에서 살고 있습니다.
주님이 주신 은총입니다.
주님이 주신 평화입니다.
그렇네요.
깨달아집니다.
이웃을 사랑합니다.
사랑합니다.
모두가 사랑의 이웃입니다.
감사합니다.
감사합니다.
감사하고 감사합니다.
순산을 빕니다.
지유가 주님의 은혜로 크기를 빕니다.
감사합니다.
감사합니다.
감사하고 감사합니다.
감사합니다.
주님,
감사합니다.
너무나 감사합니다.
평화입니다.
평화,
평화,
깊은 고요입니다.
아멘입니다.

<2023. 12. 6. 14:27>

17. 고요를 찾아서

고요를 찾아 뒤산을 오른다.
계곡 속의 샘터가 너무나 조용하다.
문명의 기계소리가 들리지 않는다.
문명 속에 살지만
문명의 소리와는 멀리 있고 싶다.
고요가 좋다.
그곳에서 고요하게 기도할 수 있다.
이 세상의 태초의 고요 속이었으면 좋겠다.
자연상태의 고요였으면 좋겠다.
오로지 주님이 내가 여기 있다고 하시는 그 말씀만 있으면 좋겠다.
아주 고요하면 좋겠다.
바다의 밀려오는 파도소리보다는
산속의 고요가 더 좋다.
17년 전 어머님의 장례일날
너무나 고요하여
산에서 촛불을 켜 놓아도
조금도 흔들림 없던 그날 겨울의 고요가 생각난다.
고요하고 싶다.
마음도 고요하고 싶다.
가슴이 뛰지 않는 고요이었으면 좋겠다.
무지의 죄도 없는 고요의 가슴이었으면 좋겠다.
아니 무지의 죄를 다 용서받은 고요의 평화이었으면 좋겠다.
머리도 고요하였으면 좋겠다.
머리가 조금도 쿵쿵하고 뒷머리를 치는 전혀 소리가 없는 고요이었으면 좋겠다.
귀도 고요하였으면 좋겠다.

귀소리가 나지 않는 평온한 고요였으면 좋겠다.
고요는 태초의 탄생시의 정적이다.
고요는 너무나 평화로운 세계이다.
고요는 자연상태이다.
자연상테에 살고 싶다.
아니 자연상태로 살고 싶다.
어느 날 최영 장군의 묘소가 있는 계속에 갔더니
너무나 고요하여,
다시 집뒤의 뒷산의 계곡을 찾았다.
자주 고요의 산속에 가서
주님께 기도하리라.
주님을 찾고 기도하고 만나리라.
지하를 정비한 냇가의 산책길보다는
돌길의 뒷산에 더 마음이 간다.
조금 오르면 고요의 계곡이 있기 때문이다.
바람이 없으면 더 좋다.
비가 오는데도 좋았다.
물방물 떨어지는 소리가 들린다.
고요가 좋다.
고요한 계곡의 호수를 스케치해 본다.
고요의 아침의 서리낀 홀로선 나목(裸木)이 나와 똑 같다.
그렇게 고요를 즐긴다.
고요는 내가 나를 보고 느끼고
나의 마음을 주님께 전달하는 기도하기 좋은 상태다.
고요여,
계곡의 고요만이 아닌,
나의 내면의 고요를 원하오.
고요야,

나와 함께 해 다오.
나의 친구가 되어 다오.
고요,
고요하고 싶다.
아주 고요하고 싶다.
아무 것도 없는 텅빈 태허(太虛)속에 머물러 있고 싶다.
고요, 고요, 고요,
고요함 속에 살고 싶다.
나도 고요,
가정도 고요,
집안도 고요,
나라도 고요,
세계도 고요.
고요의 평화를 바란다.
기도하는 고요의 세계,
그 속에 언제나 살고 싶어라.
아멘.

<2023. 12. 11. 19:40>

18. 삶이란 무엇인가?

생명있는 사람은 모두가 삶을 누린다.
그 삶이란 것이 무엇인가?
태어날 때부터 삶을 영위하지만
평생토록 살면서도
삶이 무엇인지에 대해 스스로에게 물어보는 일은 참으로 어렵다.
나도 지금에서야 삶이란 무엇인가를 생각한다.

삶이란 창조주가 사람에게 준 가장 귀중한 창조주의 선물이다.
사람은 하나님의 형상을 따라서 태어났다.
삶이란 바로 하나님의 형상의 실현이다.
창조주에 의해서 주어진 하나님의 형상은
창조주의 고귀한 선물이지만
그 하나님의 형상을
하나님의 뜻에 맞게 실현하느냐는 그 삶의 주체인 각 개인에게 주었다.
삶의 본질이자 본체인 하나님의 형상은
창조주가 주었지만
그 본질의 현실화는 각 개인의 자유의사와 자유의지에 맡겼다.
각 개인은 하나님의 형상의 내용인 창조주가 주신 달란트를 활용해서
자신의 삶을 구체화해 나간다.
삶을 선물로 받은 인간은 창조주가 주신 달란트를 가지고
자신을 실현해 나가는 것이다.
자신에게 주어진 달란트를 사용하여
각자가 자신의 삶을 실현해 나가면
그 총합이 바로 사회이고 역사이고 이 세상의 진행이다.
참으로 오묘한 역사의 진행의 섭리이다.
받지 못한 달란트를 인간이 아무리 갖고 싶고, 하고 싶어도 안 된다.
달란트를 사용하는 것이 가장 즐겁고 보람되고 아름다운 삶을 이룰 수 있다.
삶은 주님의 선물이고 신비하다.
선물로 받은 삶을 잘 구현해 나가야 한다.
선물은 감사로 받아야 한다.
삶의 선물을 감사하게 받아
주신 달란트를 나날이 갈고 닦아야 한다.
그렇게 하면 아름답고 풍요롭고 결과있는 삶을 누릴 수 있다.
삶은 기쁨이고 감사다.
즐거워 하며 땀흘리며 삶을 산다.

그러면 귀한 결실들을 거둘 수 있다.
넉넉히 결실을 거둘 수 있다.
감사가 저절로 나오는 삶이 될 수 있다.
하나님의 형상은 오로지 선(善)이다.
어디서 왔는지 인간의 삶에는 악(惡)이 동행한다.
원죄를 진 것이 또한 삶이다.
하나님의 형상으로 원죄를 이기며 살아야 한다.
그 원리를 머리로는 이해가 되나
가슴으로는 알 수가 없다.
하나님의 형상을 회복하고 늘 하나님의 형상을 따라서 살고 싶지만
가슴에서 불쑥불쑥 나오는 원죄의 모습으로 인간의 삶에는 괴로움이 따른다.
그것이 고뇌이고 고통이다.
그러나 선이 악을 이긴다.
선의 본체이신 주님이 항상 동행하시고 역사해 주시기 때문이다.
주님의 동행과 섭리를 구하면서
인간은 자신의 삶을 잘 꾸려 나가야 한다.
정의를 따라서 삶을 꾸려나가야 한다.
사랑하면서 삶을 아름답게 만들어 나가야 한다.
너무 많이 자신의 것으로 하려는 욕망을 제어하면서 살아야 한다.
평화롭게 삶을 꾸려야 한다.
적절히 먹고 배를 좀 비워야 한다.
여유가 있는 삶을 꾸려야 한다.
소박하고 절제된 삶을 꾸려야 한다.
주님이 창조하신 이 세계를 즐기면서 살아야 한다.
자연과 소통하면서 삶을 아름답게 꾸려야 한다.
고요한 가운데서 창조주와 소통하는 삶을 꾸려야 한다.
세상의 좋은 지식을 좀 가져야 한다.
무던히 나날을 꾸려나가야 한다.

주님 이외에는 의지하지 않는 삶을 꾸려야 한다.
예술을 통하여 삶을 순화해 나가야 한다.
중용의 삶을 살아야 한다.
관조하는 삶을 살아야 한다.
가치있는 삶을 살아야 한다.
결과가 있는 삶을 살아야 한다.
마음도 경제도 좀 여유가 있는 삶을 살아야 한다.
주님을 찬양하는 삶이 아름답다.
천사가 오기를 기다리며 사는 것이 아름답다.
영원한 주님의 나라를 희망하며 사는 삶이 아름답다.
삶은 희망이다.
삶은 밝은 내일에 대한 소망이다.
삶은 한 번만 주어진다.
삶은 예술작품이다.
누구도 대신 그려줄 수 없는
오직 자신만이 그릴 수 있는 예술작품이 삶이다.
평생에 오로지 한 점만을 그릴 수 있는 예술 작품이 삶이다.
삶의 흠은 그대로 삶의 예술작품에 지워지지 아니하고 남아 있다.
평가를 생각하지 말고 아름다운 자신의 예술작품의 삶을 꾸려 나가야 한다.
삶은 하나님의 형상의 실현이다.
삶은 무형의 예술작품이다.
삶은 나날이 이루어가는 것이다.
삶은 한 번에 단숨에 이룰 수 없다.
삶은 기도를 필요로 한다.
삶은 주님의 섭리와 인도를 필요로 한다.
삶은 아름다운 것이다.
삶은 즐거운 것이다.
삶은 결과를 가져다 준다.

삶은 감사로 이어져 가야 한다.
아아,
즐겁고
아름다운 삶,
희망의 삶
내일이 기대되는 삶
그 삶의 길에는
주님의 불기둥과 구름기둥의 인도를 받고
풍성한 만나로 여유로우며
결실이 풍성하고
감사가 넘치며
할렐루야가 저절로
우러나오는 기쁨이 넘친다.
아아,
즐겁고 아름다운 삶,
그것을 주님이 주셨다.
감사합니다.
아멘입니다.

<2021. 4. 18. 08:23>

19. 아름다운 가치들

인간은 물질로만 사는 것이 아니라 바른 가치를 가져야 제대로 산다.
물질이 있어도 가치가 발라야 제대로의 삶을 산다.
사회도 나라도 마찬가지이다.
세계도 역시 마찬가지이다.
가져야할 가치가 있고 버려야할 가치가 있다.

먼저 가지지 말아야할 가치가 있다.
노예제, 노비제, 식민주의, 제국주의, 전체주의, 집단주의, 공산주의, 사회주의이다.
지금은 인종차별, 인종간의 혐오,
위선, 찰나주의, 한탕주의, 기회주의,
허영, 과장, 희화화(戲畫化),
지배의식, 종속의식, 의존의식 등
가지지 말아야할 가치들이 많다.
가치라고 이름붙이는 것이 좀 어색하다.
가져야할 아름다운 가치는 참으로 많다.
근면, 성실, 열심, 부지런함, 자기 일에 자기 마음을 다 쏟음,
무던함, 우직함, 항심. 변함이 없음. 믿을 만함
칭찬, 격려, 위로, 측은, 함께 함,
고요함, 조용함, 겸손함, 낮춤,
알참, 확실함, 믿을 만함, 틀림없음,
절제, 절약, 검소, 검약, 허트게 버리지 않음.
말이 없음, 알아도 말하지 않음, 잘못에 대해 안타깝게 생각함.
불쌍히 여김, 위로함, 같이 함, 작은 것이라도 줌.
소박함, 소식함, 적절함, 알맞음, 조촐함.
시간을 맞춤, 시간에 늦지 않음, 허둥지둥하지 않음, 충분한 시간을 두고 일을 함.
머리를 단정하게 깎음, 단정하고 젊잖은 옷차림, 얼굴 크림을 간단히 바름,
기도, 사모, 간구, 주님을 영접하고 주님앞에 무릎을 꿇음, 주님의 섭리와 역사를 빌고 고백함.
주님의 섭리에 감사하고 주님의 돌보아 주심을 고백함.
신앙을 돈독히 가짐. 교회 나가기를 충실히 함. 주님이 싫어하실 일은 하지 않음.
이웃에게 간간히 연락하고 안부를 물음, 용서, 주님의 용서의 기도를 상고함.

학식을 쌓음, 그림을 그리고 시를 씀, 자기 마음을 그림으로 그리고 시로 표현.
순수, 아주 맑음, 안정적임, 사상가 철학자를 존경하고 감사함, 책을 많이 가짐.
각국어의 성경과 민법전을 모으는 것을 취미로 함. 세상의 문물을 알고 느끼고자 함.
창조주의 창조의 섭리의 오묘함을 느끼고 감탄함, 위인들을 찬양함, 자기 삶에 충실하였던 역사의 인물들을 찾아가 봄.
깊은 사색, 깊은 침잠, 아주 차분함,
생각하고 생각하고 생각하고 또 생각함,
머리로 생각하고 가슴으로 결정함.
진지함, 경건함, 평온함,
줌, 사랑, 내어줌, 되돌려줌,
재물은 나의 소유가 아님, 주님이 나에게 맡기신 것임, 다 되돌려 드려야 할 것임.
소망, 믿음, 사랑, 희망. 신뢰.
감사, 고마움, 열심, 기록으로 남겨둠.
큰 것을 바라지 아니함, 나누어 가짐
자고(自高)하지 아니하고 자만하지 아니함,
사랑에 답을 함, 작은 정성을 표함.
자신에 충실함.
주님 주신 달란트를 충실히 씀.
아아,
참으로 아름다운 가치가 많고
이 아름다운 가치들을 내가 가졌구나.
그러나 아름다운 가치도 너무 극단으로 가면 부작용을 낳는다.
중용이 필요하다.
중용, 단순한 중립이 아니다. 옳은 것은 옳다 하고 그른 것은 그르다 하는 것이 중용이다.
이 아름다운 가치가 다 주님이 창조하신 사랑의 질서이다.
사랑으로 창조하시고 사랑이 흘러가야할 질서를 주셨다.
그 질서의 세부내용들이다.
아름다운 가치를 간직하고 실천한다.
그것이 삶이다.
그 사회가 아름다운 사회이다.
그러나 나에게는 충분치 못한 가치가 있다.
넓은 가슴으로 포용하는 가치,
주위에 사람들이 모이는 주위를 끄는 에너지의 가치
너무 생각에 사무치는 가치,
그러한 좋은 가치를 충분히 갖지 못하고 있습니다.
나를 이 세상으로 보내주신 주님,
나를 낳아주신 어머님과 아버님,
나의 형제들,
나의 이종 목사님, 신인묵 목사
나의 아내,
나의 아들과 며느리와 손녀, 손자
나의 제자와 이웃들
나의 도반들,
나를 지도해 주신 선생님들,
좋은 책으로 세상을 알게 해준 사상가와 철학자들
나의 책을 쓸 수 있에게 해 주신 분들
나의 논문을 쓸 수 있게 기회를 주신 분들
나는 좀 일찍이 글쓰는 일은 좀 이루었습니다.
법학의 길에서는 부족하지만 조금 이루었습니다.
이제 주님을 법 속으로 보시는 일을 합니다.
그것이 자연법입니다.

그리고 나의 아름다운 가치의 세계를 시로 그림으로 표현해 봅니다.
세상이 참 아름답습니다.
주님의 창조의 결과가 참 아름답습니다.
참 아름다운 소소한 가치들이 많고 많습니다.
나도 아름다운 가치를 참 많이 가지고 있습니다.
다 이룬 삶도 아름답습니다.
주님이 만들어주신 나의 아름다운 삶,
주님 감사합니다.
어머님, 아버님 감사합니다.
적은 형님이 그립습니다.
동생들이 그립습니다.
함께 밥 한끼 같이 하기를 소망합니다.
삶은 희망입니다.
희망의 삶을 살았고
희망의 삶을 살아갑니다.
희망입니다.
밝은 희망입니다.
아름다운 가치로 구성된 희망입니다.
희망의 내일입니다.
희망의 주님나라에로 가고 또 갑니다.
희망입니다.
희망입니다.
그 희망의 길을 가고 또 갑니다.
자연법으로
시로
그림으로
일기로
희망을 그려 나가고 있습니다.

아름다운 가치로 희망을 만들어 갑니다.
아아,
아름답습니다.
아름다우니 더욱 희망입니다.
감사합니다.
감사합니다.
감사하고 감사합니다.
아멘입니다.
아멘.
아아,
희망, 또 희망
아름다운 하루
또 하루

<2021. 4. 5. 10:55>

20. 수도원(Kloster; Abbey)

수도원은 주님을 믿고 기도하고
계시를 받고 영감을 얻어
주님의 나라를 세상에 더 깊이 알리는 집이다.
수도원은 중세의 대학이기도 하였다.
스콜라철학이 수도원에서 이룬 중세의 학문이다.
엄격한 생활을 하는 곳이다.
내가 가보고 좋아하였던 수도원은
뮌헨 근처의 에탈(Ettal) 수도원,
우리나라 태백의 예수원이다.
뮌헨 근교의 그 이름을 잊어버린 수도원도 좋았다.

그리고 만하임에서 그리 멀지 않은 곳의 수도원도 좋았다.
그 수도원에서 인상적인 것은
수도사들이 기도하는 의자가 일어서고 앉기를 반복할 수 있도록 움직이는 의자였다.
하루에 13차례 예배를 드렸단다.
수도원의 생활은 참으로 힘드는 신앙생활이었다.
왜관에 있는 베네딕토 수도원에도 두 번 가서 하룻밤 씩을 자고 수도생활에 동참을 해 보았다.
천주교의 예식에 따라할 수가 없었다.
에탈수도원과 이름을 잊어버린 그 수도원에서는 수도원에 맥주공장이 있었다.
그 맥주를 수도원 맥주, Kloster Bier라 한다.
수도원의 맥주는 일반 맥주보다 도수가 약간 높단다.
수도사들에게 마실 맥주량을 제한하자
수도사들이 맥주의 도수를 높혀 수도사들의 기분을 엎(up)하게 만들도록 한 것이었다.
수도원에서 한 번 생활해 보고 싶었다.
에탈수도원은 역사가 있는 수도원이다.
본 회퍼가 피신을 하였던 수도원이기도 하다.
나는 3번이나 에탈 수도원을 가보았다.
가도 가도 좋았다.
수도원 뒤의 목장지를 따라 걷기도 하였다.
수도원내의 식당에서 에탈수도원 맥주도 마셔보았다.
높은 산 자락에 위치한 조용한 곳이다.
또 다시 가보고 싶다.
그리고 만하님 근처의 수도원은 카톨릭 수도원이었다.
그러나 종교전쟁으로 개신교가 빼앗았다.
그리하여 그 수도원이 개신교의 학교로 사용되고

지금은 그곳이 그곳 지방자치단체(Gemeinde)의 행정관청으로 사용되고 있었다.
그 안에 소방서도 있고, 우체국도 있고, 사무 보는 곳도 있다.
기념품 가게도 있었다.
수도원 뒤에는 인공호수가 있었다.
그 예전에 수도원에 물을 공급하고 부근의 농사에 물을 공급하였던 인공호수로 생각되었다.
그곳도 좋았다.
이름을 잊어버린 뮌헨 근교의 수도원은 기차역에서 내려 한참 걸어가야 하는 곳이였다.
가는 길이 좋았다.
숲이 울창하여 좋았다.
나무를 사랑한 독일국민들
나무가 너무나 좋았다.
수도원 교회의 벽화가 참 아름다웠다.
수도원 앞의 목초지도 참 아름다웠다.
아아,
생각난다.
기회가 되면 한 번 더 가보고 싶다.
태백의 예수원은
그 누구도 집을 지을 만한 곳으로는 생각되지 아니한 좁은 골짜기 산비탈에 비탈을 따라서 집을 지었다.
토리 신부님이 주도하여 지었다.
한적한 곳이다.
눈이 많이 오는 곳이다.
나는 그곳에 가서
발표도 하고
기도도 하였다.

화야도 몸이 아팠을 때에 예수원에 가서 며칠 보냈다.
기도하기 좋은 곳이다.
그곳에도 주님은 역사하시고 계신다.
그 골짜기의 수도원에서 세계에서 일어나는 일들에 대해 기도하고 있었다.
강력한 교황이었던 그레고리 9세 교황은
수도원 원장 출신이었다.
그가 세속의 황제와의 서임투쟁에서 교회를 지켜내었다.
수도원에서 새로운 사상이 나왔다.
윌리암 옥캄은 신의 의사를 중시하는 주의주의(主意主義, Voluntarismus)를 창안하였다.
그 주의주의가 이성존중으로 발전하여 칸트같은 대 이성론자를 낳았다.
수도원은 신앙과 학문과 철학의 발상지이다.
중세에는 조용하게 관조하면서 신과의 만남, 체험을 하고자 하는 기풍이 신앙생활의 모습이었다.
그리하여 절벽의 낭떠러지에 수도원을 지어
그곳에서 기도를 하였다.
그 결과로 수도원은 산꼭대기나
낭떨어지
절벽에 지어진 곳이 많다.
프랑스에서는 넓은 포도밭 가운에 수도원이 있다.
참 아름다운 수도원이다.
스페인의 산티아고 순례길에도 수도원이 많을 것이다.
성지 순례를 하면서 주님과 교통하고자 하는 믿음의 순례길이다.
참 좋은 인간을 순하게 하는 방법이다.
수도원이 그립다.
개신교의 기도원하고 수도원은 좀 다르다.
기도원은 조용히 사색하는 곳이 아니다.
좀 소리가 많이 난다.

나는 경건하게 조용히 아주 고요히 주님과 만나기를 바라는 신앙방법이 좋다.
그 언제부터인 지는 모르겠으나,
조그만 수도원을 하나 운영하였으면 하는 생각을 하게 되었다.
그 연유는, 내 고향 관동이 돌할매에 빌러 오는 사람이 참 많다.
그 사람들은 낮고 천한 기층민이 대부분이다.
돌에 빌러 온다.
수많은 사람들이 온다.
팔공산의 갓바위는 그래도 부처가 바위에 새겨져 있지만
돌할매는 단지 둥근 돌일 뿐이다.
수많은 사람들이 자신의 어려운 장래를 풀지 못해
돌할매에게 풀 수 있는지를 물으로 온다.
입시철이면 더 많이 온다.
그 수많은 돌에 빌러 오는 사람들이 안타까왔다.
이성의 사람도 모르는데
어찌 돌이 안단 말인가?
그들을 사랑의 주님께로 인도하면 좋겠다는 생각이 들었다.
그러나 관동에 수도원을 지어 주님을 모시면 동네사람들이 들고 일어날 것이다.
관동동민들이 돌할매에게 받치는 복전으로 생활을 하고 있기 때문이다.
아무도 돌할매에 대해서 왈가왈가할 수 있는 입장이 못된다.
그런데 자꾸만 나의 생각은 수도원을 하나 운영해서
그래도 기도라고 하고 가면 좋겠다는 생각이 점차 강해졌다.
기도하고 집으로 돌아가
가까이 있는 교회에 나가면
주님이 잘 돌보아주실 것으로 믿었다.
돌에게 비는 그 안타까움 마음을
살아계신 주님께 말씀드리면 주님이 다 듣고 풀어 주실텐데

어느 땐가 적은 형님에게
내가 관동에 교회를 조금만하게 지워 그곳에서 살았으면 좋겠다고 했더니 적은 형임은 강한 어조로 비판하셨다.
늘 하는 말이지만, 내 당대에 다 이룰 수는 없으니,
주님의 뜻이 있으시면,
언젠가
내 당대가 아니라 후대가
나의 소망의 수도원을 하나 운영해 주었으면 좋겠다는 생각을 하였다.
수도원과 함께 법과 성서와 역사 연구소도 함께 운영할 수 있기를 소망해 본다.
그럴 날이 올 것으로 믿는다.
세월을 기다려야 한다.
주님은 서두르지 않으신다.
그리고 또 세월이 지나고 있다.
또 생각이 난다.
관동에 수도원을 하나 운영하고 싶다는 생각이다.
누구나 지나다가 기도하고 가는 곳,
그곳에는 십자가가 있고
커다란 성경책이 펼쳐져 있고
기도할 수 있는 작은 공간이 있으면 그것으로 족하다.
그곳에서 기도하고
돌아가 집 가까이의 교회에 나가
자신의 삶을 주님께 맡길 수 있으면 좋겠다.
내고향을 찾는 분들이
생명이 없는 돌에게 기도하는 그 분들이
이 세상에 살고 있는 동안에
주님을 찾았으면 좋겠다.
주님을 영접하고

주님앞에 무릎꿇고 조용한 시간을 가졌으면 좋겠다.
그런 생각을 한다.
그런 꿈을 꾼다.
수도원은 신앙하는 곳이다.
수도원은 공부하는 곳이다.
수도원은 스스로 깨우치는 곳이다.
수도원은 항상 주님이 깨우쳐 주시는 곳이다.
근자에는 관동, 나의 고향 뒷산 자락을
좀 규모있는 수도원으로 만들었으면 좋겠다는 생각이 든다.
허망한 꿈만은 아닐 것이다.
관동 나의 고향 뒷산
그 산비탈을 따라서 수도원을 세워 기도하고
사색하고 주님을 만나는 곳으로 만들면
주님이 그 곳에 계셔서 세상을 조금씩 바꾸어주실 것만 같다.
그런 생각이 근자에 자꾸 든다.
그곳은 조용하다.
그곳은 고요하다.
그곳은 사람의 발길이 끊어진지 오래다.
그 예전 내가 어릴 때는 그곳에 자주 갔었는데
아아
그곳이 수도원으로는 적지이다.
가고 싶다.
소망의 곳이다.
희망의 곳이다.
내일이 기대된다.
내 당대만이 아니라
내 후대와
내 조카들과 그 후대들이

함께 수도원을 이루어갔으면 좋겠다.
나는 꿈을 갖고 있다.
주님이 그 꿈을 이루어주실 것이다.
아아,
주님이시여
그곳에 주님을 모실 수도원을 운영하고 싶습니다.
주님이 계시고
고요 가운데서
계시와 영감을 받고
자연법의 세계를 그곳에서 이루어보고 싶습니다.
수도원,
법과 성서와 역사 연구소
그곳에는 십자가가 있고
좀 큰 성경이 펼쳐져 있고
주님께 기도하는 작은 공간이 있고
새힘을 얻고 새소망을 갖는
그런 수도원
그런 수도원을 운영해 보고 싶습니다.
에탈 수도원, 예수원, 여러 곳의 수도원
절벽에 가까스로 서 있는 수도원
산꼭대기의 수도원
포도밭 가운데의 수도원
나는 산비탈의 수도원을 꿈 꿉니다.
다 이루었습니다.
명예도 더 이상은 사양입니다.
조용하고
고요한
수도원의 생활로 들어가고 싶습니다.

사랑이 있고
평화가 있고
아주 고요하고
조용하고
깊은 침잠의 세계에서
겨울 북풍이 소리를 내어도
주님을 모시고
수도원을 지켜나가고 싶습니다.
세월이 흘러
좀 더 규모있는 수도원일 것을 상상해 보지만
조그만 기도의 장소이면 족하겠습니다.
그곳이 내 고향이기를 소망해 봅니다.
내 고향 관동이
주님을 모시는 수도원의 터가 되었으면 좋겠습니다.
나는 꿈을 꿉니다.
고요히 기도합니다.
고요히 사색합니다.
주님의 세계에서 살고 싶습니다.
욥이 그곳에 오실 것을 기원합니다.
아아,
참 고요하고
조용하고
그윽하고
아름답고
천사가 왔다 갔다 하는
그곳
나의 고향의 수도원이여.
꿈은 실현될 것입니다.

믿습니다.
영접합니다.
무릎 꿇습니다.
감사합니다.
아멘입니다.

<2021. 4. 6. 10:41>

21. 그 한 사람의 도반, 그 한 권의 책

삶의 궁극이 있다.
그것이 무엇일까?
각자의 궁극이 있을 것이다.
궁극은 사실 실존하지 않는다.
영원한 이상향이다.
믿는 자에게의 궁극은 창조주이시다.
창조주는 궁극의 궁극이다.
영원부터 계시고 영원까지 계신다.
나도 그 창조주의 피조물로서 영원히 있다.
영원히 산다.
그래도 이 땅에서 사는 동안의 궁극은 무엇인가?
이 땅에서의 이상향은 어떤 경지인가?
혼자서 사는 이 세상이 아니기에
그 한 사람의 도반과 끝까지 변함없이 사귀는 것과
그 한 권의 책으로 자신의 학문의 총결산을 하는 그 한 권의 책을 쓰는 것이다.
나에게는
적어도 나에게는

그것이 그리 쉬운가?
아니다.
참 어렵다.
만물이 유전(流轉)하니까
그 한 사람의 도반도 변할 것이라고 할 수도 있다.
그 한 권의 책도 곧 잊혀질 것이라고도 할 수 있다.
그 말도 진리다.
그 반대도 진리다.
관중(管仲)과 포숙(鮑叔)의 우정
한음(漢陰)과 오성(鰲城)의 우정
참 아름다운 우정이 아니냐?
참 아름다운 도반의 관계가 아닌가?
참 아름다운 관계다.
그렇게 우정을 간직할 수 있다면
이 세상에 부러울 것이 무엇이겠는가?
그 한 권의 책은 평생의 역작(life work)이다.
나의 지도교수님이신
황적인 교수님께서는
항상 말씀하셨다.
Life work를 써야 한다고
두고 두고 하신 말씀이다.
두고 두고 이루어야할 제자의 길이다.
물론 황적인 교수님도
life work를 쓰지 못하셨다고 생각된다.
참 귀한 생애의 책
나는 정의와 사랑을 life work로 생각을 하였다.
그러나 너무 부족하였다.
Life work이기에는.

자연법을 생각하게 되었다.
자연법을 써야겠다고
그 자연법에는 창조주의 형상, 신법, 정의와 사랑, 이성, 계시, 영감, 직관, 자연의 개념 등
인간의 이성, 신의 계시와 영감, 창조의 섭리, 교회의 변화와 자연법의 변화 등을 다 섭렵하는 내용 등을 담고 싶다.
자연법은 불확정 개념이다.
법실증주의의 시대에
자연법을 공부하는 사람도 거의 없다.
그래도 해 본다.
시간의 제약은 없다.
팔십이 되기 전에 다 쓰는 것을 목표로 한다.
올해 까지는 공적인 일을 한다.
내년부터는 오로지 침잠의 생활을 한다.
자연법을 생각하고
시 쓰고
그림 그리고
연구업적도 좋고
예술 재능도 있고
위대한 사람들을 대하면서
나의 부족을 깊이 느꼈다.
주님이 때가 되어서야
어느 날 아침에
사색 중에
시도 그림도 그려보면 좋겠다는 생각을 주셨다.
합창연습에 참여한 지는 벌써 반년이 넘었다.
성가를 실컷 불러보고 싶었는데
합창연습이라 참 어렵다

그림을 그리니 좋다.
시의 형식을 갖추지 못하였지만
그래도 내 마음을 글로 표현하니
이것도 시라 생각한다.
나도 할 수 있다.
나 혼자 하는 일은 할 수 있다.
그런데 함께 같이 하는 일은 참 어렵다.
도반이 없다.
그 한 사람의 도반이 아직은 없다.
아내일까?
아들일까?
그 누구일까?
아직은 도반을 찾고 있는 중이다.
도반에 대한 사랑이 우정(philia)이다.
그 한 사람의 도반을 만나고 싶다.
그 한 사람 말이다.
간간히 만나 학문을 논하고
종종 소식을 전하고
때때로 만나 밥 한 끼 같이 하고
조용히 위하여 기도해 주고
그런 한 사람의 도반을 찾는다.
만날 수 있을 것이라는 소망을 갖는다.
내가 황적인 교수님으로부터 마지막으로 수제자의 낙점을 받았다.
오랜 기간 후에 황 교수님의 그 한 사람의 도반이 내가 되었다고 생각한다.
그 전에는 그 한 사람의 도반이 아니었다.
마지막에 도반으로 선택되었다.
어느날 황 교수님은 자신의 할 일을 다했다고 하셨다.
나를 대한민국학술원 회원으로 만든 것이 자신의 할 일의 마지막이라고 하셨다.
그 말씀을 들었다.
갈고 닦은 다음에 비로소 도반이 되었다.
도반은 자격제한이 없다.
남자도 여자도
나이 많은 분도 적은 분도
학식이 많은 분도 적은 분도
믿음이 있는 분도 없는 분도
동양인도 서양인도
흑인도 백인도 황색인도
전공이 무엇인지도 구별하지 않는다.
서로가 서로의 세계를 인정하고
받아들이고
욥납하고
만나면 좋고
떨어져 있으면 그립고
밥 한 끼 내가 먼저 사고 싶고
그런 사람이 도반이 아닐까?
아아,
그 한 사람의 도반이 없다.
칠십을 넘게 살면서
학교도 다 다녔으면서도
그 숱한 많은 사람과 만났으면서도
교회에서 그 수많은 성도님들과 만났으면서도
그 한 사람의 도반이 없다.
그래도 희망을 갖는다.
도반을 만날 수 있을 것으로
도반을 만나는 것은 영원한 고도를 가는 일은 아닐 것이다.

만날 것이다.
나의 세계를 이해해 주고
자신의 세계도 내가 알게 되는
그런 때가 올 것이다.
고도를 기다린다.
기다린다.
그 한 사람의 도반을
그 한 사람의 도반을 만나고
그 한 권의 책을 쓰면
가장 아름다운 삶을 산 사람이 아닐까?
오늘도 내일도
또 모래도
그 한 사람의 도반을 찾아 만나고
그 한 권의 책을 써 나가는
그렇게 아름다운 하루 또 하루이기를 소망한다.
그것이 영원으로 가는 길이다.
영원이다.
영원이다.
그 도반과 함께
그 한 권의 책과 함께
주님의 불기둥과 구름기둥의
인도를 받으며
전능하신 주님의 섭리를 받으며
영원을 향한 길을
아름답게 가고 또 간다.
아아,
좋다.
희망이다.

자유다.
평화다.
할렐루야다.
할렐루야
아멘이다.

<2021. 4. 2. 10:27>

22. 항심(恒心)

사람은 항심이어야 한다.
변함이 없는 사람이어야 한다.
무던한 사람이어야 한다.
좀 우직한 사람이어야 한다.
어려워도 참고 견디며 넘어가는 사람이어야 한다.
촐랑대지 않는 사람이어야 한다.
그러한 사람이 항심의 사람이다.
무게가 있는 사람이 항심의 사람이다.
마음이 죽 끓듯하는 사람은 항심의 사람이 아니다.
너무 조바심을 내는 사람도 항심의 사람이 아니다.
바른 것은 바르다 하고
틀린 것은 틀렸다고 하는 사람이 항심의 사람이다.
무턱대고 우기기만 하는 사람은 항심의 사람이 아니다.
항심도 키워야 한다.
무던히 기도하면서
변함없는 삶을 살아야 항심을 기를 수 있다.
항심을 가지려면 자기 자신의 입지를 분명히 하고 살아야 한다.
필요할 때에 찾고 필요치 않을 때는 소식도 없는 사람은 항심의 사람이 아니다.

그런 사람은 오히려 얄미운 사람이다.
항심은 미덕이다.
내가 아니면 아들이 집을 나간 저 병든 시아버지를 누가 돌보랴 하신 어머님의 마음은 항심이셨다.
항심은 주님이 답해 주신다.
항심으로 흘린 땀은 결코 그냥 식지 않는다.
결실을 거둔다.
주님이 결실을 주신다.
주님께서 이 세상을 창조하시고
노예의 상태에서 이스라엘 사람들을 구원해 주셨지만
해방의 길은 멀고도 힘들었다.
그 때에 이스라엘 사람들은 주님을 원망하였다.
그러나 주님은 원망하는 이스라엘 사람들에게 만나를 내려주시고
불기둥과 구름기둥으로 인도해 주셨다.
항심이셨다.
항심을 가져야 삶을 고요히 꾸려갈 수 있다.
어려울 수록 항심을 가져야 한다.
모든 사물은 변한다.
변하지 않는 것은 변한다는 사실 뿐이다.
변하는 중에도 변하지 않는 것이 항심이다.
중심을 바로 가져가는 것이 항심이다.
항심은 진실하여야 유지할 수 있다.
항심은 나날이 자신을 새롭게 하여야 유지할 수 있다.
사랑의 항심이 가장 아름답다.
내일을 생각하며 오늘을 절제하는 것도 항심이다.
항심이 없으면 내일을 희망할 수 없다.
항심은 소리를 높이지 않는다.
항심은 고요하다.

그러나 묵직하다.
묵직한 목소리를 낸다.
항심은 쉽게 말하지 않는다.
나쁜 말을 안 한다.
좋은 말을 나직히 그리고 묵직하게 한다.
너무 쉽게 약속하는 사람은 항심을 갖기가 힘든다.
무엇보다도 믿음에 있어서 항심이어야 한다.
믿음 생활의 항심이 있어야 삶에서 항심을 유지할 수 있다.
항심은 아름다운 것이다.
우정도 항심을 가져야 유지할 수 있다.
항심은 반대급부를 요구하지 않는다.
주는 것으로 만족한다.
항심을 가져야 줄 수 있다.
항심은 믿음이 간다.
항심을 가진 사람에게는 의지할 수 있다.
맡길 수 있다.
반듯하게 해 낸다.
자본주의는 항심을 요구하는 경제체제일까?
그렇게 되어야 한다.
그렇게 노력하여야 한다.
항심으로 좋은 물건을 만들어야 한다.
항심으로 적정가격으로 내놓아야 한다.
항심은 일확천금을 바라지 않는다.
항심은 단 번에 이루기를 바라지 않는다.
두고 두고 이루어 나간다.
당대에 다 이루려고도 하지 않는다.
대를 이어 이루어 가도록 한다.
긴 역사의 안목을 갖고 산다.

항심은 기회주의를 용납하지 않는다.
항심은 나날이 조금씩 알차게 나아간다.
항심은, 오늘 세상의 끝날이 온다하더라도 한 그루의 사과나무를 심는 삶을 산다.
항심은 때로는 힘든다.
그러나 항심이 삶을 지켜준다.
고난의 때에 항심이 힘을 발휘한다.
위기의 때에 항심이 힘이 된다.
사필귀정(事必歸正)은 항심의 결과이다.
마음에도 참 종류가 많다.
선심, 악심, 청심, 탁심, 진심, 인심(仁心), 도심(道心)
좋은 마음도 있고 그렇지 않는 마음도 있다.
항심은 좋은 마음의 총체이다.
항심은 선심, 진심, 청심, 인심, 도심 그것 모두의 총체이다.
나쁜 마음을 항심이라고는 하지 않는다.
항심의 사람이 인격적인 사람이다.
항심의 인격을 가져야 한다.
항심도 주님 나라의 본질이다.
항심의 사람이
믿음의 사람,
내일이 있는 사람,
결과를 이룰 사람이다.
항심으로 주님을 중심에 모시고
항심으로 삶을 살아
내일을 기대할 수 있게 하고
오늘을 값지게 사는 것이
삶의 가치이다.
항심이다.

흔들지 않는
요동하지 않는
항심의 나날을 이루어 간다.
그것이 진정 삶이다.
그렇다.
그것이 진리이다.
아멘이다.

<2021. 5. 7. 10:11>

23. 학자의 길, 학문의 길

학자의 길은 형극(荊棘)의 길이다.
결코 수월하고 평안하게 가는 길이 아니다.
너무나 험한 길이다.
주일도 없고 쉬는 날도 없다.
미지의 진리의 세계에서 평생토록 진리의 작은 구슬을 찾아 나가는 길이다.
학자의 머리 속에는 온통 현실 세계와는 다른 미지의 세계로 꽉 차있다.
캐어내고 캐어내도 여전히 미지의 세계이다.
그 길을 묵묵히 가는 길이 학자의 길이고 학문의 길이다.
그곳에서 희열을 느낀다.
그곳에서 찾은 금맥(金脈)을 글로 정리한다.
학자는 하늘이 정해준 분도 있다.
플라톤이 그러하고 칸트가 그러하다고 생각한다.
위대한 대학자이다.
학자는 물욕을 가지면 학문을 할 수 없다.
물욕을 벗어난 사람들이 학자이다.
학자이면서 물욕을 가지면 그 분은 학문의 장사꾼이다.

오래 못 간다.
학자는 순수해야 한다.
오로지 학문 그 자체에 매력을 느끼고 보람을 찾는다.
그래야 공감을 얻을 수 있다.
학문은 자랑하지 않는다.
학문하는 사람은 자신을 들어내지 아니한다.
학문의 결과가 스스로 빛을 낸다.
세상을 비춘다.
다 알게 된다.
학문의 길은 쉬운 길이 아니다.
쉽게 갈 수 있는 길이 아니다.
자신을 내려놓고
진리에 대한 경외(敬畏)의 마음을 가지고 학문을 접해야 한다.
이 세상의 학문에는 끝이 없다.
누가 알아주기를 바라지 않는다.
연구실에서 만든 것을 시장에 내다 놓는 사람은 진정한 학자라고 할 수 없다.
그런 사람은 연구자일 뿐이다.
학자인 사상가들이 많이 나오는 나라가 선진국이다.
사회를 반듯하게 이끌 학자가 많이 나오는 나라가 제대로 된 나라이다.
영국에서 사상가들이 많이 나왔다.
독일에서 관념철학자들이 많이 나왔다.
미국에서는 실용주의 철학자들이 나라의 방향을 이끌고 있다.
한국은 어떠냐?
당장 돈이 되는 것을 원한다.
기초와 바탕을 튼튼히 하는 철학과 학문에는 대작이 나오지 않는다.
임금을 받드는 성학(聖學)이 유학의 주류이다.
낮고 천하게 살아가는 민초(民草)들의 인격과 삶을 높혀줄 학문은 발전하지 못하였다.

기본이 튼튼하여야 한다.
학자도 기본을 튼튼히 하여야 한다.
학자의 길은 극히 절제의 길이다.
학자라고 하면서 배불리 먹고
유흥을 즐기면서 하는 학문이 과연 민초들을 생각이라 하겠는가?
학문,
그것은 해도 해도 끝이 없다.
학문,
그것을 하고 또 해도 여전히 미지의 세계이다.
학문,
그것을 친구로 삼지 않으면 학문을 하지 않음만 못하다.
학문,
그것은 깊이 탐구하여야 작은 결과를 얻는다.
어설프게 공부해서는 아니함만 못하다.
학문,
그것이 혹세무민(惑世誣民)의 길이어서는 안 된다.
학문,
그것은 민초들의 존엄을 일으키고 높혀주는 내용이어야 한다.
학문,
그것은 하늘을 알고 땅을 아는 내용이어야 한다.
학문,
그것은 학문 그 자체가 즐거워야 한다.
학문,
그것은 도구가 아니라 목적 그 자체이다.
진리의 세계는 오묘하다.
그 세계를 탐구하는 학자이어야 한다.
학문,
그것을 제대로만 하면 세상을 바꾸고 시대를 새롭게 연다.

좋은 사상도 많지만 어설픈 학문이라는 것도 있다.
신을 찾고 이해하고
인간을 찾고 인간을 인간답게 하고
인격과 국격을 바로 세우는 학문이어야 한다.
기회주의를 정당화하는 것,
지배주의, 종속주의, 사대주의, 찰라주의, 제국주의, 인종주의, 전체주의,
사회주의, 공산주의를 추종하는 연구는 세상에 유익을 주지 못한다.
그런데도 그것들을 연구하는 사람이 있다.
생활의 격을 높이고
사회가 바로 서고
정직이 실천되도록 하며
세상을 아름답게 할 수 있는 그 학문을 하여야 한다.
영원한 삶을 살 수 있도록 하는 학문이어야 한다.
바르게 살도록 하는 학문이어야 한다.
낮고 천한 사람을 일으켜 세워주는 학문이어야 한다.
북극성과 같이 변치 않는 사상을 찾아 세우는 학문이어야 한다.
하나님의 형상을 회복 할 수 있는 길을 밝히는 학문이어야 한다.
이 세상을 아름답게 하는 학문이어야 한다.
하나님을 받드는 학문이어야 한다.
창조주에 겸손하게 나아갈 수 있도록 하는 학문이어야 한다.
정의와 사랑을 실천하도록 하는 학문이어야 한다.
모두가 골고루 잘 살 수 있도록 하는 학문이어야 한다.
잘못이 있을 때는 물러날 수 있도록 하는 학문이어야 한다.
이 세상의 아름다움을 찬미하는 학문이어야 한다.
희망의 내일을 열어주는 학문이어야한다.
함께 어울려 더불어 사는 공동체를 살리는 학문이어야 한다.
예술의 가치를 알리는 학문이어야 한다.
튼튼하게 물건을 만들 생각을 고취하는 학문이어야 한다.

달에 가지 않아도 좋다.
화성에 가지 않아도 좋다.
미사일을 못 만들어도 좋다.
이 지구가 견딜 수 있게 하는 학문이어야 한다.
지구를 힘들지 않게 하는 인간의 심성을 개발하는 학문이어야 한다.
빨리 가지 않아도 좋다.
남의 호주머니를 열도록 궁리하는 학문이 아니었으면 좋겠다.
평화를 사랑하도록 하는 학문이었으면 좋겠다.
임금을 모르고 살아도 좋을 내용의 학문이었으면 좋겠다.
혹세무민의 사람이 되어서는 안 된다는 내용이었으면 좋겠다.
이 세상에서 잘 사는 것만을 추구하는 내용이 아니었으면 좋겠다.
내일을 생각하도록 하는 내용이었으면 좋겠다.
혼자만이 이 세상의 주인이라는 생각을 갖지 않도록 하는 내용이었으면 좋겠다.
나쁜 짓을 해서는 안된다는 내용이었으면 좋겠다.
세상의 흘러감을 공학(工學)으로 설명하는 내용이 아니었으면 좋겠다.
자손대대로 무던히 살아가도록 하는 내용이었으면 좋겠다.
이름도 없이 빛도 없이 무던히 살아가는 심성을 길러주는 학문이었으면 좋겠다.
선을 찾아 선하게 살도록 하는 내용이었으면 좋겠다.
그런 학문을 하면 좋겠다.
바름을 세우는 그런 내용이었으면 좋겠다.
절제하고 소박하게 살도록 하는 내용이었으면 좋겠다.
이기적인 내용이 아니었으면 좋겠다.
남에 의지하도록 하는 내용이 아니었으면 좋겠다.
하늘은 스스로 돕는 자를 돕는다는 진리를 강조하는 내용이었으면 좋겠다.
룻같이 에스더 같이 살도록 하는 내용이었으면 좋겠다.
욥같이 낮고 낮은 자세로 살고자 하는 내용을 담았으면 좋겠다.

어린 아이들이 희망을 갖고 살 수 있는 내용을 담았으면 좋겠다.
작은 이름 모를 풀들에도 관심을 갖는 내용을 담았으면 좋겠다.
창조주를 영접하는 내용을 담았으면 좋겠다.
창조주를 무릎꿇고 영접하는 내용을 담았으면 좋겠다.
서로 이해하고
국경의 장벽을 낮추고
세계시민으로 살도록 하는 내용을 담았으면 좋겠다.
하나님의 형상의 회복으로 가는 길을 제시하는 내용을 담았으면 좋겠다.
하나님을 찬양하는 내용을 담았으면 좋겠다.
평화로운 세상을 찬미하는 내용을 담았으면 좋겠다.
값지게 한 평생을 살다가 가는 것이 가장 멋지다는 것을 가르치는 내용을 담았으면 좋겠다.
학문,
그것이 세상을 밝힌다.
학문,
그것이 희망을 가져다 준다.
학문,
그것이 인간의 존엄을 증명해 주고 신장시킨다.
학문,
그것이 인간을 인간답게 만들어준다.
학문,
그것이 인간이 영원히 산다는 것을 가르쳐 준다.
학문,
그것이 인간과 주님과의 관계를 가깝게 한다.
학문,
그것이 주님의 사랑을 인간에게 가르쳐 준다.
학문,
그것이 이 세상을 정의의 나라로 만들어준다.

깊은 사모와 기도와 사색 속에서
아름답고 값지고
힘이 있고
내일이 있는 학문이 나온다.
인간의 삶과 사회를 구하는 사상이 나온다.
학문이 사람을 사람답게
사회를 반듯하게
국가를 품격있게
세계를 평화롭게 만든다.
아아,
그 학문의 길에 나도 동참한다.
동참해 왔다.
결과가 있다.
그 결실을 맺을 것이다.
나 뒤에 오는 학자들이 이어가 줄 것이다.
학문의 길은
자신과 가정과 사회와 국가와
이 세계를 구하는 구원의 일에 동참하는 것이다.
밝은 내일을 안내해주는 것이 학문이다.
희망를 주는 것이 학문이다.
그 길에 생명이 있다.
그 길로 간다.
가고 또 간다.
하늘의 불기둥과 구름기둥으로
인도해 가는 것이 학문이다.
바로 그것이 학문이다.
아멘입니다.

<2021. 4. 25. 08:35>

24. 평화에 관하여

마음의 평화, 가정의 평화,
사회의 평화, 나라의 평화,
세계의 평화
평화가 그렇게 간절하다.
평화를 이루지 못하니 평화가 더욱 간절하다.
나의 마음도,
가정도, 사회도, 국가도, 세계도
어느 한 곳도 깊은 평화가 없다.
불안의 연속이다.
긴장의 연속이다.
어디서 평화를 찾을 수 있을까?
평화는 향해 역사가 진행되어 왔는가?
평화를 향해 문명이 발전되어 왔는가?
평화롭게 살자고
사해동포주의를 주장하지만
그것은 평화롭지 못한 세상이기에 갈망하는 소망의 표현이 아닐까?
세상이 이렇게 소리나는 곳일까?
창조주가 사랑으로 이 세상을 창조하셨는데
사랑하면 평화로울 수 있지 않을까?
아주 사랑하는 마음으로 충만하면
평화를 찾아오는 것이 아닌가?
평화를 갈망하며 기도한다.
평화를 갈망하며 한적한 길로 들어간다.
평화의 마음을 가지려고
수시로 기도한다.
고요히

조용히
아주 조용히
아주 낮게.
욥같이 살려고 한다.
그래도 어느 순간
생각하고 싶지 않고
다 내려놓았다고 한
지난 날의 생각이 떠오른다.
평화가 깨어진다.
평화를 어떻게 하면 가슴에 고이 안착시킬 수 있을까?
평화여 흔들리지 말고
나의 마음 깊숙한 곳에 자리해 다오.
평화야 나를 떠나가지 말아다오.
평화, 평화를 향한 나의 에로스
몸이 아파도 평화는 깨어진다.
거리낌이 있어도 평화는 깨어진다.
너무 정의를 바라도 평화가 깨어질 수 있다.
너무 사랑만 하여도 평화가 깨어질까?
그럴 수도 있을 수 있다.
평화도 주님의 세계가 아닐까?
본성이 사랑이신 주님의 세계가 평화가 아닐까?
그렇지 않을 것이다.
홍해를 건넌 것이 평화는 아닐 것이다.
나에게 평화란 어떤 것일까?
저 희말라야 깊은 산속 계속의
조금도 파도도 일지 않는 호수
주위의 나무들도 바람을 전혀 받지 않고
아주 조용한 그 상태

물속의 꺽어 넘어진 나무가 그대로 보이고
작은 목소리에도 산울임이 이는
그곳이 나에게는 평화다.
아주 조용한 상태
가슴이 뛰지 않고
목뒤도 뻣뻣하지 않고
머리도 아무 무거움을 느끼지 않고
허리도 힘이 있고
팔도 글을 씀에 아무 지장이 없고
아주 고요히
아주 조용히
아주 낮게
사색하며 글 쓰는 그런 평화의 시간이 계속되기를 바란다.
그런 경지에서 살고 싶다.
그런 경지를 갈망한다.
그런 상태를 에로스한다.
아아,
그렇게 살아야 하는데
한 방물 두 방울 나무 가지에 맺힌 빗방울이
아주 조용히 영롱하게
바람이 심술을 부리지 않아
그 빛이 너무나 아름다운 물방울이 달려있는 그런 상태
나는 그런 상태의 나를 소망한다.
치장을 하지 않아도 좋다.
꾸미지 않아도 아름답다.
기도하면 속속 하나님께 전달되는 그런 고요의 세계
나는 그런 고요의 시간이 계속되기를 바란다.
그것이 나에게는 평화다.

그 속에서
주님을 만나고
자연법의 세계를 구상하고
정의와 사랑이
자연스럽게 실천되는 그런 나의 세계를 갈망한다.
가슴이 안정된 나,
그것이 나에게는 평화다.
가정도 마찬가지이다.
조용한 가정
고요한 가정
식구들이 자기 일을 조용히 해나가는 가정
서로 기도하는 가장
지유를 위해 기도하는 가정
집안도 평화이기를 에로스한다.
서로 연락하고
귀한 먹을 것들을 조금씩 나누어 갖고
받은 선물에 답을 하고
가정의 대소사를 서로 알리고
존경은 못해도
그저 든든하게 느낄 수 있는 그런 집안
그것이 그렇게 힘든다.
그런 평화가 참으로 힘든다.
안타까워라.
사회도 나라도
서로 험담을 하는 사람들이 어떻게 평화의 사회를 이룰 수 있을까?
사회는 양육강식의 처소이다.
무엇을 어떻게 할 것인가는 사라지고
상대의 흠을 어떻게 하든지 찾아내어 흠집을 낸다.

의도적으로 사실이 아닌 것을 만들어 그렇게 한다.
선거와 정치는 사회계약인데
선거는 사회계약 체결의 한 방식이다.
후보자가 공약을 하고
국민이 후보자를 선정하여
그가 공약한 데로 실천해 주고
그렇게 할 것이라는 것을 수용하는 사회계약이 선거이다.
그런데
지킬 수 없는 공약이 많고
지킬 뜻이 없이 공약한 말도 있다.
그러나 헌법이 정한 평화의 규범을 지키겠다는 서로간의 사회계약이 선거다.
선거는 사회계약 체결의 한 방식이다.
그런 생각은 사라진 것 같다.
돈을 뿌리고
공작을 하고
헐뜻고
그것을 이긴 사람이 당선인이 된다.
그런 사람과 사회계약을 한 것이 된다.
그런 사회계약이 제대로 지켜질 수 있을까?
사회평화를 깨는 정치하는 사람들
그리고 그 들러리선 야속한 사람들
사회평화를 위하여 자연법을 좀 알자.
자연법은 사회평화를 이루는 법이다.
사회평화를 자연법으로 이루자.
국제사회도 평화가 없다.
강대국이 서로 대결하고
대기업이 서로 시장을 점하려고 하고
꼭 이러해야 역사가 진행될까?

강대국은 무력으로 평화를 지키려고 한다.
그러나 그것은 일방적인 평화다.
온 세계시민이 같이 잘 살 수 있는 세계평화는 없을까?
사해동포주의가 있다.
지구촌의 세계시민이 다
서로 형제다.
서로 조금씩 다가가자.
인간의 역사는 이렇게 서로 다투면서 발전을 하여왔다.
그러면 평화는 잠시의 소강상태인가?
어쩌면 그것이 진실일지 모른다.
평화는 갈등과 갈등 사이의 잠시의 조용함이다.
아아,
주님이 이 세상의 운행을 이렇게 만드신 것은 아닐 것이다.
정의와 사랑은 평화를 이루는 덕목인데
주님이 정의와 사랑인데
인간 세상은 왜 이렇게도 고요하지 못하나?
그렇기에 더욱 평화를 갈망한다.
평화를 향한 에르스(eros)가
평화의 기도,
사해동포주의,
형제애
박애로 나타난다.
평화는 영원한 에로스의 대상이다.
고요의 마음,
고요의 사회
고요의 바다
아주 고요한 내 마음,
아주 조용한 내 심장

아주 아주 고요한 내 가슴
주와 함께
아주 아주 고요한 경지에서
같이 살고 싶습니다.
그것이 나의 소망입니다.
그것이 나의 에로스입니다.
그것이 나의 기도의 내용입니다.
평화,
아주 조용한 평화
아주 고요한 잔잔한 저 호수
그 조용하고 고요한 호숫가에 내가 가서 살고 싶습니다.
아주 고요한 그 호수
아주 고요한 호숫가의 오두막
그 오두막에서 아주 조용히 살고파라.
기도하면서
글 쓰면서
시 쓰면서
그림 그리면서
그것이 나의 에로스다.
그곳이 그렇게도 가고 싶은 곳이다.
그곳이 내 마음의 깊은 곳이기를!
주님이 자리하고 계신다.
고요하다.
조용하다.
든든하다.
아멘이다.
아멘이다.
아아,

고요가 평화다.
정적이 평화다.
아아,
평화여
평화여

<2021. 4. 3. 10:32>

25. 자연법에 관하여

법에는 자연법과 실정법이 있다.
중세시대에는 신법과 자연법과 인정법이 있었다.
신법은 영구법이었고
자연법은 신법 중에서 인간의 이성으로 알아낸 신법이었다.
그러므로 중세의 자연법은 신법의 일부였고 신법 그 자체였다.
실정법은 사람이 만든 인정법이다.
오늘날은 실정법과 자연법으로 법을 나눈다.
자연법은 실정법을 지도하고 실정법의 흠결을 수정하고 보충하는 법이다.
자연법에는 악법(惡法)이 없고 모두가 선법(善法)이다.
그러나 실정법에은 선법도 있지만 악법도 있다.
실정법의 악법은 자연법에 의하여 그 효력이 없다.
자연법은 보편적인 사회질서의 법이다.
자연법은 이상주의 법이다.
그러나 실정법은 법현실주의 법이다.
실정법만을 법이라는 법관(法觀)이 법현실주의이다.
법현실주의는 자연법을 인정하지 않는다.
자연법의 역사는 오래다.
인간세상의 시작은 법현실주의로부터 시작되었다.

사회가 있는 곳에 법이 있다는 법언은 법현실주의에 입각한 법관(法觀)이다.
소피스트(Sophist)들이 대표적인 법현실주의자들이었다.
소피스트들이 강자의 명령이 법이라고 한 법현실주의, 법실증주의에
대항하여
그것이 아니라, 객관적인 법질서가 있다고 주장한 소크라테스, 플라톤의
주장이
자연법 사상의 시작이었다.
그러나 그들은 객관적인 법질서를 자연법이라 이름하지는 않았다.
그러나 그러한 사상이 자연법의 시작이었다.
그 결과로 플라톤은 이 세상 위의 객관적인 법질서로 이데아를 창안해 내었다.
이데아 세계의 법이 자연법이었다.
그러나 그 이데아 세계의 법을 자연법이라 이름하지는 않았다.
스토아철학에 와서야 자연법이란 이름의 실정법과는 다른 법의 존재를 인정하고 이를 자연법이라 하였다.
스토아철학에서의 자연법은 로고스의 법이었다.
이성의 법이었다.
로고스의 자연법은 인간만의 법이 아니라
생명있는 것들의 모든 자연법칙을 다 포괄하였다.
그리하여 로고스의 이성법은 자연법이 아니라 자연법칙이었다.
그러나 로고스법에 의하여 자연법이 이름을 갖게 되었다.
이러한 스토아철학에서의 자연법은
로마로 전해지고
로마법이 자연법으로 발전할 수 있는 계기를 마련하였다.
그러나 로마법이 자연법이라고 말할 수는 없다.
로마법학자자들은 스토아철학자가 아니었기 때문이다.
그러나 스토아철하자들이 로마의 정치를 지도하였던 것은 사실이다.
그러므로 스토아철학의 자연법이 로마법에도 영향을 주었을 것으로 생각

된다.
중세의 교황시대에 자연법이 발전하게 되었다.
신의 질서인 신법이 있고
신의 질서를 인간의 이성으로 알게 된 법이 자연법이고
자연법을 따라서 제정된 세상의 법과 교회법이 인정법으로서 실정법이었다.
이러한 자연법의 위상을 정립한 신학자가 토마스 아퀴나스였다.
근세에 와서는 신중심의 중세를 극복하고
인간중심의 세상을 만들기 위해 인간의 이성이 강조되고
이성으로 세상을 치리해 갈 수 있다는 사상이 형성되었다.
그리하여 근세에는 인간의 이성법이 자연법이라는 자연법론이 확립되었다.
그리하여 근세에는 자연법이 이성법으로 발전하게 되었다.
그리하여 근대민법전이 자연법을 바탕으로 제정되었다.
한편으로 종교개혁 후 개신교에서는
자연법이 좀 다른 방향으로 발전하게 되었다.
교파마다 좀 다르긴 하여도
자연법은 신법, 인간의 양심, 인간의 이성, 도덕, 윤리, 평화 등
그 모두를 포괄하는 법으로 이해되었다.
실정법과 다른 보편적인 원칙을 모두 자연법으로 포섭하였다.
때로는 실정법도 포함하여 자연법이라 하기도 하였다.
개신교에서는 자연법을 실정법이외의 사회의 바른 질서유지를 위한 모든 규범을 포괄하는 의미로 사용하였다.
그러고 보면 자연법은 분명히 있다.
실정법의 세계보다 더 평화롭고 인간답게 살 수 있는 보편적인 원리가 작동하는 법질서가 자연법이다.
그러므로 자연법을 부인할 수는 없다.
자연법은 이상법이다.
실정법은 현실의 법이다.
근대민법전이 자연법에 바탕하여 제정되었다.

그 결과로 근대민법전에는 개념과 내용을 자세히 설명하는 방식으로 입법을 하였다.
그러니 자연히 조문수가 많아졌다.
자연법에 기초한 프로이센 일반주법은 19,000 조문이 넘었다.
그 일반법전에는 민법만을 규정한 것이 아니라 헌법, 형법까지도 규정하였다.
어머니가 아이 젖먹이는 시간까지 규정하였다.
부부가 동침할 수 있는 시간까지도 규정하였다.
아주 상세히 법전을 통하여 법을 교육하는 방식을 취하였다.
프로이센 일반법전은 그 효력이 상실하였지만,
아직도 독일의 재판에서는 독일의 관습법으로 그 효력이 인정되고 있다.
참 놀라운 법운용의 태도라 생각된다.
또한 일반법전이 자연법을 입법한 것이기 때문에 아직도 관습으로 그 효력이 지속되고 있다고 생각된다.
프랑스 민법전도 조문수가 많다.
다 근세자연법론에 입각한 민법전이다.
근대민법전이 제정된 후에는
법연구의 경향이 제정된 법의 해석적용에 치중하였다.
이상법인 자연법을 입법하였기 때문에
더 이상의 자연법을 추구할 가치가 없다고 생각하였기 때문이었다.
그리하여 더 이상의 자연법이 발전이 정지하고
제정된 자연법인 실정법의 개념을 명확히 하고
구체적 사건에 적용하는
개념법학으로 법의 발전방향이 달라지게 되었다.
제정된 민법전이 완결적이라고 생각하였다.
그러니 더 이상의 자연법은 태동할 수가 없었다.
근대민법전을 제정된 자연법으로 이해하였다.
그 결과로 19세기는 자연법의 부재시대(不在時代)가 되었다.
법실증주의 시대가 되었다.

그러나 실정법에는 악법이 나타나게 되었다.
그 대표적인 악법이 나치의 전체주의법이었다.
나치의 만행이 모두 악법인 실정법에 의하여 진행되었다.
악법으로 불법의 사회로 발전하면
자연법이 나타난다.
자연법은 선법만이 있고 악법은 없다.
자연법은 악법인 실정법에 대하여 저항적이고 혁명적이다.
자연법이 재생하였다.
재생한 자연법으로 악법인 실정법을 청산하였다.
조문으로 규정되어 있지 아니한 자연법이
조문으로 규정되어 국가권력의 뒷받침을 받던 실정법을 청산하였다.
보편적인 가치의 법인 자연법이
악한 국가권력을 청산한 것이다.
그것이 세계 제2차 대전 후의 자연법의 재생이었다.
자연법으로 악법인 실정법을 청산한 후
세계 각국은 자연법을 실정법으로 만들기 시작하고
국제적으로도 자연법인 세계법을 만들어 공포함으로써
실정법이 자연법적으로 바뀌어
다시 자연법의 주장이 약화되고
실정법 중심으로 법이 발전되어 가고 있다.
그러나 아무리 실정법이 자연법을 실정법화하였다 하더라도
실정법의 자연법화에는 한계가 있기 때문에
자연법은 여전히 생명력을 갖고
오늘날도 연구되고 주장되고 있다.
그 예전에는 자연법을 주장하였다가 법실증주의에 의해 순교를 당하기도 하였다.
그 순교자가 바로 소크라테스였다.
근세의 절대주의를 청산한 법이 자연법이다.

절대군주를 방벌하고 사회계약에 의한 시민사회를 열었다.
시민혁명도 자연법의 힘으로 일어났다.
근세 자연법이 절대왕정을 청산하고 새로운 이상의 시대를 열었다.
자연법은 저항적이고 혁명적이다.
자연법은 그것을 이루기 위해서 희생을 요구한다.
희생을 할 만한 가치가 있는 법이 자연법이다.
현대에 와서는 자연법으로 악법인 실정법을 청산하였다.
자연법으로 폭군을 방벌하였다.
그 대표적인 예가
나치에 대한 뉘른베르크 재판과 일본 전쟁범죄자에 대한 동경재판이었다.
자연법은 영원히 그 생명을 가지고 있다.
세상이 악하면 자연법은 더 강하게 나타난다.
포퓰리즘에 대해 자연법은 저항한다.
다수의 의석을 가지고 형식적인 다수결로 마구 법을 만들면
자연법이 저항한다.
자연법은 부정에 저항하는 혁명적 성격의 법이다.
자연법이 악법을 청산하면
다시 그 자연법이 실정법이 되어 평화의 이성질서를 낳는다.
시대가 변하여 모순이 발생하면
다시 새로운 인류보편적 내용의 자연법이 생성된다.
오늘날 자연법은 신법도 이성법도, 계시의 법도 도덕도 평화도 다 포함하여 이를 이루고자 하는 법이다.
자연법은 신법과 실정법의 가교의 법이다.
자연법은 이 세상과 저 세상을 연결하는 법이기도 하다.
자연법은 창조주의 창조질서의 법이다.
자연법은 하나님의 형상을 가진 인간의 이성법이다.
자연법은 계속 창조된다.
자연법은 끝남이 없다.

자연법은 영원하다.
자연법도 시대의 변화에 따라서 그 내용이 더 보태어진다.
자연법은 변화하면서 더욱 보편적인 내용을 갖는다.
자연법은 보편적인 원칙으로 나타난다.
자연법은 신의 뜻, 말씀, 이성, 계시, 평화, 사랑, 정의, 도덕, 윤리의 법이다.
가장 좋은 법이 자연법이다.
자연법이 실정법화되어야 한다.
자연법이 실정법을 지도한다.
자연법이 실정법을 수정 보충한다.
자연법은 실정법 질서를 수정해 준다.
인간의 법은 자연법적으로
영원히 희망쪽으로 발전해 간다.
자연법이 나의 법이다.
자연법 속으로 주님을 모신다.
그것이 나의 법을 연구한 사람으로서의 사명이다.
자연법으로
자연법으로
영원히
영원히
아멘입니다.

<2021. 4. 4. 07:45>

26. 재능에 대하여

세상에는 인간의 재능이 참으로 다양하다.
거대하고 웅장한 할렐루야를 작곡한 헨델의 작곡의 재능
위대한 철학을 한 칸트의 깊은 사색의 재능

조그만 꽃만 찾아서 그리는 어느 화가의 섬세한 재능
현미경을 보고서 꽃그림을 그리는 그 섬세한 재능
아주 작은 음식을 예쁘고 맛있게 만드는 재능
아주 작은 음식이지만 그래도 먹을 만하고 배부르고 맛있는 음식을 만드는 재능
무던히 가고 또 가는 항심의 재능
수많은 재능을 인간들이 가지고 이 세상을 움직여 나간다.
왜 그렇게 다양하고 많은 재능이 인간에게 주어져 있을까?
침을 놓는 재능
굵은 침으로 수술을 대신하는 침술의 재능
세상을 보는 예리한 분석의 재능
아아,
세상은 참으로 오묘하고 다양한 재능의 집합체이다.
그런데 그 재능들이 한 사람이 다 가지고 있지는 않다.
조금씩 나누어 가지고 있다.
그 나누어 가진 재능의 오케스트라 장이 이 세상이구나.
그 재능은 스스로 만들어 가진 것일까?
아니 주님이 주셨다.
시대가 바뀌면서 새로운 재능을 만들어 인간에게 주셨다.
새로운 재능이 자꾸 나타난다.
그런데 주님은 인간 모두에게 각자 살아갈 수 있는 재능을 주셨다.
그러나 그 재능은 자기가 가졌는지 알지 못하고 다 쓰지 못하고 이 세상을 떠난 사람들이 적지 않다.
재능은 있으나 그 재능을 발휘하지 못한 아타까운 사람도 있고
나이 들어 늙으막하게 재능을 발휘한 사람도 있고
그 재능으로 억만장자가 된 사람도 있고
재능은 있어도 어렵게 사는 사람도 있다.
참으로 다양한 재능의 세계다.

잠자는 재능을 깨워야 한다.
몰랐던 재능을 발굴하여야 한다.
어떻게 찾고 발굴하나.
무던히 기도하면서 주님께서 재능을 알게 해 주십사고 기도하여야 한다.
그러면 주님은 알지 못하고 빛을 보지 못한 자신의 재능을 알려주신다.
그러면 그 재능을 살려
값지게 삶을 살 수 있다.
나는 교과서 공부밖에는 재능이 없는 줄 알았다.
위대한 학자들은 시조도 읊고 시도 쓰고 그림도 그리는데
나는 건조하게 오로지 책 읽고 글만 써 왔다.
단조로운 외길의 재능 뿐인줄 알았다.
그러나 아니다.
어느날 아침에 잠자리에서 사색하고 기도하는데
그림을 그려 보면 좋겠다는 생각이 들었다.
시는 제대로 형식을 갖추 못했지만 일기를 시형식으로 써 왔다.
그날 바로 그림을 그렸다.
그 처음 그림이 나의 공부하는 책상이었고
나의 손바닥을 그리고
홀로 외롭게 피어있는 베란다의 작은 꽃이었다.
작은 종이에 그렸다.
그런데 그림같이 되었다.
그리고 또 그렸다.
연필로 그리는 스케치다.
자꾸 그렸다.
한 달이 안되어 50여장을 그렸다.
운동하러 가면서 종이와 연필을 가지고 가서 그렸다.
나도 그림 그리는 재능이 있다는 생각이 들었다.
길가에 서서 그리기도 하였다.

어제는 길 가던 어느 아주머니께서 나의 그림을 보고자 걸음을 멈추었다.
그리니 그림이 되어 보였다.
소나무도 그렸다.
할미꽃을 그리려 동생 상익이에게
할미꽃 사진을 찍어 보내달라고 하였다.
손실이도 상익이도 보내왔다.
조용히 그려 보고자 한다.
소나무 잎에 맺힌 물방울이 참 아름다웠다.
소나무는 절개의 상징이라 소재로 삼기가 좋다.
시도 나의 삶을 소재로 하여 써 보고 있다.
아직 형식이나 내용이 시로서의 모습을 제대로 갖추지 못하고 있다.
그래도 좋다.
내 공부방의 벽에 붙여 놓았으면 좋겠다.
그림을 들고서
스스로 생각을 잠시한다.
아직은 간단한 스케치이다.
복잡한 그림을 그리면 아직은 그림이 되지 못한다.
손을 자꾸 대면 그림이 흐트러 진다.
간단한 스케치이다.
그리고 싶다.
그런데 서서 그리니 허리가 아프다.
그래도 그려 보고자 한다.
가만히 책상에서 공부하는 것 보다,
몸을 쓰는 기회가 많아지니 허리가 더 아프다.
어느 덧 나의 삶의 컨텐츠가 서서히 결정이 되어 간다.
연구는 자연법
시,
그림

욥같은 신앙생활
수도원의 꿈,
연구소의 소망,
이것들이 나의 지금의 삶의 컨텐츠가 서서히 형성되고 있다.
이 일도 힘이 부치는 것 같다.
좀 더 쉬어야 하겠다.
고요히 산다.
조용히 산다.
낮은 곳에서 낮은 자세로 산다.
나의 숨은 알지 못하는 재능을 발굴해 나간다.
다 주님이 주신 것이다.
이제 주신 것이다.
전능한 사랑의 주님이 나의 중심에 자리하시고 계신다.
그 주님이 재능을 주신다.
날 때에도 주셨지만
나의 들어서도 재능을 주신다.
재능(talent)이 달란트이다.
주님이 주신 달란트를 충분히 활용하고자 한다.
나의 평화, 사회의 평화, 세계의 평화를 위해서
조용히
고요히
아주 고요히
건강하게 재능을 잘 살려보련다.
재능을 살릴려면 순수해야 한다.
열정이 있어야 한다.
항심이어야 한다.
사랑하여야 한다.
감사하여야 한다.

나도 재능을 여러 개 가지고 있다.
다들 재능을 많이 가지고 있다.
그 재능을 가지고 화합의 오케스트라 사회를 만들자.
함께 하자.
주님이 기뻐하신다.
아직도 믿음이 머리에 머물러 있고
가슴으로까지 내려오지 못했다.
머리와 입으로의 믿음에서
가슴으로의 믿음의 단계로 가야 한다.
주신 재능으로 가고자 한다.
주여 감사합니다.
저에게도 이렇게 재능을 새롭게 주셔서 감사합니다.
써 보고 그려 보니 재능이 있음을 알겠습니다.
감사합니다.
감사합니다.
나의 주, 나의 하나님,
아멘입니다.

<2021. 4. 7. 09:02>

27. 아픔에 대하여

아프지 않는 사람은 없다.
건강한 사람도 아픔을 갖는다.
아프면서도 위대한 인물도 있다.
아픔에는 육체의 아픔, 정신의 아픔, 영혼의 아픔, 가슴의 아픔 등
아픔은 그 수를 헤아릴 수 없을 정도로 많다.
천성적으로 아픈 사람도 있고

나이가 들어서 아픈 사람도 있다.
사고로 인하여 아픈 사람도 있고
주님이 아픔을 허락한 사람도 있다
대표적으로 욥이 주님으로부터 허락받은 아픔을 많이 겪은 사람이다.
사도 바울도 주님으로부터 아픔을 받았다고 생각된다.
주여, 할 수만 있다면
이 아픔으로부터 해방될 수 있게 도와주소서 하고 기도하였다.
그 때 주님은 너의 은혜가 족하다 라고 말씀하셨다.
욥은 하도 아파
접시조각으로 아픈 헐은 곳을 긁었다고 하였다.
조금 아픈 사람도 있고
많이 아픈 사람도 있고
아프다가 낫는 사람도 있고
아프다가
주님나라로 가는 사람도 있다.
아픔에도 참으로 종류가 많다.
아픔을 고치기 위해 의학이 발달하였다.
그러나 아직도 아픔은 완전히 극복되지 못하고
새로운 아픔이 나타난다.
눈에 보이는 아픔도 있고
눈에 보이지 않지만 몹시 불편한 아픔도 있다.
위스턴 처칠은 불안증의 아픔을 평생 지니고 다녔다.
그는 불안증을 잊기 위해 계속 움직였다.
종군기자도 하고
글도 쓰고
2차 세계대전 중에는 수상이 되어
연합국을 승리로 이끌었다.
전쟁이 끝나고는 글을 써서 노벨 문학상을 수상하였다.

그는 늙어서 그림을 그렸다.
그가 그린 그림이 미국에 선물로 주어져
백악관에 걸려있다.
이렇게 아픔을 갖고서도 위대한 일을 할 수 있다.
아픔은 아픔 그 자체로 끝나서 안 된다.
아픔을 인내하면서
그 속에서 인류보편의 가치를 창조하는 노력을 하여야 한다.
아픔, 그것은 누구가 갖고 있다.
스스로 만든 아픔도 있고
불의의 사고로 아픔을 받기고 하고
하늘의 뜻을 실천하기 위하여
주님이 아픔을 주시기도 한다.
아픔들은 서로 결합되어 있다.
아픔이 있어서 의사들이 먹고 살고
아픔을 고쳤다고 명의가 된다.
아픔은 그 누군가를 위한 적선(積善)의 일이기도 하다.
그렇다고 아파라는 뜻은 아니다.
아픔이 아픔으로 끝나면 안타깝다.
아픔을 통하여 인내하고
그 인내를 통하여 단단한 새로운 자신으로 거듭나야 한다.
그러나 그 일들이 쉬운 일이 아니다.
그래도 정신을 또 차리고 인내하며 더 성숙한 자신으로 거듭나야 한다.
아아,
아픔이 와서 기쁜 사람이 어디있겠나!
그러나 아픔을 인간 삶의 성숙의 계기로 삼자.
미얀마에서는 지금 무고한 시민들이 죽어간다.
생사람이 죽어간다.
아프다가 죽는 것이 아니다.

못된 사람으로 인하여 죽음의 아픔을 겪는 사람들이 많다.
생사람의 죽음은 아픔의 극한 상태이다.
폭군들에게 그들 스스로가 아픔이 어떤 것인지를 경험하도록 하여야 한다.
수 많은 아픔을 거쳐서야
기쁘고 아름다운 새 세상의 빛이 비친다.
미얀마의 현재가 그러하다.
생사람의 아픔은 아픔으로 끝나서는 안된다.
민주주의는 아픔을 딛고 받은 빛이다.
나도 아프다.
그 간에 많은 아픔의 시간들을 보냈다.
정신이 나가는 아픔도 겪었다.
고대가 넘은 것이었다.
손에 땀이 한 달이상 나지 않은 극한의 아픔도 겪었다.
손에 땀이 나니까 그 때어서야 정신이 돌아왔다.
정신이 나간 것은 스무 차례는 족히 넘을 것이다.
그런 중에서도 강의를 하고
다른 대학에 특강도 하였다.
그 정신으로 제대로 하였는지 아찔하다.
지금 생각하면 참 신기한 시간을 보냈다.
아파도 일어났다.
지금도 그러하다.
어제는 허리가 아파서 침을 맞으로 갔다.
의사 선생님이 또 침시술을 하자고 하셨다.
좋다고 하였다.
침 시술을 받고보니 허리에 피가 많이 흘렀다.
당뇨 때문에 아스피린을 복용한 관계로 지혈이 잘 안 된다.
그래도 시술을 받고 돌아왔다.
힘이 들었나 보다.

아내가 그 과정을 보았다.
허리 근육을 강화하는 운동을 하란다.
허리 근육을 강화하는 운동방법에 관한 사진을 찍어 가게 하였다.
오늘 아침에 당장 연습하였다.
그리고 3장의 허리운동 체형에 관한 사진을 스케치하였다.
그리고 싶었다.
아직은 어설프다.
그래도 좋다.
그리고 간 밤에 새가 둥지를 틀고 알을 낳고
부화하는 과정에 관한 텔레비전 화면을 사진으로 찍었다.
새 둥지를 그렸다.
내 마음의 표현이다.
순수함,
자연 그대로
있는 그대로
내 마음의 창에 비친 그림을 그렸다.
잘 못 그려도 좋다.
그리고 또 그린다.
아프면 인내하면서 그린다.
아파도 시를 쓴다.
내 마음을 시로 그림으로 표현해 본다.
아직 아픔은 끝나지 않았다.
가슴이 막히는 현상이다.
예전보다는 많이 좋아졌다.
밥을 먹으면 목에 밥이 걸려 넘어가지 않는 현상이 잦았다.
그것은 내가 생각하고 생각하고 생각하고 생각한 나머지
목의 근육이 굳어져 밥이 넘어가지 않는 현상이 나타난 것이었다.
내 마음의 아픔이 오래도 지속되었다.

그래도 주님이 살려주셨다.
사랑의 일기를 쓰게 하시고
고요의 시간을 주시고
항심을 주시고
머리의 아픔을 줄여주시고
혈압을 낮추어 주시고
마음의 안정을 주시고
그러나 또 한편으로는 아직도 죄스러움에서 완전히 해방되지는 못하였다.
허리도 지낼만 하게 낫게 해 주실 것이다.
주님이 부르시면 언제든지 할렐루야 부르며 갈 수 있다.
수도원을 하나 운영하고 싶다.
주님이 뜻을 이루어주실 것이다.
내 당대든 후대든
주님의 뜻은 이루어진다.
그렇게 믿는다.
견딜만할 정도의 아픔을 주시면 좋겠다.
그렇게 기도한다.
나만 아픔이 없기를 바라지는 않는다.
아픔 속에서 깊이가 깊어진다.
아아,
한 세상이 그리 간단치 않다.
그러나 주님과 함께 가면
그것으로 족하다.
그것이 행복이다.
그것이 참 아름답다.
아픔도 주님의 치리사항이다.
아픔을 통하여도 주님께 더 가까이 간다.
주님, 어찌 이리 감사합니까?

이 정도 아프면 참 좋겠습니다.
허리가 많이 편해 졌습니다.
주님, 너무나 감사합니다.
주님의 사랑하는 아들은
아픔도 주님이 견딜만할 정도로 주신다고 믿습니다.
감사합니다.
감사하고 감사합니다.
아멘입니다.

<2021. 4. 8. 14:06 에 다 쓰다.>

28. 선거에 관하여

선거는 평화로운 방법에 의한 사회계약이다.
사회계약은 가상(假像)의 생각속의 이론으로 구성된 계약만이 아니다.
사회계약은 선거라는 방법을 통하여 체결하는 계약이다.
공동체 구성원들이 공동체 대표가 되기 위해 출마한 분들을 선택하는 것만이 선거라 생각하기 쉬우나
그렇지 않다.
후보자들의 공약과 함께 현행 기본법에 따라서 공동체의 조직과 방향을 정한 법을 지킬 만한 사람을 선택하여
그가 제일 많은 표를 얻으면
공동체 구성원과
뽑힌 자간에 사회계약이 체결되는 것이 선거다.
그러므로 선거라는 사회계약을 통하여
그 대표자는 그의 공약도 이행하고
헌법질서를 포함한 현행법을 지키고
공약이행을 위하여 현행법을 개정하여

공동체구성원들과의 계약을 이행하는 것이다.
그래하여 선거를 사회계약의 방법의 하나로 생각한다.
가장 민주적이고 평화적인 사회계약이 선거라고 생각한다.
선거에서 대표자로 뽑힌 사람이 헌법도 무시하고 자기공약도 제대로 실행하지 아니하면 방벌(放伐)의 대상이 된다.
그러므로 선거는 대표자를 뽑는 사회계약이지만
비정상의 폭군을 방벌하는 방법이기도 하다.
어제 서울시장과 부산시장 선거를 치루었다.
다 같이 야당후보자가 당선되었다.
41개 지치구 모두를 야당이 차지하였다.
현 정부와 여당이 절대다수를 차지하고 있지만
현정부를 심판하고 야당을 선택하였다.
20대가 현정부의 실정을 심판하였다.
40대는 정부가 재난지원금을 주고
돈 쓸일은 많은데
수입을 적으니까
여당을 선호하였다.
국민들이 참 성숙하였다.
이제는 사회계약을 위반한 정부에 대해서는 심판을 하는 정도로 시민의식이 높아졌다.
선거의 가치가 높아졌다.
사회계약을 불이행하는 권력자에 대해서는 징벌을 한다.
잘 하였다.
성숙한 시민으로 성장하였다.
우리가 이 정도의 사회계약의 체결단계로 오기까지는 많은 희생을 치르고 나서야 쟁취한 것이다.
3.15부정선거, 4.19혁명, 부마사태, 6월 민주화 항쟁, 5.18민주화 운동, 숱한 희생을 치르고 얻는 실질적 사회계약 체결의 단계로 왔다.

돈 준다고 들을 단계는 지났다.
포퓰리즘은 안 된다.
사회주의로 가겠다는 것은 절대로 안 된다.
민주주의의 가치를 수호하여야 방벌의 대상에서 빗겨갈 수 있다.
위선은 절대 욥납되지 않는다.
거짓을 더욱 안 된다.
이제는 용서하지 않는다.
미얀마 사태를 본다.
합법적으로 치루어진 선거를 군인들이 뒤집었다.
군인들이 사회계약을 본질적으로 위반한 것이다.
벌써 500명이상의 생사람이 죽었다.
더 희생자가 나와야 폭군을 방벌할 수 있다.
사회계약 위반에 대한 책임을 물을려면 희생이 따른다.
적잖은 희생을 치루어야 한다.
그 결단은 미얀마인들 스스로의 결정이다.
차제에 폭군을 방벌하지 않으면 미얀마의 민주화는 길이 멀기만 해 진다.
우리도 이미 겪은 일이었다.
많은 희생을 치르고서야 비로소
민주화의 빛이 비친다.
폭군은 방벌되어야 한다.
그 방벌 여부는 그 나라 국민의 결정사항이다.
선거는 사회계약이다.
민주적 폭군방벌의 방법이 선거다.
미국의 독립혁명, 프랑스의 시민혁명, 영국의 명예혁명과 그 전의 내전,
한국의 민주화,
이 모든 민주화는 다 희생을 치르고서야 얻은 빛이다.
코로나로 힘들어도
선심과 위선과 거들먹거림과 거짓말과 사회주의와 짝함에는 단호한 저항

을 하여야 한다.
그 저항의 표출방법이 선거이고
사회계약이다.
민주다.
평화다.
정의다.
그리고 사랑으로 결속의 길을 가야 한다.
그것이 희망이다.
그것이 사회계약 이행의 결실이다.
우리는 해 냈다.
제대로의 사회계약을 체결했다.
가자.
희망의 내일로
사회계약을 철저히 이행하도록
계약이행의 정신을 기르자.
내일의 희망이다.
희망의 대한민국이다.
미얀마인들이여 일어나라.
희망의 내일이다.
정의의 승리이다.
이제 사랑으로 결속하자.
사회계약론을 펼치고
폭군방벌론을 주창한
존 로크가 참 위대한 민주주의 사상가이다.
나는 로크를 존경한다.
그는 평생을 자연법과 사소유권,
사회계약, 폭군방벌론으로 역사와 인류를 위해 헌신하였다.
그러나 그가 세상을 떠날 때는 어느 귀부인의 다리를 베고 평화의 영원의 나라로 갔다.
철저히 잘해 보겠다고 하면 할 수 있다.
정의와 사랑을 철저히 실천하겠다고 하면
역사의 위대한 민주인사로 기록해 준다.
로크가 그런 사람이다.
로크가 어제 우리 나라에 잠시 들렀다.
그의 사상이 선거를 통하여 실현되는 모습을 보았으리라.
아아, 위대한 사상가,
아아, 위대한 희망의 대한민국
나도 지키고 따른다.
사회계약은 선거를 통해서 지키고 이행한다.
할렐루야
아멘이다.

<2021. 4. 8. 15:11>

29. 순수에 대하여

순수란 말은 그 말 그대로 아무런 이물질이 섞여 있지 아니한 그대로의 것이다.
기독교인 중에서도 청교도를 퓨리탄(puritan)이라고 하였다.
퓨리턴은 예수님을 있는 그대로, 말씀 그대로 믿고 생활하는 순수의 교인들이다.
독일어로는 라인하이트(Reinheit)이다.
법학에는 순수법학이란 것이 있다.
순수법학은 순수라고 했지만 순수하지 못한 법학이다.
악법도 법으로 인정한 법실증주의의 극단적 형태의 법학이다.
법에서의 순수법학은 자연법이다.
자연법에는 악법의 요소가 하나도 없다.

선법(善法)의 요소만을 담고 있다.
인종주의에서 순수혈통이란 주장이 있다.
이는 특정 인종만의 우수성을 인정하고자 하는 인종주의로서
사해동포주의에 반하는 아주 나쁜 사회적 사고이다.
히틀러가 아리안 인종주의를 고수하였다.
이렇게 보니 순수란 말에도
진정으로 순수한 순수도 있고
아주 나쁜 내용을 순수로 가장하여 이데올로기로 사용한 순수도 있다.
믿음에 있어서도 아주 순수한 말씀 그대로의 순수한 믿음을 가진 분들도 있고
목적을 위하여 믿음을 이용하고
말씀을 왜곡하는 믿음을 가진 분들도 있다.
순수하지 못한 믿음의 사람들을 이단이라 한다.
순수가 정통 신앙이다.
말씀 그대로 믿는 믿음이 순수한 믿음이다.
말씀에 덧칠을 하지 않은 믿음이 순수한 믿음이다.
순수는 누구나 선호하는 모습이다.
인간도 태어날 때의 선한 모습 그대로 커나가는 것이 순수의 삶이다.
하나님의 형상을 잘 지켜 나가는 삶이 순수한 삶이다.
그러나 세상을 살아가면서
숱한 험한 일에 부닥치고 보면
자기도 모르게 살기 위해 순수가 흐려지고 선하고 순하던 얼굴의 모습이 달라진다.
그래서 세상을 악하다고 한다.
이 세상은 인간의 악성이 크게 작용하는 세상이다.
그 중에서도 인간의 선성을 살려 순수하게 사는 사람도 많다.
순수,
너무나 예뻐서 손대기가 조심스러운 상태가 있다.

그 순수는 마음에 자리한다.
내면의 순수가 얼굴에 나타난다.
마음이 얼굴을 결정하는 면이 많다.
매일같이 주님의 순수를 따르려고 기도하고 살면
얼굴이 주님의 형상을 회복해 나간다.
그것이 순수의 힘이다.
순수에는 마음을 움직이는 힘이 있다.
순수도 에너지다.
물이 졸졸 흐르는 곳에는 이끼가 끼지 않는다.
이끼가 끼지 않고 흐르는 물이 바로 순수다.
빙하가 녹아 흐르는 맑고 찬 물도 순수한 물이다.
학문도 순수하여야 한다.
목적은 위한 학문이 아니라
학문 그 자체의 진리 탐구 그 자체가 즐거워야 한다.
순수를 지키고자 하면 험한 세파에
살아가기가 힘든다.
이리 밀리고 저리 떠밀린다.
그래도 순수를 지켜 나가면 하나님이 도와 주신다.
순수는 치장을 하지 않는다.
있는 그대로 산다.
순수하게 살면 하나님을 항상 만나며 살 수 있다.
하나님은 순수속에 자리하고 계신다.
봄 꽃은 참 순수하다.
꽃중에서는 순수하지 못하게 냄새가 나쁜 꽃도 있다.
순수하지 못한 꽃이다.
순수한 꽃은 사람들이 구경나오도록 끈다.
벌과 나비를 불러 모은다
순수한 사람은 헌 옷을 입어도 우아해 보인다.

순수의 향기가 난다.
순수도 하루 아침에 이루어지지 않는다.
평생을 두고 갈고 닦아야 한다.
그래도 완전한 순수에는 이르지 못한다.
사람도 태어난 그 순간에는 아주 순수하리라.
그 순간이 아마도 자연상태일 것이다.
자연상태에서는 인간은 순수하다.
태어나 사회상태로 들어오면서 순수한 모습을 조금씩 잃어간다.
사회상태는 순수의 상태가 아니기 때문이다.
순수하고자 하였다.
아주 말갛게 순수하게 살고 싶었다.
그러나 사회상태가 깊어지면서
순수의 내가 아니게 되었다.
그런 중에 살았다.
그래도 마음 한 구석에는 순수의 씨가 남아 있었다.
그 순수가 주님을 만났다.
주님이 그 순수의 씨를 키워 주셨다.
상처입고 때묻은 순수가 깨어졌지만
주님은 그 남은 작은 순수를 키워 오늘 다시 순수를 꿈꾸게 만들어 주신다.
순수는 주님의 형상이다.
그 주님의 형상은 아무리 세상이 험해도 완전히 씨가 말라죽지는 않는다.
언젠가는 순수의 씨가 자라
성처를 낫게 하고 순수의 길로 다시 가게한다.
저 변함이 없는 북극성을 바라보며
순수의 믿음을 되살리며
순수의 자연법을 공부하며
순수의 예술의 세계에 발을 들여 놓기도 하며
험한 세상에서도 순수로 살아간 욥을 사모하며

혼자만이 당대의 영화를 취하지 아니하고
후대들도 즐길 수 있는 터전을 마련하며
순수가 무엇인지도 모르고 살아가는 민중들을 하나님께 한 번 기도하게 해 보며
나는 누구냐고 스스로에게 물어보는 삶을 살도록 기회를 만들며
조용히 학문하고
고요히 사모하고 기도하며
부는 바람 속에서도 순수의 자신을 지켜가며
말없이 아주 조용히
그리고 아주 고요히
순수를 자신에게서 회복하고 싶다.
순수의 마음으로 밥 한 끼 같이 하며
항심으로
순수로
변함이 없이
무던히
주님의 형상을 회복하고 싶다.
그것이 삶이 아닐까?
순수는 마음을 움직이는 힘이다.
순수는 주님의 힘이다.
순수의 힘이 진정한 사랑의 에너지이다.
사랑은 영원하다.
순수도 영원하다.
주님도 영원하다.
주님은 순수이시고 사랑이시다.
그 주님의 형상의 한 부분을 내가 받아 가지고 있다.
그것이 주님의 형상이다.
순수로 산다.

나이 들어가면서 더욱 순수로 산다.
순수는 내가 간직하고픈 나의 모습이다.
사랑,
정의,
순수,
욥,
그렇게 순수하게 살고 싶다.
세상을 탓하지 않는다.
내 속에 자리하시고 계시는 주님께 간구한다.
순수의 힘,
순수의 에너지를 뿜어내어 주십사고
바보같이
순수하게 살고 싶습니다.
지극히 부족하지만
순수하게 살고 싶습니다.
수도원을 운영하고픈 마음,
법과 성서와 역사 연구소를 운영하고픈 마음
그 한 권의 책, 자연법을 쓰고 싶은 마음
조용하고 고요하게
아주 고요하게
살고 싶은 마음,
그 마음은 나의 순수의 마음입니다.
살아있는 순수입니다.
힘이 있는 순수입니다.
참 아름답습니다.
그렇습니다.
아멘입니다.

<2021. 4. 13. 12:14>

30. 운동에 대하여

사람은 움직여야 산다.
움직이지 않으면 삶의 가치를 실현할 수 없다.
몸을 쓰고 움직여야 한다.
몸을 쓰지 않으면 퇴화한다.
사람의 엉덩이 꼬리뼈가 그러하다.
맹장도 그러하다.
쓰지 않으면 녹쓸고 퇴화하고 못쓰게 된다.
머리를 쓰지 않으면 이내 녹쓴다.
생각이 안 난다.
살아있어야 한다.
살아있다는 것은 움직인다는 것이다.
운동은 그냥 그 자리에 가만히 있지 않다는 것이다.
일하는 것도 운동이다.
너무 일을 많이 하고 허리가 꼬부라지고 병이 나는 것은
운동이 아니라 노동이다.
그것도 중노동이다.
적절히 움직여 주는 것 그것이 운동이다.
헬스장에 가지 않아도 운동할 수 있다.
길을 걷는 것,
뒷산에 오르는 것
산책을 하는 것
그것 다 운동이다.
헬스장에서 근육을 키우기 위하여 과도하게
몸을 키우는 것은 운동의 도를 지난 것이다.
굳이 그렇게 까지 운동할 것은 아니다.
날씬하게 굳이 할 필요는 없다.

건강에는 날씨가 참 중요하다.
요즈음은 맑은 날을 경험하기가 쉽지 않다.
항상 구름이 끼고
미세먼지가 괴롭히고
도시가 항상 뿌였다.
몸이 곤해 진다.
저기압이라서 그렇다.
고기압의 날이 너무 적어졌다.
지구가 견디기 힘들어 한다.
지구에 의지하여 살고 있는 나도
몸이 찌부둥하다.
맑은 날이 그립다.
그 예전의 남쪽 봄바람이 부는 것을 느낄 수 없다.
그래도 움직여야 한다.
몸을 사용하여야 한다.
조금이라도 움직여야 한다.
요즈음은 걷기도 힘든다.
교통이 복잡하고
공기가 나쁘니까
길을 걷기도 힘든다.
돈을 주고 걸어야 한다.
그 대표적인 것이 골프다.
그러나 골프는 비싸다.
연금생활자는 골프하기 힘든다.
그래도 바람이 많이 부는 북구제국은 좋다.
걷기만 하여도 운동이 된다.
걸을 수 있도록 오솔길을 잘 정비해 두었다.
우리는 자동차 중심의 도로이다.

사람은 뒷전이다.
자본의 논리가 강하다.
국민의 복지를 생각하지 못한다.
말만 하지 실제는 다 돈으로 계산한다.
그것이 아닌데
다 함께 얘기하며 걸을 수 있는 나라로 만들어야 하는데
그래야 선진국이 된다.
움직여야 한다.
몸도 움직여야 하고
마음도 움직여야 하고
손도 내밀어야 한다.
그래야 사는 것이다.
그것이 생명의 표현이다.
무엇을 먹느냐도 중요하지만
어떻게 사느냐도 중요하다.
건강하게 사는 것이 중요하다.
골골하며 병원신세를 지고 사는 것은 제대로의 삶이 아니다.
아름다운 세계는 많다.
그것도 찾고 구해야 한다.
움직여야 찾을 수 있다.
그것이 다 운동이다.
히말라야 트레킹이 아니어도 좋다.
굳이 산티아고 순례길이 아니어도 좋다.
뒷산을 올라가 보아라.
둘레길을 걸어보아라.
고향길을 걸어보아라
그것이 다 운동이다.
그것이 다 생명의 길이다.

그것이 다 가치창조의 길이다.
신체운동만이 아니라,
신앙운동도 하고
도덕운동도 하고
사회운동도 하고
정화운동도 하고
나는 자연법 운동을 하련다.
실정법위의 자연법이 진정한 법임을 강조하고 싶다.
그 운동을 하련다.
자연법 운동,
자연법 운동은 자연스럽게 신앙운동으로 연결된다.
자연법은 신의 형상을 회복하는 법이다.
자연법에는 악이 없다.
선(善)만이 있다.
자연법은 세상에 살면서도 세상위에 사는 길로 인도한다.
이데아, 엔테레히, 로고스, 절대정신
그것이 다 자연법의 세계이다.
그런 좋은 세계에서
좋은 운동을 하며 사는 것이 참 삶의 길이다.
운동,
맑은 정신과
건강한 몸과
확 트인 가슴과
저 위를 바라다보는 영혼과
그 모두가 조화를 이루는 삶
그러한 삶을 살고 싶다.
건강이 뒷받침 되어야 한다.
아픈 데가 자꾸 생긴다.

눈도, 허리도, 팔도 아프고,
기운이 없다.
그래도 일어나야 한다.
삶은 운동이다.
움직여야 사는 것이다.
그것이 운동이다.
그것이 깨달음으로 가는 길이다.
고행은 운동이 아니다.
무던히 가는 것이 운동이다.
조용히 고요히 가는 것이 운동이다.
천천히 가는 것이 운동이다.
사모하고 기도하면서 가고 또 가는 것이 운동이다.
운동은 에너지를 생산한다.
운동은 열을 만들어 낸다.
운동으로 몸에서 에너지를 생산하여야 한다.
움직이자.
그래 또 움직이자.
움직이지 않으면
사는 것이 무가치하다.
움직이자.
삶은 움직임이다.
운동이다.
아멘입니다.

<2021. 4. 24. 12:34>

31. 자본주의에 관하여

지금 우리는 자본주의 경제사회에 살고 있다.
생산요소 중에서 자본을 가장 중시하는 경제체제가 자본주의다.
토지, 노동, 자본의 생산요소 중에서 자본을 가장 중시하는 경제가 자본주의이다.
이러한 자본을 중시하는 경제체제를 칼 맑스가 자본주의라는 이름을 붙여주었다.
자본주의의 종류도 아주 다양한다.
자본주의에도 100개가 넘은 이름을 가진 자본주의가 있다고 한다.
역사적으로도 자본주의는 상업자본주의에서 시작하여 산업자본주의를 지나 금융자본주의를 거쳐 금융자본주의이면서 또한 지식정보자본주의의 시대에 와 있다.
상업자본주의는 네덜란드가 동인도회사에 특권을 주어 인도무역을 시작한 때로부터다.
산업자본주의는 산업혁명으로 기계에 위한 대량의 공장생산이 이루어진 자본주의이다.
금융자본주의는 대공항 이후 금융이 경제의 중심을 차지한 자본주의이다.
지금은 금융자본주의이면서, 지식정보자본주의 시대이다.
세계적인 거래 메가기업은 플렛폼경제를 운영하여 세계의 정보를 독점하고 시장을 지배하는 감시자본주의 시대를 열어가고 있다.
자본주의는 모든 것을 상품으로 본다.
토지도 상품으로 본다.
돈이 되는 것이면 그것이 모두 미덕이라 하는 윤리관을 갖고 있다.
그래서 천민자본주의라는 말까지 나온다.
돈이 되는 것이면 무엇이라도 좋다는 경제체제가 자본주의이다.
그러나 그것이 아니다.
자본주의에도 윤리가 있다.

근대 종교개혁가들은 자본주의를 옹호했다.
자본으로 돈을 버는 것이 하나님의 섭리에 반하지 않는다는 성서의 윤리를 제시하였다.
돈을 벌어서 혼자서 쓰라는 것이 아니었다.
돈을 벌어 공동체 구성원이 다 잘 살 수 있게 함께 나누어 가지라는 윤리였다.
자본주의에는 공동체의 복지를 위한 윤리가 기본이 되어 있다.
그러나 돈은 야박하여 그 좋은 윤리를 버렸다.
직업윤리설, 예정조화설 그 모두가 다 개신교 종교개혁가들에 의한 자본주의를 뒷받침해준 기독교윤리이다.
막스 베버는 프로테스탄티즘의 윤리와 자본주의 정신의 책을 썼다.
그는 청교도 정신이 자본주의의 정신이라고 하였다.
열심히 땀흘려 일하는 것이 하나님의 섭리이며
돈을 벌어 저축하는 것이 하나님의 뜻에 부합한다고 하였다.
그러나 번 돈을 혼자서 다 가지라는 것이 아니었다.
나누어 가지라는 것이었다.
노동자의 임금도 넉넉히 주고
작업장도 건강을 유지할 수 있도록 청결하게 하고
노동조건을 개선하고
노동자의 주거도 인간의 존엄을 지킬 수 있는 공간으로 마련해 주라는 것이었다.
그러나 자본주의 인간은 사악하여 개인의 치부에 자본주의를 이용하고 정당화하였다.
자본주의는 인간을 선한 존재로 보지 아니한다.
자본주의는 인간의 이기심을 자극하는 경제체제이다.
자본주의는 사소유권과 사유재산제를 지지한다.
자본주의는 개인주의에 바탕을 두고 있다.
그러나 자본주의에서는 개인주의가 이기주의로 변하고 말았다.

그것을 용납하는 경제체제가 자본주의이다.
시장은 자비(慈悲)가 지배하는 곳이 아니다.
시장에는 인간의 이기심이 작용하는 곳이다.
자본주의 발전을 위해서 슘페터는 혁신을 위한 파괴를 주장하였다.
새로운 것을 만들어 내기 위해서 과거의 낡은 것은 다 파괴하라는 것이다.
자본주의는 경쟁을 미덕으로 여긴다.
경쟁을 부추킨다.
자본주의는 생산의 증대에는 효과적이지만
분배의 평등에는 이바지하지 못한다.
자본주의는 어찌보면 사악한 점도 있다.
서민들이 계속 소비하도록 조장한다.
든든히 쓸 수 있는 데도 버리고 새로운 것을 사라고 암암리에 세뇌한다.
방송의 광고가 많아지는 것도 사악한 자본주의의 얄미운 면이다.
어디 생각할 여유를 주지 않는 것이 자본주의다.
물질적으로 잘 살기만을 추구하도록 하는 것이 자본주의가 되고 말았다.
사람의 정신세계를 파괴하는 것이 자본주의가 되고 말았다.
종교를 멀리하게 하는 것도 자본주의가 되고 말았다.
헌금을 많이 하는 사람이 교회에서도 힘을 갖는다.
헌금을 적게 내는 사람은 신앙도 약한 것으로 생각하는 것이 자본주의다.
종교개혁가들이 자본주의를 지지한 것은 그런 것에 있지 않았는데,
많이 생산해서 없는 사람과 나누어 함께 잘 살고자 한 것이 종교개혁가들의 자본주의에 대한 지지였다.
자본주의 경제에도 부침이 있다.
자본주의의 과잉생산이 경제의 파국을 초래한다.
10년 주기설의 주글러 파동이 가장 표준적인 경제변화이다.
60년의 장기파동은 콘트라티에프가 주장하였다.
키친은 단기파동을 주장하였다.
금융시장의 파동은 단기 파동설이 적절하다.

돌이켜 보면 10년 정도의 주기로 자본주의 경제는 변동을 한다.
그것은 과잉생산 때문이다.
이제는 과잉생산된 물건을 대량으로 소비하도록 하는 방법으로 과잉생산을 해결하려고 한다.
오늘날은 또한 소비자본주의 시대이다.
저축이 미덕이 아니라 소비가 미덕인 사회로 가고 있다.
그러다가 경기가 침체하면 국가에 대해 부조(扶助)해 달라고 한다.
소비하다가 쪽박을 차도록 하는 것이 자본주의다.
진정한 자본주의는 열심히 일해서 인간답게 사는 길이다.
국가의 도움만을 기다리며
마구 써대는 지금은 진정한 자본주의가 아니다.
왜곡된 자본주의다.
소비가 사람의 정신까지 파괴하고 있다.
하늘은 스스로 돕는 자를 돕는다는 원리가 자본주의의 정신이다.
자본주의는 투기를 일삼는다.
사악한 자본주의의 민낯이 투기이다.
일확천금을 노리는 것이 투기다.
투기는 변칙을 이용한다.
올바른 질서를 파괴한다.
투기로 돈을 번 사람은 제대로 쓰지를 못한다.
자신을 파괴한다.
로또로 일확천금을 얻은 사람 중에 정상적인 삶을 산 사람이 없다.
땀흘리는 아름다움을 길러주는 자본주의이어야 한다.
착실하게 한 푼 두 푼 모으면서
값지게 살도록 하는 경제가 자본주의이어야 한다.
마약거래도 천민자본주의의 대표적인 예이다.
이코노믹 애니멀(economic animal)의 나라도 천민자본주의의 나라이다.
일확천금을 노리고 증권시장에 뛰어는 현상도 천민자본주의이다.

자본주의도 장점을 많이 갖고 있다.
그러나 지나치면 단점이 나타난다.
자본주의는 전쟁도 용인한다.
전쟁을 통해 돈을 버는 것을 미덕으로 본다.
과잉생산된 재고를 소비하도록 하는 것이 전쟁인 일면도 있다.
자본주의에는 바른 정신이 따라야 한다.
그 정신이 정의와 사랑이다.
평화도 자본주의가 이상으로 하여야할 가치이다.
바르게 살고 바르게 돈 벌고
번 돈은 이웃을 위해 사랑의 일에 쓰고
세계의 평화를 이루어 나가는 것이 자본주의 정신이다.
달에 가는 것만이 자본주의 정신이 아니다.
화성에 가는 것은 더욱이 자본주의 정신이 아니다.
지구를 살리고
지구가 숨을 쉬도록 하고
자연을 가꾸고
좀 소비를 줄이고
인간의 정신세계를 맑게 하고
창조주의 뜻을 실천하고
검소하고 절제된 삶을 살며
나직한 산자락에 수도원을 지어
누구나 기도하며
평화롭게 이웃하며 사는 것이
자본주의 정신이다.
좋은 차를 타서 과속하며 살 필요가 없다.
이웃과 차 한 잔을 나누는 소박한 정신이 자본주의 정신이다.
꼭 돈을 들여 핵무기를 만들지 않아도 된다.
꼭 대양을 호령하지 않아도 된다.

모두가 평화롭게 살고
정의와 사랑의 삶과 세상을 이루어 살면 그것이 자본주의의 공적이 된다.
돈의 노예가 된 세상,
어디에 어떻게 쓸 줄도 모르면서 돈만 찾는 세상,
무슨 사업을 하면 언제나 수익을 먼저 계산하여 공표하는 사업수행의 풍조,
감옥에 가더라도 평생 먹을 것을 벌 수 있다면 기꺼이 하겠다는 허황된 생각의 만연,
좋은 자리를 권력 가진 사람들의 기관으로 만들고 그 자리를 꿰차고자 하는 국정수행의 이기적인 방식,
땀흘리기 보다는 일확천금을 꿈꾸는 속이 빈 시민의식,
자본주의의 아름다운 모습을 회복하여야 한다.
자본주의의 사악함을 자제토록 가르치고 제도를 만들어야 한다.
자본주의는 정의와 사랑과 평화의 정신에 이끌려 나아가야 한다.
이 세상에는 절대도 완전이라는 것도 없다.
자본주의도 완전한 경제체제가 아니다.
창조주의 창조의 동인과 창조의 질서내에서 움직여야 한다.
정의와 사랑과 평화의 정신과 그 이상하에서
자본주의는 운영되어 나가야 한다.
그것이 진정한 자본주의가 아닐까?
그렇다.
그렇다.
그렇습니다.
아멘입니다.

<2021. 4. 26. 09:57>

32. 사회주의에 대하여

사회주의는 사상이라고 할 수 없다.
창조주를 부인하고
인간개인의 존엄을 인정하지 않는다.
개인을 단체의 구성원으로서의 존재만으로 인정되고
인간의 개체로서의 존엄도 독자성도 인권조차도 인정하지 않는다.
사회주의가 자본주의의 모순을 해결하기 위한 대안으로 주장되었다고 하지만
결코 자본주의의 대안이 될 수 없다.
사회주의는 생산수단의 사소유권과 사유재산제를 부인한다.
생산수단은 다 전인민의 소유이거나 단체소유로만 인정한다.
인간의 자발적인 창의적인 노력을 인정하지 않는다.
오로지 영도자만이 인간이고
전인민은 영도자를 위해서만 존재한다.
북한의 주체사상도 사상이라고 할 수 없는 모순된 지배논리에 불과하다.
주체사상은 역사발전의 원동력은 인민으로부터 나온다고 하면서
인민은 영도자의 영도를 받아야 한다고 하는 지극히 상식적으로 모순인 주장을 그들의 사상으로 하고 있다.
역사발전의 원동력이 인민인데
어떻게 그 인민이 영도자의 지도를 받아야 한다는 말인가?
영도자는 인간이고 인민은 무지의 존재로서 영도자의 영도를 받아야 한다는 논리이다.
영도자만이 사람이고 인민은 영도자를 위한 수단에 불과하다고 본다.
영도자라는 자는 가장 냉혈돌물인데,
인간도 세뇌를 하면 그렇게 믿게 되는 것이다.
그것이 바로 조건반사론이다.
이 세상에 자기는 오로지 한 사람뿐인 고귀한 존재이다.

그러한 인간을 조직의 부속물로 다루는 것이 사회주의이다.
사회주의는 사상이라고 할 수 없다.
인간의 창조의 본성에 반한다.
하나님의 형상을 따라서 인간이 창조되었음을 부인한다.
왜 칼 맑스는 목사의 아들이면서도
그런 인간존재의 존엄을 인정하지 않으려고 하였는가?
그는 독일의 트리어에서 출생하였다.
지금도 트리어 지방에는 성이 맑스인 사람들이 많다.
그들이 다 칼 맑스의 후예들이다.
트리어에는 맑스 박물관도 있다.
트리어 대학을 칼 맑스 대학으로 그 이름을 바꾸자고 하는 운동도 있었다.
독일의 양심이 그것을 거부하였다.
사회주의 국가들이 자본주의국가를 사회주의로 바꾸는 과정에
수많은 사람들의 목숨을 빼앗았다.
구쏘련에서는 자본가들을 시베리아로 유배를 보내 얼어 죽게 하였다.
중국도 개인의 토지문서를 다 불사르고 토지를 소유하였다는 그 이유만으로 죽였다.
북한도 마찬가지이다.
사회주의가 그런 체제이다.
인간을 인간으로 대접하지 않는 사고가 사회주의이다.
1990년대 초
소련과 구동구권의 몰락으로 사회주의는 그 생명을 다 하였다.
그런데도 그 사회주의를 붙들고 있는 고약한 집단이 있다.
그것이 북한이다.
인민이 굶어 죽어도 핵무기를 만들고 있다.
누구를 위한 핵무기인가?
그런 사람이 사람인가?
아니다.

그런데도 그런 사회주의자를 추종하는 사람이 있다.
참 한심한 사람들이다.
지금의 권력자들이 그들이다.
절대로 안된다.
사회주의는 종교를 부인한다.
기독교를 특히나 탄압한다.
창조주를 부인하는 집단이 오래 갈 수 없다.
창조의 질서에 반하는 집단은 스스로의 모순에 빠진다.
사회주의 집단은 방벌(放伐)의 대상이다.
그 우두머리를 방벌하여야 한다.
방벌하기 위하여는 인민들이 깨어나야 한다.
인민들이 인간으로서 존엄의 존재이며
인간답게 살 천부의 권리를 가지고 있음을 자각하여야 한다.
인민들의 우두머리의 추종자가 아니라
세계시민으로의 자격이 있음을 자각하여야 한다.
인민의 존재가치를 깨우쳐 주어야 한다.
그리하여 인민 스스로 우두머리를 방벌하도록 하여야 한다.
사회주의를 없애는 데에는 희생이 따른다.
희생을 치르고서라도 사회주의는 방벌하여야 한다.
북한도 그러하고
미얀마도 마찬가지이다.
인간이 신을 부인하면
내혈동물이 된다.
능력에 따라서 일하고 필요에 따라 취한다는 허구에 빠지지 말아야 한다.
땀 흘리면서 일하고
만나를 내려주신 신에게 감사하고
인간의 가치를 실현해 나가는 삶에 감사드려야 한다.
창조주에게로 돌아와야 한다.

그것이 사회주의를 없애는 길이다.
중국의 사회주의도 없어져야 한다.
그 오랜 전통의 공자님의 가르침을 다 버리고
사회주의 중국으로 갔나?
사회주의를 고수하는 한 일등국가가 될 수 없다.
사회주의는 인간의 존엄을 부인하기 때문에 야수(野獸)의 존재가 된다.
사회주의는 스스로의 논리로는 존재하지 못한다.
늘 문제를 일으켜야 존재할 수 있는 그런 체제이다.
팽이와 같이 스스로는 돌지 못한다.
계속 때려야 한다.
그것은 계속 문제를 일으켜야 사회주의는 존재할 수 있다는 것이다.
사회주의는 그것을 혁명이라고 한다.
계속적으로 인위적으로 혁명을 하여야 한다.
인민이 다른 좋은 생각을 가지 못하도록 계속 세뇌하여야 한다.
그것이 사회주의이다.
참 못된 사회주의 인간들
나는 사회주의자와는 같이 살지 못한다.
중국에 살으셨던 외삼촌이 한국에 오셨을 때에
사회주의자의 속성을 조금 이해하였다.
모든 것이 자기 것이었다.
자기에게만 충성하라고 하였다,
그리고 아는 사람간에 싸움을 붙였다.
그 싸움 중에 이득을 취하려하는 자가 사회주의자이다.
사회주의자와는 한 지붕 아래서는 같이 살 수 없다는 것이 나의 지론이다.
하나같이 예의나 도리나 의리가 없었다.
극히 기회주의자였다.
신뢰를 줄 수가 없었다.
필요할 때에는 언제나 이용하고자 하는 것이 사회주의자이다.

사회주의는 방벌해야 한다.
우리나라는 사회주의와 대치하고 있는 최전선국가이다.
하나님께 우리나라를 맡겨야 한다.
진정으로 주님의 도움이 있어야만 사탄인 사회주의를 물리칠 수 있다.
사회주의를 방벌하여야 한다.
그것이 하나님 나라를 지키는 길이다.
사회주의여 사라져라.
사회주의는 몰락하여야 한다.
사회주의에 메여있는 인민을 해방시켜야 한다.
정의와 사랑과 평화의 하나님의 섭리로 사회주의의 사탄을 물리쳐야 한다.
그것이 이 세상을 밝게 하는 길이다.
그 길로 가야 한다.
주님께 길을 물으면서 가야 한다.
자유와 평화와
정의와 사랑의 나라로 가야 한다.
그러한 희망의 나라로 가야 한다.
아멘입니다.

<2021. 4. 27. 15:10>

33. 책에 관하여

왜 나는 그렇게도 논문을 쓰고 책을 쓰려고 했는가?
왜 나는 그렇게도 내 책을 나의 분신으로 생각하며 소중히 여겼는가?
왜 나를 그렇게도 좋은 책을 사서 읽을 때가 가장 행복했다고 느꼈는가?
단순한 지식이 아니라
철학이 있고 사상이 있고 선을 향한 내용으로 충만한 책이 그렇게도 마음에 드는가?

왜 그렇게도 자연법의 책이 좋은가?
책이 있어서 오늘의 내가 있다.
책이 지식과 사상과 철학과 신앙을 전해 주어 오늘의 내가 있다.
그 옛날에는 양피지, 파피루스, 목간(木簡), 죽간(竹簡)이 책이었다.
성경은 양피지에 쓴 책이었다.
이집트의 역사는 파피루스에 썼다.
동양에서는 목간과 죽간으로 책을 만들었다.
그 후 목판인쇄술이 나와서 책이 만들어지고
그 후에는 금속활자가 나와서 책이 만들어졌다.
지금은 컴퓨터가 책을 대신한다.
양피지에 글을 쓰기가 얼마나 어려웠겠는가?
그래도 인간은 써서 남기려고 하였다.
바위에 절벽에 새긴 그림도 책이다.
종이가 만들어지고는 종이에 쓴 것이 책이었다.
팔만대장경도 나무판으로 된 책이다.
그때는 주로 필사본의 책이었다.
이제는 대량출판의 시대에 산다.
쉽게 책을 공급해 준다.
참 책을 가까이 할 수 있는 시대에 살고 있다.
책 중의 책은 성서이다.
가장 많은 언어로 번역이 되었고
가장 많은 양이 출판이 되었고
가장 많은 사람들이 읽었고
가장 많은 영향을 주었으며
가장 큰 힘을 지니고 있으며,
성서를 기초로 하는 수많은 책들이 출판되었다.
성경은 바로 생명의 책이기에 그렇게 큰 영향을 주었다.
성경을 넘어가는 책은 아직 인간은 만들지 못하였다.

책에 생명이 있다.
그 생명이 바로 책의 내용이다.
이 세상의 오묘한 세계가 책에 담겨있다.
책을 통하여 시대의 변화를 담아
책을 통하여 시대를 알려준다.
좋은 책이 수없이 많다.
그 중에서도 나는 순수한 내용의 책이 좋았다.
법정스님의 자연 그대로의 삶의 책이 좋았다.
성서에 바탕을 둔 책이 좋았다.
창조가 있고, 심판이 있고, 구원이 있고, 부활이 있고
선이 있고, 삶의 길을 밝혀주는 성경은 읽어도 읽어도 좋은 책이다.
인간의 궁극의 기초는 하나님의 형상에 있다고 생각한다.
하나님의 형상이 인간의 모든 것의 출발점이라 생각한다.
하나님의 형상이 인간의 존엄이고 인권이고 이상이고 선이다.
하나님의 형상이 자연법의 근거라 생각한다.
이러한 것들이 다 책을 통하여 나를 깨우친 것이다.
책을 통하여 옛 성현들을 만난다.
위대한 성현들과 책을 통하여 대화한다.
이렇게 책은 시대를 초월하는 매개체이다.
책을 통하여 지구의 반대쪽의 사람을 만난다.
만나서 대화한다.
소리나지 않는 소리를 듣는다.
책이 없었더만 인간은 암흑세계에서 헤멜 것이다.
책이 있어서 인간은 문명을 구가한다.
그러나 책 중에는 인간에 해약을 주는 책도 있다.
도참설의 책, 혹세무민의 책, 마키아벨리즘의 내용을 담은 책,
사회주의를 찬양하는 책
무신론을 찬양하는 책

창조론을 극구 부인하려는 책
인간에게 해악을 주는 책을 분별할 수 있는 안목도 인간의 하나님의 형상에서만 가능하다.
책을 가까이 하는 사람이 사람답게 산다.
책을 가까이 하는 삶이 진지하다.
좋은 책을 쓰는 것은 학자의 책무이다.
자기 생각을 책으로 엮어야 한다.
남의 것을 베껴서 자기의 책으로 하는 것은 죄악이다.
성경을 바탕으로 하는 책이 생명이 있는 책이다.
그런 생명이 있는 책을 쓰고자 하여야 한다.
그런 책을 남겨주고 가야 한다.
그런 책을 읽고 후대가 더 선하게 살 수 있도록 하여야 한다.
누구나 책을 쓰고 가도록 하여야 한다.
자기의 족적을 책으로 남겨두고 가야 한다.
이제는 칩으로 대량 저장이 가능하다.
책없는 책의 시대로 가고 있다.
그러니 누구나 책을 쓰고 가야 한다.
두꺼운 책도 좋고
얇은 책도 좋다.
책을 남겨야 한다.
책은 대대로 전해져야 한다.
책은 더 나은 내용으로 발전되어야 한다.
더 나은 책은 생명의 근원을 늘 생각하는 책이다.
생명의 근원은 창조주이다.
창조주가 인간에게 자신의 형상을 심어 주셨다.
하나님의 형상을 키워나가는 책이어야 한다.
그 책이 생명이 있는 책이다.
책을 써야 마음이 정리되고 순해진다.

악한 마음을 가지고서는 책을 쓰지 못한다.
책을 소중히 하여야 한다.
나는 다른 나라에 가서는
그 나라 말로 번역된 성경과
그 나라의 그 나라 말로 된 그 나라의 민법전을 구해오는 것을 취미로 하고자 하였다.
그러나 많이 모으지는 못하였다.
후대들이 그 일을 이어가서
나의 집안을 각국 언어의 성서와
각국의 자국 민법전의 보고(寶庫)로 만들었으면 좋겠다.
그 성경과 민법전을 법과 성서와 역사 연구소에서 보관해 나갔으면 좋겠다.
대대로 전해 졌으면 좋겠다.
책이다.
학자에게만 책이 중요한 것이 아니다.
모든 사람들에게 다 책이 중요하다.
그 속에 생명의 길이 있다.
그 생명의 길을 찾아 나가야 한다.
책이 생명이다.
책을 사랑하라.
책을 통해 주님이 또한
역사하신다.
위대한 책이다.
위대한 책을 써라.
주님이 살아 역사하시는 그런 책을 써라.
그런 책이 위대하다.
아멘이다.

<2021. 4. 30. 09:07>

34. 참 아름다운 삶

나는 어떤 곳을 동경하고 있나?
나의 내면과 인격이 어떠하기를 원하나?
나의 학문은 무엇을 향하여 있나?
장래의 이 세상은 어떤 곳이기를 원하나?
이 세상은 누구의 것이며
창조주는 어디에 어떤 일을 하니고 계시는가?
하나님과 나 사이의 교통은 누가 담당하고 있는가?
공해로 찌는 도시에서 탁한 공기를 마시고 계속 살아가야만 하는가?
미세먼지를 마시면서 이렇게 평지에서 살아야만 하는가?
저 하늘의 맑은 공기와 저 푸른 산, 그리고 저 파도치는 바다와 나는 어떤 우정을 나누면서 살아가야 할까?
오늘날과 같은 문명시대에 전염병이 온 세계를 휩쓸고 있다니,
도대체 누가 왜 이런 세상을 만들어 놓았을까?
인간이 화성으로 탈출할 수 있을까?
꼭 달에 우주기지를 만들어야만 할까?
인류는 온통 지구를 떠나가야할 것 같은 방향으로 내달리고 있지 않는가?
꼭 그러해야만 하나?
겉은 화려한데
내면도 과연 화려한가?
초거대기업들이 인간을 지배하고 있다.
기업들이 자꾸만 사람들의 호주머니를 열라고 한다.
사람들은 자기는 열심히 일하지 않고
조금 더 가진 사람들에게 가진 것을 내놓으라고 한다.
정치권력자들이 이런 사람들을 대신해서 그런 일을 하고 있다.
자기들의 권력유지에 걸그치는 사람들은 다 감옥에 보낸다.
자기들의 편을 들어주는 사람들은 죄를 지어도 활개를 치고 살고 있다.

핵무기를 만들면서 주민은 굶어 죽어가는 북한은 나라도 아니다.
인간의 탈을 쓰고는 그런 일을 해서는 안 된다.
그런 몹쓸 사람들에게 자신을 다 내어주고 끌려가는 정치하는 사람들이
나는 그렇게도 싫다.
내가 진정으로 정치하는 사람들을 보고 싶어하지 않는 것은
사회주의로 가는 정치 방향이 너무나 싫기 때문이다.
사회주의는 싫다.
사회주의자들은 인간의 탈을 쓴 사탄이다.
어떻게 어디에서 어떠한 마음으로 살까?
진정으로 가야할 길이 어떤 길일까?
세상을 원망하고 싶지는 않다.
근본적으로는 창조주를 버리고 인간이 이 세상의 주인이라는 사고 때문이다.
인간이 주인이라고 하는 사고에 터잡아
지구를 무한히 괴롭히면서
이 만한 문명을 이루었다.
아직은 그래도 창조주가 주신 이 세상에 기대를 걸만한 것들이 있다.
저 높은 하늘,
저 맑은 공기
시원한 바람
저 파란 들
저 푸른 바다
더럽혀지지 않은 물,
아름다운 자연
그래도 인간이 살아갈 수 있도록
주님은 인간의 생명을 이어갈 자원을 아직은 남겨두셨다.
지구가 신음을 하는데도
창조주는 그가 창조한 인간이 생명을 이어가도록
신음하는 지구를 달래면서

그의 창조의 결과에 책임을 다하시고 계신다.
그런 창조주를 인간은 멀리하고 있다.
자기가 스스로 살 수 있다고
내일 당장 세상이 끝나도 좋다는 생각으로
오늘을 즐기려고 하고 있다.
창조주는 인내하고 인내하시면서
자신이 자신의 형상을 따라 만든
인간이 살아갈 수 있도록 애쓰고 계신다.
나는 눈 덥힌 산이 좋다.
나는 솔잎에 메달린 빗방울이 그렇게도 좋다.
다소곳이 머리 숙인 할미꽃이 좋다.
이름도 없이 빛도 없이 자기 꽃을 피우는 작은 꽃이 좋다.
우뚝 서서 자기의 머리를 새둥지로 내어주는 소나무가 좋다.
하나님의 형상을 인간의 존엄, 인권, 이성의 근원으로 삼는 삶이 좋다.
법중에서도 자연법이 좋다.
믿음의 사람 중에서도 욥이 좋다.
낮고 낮은 자리에서
하나님 믿고 사는 사람이 좋다.
무던히 땀흘리면서 자신의 일에 충실한 사람이 좋다.
하나님을 영접하고 무릎꿇고 기도하는 사람이 좋다.
정성을 다하여 열심히 자기 작품을 만들어 가는 사람이 좋다.
작은 것이라도 주고 싶어가는 것이 좋다.
조금이라고 주는 것이 좋다.
미지의 진리의 세계를 찾아 나가는 것이 좋다.
하나님을 중심에 모시고 살아가는 것이 좋다.
세상의 유행에 이끌리지 않는 것이 좋다.
자신을 분명히 하고 사는 것이 좋다.
자기가 하는 일에는 정성을 다하는 것이 좋다.

자기가 하는 일이 그래도 값진 것이 좋다.
그리고는 낮아진다.
낮고 낮게 산다.
낮은 자에게 친구가 되어 산다.
이 세상의 장래를 생각하며 산다.
적어도 자기의 전문분야에서의 장래의 변화의 모습을 생각하며 발표하는 것이 가치있다.
머물러 있어서만은 안 된다.
가야 한다.
천천히
아주 천천히 가야 한다.
가고 또 가야 한다.
일확천금의 생각을 가져서는 안 된다.
땀 흘린 것만이 자기 것이다.
주님이 주신 자연과 벗하여 사는 것이 참으로 아름답다.
자연의 아름다움에 감사하며 찬양하며 사는 것이 좋다.
세상을 원망하지 말라.
자신으로 자꾸 되돌아야 가야 한다.
주님의 말씀의 거울로 자기를 비추어 보면서 가는 것이 좋다.
주님의 기도를 생각하며 사는 것이 좋다.
자신의 하는 일의 잘못을 알지 못하는 저 무지한 사람들을 용서하여 주옵소서라고
기도하신 그 기도를 수시로 생각하며 사는 것이 좋다.
나의 내면이 아직 평화에 이르지 못하였다.
평화의 경지에 가야 한다.
자유와 평화, 해탈과 성화의 경지에 이르도록 하여야 한다.
완전은 없다.
끝도 없다.

가고 또 가는 것이다.
주님이 주신 말씀이 길잡이이다.
주님께 머리 숙여 나를 맡기는 것이 생명의 길이다.
그 길로 가는 것이 생명의 길이다.
영원한 생명의 길이다.
산으로 가자.
하늘을 바라보자.
시원한 공기를 들이마시자.
저 파란 들의 오곡에 감사하자.
저 푸른 바다를 바라보자.
저 높은 설산(雪山)을 바라보자.
깊은 내면의 자기를 살펴보자.
삶은 아름답다.
그 아름다움은 바로 내면의 하나님의 형상이다.
나는 하나님의 형상을 받아 태어났다.
그 하나님의 형상이 나를 아름답게 한다.
그 하나님의 형상이 생명의 표지이다.
하나님의 형상이 더 들어나도록 산다.
그것이 삶이다.
그 길이 삶의 길이다.
그것이 영생의 길이다.
삶은 아름답고 아름답다.
아름다운 삶을 산다.
아멘입니다.

<2021. 5. 1. 09: 56>

35. 발전, 진보, 성장, 변화에 관하여

인간 역사는 발전의 방향으로 진행하여 왔다.
그러나 네안테르달인들은 현재의 호모 사피엔스보다 체구가 컸음에도 불구하고
멸종하고 말았다.
그것은 발전인가 퇴보인가?
앞으로 나아가는 것이 발전이다.
인간은 발전해 나아가고 성장하고 진보하고 변화를 계속한다.
발전의 속도와 모양은 다르다 하더라도 발전하고 진보하고 성장하는 것만은 틀림없다.
발전을 함에는 선의 방향으로 발전하여야 한다.
악의 방향으로 발전한 사례가 없지 않다,
선의 방향이란 하나님의 형상을 점점 키워나가는 것이라 생각한다.
모든 방면에서 하나님의 형상, 즉 하나님을 뜻을 이루어가야 한다.
그것이 진정한 발전이다
그것이 또한 진보이고 성장이다.
발전하기 위해서는 기도하고 땀을 흐리고 고뇌를 하고 때를 기다려야 한다.
발전은 즉각적으로 일어나는 것이 아니다.
인내와 고뇌와 기도와 땀을 요한다.
인내와 고뇌와 땀은 모두가 사랑이다.
자신과 이 세상과 진리에 대한 사랑이다.
하나님은 그렇게 세상을 창조하셨다,
인간에게 자유의지를 주었지만
늘 기도하지 않으면 자유의지가 퇴색한다.
늘 갈고 닦아야 한다.
그래야 발전한다.
몸도 정신도 인격도 영혼도 모두 닦고 길러야 한다.

그래야 성장한다.
너무 정신없이 발전하는 것은 옳지 않다.
천천히 가야 한다.
고요히 가야 한다.
발전에는 궁극이란 것이 없다.
계속적인 과정이 있을 뿐이다.
나도 발전을 거듭하여 왔다.
몸이 부셔지도록 발전을 위해 살아왔다.
땀을 흘렸다.
아니 진땀을 흘렸다.
그 결과가 지금의 나이다.
잘 왔다.
잘 발전하여 왔다.
잘 성장하여 왔다.
그러나 부족하다.
속이 좁다.
소인의 인격이다.
그래도 이 만큼 발전하여 온 것에 감사한다.
이제 발전의 속도를 크게 늦추어야 한다.
무리없이 계속 과속할 수는 없다.
저속으로 가야 한다.
아주 저속으로 가야 한다.
앞으로만 가는 것이 발전인 줄 알고 나아갔다.
발전의 중심에는 주님이 계신다.
주님이 계셔야 한다.
사람은 발전을 위해서 무리를 하는 수가 많다.
주님으로부터 제지를 받아야 한다.
정신과 인격과 품격과 영혼의 발전, 진보, 성장이 있어야 한다.

격을 높이는 발전이어야 한다.
물건도 제대로 만드는 발전이어야 한다.
논문도 고뇌한 결과이어야 한다.
신앙도 더 깊어지는 발전이어야 한다.
발전은 더 낮아지는 자세로 다음 발전을 모색하여야 한다.
손잡고 같이 발전하여야 한다.
혼자만이 발전하려 하면 실족한다.
이웃과 함께 발전을 하여야 한다.
사해동포주의로 발전해 나가야 한다.
가슴을 자꾸 넓혀야 한다.
주님께 다 가까이 가야 한다.
깊은 진리의 세계로 발전을 이루어야 나가야 한다.
날카로움 보다는 포용적인 무던한 발전이어야 한다.
당대에 다 이루려고 하는 발전을 추구하기 보다는
대대로 이어 발전해 나가는
긴 역사의 안목을 가지고 발전을 추구하여야 한다.
현재의 상태에 안주하는 정체가 아니라
조금씩,
아주 조금씩 나아가는 발전이어야한다.
자기만이 취하려는 발전이 아니라
나누어주고 되돌려주는 발전이어야 한다.
내가 진정 발전시키고자 하는 것이 무엇인가?
내가 진정 이루고자 하는 선이 무엇인가?
내가 진정 남은 삶을 어떻게 꾸려 발전을 하게 하고자 하는가?
스스로 자신의 학문세계를 이루어야 한다.
채권각론을 화야가 이어받게 된다.
대를 이어 학문을 이어주니 고맙다.
그 다음 대가 있어야 하는데

그 다음 대를 이어갈 손자와 손녀가 있다.
딸 아들의 구별이 이제는 없다.
나의 집안의 발전의 방향을 새긴다.
하나님을 충실히 믿는 신앙의 집안
아들 딸 구별없이 모두가 자기가 하고 싶다면
최종학위를 모두가 받는 집안
집안의 구심점이 될 수 있는 수도원 겸 법과 성서와 역사 연구소를 대를 이어 운영하는 집안,
내일을 위해 예비하고 오늘을 절제하며 사는 집안
무던히 자기 일을 하고 또 하는 집안
기도가 있고 찬송이 있는 하나님 찬미의 집안,
이웃에 밥 한 끼 대접하는 집안
희망의 장래를 꾸려 가는 집안
희망의 삶을 사는 집안
그런 집안으로 발전해 나가길 소망한다.
삶이 희망이 되는
그런 발전을 이루어 나아가야 한다.
삶은 희망이다.
희망이 삶이다.
희망의 방향으로의 발전이다.
하나님의 형상을 이루어가는 발전이다.
아아,
발전은 희망의 길이다.
발전은 내일을 준비하는 과정이다.
중국 사람은 태어나지 않은 손자를 위하여
정치자금을 대어준단다.
긴 역사의 발전을 생각하는 발전의 모색이다.
그렇다.

길게 보아야 한다.
착실한 발전이어야 한다.
탄탄한 발전이어야 한다.
주님 안에서의 발전이어야 한다.
주님 안에서 자기 고유의 발전을 모색하여야 한다.
발전은 하나님의 형상의 회복이고 성장이다.
발전은 희망이다.
과도한 희망이 아니라
조용한
고요한
착실한
계속적으로
희망의 길로 가는 것이다.
발전은 희망이다.
희망을 이루어가는 것이 발전이다.
그렇다.
그렇습니다.
아멘입니다.

<2021. 5. 2. 08:36>

36. 경쟁에 관하여

시장경제는 경쟁을 기본원리로 하여 작동한다.
개인주의도 경쟁을 미덕으로 한다.
경쟁도 적정수준을 유지하여야 한다.
과도한 경쟁은 인간성의 상실을 초래한다.
너무 경쟁이 없으면 일할 의욕을 갖지 않게 된다.

사회주의경제가 그러하다.
적절한 경쟁을 유지하면서 살며 경제를 운용하는 것이 진리이다.
중용(中庸)이 경쟁에서도 미덕이다.
경쟁을 함에 공정한 규칙에 의한 경쟁이어야 한다.
천부적으로 경쟁을 할 수 없는 사람도 있다.
경쟁이 공정하여야 하지만 또한
경쟁에는 자기 자신의 페이스 유지가 확실하여야 한다.
자기 자신을 잃지 않는 경쟁이어야 한다.
경쟁에는 자기 자신이 분명히 살아 있어야 한다.
자기 입지가 분명한 경쟁이어야 한다.
경쟁이 심하면 경쟁자를 경원시(敬遠視)한다.
각자의 개성과 자신의 입지가 분명한 경쟁이어야 한다.
경쟁을 막는 것도 미덕이 아니다.
경쟁을 아예 하지 않으려고 하는 것은 패배의식이다.
자기의 달란트를 다하는 것이 바른 경쟁이다.
경쟁은 의식할 필요가 없다.
자기의 길을 무던히 가는 것이 경쟁이다.
그러한 경쟁이 값지고 가치있고 승리의 길이다.
무던한 경쟁은 자기와의 경쟁이다.
그 경쟁이 바른 경쟁이다.
자기를 확실해야 한다.
자기 색갈을 나타내야 한다.
더 나은 세계를 향한 경쟁이어야 한다.
평생 경쟁만 해서는 안 된다.
나이가 들고
경쟁의 목표를 달성했으면
다음 사람이 승리자가 되도록 경쟁에서 나와야 한다.
경쟁이 절대미덕도 아니고

절대악덕도 아니다.
적절한 경쟁으로 자신도 사회도 경제도 생명력을 유지하는 것이다.
패권을 위한 경쟁은 인간성을 잃게 한다.
국가간의 경쟁은 용인되고 있으나,
패권경쟁이면 안 된다.
경쟁에는 하나님의 경쟁룰이 적용되어야 한다.
하나님의 형상이 경쟁룰에도 적용되어야 한다.
하나님의 형상을 모두가 다 회복할 수 있는 서로 간의 협력경쟁이어야 한다.
그것은 사랑의 경쟁이기도 하다.
경쟁은 이기심이 강하게 작용한다.
선의의 경쟁이라 하지만 이기심이 작용한다.
선성보다는 악성이 더 작용하는 것이 경쟁이다.
경쟁이 가장 적나나(赤裸裸)하게 나타나는 것이 시장이다.
선성이 시장을 작동하게 하지는 않는다.
악성이 시장을 작동하게 하는 힘이 강하게 나타난다.
경쟁을 심하게 하면 악성을 키우게 된다.
절대우위를 차지하기 위해서 무리를 하게 된다.
자기 자신을 확실한 바탕위에서의 경쟁이다.
경쟁보다는 협력을 강조하여야 한다.
자기 일을 충실히 하는 것이 협력이다.
하나님의 섭리를 따라서 충실히 자기 일을 다하는 협력이 곧 경쟁이 되어야한다.
협력의 경쟁이 진정한 경쟁이다.
이 세상에는 절대진리는 없다.
오로지 하나님만이 절대진리이다.
참 그렇다.
이 세상에는 완결도 종결도 완전도 절대도 없다.
자기의 달란트를 가지고 자기의 사명을 묵묵히 하는 것이 진리이고 그것이 눈에 보이지 않는 협력이고 또한 진정한 경쟁이다.
아담하게 집안을 꾸려 사는 것,
땀흘리며 묵묵히 일하는 것,
절약하고 절제하여 내일을 예비하며 사는 것,
뒤에 오는 후대를 위해 값진 것을 되돌려 주는 것,
하나님의 나라가 이 땅에 펼쳐지도록 하는 것,
낮은 자세로 살아가는 것,
그 모두가 협력이고 동시에 경쟁이다.
나는 그렇게 생각한다.
남을 너무 의식할 필요가 없다.
남을 의식한다는 것은 경쟁에 꼭 앞서가야 하겠다는 의지이다.
아니다.
주님이 주신 달란트를 다하여 땀흘리는 것이
미덕이고 협력이고 경쟁이다.
그렇게 살자.
소박하게 살자.
너무 경쟁하지만 말자.
평화롭게 살자.
자유와 평화로 살자.
해탈하자.
성화하자.
자유다.
평화다.
자유와 평화를 향한 협력과 경쟁이다.
그것이 좋다.
그것이 옳은 삶이고 바른 사회이다.
조용히
아늑히

너무 요란하지 않게
묵묵히 사는 것이다.
그것이 의미있는 삶이다.
그 삶 속에서 주님을 만나고 소통하자.
조용하자.
고요하자.
경쟁에 대한 의식이 없자.
자기 자신을 초극하자.
초인이다.
초인의 길을 가자.
도인(道人)의 길이다.
도인의 길로도 가자.
자유와 평화의 경지이다.
초인이 되자.
발끈하지 말자.
속좁은 나이기에
초인이 되고 싶다.
경쟁도 싫다.
온전한 자유와 평화의 경지에서 살고 싶다.
그렇게 살고 싶다.
고요한다.
아주 고요한다.
아주 아주 고요한다.
정적의 경지로 간다.
자유다.
평화다.
아멘이다.

<2021. 5. 3. 09:43>

37. 아름다움에 관하여

누구나 아름답고 싶어 한다.
누구나 미남 미녀가 되고 싶어 한다.
아름다움이란 무엇인가?
법에도 아름다운 법이 있다.
미가 아름다움이다.
미를 어떻게 정의할 수 있을까?
아름다움도 시대에 따라서 변화하였다.
다산(多産)을 아름답게 여기던 시대도 있었고
허리가 잘룩한 몸매를 아름다움의 표시로 본 시대도 있었다.
오늘날은 아름다움을 어떻게 볼까?
재력을 아름다움의 징표로 볼 것 같은 생각이 든다.
아니 아름다움을 아예 생각조차 하지 않는 시대가 아닐까?
날만 새면 비난하고 헐뜯는 시대가 오늘날의 시대가 아닌가?
자기 패거리만이 살면된다는 것이 아름다움으로 생각하는 것이 아닐까?
할미꽃이 참 아름답다.
솔잎에 맺힌 빗방물이 영롱하고 참 아름답다
지유의 까치발로 걷는 모습이 참 아름답다.
자기 생일에 촛불을 끄고 즐거워 하는 모습이 너무나 아름답다.
교회 예배를 보고 돌아가면서 친절하게 인사하는 어느 교인의 모습이 참 아름답다.
냉이 꽃이 작지만 꼿꼿이 서서 피어있는 모습은 아름답기 보다는 당차다.
나도 꽃이다라고 말한다.
애기똥풀 꽃은 이름이 좀 좋지 않지만 아름다운 자태를 한 껏 뽐낸다.
소나무는 아름답다고는 할 수 없지만 꿋꿋하고 든든하다.
히말라야의 설산은 장엄하면서 웅장하고 든든하다.
아름답다고는 하기 어렵다.

조용히 기도하는 모습이 아름답다.
프란체스코 교황님의 모습이 근엄하면서도 아름답다.
주님은 아름답다고 할 수 있을까?
주님의 기도하는 모습이 아름답다.
산상수훈 또한 아름답다.
그러나 주님의 얼굴에는 수심이 많으실 것 같다.
자기가 만든 이 세상에 비극이 끝이 없이 이어서 일어나니까!
그것들을 다 처리하다보니
주님도 힘드실 것 같고
지친 모습일 것 같다.
지구는 참 아름답다.
너무나 아름다운 지구이다.
곳곳에 숨겨져 있는 아름다움의 비밀을 간직하고 있는 것이 지구다.
아름다움은 주어지는 것이 아니라
만들어 나가는 것이다.
아름다움도 갈고 닦아야 더 아름다워지는 것이다.
아름다움이 영원하려면 쉼없이 갈고 닦아야 한다.
녹쓸면 추해진다.
영롱함이 아름다움의 최고이다.
그래서 보석이 아름다운 것이다.
물방울이 아름다운 것이다.
조용한 깊은 산속의 호수가 아름다운 것이다.
자신을 잘 관리해 나가는 것이 아름다움의 비결이다.
사탄은 아름다움을 시기한다.
사탄은 아름다움을 보고 견디지를 못한다.
아름다움은 내면의 빛이 외부로 나타날 때에 가장 아름답다.
가식은 얄밉다.
가식없는 그 모습 그대로가 아름답다.

맑은 얼굴이 아름답다.
해맑은 모습이 아름답다.
아름다움은 자신의 아름다움을 자랑치 않는다.
법 중에서도 자연법이 아름답다.
오로지 선한 내용으로만의 법이 자연법이다.
밭에서 일하다가 교회종소리에 맞춰
기도하는 모습이 아름답다.
수선화의 그림이 아름답다.
산비탈을 따라서 그림같이 자리하고 있는 독일의 시골동네가 아름답다.
실비아의 고향 동네가 참 아름답다.
열심히 공부하는 사람을 알아주는
대학자의 그 학문의 깊이가 아름답다.
아버지의 뒤를 이어가 주겠다고 하는 아들의 모습이 참 아름답다.
형님을 대신하여 동생이 군대에 가겠다고 한
이종형님들의 모습이 너무나 아름답다.
너무 아름다워 눈물이 난다.
아들들이 추운 겨울날 나무하러 간 뒤에
어머니는 혼자서 집에만 있을 수 없어
그 추운날 개울에 나가 빨래하는 그 어머니의 모습,
그 보이지 않는 내면이 너무나 아름답다.
바로 나의 이모님과 이종형님의 모습이다.
참으로 아름답다.
젊음도 아름답다.
삶도 아름답다.
삶이 진정 아름다운 것이다.
삶을 아름답게 꾸려야 한다.
그것은 각자의 책무이다.
두 아들이 아버지를 받드니 참 아름답다.

아버지가 꿈꾸는 수도원과 법과 성서와 역사 연구소의 운영을 이해할 것을 생각하니,
두 아들의 마음씨가 더욱 아름답다.
두 아들이 있어서 나의 삶이 아름답다.
두 며느리가 성실하게 살아주어 더욱 아름답다.
아름다운 삶이다.
아름다운 삶을 주님의 인도로 꾸려 나가야 한다.
아름답게 살 조건은 스스로 갖추어 나가야 한다.
화야가 학문의 대를 이어주고
웅이가 집안의 경제적 문제를 해결해 주고
주님께서 불기둥과 구름기둥으로 인도해 주시니
우리의 삶은 아름다울 것임을 확신한다.
아름다운 세상에서
아름다운 주님의 세계에서
아름다운 우리의 삶을 사는
참 아름다운 이 땅에서의 삶일 것을 소망하고
희망한다.
삶은 희망이다.
아름다운 삶의 희망이다.
아름다운 삶을 살다가
아름답게
가장 아름다운 주님의 나라로 간다.
아름답다, 이 세상이여.
주님의 창조가 아름답다.
아름다운 세상에서
아름다운 삶을 산다.
희망이 있는 삶은 아름답다.
희망이 아름다움이다.

아름다운 삶,
그것이 희망이다.
이루리라.
꼭 이루리라.
후대가 더욱 아름다운 삶을 살리라.
믿는다.
확신한다.
그러할 것이다.
그렇게 아름답게 살 것이다.
아멘입니다.

<2021. 5. 4. 10:39>

38. 목소리에 관하여

목소리는 자기 인격의 표현이다.
나직하게 사랑을 담은 목소리가 좋다.
새들 중에서도 아름답다고 칭송받는 새들의 목소리가 좋지 않다고 한다.
꾀꼬리가 예쁘다고 칭송받지만 목소리는 아주 좋지 않다고 새 박사님이 말씀하셨다.
사랑의 목소리도 있고
싫은 목소리도 있다.
세상에는 소리가 아주 다양하다.
파도소리
바람소리
비소리
눈이 오는 소리
피리소리

악기 소리,
총소리
사랑을 속삭이는 소리
싸우는 쇠소리
목소리에도 그 수가 말할 수 없이 많다.
모세가 떨기나무의 구름 속에서 주님을 만났을 때의 주님의 목소리는 어떠하였을까?
위엄차고 무서웠을까?
아니면 소곤소곤 말씀하셨을까?
어머님의 자애로운 목소리
아버지께서 식구들이 못마땅해서 하시던 목소리
아름다운 목소리도 있고
듣기 싫은 목소리도 있다
물방울 떨어지는 소리가 아름답다.
종유석 동굴의 정적 속에서 한 방물 한 방물 떨어지는 물방울 소리가 아름답다.
냇가의 시냇물이 졸졸 흐르는 소리.
산속 깊은 절에서 들리는 새벽예불의 목탁소리.
보리밭을 지나가며 보리를 한들한들 흔들리게 하는 바람소리.
어느 구동독 목사님 내외분의 기차안에서 주고 받던 그 정이 있던 목소리
산속 깊은 곳의 고요의 소리
눈밭을 걸을 때의 뽀드득하는 눈소리
파도가 밀려오고 밀려나면서 내는 파도소리
이것 좀 먹어보라고 애써 만드신 음식을 내어 주시면서 하시는 어머님의 목소리
소리색이 좋아야 좋은 소리이다.
세상에 나서부터 마지막 한 숨을 들이쉴 때까지 소리를 내지만
진정으로 마음을 끄는 목소리는 별로 생각이 나지 않는다.

슬퍼서 우는 목소리
좋아서 기뻐하는 목소리
넋이 나간 한숨소리
안타까와하는 애통의 소리
못마땅해서 야단치는 소리
이불을 뒤지어 쓰고 한 없이 슬퍼하는 목소리
회개의 목소리
불경을 외는 스님들의 합장 목소리
소리에는 사랑이 담겨야 한다.
그 소리가 생명의 소리다.
나의 목소리는
쇠소리가 난다.
아주 강한 톤이다.
날카로운 나의 목소리다.
강의할 때에는 아주 분명한 목소리였지만
진정으로 사랑을 담은 목소리는 아니었다.
진정으로 사랑을 담은 목소리를 언제 내가 내었을까?
원망과 비난과 감정 섞인 목소리를 내지 않았는가?
사랑의 목소리,
평화스런 목소리
세상을 감동시킬 수 있는 목소리
인격적인 목소리
존경의 목소리
그런 목소리를 몇 번이나 내었을까?
나는 말을 많은 하는 편이 아니다.
늘 나 자신과 얘기하며 살았다.
들리지 않는 소리만을 듣고 살았다.
내면의 소리만을 듣고 살았다고 해도 과언이 아니다.

자장가처럼 부드럽고 아름다운 소리를 내어야 했었는데
그러지 못하고 살아왔다.
지금도 날카로운 목소리다.
발표할 때에는 주먹을 불끈 쥐고 분명하게 말하지만
사랑을 담은 목소리였는가?
아니었다.
사랑을 말하고 있지만
사랑을 담은 진정한 사랑의 목소리를 내지 못하였다고 고백한다.
인품과 얼굴과 목소리는 같이 간다고 생각한다.
악기 소리도 마찬가지이다.
나는 섹스폰소리가 참 좋다.
저음의 섹스폰 소리가 좋다.
바이올린 소리도 좋다.
피아노 소리도 좋다.
세상 각국의 언어도 마찬가지이다.
나직한 유연한 목소리의 언어의 소리도 있고
정감이 가는 언어의 소리도 있다.
좀 듣기 거북한 언어의 소리도 있고
무슨 말인지 통 알아들 수 없는 언어의 소리도 있다.
조용한 목소리가 좋다.
나직한 목소리가 좋다.
고요한 목소리가 좋다.
사랑의 목소리가 좋다.
아주 고요한 자기가 자신에게 하는 목소리가 좋다.
아름다운 목소리로 살기를 원한다.
아름다운 언어로 살기를 원한다.
아름다운 세상에서
아름다운 목소리로

아름다운 삶을 살기를 원한다.
아름다운 목소리로 같이 살기를 원한다.
사랑하는 목소리로 살고 싶다.
젊잖은 얼굴과 사랑스런 목소리로
품격있는 고요하고 낮고 낮은 삶을 살고파라.
그런 날을 만들어 가야지.
기다리면서
기도로 나를 낮추면서
아름다운 사랑의 목소리를 내면서
그렇게 살고파라.
수도원에서
법과 성서와 역사 연구소에서
그곳에서 하나님의 형상의 목소리를 내면서
살고파라.
그렇게 살고 싶다.
그렇습니다.
아멘입니다.

<2021. 5. 6. 10:35>

39. 성찰(省察)에 관하여

성찰은 자신을 되돌아 보는 것이다.
기도하는 것도 성찰의 내용을 담고 있다.
회개하는 것은 성찰이다.
뒤돌아보지 않고 앞만 보고 가면 실족할 수 있다.
걸어온 길을 되돌아 보고
갈 길을 수정하면서 제대로 가야 한다.

성찰은 깊이 할 수록 좋다.
깊은, 아주 깊은 성찰이 필요하다.
성찰에도 기준이 있어야 한다.
성찰의 기준은 성경의 말씀이다.
성경의 말씀에 비추어 자기의 과거의 삶을 되돌아보아야 한다.
자신을 되돌아보면
자랑스러운 일도 있지만
대개는 부끄러워 얼굴을 들기 힘들 것이다.
어떻게 그런 일을 하면서 밥을 먹고 살아왔을까 생각할 수도 있다.
성찰은 성찰로서 끝나서는 안 된다.
성찰한 후에는 지금까지 걸어온 길을 수정하여야 한다.
성찰을 자랑할 때도 있지만
조용히 자신을 수정해 나감는 것이 좋다
그것이 겸손이고 또한 미덕이다.
성찰을 하지 않는 사람은 자신의 삶의 길을 잘못 갈 수 있다.
성찰은 높아지기 위해서도 하여야 하지만
낮아지기 위해서 하여야 한다.
깊은 성찰을 하면 크게 성장할 수 있다.
작은 성찰은 작게 성장할 뿐이다.
성찰을 위해 토굴에 들어가 자신을 살피기도 한다.
장좌불와(長坐不臥)를 하는 스님들도 있다.
성철스님이 대표적이다.
깊은 성찰을 하기 위한 수행이다.
사십일 작정기도를 하기도 한다.
자신의 과거를 근본적으로 반성하기 위한 성찰의 시간을 갖기를 원한다.
형식적인 성찰은 자신의 일을 정당화할 뿐이다.
실질적이고 근본적인 성찰이어야 한다.
성찰은 창조의 근본으로 돌아가는 일이다.

내가 어디서 와서, 어디로 가고 있고, 어디로 가야 하는가를 고뇌하는 것이 성찰이다.

깊이 성찰하면 얼굴이 맑아지고, 눈이 밝아진다.

욕심을 줄인다.

어색함을 줄인다.

사랑의 마음이 싹튼다.

하나님을 찾게 된다.

하나님을 만나게 된다.

체험을 하게 된다.

걱정 근심이 줄어든다.

성찰은 한 번으로 되는 것이 아니다.

지속적으로 성찰하여야 한다.

돈오돈수(頓悟頓修)가 아니라 돈오점수(頓悟漸修)이다.

성찰은 마음을 깨끗게 한다.

세상을 밝게 보게 한다.

희망의 미래를 갖게 한다.

내일에 대한 희망을 갖게 한다.

낮아지게 한다.

고요하게 한다.

세상의 복잡한 일상을 떠날 수 있게 한다.

자유와 평화를 얻게 한다.

수정과 보완을 하게 한다.

속도를 조절하게 한다.

이웃을 생각하게 한다.

조용하게 한다

용기를 나게 한다.

성찰의 삶이 제대로 된 삶을 가능케 한다.

자신을 되돌아 보는 삶은

경건하다.
착실하다.
성찰의 삶을 살아야 한다.
그것이 인간이다.
인간이기에 성찰하여야 한다.
주님의 말씀에 비춘 성찰을 하여야 한다.
성찰 후에 희망을 가질 수 있다.
성찰 후에 빛을 볼 수 있다.
성찰은 눈물을 동반한다.
나쁜 마음의 눈물을 다 쏟아내는 것이 성찰이다.
그리고 성령의 맑은 물로 씻어내고
맑고 밝은 삶을 살 수 있다.
성찰은 중요하다.
성찰이 있는 사람이 바른 삶으로 간다.
성찰의 길로 간다.
말씀의 길로 간다
은혜의 길로 간다.
후련한 길로 간다.
그것이 성찰이다.
성찰로 제대로의 삶을 살고 가자.
그 길이 또한 생명의 길이다.
주님을 만나는 길이다.
희망의 길이다.
그 길로 가자.
성찰하고 인간답게 살자.
성찰하고 내 안의 하나님의 형상을 회복하자.
아멘이다.

<2021. 5. 11. 09:53>

40. 학식과 인격의 겸비

학자는 학식과 인격을 겸비하여야 한다.
학식만을 추구하여온 학자는 오만과 자만에 빠지기 쉽고,
인격만을 추구하여 온 분은 인격을 뒷받침해 줄 사리분별이 약할 수 있다.
양자를 겸비한 학자가 진정 학자이다.
학자는 일반적으로 인격이 부족하다.
자기만의 좁은 학문 세계에 빠져 그것에 도취될 수 있다.
그런 사람들이 많다.
인격을 중시하지 않는 분들이다.
인격을 갖춘 학자이어야 한다.
인격을 갖춘 학자들이 어떤 사람들이 있을까?
나의 생각으로는 플라톤, 스토아 철학자,
세네카, 키케로, 존 로크, 토인비, 길케 등이 생각난다.
내가 직접 만난 학자로는 드롭니히 교수님이 생각난다.
하우(Wolfgang Hau)도 지식과 인격을 겸비한 학자로 생각된다.
좀 인격이 부족한 사람도 생각난다.
아마도 소피스트들, 마키아벨리, 맑스,
그리고 내가 만나본 사람들 중에도 이런 분이 있다.
양자를 겸비한 참 존경스러운 학자이어야한다.
그러한 학자가 진정한 학자이다.
나는 특별히 누구를 추종하며 살아온 사람이 아니다.
존경하고 연구해 보고픈 학자들은 있었다.
스토아철학자, 사도 바울, 존 로크, 칸트 등이었다.
젊어서는 토인비, 길케를 엄청 좋아하였다.
그러나 어느 한 분의 학문세계에 깊이 심취하지는 못했다.
나의 능력의 부족이었다.
여러 분들의 가르침의 이삭을 모아 나의 책을 엮었다고 함이 마땅하다.

그러나 나는 자연스럽게 주님의 가르침과 말씀으로 들어갔다.
내 학문의 뿌리를 내리고 싶은 곳이 자연스럽게 찾아졌다.
그것은 바로 창조주의 창조의 계속성과
인간과 신의 협력인 신인협력과
인간의 이성이 불완전하지만 그래도 주님과 협력할 수 있는 인간이성의 능력이라는 점과
주님은 인간을 그렇게도 사랑하셨다는 점과
인간을 창조하시고 인간을 너무나 사랑하셨기에
인간이 주님의 가르침을 벗어나면 주님의 길로 되돌아 오도록 계시하시고
그래도 말을 듣지 않으면 심판하시고
그래도 인간이 멸종하지 않게 하시고 인간이 대를 이어가도록 하시었다는 점이다.
주님의 본체는 사랑과 정의이며
주님은 자신의 형상을 따라서 인간을 창조하셨다는 진리가
인간의 존엄과 이성과 인권과 인간존재의 뿌리라는 점을 깨달았다.
주님은 자신의 모습의 한 부분을 인간에게 내어주셨다.
그렇게 인간을 사랑하셨다.
주님은 왜 인간을 창조하셨을까?
인간을 너무나 사랑하셨기 때문이다.
자신의 형상을 따라서 인간을 만드셨다.
그러므로 인간이 존엄한 것이다.
우연히 이 세상에 나타난 인간이 스스로 자신이 존엄하다고 할 수는 없다.
하나님의 형상을 따라서 만들어졌기에 인간이 존엄하다.
이렇게 하나님의 형상을 따라서 창조된 인간은
인간 내면에 사랑과 정의의 덕이 주님에 의해 심겨져 있다.
그런데 인간이 자기 분수를 모르고 창조주의 말씀을 어겨 원죄의 굴레를 쓰게 되었다.
주님은 인간에 선을 심어주셨다.

인간은 스스로 하나님의 말씀을 어겼다.
하나님이 인간을 타락하게 하신 것이 아니다.
인간이 스스로 타락한 것이다.
물론 사탄의 유혹을 받기는 하였으나
인간의 악은 인간 스스로의 자만과 창조주 아버지의 뜻을 어긴 것에 있다.
하나님의 형상은 학식과 인격의 뿌리이다.
하나님으로부터 능력을 받아 학문을 하고
하나님의 사랑과 정의로 인격을 쌓는다.
그러나 그렇게 하지 못하고
사탄의 유혹을 받아
악의 길로 들어섰다.
그래도 주님은 인간을 사랑하셨다.
자신에게로 돌아올 것을 말씀하셨다.
주님께로 돌아가는 것이 영생의 길이라고 말씀하셨다.
그러면 구원해 주시겠다고 하셨다.
그러나 인간은 과학만능주의와 물질만능주의에 빠져
주님을 멀리 하였다.
그것이 오늘날이다.
이제 학식과 인격을 다시 재정비할 시기이다.
학식은 인간이 만든 기계가 상당부분 도움을 준다.
인격은 점점 완악해 진다.
물질만능, 과학만능에 도취되어 완악해 진다.
하나님의 형상을 회복하여야 한다.
창조의 본래의 모습으로 돌아가야 한다.
그것이 구원으로 가는 길이다.
창조의 본래의 모습으로 가는 길은
이성과 계시에 의해 학식을 쌓고
주님안에서 말씀으로 사랑의 사람이 되어야 한다.

악에 지지 말아야 한다.
그것이 구원으로 가는 길이고
영원히 사는 길이다.
그것이 진리다.
그 진리의 세계에서 살아야 한다.
학식과 인격이 겸비하여야 한다.
그것은 하나님의 형상을 내 안에서 회복하는 방법으로 가야 이룰 수 있다.
하나님의 형상은 사랑과 정의이다.
주님의 본체가 사랑과 정의이기 때문이다.
사랑과 정의가 학식과 인격을 겸비하는 길이다.
그렇다.
사랑과 정의다.
정의와 사랑이다.
양자의 씨는 주님이 내 안에 심어주셨다.
그것을 잘 키우고 길러야 한다.
물질만능, 과학만능에 빠져서 사랑과 정의의 하나님의 형상을 키우지 못하면
인간은 또 악에 빠지고
주님을 멀리하고
그러면 주님으로부터 또 심판을 받는다.
겸허하게
주님을 영접하고
무릎 꿇고 기도하며
내안의 주님의 형상을 회복하고 키워야 한다.
그 길이 학식과 인격을 갖추어 나가는 길이다.
그렇다.
그것은 진리이다.
그것이 진리이다.
하나님의 형상을 키워 나가자.

사랑과 정의를 실천해 나가자.
학실과 인격을 겸비해 나가자.
그것이 영원히 주님 나라에서 사는 길이다.
그것은 진리다.
그것이 진리다.
하나님의 형상은 인간이 인간일 수 있는 씨앗이다.
그것은 주님이 주셨다.
그것이 하나님 나라에 들어갈 수 있는 주님이 주신 증표이다.
하나님의 형상을 회복하여야 한다.
그것을 학식과 인격으로 키우고 자라게 하여야 한다.
그것이 주님의 인간에 대한 분부이시다.
그것이 주님의 인간창조의 뜻이다.
하나님의 형상의 내용은 사랑과 정의이다.
사랑과 정의는 항상 있을 것인데
양자를 겸비하여야 한다.
그것은 학식을 쌓고 인격의 훈련으로
그리고 사모와 기도로 이루어갈 수 있다.
그렇습니다.
감사합니다.
아멘입니다.

<2021. 6. 19. 08:29>

41. 주님께 올리는 편지

날은 참 따뜻합니다.
5월의 마지막을 지나며
낮기온은 참 많이 올랐습니다.

그러나 밤은 좀 기온이 내려갑니다.
기온이 예전과 같이 고르지 못합니다.
낮에는 더우나, 밤에는 좀 춥습니다.
세상이 조용하지 못하니
기온도 고르지 못합니다.
유럽에서는 전쟁이 계속되고 있습니다.
동북아에서는 미사일이 쏘아 올려지고 있습니다.
좀 불안하기도 합니다.
세계는 코로나로 아직도 불안합니다.
그래도 일상을 회복하면서 세계시민이 살아가고 있습니다.
어려운 사람들이 참 많습니다.
내 주위에도 어려운 분이 있습니다.
내가 존경하는 목사님이 참 어렵습니다.
드시지를 못합니다.
병원에 갈 형편이 못됩니다.
지금 같은 교회에 나가는 장로님은 세상에서 가장 행복한 가정으로 생각되었습니다.
그러나 갑자기 건강에 이상이 생겨 기운이 없어졌습니다.
주님,
나는 주님의 섭리와 인도로 법학연구를 계속하여
나의 life work인 자연법의 초고를 다 집필하였습니다.
주님이 섭리해 주신 학문의 길을 오고 또 왔습니다.
이제 그 마지막의 정점에 왔습니다.
인간의 하나님의 형상론에 기초한 자연법의 책입니다.
하나님의 형상의 본체는 사랑으로 이해하였습니다.
자연법의 내용이 사랑이어야 한다는 결론에 도달하였습니다.
개인주의, 이기주의를 극복하고
공동체주의 사상을 좀 많이 강조하는 내용의 자연법입니다.

인간의 이성도 중시하지만 주님의 계시와 영감도 겸허히 받아들이자는 내용입니다.
인간의 이성은 한계가 있다는 내용으로
이성을 넘어 주님의 계시를 받자는 인간 겸손을 강조하는 내용입니다.
그런 자연법의 지도를 받은 실정법을 만들어나가자는 내용입니다.
이기적이고, 과학과 물질이 지배하는 이 시대에 잘 받아들여질 내용이라고는 생각되지 않습니다.
그러나 나는 사랑이 최고의 가치임을 강조하고
법 위에 사랑이 있다고 생각합니다.
원고를 다 집필하고 보니
내 마음의 허전함이 좀 밀려 옵니다.
내가 평생토록 가장 깨닫지 못하고 부족하였던 덕목이
바로 사랑임을 깨달았습니다.
사랑을 깨닫고 사랑으로 남은 삶의 기간동안 실천하며 살자고 깨닫고 스스로 다짐하고 있습니다.
프란체스코 교황님의 사랑의 기쁨에 관한 책을 읽고 있습니다.
가정에서의 사랑의 기쁨에 관한 책입니다.
가정에서는 세 가지의 단어로 살아가면 충분하다고 하십니다.
Darf ich? Danke und Entschuldige! (해도 좋을 까요? 감사합니다, 죄송합니다)
이 세 단어이면 가정의 사랑의 기쁨을 느끼기에 충분하다고 하십니다.
분명히 교황님의 말씀은 주님의 계시로 받은 말씀이라 생각됩니다.
맞습니다.
그렇게 살아야 합니다.
내가 해 줄까?
고맙다.
이해해다오,
이 세 가지만을 실천하면 가정의 행복과 평화가 깃들 것임을 깊이 깨닫습니다.

나는 그 하나도 실천하지 못하였습니다.
사랑을 모르고 살았고
사랑을 실천하는 것도 못했으며
사랑이 그렇게 중요한 지도 모르고 지내온 것이 지난 날의 삶이었습니다.
이제 깨닫습니다.
사랑을 실천하다가 주님께로 가야 하겠다고 깨닫습니다.
남은 삶의 기간 동안은 사랑하며 살겠다고 다짐합니다.
그런데 사랑의 방법을 터득하지 못하였습니다.
사랑의 용기도 아직은 생기지 않은 상태입니다.
그래도 사랑으로 살려고 합니다.
공부시간을 대폭 줄이고
사랑과 자연법을 조금씩 공부하면서
사랑의 실천에 시간을 많이 할애하도록 하겠습니다.
주님의 말씀을 기억합니다.
원수를 위하여 기도하라.
원수도 사랑하라는 주님의 말씀을 실천하고자 합니다.
자신의 잘못을 알지 못하는 저 무지한 사람을 용서하여 주옵소서하고 기도하신 주님의 기도를 생각합니다.
그렇게 살아야 하겠습니다.
그렇게 그렇게 말씀을 따라서 살아야 하겠습니다.
그렇게 살고자 합니다.
사랑의 자연법을 다 쓰고 나니,
어디로 가야할 지를 모르겠습니다.
주님께서 가야할 길을 밝혀 주십사고 기도합니다.
십자가 세우고
기도할 처소를 하나 마련하는 것이 지금의 나의 소망입니다.
나의 고향 관동에 그러한 처소를 마련하는 것이 나의 소원입니다.
그러나 쉬운 일이 아니옵니다.

주님이 역사하시면 가능합니다.
자신이 선뜻 생기지 않습니다.
주님의 역사만을 기도합니다.
주위의 이해가 아직은 없습니다.
나이 들어서 할 일을 찾습니다.
그 일을 하고 싶습니다.
그 일을 통하여 사랑을 좀 실천해 보고 싶습니다.
나의 건강이
주위의 이해가
그리고 여건이 허락되었으면 좋겠습니다.
그리고 평화롭게 이웃과 더불어 사랑하며 살다가
주님이 부르시면 주님 나라로 가고 싶습니다.
이제 사랑을 구체적으로 실천하는 방안을 생각합니다.
교회에서의 말씀도 추상적이고 거창한 구원도 좋지만
구체적인 삶 속에서의 주님의 섭리를 말씀해 주시고
함께 활동하였으면 좋겠습니다.
아직도 나는 교회에서 이방인입니다.
같이 어울리지 못합니다.
몇몇 교인들과 얘기 나누는 것이 그래도 은혜스럽습니다.
내가 더 적극적으로 참여하겠습니다.
합창단 연습에도 열심히 나가고
스케치도 열심히 그리고
자연과도 교류하고
무던히 욥같이 살고자 합니다.
우수수한 마음이 없어야 하겠습니다.
학문에서는 갈 수 있는 최고의 정점에 왔다고 생각합니다.
이제 천천히 세상을 관조하면서 삶을 풍요롭게 하여야 하겠습니다.
주님과 친교하면서 깊은 신앙의 경지에 가서 살고 싶습니다.

다 되돌려 드리고자 합니다.
나의 몸도
주님이 주신 만나도
다 되돌려 드리고 살고자 합니다.
다 비우고자 합니다.
그리고 기도할 수 있는 조용한 처소에 십자가 세우고
주님을 알리는 일을 하고 싶습니다.
내고향에서 말입니다.
주님,
주님께서 나의 길을 막아 서시고
주님이 예정하신 학문의 길로 인도해 주셨던 주님,
그 길에서 복에 복을 더하여 주신 주님,
이제 남은 삶의 기간 동안에 저가 해야할 일이 무엇인지 주님께 여쭙고
주님이 인도해 주시는 그 길로 가고자 합니다.
사랑의 길 말입이다.
주님 인도해 주시고 섭리해 주소서.
주님의 일을 하겠습니다.
주님의 사랑을 나도 조금이라도 실천하고 주님께 가겠습니다.
그 일이 무엇인지요?
그 곳이 어디인지요?
내 나이가 칠십중반입니다.
너무 늦지 않게 저의 길을 인도해 주옵소서.
주님만을 믿습니다.
주님을 의지합니다.
주님 사랑합니다.
가족을 사랑합니다.
내 새끼들을 사랑합니다.
내 형제를 사랑합니다.

내 집안을 사랑합니다.
주님의 세계를 사랑합니다.
세계시민들을 사랑합니다.
작은 사랑을 할 기회를 허락해 주옵소서.
갈 길을 몰라 주님께 묻습니다.
주님 나에게 주실 사명이 무엇인지요?
나의 해야할 과제가 무엇인지요?
주님 어떤 일로 사랑을 할 수 있을까요?
주님을 믿습니다.
주님께 나를 의탁합니다.
주님 사랑을 실천하고 싶습니다.
주님은 사랑입니다.
주님은 사랑으로 이 우주를 창조하셨습니다.
지금도 창조를 계속하고 계십니다.
나도 주님의 창조사업에 참여하고 싶습니다.
미력이지만 사랑하고자 합니다.
사랑입니다.
사랑으로 살고자 합니다.
가정에서
집안에서
교회에서
사회에서
세계에서
오로지 사랑으로 살고자 합니다.
사랑,
그것은 내가 가야할 길입니다.
그 길로 가겠습니다.
그 길을 주님이 인도해 주시고 섭리해 주실 것임을 믿습니다.

주님,
감사합니다.
사랑입니다.
사랑이고 사랑입니다.
아멘입니다.

<2022. 5. 26. 15:46>

42. 육을 따라서 살면 그 결국은 불행과 비극이다

어제 책을 읽다가
창조주를 밀어내고 인간이 모든 것의 주인이라고 하는
사고로 살면 결국 인간은 불행과 비극으로 빠지게 된다는 말씀이었다.
인간이 이 세상의 주인이라면
결국 인간은 육체를 따라서 살게 될 것이란다.
인간이 이 세상의 주인이라면
인간이외의 초월적 존재로부터는 가르침을 받을 것이 전혀 없고
인간 자신이 목적이 되며
그것은 결국 인간의 육체적인 욕망과 갈망으로 살게 될 것이며
그것은 결국 인간의 타락을 가져오고
그것은 결국 인간의 비극으로 끝나게 된다는 것이다.
참으로 영성이 깊으신 분의 깨달음으라 생각된다.
참으로 훌륭한 분이시다.
주님이 이렇게 조용히
인간을 이끌어가는 영성의 사람을 이 땅에 보내주셨다.
그것이 주님의 한 없는 인간 사랑이다.
그렇다.
인간은 인간을 초월하는 존재로부터 가르침을 받아야 한다.

그러하여야 인간이 더 높은 가치를 향하여 갈 수 있고
인간의 육체적 욕망을 제어할 수 있다.
인간의 육체적 욕망을 제어할 수 있는 것은 인간의 이성이라 생각한다.
이성은 단순한 앎이 아니라
진리(truth)를 아는 것이다.
다른 동물에게는 이성이란 것이 없다.
진리를 향한 깨달음의 이성은 다른 동물에게는 주어져 있지 않는 것이다.
공룡이 멸종한 것은 바로 공룡에게는 이성이 주어져 있지 않았기 때문이라 생각한다.
자기보존과 생식능력의 목적만의 육체적인 목적만을 가지고 산 관계로
공룡은 너무 욕망을 충족하다가 결국 멸종이라는 비극으로 가지 않았을까 하는 생각이 든다.
인간도 이성을 더욱 품격이 있는 방향으로 이끌어 가지 않으면
이성이 육의 욕망을 따라가게 되고
그것은 인간의 비극을 초래하게 될 것이다.
지금 그런 현상이 있음을 본다.
육체적 욕망에 너무 호소하는 사회분위기라 생각된다.
너무 인간의 욕망에 탐익하게 되면
결국 인간 스스로 몰락의 비극의 길로 가게 되는 것이다.
기계가 전적으로 인간을 대신하고
물질에 탐익하여 즐기기만을 하게 되면
인간은 자신을 제어할 수 없는 상태로 간다.
미국사회를 보라.
과식하여 과체중의 사람들이 그 얼마나 많은가?
그렇게 육체의 욕망을 따라서 살다보니
스스로 움직이기 어려운 상태로 가지 않는가?
이성이 육체를 제어할 수 있는 방향으로 인간이 가야 한다.
이성이 바로 하나님의 형상의 뿌리이다.

인간은 하나님의 형상의 한 부분임을 강조하고
하나님의 형상을 회복하며 살도록 하여야
인간이 육의 욕망을 극복해 나갈 수 있다.
그렇다.
주님께로 나와야 한다.
세상으로 이끌리지 말아야 한다.
그것이 영생할 수 있는 길이다.
주님은 이 세상을 밝힐 수 있는 많은 사람들을
이 땅에 보내주셨고 보내주신다.
그 분들의 말씀에 귀 기울이고 절제하여야 한다.
그것이 사는 길이다.
그것이 무지를 깨우치는 길이다.
하나님의 형상의 회복은 무지를 깨우치는 것이기도 하다.
무지하면 육과 영의 구분이 어려워진다.
영을 새롭게 하고
육을 늘 새롭도록 영이 육을 제어하여야 한다.
그것이 바른 삶이다.
젊은이들이 너무 단 것을 많이 먹고
움직이지 않는다.
육을 움직이는 일을 하지 않으려 한다.
영을 움직이지 않으려고 하는 일로 멍 때리기란 말로 영을 새롭게 하지 않으려고 한다.
멍 때리는 일을 할 것이 아니라
교회에 나가 조용히 기도의 시간을 가져야 한다.
멍 때리는 일을 영을 새롭게 하는 방법으로 전환하여야 한다.
말씀에 무엇을 가질까 무엇을 먹을까를 염려하지 말라고 하셨다.
주님이 다 준비해 두셨다고 하셨다.
그 말씀은 바로 영을 새롭게 하고

육을 제어하고 절제하면서 살라는 깊은 뜻의 하나님의 말씀이다.
삶의 진리를 말씀하신 것이다.
이성이 육의 욕망에 지지말라.
육체의 욕망에 지지 말라.
이성이 자신을 관리하도록 하라.
이성은 하나님의 형상으로부터 나온다.
그 하나님의 형상을 새롭게 하여야 한다.
회복하여야 한다.
그것이 인간이 살아갈 길이다.
절제다.
육의 제어다.
소식(小食)이다.
하나님을 향한 삶을 살아야 한다.
조용하여야 한다.
고요하여야 한다.
하나님의 형상을 새롭게 하여야 한다.
욥같이 무던히 하나님의 진리에 충실하여야 한다.
그것이 인간이 갈 길이다.
육의 욕망을 제어하고
절제하고
하나님의 형상을 새롭게 하고
하나님의 말씀으로부터 깨달음을 얻어야 한다.
기도하는 처소에 가서
기도하고
자신을 되돌아보는 시간을 갖도록 해 드리는 것이
나에게 주님께서 주신 사명이고 깨달음이라는 사실을 오늘 아침에
새롭게 인식하게 된다.
주님으로부터 깨달음을 얻어라.

정상적으로 사는 길을 주님으로부터 구하고
생활화하여야 한다.
육을 이겨야 한다.
이성이 자기를 관리해 나가도록 하여야 한다.
이성은 하나님의 형상에서 나온다.
하나님의 형상은 하나님의 본체이다.
하나님의 본체는 정의와 사랑과
자유와 평화와
깨달음이다.
오늘 깊은 깨달음을 주신 주님께 무한 감사를 드립니다.
주님의 형상을 따라서 살겠습니다.
주님의 형상이 성경에 쓰여져 있습니다.
그 성경이 하나님의 형상의 회복의 길을 안내해 주고 있습니다.
그리고 계시와 영성과 체험이 이를 다시 확인하여 주십니다.
주님 감사합니다.
알겠습니다.
영이 육을 인도해 나가도록 하겠습니다.
알겠습니다.
잘 알겠습니다.
이제야 조금 알겠습니다.
주님 감사합니다.
감사하고 감사합니다.
아멘입니다.

<2021. 6. 27. 09:48>

43. 교회

사람은 혼자 살아갈 수 없다.
사람은 사회적 존재이기 때문이다.
사람은 영원히 살고 싶어 하지만
이 땅에서의 삶이 전부인 것으로 생각한다.
아니다.
인간은 영원히 산다.
교회는 지역사회의 중심이 되어야 한다.
교회의 목회자는 지역사회의 어른이어야 한다.
교회가 지역사회의 구심점으로서 안식일에는 지역주민이 서로 모이는 곳이어야 한다.
교회를 중심으로 동네가 형성되어야 한다.
스위스의 마을이 참 좋다.
제일 높은 곳 중심에 교회가 있다.
그 주위로 산 사람의 동네가 형성되어 있다.
교회와 나란히 죽은 자의 묘지가 있다.
교회 앞마당에 시장이 선다.
그러니 교회가 산자와 죽은 자가 함께 모이는 곳이다.
그곳에서 장이 서니 먹을거리를 사고판다.
그리고 교회는 지역사회의 평화를 위한 절서유지의 임무를 지고
중세에는 주교의 평화령으로 지역사회의 평화를 이루었다.
교회는 영적인 삶의 구심점이어야 한다.
또한 세상살이의 모범이 이루어지는 곳이어야 한다.
교회는 상업적이어서는 안 된다.
교회는 좀 가난하여야 한다.
교회는 교인들의 십시일반(十匙一飯)으로 운영되는 곳이어야 한다.
해외선교는 교단이 중심이 되는 것이 좋다.

개별교회가 선교의 일을 맡는 것은 작은 교회로서는 부담이 크다.
그리고 체계적이지 못할 가능성이 크다.
교회는 정치와는 좀 떨어져 있어야 한다.
교회는 상업자본과도 좀 떨어져 있어야 한다.
교회의 재산이 너무 많은 것도 그리 좋은 것이 아니다.
주님은 만나를 주신다.
필요한 만큼의 만나를 주신다.
그것을 믿어야 하는데, 너무 대형화하여 문제가 많은 교회가 많다.
교회는 좀 비판적인 시각으로 세상을 보아야 한다.
교회가 세상살이의 본이 되어야 한다.
교회는 세상을 향하여 부정의를 고치도록 외쳐야 한다.
주님은 전지전능하시다.
주님의 전지전능을 교회가 실천하여야 한다.
성직자는 하늘로부터 상급을 받을 것을 기대하여야 하고
세상으로부터 상급을 받으려고 해서는 안 된다.
교인들도 교회에 기여하여야 한다.
교회운영에 필요한 작은 기여,
주님으로부터 받은 달란트로 교회의 운영에 기여하여야 한다.
너무 과도한 기여로 세상의 자기 삶이 너무 힘들면 안 된다.
적절히 기여하고 기쁨을 누리도록 하여야 한다.
전능자와 함께 사는 세상이 든든하여야 한다.
세상의 삶에 시달리고
교회에 와서 너무 과한 짐을 지는 생활은 안 된다.
성직자는 공부를 많이 하여야 한다.
기도도 많이 하고
세상의 지식도 많이 터득하야 하고
세상을 보는 시각도 길러야 한다.
공부를 안 하면 이내 녹이 쓴다.

이단과 사탄이 우글거린다.
이단이 참 많다.
이단은 말씀을 떠나 세상의 욕심을 부리는 집단이다.
사탄은 주님에 거역하는 존재로서
주님께로 가는 길을 가로 막는 존재이다.
깨어 있어서 이단을 이기고 사탄을 물리쳐야 한다.
그러려면 기도하고 말씀을 공부하고 체험을 하여야 한다.
체험도 중요하다.
사실 체험은 각자의 삶 자체가 체험이다.
감사치 않을 것이 없다.
정상적인 사람으로 살아가는 것이 체험이다.
오묘한 주님의 섭리를 삶 속에서 느낄 수 있을 때에 가장 행복하다.
교회는 영혼을 깨우고
또 세상의 삶의 무게를 내려놓는 곳이다.
쉼을 얻는 곳이다.
전능자로부터 위로를 받는 곳이다.
사람으로서의 존재가치를 인정받고 키우고 성숙하게 하는 곳이 교회이다.
교회에는 사람의 인격을 키우고
전능자와의 만남을 이루고
삶의 여유를 잠시나마 갖고
자신을 돌아보는 기회의 장소이다.
자신을 절대자와 대면하여 자신을 돌아보는 것이 예배이다.
그런 성찰이 있도록 말씀으로 깨우쳐 주는 곳이 교회이다.
성직자의 일은 바로 그런 일을 하는 것이다.
교회의 기능은 참 다양하다.
그것이 주님의 창조의 섭리이다.
지역적으로 작은 교회로 나누어져
일을 하도록 교회가 조직화되어야 한다.

교회는 사회가 더 밝아지도록 인도하여야 한다.
교회가 사회로부터 지탄의 대상이 되어서는 안 된다.
작은 교회
서로 잘 알고 지내는 교회
지역사회의 중심에 있는 교회
언제나 가고 싶은 장소
차분한 곳,
기도하는 곳
주님을 만나는 곳
세상을 이길 힘을 얻는 곳
자신을 절대자에 비추어 보는 곳
그리고 새로운 삶의 힘을 얻는 곳
그곳이 교회이어야 한다고 생각한다.
교회는 사회의 등불이어야 한다.
교회는 삶의 힘을 얻는 곳이어야 한다.
교회는 자꾸 가고 싶은 곳이어야 한다.
차분하고
아담하고
언제나 갈 수 있는 교회
반갑게 맞아주는 교회이기를 기도한다.
주님과 함께 교회를 거닐 수 있는 그런 교회이기를 기도한다.
힘들 때에 위로를 받고
기쁠 때에 감사하고
작은 것이지만 내 놓을 수 있는 곳
그리고 작은 기쁨을 갖고 또
세상으로 나아가는 출발점이 교회라 생각한다.
그런 교회이길 소망한다.
그러한 교회에 사랑이 있다.

교회의 일이 사랑이고 사랑이어야 한다.
교회는 사랑을 실천하고
사랑을 훈련하는 곳이다.
교회가 바로 서야 한다.
교회가 사회의 희망이어야 한다.
교회가 삶의 중심이 되어야 한다.
그렇다.
아멘.

<2018. 11. 25. 08:37>

44. 최고의 소망: 주님이 주시는 확신

누구나 소망을 가지고 산다. 그 소망에는 낮은 소박한 소망도 있고 가장 높은 최고의 소망도 있다. 사람은 소망이 있기에 생기를 갖는다. 소망이 있기에 살아갈 수 있는 힘을 갖는다. 누구가, 그 어떤 미물(微物)이라도 소망을 갖고 살아간다. 그 중에서 가장 귀하고 가장 값진 최고의 소망은 무엇일까? 나는 주님이 함께 하시는 삶이라 생각한다. 주님이 부족한 나의 구원자로서 항상 함께 해주시는 것이 나의 최고의 소망이다. 주님이 없이는 살아갈 수 없다. 주님이 함께 해 주시기에 나는 살아 움직일 수 있고 소망을 가질 수 있고 생기를 가지고 활동할 수 있다. 그것은 다름 아닌 주님이 나와 함께 해 주신다는 확신 그것이다. 그것이 나의 최고의 소망이다.

주님은 이 세상의 창조주이시고 이 세상을 운행하는 전지전능한 분이시다. 그 주님이 나의 주(主)이심을 고백하며, 그 주님이 항상 나와 함께 해 주시고 챙겨주시고 계심이 나의 최고의 소망이다. 오늘 아침에 조용히 주님이 섭리해 주셨다. 나의 궁극의 최고의 소망은 주님이 항상 나와 함께 하신다는 확신이었다. 나는 주님이 함께 해 주시지 않으면 아무 것도 할 수 없다. 생각이 멈추고 가슴이 차오르고 얼굴이 굳어진다. 주님이 함께 해 주시면 희망이 솟고 힘이 생기며 가슴이 기쁘고 생기가 된다. 오늘 아침의 조용한 체험이다. 주님이 챙겨주시는 대로 사는 것이 나의 삶이다. 주님이 오늘의 나로 만들어 주셨다. 순수의 결정체이고 싶었지만 만신창이(滿身瘡痍)가 되었다. 그래도 주님은 만신창이가 된 나를 열심히 지극정성으로 최선을 다해 목숨을 다해 공부하게 하셨다. 복에 복을 더하여 공부하도록 하셨다. 내가 생각지도 못한 일들을 공부하도록 하셨다. 그리하여 오늘의 내가 있게 되었다. 지금까지는 내가 공부를 통하여 주님과 교통해 왔다. 주님이 하도 너무나 많이 주셔서 나는 주님을 찬양하였다. 그러나 금년 10월에 민법의 끝자락의 논문을 쓰고부터는 생각이 멈춰 버렸다. 정말 이상하게도 생각이 전혀 나지 않았다. 글을 썼다. 글은 나의 생각과는 달리 온전히 주님의 얘기로만 구성되어 갔다. 그래도 쓰고 또 썼다. 이제 오늘 아침에서야 주님이 아주 조용히 깨달음을 주신다. 나의 소망의 궁극은 주님이 함께해 주신다는 확신이었다. 그것이 바로 체험이었다. 이러한 조용하고 부드러운 체험이 수없이 반복되고 주님이 나를 깨워 주셨지만 내가 무디고 부족하고 무지하여 이를 깨닫지 못하였다. 그러나 오늘 아침에는 깨달았다. 주님이 나와 함께 계심을 느꼈다. 그렇다. 주님이시다. 나는 나의 것이 아니다. 주님의 것이다. 주님의 섭리를 따라서 살아온 나임을 확인한다.

주님은 언제나 일을 이루어 주셨다. 일이 안되게 하신 일은 없었는데, 금년 상을 받을 가능성을 기대하고 기도하고 조용히 낮은 자세를 유지하여 왔다. 그러나 뜻을 이루지 못했다. 주님을 원망할 일은 아니었다. 그러나 나는 주님께 섭섭한 마음을 가졌다. 이런 저런 생각을 하면서 일을 잊어왔다. 그러나 그것도 주님의 섭리였다. 그 이유는 아직은 알 수 없다. 주님의 깊은 뜻이 있을 것임을 믿는다. 내가 공부한 법학과 신학의 결합시도는 나의 생각이 아니라 주님이 주신 나의 학문의 방향이었다. 내가 어찌 감히 정의와 사랑을 논할 수 있단 말인가? 나는 결코 그런 진리를 논할 사람이 못된다. 그런 자격자가 아니다. 그럼에도 불구하고 정의와 사랑을 연구하고 책을 썼다. 그러나 부족하였다. 처음에는 새로운 세계를 찾았다고 기뻐하였으나 내용을 다시 읽으니 극히 부족하다는 점을 알았다. 그리고 나서는 생각이 멈춰 서 버린 것이다. 정의와 사랑은 서로 충돌하는 가치이다. 서로 충돌하는 가치이기 때문에 정의도 사랑도 이루지 못하는 나의 마음 상태로 빠지게 되었다. 생각이 멈추어 버린 것이다. 불안하고 안타깝고 세월이 너무 아까웠다. 그래도 좀 더 알아보려고 책을 읽었다. 법에 관한 칸트의 이론의 책이다. 정말 어렵다. 통 이해가 안 되었다. 그래도 포기하지 않고 글자라도 읽을 생각으로 읽고 있다. 내가 어디로 가야 하나 방황의 마음도 들어왔다. 사탄이 또 움직이는 것 같았다. 조용히 나를 진정시키면서 기도하였다. 나는 주님께 접붙여져 있다. 그 접붙임이 떨어져서는 안 된다. 오로지 주님 뿐이다. 나를 구원해 주실이는 주님 뿐이심을 깨닫는다. 누구도 나를 구원해 줄 수 있다. 나도 나를 구원할 수 없다. 오로지 주님 뿐이다. 주님만이 구원으로 이끌어 갈 수 있다. 나를 어찌할꼬 걱정을 하던 차였다. 밤이 더 길어 아침이 오지 않았으면 좋겠다는 생각도 하였다. 그러나 아침은 기어이 오고야 만다. 밤이 계속되어 나도 깨어나지 말고 계속 잤으면 좋겠다는 생각도 수없이 하였다.

세상에는 내노라는 사람들이 참 많다. 무엇을 그렇게도 잘 안다고 그렇게 많이 알고 있는 척 하는지. 똑똑한 사람이 참 많다. 오늘 아침에도 그러한 분에 관해 대서특필을 한다. 자세히 읽었다. 그러나 감동을 주지는 못하였다. 그저 상식수준의 사람들일 뿐이었다. 그런 사람들이 이 세상의 평범한 시민들에게 어필한다. 조용히 깊은 생각을 정리한 학자가 나오기를 기대하지만 그렇지 못하다. 수필철학자, 세상의 가려운 곳을 좀 긁어주는 글에 불과하다. 정말 생명의 글이 없다. 세상을 구할 그런 글은 없다. 정말 없다. 칸트같이 자유, 이성, 도덕을 평생토록 연구한 사람도 없고, 바울같이 믿음으로 살라고 호소한 사람도 드물고, 로크같이 자유주의와 개인주의를 위하여 헌신한 사회사상가도 없고, 스토아철학자들같이 세상만물이 다 로고스를 가진 평등하게 가치있는 존재들이라는 사해동포주의도 없다. 그저 얕은 생각들, 돈 버는 생각들, 그것이 전부인 것 같다. 정말 인류의 구원을 생각하는 깊은 고뇌를 담은 책이 없다. 그저 세상사를 텃치하는 정도에 불과하다는 생각이 든다. 그러면 나는 어떠냐? 부족하다는 말 밖에는 달리 할 말이 없다. 부족하고 무지하였다고 고백하는 말 밖에는 없다. 그러나 주님이 함께 하시면 할 수 있다는 소망과 확신은 갖고 있다. 주님이 함께 하여야 할 수 있다. 나는 그런 존재이다. 나는 스스로 존재하기 힘든다. 주님이 함께 하여야 존재할 수 있다. 나는 스스로 생각하고 스스로 존재할 수 있는 자존적인 존재가 못된다. 전능자이신 주님이 함께 해 주시고 섭리해 주시고 은혜주셔야 일어설 수 있고 삶을 그래도 살 수 있다. 전적으로 주님 안에 있어야 삶을 이어갈 사람이다. 그러므로 나에게서 최고의 소망은 주님이 항상 나와 함께 하여 주시는 것이다. 그것을 빌고 기도한다. 그렇게라도 생각을 갖고 살고 싶다. 주님이 함께 하시는 그 삶, 그 삶이 나의 최고의 소망이다. 그래야 내가 움직일 수 있고 글을 쓸 수가 있다. 주님이 조용히 섭리해 주시는 것은 내가 느끼지 못하고 지나온 일이 수없이 많은 것 같다. 주님의 섭리를 기다려야 한다. 주님의 시간에 나의 삶의 시간을 맞추어야 한다. 기도하면서 기다려야 한다. 서두른다고 될 일이 아니다. 주님께 꼭 붙어 있도록 사모하고 기도하고 간구하여야 한다. 그것이 내가 가야 할 길이다.

주님이 함께 하신다. 주님은 한 번도 나를 버리시지 않으셨다. 다 챙겨주셨다. 주님이 챙겨주셔서 오늘의 내가 있다. 주님이 챙겨주셨다. 앞으로도 챙겨주실 것임을 믿는다. 나는 부족하고 무지하고 지극히 생각이 따르지 못하는 사람이다. 그러나 나에게는 전능하신 주님이 계신다. 그 주님이 나의 주님이시다. 그 주님이 영원히 함께 해 주실 것임을 믿는다. 그 주님과 함께 영원히 산다. 나의 남은 삶은 전적으로 주님의 섭리로 이어간다. 주님이 섭리해 주시는 나로 산다. 주님의 섭리는 참 오묘하다. 너무나 오묘하다. 참새 한 마리도 주님의 뜻이 아니면 떨어지지 않는다. 나도 주님 안에서 결코 떨어지지 않는다. 이제야 주님의 섭리를 조금 깨닫고 또 체험하고 있다. 주님은 나를 지극히 사랑하신다. 나를 나의 사랑하는 아들아 하고 불러 주신다. 부족한 이대로를 주님께 드린다. 주님이 섭리해 주시는 나로 만들어 주십사고 기도한다. 나를 그대로 드린다. 내가 가진 것도 다 드릴 생각이다. 그것은 기도하는 수도원이다. 그 날을 주실 것임을 믿는다.

그 일을 주님은 섭리해 주실 것임을 믿는다. 교회에 나가지 못하고 있다. 그러나 여기 이 자리에 주님이 섭리하고 계신다. 나를 구원의 길로 인도해 나가시고 계신다. 머리가 깨어날 것이다. 가슴도 가라 앉을 것이다. 다리도 반듯하게 걸을 수 있게 될 것이다. 눈도 밝게 보일 것이다. 배가 아픈 것도 사라질 것이다. 전적으로 주님 안에 있고자 한다. 나의 소망을 확인하였다. 주님이 함께 하는 삶이다. 그 삶을 지금 누리고 있다. 사탄에 미혹되지 않아야 한다. 주님을 온전히 붙들고 흔들리지 말아야 한다. 주님이 다 섭리하고 계신다. 사랑으로 정의로 용서로 평화로 나가라고 하신다. 욥처럼 살면 부활의 구원을 주님이 챙겨주실 것임을 말씀하신다. 믿고 다 맡기고 주님으로 인하여 기뻐하며 살면 된다. 그 길로 간다. 그 길로 가고 있다. 최고의 소망의 확신을 가지고 오늘도 밝게 살아간다. 주님이다. 주님이 함께 하신다. 조용한 체험을 하고 있다. 주님만이 구원자이시다. 주님께 나를 다 맡긴다. 주님이 챙겨주시는 그대로 산다. 주님 감사합니다. 주님으로 인하여 기뻐합니다. 주님의 나임을 확인하고 기뻐합니다.
아멘입니다.

<2020. 12. 26.>

45. 나는 가리라

나는 가리라.
진리의 길을 가리라.
우직스럽게 그 길을 가리라.
주님이 계신 그 곳을 가리라.
주님의 진리의 세계로 가리라.
날마다 가리라.
고요히 가리라.
낮은 자세로 가리라.

믿음이 있고 철학이 있고 사상이 있는 그곳으로 가리라.
자연법의 세계로 가리라.
욥의 믿음의 세계로 가리라.
바보같이 가리라.
무던하게 가리라.
끝까지 가리라.
주님의 인도를 따라서 가리라.
불기둥과 구름기둥으로 인도해 주시는 그 길로 가리라.
힘들어도 가리라.
주님만을 모실 그 곳으로 가리라.
가고 또 가고 또 가리라.
진리의 길을,
철학이 있고 사상이 있고 믿음이 있는 그곳으로 가리라.
하나님의 형상이 회복되는 그 세계로 가리라.
하나님의 빛이 비치는 그 곳으로 가리라.
가리라,
가리라,
가고 또 가리라.
진리의 길에는 지침이 없다.
그 길로 가고 또 가리라
아멘.

<2021. 7. 13. 16:44>

46. 이데아의 세계는 존재하고 존재하여야 한다

비가 많이 온다.
계속 비가 내린다.

그래도 무더운 비가 아니다.
좀 시원한 비다.
견딜만 하다.
이제 더위가 공포로 다가온다.
그래도 이겨야 한다.
어제부터 이런 생각을 하였다.
이 지구는 온갖 악이 우굴대는 혼란의 곳이다.
여기에 인간이 살고 있다.
그래도 안정되고 평화로운 세계를 꿈꾸며
그러한 세상을 만들기 위하여
수 많은 사상과 이론과 학설이 나왔다.
그러나 여전히 세상은 어지럽다.
안정과 평화와 정의와는 거리가 멀다.
언제까지 이런 불안한 세상은 계속될까?
인간은 이러한 불안한 세상을
잠깐 살다가 없어지는 그런 존재일까?
그런 불쌍한 존재는 아닐 것이다.
동물과 인간은 다 같이 생명이란 존재이다.
그런데 동물은 사람을 위해 봉사하다가
자기의 몸을 인간에게 주고 이 땅을 하직한다.
동물도 처참한 이 세상에서 아무 것도 모른체
먹기만 하다가 인간에게 다 내어주고
없어지는 것일까?
인간은 동물과 달리
이 땅에서의 삶으로 모든 것이 종결되는 존재가 아니라고 한다.
사후의 세계가 있다고 한다.
구원으로 이상적인 나라인 천국에서 영원히 산다고 한다.
그러면 동물과 인간은 다른 생명체인가?

다르긴 하지만 동물은 이 세상에서의 존재로 끝이고
인간은 영원한 존재로 살아다는 것이 진리일까?
인간의 삶이 이 세상에서의 삶으로 끝이라면
이 세상이 가장 아름다운 이상적인 장소이어야 한다.
그렇지 않으면
인간은 투쟁하고 불안한 삶을 사는 극히 불행한 존재일 수 밖에 없다.
숨 쉬는 기간만이 삶의 전부라면
내일을 위해 예비하거나
후대를 위해 오늘의 고난을 감내할 가치가 전혀 없다.
이 우주는 무한히 크다.
너무나 크다
수많은 별들이 있다.
수많은 장소가 있다.
그곳에는 인간과 같은 생명체가 있을까?
왜 우주는 그 수많은 별들로 구성되어 있을까?
우주는 팽창한다고 한다.
무엇 때문에 우주가 팽창할까?
무슨 힘으로 팽창할까?
팽창하면 그 구성 물질이 희박해 지는 것이 아닌가?
그런데 우주를 구성하는 물질은 무한히 생성된다.
인간은 무한한 우주와 아무 상관없이 존재하는 허무한 존재일까?
왜 우주는 이렇게 넓게 존재할까?
인간과 아무 상관이 없다는 말인가?
인간은 영원히 이 지구에만 살아야할 존재인가?
서로 싸우고 투쟁하면서 살아야 하는 불쌍한 존재가 인간일까?
아니다.
이 지구보다 훨씬 아름다운 우주가 있다.
더 아름다운 별이 있다.

인간은 그곳에 가 살 수 있다.
그것이 멀리 있어도 지구보다 더 평화롭고 풍요로운 별이 있다.
인간은 그 곳에도 갈 수 있다.
아무나 가는 곳은 아니다.
이 지구에도 감옥이 있다
이 우주에도 나쁜 사람들만을 수용하는 별이 있을 것이다.
좋은 사람들만이 가는 별도 있을 것이다.
수없이 많이 있을 것이다.
그런 목적이 없이 무수한 별을 만들 필요가 없다.
이 우주의 수많은 별들이 인간과 아무런 관계가 없다면
그것은 우연이고
별들 그 자체의 향연에 불과하며
신과 인간도 관계없으며
신 자신의 즐거움을 위해 우주가 존재할 뿐이다.
그러면 성서의 이상세계에 관한 말씀은 신의 위선에 불과해진다.
신은 인간을 만들고
이 우주를 만들었다.
인간과 신은 항상 협력하는 관계이다.
신인협력의 관계이다.
인간은 신의 섭리에 의해
이 방대한 우주의
어느 지구보다 더 아름다운 별로 인간을 옮겨 가신다.
그것이 구원일 수 있다.
그러해야
이 우주가 인간에게 의미가 있다.
단순한 인간 호기심의 대상이 이 우주가 아니다.
인간이 영원히 살기 위한 공간이 이 우주이다.
이 우주를 창조하신 창조주가

역시 그가 만들고 가장 사랑하는 인간이
영원히 창조주의 나라에 살 수 있게 하기 위하여
이 우주가 있다.
그곳에 창조주의 섭리로 인간이 가서 산다.
영원히 산다.
이 지구에서의 찰라의 삶이 인간 삶의 전부가 아니다.
이 방대한 우주에서 인간은 영원히 산다.
시간의 끝이 없이 산다.
이 우주는 시작도 끝도 없다.
변화가 있을 뿐이다.
그렇다.
이러한 이상세계가 있기 때문에
싸움만이 일어나는 이 세상에서의 고난을 참고 이길 수 있다.
참고 이기면서 살 가치가 있다.
그렇지 않으면 이 지구에서의 인간의 삶은 아무런 가치가 없다.
그렇다.
그럴 수 있다.
인간에게는 희망이 있다.
영원에 대한 소망이 있다.
영원히 인간은 산다.
다만 인간의 모습에는 변화가 있다.
그것이 바로 이 땅에서의 하직(下直)이다.
허물을 벗어야 새로운 모습이 나타난다.
그것이 하직이라는 변화다.
창조주와 인간은 영원히 같이 산다.
창조주에게 사랑받으면서 사는 것이 인간의 최고의 이상이다.
창조주의 사랑으로 이 넓고 넓은 우주에서
지구보다 더 아름다운 별에서 창조주와 함께 산다.

그것이 인간이다.
인간은 희망의 존재이다.
인간은 창조주가 극히 사랑하신다.
창조주를 사모하고 영접하면
인간은 영원의 나라에서 영원히 산다.
창조주를 영접하여 섬겨야할 이유가 바로 그것이다.
그렇다.
그렇구나
주여 감사합니다.
영원한 존재가 저입니다.
이 땅에서는 잠깐 있을 것입니다.
영원한 나라로 나를 데려다 주실 것임을 믿습니다.
이 지구 보다 훨씬 아름다운 별로 나를 데려다 주실 것입니다.
그 별이 있기에 이 지구에서의 고단한 삶을 이길 수 있습니다.
이상은 분명히 존재합니다.
영원한 이상의 나라도 있습니다.
이 우주에 있습니다.
이 지구생활은 현실생활입니다.
이상의 그 나라가 이 우주에 있고
창조주는 이미 우리가 있어야할 그 이상의 이데아의 나라를 마련해 두셨습니다.
감사합니다.
사랑합니다.
창조주의 사랑에 감사합니다.
창조주는 사랑입니다.
사랑에 감사합니다.
사랑합니다.
사랑합니다.

이 땅에 살 동안에도
아내와 새끼들과 형제들과
이웃들을 사랑합니다.
사랑의 훈련을 계속합니다.
구체적인 사랑을 실천합니다.
감사합니다.
사랑입니다.
사랑입니다.
사랑으로 영원히 삽이다.
사랑입이다.
사랑,
사랑입니다.
영원히
영원히
아멘

<2022. 8. 3. 09:16>

47. 자연상태와 원죄상태

이 세상의 상태는 두 영역으로 분리할 수 있다.
자연상태와 원죄상태이다.
자연상태는 하나님의 창조 순간의 상태이다.
자연상태는 순수상태이고
선의 상태이다.
악이 없는 상태이다.
자연상태는 순수상태이고 하나님의 나라이다.
원죄상태는 아담이 선악과를 따먹은 후의 악이 들어온 상태이다.

나쁜 짓을 하고도 잘못인 줄 모르고 사는 상태이다.
현재의 이 세상은 원죄상태이다.
인간역사는 원죄상태의 지속이다.
그러므로 원죄상태에서는 각종의 악이 우후죽순처럼 나타난다.
현시대의 사회의 혼란은 바로 원죄상태의 표현이다.
원죄상태에는 질서를 유지하기 위하여 법이 나타나고
규제가 나타나고 인간행동을 통제한다.
오늘날은 규제사회이다.
인간의 원죄의 현재화가 극대화된 상태이다.
이러한 원죄상태는
근세 자연상태와 사회상태로 구별한 것에 비교하면
사회상태이다.
그렇다.
사회상태, 원죄상태는 죄의 상태, 악의 상태이고
이것이 사회상태이다.
인간은 언제나 원죄상태, 사회상태에 살아야 하는가?
아니다.
희망이 있다.
하나님의 은혜로 자연상태를 회복할 수 있다.
인간은 원죄상태에서 자연상태의 소망과 회복을 위한 노력을 하여야 하고
그렇게 노력하고 있다.
인간 내면에는 자연상태의 그 소질을 완전히 잃지는 않고 조금은 갖고 있다.
그 소질을 현재화하고 살려내야 한다.
그것이 믿음이고, 신앙이고,
주님을 영접하듯이 이웃에 다가가고
이웃을 영접하는 것이다.
그것이 신앙이고 믿음이고 아가페이다.
그것이 주님이 말씀하신 내 이웃을 내몸같이 사랑하라는 말씀의 내용이다.

그것이 섬김의 리더쉽이다.
주님을 영접하듯이 이웃에 다가가고 섬기는 것이 바로
섬김의 리더쉽이다.
인간은 평생토록 그렇게 노력하여야 한다.
주님을 영접하는 마음으로 이웃을 영접하는 것이다.
그 노력을 계속하여야 한다.
그것이 제대로 사는 길이다.
그것이 믿음이고 신앙이고 삶이다.
그렇게 살아야 한다.
아아,
주님의 세계가 무궁무진하고 오묘하고 신묘하고 또 섬세하다.
그것이 주님의 섭리이고 주님의 나라이다.
불교의 해탈은 기독교의 깨달음이고 계시이다.
불교의 해탈을 위한 수행은 기독교의 하나님의 은혜이다.
이제 이 만큼 깨달았으니
돈오점수(頓悟漸修)다.
하나하나 실천해 나간다.
하나하나 이루어 나간다.
그런 삶으로 들어간다.
주님을 영접하는 그 순수의 마음으로
내 이웃에 다가가고 영접한다.
큰 아들에게
간접적이지만
기도처 겸 연구소를 설립하여 운영하고 싶다는 나의 뜻을 전하였다.
이해해 줄 것을 믿는다.
그 연구소에 틈틈이 구해온 각국의 민법전과 각국의 성경을 비치해
두고 싶다는 마음을 전하였다.
주님은 나를 구해 주실 것이다.

나는 지금 치유과정에 있다.
머리의 고침을 받고 있는 중이다.
고쳐주실 것이다.
우스 땅의 욥을 고쳐주시고
70년을 더 살게 하신 그 하나님의
섭리와 사랑을 믿는다.
나는 관동의 욥이다.
고난은 고난으로 끝나면 의미가 없다.
고난은 회복과 환희로 끝맺음을 하고 부활하여야 한다.
그리로 가고 있다.
그 길로 가고 있다.
주님이 동행해 주신다.
주님이 빛으로 인도해 주신다.
나는 간다.
주님을 영접하는 그 마음으로 이웃과 자연에 다가가고
따르고 받든다.
이제는 주님이 예정하신 주님의 일을 한다.
이제까지는 나를 위한 주님의 은혜를 구한 삶이었다.
이제부터는 주님을 위한 주님의 사명을 실천해 나가는 과정이다.
주님은 이미 나의 속마음을 다 아시고 섭리해 주신다.
그 주님의 길로 나를 인도해 주신다.
나를 위한 삶에서
주님을 위한 삶으로
나를 위한 갈구에서
주님을 영접하는 그 마음으로
이웃에 다가가고 영접한다.
주님의 사랑에 감사하고 감사한다.
주님은 사랑이시다.

주님은 위대하시다.
주님은 전능하시다.
주님은 무한 능력의 권능의 주이시다.
담대하게 나아가면 된다.
주님 영접하듯,
이웃에 다가가고 영접하면.
북한주민도 그렇게 영접할 수 있다.
아멘이다.

<2022. 11. 19. 07:47>

48. 사회주의는 갈 길이 아니다

사회주의는 사상이 아니다.
갈 길도 아니다.
사회주의는 무신론에 바탕하고 있다.
사회주의는 인간과 인간과의 관계를 적대적, 투쟁적인 관계로 본다.
아니다.
그것은 틀렸다.
사람은 다 한 분이신 하나님의 형상에 따라 창조된 형제들이다.
인류는 다 형제들이다.
형제로 사랑하여야할 관계이다.
사해동포주의로 나아가야할 관계이다.
정의와 사랑의 관계이다.
사회주의는 노동자가 자본가를 전복하는 것을 정의의 실천이라 한다.
아니다.
그들도 모두 형제이다.
하나님 안에서 한 형제이다.
서로 사랑하여야할 사이이다.

인류가 가야할 길은 정의와 사랑이다.
그 길이 궁극의 길이다.
정의와 사랑 위에 더 높은 이상의 길은 없다.
창조주 하나님은 정의와 사랑의 인격체이시다.
사랑으로 가야한다.
정의에 바탕한 사랑으로 가야 한다.
그것이 인간이,
인류가 가야할 궁극의 길이다.
그것이 창조주의 섭리이고 뜻이고 이 세상 치리의 원리이다.
어제 산책길에서 걷기가 몹씨 힘든 분을 만났다.
그는 군사정부시절에 고문을 받아서 그 후유증으로 걷기가 힘든다는 것이었다.
그는 사회주의자였다.
보편적인 역사인식과는 다른 역사인식을 하고 있었다.
그러나 국가가 국민을 불구로 만들었다.
그러나 그의 사회주의는 정상적인 사고가 아니다.
왜 그런 비인간적이고 비인격적인 사고에 자기를 던졌을까?
사회주의는 사상이 아니다.
철학도 아니다.
파괴로 이끄는 유혹일 뿐이다.
철저한 사회주의자였다.
그러나 나라가 그를 불구로 만들었다.
우리 사회는 좌와 우로 양분화되어 있다.
도저히 서로 이해하고 가까이할 수 없는 관계에 있다.
40%가 우이고 40%가 좌이고
20%가 중도의 사람들이다.
대립이 너무 심하다.
통합이 안 된다.

어떻게 할까?
서로 사랑이다.
정의의 바탕위에서
사랑외는 달리 길이 없다.
사랑만이 이 갈라진 틈을 메꿀 수 있다.
서로 사랑하자.
나의 생각이 나의 사상이 맞다.
정의와 사랑,
사랑과 정의,
형제애
사해동포주의
이것으로 나아가야 서로가 서로를 대할 수 있다.
맞다.
정의와 사랑이다.
정의와 사랑의 나의 사상이 맞다.
그것은 주님이 깨우쳐 주신 사상이다.
그 길로 가라고 하시고
그것을 글로 쓰라고 하셔서 썼다.
정의와 사랑이다.
그것으로 대화와 융화와 통합을 이룰 수 있다.
주님은 이 세상의 주인이시다.
이 세상의 주인이 인간인 자기라고 생각하니
같은 나라에서 살면서도
불구대천(不俱戴天)이다.
주님의 길이 진리이다.
정의와 사랑은 진리이다.
사랑은 창조의 동인이며
이 세상 운행의 원리이며

이 세상의 궁극이다.
궁극으로 가야 한다.
궁극의 길을 가야 한다.
그 궁극의 길은 정의와 사랑이다.
그 길은 창조주 하나님이 세우신 인간이 가야할 길이다.
맞다.
그렇다.
그렇고 말고.
아멘이다.

<2023. 7. 9. 07:28>

49. 7덕목

인간이 살아감에 인간답게 사는 보편적인 사상 내지 철학이 있다.
그것을 덕목이라 한다.
서양에서는 7덕목이 그 예전부터 정립되어 인간이 살아감에 지켜야할 가치 내지 덕목으로 삼아왔다.
7덕목 중 4가지 덕목은 소크라테스, 플라톤의 그리스 철학에서 정립되었으며, 3가지는 성서의 주님의 말씀으로 정립된 덕목이다.
4덕목은 절제, 용기, 지혜, 그리고 정의이며,
3덕목은 믿음, 소망, 사랑이다.
이 7가지의 덕목 중에서 정의와 사랑을 핵심덕목(Kardinaltugend)이라 한다.
정의와 사랑은 그 각각이 독립한 하나의 덕목이지만,
정의는 절제, 용기, 지혜, 정의를 합한 그 모두의 세속의 덕목을 포괄하는 덕목이기도 하다.
또한 사랑도 독립한 하나의 덕목이지만 믿음, 소망과 사랑을 합한 포괄적인 덕목이기도 하다.
그러므로 정의와 사랑은 세속과 믿음의 덕목을 포괄하는 덕목이다.

이것이 서양의 7덕목이다.
정의와 사랑의 덕목은 개인의 덕목이면서 동시에
사회의 덕목이기도 하다.
정의와 사랑은 실천하는 개인은 인격자가 되고
정의와 사랑이 실천되는 사회는 살만한 사회가 된다.
유학(儒學)에서의 덕목은 인의예지신(仁義禮智信)의 5덕목이다.
서양의 7덕목은 개인의 독자적인 가치를 인정하면서
개인이 모여 사회를 이루므로
7덕목은 사회의 가치이기도 하다.
그러나 유학에서의 5덕목은 인간관계의 질서를 지키고자 하는 성격이 강하다.
그러므로 인의예지신은 잘못 운영되면 상하 지배관계 형성의 덕목으로 변질될 수 있다.
서양의 덕목이 독자적인 개인과 인간이 모여 이루는 사회의 덕목으로 더 바람직하지 않을 까 생각된다.
7덕목의 서양에서의 생활은 자기 자신이 정직하게 살면 참 편하다.
그러나 유학에서의 5덕목의 생활은 상대를 의식하고 처신하여야 하는 불편함이 느껴진다.
절제하며, 용기있게, 슬기롭게, 그리고 사리에 맞고 이치에 맞게 처신하고, 믿음과 장래의 희망을 갖고 서로 함께 살아가는 공동체를 만들어 나가고자 하는
7덕목이 참으로 가치있는 인간이 지켜야할 진리라 생각한다.
역사적으로 기독교의 말씀에 의한 3덕목이 정립되기 전에는,
그리스 로마의 사상이었던 4덕목이 인간삶의 지표이었다.
4덕목을 따라서 살고자 한 사상의 실천은 스토아 철학에서 잘 나타난다.
로마에 전수되어 로마에서 발전된 스토아 철학은 로마제국에서
기독교가 공인되기 전에 로마에서 강하게 작용하였다.
당시의 스토아 철학자들은 학식과 함께 권력의 정점에 있었던 사람들이었

으며
부도 함께 누린 지배계층이었다.
높은 지위를 누리면서 그 지위를 계속 유지하기 위한 철학으로 4덕목이 작용하였던 것으로 이해된다. 특히 절제의 덕목이 강조된 느낌을 받으며, 당시의 사회적인 혼란의 시대를 살았던 고난과 고통 속에서도 평정심을 유지하려는 덕목으로 크게 기능하였던 것으로 이해된다.
4덕목은 극히 세속적이었으며, 자기 중심적이고, 권력과 명예와 부의 유지를 위한 기능을 하였던 것으로 이해된다.
그러나 기독교의 3덕목은 이웃이 있고, 희망의 장래를 이루고자 하는 덕목이다.
사랑의 이웃을 만들고, 장래를 희망으로 이끌어가고자 하는 사상의 덕목이다.
3덕목의 실천자들은 4덕목의 실천자들과는 달리
권력과 부의 소유자들이 아니라
권력도 부도 가지지 못한 신앙인들이었다.
사랑의 실천자들이었다.
아우구스티누스 같은 교부들이었다.
아우구스티누스가 믿음의 사람이 되도록 헌신적인 사랑을 한,
아우구스티누스의 어머니인 모니카가 3덕목의 실천자였다고 생각된다.
이렇게 세속의 4덕목은 지식인, 권력자, 재력가들의 자제와 평정심을 갖고자 하는 덕목이었으며,
3덕목은 낮고 천한 사람들의 저 높은 곳과 하늘 나라를 향한 희망의 덕목이었다.
이렇게 서양에서는 지배계층의 세속의 4덕목과
낮고 천한 사람들의 하늘 나라를 소망하고 이루기 위한 기독교의 3덕목이 어울려
절제하면서 이상의 하늘 나라를 이루기 위한 덕목으로 발전하게 되었다.
그것이 바로 7덕목을 포괄하는 정의와 사랑의 덕목이다.
아아,

그렇다.
정의와 사랑이 인간과 사회가 지키고 실천하여야할 최고의 가치이고 덕목이다.
정의에 바탕한 사랑,
사랑의 실천이 바로 정의를 이루는 그 길,
그 정의와 사랑의 덕목의 길로 개인도 사회도 가야 한다.
그것이 인간이 인간되고 사회가 살만한 사회가 되는 진리의 길이다.
무슨 일을 하든지,
학문도 사업도 그 무슨 일에도 그대로 적용되는 덕목이고 길이다.
인간은 정의와 사랑의 덕목으로 자신을 바로 세워서 일해야 한다.
그러면 성공의 장래가 주어진다.
그것이 진리의 힘이다.
정의와 사랑은 진리이다.
진리는 그 자체 힘을 가지고 있다.
진리는 넘어지지 않는다.
진리는 하나님의 세계이다.
하나님의 세계는 정의와 사랑,
사랑과 정의가 핵심덕목인 나라이다.
그렇다.
그렇다고 믿는다.
세월이 흘러도 정의와 사랑은 영존한다.
그것은 하나님의 나라의 덕목이기 때문이다.
그 길로 가자.
그 길이 생명의 길이다.
그 길이 하늘의 축복을 받을 수 있는 길이다.
그렇다.
아멘이다.

<2023. 7. 11. 08:46>

50. 긍정의 마음과 긍정의 힘

이웃을 비난하기는 쉬어도 이웃을 칭찬하기란 쉽지 않다.
아마도 인간은 원죄의 존재이기 때문에
인간의 악성은 쉽게 표출된다.
그러나 인간의 선성은 기르고 길러야 조금 나타난다.
인간은 이웃에 대한 비난에 익숙해 있다.
오늘날의 메스컴은 온톤 비난과 들추어내는 것으로 도배가 되어 있다.
긍정의 마음을 가져야 한다.
긍정의 마음을 갖도록 노력하여야 한다.
조용히 자신을 가라 앉혀야 한다.
사람은 쉽게 자신의 악성을 나타낸다.
선성을 길러야 한다.
선성을 기르는 일은 힘들고 시간이 많이 걸리고
상황이 어려우면 쉽게 선성을 잃어버릴 수 있다.
그러기에 인격자가 되는 일은 극히 어렵다.
평생을 두고 갈고 닦아야 겨우 선성의 작은 일부를 실현할 수 있다.
노인이 되면 더욱더 본능에 충실해지고 이성으로 자신을 이끌어가기가 힘이 든다.
자신을 쳐서 선성을 일구어야 한다.
그것은 기도와 사모와 말씀으로 노력하고 애쓴 끝에서야 도달할 수 있는 일이다.
노인은 더욱 더 노욕에서 해방되도록 노력하여야 한다.
자신의 틀에서 좀 벗어나도록 애써야 한다.
진리를 터득하고
본능을 넘어 이성을 훈련시켜야 한다.
정의와 사랑은 선성을 키우는 이념이고 사상이다.
정의는 비정의에 대한 비판에서 시작된다.

정의는 정당한 비판이다.
원망과 질책이 아니다.
정당한 비판은 미래를 열어간다.
원망과 비난과 질책은 미래를 열지 못하고 미래를 막는다.
사랑은 바로 선성 그 자체이다.
사랑은 아가페다.
정의와 사랑의 교차는
정당한 비판과 헌신적 사랑으로 맑은 미래를 열어나가자는 것이다.
그것은 또한 긍정이다.
정의와 사랑은 긍정의 힘의 실천이다.
긍정으로 맑은 미래를 열어나가야 한다.
너무 과거에 메여 있으면 미래가 어둡다.
사랑으로 감싸주고
정의로 일깨어 주어
밝은 미래를 열어가야 한다.
과거에 메어 있지 말라.
원망과 비난으로 자신을 악하게 만들지 말라.
정의로 사랑으로 긍정의 힘을 길러야 한다.
긍정이 앞으로 나가는 추진력을 낸다.
정의와 사랑은 미래를 향한 긍정의 힘이다.
부정에서 나와 긍정으로 나아가야 한다.
부정은 마음을 병들게 한다.
긍정은 가슴을 펴서 다 감싸 안는다.
긍정의 마음을 가져라.
주님은 전적으로 긍정이시다.
부정은 주님의 마음이 아니다.
긍정으로 세상을 밝게 해 나가신다.
부정에 대해서는 정당한 비판을 하신다.

주님의 마음을 품어라.
정의와 사랑의 마음을
힘들면 쉬어 가라.
노인이 자꾸 가기면 하면 힘이 달릴 수밖에 없다.
노인은 천천히 깊이 사색하면서
아주 천천히 긍정의 마음으로 가고 또 가야 한다.
과거에 메이지 말고
미래로 가야 한다.
긍정의 마음으로 부정을 이겨야 한다.
그것이 가치 있는 삶을 위한 길이다.
그러기에 인생이란 그렇게도 어려운 삶이다.
삶이 결코 쉬운 일이 아니다.
삶은 힘든 일이다.
긍정이 삶의 본체가 되어야 한다.
부정은 이기는 삶이어야 한다.
그것도 온전히 주님께로 나아가야 실현할 수 있다.
주님만이 긍정의 길로 가게 해 주신다.
그렇다.
그것은 진리이다.
아멘.

<2018. 11. 19. 09:20>

51. 진화

생물은 진화를 하는 것은 분명하다.
주변 환경의 변화에 따라서 생물은 생존을 위해 변화를 한다.
전깃줄이 많은 도시를 찾는 제비는 전깃줄에 날개를 부닻치지 않기 위해 날개가 짧아졌단다.
어떤 식물은 도시가 콘크리트로 땅이 덮이니까 자신의 후손들의 번식을 위해
씨앗이 커지고 무게가 더 나감으로 바람에 의해 멀리 날아가지 않고 자기 주변에 떨어지도록 하여
후손을 번식하고 있다는 것이다.
먹는 채소를 야생에서가 아니라 시설재배를 하면 맛이 떨어지고 질기지 않는다는 것이다.
이렇게 생물은 생존을 위해 진화해 나감은 분명하다.
생물은 환경이 좋으면 성장을 위해 열심히 작용하지 아니하고 게으름을 피운다는 것이다.
진화는 생물 만이 아니다.
사회형상도 스스로 진화를 한다.
시장(market)도 자꾸만 정부가 개입해 오면 반응을 하고 규제를 못 받아 들이겠다고 시장이 제기능을 하지 않는다.
시장을 그냥 그대로 방임하면 과잉생산으로 시장이 붕괴한다.
그 때는 국가가 개입하여 지원을 하면 시장이 다시 살아나 제기능을 회복한다.
자세히 살펴보면 생물도 시장과 같은 사회조직도 지혜가 있고 자기의 지능을 가진 것 같다.
생물이 어떻게 주변 환경을 인지하여 반응하고 변화를 하는가?
시장이 어떻게 정부의 개입을 인지하고 대응해 오는가?
생물은 지능이 있다.
시장조직도 지능이 있다고 할 것인가?
참으로 오묘한 자연현상이고 사회현상이다.
분명히 인간의 지능이외의 다른 지능이 있는 것 같다.
인간이 최고라고 생물과 사회조직의 지능을 인간의 지능 하에 두고자 한 것이 지금까지의 역사이었다.

생물은 인간의 창조물이 아니다.
사회조직은 인간이 살아가면서 자연히 생성되기도 하였고
인간의 지혜로 인위적으로 조직된 것도 있다.
인간이 겸손해야 하겠다.
인간이 만물을 다 조정할 수 있다는 자만은 버려야 한다.
자연 그대로의 사회진행의 방안을 찾아야 한다.
자연 그대로의 사회진행은 창조주의 창조질서이다.
인간이 창조주의 창조질서에 개입하면 창조질서가 왜곡된다.
창조질서를 이해하고 창조질서가 제대로 작동하도록 함이 인간이 할 일이다.
인간이 최고라는 자만은 버려야 한다.
자연과 공존하고 공생하는 겸양의 덕을 쌓고 함께 더불어 살아가도록 하여야 한다.
사회조직도 창조주의 창조질서가 무엇인가를 창조주에게 물어가면서 절제된 자세로 사회질서가 창조주의 창조질서대로 진행해 나가도록 하여야 한다.
인간이 인위적으로 창조질서를 왜곡하면 창조질서는 인간에 대항해 온다.
인간은 창조주와 함께 창조질서를 더욱 발전시켜 나가야 한다.
이는 결국 인간은 창조주 앞에 겸손하여야 한다는 것이다.
분명히 창조주는 인간이 창조질서를 지키지 않았을 때에 심판을 하였다.
지금도 창조주는 그의 질서에 반하는 정도가 심하면 크고 작은 심판을 하신다.
그 심판은 창조질서로 하신다.
창조질서가 인간의 의도에 반대의 표시를 해 오는 것으로 심판을 하신다.
창조주는 정의로 첫 번의 창조를 하셨다.
창조는 미완성으로 하셨다.
인간과 더불어 미완성의 창조부분을 계속 창조해 나가시고 계신다.
인간과 함께 미완성의 창조부분을 보충해 나가시기를 원하신다.
그것이 창조주의 인간에 대한 사랑이다.
인간은 창조주의 기본 창조의 뜻을 살펴서 창조의 미완성 부분을 보충해 나가야 한다.
인간 자신도 이 세상도 인간 스스로 만든 것이 아니다.
우연히 이 땅에 던져진 존재도 아니다.
창조주가 만들어 이 세상에서 살아가도록 하신 것이다.
인간은 미완성의 창조부분을 계속 보충해 나가야 한다.
이때에 창조주의 뜻을 물어야 한다.
겸손히 관조의 시간을 갖고 사모하면서 감사하면서 기도하면서
창조주의 뜻이 무엇인지를 물어야 한다.
인간의 지식과 지혜에는 한계가 있다.
이 우주가 얼마나 지혜로운가?
우주는 우주의 지혜로 우주의 질서가 지켜지고 있지 않는가?
우주도 계속 생성되고 또 소멸되고 있다.
새로운 물질이 계속 생성되는지
아니면 우주의 물질은 그 총량은 정해져 있는지 알 수 없다.
진화도 창조주의 창조의 섭리로 이루어지고 있는 것이다.
나는 진화적 창조론을 지지 한다.
창조의 계속이 진화이다.
창조주가 진화하도록 창조하셨다.
그것이 창조의 미완성이론이다.
미완성 부분을 보충해 나가는 것이
진화이고 진보이다.
창조주 앞에 겸손하여야 한다.
절제하여야 한다.
겸허하여야 한다.
신의 뜻을 묻고 깨닫고 체험해 가면서
사회를 진보로 이끌어야 한다.
사랑으로 진보의 결실을 나누어야 한다.
모든 것의 모든 것, 궁극은 주님이시다.

주님이 궁극이다.
궁극에 인간과 생물과 온 물질이 연결되어 있다.
그 연결고리를 꼭 붙들고 나무 쉽게 흔들어서는 안 된다.
역사의 주인은 주님이시다.
진화의 주인도 주님이시다.
사회의 진보도 주님의 것이다.
주님께 묻고 또 물어야 한다.
확신이 주어졌을 때에 변화를 시작하여야 한다.
믿음 안에서 역사를 이루어 가야 한다.
그것이 인간이 살아가는 길이다.
이를 잊어서는 안 된다.
아멘.

<2018. 12. 8. 10:17>

52. 인공지능(AI)는 인간의 작품이다. 인공지능은 인간의 통제하에 두어야 한다

인공지능도 인간의 작품이다.
너무 공룡화된 사회로 가는 것 같다.
공룡화된 항공기인 A388 초대형 여객기의 생산을 중단하지 않았는가?
인공지능도 너무 발전해나가서는 안 된다.
인간이 통제할 수 있는 한계내에서 발전시켜 나가야 한다.
기계가 인간의 일을 전부 대체해서는 안 된다.
인간이 할 수 있는 일은 남겨 두어야 한다.
도시도 너무 거대도시로 키워서는 안 된다.
건물도 너무 초고층으로 지어서는 안 된다.
적절한 규모의 도시, 적절한 높이의 건물이어야 한다.

너무 많이 먹어서도 안 된다.
좀 적게 먹는 습관을 가져야 한다.
너무 많이 잘 먹으면 사회비용이 너무 많이 든다.
적절한 양을 먹고 절제하면서 삶을 즐기면서 살아야 한다.
그것은 교육과 신앙을 통해서 이루어야 할 일이다.
자본주의도 성장 위주로만 가서도 안 된다.
개인주의도 이기주의로 흘러서는 안 된다.
정의와 사랑의 자본주의이어야 한다.
정의와 사랑의 개인주의이어야 한다.
자유주의는 지켜야 한다.
인간은 자유롭게 태어났음을 부인해서는 안 된다.
절제하여야 한다.
성장위주
경쟁위주,
과학만능,
물질만능의 사고는 극복되어야 한다.
나눔과 사랑의 사회로 가야 한다.
오래 살려고만 하여서도 안 된다.
소득이 높아질 것만을 추구해서도 안 된다.
적정 수준을 유지하여야 한다.
한 나라인데도 지자체끼리도 이기적이다.
병상이 모자라면 선뜻 다른 지자체가 내어주어야 한다.
중앙정부는 그런 조정능력을 발휘해야 한다.
그러나 그런 모습이 안 보인다.
이 위기를 겪으면서 인간은 한없이 낮아져야 하겠다는 생각을 한다.
인간에 유용하지 않은 연구는 하지 말아야 한다.
과학자들과 철학자들이 인류의 미래의 삶을 말해야 한다.
다운 사이즈 삶을 살아야 지구가 견딜 수 있다.

인구가 줄어도 자연스럽게 그냥 둠이 좋겠다.
지구가 견딜 수 있을 정도의 인구 수준을 유지함이 좋겠다.
인간은 한계가 있는 존재이다.
그러나 오늘날 발전의 추구는 신을 추월하고자 한다.
신이 이 땅의 주인이라는 사실을 잊지 말아야 한다.
서로 교체해 가면서
서로의 지혜를 바꾸어 가면서
서로가 함께 사랑의 연결고리로 묶어 연대하여 살려고 하여야 한다.
좀 낮아지자.
좀 낮추자.
사랑으로 서로 다가가자.
사랑이다.
사랑이고 사랑이다.
아주 천천히 가자.
영혼이 따라올 수 있을 속도로 발전하자.
너무 본능을 좇지 말자.
영혼을 혼탁하게 하지 말자.
육체와 영혼이 서로 조화하자.
평안하자.
평화롭자.
평온하자.
사랑이다.
자연법이다.
정의와 사랑이다.
사해동포주의다.
아멘.

<2020. 3. 5. 14:09>

53. 학문의 도반(道伴; Wissenschafflicher Freund)

학문의 도반은 학문의 길을 같이 가는 친구이다. 친구 중에서 가장 귀한 친구가 학문하는 친구이다. 진리를 함께 찾아 나가고 진리를 공유하는 친구가 가장 귀한 친구이다. 사업의 친구, 여행을 같이 하는 친구, 이웃집에 같이 살다가 가까워진 친구, 같은 학교에 다니다가 가까워진 친구들이 수 없이 많지만 진리를 찾아 함께 머리를 맞대고 가슴으로 서로 성원하며 진리를 함께 향유하는 그 관계의 친구가 어찌 가장 귀하지 아니할까? 학문하는 사람에는 같이 학문의 길을 가는 도반이 있어야 진정 학문하는 인격자라 할 수 있다. 그런 도반과 함께 이 세상에서 학문하는 즐거움을 갖는 자는 진정으로 행복한 학자이다. 그런 도반은 남녀의 구분도 연령의 차이도 전공의 차이도 신앙의 차이가 있어도 상관이 없다. 그러한 도반은 서로 존경하고 이해하고 서로 사랑하면서 서로 힘에 되어 지혜를 나누고 함께 묵묵히 학문의 길을 가는 사람이다. 아아, 그런 도반과 함께 학문의 길을 가고 가는 사람이 역사에 길이 남을 진정하는 학문하는 사람이라 생각한다. 역사에 길이 남을 학문의 도반은 누구와 누구들일까? 긴 세월 동안 수많은 학생들을 상대로 가르쳐 왔지만 그래도 도반으로 남을 사람은 극소수에 불과하다. 수많은 동료들과 만나 함께 학문의 길을 걸어 왔지만 정년을 하고 서로 소식을 전하고 한 끼 밥을 같이 하는 사람도 극소수다. 때로는 지도교수와 제자로 만났지만 그 관계가 원만치 못하여 관계가 단절된 사람도 수없이 많다. 지도교수와 헤어져서 지도교수를 공격하는 다른 교수님을 받들면서 지내는 제자도 보았다. 그들의 마음이 어떠할까? 지도교수와 제자는 진정으로 학문의 도반관계이어야 할텐데, 그렇지 못한 사례들을 보게 된다. 나도 예외가 아니다. 나는 지도교수님의 인정을 받아 많은 가르침을 받고 지도교수님의 학문적 인격을 칭송하고 있지만, 나는 제자들을 알뜰하게 돌보지 못한 관계로 나를 떠나간 제자들이 있다. 석사 지도교수님과는 관계가 멀어졌다. 학문하는 이외의 일로 서로 어색함이 생긴 것이 화근이었다. 참 안타깝다. 돌아갈 수도 없는 관계이다. 그 간에 너무 떨어져 있었다. 가까이 있는 것 보다 멀리 떨어져 있는 것이 나의 학문함에 더 나았다는 생각을 하게 되니 그럴 수 밖에는 없다. 다 죄송하다. 용서를 빈다. 지금이라고 함께 하고 싶지만 너무 멀어진 관계로 쉽게 연락을 드리기가 힘든다. 학문의 친구도 마찬가지이다. 같은 지도교수님의 지도를 받은 제자이지만 그 사이가 원만치 못한 경우가 허다하다. 나도 그러하다. 같은 지도교수님의 지도를 받아 서로 힘이 되어 주어 마음을 같이 하고 싶었지만 무슨 사연인지도 모르게 관계가 어색한 도반도 있다. 아아, 참으로 안타까운 일이다. 한 번 학문의 도반이 어떠해야 하는지를 생각해 보고 싶다. 때로는 지도교수님과 제자가 공저로 저서를 출판해 오다가 지도교수님이 돌아가시고 제자가 자기 단독명의로 출판을 해 오는 경우도 있고, 지도교수님이 돌아가시기도 전에 제자가 자기 단독명의로 출판을 하여 오는 경우도 있다. 참으로 안타까운 일이다. 그것이 문제가 되어 중요한 위치에 갈 수 있었음에도 불구하고 낙마하는 사례도 보아 왔다. 학문의 도반이란 사심없이 진리의 길을 같이 가는 사람이다. 진리를 함께 하지 못하면 문제가 생김은 이 세상의 창조와 운행의 원리라 생각한다. 지도교수와 제자가 도반이 되어 함께 연구하여 함께 노벨상을 받은 사람을 부러운 마음으로 본 때도 있다. 학문의 길에 독불장군은 없다. 학문도 혼자할 수 있는 것이 아니다. 함께 하여 지혜를 모아야 진리를 탐구할 수 있다. 그것이 학문의 도반이 가야할 길이다. 그러나 그 일이 쉽지는 않다. 도반으로 함께 가지 못한 그 풍부한 지혜를 혼자 쓰다가 그 당대로 끝나는 일도 허다함을 역사를 통하여 보고 있다. 학문함에는 도반이 있어야 한다. 도반을 갖고 도반이 됨에는 자기주장만 해서는 안 된다. 인격을 갖추어야 한다. 인격을 갖춘 학문하는 사람만이 도반을 갖고 도반이 될 수 있다. 학문을 함에는 인격의 가치가 그 얼마나 큰 가를 알 수 있다. 독일에서는 한 분의 학자가 쓴 책을 제자가 이어서 계속 판을 거듭하고 있음을 볼 수 있다. 그런 책이 오히려 내용이 풍부한 책이다. 그러나 우리나라에서는 제자가 스승을 뛰어 넘어야 자기가 학문을 하는 사람으로 치부되고 있는 실정이 너무 가슴 아프다. 학문의 도반은 인격을 갖추어야 한다. 지식만으로 재주만으로는 안 된다.

참으로 어려운 일이 학문하는 길이다. 학문도 적성이 맞아야 가능하지 적성이 맞지 않으면 갈 수가 없다. 학문의 길은 형극(荊棘)의 길이다. 결코 쉬운 길이 아니다. 재주만으로도 안 되고 노력만으로도 안되며, 인격을 갖추어 무던히 가고 또 가야 하는 먼 먼 길이다. 학문의 길은 성서가 말하는 찾고 구하고 문을 두드리는 길이다. 그렇게 찾고 구하고 문을 두드려 마지막에 간 것 같지만 그 마지막에 도달한 것이 훤한 밝은 세상이냐 하면 그런 것이 아니다. 가고 또 갔건만 안개낀 광야 같은 마지막이다. 그것이 내가 체험한 민법을 그런대로 나름대로 정리하여 보았다고 달려 왔으나 막상 마지막이라고 정리해 본 후의 세계는 안개낀 광야에 내가 서 있었다. 아아, 진리의 길이 그런가 싶기도 하다. 수많은 위대한 학자들이 학문을 하여 세상에 빛을 비추어 주었건만 나는 왜 한다고는 하였지만 안개낀 아침의 광야에 도달하고 말았을까? 도반이 이 안개낀 아침의 광야를 지나 햇살이 내리 비추는 진리의 세계에 도달하였으면 좋겠다. 그 나의 도반에 누가 있는가?

도반도 찾고 구하고 길러야 한다. 그러나 나는 도반을 찾고 구하는 일에 의식도 부족하였고 노력도 정성도 부족하였다. 그져 내 공부하는 일에만 혼을 다하였다. 그 결과 논문도 제법 쓰고 책도 좀 썼지만 나의 학문 세계를 이해하고 나를 이어갈 제자, 도반을 구하지 못하였다. 나는 죽을 힘을 다해 진리를 찾는다고 찾았지만 나 혼자서 해 온 길이었다. 제자들을 생각하지 아니하였다. 나에게 찾아온 제자를 그져 제자거니 생각하였지 그 제자들을 자세히 알아보고 지도하고 전공분야를 정해서 정말 학문의 길에서 대성하도록 지도하지 못하였다. 나의 정성이 부족하였음을 고백한다. 제자의 청을 그대로 들어주지 못해 오해도 받았다. 그러나 지금 돌이켜 살펴보아도 내 나름대로 생각을 하였으나 제자를 무시하거나 물리치지는 않았다. 자기의 뜻대로 내가 움직여 주지 않는다고 한 제자들은 나를 떠나 남이 되고 말았다. 그러나 지금 다시 그 때로 돌아가도 내가 흑심을 가진 것은 없다. 사람판단을 제대로 못한 것은 나의 불찰(不察)이지만 결코 속이고 물리치고 내친 것이 아님은 스스로 고백한다. 지금이라도 돌아온다면 반가운 마음으로 받아들일 수 있다. 그러나 그들은 떠났다. 떠난 제자들이 잘 되기를 바랄 뿐이다. 그러나 그의 학위논문에는 내 이름이 지도교수로 표기되어 있다. 영원히 대를 이어서 지울 수 없다. 그런 불행한 도반의 관계를 만들지 않도록 극히 조심하여야 한다. 도반은 마음에 거리낌이 있어도 용서하여야 한다. 서로 용서하여야 한다. 잘못을 스스로 시인하고 용서하고 그래도 지도교수와 제자의 관계임을 확인하면서 살아야 한다. 그것이 학문하는 사람의 자세이다. 평생을 두고두고 가슴을 치면서 살 필요가 무엇인가? 학문은 인격의 연마이다. 단순한 지식의 축적만이 아니다. 학문하는 사람은 인격자이어야 한다. 학문을 통해서 인격을 더 높게 깊이 하여야 한다. 학문의 인격을 쌓아야 한다. 나는 학문의 인격을 제대로 쌓았는가? 아니다. 학문의 인격이 부족하였다. 어느 누구에게도 폐를 끼치지 않겠다는 마음은 좋았다. 그러나 소통하면서 지내지 못하고 오로지 연구실에서 연구하고 강의실에서 강의했을 뿐이다. 보직이라고는 생각도 않았고 하지도 않았다. 사회활동도 학회이외의 사회적 정치성향의 단체에는 활동한 바가 전혀 없다. 의도적으로 참여하지 않았다. 권력기관과는 늘 거리를 두었다. 오로지 외길 학문의 길만을 걸었다. 책 보고 글 쓰고 외국에 연구하러 가고 편지 쓰고 성과 혼을 다해 노력했다고 자평한다. 그 결과로 주님의 은혜를 받아 오늘의 여기까지 왔다고 생각한다. 그 외는 다 버렸다. 집안도 제대로 관리하지 못했고 가정도 제대로 치리하지 못했고, 친구와도 제대로 사귀지도 못했고, 어디 취미하나 가져 보지도 못했다. 오로지 외길 그 길, 학문의 길만을 달려 왔다. 읽고, 쓰고, 책 쓰고 발표하고, 특강하러 다니고, 학회하고, 외국의 학자와 그래도 교류하려고 하고, 부족하지만 외국어로 논문도 써 보고, 숱하게 열심히 했다. 그리하여 결국 70 중반의 나이에 우리 현행 민법의 역사를 정리함으로써 나름대로 민법공부는 다 했다고 자평하여 보았다. 그 후에 허허함으로 빠져들었다. 이러한 공부이외에는 아무 것도 한 것이 없다. 다 버리고 공부만을 했다. 그 결과는 안개낀 아침의 광야에 도달하였다. 친구도 없고 도반도 없고 제자도 저만치 멀리 있는 것 같다. 아들도 저만치 있는 것만 같다. 그러나 아들은 찾아오고 있다. 그나마 큰 위로가 된다. 그러나 나에게는 제자가 있다. 공부를 해서 학위를 취득하였으나 교수로 나가지 못한 제자가 있다. 그 제자를 데리고 도반이 되어 제2의 인생을 꾸려 나가고자 한다. 갈 길을 찾지 못해 헤메는 그 고학력 제자들과 함께 사랑을 나누고 용서하고 감사하며 새로운 세계를 찾아보고 싶다. 그것이 제2의 학문의 세계일 것이며, 욥의 고생과 고난 후의 부활의 마지막 삶과 같을 것이다. 주님이 그런 깨달음을 주셨다. 욥과 같이 되게 하여 주시겠다고 깨달음을 주셨다. 지금은 아직 고통과 고뇌 속에 있다. 이제 곧 부활의 새 단계로 인도해 주실 것임을 믿는다. 사람은 일이 있어야 한다. 무슨 일이든 주님께로 가는 그 순간까지 일이 있어야 한다. 그 일이 어떤 일일지는 모르지만 학문을 해 온 나로서는 학문하는 일일 것이다. 법과 성서와 역사 연구소가 있으니 그 연구소를 통하여 도반들과 함께 학문할 수 있을 것이다. 주님이 그 길로 인도해 주실 것임을 믿는다.

도반 그 말은 참으로 귀한 말이다. 길을 같이 가는 사람, 그 친구가 도반이다. 신앙을 같이 가는 도반도 있다. 신앙과 학문을 같이하는 도반의 관계를 맺어 나가고 싶다. 그 한 도반과 학문을 논하며 사랑을 나누고 싶다. 그것이 어찌 아름답지 않겠는가? 아아, 그 길로 가고 싶다. 불가능은 없다. 가능하다. 너무 소망을 크게는 가지지 말고 그 길을 소망하고 기도하며 가면 나에게 주어진 남은 짧은 기간 동안이라도 조금 더 갈 수 있을 것이다. 그 길로 가고 싶다. 가고 싶다. 도반을 찾아서 함께 가고 싶다. 목사님과도 함께 도반으로 가고 싶다. 내가 지도를 받으면서 가고 싶다. 나를 교회로 인도해 준 신인묵 목사님과 도반으로 함께 신앙을 나누면서 같이 가고 싶지만 그것도 쉽지 않다. 이종사촌 간이지만 같이 가는 길이 어렵다. 서로가 혼자만이 아니기 때문이다. 각각의 가정이 있느니 도반의 관계는 후순위이다. 아아, 세상살이가 쉽지 않구나. 그렇게 주님의 은혜로 무사히 정년을 마치고 이미 10년이 지나고 있다. 이 모두가 다 주님의 사랑이고 은혜이다. 주님이 아니었더면 지금의 나는 없다. 욥의 부활을 주님께 구한다.

그래도 소망과 희망을 갖고 있다. 제자가 있다. 아들이 있다. 아직은 내가 건강하다. 누구도 오기 힘든 민법의 마지막 단계까지 와 봤다. 혼과 성을 다해 공부했다. 주님이 나의 기대를 넘어 축복해 주셨다. 그리하여 오늘의 내가 있다. 그러나 많이 부족하다. 부족하다는 말 밖에는 할 말이 없다. 남들은 뒷글을 말글로 쓰지만 나는 말글로 뒷글밖에 못쓴 부족한 나이다. 부족을 고백한다. 그나마 부족한 나의 학문 밖에는 한 것이 없다. 내놓을 것이라고는 그것밖에 없다. 그 외는 다 무력하지 짝이 없다. 친구도 없고, 본가도 처가도 거리를 두고 살아야 한다. 교회도 마음을 다 주지 못한 상태로 아웃사이더로 교회생활을 하였다. 아무 것도 없다. 공부한 것 외에는 남길 것도 자랑할 것도 아무 것도 없다. 공부도 열심히는 했지만 부족하기 그지 없다. 내 놓을 만한 업적을 쌓지 못했다. 죄송하다, 극히 미안하다. 학문한 그것이 무엇인지도 모르고 그져 공부했을 뿐이다. 그러다가 보니 여기 까지 와 있다.

학문하는 사람으로서 참회와 속죄를 구한다. 학문의 결과에 있어서도 양은 좀 있으나 내놓을 가치는 없다. 쓴 책을 불살라버리고 싶은 생각도 들었다. 나를 지우고 싶은 생각도 들었다. 이것을 한다고 그 긴 세월을 다 버리고 왔단 말인가? 주님은 내가 하도 달라고 하니 주셨을 것만 같다는 생각도 들었다. 김옥길 이화여대 총장님은 자기에 대한 글을 하나도 남기지 않으려고 하였다. 기념논문집도 못하게 하셨다. 그 심정을 이해할 것만 같다. 대인의 생각이다. 대인의 인격이다. 뭐 한다고 해도 세상에 빛이 되지 못하는 일이 허다하다. 나의 학문생활도 마찬가지이다. 내놓을 것이 없다. 부족하고 부족하였다. 그져 할려고 하였을 뿐이다. 주님이 구원해 주시지 않으셨으면 내가 설 자리는 없다. 주님의 은혜로만 내가 살아갈 수 있다. 주님 뿐이다. 주님께 의지할 뿐이다. 그 외는 없다. 나라는 무력한 존재앞에 나는 부족하다고 고백할 수 밖에 없다. 그것 뿐이다. 인격이 부족하였다. 너무 속이 좁았다. 속이 곡하였다. 소인이다. 극히 소인이다. 대인의 반열에는 끼지 못한다. 소인이다. 주님의 은혜로 이 소인이 그나마 지금 이 자리에 있다. 소인이다. 인격이 부족하였다. 참회하고 속죄를 구한다. 지금도 마찬가지이다. 글을 쓰고 말로 소인임을 알려야 하겠다. 부족하였음을 외쳐야 하겠다. 나를 주님께 드린다. 이 시대의 사도가 될수 있을까 자만도

하였다. 잘못이다. 극히 잘못이다. 나를 용서해 다오. 나를 용서해 다오. 주님이여 나를 용서해 주옵소서. 나는 내 자신을 치리할 수가 없습니다. 주님이 인도하시는 대로 가겠습니다. 다시금 학문의 도반을 찾아 나서겠습니다. 정성을 다해 도반이 되고 도반을 찾아 나가보겠습니다. 낮고 낮은 곳에 있는 학문하는 사람을 만나보고자 합니다.

아아, 삶의 길도 학문의 길도 평탄하지 않고 쉽지만은 않다. 애를 쓰고 썼지만 그 결과는 허허하다. 나를 지우고 싶지만 그래도 해 놓은 것은 정리해 두어야 하겠다. 학문의 도반이 없이 혼자서 그렇게도 애썼건만 왜 이렇게도 허허할까? 본래 삶이란 그런 것일까? 그래도 나를 다 잡고 주님께로 나아간다. 주님이 나의 구원자이시다. 주님의 나의 치리자이시다. 주님 밖에 구원자는 없다. 도반이 있으면 위안이 되겠지만, 나는 홀로 덩그러히 외로이 지금 이 시간을 맞고 있다. 도반이여 나와 같이 학문을 논하며 이 시대를 조금이라고 같이 살아가 보고 싶습니다. 도반이여, 도반이여, 나의 도반이여, 그 도반이 주님이시내요. 주님이외에 더 큰 도반이 어디 있겠습니까? 주님이 나를 도반으로 받아주옵소서. 그리고 도반으로 하여금 깨달음과 위로를 허락해 주옵소서. 주여 나를 구해 주옵소서. 나는 주님께로 갑니다. 주님이 나의 구원지이시기 때문입니다. 주여, 나를 반겨주옵소서, 아멘. 아멘. 아멘

<2020. 12. 10. 14:23>

54. 초극(超克), 해탈(解脫), 초인(超人)

자아를 버리고 떠난 상태가 초극(Überwindung)이고 해탈(Erlösung)이며 그러한 사람을 초인(Übermensch)이라 할 수 있을 것이다. 그 자아도 못난 자아, 악성이다. 인간이 악성인 자아를 완전히 벗어난 상태가 초극이고 해탈이라 할 수 있을 것이다. 인간이 선성만 가지고 있었더면 언제나 즐겁고 기쁘기만 할 텐데, 악성이 있기에 그 악성인 자아와 선성인 선심이 항상

다툰다. 그렇게 인간은 자아로 인하여 괴롭고 번뇌하고 고통을 받는다. 너무 괴로워 견디기가 힘들 때도 있다. 못난 자아에 대한 죄책감에 시달리고 작은 일에도 민감하고 마음이 약한 사람은 더욱 괴로운 나날을 보낸다. 그러나 한 잔 술로 달래고 상대야 어찌 되었던 자신만의 평안만을 추구하는 사람도 있다. 못난 자아 때문에, 내면의 악성 때문에, 어찌 통제할 수 없는 원죄 때문에 나는 괴로워 한다. 그 원죄로부터 좀 해방되어 해탈한 삶을 살 수 있으면 좋으련만 이 노년의 나도 나의 자아로 인하여 괴로워 한다. 이런 자아가 왜 생겼을까? 다 나같은 자아를 가지고 있는 것은 아닐 것이다. 늘 즐겁고 기뻐하며 사는 사람도 있다. 어쩌면 그렇게 살 수 있을까? 참 부럽기도 하고 나도 그런 내 자아가 없는 평온하고 평화로운 삶을 살고 싶다. 어찌 이 나이에도 이렇게 괴로워 하며 살고 있는 나일까?

기도도 해 본다. 좀 이기어 보려고도 한다. 바람을 쐬며 잊어 버리려고도 해 본다. 반듯하게 살면 이런 일이 없을 거라고도 생각해 본다. 공부하면 잊어 버리고 살 수 있을 것만 같다는 생각도 든다. 늘 결정을 할 때에는, 오래도록 머리에서 생각하고 생각한 다음에 가슴으로 결정하는 방식으로 살아온 삶의 방식을 가진 나는 한 번 생각에 잠기면 그것이 가슴으로 풀어져야 끝이 난다. 쉽게 잊지 못한다. 생각하고 또 생각한다. 그것이 집착이 된다. 그러다 보면 시간이 훨씬 지나고 만다. 그런 삶을 내내 살아 왔다. 생각하고 생각하는 습관은 공부하는 데는 유익하였다. 말없이 혼자 독백하며 지내는 데는 유익하였다. 그러나 그것이 항상 좋은 것만은 아니었다. 이심전심으로 서로 이해하고 살기를 바라는 생활태도가 바로 그렇게 생각하는 삶이다. 그러나 그러한 사람과 같이 사는 아내와 가족들은 괴롭다. 속히 터진다. 그러다 세월이 지나니 손을 들고 만다. 그럴 때가 되면 본인은 더욱 외롭고 쓸쓸하고 그것이 또 괴로움으로 다가온다. 초인으로 가지 못하고 생각만 하는 사람은 본인도 이웃도 괴롭다. 초인으로 해탈할 사람이 되면 본인은 무한 자유 속에 산다. 그러나 그 이웃은 허전해 진다. 함께 해탈하지 못하는 한 허전하고 속절없음에 빠진다. 지금 나의 상태가 이런 수준이 아닐까 생각해 본다.

해탈하고 싶다. 초극하고 싶다. 초인으로 살고 싶다. 세상의 만사를 다 버리고 저 위에서 구름같이 흘러가며 살고 싶다. 그러나 어찌 그것이 생각대로 되는가? 남들은 나를 부러워 한다. 무엇보다도 대한민국학술원 회원에다 유명한 상을 받은 학자이고, 아들도 잘 되고, 재물도 있는 부러울 것이 전혀 없는 조건을 갖추고 있음에도 불구하고, 정작 본인은 스스로 괴로워 한다. 말이 없어지고 생각이 정지하고 자신이 없고 일을 더 하고 싶어하지 않는다. 그 예전같으면 때가 왔다고 감사하며 뛰어들 일도 지금은 자제하게 된다. 두려워지기도 하고 그냥 지나가지 하는 생각도 한다. 그 길이 초인의 해탈한 사람의 길을 아니다. 해탈한 사람에게는 모든 존재를 다 인정하고, 자기와 적절한 절제된 관계를 유지하며, 그 속에서 평안과 평화를 누리는 사람이다. 그러한 사람이 바로 초인이다. 그러나 나는 그러한 초인이 아니다. 쉬이 감정이 작용하여 상대방의 허물을 보려하고, 상대방에게 탓을 돌리고, 그리고 다시 자기 죄책감으로 괴로워한다. 외관이 아니라 내면이 편치 못하다. 잘 먹고 있다. 얼굴도 나이에 비해 젊어보인다. 그런데도 속은 깨끗하지 못하고 검다. 그것이 사탄이 늘 자극하는 못난 나의 자아이다. 그 못난 자아가 늘 나를 괴롭힌다. 그 못난 자아를 가지고 민법을 끝까지 섭렵해 왔다. 그러니 섭렵을 해 와도 안개낀 아침의 광야밖에는 보지 못하고 있다. 이 상태를 지나 초극하여 초인이 되고 싶다. 어떻게 하여야 그 길로 갈 수 있을까? 생각하고 생각해도 생각이 나지 않는다. 머리가 굳어져 버렸다. 더 이상 생각이 안 난다. 초극은 어디에서 언제 이룰 수 있을까? 해탈은 내가 불교도가 아니기 때문에 쉽게 쓸 수가 없다. 초극이라 말하고 싶다. 해탈이라도 좋다. 초극이라도 좋다. 못난 자아가 사라진 나의 상태에 도달하고 싶다. 나의 제2의 삶은 초극의 삶이고 싶다. 그리고 나는 초인이 되어 살다가 주님께로 가고 싶다. 아무 것에도 거리낌이 없는 삶을 살고 싶다. 거리낌의 생각도 하지 않는 그런 평화로운 삶을 살고 싶다. 그런 바보로 살고 싶다. 바람이 부는 대로 그냥 흔들리며 괴로워하지 않는 삶을 살고 싶다. 그 길로 가보아야 하겠다. 반듯하게 살라고 했는데, 열심히 살라고 했는데, 가난하게는 살지 않으려고는 했는데. 그런데 나의 가슴이 가난해지지 않았는가? 그러나 늘 고뇌와 고통의 연속이다. 다 놓으려고 해도 내려 놓아지지 않는다. 초극하고 싶지만 초극되지 않는다. 사탄이 늘 잡아 당기고 자아를 흔들어 놓는다. 교회에 나가고부터 현재까지 계속되고 있다. 삶이 어려워도 즐겁게 사는 분들이 있는데. 명성이 없어도 기뻐하며 잘 살고 있는 사람이 있는데. 서로 의지하고 위하며 잘 살고 있는 사람들이 많은데. 몸이 부서지도록 일해서 척추가 휘어진 노인임에도 자기 삶의 가치에 만족하며 살고 있는 사람이 있는데. 나는 그런 사람들이 가장 값지게 살았다고 생각한다. 그런 분들에 비하면 나는 얼마나 행복한가? 행복의 극치를 누리고 있는 사람인데. 그럼에도 불구하고 내 가슴이 왜 이렇게 막히나. 못난 자아가 나를 괴롭히고 있다. 그 못난 나의 자아를 내 의지로는 제거하지 못한다. 성령의 불로 태우고 성령의 물로 씻어야 가능하다고 믿는다. 그러나 그 성령님의 역사도 아직 나에게 이르지 아니하였다. 좀 시원한 노인으로 살았으면 좋으련만, 못난 자아가 때로는 나를 괴롭히고 때로는 나를 나약하게 만들기도 한다. 그 자아를 넘어서서 초극하고 싶다. 초인으로 살고 싶다. 초인은 지식만으로는 안 된다. 초인은 재주만으로도 안 된다. 초인은 성령이 오셔야 가능하다. 성령의 은혜만이 초인의 삶을 살 수 있도록 한다. 초인의 길을 소망한다. 초인이여, 내가 초인이 되어 고뇌없이 남은 삶을 살고 싶습니다.
아멘.

<2020. 12. 11. 13:22>

55. 문명의 발전과정

문명이란 무지의 인간상태에서 점차 인지능력을 갖추고 자신을 정립하고 사회를 조직해 나온 인간역사라 생각한다. 인간이 처음으로 이 땅에 창조되었을 때부터 인간은 인지능력을 갖고 자신과 사회를 문명인과 문명사회로 발전시켜 왔다고는 생각되지 않는다. 창조의 첫 시기에는 인간은 무지하였고 사회는 절서가 없었다고 생각한다. 그러나 점차 인간이 살아가기 위해서는 인간이 인지능력을 가져야 하고, 인간사회가 조직화 되어야 할 필요성이 인정되기 시작하면서, 인간의 지적 능력이 깨어나고 사회는 협동의 질서있는 조직으로 변화하여 왔다고 생각된다.

어떻게 인간은 무지의 존재에서 점차 인지능력이 생기고 사회라는 조직을 만들어 인간이 함께 더불어 살아가는 일을 시작하였을까? 그것은 외부환경의 도전에 대하여 인간이 살아가는 방법을 찾지 않을 수 없는 계기 때문이라 생각된다. 창조주가 인간을 창조하고 보기에 좋았고 정의라는 인간이 살아가야 할 질서까지 만들어 주었다. 그러나 창조될 당시에는 이를 이해할 수 있는 지적능력을 인간은 갖지 못하였다고 생각된다. 인간 이외의 자연과 접촉함으로써 험한 자연 속에서 인간이 살아 생존할 수 있는 능력을 점차 가게 되었다고 생각된다. 자연의 도전에 대한 인간의 응전으로 인지가 발달하게 되고, 혼자만이 아니라 함께 거친 자연의 도전에 응전하여야 한다는 인식에 도달하여 문명을 이루기 시작하였다고 생각된다. 그러므로 인간사회의 문명발전은 도전과 응전으로 형성되고 발전되어 왔다고 생각된다.

이러한 인간의 창조 당시의 상태에 관한 자연상태에 대해서는 질서정연한 목가적(牧歌的)인 사회였다고 하는 사람도 있고, 만인의 만인에 대한 전쟁상태였다고 진단하는 사람도 있다. 평화로운 상태에서는 문명을 이루기 어려울 것으로 생각된다. 서로 다툼이 있는 곳에서 평화를 찾기 위해 노력한 결과가 문명이란 이름으로 사회가 발전할 수 있었다고 생각된다. 그리하여 인간사회는 도적과 응전의 교착 속에서 문명이란 이름의 발전을 하여 왔다고 생각된다. 물론 창조 당시의 인간사회가 전쟁상태였다고 하지만, 창조주는 인간에게 하나님의 형상을 심어 주셔서 그것으로 선한 문명을 이루어 가도록 하셨다고 생각된다. 또 한편으로 인간 내면에는 원죄로 인하여 악한 성질도 함께 가지고서 때로는 다투고 때로는 화해하면서 문명을 발전시켜 왔다고 생각된다. 인간의 내적 성격 중에서 선성과 악성은 문명 발전에 다

같이 기여하였다고 생각된다. 어느 하나만이 절대적으로 기여하였다고는 생각되지 않는다. 늘 양자가 충돌하면서 조화를 이루어 보고자 하는 노력의 과정이 문명이란 이름으로 발전되어 온 것이 아닐까 생각된다.

창조주는 인간을 창조하면서 인간에게 선한 의지를 주었다. 그것이 바로 정의와 사랑의 의지라 생각한다. 정의와 사랑을 키워 아름다운 이 세계를 만들어 살 것을 창조주는 인간에게 축복하셨다. 그러나 한편으로 인간은 그 어디에서 온 것인지는 알 수 없지만 악성이 내재하여 그 악성이 선성에 늘 도전을 하여 왔다. 선성과 악성이 충돌하면서 발전되어 온 과정이 문명의 역사였다고 생각된다. 참으로 묘한 존재가 인간이다. 인간은 하나의 존재인데 내면은 두 영역으로 나누어져 있다. 선과 악으로 나누어 내면에서 지속적으로 충돌한다. 그 충돌로 새로운 조화의 방법을 찾아 나가게 되어 있다. 그리고 인간 내면만이 아니라 사회내에서도 서로 계층간에 갈등을 빚으며 살아왔으며, 서로 충돌하면서 조화를 이루어 온 문명사를 이루어 왔다. 그 예전에는 귀족과 노예로의 분열과 대립, 중세는 영주와 농노의 대립과 충돌, 근대에는 자본가와 노동자의 대립과 충돌, 그리고 현대에는 많이 가진 자와 적게 가진 자 간의 충돌와 대립을 통하여 서로 다투면서도 공생할 수 있는 길을 찾아온 문명의 역사를 갖고 있다. 그러므로 사회도 역시 도전과 응전으로 문명을 이루고 발전시켜 왔다고 진단된다.

이러한 도전과 응전의 문명발전의 과정에서 그 주도권은 가진 자와 힘이 센자가 가졌다고 생각된다. 지금 자본주의의 역사가 그러하다. 가진 자의 이익과 인격을 보호하는 방향으로 철학을 만들고 사회를 조직하고 경제를 운용하여 왔다. 자유주의, 개인주의, 사소유권, 시장경제 이 모두가 가진 자 중심의 문명발전의 사상이고 제도들이다. 일시적으로 사회주의가 승리한 때도 있었으나 사회주의는 결국 사멸해 가고 있다. 자본주의 질서가 그래도 생명력을 가지고 있다. 가진 자, 쥔 자 중심의 역사가 인류문명의 역사를 이루어 왔다고 진단된다.

주님은 왜 인간과 사회를 창조하실 때에 가장 선한 성질로만 구성된 인간과 사회를 창조하시지 않으시고 악한 성질도 악한 측면도 있는 사회를 만들어 서로 충돌하고 다투는 과정에서 선이 힘을 발휘하도록 하였을까? 주님이 세상의 구도를 그렇게 창조하시지 않았더라면 이렇게 다툼은 없었을 것이 아닌가? 인간 혼자서 악을 제어하기 힘들어 종교가 생성되고 신에게 귀의하는 것이 아닌가? 어떻게 하여야 인간으로서 제대로 사는 길인가? 선을 지키고 선이 이기게 하고 악을 제어하고 악을 물리치는 일을 계속하여야 그래도 바람직한 인간, 이상적인 사회를 이룰 수 있는 것이 아닌가? 그러면 어떻게 하여야 악을 이기고 선이 중심을 잡은 인간 그리고 사회의 문명을 이룰 수 있을까? 지금은 거대 기업이 세상을 쥐고 있다. 거대한 강자가 주인인 사회가 되어 있다. 이런 사회로 계속 나아가야 하는가? 문명의 발전과정의 변화를 모색할 수는 없을까? 이상적인 문명사회의 모습은 어떤 내용으로 구상되어야 할까? 누가 어떻게 이상적인 인간상으로 이상적인 사회로 이끌어 갈 수 있을까?

칸트는 오로지 인간의 이성에 의한 자유의지로 도덕인과 도덕사회를 만들 수 있다고 하였다. 바울은 율법에 의해서가 아니라 사랑으로 이상적인 인간, 이상적인 사랑의 사회를 이룰 수 있다고 하였다. 플라톤은 이데아의 세계를 이상을 하여 그 이데아의 세계를 열망하며 사는 것이 문명인, 문명사회로 가는 길이라고 하였다. 아리스토텔레스는 정의의 세계를 이루는 것이 이상인, 이상사회의 길이라고 하였다. 부처님은 해탈하는 방법이 문명인으로 사는 최선의 길이라고 하였다. 어느 철학자는 서로 의논하고 토론하여 최선의 이상사회를 만들어 갈 수 있다고 한다. 어느 사회사상가는 인간에게 무제한의 자유를 주는 것이 이상사회로 가는 길이라고 한다. 그러나 어느 하나도 완전한 문명인, 문명사회로 가는 길이 못된다. 서로 충돌하면서 서로 조화를 이루는 상호이해와 조화가 함께 작용하여야 최고는 아니라도 차선의 이상사회를 이룰 수 있다고 생각된다.

도전과 응전이 적절이 일어나야 한다. 서로가 견딜 수 있는 한계 내에서 도전하고 응전하여야 차선의 문명인, 차선의 문명사회를 이룰 할 수 있다고 생각한다. 인간과 세상에는 선과 악의 대립적인 존재가 선재(先在)하고 있고 양자의 충돌와 조화에 의하여 문명이 발전하여 온 문명발전의 법칙을 거스릴 수는 없다. 도전을 피하지 말고 적절히 응전하는 과정이 필요하다. 물러서는 것만이 능사도 아니고, 도전하는 것만도 능사가 아니다. 정의와 사랑의 법칙에 따라서 도전과 응전이 일어나야 한다. 강자와 약자의 조화로운 작용, 반작용으로 문명인, 문명사회로 발전해 나가는 것이다. 그 조화가 극히 어렵다. 그 조화는 인격이 이를 결정한다. 인격을 가진 자가 문명인의 사표가 되어야 하며, 인격자가 지도자인 사회가 문명사회로 가는 길이다. 도전과 응전의 룰이 바로 정의와 사랑이다. 정의와 사랑으로 도전에 응전하면서 보다 나은 선의 인간, 선의 사회로 가는 길이 문명인이고 문명사회라 생각한다.

문명인과 문명사회는 사랑이 있고 평화가 깃든 인간이고 사회이다. 그러한 인간이 문명인이고 그러한 사회가 문명사회이다. 가진 자가 더 가지려고 해서는 안 된다. 없는 자가 가진 자를 공격만 해서도 안 된다. 적정 수준으로 수준을 낮추어 견딜만한 수준을 유지하도록 하여야 한다. 그것이 충돌 속에서도 조화를 이룰 수 있는 수준이 될 수 있을 것이다. 경제 성장도 좀 낮추자. 소득 수준도 좀 낮추자. 인구의 자연감소도 용인하자. 지구가 결딜만한 수준의 경제를 유지하자. 장수만이 축복이 아니다. 가치있는 삶을 사는 것이 축복이다. 너무 장수하기 위해 치료받지 말자. 그것이 문명의 발전이다. 의미있는 삶, 가치있는 삶이 문명인의 삶이다. 너무 먹지 말라. 적정 수준으로 먹어라. 악을 촉발하는 행동을 삼가라. 말초신경을 자극하는 일은 절제하여야 한다.

핵무기도 없애라. 인권을 억압하지 말라. 국가는 최소한 식량을 공급할 수 있어야 한다. 이것을 부인하는 사회주의는 추방하여야 한다. 사회주의는 문명사회를 위한 사고가 아니다. 자유주의는 유지되어야 한다. 개인주의는 이기주의로 발전되지 않도록 하여야 한다. 시장경제질서는 유지되어야 한다. 인위적으로 시장을 왜곡해서는 안 된다. 민족주의, 전체주의, 집단주의, 제국주의, 지역주의는 문명인의 자세가 아니며 문명사회를 가는 길도 아니다. 사랑주의, 평화주의, 사해동포주의로 나아가야 한다. 그것이 문명사회로 가는 길이다.

도전에 위축되지 말고 항상 도전에 응전할 준비를 하면서 살아야 한다. 개인도 사회도 국가도 마찬가지이다. 내일을 위한 준비와 예비를 하면서 살아야 한다. 그것이 문명의 계속을 보장하는 방법이다. 그리고 창조주의 창조의 질서에 순응하면서 살아야 한다. 창조주를 떠나서 인간 혼자만으로는 도전에 적절히 응전할 수 없다. 신의 도움을 받아야 선이 바로 서고 악을 이길 수 있다. 그것이 창조주가 이 세상을 움직이는 운행원리이다. 악을 이기고 선을 키워라. 사랑과 정의와 평화로 살도록 노력하라. 도전에 응전할 준비를 항상 하여 두어라. 세상은 도전과 응전 속에서 문명이 발전한다. 그것이 창조주의 세상 운행의 원리이다. 도전과 응전 속에서 조화를 이루어 나가는 과정이 문명발전의 역사이다.

<2020. 12. 25.>

56. 100년을 내다보고 오늘을 살라

주님은 영원하시다.
영원부터 계셨고 영원히 계신다.
인간도 영원히 산다.
영적으로 영원히 산다.
육신을 가진 현재는 지나갈 뿐이다.
내일을 예비하며 신뢰할 수 있는 내일을 만들 생각을 하면서 오늘을 살아야 한다.
오늘만이 나에게 주어진 것이 아니다.
내일도 모래도 100년 후도 그 후도 나에게 주어져 있다.
훗날을 생각하면서 오늘을 살아야 한다.
내 당대만이 아니라 후대들이 잘 살 수 있는 바탕을 선대인 내가 만들어 놓아야 한다.
산에 나무를 당장 배어 돈으로 바꾸려고 하지 말고
나무를 키우고 수종개량을 하여 100년 후에 큰 자본이 되도록 오늘 한 그루의 나무를 심어야 한다.
장래를 준비하고 예비하는 오늘의 삶이어야 한다.
주님이 사랑하는 사람은 오늘의 평안만을 누릴려고 해서는 안 된다.
주님이 사랑하시는 아들에게는 평안을 주시지 않으신다.
고뇌하고 주님께 묻고 문을 두드리며 살라고 하신다.
바울이 그러하였다.
다윗이 그러하였다.
아우구스티누스가 그러하였다.
다니엘이 그러하였다.
욥이 그러하였다.
요셉이 그러하였다.
주님이 쓰고자 선택한 사람은 고뇌의 연속의 삶을 산다.
평안해서는 주님을 찾지 않는다.
고뇌에 쌓였을 때에 주님을 찾는다.
주님은 이미 다 아신다.
주님이 만든 창조질서이다.
고뇌가 많은가?
그것은 주님이 사랑하신다는 징표이다.
답을 드려야 한다.
답을 모르면 주님께 구하고 찾고 주님집의 문을 두드려야 한다.
주님이 사랑하는 사람은 이 땅에서의 마지막 순간까지 주님의 일을 하여야 한다.
천사가 와서 데리고 가는 그 순간까지 주님 나라를 이루어나가야 한다.
미켈란젤로가 그러하였다.
헨델이 그러하였다.

고뇌와 고통은 주님이 주시는 선물이다.
더 나은 세계를 소망하도록 하는 축복이다.
그렇다.
그 진리를 터득하는 것은 쉬운 일이 아니다.
그것은 주님의 사랑의 선물이다.
내 것이 아닌 것에 마음을 두지 말라.
주님은 필요한 것은 다 주신다.
넉넉히 주신다.
주님을 사모하고 살면 필요한 만큼을 넉넉히 주신다.
남의 것을 탐내는 것은 못난 짓이다.
주님은 필요한 만나를 다 가지고 계신다.
넉넉히 준비해 두셨다.
가장 유용하게 쓸 사람에게 주신다.
낭비하는 사람에게는 주시지 않는다.
한 그루의 나무를 심고 키워라.
100년 후의 후손을 위해 심어라.
오늘 당장 밸 생각을 마라.
키워서 제대로 된 목재로 큰 때에 배고 또 심어라.
그것이 주님의 분부이시다.
주님이 창조한 이 땅을 큰 나무로 옷을 입힐 것을 원하신다.
주님안에서 찾고 구하고 문을 두드려라.
그러면 새나라와 새 땅을 찾게 될 것이다.
오늘도 내일도 100년 후에도 필요한 만나를 넉넉히 만들어 나갈 수 있을 것이다.
오늘의 고뇌는 내일의 평강과 평화를 가져온다.
고뇌는 주님이 주시는 선물임을 가슴에 새겨라.
고뇌는 주님이 사랑하신다는 징표이다.
아아,

세상이 이렇게 역설적이고 또한 오묘하다.
주님 안에서 답이 있다.
주님께 물어라.
주님이 답을 해 주실 것이다.
주님의 답이 바로 계시다.
계시하는 대로 가고 또 가야 한다.
아멘입니다
할렐루야입니다.
아멘.

<2022. 1. 13. 18:54>

57. 삶의 방식들

삶에는 여러 가지 방식이 있다.
사람마다 사는 방식이 다 드리다.
원칙주의자도 있고
상황윤리자도 있고,
기회주의자도 있고
극히 다양한 삶을 산다.
나는 어떤 삶을 사느냐?
나의 삶은 주님이 예정하신 그 길로 주님의 인도로 살아온,
주님의 길을 살아온 그 삶이다.
그리 화려한 길은 길은 아니었지만,
알찬 길이었다.
혼과 성을 다한 알찬 삶이었다.
하나님께서 내 사랑하는 아들이라 불러 주신 그 삶을 살았다.
최고의 삶을 살았다.

최선을 다한 삶을 살았지만,
결코 나를 드러내지 않는 삶을 살았다.
주님이 알아 주시면 그것으로 족하다는 마음으로 살아온 삶이다.
인생에는 고비고비가 있다.
일희일비(一喜一悲)하는 삶이 아니라
지속적이고 일관성있는 항심의 삶이었다.
현재를 성찰하고 내일을 준비하고
지난날을 성찰하는 삶이었다.
주어진 시간을 선용하고자 하는 삶이었다.
결코 우연을 믿지 않고
조금씩 조금씩 모으고 쌓아가는 삶을 살았다.
헛된 헛웃음을 웃지 않고 경건한 삶을 살려고 하였다.
결코 누구를 위해 붙어사는 삶을 살지 않았다.
내면의 충실을 기하는 삶을 살았다.
아무도 알아주지 않아도 좋은 삶을 살았다고 생각한다.
정의를 지나 사랑으로 지나가는 삶을 살고 있다.
오로지 성령의 인도를 받은 삶을 살고자 하고 있다.
그 결과로 다 이루었다.
나는 나의 내가 아니라,
주님의 나임을 늘 성찰하였다.
결코 나의 재주도 이성도 능력도 아니다.
오로지 주님의 인도와 섭리와 축복의 결과이었다.
그것은 사실이다.
그 누구로부터 사사받은 삶이 아니라,
오로지 믿음으로 주님의 은혜로 살아오고 주님이 주시는 깨달음으로 터득한 삶이었다.
나 나름대로의 삶이었다.
그런데 그 삶이 바로 주님 섭리의 삶이었다.

가장 확실한 삶이었고 길이었다.
주님이 사랑하는 아들이었고
주님이 예정하시고 섭리하신 삶을 살아왔다.
그리하여 정점에 거의 도달하였다.
나의 만나(manna)는 나의 것이 아니다.
후대들에게 규모를 좀 키워 주기를 바라면서 후대에게 투자하려고 한다.
그러면 후대가 좀 규모를 늘려 형편이 되면
기도처 및 법과 성서와 역사 연구소를 설립하여 주기를 바란다.
그곳에서 주님께 기도하면서 학문하여 후대에 빛을 비추어 주면 좋겠다.
나의 당대에 다 이루기는 어렵다.
그런 생각이 든다.
잘 관리했다가 후대에 투자를 하려고 한다.
후대가 규모를 더 늘려 아담한 집 한 채 마련해서
함께 기도하고 학문하는 곳으로 사용하여 주었으면 좋겠다.
그것이 나의 소망이다.
그 일도 주님이 섭리해 주시기를 기도하며 그렇게 될 것으로 믿는다.
나의 삶은 신 중심의 삶(theocentric life)이다.
인간 중심의 삶(anthropocentric life)이 아니다.
주님의 사랑과 정의를 기초로 하는 삶이다.
권력과는 멀리하도록 하는 삶을 산다.
권력과 밀착하면 순수가 왜곡된다.
그리하여 나는 플라톤, 스토아철학, 아우구스티누스의 철학을 깊이 연구하고자 한다.
권력과 친했던 아리스토텔레스, 토마스 아퀴나스와 같은 권력지향적인 철학자들, 자본주의를 옹호하는 신학자들, 철학자들은 그렇게 좋아 보이지 않는다.
현대에 와서는 신중심의 신학자인 칼 발트가 좋다.
나는 주님이 나의 길을 바꾸어 주셨다.

철저한 신 중심의 삶이었다고 생각한다.
자연히, 그런 신중심의 철학이 좋다.
천천히 플라톤 철학, 스토아철학, 어거스틴 신학을 공부한다.
다시 공부한다.
바쁘지 않게.
나는 주님 안에 있다.
복된 삶이었다.
다 이룬 삶이었다.
주님이 일일이 인도해 주신 삶이었다.
책의 내용도 주님이 인도해 주시고 깨달음을 주셔서 이루어졌다.
그렇게 믿는다.
그럼에 틀림이 없다.
삶은 순간에 이루어지지 않는다.
평생을 두고 쌓고 갈고 닦아야 하는 과정이다.
무던히 쌓아야 하는 과정이다.
우직하게 갈고 닦아야 하는 과정이다.
항심으로 갈고 닦고 성찰하고 또 나아가야 하는 과정이다.
삶은 그렇게 힘드는 과정이다.
영원히 살기 위한 과정이 그렇게 수월할 수 만은 없다.
잔재주로 살려고 해서는 안 된다.
우직스럽게 무던히 살아야 한다.
그 길이 바로 삶의 길이다.
그것이 바로 진리다.
주님이 섭리하시는 삶이어야 한다.
주님이 인도해 주시는 삶이었다.
그 삶에는 덕을 쌓아야 한다.
공덕을 쌓아야 한다.
그리고 사랑하여야 한다.

사랑이다.
사랑이고 사랑이다.
성령이 인도해 주시는 삶이어야 한다.
독자적인 삶이어야 한다.
항심의 삶이어야 한다.
항심, 우직스러움, 무던함, 자신을 다 한 삶, 주님 섭리의 삶,
덕을 쌓는 삶, 도덕적인 삶, 주님이 인도해 주시는 삶,
그런 삶을 살아야 한다.
그것이 진정 인간이 가야할 삶이다.
주님이 섭리하시는 삶이어야 한다.
그 삶이 진정으로 창조주가 원하시는 삶이다.
자랑도 없다.
은은한 미소의 삶이다.
덕의 삶이다.
주님이 함께 해 주시는 삶이다.
그렇다.
그렇고 말고
그런 삶이다.
사랑이다.
사랑이다.
사랑이고 사랑이다.
성령의 인도하심이다.
성령의 섭리의 삶이다.
오로지 믿음이다.
오로지 주님에 접붙여진 삶이다.
사랑이다.
사랑이고 사랑이다.
오로지 사랑이다.

사랑으로 산다.
사랑으로 산다.
자연법이 우수도서로 선정되어
화산미디어에 작은 보탬이 되기를 기도한다.
그렇게 될 것이다.
주님이 역사해 주실 것이다.
그렇게 믿는다.
아멘이다.
아멘이다.
아멘.

<2023. 5. 1. 09:00>

58. 삶: Life is beautiful and lovable.

삶은 사랑이다.
삶이 사랑이다.
삶은 아름다운 것,
삶은 오로지 자기 만이 가지는 것,
삶은 오로지 한 평생 하나만 만들 수 있는 것,
아름다운 삶이 가장 이상적이다.
누구나 아름다운 자기 삶을 만들어 갈 수 있다.
삶을 벗어난 사람은 아무도 없다.
그 자기의 오직 하나의 삶을 아름답게 만들어야 하지 않을까!
창조주 하나님이 인간을 자신의 형상을 따라서 만드셨다.
가장 아름다운 형상이 하나님의 형상이다.
하나님의 형상을 초월하는 아름다운 형상이 있을까?
그것은 없다.

하나님의 형상의 본체는 무엇인가?
전지하다.
전능하다.
지혜다.
크다.
웅장하다.
다 거느리시는 포용이다.
사랑 그 자체이다.
어느 곳에나 계신다.
인격체이시다.
사랑으로 살도록 하신다.
하나님이 자신의 형상대로 만드신 인간이
하나님의 형상을 따라서 사는 것은
창조의 원리이고 진리이다.
인간의 삶도 사랑이다.
인간의 삶도 아름다운 미(美) 그 자체이다.
사랑이 삶이다.
삶이 사랑이다.
작은 사랑,
큰 사랑,
오묘한 사랑,
포근한 사랑,
그윽한 사랑,
그 사랑의 삶이 바로 인간의 삶이다.
삶을 사랑한다.
삶은 아름다운 것.
너무나 귀한 것.
잘 만들어 가야 한다.

시간의 흐름에 따라서 삶도 변화한다.
변화하기 때문에 더 아름답다.
변화하기 때문에 더 사랑스럽다.
사랑스런 삶에 더 사랑스런 내용을 더하여라.
지식을 더하고,
건강을 더하고
감사를 더하고,
기도를 더하고,
나눔을 더하고,
아까와 하지 말고,
목표를 향해 열심을 더하고
긍정으로 살고
희망으로 살고,
사랑을 나누면서 사는 것이 아름다운 삶이다.
아파도 사랑하고,
고통도 사랑하고,
고난도 사랑하면서 산다.
삶의 모든 것을 다 사랑한다.
참 아름다운 삶이다.
사랑의 삶이다.
그 삶이 참 아름답다.
참 보기 좋다.
참 평화롭다.
참 자유롭다.
참 여유롭다.
참 고요하다.
참 좋다.
참 아름답다.

참 행복하다.
부족한 가운데서도 넉넉하다.
세상은 변한다.
변화도 사랑한다.
변화가 삶이고 역사이다.
아름다움으로 변한다.
자연 그대로의 변화다.
창조의 상태로의 변화다.
자연상태로의 변화다.
그 자연상태로 창조주는 인간을 인도해 주시고 계신다.
가장 아름다운 삶으로 인도해 주신다.
그윽하다.
순수하다.
넉넉하다.
아름다운 삶이다.
사랑스런 삶이다.
목표를 이루는 삶이다.
땀흘리는 삶이다.
참 감사한 삶이다.
좋다.
너무 좋다.
아름답다.
사랑이다.
삶은 아름답다.
삶은 사랑이다.
사랑은 만물의 근원이다.
지금 이 순간이 아름답다.
지금 이 순간이 사랑이다.

평화다.
고요다.
삶은 자기가 살아야 한다.
그 누구도 자기 삶을 대신 살아줄 수 없다.
삶은 순수하여야 한다.
창조 때의 순수를 유지하도록 하여야 한다.
자연상태로 살아야 한다.
삶은 예술 작품이다.
오로지 하나,
자기 만이 만들어야 하는 예술 작품이다.
삶은 참 아름답다.
참으로 아름답다.
삶은 사랑으로 구성되어 있다.
아니,
삶이 사랑이다.
자기를 사랑하고
이웃을 사랑하고
하나님을 사랑하는 내용으로 구성된 것이 삶이다.
삶은 늘 희망이다.
삶에 실망은 없다.
삶에는 희망만이 있다.
삶은 아름답다.
삶은 사랑이다.
참 아름다운 것이 삶이다.
그렇다.
사랑이다.
삶이 사랑이다.
삶이 아름답다.

삶은 희망이다.
삶은 평화다.
삶은 자유다.
삶은 하나님의 섭리이다.
아름답다.
사랑이다.
아멘.

<2023. 6. 14. 18:07>

59. 삶은 골고다의 길을 가는 것과 같다.

주님께서 골고다의 길을 가신 것은
죄가 있어서가 아니라
정의와 사랑을 실천하시다가
자신이 한 일의 잘못을 알지 못하는 이 세상의 사람들에 의하여
아무 죄도 없음에도 주님은 골고다의 길을 십자가가 지고 가셨다.
혼자의 힘으로는 그 십자가를 지고 가기가 힘들어 쓰러졌을 때에
주님을 따르던 사람들이 십자가를 대신 져 주기도 하였다.
그는 그 힘든 골고다의 길을 힘을 다해 올라 가신 후
십자가에 못박히셨다.
그리고는 부활하셨다.
골고다의 고난 후에
부활하셔서 하늘 나라로 가셨다.
오늘 아침에 깨달았다.
그래도 조금이라도 반듯하게 살아보려고 하는데
가슴은 아파온다.
나의 좁은 속으로 인한 소인의 고통이라 생각하지만

그래도 인생의 길이 수월하지만은 않다.
나는 삶이 골고다의 십자가 길이라는 깨달음을 가졌다.
주님이 주신 깨달음이다.
분명하다.
세상이 그리 평안하지 않다.
뜻을 갖고 주님의 말씀을 따라서 조금이라도 실천하며 살려고 하는 사람에게는 이 세상살이는 평안이 아니라 골고다의 길이다.
그렇다.
그것을 이때껏 몰랐다.
누구도 원망하거나 탓할 일이 아니다.
힘들고 어렵고 고통스럽고 고뇌에 찬 길이 세상살이 인생길이다.
그 길을 주님을 의지하고 찬송하며 가고 또 가면
부활의 새 세상이 온다.
부활의 영원한 새 세상이 온다.
그것을 믿고 간다.
그러면 주님은 함께 해 주시며 영원히 함께 해 주신다.
그것이 삶의 진리이다.
그렇다.
골고다의 길을 마다 하지 말고
묵묵히 가고 또 가야 한다.
사탄이 더욱 고뇌에 차도록 한다.
그것도 이기고 가면 끝내는 부활의 영광의 날이 온다.
주님이시다.
주님이시다.
주님이 주인이시다.
주님이 치리자이시다.
나의 주인이 주님이시다.
골고다의 길을 마다하지 말고 가고 또 가자.

그 길에 주님이 계신다.
평화를 바라고 바라지만
항상 마음에 평온이 깃들지 못한 이유를 오늘 아침에야 깨달았다.
욥같이 무던히 가자.
욥의 인생이 골고다의 길의 표상이기도 하다.
희망이다.
소망이다.
인간은 하나님의 형상을 따라서 태어났다.
그러나 원죄로 인하여 타락하고 하나님의 형상을 잃었다.
그러나 믿음으로 하나님의 형상을 회복한다.
하나님의 은혜로 하나님의 형상을 회복한다.
하나님의 형상을 회복해 나가는 그 길이 골고다의 길이다.
극심한 고통과 고뇌의 골고다의 길을 다 가야 깨달음에 이른다.
그리고 그 다음에는 부활이다.
영원으로 가는 길이다.
이것이 인생이고 삶이다.
바르게 살아야지
사랑하고 용서하며 살아야지
골고다의 길을 다 가야
부활이 온다.
숨이 막히는 고통과 고뇌의 시간을 지나야
정의와 사랑의 진정한 뜻을 깨닫고
부활의 영광의 때를 맞이하게 된다.
성(誠)을 다해 골고다의 길을 땀흘리면서 피눈물을 쏟으면서 가고 또 가야 한다.
피하지 말고 주님만을 의지하고 골고다의 길을 가고 또 가라.
주님이 다 지켜보고 계신다.
말씀으로, 계시로, 영감으로, 만나로, 골고다 길을 갈 수 있게 해 주신다.

그것이 주님의 섭리이다.
주님 감사합니다.
골고다 길의 삶을 깨닫게 하여 주셔서 감사합니다.
감사합니다.
감사합니다.
감사하고 감사합니다.
대통령 하사품인 특산물 소주 한병을 상익이 편에
관동 적은 형님께 갖다 드리도록 하였다.
적은 형님이 받으셨다.
그런데 적은 형님은 그 선물이 귀한 것이니
어머님 제사 때에 제수로 쓰도록 하실 계획이시란다.
참으로 좋은 아름다운 생각이시다.
나는 미쳐 그런 생각을 못했다.
바로 그 마음이다.
그 마음이 하늘에 상달될 것으로 믿는다.
믿음이다.
골고다의 길이다.
욥의 인생길이다.
부활이다.
부활로 영원히 산다.
영원한 하늘나라에서 산다.
그것이 인생이다.
그것이 주님의 이 세상 창조의 섭리이다.
주님 감사합니다.
골고다의 길을 기도하며 의지하며 가고 또 가겠습니다.
귀한 깨달음에 감사하고 감사합니다.
나의 주, 나의 하나님,
감사합니다.

감사하고 감사합니다.
아멘.

<2021. 10. 8. 09:32>

III

사랑

1. 사랑(Liebe, Love)

사랑은 이 세상 창조의 동인이다.
사랑은 이 세상의 운행원리이다.
사랑은 창조주의 본성이다.
사랑은 주님 자신이다.
이 세상은 사랑으로 구성되어 있다.
서로 사랑의 끈으로 결합되어 있다.
인간은 물론 생명있는 것은 다 사랑으로 생존하고 있다.
이 우주의 삼라만상(森羅萬象)도 사랑으로 서로 연결되어 있다.
사랑으로 서로 결속하여 움직이고 있다.
이 세상은 사랑의 결정체이다.
사랑없인 존재할 수 있는 것은 없다.
만사가 사랑이다.
만병의 명약도 사랑이다.
사랑없인 이 세상은 한 순간도 움직일 수 없다.
사랑은 위대하다.
사랑은 무한의 힘이다.
사랑은 에너지이다.
사랑은 따듯한다.
사랑은 서로를 녹여준다.
사랑은 아름다운 것이다.

사랑은 표현할 수 없는 아름다움이다.
인간의 능력으로는 사랑을 다 표현할 수 없다.
그것이 사랑이다.
순수하다.
주님의 형상을 입고 이 땅에 왔다.
엄마와 아버지가 사랑으로 지유를 키웠다.
할아버지와 할머니도 지유를 사랑으로 귀여워한다.
구김살 없이 크고 있다,
기쁨의 원천이다
자연 그대로이다.
지유는 활달하다.
까치걸음을 걷는다..
호기심도 많다.
무엇이냐고 알고 싶어 한다.
단단하다.
잘 컸다.
아프지 않고 잘 자라고 있다.
엄마 아버지가 밤잠을 설치면서 키운 지유다.
사교성도 있다.
성질도 있다.
엄마가 잘 가르치고 있다.
늘 설명해 준다.
지유가 알아듣는다.
그래 사랑이다.
만병의 치료약은 사랑이다.
사랑을 알고 사랑을 실천하여야 한다.
사랑의 실천이 중요하다.
작은 일에나 큰 일에나 사랑이다.

사랑으로 다가가면 안 풀릴 일이 없다.
사랑은 바로 하나님의 형상이다.
창조주의 본체가 사랑이기 때문에
하나님의 형상도 사랑이며
하나님의 형상으로 창조된 인간도 사랑의 씨를 충분히 갖고 있다.
사랑으로 살다가
사랑으로 주님께로 가야 한다.
사랑은 모든 사물과 모든 제도와 모든 행동의 본질이다.
사랑으로 살아야 한다.
그것이 생명있는 존재들의 사명이다.
사랑,
사랑은 영원하다.
주님이 영원하듯
사랑도 영원하다.
사람도 영원하다.
사람도 영원히 사랑이다.
자연법은 사랑의 법이다.
자연법이 이 세상을 밝히는 법이다.
자연법은 실정법을 지도하는 선의 법이다.
시도 그림도 사랑을 담아야 빛이 난다.
사랑의 빛이 나야 제대로 된 작품이 된다.
사랑이다.
사랑이다.
사랑이 만물의 본성이다.
사물의 본성은 사랑이다.
나도 사랑의 씨를 갖고 잇다.
아직 제대로 크지 못했다.
키워야 한다.

키울 것이다.
오늘 사랑을 발표한다.
법의 궁극은 사랑이라고 발표한다.
부족하다.
그러나 사랑은 스스로 그 빛을 낼 것이다.
사랑의 화신이 되자.
사랑으로 만난(萬難)을 이기자.
사랑이 아니고서는 고칠 수 없는 것이 이 세상이다.
세상이다.
세상이 사랑을 부른다.
사랑을 갈구한다.
개인도 가정도 사회도 국가도 세계도 사랑을 갈구한다.
사랑을 주자.
사랑은 힘이다.
사랑은 에너지이다.
힘을 불어넣자.
사랑의 힘을 불어 넣자.
사랑의 힘,
사랑의 에너지를
나에게도
자연법에도
시에도
그림에도
삶에도
온 세상에 사랑의 에너지를 보내자.
그렇게 해야지.
사랑이다.
사랑이다.

사랑이고 사랑이다.
사랑이고 사랑이고 사랑이고 사랑이다.
아멘. 아멘. 아멘.
할렐루야

<2021. 5. 22. 09:11>

2. 사랑이란 무엇인가?

사랑이란 무엇인가.
사랑이란 진리에의 헌신이다.
사랑은 중립적인 개념이 아니다.
진리사랑이 진정한 사랑이다.
사랑은 에너지다.
사랑은 존중이다.
사랑은 위함이다.
사랑은 신의 세계로 가는 길이다.
사랑은 무한 에너지이다.
사랑은 태양의 우글거림같이 작동한다.
사랑은 세상을 변화시킨다.
사랑은 죽음을 요구하면 죽음도 주는 것이다.
사랑은 이 세상의 모든 힘을 이긴다.
사랑을 이길 힘은 아무 것도 없다.
주님은 사랑으로 이 세상을 다 이기셨다.
사랑의 인격자가 최고의 인격자이다.
섬김의 리더쉽은 사랑의 리더쉽으로 업그레이드 되어야 한다.
사랑은 이 세상 창조의 동인이다.
사랑은 이 세상 운행의 원리이다.

사랑은 영원한 하늘나라의 질서이다.
사랑의 에너지가 가장 경력한 힘이다.
사랑의 에너지를 이길 힘은 없다.
그 한 사람도 사랑으로만 가능하다.
사랑으로만 그 한 사람이 될 수 있다.
그 한 권의 책도 사랑의 산물이다.
그 한 가지의 일도 사랑으로만 이룰 수 있다.
주님의 섭리 방식은 오로지 사랑이다.
예수님의 삶의 방식은 사랑이다.
공동체는 사랑으로 이루어진다.
공동체는 사랑의 끈으로 결속되어 있다.
사랑이 혹시 암흑물질이 아닐까?
사랑은 싸우지 않는다.
사랑은 안정과 평화로 가는 길이다.
현재의 위기와 불안은 사랑으로만 극복할 수 있다.
사랑이외의 대안은 없다.
소크라테스는 진리를 사랑하였다.
진리를 위한 순교로 소크라테스는 영원이 살아 있다.
예수님도 사랑으로 인한 죽음으로
이 세상을 구하셨다.
사랑이다.
이 세상의 본질이 사랑이다.
사랑이 흐트러진 상태가 원죄이다.
아담의 에덴동산에서의 삶은 사랑 그 자체였다.
선악과를 따 먹은 뒤의 타락으로 인한 결과가 이 세상질서가 되었다.
싸움이 있고,
고통과 고뇌가 있고,
분쟁이 계속되는 것은 원죄의 결과이다.

사랑으로만 이를 이길 수 있다.
사랑으로 해결할 수 있다.
힘으로는 불가능하다.
힘에 의한 해결은 한시적이다.
그것은 인간의 이성에 의한 해결방법이다.
사랑으로만 항구적인 평화가 가능하다.
사랑의 에너지가 충만한 인격
그 사랑의 인격자가 세상을 치리하여야 한다.
사랑이다.
사랑이다.
사랑만이 해결책이다.
사랑의 인격,
사랑의 사람,
사랑의 에너지가 움직이는 그 사람,
그 사람이고 싶다.
그 사람으로 주님이 나를 만들어 나가시고 계신다.
때를 기다린다.
그렇다.
사랑이다.
사랑이다.
사랑이고 사랑이다.
아아,
사랑이 가장 위대하다.
사랑은 에너지다.
사랑의 에너지가 모든 문제를 해결한다.
그렇다.
그것이 창조의 섭리이다.
주님은 사랑이다.

예수님은 사랑이다.
사랑으로 사셨다.
사랑으로 세상을 이기셨다.
그의 이기심은 죽음이었다.
그러나 죽음으로 이 세상을 이기셨다.
죽음도 받아들이신 것이 사랑이다.
사랑이다.
사랑이 이 세상이어야 한다.
사랑으로 원죄를 이겨야 한다.
그렇다.
그것은 진리이다.
이 부족한 나에게 주님께서 이런 위대한 진리를 깨닫게 해 주시다니,
주님의 나를 향한 계획이 무엇인지요?
나를 어디로 데려 가시는 중이십니까?
나는 그런 큰 인물이 아닙니다.
부족한 소인입니다.
이런 나를 주님은 어찌 그리 사랑하시는지요?
어찌 그리 그 예전부터 나를 예정하시고
길러 주시고
이런 깨달음의 주님 나라로 데려 가시는지요?
나는 그런 인물이 못됩니다.
주님, 너무나 나를 사랑해 주십니다.
주님의 계획이 무엇인지요?
주님,
나를 주님께 있는 이대로 드립니다.
있는 이대로 받아 주옵소서.
주님 뜻대로 치리해 주옵소서.
저는 사랑의 에너지가 충만한 나이기를 기도합니다.

그 사랑의 에너지로 살아가렵니다.
감사합니다.
감사합니다.
감사하고 감사합니다.
아멘입니다.

<2023. 10. 16. 13:15>

3. 사랑이 만물의 움직임의 동인(動因)이다

사랑이다.
사랑이 만물의 동인이다.
만물의 움직임도 사랑의 작용이다.
사랑이 만물을 생명있는 존재로 만든다.
사랑이 가장 근원적인 이 세상의 존재의 존재이다.
사랑은 보이지 않지만
가장 위대한 일을 해 낸다.
그 사랑이 바로 창조주이시다.
창조주는 영원하다.
사랑도 영원하다.
모든 변함의 동인이 사랑이다.
인간은 사랑으로 가야 한다.
사랑으로 살아야 한다.
사랑안에서 사랑을 이루면서 살아야 한다.
그것이 창조주의 창조의 뜻이다.
이 사랑을 누가 만들었나?
창조주이시다.
창조주는 자신의 형상을 따라서 인간을 만들었다.

사랑의 형상을 따라서 사랑으로 자신의 형상을 따라 인간을 만들었다.
사랑으로 사랑하여야 한다.
그것이 자신을 살아있게 하는 것이다.
사랑이다.
사랑이고 사랑이다.
사랑은 단순한 호의가 아니다.
생명의 근원이다.
생명활동의 동인이다.
나, 아내, 새끼들, 형제들, 조카들, 집안구성원들
그 모두를 사랑으로 지켜야 한다.
먼 이웃에 대해서는 좋은 생각을 갖고
사해동포주의의 사랑으로 산다.
가까운 가족공동체의 구성원들에게는 직접적인 사랑을 해야 한다.
사랑이다.
사랑이 살 길이다.
사랑외의 다른 삶의 길은 없다.
집안을 이루어야 한다.
혼자서는 살 수 없다.
공동체를 이루어야 살아갈 수 있다.
공동체를 이루는 것도 사랑이다.
생명의 움직임의 동인이 바로 사랑이다.
사랑이 생명의 핵심이다.
가장 작은 원소라도 서로 당겨야 결합하고 움직일 수 있다.
그 당기는 힘이 바로 사랑이다.
아니 서로 당기는 그 현상이 사랑이다.
원소의 존재만으로는 생명이 존재할 수 없다.
원소가 서로 결합하여 뭉쳐서 움직여야 한다.
그 움직임의 현상이 바로 사랑이고 생명활동이다.

변화가 바로 사랑의 작용이다.
만물은 사랑으로 서로 연결되어 변화를 계속한다.
사랑은 에너지이다.
아주 작은 에너지에서
무한한 에너지까지
사랑의 에너지의 그 모습은 무한히 다양하다.
사랑으로 내가 존재하고 움직인다.
사랑으로 아내가 있고 새끼들이 있다.
사랑으로 형제가 있고 집안이 있다.
사랑은 관계(Love is a relationship)라고 하였다.
그렇다.
사랑은 관계다.
사랑의 관계가 이 세상 만물의 존재원리이다.
그렇다.
사랑이다.
사랑이다.
사랑이고 사랑이다.
사랑은 참으로 신비롭다.
사랑은 긍정의 에너지이다.
나에게서 사랑의 에너지를 생산하여
아내에게
새끼들에게 공급한다.
그것이 또한 사랑이다.
사랑이 생명이다.
생명의 활동의 동인이 사랑이다.
사랑으로 인간이 존재한다.
사랑으로 내가 존재한다.
사랑으로 아내와 새끼들과 형제들과 조카들이 존재한다.

사랑은 다가가는 것이다.
사랑은 다가가는 힘이다.
사랑은 끌어당기는 힘이다.
사랑은 서로 결속시키는 힘이다.
사랑은 하나로 만드는 힘이다.
사랑이다.
이 세상의 근본 구성요소는 사랑이다.
사랑없이 존재할 수 있는 것은 하나도 없다.
무생물도 사랑으로 존재한다.
무생물도 원소로 구성되어 있다.
무생물의 원소들도 서로 당기고 결속하여 그 무생물이 존재한다.
그러므로 무생물도 사랑으로 존재한다.
사랑이다.
사랑이 근본이고 기본이다.
사랑이 이 세상 만물의 근본이고 기본이다.
사랑이다.
사랑이고 사랑이다.
사랑으로 간다.
사랑으로 존재한다.
사랑으로 미래로 간다.
오늘도 사랑, 내일도 사랑, 모래도 사랑이다.
세월의 흐름도 사랑의 작용이다.
해가 뜨고 지는 것도 사랑의 작용이다.
과학법칙도 사랑의 작용이다.
사랑이 그렇게 정교하고 법칙적이다.
사랑이다.
사랑이고 사랑이다.
사랑이 생명이다.

사랑이 생명을 살아있게 하는 동인이다.
사랑이 이 세상의 근원이다.
사랑으로 구성되어 있는 것이 나이다.
인간이다.
나의 움직임의 동인이 바로 사랑이다.
사랑이다.
사랑이 나의 본체이다.
사랑이다.
사랑이다.
사랑이고 사랑이다.
아멘이다.

<2022. 7. 31. 08:31>

4. 사랑은 협력이다.

사랑은 협력이다.
중심에 하나님을 모시고
서로 상대를 사랑하는 것이다.
나, 하나님, 상대
이렇게 셋이서 주님의 말씀을 따라서
사랑하는 것이 가장 탄탄한 사랑이다.
그 본성이 사랑이신 하나님,
사랑의 본성을 따라서 창조된 사람,
사람들, 가족공동체
하나님의 말씀을 따라서 협동하여 사는 그것이
최고, 최상의 사랑이다.
사랑이다.

사랑이다.
바로 그 사랑이다.
그 변화는 가능하다.
전능하신 하나님이 섭리하시는 사랑이다.
자잘한 일들에 마음을 쏟지 말라.
이제는 그럴 시간이 없다.
그럴 힘도 부족하다.
그럴 건강도 소진되었다.
친구가 되어준 사람들도 하나 둘 가신다.
나도 가야 한다.
사랑이외의 일로 시간을 쓸 시간이 없다.
사랑은 협력이고 협동이다.
협동과 협력이 사랑이고
사랑은 그 협력과 협동을 만들어 낸다.
그 길이 또 있다.
세상에는 길이 참 많다.
찾으면 길을 찾을 수 있다.
눈 감으면 그 길이 보이지 않는다.
생명의 길이다.
희망의 길이다.
협력과 협동의 길이다.
나를 이해해 주지 못하는 이웃은 평화롭게 살도록 하여야 한다.
그것이 또한 사랑이다.
부작위(不作爲)도 때로는 사랑이다.
사랑의 종류가 참 많구나.
하나님이 함께 하시는 협동과 협력의 사랑의 길을 깨달았다.
그 길은 가능의 길이다.
하나님이 역사하신다.

할렐루야다.
아멘이다.

<2023. 6. 29. 21:40>

5. 사랑의 찬가

사랑이 생명이다.
사랑은 생명의 에너지다.
사랑은 삶을 아름답게 만든다.
사랑은 하나님께로 이끄는 힘이다.
사랑은 삶에 의미를 부여하고
활력을 준다.
사랑은 궁극의 가치다.
사랑으로 이 세상이 창조되었다.
사랑으로 사람들은 서로 공동체를 이룬다
공동체를 이루는 끈이 바로 사랑이다.
사랑은 결속을 하게 한다.
사랑을 이길 힘은 이 세상에는 없다.
어떠한 힘도 사랑을 이기지는 못한다.
예수님은 사랑이다.
예수님의 사랑이 바로 이 세상을 창조하신 원동력인 사랑이다.
사랑은 아름답다.
사랑보다 더 아름다운 미는 없다.
사랑은 눈에 보이지 않는다.
그러나 사랑의 힘이 가장 강력한 힘이다.
사랑의 결정체가 사랑의 에너지이다.
에너지는 빛을 발산한다.

사랑의 에너지가 충만한 사람은 얼굴이 환하다.
사랑의 에너지의 불을 지펴야 한다.
사랑은 하찮은 일에도 가치를 부여한다.
사랑은 가장 천한 일도 가장 위대해 지게 한다.
사랑은 만병통치약이다.
사랑으로 치료 못할 병은 없다.
사랑은 하나님의 본성이고 본체이다.
사랑으로 모든 일이 진행되어야 한다.
사랑은 긍정의 힘이다.
사랑은 부정의 힘을 막는다.
사랑은 그 어느 보화보다 귀하다.
사랑으로 살아야 한다.
사랑의 길을 가야 한다.
사랑의 삶을 살아야 한다.
사랑의 글을 써야 한다.
그 깊은 사랑,
이 세상을 결속하는 사랑,
이 우주를 질서정연하게 하는 사랑,
사랑의 힘을 능가할 힘은 없다.
사랑은 모든 생명있는 것들을 움직인다.
사랑은 영원하다.
사랑으로 영원히 이 세상은 유지된다.
세계평화도 사랑으로 가능하다.
사랑에 깊이 들어가라.
사랑 속으로 더 들어가라.
사랑의 그 깊은 곳으로 들어가라.
그 곳에서 주님을 만날 수 있다.
주님은 사랑으로 우리를 맞이 하신다.

사랑으로 길을 인도하신다.
사랑의 길을 가고
사랑의 삶을 살며
사랑의 일을 하고
사랑의 에너지로 오늘도 내일도 살아간다.
사랑이다.
나의 내면은 사랑으로 충만한다.
나의 행동도 사랑의 움직임으로 한다.
나의 일도 사랑으로 결과를 낸다
나도 사랑,
이웃도 사랑,
모두가 사랑,
이 세상은 사랑의 공동체,
이 우주도 사랑의 공동체,
전 인류가 사랑의 공동체
그 주관자는 창조주 하나님,
사랑으로 이 우주를 창조하셨다.
사랑으로 이 우주를 치리해 나가신다.
사랑으로 부활로 이끄신다.
사랑으로 영원히 산다.
나도 영원히 산다.
사랑으로
사랑으로
사랑으로
영원히
영원히
아멘이다.

<2023. 10. 21. 15:38>

6. 역사진행에서 주님의 개입과 섭리

자연법을 공부한다.
한 사람의 견해가 역사를 바꾸어 놓는다.
좋은 결과도 가져 오지만
나쁜 결과도 가져 온다.
학문을 함에는 신앙이 꼭 뒷받침이 되어야 하겠다.
아리스토텔레스는 노예제을 인정하였다.
그의 그런 사상이 스페인이 남미 인디오들을 노예로 삼는데 이용되었다.
16세기의 최강대국은 스페인이었다.
스페인이 남미대륙을 지배하였다.
교황이 남미를 포르투갈과 스페인에게 나누어 주었다.
어떻게 교황이 그런 일을 할 수 있었을까?
당시의 교황은 세계를 지배하는 재판관할권을 갖고 있었다.
그리하여 교황의 재판권으로 남미를 둘로 갈라 당시의 강대국인
스페인과 포르투갈에 나누어 주었다.
이러한 남미의 비극이 300여년 계속되었다.
당시의 지배적인 노예제의 합법성으로 남미 원주민을 노예로 만들었다.
그리하여 남미 원주님들인 인디오들은 오늘날에도 어려움 속에서 살고 있다.
백인들이 지배하는 대륙이다.
그 시대에도 인디오가 노예가 아니라는 반론을 제기한 사상가가 있었다.
그 분이 바로 프란치스코 비토리아(Francisco Vitoria)였다.
그의 사상의 영향으로
스페인에 살래만카(Salamanca) 학교가 설립되었다.
그 학교에서 수아레즈(Suarez)라는 계몽주의 철학가가 나왔다.
나는 이제서야 그러한 역사를 알게 되었다.
왜 세계사에는 스페인의 남미 지배의 사실만을 가르치고
남미 원주민을 사람으로 인정하는 기독교 사상가들의 사상에 대한

설명이 없을까?
궁금하다.
너무 하나님의 역사에 대한 섭리를 설명하지 않고 있다.
그 때에도 여전히 주님은 주님의 사자(使者)를 보내어 역사가 바로 진행되도록 하셨다.
그러나 세속의 권력이 너무 강하여 실행되지 못하였다.
그러나 주님은 외쳤다.
원주민 인디오도 내가 나의 형상을 따라 만든 사람이라고 하셨다.
아리스토텔레스는 어용학자였다.
그의 스승이 플라톤이었는데
플라톤의 이데아(idea) 사상을 다 세속화하고 말았다.
세속화된 세계를 지배한 일에 관심을 둔
지배자들이 아리스토텔레스의 사상을 받아들였다.
토마스 아퀴나스도 마찬가지였다.
그리하여 아리스텔레스가 오랜 역사에서 지배적인 사상가가 되었다.
플라톤의 사상을 따랐으면 역사가 반듯하게 진행되었을 것인데
그러나 아리스토텔레스의 사상이 서양사상의 뿌리가 되어 있다.
그것은 세속권력이 그의 사상을 받아들였기 때문이다.
그의 사상은 자연법 사상이 아니다.
Vitoria는 교황이 세계의 재판권을 가지고 있는 것이 아니라
자연법이 보편적인 질서라고 외쳤다.
원주민 인디오의 인간으로서의 존엄성을 인정하였던 것이다.
그러나 그의 사상은 역사에 널리 알려지지 않았다.
그것은 세속권력에 저항한 사상이었기 때문이었다.
역사를 제대로 이해하려면 세속의 역사와 함께
신의 섭리의 역사도 함께 이해하여야 한다.
신은 인간역사(人間歷史)에 늘 역사(役事)하신다.
그러나 지배권력은 신을 멀리한다.

그러나 역사의 궁극은 신의 승리였다.
Vitoria가 아리스토텔레스를 물리친 것이었다.
아아,
그렇구나.
주님의 역사는 면면히 이어져 오고 있다
인간은 세속권력의 역사만을 기록하여 전해준다.
아니다
신의 역사 섭리를 이해하고 가르쳐야 한다.
이스라엘은 신의 역사를 따라 진행되었다.
인간 중심의 역사를 신의 역사가 이기었다.
그렇다.
역사는 하나님이 주관하여 진행한다.
그러나 세속권력자들은 그들만의 세속권력의 진행을 역사의 전부로 기록한다.
아니다.
언제나 신은 역사를 주관하여 오셨다.
궁극에는 인간의 역사를 끝내고 신의 역사를 회복하였다.
그것이 신의 조용한 섭리였다.
이제 역사의 이해는, 인간 역사와 신의 역사를 함께 이해하여야 한다.
그것이 바른 역사에 대한 이해이다.
아아,
그렇구나.
그렇구나
그렇구나.
그것이 신의 역사진행의 방법이구나.
주님께 다 가까이 가야 한다.
역사의 이해에 대한 새로운 방법론을 구축할 수 있을 것 같다.
인간의 역사는 인간이 주관적으로 진행시켜 나가는 것이 아니라 주님의 섭리로 이루어져 감을 알겠다.
역사는 언제나 신인협력의 과정이었다.
그렇구나.
이제야 알겠다.
깨달음을 주신 주님께 감사드린다.
감사하고 감사하다.
아아,
역사란 이렇게 진행되는구나.
주님에 대한 믿음을 더 돈독히 가져야 하겠다.
그래야 역사진행을 이해할 수 있다.
아아,
그렇구나.
권력자들이여,
비록 권력을 행사하여 역사를 자신의 뜻대로 이루어간다고 생각하겠지만
역사진행의 궁극은 주님의 섭리임을 잊지 말아야 하오.
역사진행의 주인은 주님, 창조주이심을 고백합니다.
아아,
감사합니다.
이런 진리를 나로 하여금 깨닫게 해 주시다니오.
주님의 그 깊은 사랑에 감사합니다.
감사하고 감사합니다.
자연법에서 이를 정리해 두겠습니다.

<2021. 7. 18. 09:19>

7. 사랑의 나라의 구성과 운영

사랑이 이 세상의 기본이고 기초이다.

사랑의 결정체가 이 세상이다.
사랑으로 이 세상은 구성되어 있다.
사랑으로 이 세상이 서로 연결되어 있다.
이 세상의 모든 것이 다 사랑으로 엮여져 있다.
과거의 것도 현재의 것도 다 서로 연결되어 있다.
사랑으로 연결되어 있다.
나도 사랑으로 태어났다.
사랑으로 컸다.
사랑으로 오늘에 이르렀다.
사랑의 현재의 모습이 지금의 나이다.
숱한 고통과 고뇌를 겪었지만 찌들지 않았다.
열심히 산 결과 얼굴살이 탄탄하다.
주님이 그곳에 계셨다.
사랑의 주님이 나의 과거에서 현재에 이르기까지
나를 만들고 기르고 키웠다.
주님이 만들어 키우고 이끌어주신 현재의 모습이 지금의 나이다.
주님이 만들어 주신 나의 모습이다.
더욱더 아름답고 품위있는 사랑의 나로 더 성숙해 갈 것이다.
남은 날을 어떻게 나를 꾸려갈까
주님께 길을 묻는다.
정의와 사랑으로 살라고 하신다.
사랑의 자연법을 썼으니
그 다음은 7덕목론을 써서 정리하라고 하신다.
그 길이 바로 정의와 사랑의 길이다.
사랑은 정의의 길을 따라야 한다.
정의는 사랑으로 완성된다.
그렇다.
이 세상은 정의와 사랑으로 구성되어 있다.

정의와 사랑을 벗어나면
바로 서지 못한다.
학문도
역사도
가정도
집안도
정의와 사랑으로 구성되어야 한다.
그것이 주님이 원하시는 이 세상의 길이 아닐까?
지구의 자전이 약 3억년 전에는 현재보다는 빨랐단다.
그 결과로 3억년 전에는 1년이 435일이었단다.
그런데 지구 자전이 느려져서 365일로 되었다.
앞으로 3억년을 더 지나면 1년이 300일 정도가 될까?
그러면 현재의 생물은 더 이상 살지 못할 것이 아닌가?
아니다.
그 영혼은 살고 있다.
그 영혼은 사랑의 결정체이다.
변화된 세월에 적응하는 새로운 생물이 또 나타날 것이다.
그 생물의 본성도 사랑일 것이다.
이 세상의 근본바탕은 사랑이다.
사랑은 변하지 않는다.
사랑의 현상이 변할 뿐이다.
사랑은 영원하다.
정의도 영원하다.
사랑과 정의는 함께 간다.
이 세상의 만물은 정의와 사랑으로 만들어져 있다.
사랑과 정의를 연구하고 깨닫도록 인도해 주신 이는 주님이시다.
정의는 법에서
사랑은 믿음에서

주님이 나에게 주셨다.
그러나 아직 실천을 제대로 하지 못하고 있다.
우선 내가 주님으로부터 받은 만나를 다 되돌려 줌으로써 사랑하고자 한다.
그 만나로 십자가를 세우고 기도처를 건축하는 것으로써 사랑을 실천하고자 한다.
그 곳에서 인간이 살아가는 길인 정의와 사랑을 깨닫도록 하게 하는 일을 하고 싶다.
아직 그곳을 찾지 못했다.
아직 그곳을 알지 못하고 있다.
기도, 교육, 정의와 사랑의 가르침이 이루어질 그 곳을 찾고 있다.
내 당대에 찾아 일을 시작할 수 있을 지 모르겠다.
내가 하지 못하면 후대에게 부탁하고자 한다.
내가 돌려드려야할 만나도 함께 주고 부탁하고 싶다.
어떻게 일이 진행될지 나도 결정이 없다.
주님께 기도하고 있다.
정의와 사랑,
7덕목의 사상이 배태될 수 있는 중세의 수도원 같은 곳
그런 곳을 만들고 싶다.
주님께서 사명을 주실 것을 구하고 있다.
주님의 뜻을 기도하고 있다.
사랑이다.
정의다.
그 가치로 산다.
그러면 주님이 역사해 주실 것이다.
아니 주님이 그 길로 가라고 하신다.
글로
책으로
그 길로 지금 가고 있다.

언젠가는 행동으로 그 길로 갈 것이다.
주님이 기적을 간접적이지만 체험케 하신다.
구청광 목사님이 살아나셨다.
주님이 부르실 것이라고 믿고
유언까지 다 해 놓으셨는데
몸이 말끔히 다 나으셨다.
몇 달간이지만 근원적인 변화가 일어났다.
의사의 도움이 필요했지만
근본적으로는 주님이 고쳐 주셨다.
참 신기하다.
주님의 역사는 분명히 있으시다.
자기 것이라고는 아무 것도 없으신 목사님을
가깝게 지내도록 하셨다.
좋으신 목사님이시다.
마음을 다 비운 목사님이시다.
그 목사님과 가까이 지낼 수 있어서
그 일은 분명히 주님의 섭리라 믿는다.
나이 들어서 친구 사귀기가 힘드는데
구 목사님과는 나이들어서 친구가 되었다.
나의 좋으신 친구들,
고인이 된 조성민 친구
나의 눈을 뜨게 해 주신 김태준 선생님,
나를 오늘의 위치로 오게 해주신
바제도우 교수님과 황적인 지도교수님,
신앙의 길에서 길을 인도해 주신 구청광 목사님,
분명 주님의 섭리이고 은혜이다.
연대(延大)로 온 것은 분명 주님의 섭리이다.
세브란스 병원의 치료도 주님의 섭리이다.

주님의 섭리로 오늘까지 살고 있다.
주님의 섭리로 정의와 사랑을 학문하고 있다.
아내와 장모님의 헌신으로 오늘의 내가 있다.
헌신이었다.
그 헌신으로 나는 오로지 믿고 학문하는 일을 하여 왔다.
이렇게 좋으신 분들의 헌신의 사랑으로 오늘의 내가 있다.
그렇다.
그 일의 전 과정은 주님의 섭리였다.
어머님과 아버님,
형제들
모두가 헌신으로 나를 키워 주셨다.
감사하고 감사하다.
그 모두가 사랑이었다.
아가페 사랑이었다.
그렇다.
내가 답하여야 한다.
내 가진 것을 다 되돌려 주는 일로
답하고자 한다.
내 새끼들도 오늘의 나로 있게 하는데 사랑을 주었다.
무던히 사람이 되려고 노력해 주었다.
잘 하고 있다.
손녀 지유는 기쁨을 주는 일로 사랑을 주고 있다.
이 모두가 사랑이다.
그렇다.
참으로 헌신의 사랑이었다.
다 들 잘 되기를 기원한다.
잘 되고 있다.
감사하고 감사하다.

사랑이다.
세상은 사랑이다.
이 세상은 정의이다.
사랑과 정의가 이 세상을 움직인다.
그것은 바로 창조주이시다.
나도 창조주의 뜻을 따라 사랑하고 정의를 세운다.
글로 정리한다.
7덕목론과 사랑과 정의를 정리한다.
십자가 세우고 수도원 건립으로 사랑과 정의가 더욱 승화하도록 한다.
그렇게 한다.
주님의 섭리를 구한다.
주님이 사명을 주실 것이다.
그렇게 믿는다.
그렇게 믿고 간다.
주님이 이루어 주실 것이다.
다들 기뻐하실 것이다.
길이 열릴 것이다.
욥같이 무던히 간다.
다윗같이 눈물로 회개한다.
사랑한다.
사랑하고 사랑한다.
이 세상은 사랑과 정의로 움직인다.
나도 사랑과 정의로 산다.
그 세계로 간다.
그 세상을 만들어 나간다.
주님이 원하시는 길이라 믿는다.
주님이 함께 해 주신다.
주님이 인도해 주시는 그 길로 간다.

사랑과 정의의 길로
그 길로 간다.
사랑과 정의,
정의와 사랑의 길로 간다.
간다.
간다.
가고 또 간다.
영원히
영원히
아멘.

<2022. 7. 19. 09:13>

8. 감동적인 사랑의 결실 들

사랑은 그 자체 아름다운 것이다.
사랑은 감동을 주고 마음을 움직이며
눈물을 나게 하는 묘약이다.
오늘 아침 신문에 참 감동적인 사랑의 결실의 기사가 났다.
그 내용을 처음으로 내가 알게 되었다.
한국전쟁이 끝나고
한국의 산하(山河)가 다 파괴되어 자연생태계가 흐트려 졌을 때에
미국의 자선단체에서
한국의 산하를 재생하기 위하여 꿀벌 150만 마리를 실어와 한국의 산하에 풀어놓았단다.
자연생태계의 복원을 위해
꿀벌이 특효하였다는 것이다.
참으로 감동적이다.

나는 처음 알았다.
미국의 사람들은 그 사랑의 진리를 알았었고 실천하였던 것이다.
또한 소와 염소와 토끼도 실어와 한국에서 사육하도록 하였단다.
한국동란으로 한국의 자연생태계가 파괴되어
자연생태계가 복원될 수 없는 상태로 까지 처참하였던가 보다.
미국의 자선단체가 꿀벌을 한국에 공수해와 자연생태계가 복원되도록 했다니 너무나 놀랍다.
왜 우리 역사책에서는 이 사실을 기록하여 교육하지 않았을까?
사랑의 결실이 참으로 위대하다.
주님의 섭리이다.
주님의 사랑이다.
주님을 믿는 분들의 아가페 사랑이다.
너무 감동적입니다.
또 하나는 만해상 수상자들의 프로필이 나왔다.
한 일본여인은 인도네시아에서 일어난 일로서
일본군에 징집되어 인도네시아에 끌려간 우리 청년들이
인도네시아를 일본이 지배하였던 당시에
포로로 잡힌 네델란드인을 감시하다가
전후에 전범으로 몰려
사형을 당한
일본에 강제 징집되어
사형선고를 받아 죽임을 당한 역사를 기록하여
세상에 밝힌 사실과
미국에 살면서 한국의 일제 강점기의 참상을 조사하여
글로 쓴 분이 만해상을 받게 되었다는 사실이었다.
거의 잊혀지다시피한 역사적 사실을 그 실마리를 찾아 기록으로 정리한 분들의 그 고귀함이 또한 감동적이다.
그 분들이 그러한 고귀한 일을 하게 된 계기는 그러한 연구할 수 있는

기회들이
주어졌기 때문이었다.
일본인은 인도네시아 유학을 가서 그 역사를 접하게 되었고
일제강점기의 한국의 참상을 그린 미국여인은 한국인의 1.5세대였다.
나는 어떠한 계기로 법학을 하고 하나님의 세계로 들어와서
사랑의 자연법으로 들어오게 되었는가?
나는 자연과 더불어 삶을 시작한 것이 가장 큰 삶의 가치를 갖게 된 계기였다.
자연과 더불어 평화롭게 사는 것이 나의 가치설정의 계기였다.
그저 자연스럽게 어머님과 어버님, 형제들을 그리고
고향을 그리워 하며
살다가
시골 소년은 아무 것도 모르고 법학을 시작하여
그 어느 학자로부터의 지도도 받음이 없이
나 혼자 고대로부터 현대에 이르기까지 훌륭한 사상가들을
책을 통하여 만나다가
최종적으로 하나님의 세계로 들어왔다.
그 모든 과정이 다 주님의 섭리였음을 믿지만
그 누구의 특별한 사사나 감동을 받아
그 어느 특정인물의 사상을 나의 사상으로 하지 아니하고
나 스스로 터득하여 온 사상체계이다.
끝내는 사랑에 기초한 자연법으로 들어왔다.
사랑의 자연법, 기독자연법은 그 누구로부터 배운 것이 아닌
내가 찾고 구하고 무던하게 기도하면서 온 지난날들이 모이고 쌓여 도달한 사상세계이다.
숱한 고통과 시련과 고뇌의 시간을 가졌지만 그래도 가장 이상적인 경지인 사랑의 세계로 들어왔다.
사랑의 세계는 세속주의자들로부터도

기독교인들로부터 지지받지 못하는 세계이다.
오로지 주님만이 그렇게 인정해 주실 수 있는 세계이다.
말이 없고자 한다.
그냥 정리해 두고자 할 뿐이다.
바쁠 것도 없다.
가장 힘이 없는 출판사의
이웃이 되어
그 출판사에서 책으로 출판해 주기를 기도하고 있다.
마지막으로는 7덕목론으로 나의 기독자연법의 세계를
세속사회에 제시해 보고자 한다.
오로지 주님의 섭리로만 이루어질 일임을 잘 알고 있다.
나를 들어내지 않는다.
오로지 주님의 섭리와 인도와 은혜만을 믿고 간다.
사랑의 자연법의 책을 쓰고 있지만
사랑의 실천은 참 못했다.
오로지 주님의 섭리만을 믿으며 기도하고 나아간다.
그것이 나의 삶이고 길이다.
그리고 어제 텔레비전을 통해서
캄보디아의 지하에서 보석을 캐는 근로자의 모습을 보았다.
어릴 때부터 보석을 캐는 일을 해 온 사람으로
지하를 파고들어 보석을 찾는 일이었다.
얼마나 고생하였으면 팔꿈치에 굳은 살이 그렇게 두껍게 자랐을까!
참 안타까왔다.
그 모습을 본 우리의 무용수 배우가 참 아름다웠다.
그 보석노동자와 잠깐이지만 친구가 되어 주었다.
힘들게 이름도 없이 빛도 없이 살아가는 그 근로자,
참 성실하게 사신다.
인간의 가치를 다 누렸으면 좋겠다.

그리고 어제 아침에는 구청광 목사님의 여동생으로
의성군 가음면에서 과일농사를 하시는 분이
복숭아 한 상자를 보내 오셨다.
구청광 목사님께서 부탁하셔서
보내주신 것이었다.
좋으신 목사님께서 너무나 감사하신 선물을 보내주신 것이다.
이렇게 서로 주고 받으면서
참 바르게 참 감사하며 더불어 이웃되어 살고 싶다.
오늘 아침에는 프란체스코 교황님의 회칙들의 번역본을 선물로 받았다.
정종휴 교수님이 보내 주셨다.
감사하다.
오로지 주님으로 산다.
사랑하며 산다.
사랑으로 산다.
사랑의 세계에서 산다.
천천히 간다.
더위에 무리를 했는지 눈이 어색하다.
다 내려놓고 산다.
할 수 없으면 할 수 없다.
그러나 그래도 가고 또 간다.
진리를 찾아 나아간다.
주님이 사명을 주실 것을 기도한다.
꿀벌을 보내주신 그 큰 사랑을 베푼 것 같이
나도 그런 사랑을 하며 살고 싶다.
그런 사랑을 하다가
주님이 부르시면 영원한 사랑의 나라,
주님 나라로 가고 싶다.
많이 부족하다.

아직 확신이 서지 않는다.
지난 날은 충실히 살아왔다고 생각한다.
사랑하다가 가고 싶다.
말씀으로 살다가 가고 싶다.
다 되돌려 주고 간다.
주님의 섭리를 구한다.
주님의 역사를 기다린다.
그런 날을 기다리며 가고 또 간다.
사랑이다.
사랑이고 사랑이다.
사랑의 삶이다.
사랑의 나라에서 산다.
영원히
영원히
아멘.

<2022. 7. 20. 10:23>

9. 아가페 사랑으로 다가가자

아가페
아가페 사랑,
그것은 하나님의 우주창조의 근원이다.
하나님은 아가페로 우주를 창조하셨다.
창조는 바로 사랑의 결실이고 사랑 그 자체이다.
그 아가페 사랑의 용어는, 히브리어로 쓰여진 구약성서를 그리스어로 번역한 70인역(Septuaginta)에서 처음으로 사용되었다.
그러나 아가페 사랑의 관념과 덕목은 스토아철학에서 이미 배태되어 있었다.

그 시대가 대체로 기원전 3세기였다.
스토아철학의 사해동포주의와 맞물린 시대이다.
그리고 신약의 복음서는 아가페 사랑의 저작이다.
예수님의 사랑은 바로 아가페 사랑이다.
그리고 바울은 율법의 유대교에서 사랑의 기독교로 바꾸었다.
바울의 사랑도 아가페였다.
바울의 아가페 사랑, 복음서의 아가페 사랑, 예수님의 아가페 사랑은 고대를 거쳐 중세까지 이어졌다.
그러나 근세의 자유주의, 개인주의, 자본주의는
아가페 사랑보다는 인간의 이기심이 중심인 이성을 강조하면서
아가페 사랑은 약화되었다고 생각된다.
아가페 사랑의 중요성이 퇴색되었다고 생각된다.
지금은 여전히 근대의 자유주의, 개인주의, 자본주의, 사소유권을 강조하는 시대에 살고 있다.
이러한 자유주의, 개인주의, 자본주의, 사소유권의 강한 보호가 그대로 계속되어야 할 것인가?
양극화가 심하다.
변해야 한다.
이러한 현재의 사회사상에 아가페 사랑이 강하게 투영되어야 한다.
그래야 인류가 계속 살아갈 수 있다.
그것이 역사진행의 방향이다.
그것을 역행하면 사랑의 하나님이 인간을 용납하지 않을 것이다.
존 로크, 칸트, 노직은 인간의 이성을 극도로 강조하였다.
사소유권과 자유주의, 개인주의를 고도화 시켰다.
그러나 공리주의(功利主義)는 공동체의 이익증대를 정의로 파악하였다.
공리주의는 아가페 사랑을 강조하는 사회사상이다.
존 롤스의 평등주의적 자유주의는 근대이래의 자유주의, 개인주의를 그대로 인정하면서

아가페 사랑의 실천을 평등주의라는 이름으로 실천하고자 하였다.
롤스는 양극단의 중간을 선택한 사회정의론을 펼쳤다.
앞으로는 각 방면에서 아가페 사랑을 강조하고 실천하여야 하겠다.
법에서도 아가페 사랑의 법을 구축하도록 하여야 한다.
지식재산권법, 회사법이 아가페 사랑을 가장 강하여 반영할 수 있는 법영역이다.
토지법도 마찬가지이다.
민법도 아가페 사랑의 실천법으로 전환해 나가야 한다.
그러나 국제정치에서는 아가페 사랑을 개인에게서와 같이 실천하기가 어려운 영역이다.
그렇다
앞으로의 세계는 인간의 이기심에서 아가페로 옮아가야 한다.
현재는 너무 이기심을 강조하는 기초위에 법이 형성되어 있다.
사랑의 기초위에 법이 서도록 변화해 나가야 한다.
개인의 삶도 마찬가지이다.
아가페 사랑의 마음으로 이웃에게 다가가야 한다.
그것이 주님이 원하시는 인간이다.
그것이 창조의 원리가 아닐까?
모두가 그러한 자세로 나아가고 다가가야 한다.
그러한 시대의 도래가 있기 까지는 시간이 많이 걸릴 것이다.
대변화의 계기가 있어야할 것이다.
현재 대로 그대로 역사가 진행하지는 않을 것이다.
대 변혁의 시대가 올 것이다.
시대의 대 변화를 가져오는 사건이 있을 것이다.
이성이라는 이기심에서 아가페의 사랑으로 인간의 마음이 전적으로 변화하는 시대가 올 것이고 와야 한다.
그러한 시대를 만들어 나가야 한다.
그것이 아가페 사랑으로 이웃에 다가가는 것이다.

주여,
저에게
이러한 깨달음을 주신 은혜에 감사합니다.
아가페, 정의와 사랑(Agape, Justice and Law)의 편집자이신 미국 Pepperdine Law School의 Robert F. Cochran Jr. 교수에게
어젯밤에 그 책을 읽고 감명을 받았다는 메일을 보냈더니 간밤에 답이 왔다.
한동대학에 몇 번 왔다는 내용도 있었다.
참으로 훌륭한 책이었다.
좋은 책이었다.
주님, 나의 학문탐구를 이러한 곳으로 인도해 주셔서 감사합니다.
평화, 자유, 여유, 사랑,
아가페 사랑으로
이웃에게 다가갑니다.
그러면 평화와 안정과 평안이 깃들 것으로 생각합니다.
이러한 내용을
정의와 사랑의 책으로 엮어 나가겠습니다.
감사합니다.
감사하고 감사합니다.
아멘. 아멘. 아멘. 할렐루야

<2019. 1. 18. 10:48>

10. 사랑의 꽃길

사랑의 꽃길을 간다.
사랑의 길에는 지침이 없다.
사랑은 아름답다.
사랑은 머리를 깨우고

마음을 들어올린다.
사랑은 주님의 본성이다.
창조주의 창조의 동인이다.
모든 존재는 사랑안에 있다.
사랑을 벗어나서는 기쁨이 없다.
사랑으로 창조된 이 세상에서는 사랑으로 살아야 한다.
사랑으로 살면 즐겁고 행복하다.
사랑은 아무리 하여도 아깝지 않다.
사랑에는 힘이 있다.
감동의 힘이 있다.
이해의 힘이 있다.
작은 사랑도 큰 사랑도 다 사랑이다.
큰 사랑을 못했다고 아쉬어할 것 없다.
작은 사랑도 모이고 쌓이면 큰 사랑이 된다.
위하여 기도해 주는 것도 사랑이다.
항상 창조주와 함께 있다는 고백도 사랑이다.
사랑은 그 모습이 참 다양하다.
매끈한 사랑도 있고 투박한 사랑도 있다.
질서있는 사랑도 있고
무질서 속의 사랑도 있다.
사랑은 눈을 맑게 한다.
사랑은 마음을 평온하게 한다.
사랑은 걸음을 가볍게 한다.
사랑은 아름답다.
사랑은 가슴으로 전해진다.
사랑은 자랑하지 않는다.
사랑은 다소곳하다.
사랑은 속으로 흐뭇하게 한다.

사람도 사회도 사랑을 먹어야 정상적으로 존재할 수 있다.
사랑한다.
사랑하자.
우리 서로 사랑하자.
사랑의 천사들이 되자.
성령의 인도를 받아 사랑하자.
사랑도 은사이고 달란트이다.
사랑하자.
사랑하자.
우중충한 이 세상도 사랑으로 밝아진다.
사랑이 만병통치약이다.
사랑은 영원하다.
사랑은 모든 만물의 본성이다.
사랑하자.
사랑하자.
원수를 위해 기도하고
함께 더불어 사랑으로 살자.
세상은 사랑이다.
자신도, 가정도, 집안도,
사회도, 국가도, 이 세상도 다 사랑이다.
이 세상은 사랑의 질서이다.
사랑이다.
사랑이다.
사랑이고 사랑이다.
사랑으로 산다.
사랑으로 다가간다.
사랑으로 함께 산다.
사랑으로 이룬다.

사랑으로 삶을 이어간다.
사랑이다.
사랑이다.
사랑하자.
사랑하자.
우리 서로 사랑하자.
사랑이다.
사랑이 진리다.
진리의 사랑을 하자.
사랑이다.
아멘이다.

<2023. 7. 14. 06:49>

11. 학문사랑에서 예술사랑으로

학문사랑에서 예술사랑으로 넘어간다.
학문의 세계에서 살다가 예술의 세계에서 산다.
자연법 사랑에서 시와 음악과 그림의 예술사랑으로 산다.
하나님은 나를 학문의 길에서 예술의 길로 인도하심을 깨닫게 해 주셨다.
주님은 이미 나의 길을 막아 서실 때에 이미 다 계획하시고 계신 일이었다.
일기를 시로 시작하여
합창단원으로 되게 하시고
스케치 그림 훈련을 이미 시키셨다.
오늘에서야 그 예술의 세계로 인도하신다고 깨달음을 주신다.
주님의 사랑이 깊고도 오묘하시다.
주님이 직접 자기의 모습을 보여주시면
그것에 취해 더 일을 할 수가 없을 것이다.

그리하여 주님은 인간을 적절히 자극하시어
주님의 놀라운 섭리를 이루어 가신다.
주님이 주신 깨달음이다.
주님은 모두 해탈하게 하시는 방법이 아니라,
생로병사(生老病死)의 고통과 고난 속에서 인간이 가장 아름답고 가치있는
삶을 살 길을 인도해 주신다.
참으로 하나님은 오묘하시고 놀라운 섭리의 하나님이시다.
자고(自高)는 이기심이다.
자만(自慢)은 자기를 스스로 떨어뜨리는 길이다.
자아(自我)가 자기의 격을 낮춘다.
사랑과 정의가 권위의 근본이다.
사랑과 정의가 권위의 힘이다.
그것이 기독교의 삶의 진리이다.
성령께서 불을 지피신다.
시작이다.
예술세계로 들어감에 성령의 섭리를 보여 주신다.
성령의 불을 지피셨다.
예술세계의 집에.
사랑의 시에 겸손한 스케치를 곁들인 시집을 구상한다.
주님의 섭리는 참 오묘하시다.
주님은 나를 지극히 사랑하신다.
나는 주님의 사랑하는 아들이다.
주님은 이미 다 준비해 주셨다.
너무나 신기하다.
체험이다.
계시다.
성령의 인도다.
간다.

이 길로,
바로 이 길로
사랑이다.
사랑이고 사랑이다.
할렐루야다.
아멘이다.

<2023. 6. 29. 23:02>

12. 희망의 길을 가는 두 아들에게

사람의 일생이 평탄한 사람은 아무도 없다.
인생길은 누구에게나 울퉁불퉁하고
비오고 눈오고 바람부는 날이 반복된다.
고요하고 빛이 내리 비치는 날은 그리 많지 않다.
그런 인생길을 누가 대신 가줄 수도 없다.
자기 자신이 자신의 힘으로 가야하는 고독한 길이 인생길이다.
그 길을 인간이 긴 세월동안 대를 이어 가고 또 걸어
이 세상을 이 만큼 살만하게 만들었다.
고뇌와 고통과 환란 속에서
인간은 인생길을 그 험한 가시덩쿨을 헤치고 걷고 또 걸었다.
숨이 넘어가는 그 순간들을 그래도 자신을 붙들고 살아온 것이 바로 인생길이다.
고통이 너무 심하여 이 세상을 떠나는 사람도 있지만,
그 고난을 이기어 온 사람들이 이 세상을 이렇게 아름답게 만들었다.
사람이 가는 이 험한 삶의 길을
다른 사람은 대신 가줄 수 없다.
동행해 줄 사람도 그리 많지 않다.

그러나 인간을 창조하신 하나님은 언제나 함께 하신다.
길을 인도해 주시고
험한 길은 막아서셔서 그래도 나은 길로 인도해 주신다.
하나님이 계시기에 인생길은 고달프지 않다.
그러므로 인생길을 희망의 길이다.
아름다운 끝에 도달하는 희망의 길이다.
이렇게 희망의 길이 인생길이다.
하나님이 그 희망의 길로 인도하시고
그 끝에 도착할 수 있도록 힘 주신다.
인생길은 정도의 차이는 있어도 다 평탄하지 못한 고난의 길이다.
대인은 그래도 잘 이기지만,
소인을 힘들어 한다.
험한 인생길을 가는 사람은
기도하여 그 험한 인생길의 고비고비를 이겨야 한다.
기도하여 다시 힘을 내어 일어서야 한다.
그것이 인생길의 아름다움이다.
아무리 어려워도 주져 앉아서는 안 된다.
다시 힘을 내어 일어나야 한다.
창조주이신 하나님께 길을 묻고 인도를 받아야 한다.
인간은 다 하나님이 창조하셨다.
인간은 다 하나님의 사랑하는 아들이고 딸이다.
아들과 딸은 하나님 아버지의 사랑의 인도를 따라서 가려고 하여야 한다.
그러면 힘든 인생길이라도 빛을 볼 수 있다.
그것이 믿음이다.
인생길을 믿음으로 가야 한다.
그것이 바른 인생길이다.
삶은 언제나 꽃길 만을 가는 것이 아니다.
힘들고 가기 힘든 길을 가야 한다.

땀흘리며 기도하며 가야 한다.
그것이 인생길이다.
모네의 기도하는 농부의 그림을 생각해 보아라.
우스 땅의 욥의 삶을 생각해 보아라.
다윗 왕의 처절한 인생길을 생각해 보아라.
풀무와 사자굴에 던져진 다니엘을 생각해 보아라.
집을 나가 생면부지(生面不知)의 남의 나라로 가신 아버지를 생각해 보아라.
집을 나가 고생, 고생하신 형님을 생각해 보아라.
참으로 고난과 고통의 험한 인생길이었다.
그것이 인생길이다.
그래도 그 험한 인생길에도 빛이 비친다.
하나님의 구원과 부활의 빛이다.
하나님이 함께 하신 그 인생길은 영광의 길이었다.
믿음으로 산 인생길은 성공과 환희의 길이었다.
고생을 고생으로 생각하지 말라.
힘들고 어려운 그 길의 끝에는 환희의 끝맺음이 있다는 것을 잊지 말자.
믿고 가면 그 결과는 하나님이 허락해 주신다.
내 아들아
젊어서는 사서도 고생한다고 하지만,
너무 힘에 겹게 일하지는 말아라.
일을 줄여 견딜 수 있을 정도만 함이 지혜있는 삶이다.
너무 짐이 무거우면
몸이 견디지 못한다.
탈이 난다.
줄일 것은 줄여라.
하고 싶어도 몸을 사랑하라.
하고 싶어도 절제하고 자제함이 바른 인생길이다.
염려하지 말라.

기도하자.
함께 기도하자.
주님께 길을 묻자.
주님이 인도해 주실 것임을 믿는다.
언제나 희망이다.
전지전능한 하나님이 우리를 사랑하시고 계신다.
믿고
절제하고
너무 무거운 짐은 내려 놓고,
좀 가볍게 가자.
무던히 말이다.
그 길에도 주님은 함께 하심을 믿는다.
믿고 가자.
좀 가볍게 가자.
너무 무거운 짐에 눌리지 말고 가자.
하나님께 기도하자.
희망의 인생길을 함께 가자.
부부공동체, 가정공동체, 집안공동체, 나라공동체, 세계공동체의
한 사람으로서 힘을 합쳐 함께 가자.
희망의 그 나라로.
기도하자.
그리고 주님의 인도를 따라서 살자.
한 번에 짐을 너무 무겁게 지지 말자.
여러 번 옮기도록 하자.
땀 흐리며 가는 인생길에서
넘어져서는 안 된다.
나를 사랑하자.
나를 내가 사랑하여야 한다.

너무 힘에 겹게 짐지고 가지는 말자.
무던히 가자.
적절한 무게의 짐을 지고
여러 번 옮기자.
그것이 현명한 인생길이다.
하나님께 물으면서 가자.
희망으로
사랑으로
정의로
항심(恒心)으로
함께 기도하며 가자.
사랑하는 아들아,
주님이 늘 함께 하신다.
그렇다.
그렇게 믿는다.
아멘이다.

<2023. 9. 4. 09:53>

13. 그 한 가지의 나의 일: 사랑

나에게 가장 소중한 것이 무엇인가?
나이를 더해 가면서 그 한 가지의 일은 바뀌어 온 것 같다.
젊은 시절에는 연구하고 실적을 내는 것이었다.
그 한 가지의 일은 나의 성(誠)을 다해서 이루어야할 사명이고 삶의 목표였다.
젊어서는 이것 저것 다 섭렵하고 글로 정리하는 것이었다.
그 일에 너무 몰입한 관계로 다른 것들은 다 소홀히 하게 되었다.

건강도 나 자신을 지키는 일도 아내 사랑의 일도
가정을 돌보는 일도, 집안에 관심을 가지는 일도 다 소홀히 하였다.
그 결과는 컸다.
그 영향은 아직도 계속된다.
그리하여 많은 결실을 거두었다.
영광의 자리에도 오게 되었다.
그러나 그 일도 계속할 수 만은 없었다.
정년을 하고서도 열과 성을 다 했다.
집에서 참 많이 했다.
집에서 공부만 하는 것은 아내에게 큰 부담이었다.
그래도 아내는 참아주고 뒷바라지를 해 주었다.
나는 내 스스로 힘이 들면서도 공부를 계속했다.
책을 참 많이 썼다.
우수도서로도 여러 권이 선정이 되었다.
그러나 그것이 영원히는 계속될 수 없었다.
건강의 뒷받침이 이루어지지 못하기 때문이다.
취미를 가지고 생활을 하여야 하는데,
전혀 그러지 못했다.
삶의 가치가 오로지 연구실적을 쌓는 것이었다.
그것은 참 힘드는 생활이었다.
이곳 저곳 탈이 난다.
그래도 주님이 위로를 주시고
삶의 변화를 주셨다.
시의 형식으로 일기를 쓰고,
합창단에 들어가 함께 찬양하고,
그림도 그리기 시작하여 작은 크기의 스케치를 하면서
그림 속에서 나를 표현해 보기도 한다.
그러나 그것도 원리를 익히면서 해야 발전할 수 있다.

그러나 그러지 못하고 그냥 하고 있다.
그래도 하고 싶은 마음이지만 몸이 뒤따라 주지 못한다.
또 주님은 나를 다른 세계로 인도해 주신다.
사랑의 세계로 인도해 주신다.
사랑은 이 세상의 근본이고 궁극이다.
그것은 하나님의 세계이다.
그곳으로 나를 사랑으로 인도해 주신다.
사랑,
사랑의 에너지,
사랑에너지의 불을 지피는 일을 하라고 하신다.
그 사랑이 바로 나의 그 한 가지 일임을 깨닫게 해 주신다.
그렇다.
그 한 권의 책은 자연법,
그 한 사람은 아내,
그 한 가지의 일은 사랑이다.
사랑은 힘이다.
사랑은 에너지다.
사랑은 따뜻하다.
사랑은 냉기를 밀어낸다.
사랑은 성장을 가져온다.
사랑은 참 아름답다.
사랑은 결속을 가져온다.
사랑은 결속의 끈이다.
부부, 가정, 집안, 사회, 국가, 세계가
다 사랑의 공동체이다,
공동체는 사랑으로 이루어진 구성체이다.
사랑이 없으면 공동체는 만인의 만인에 대한 투쟁의 장(場)이 된다.
사랑의 사상으로 공동체를 길러야 한다.

그것은 공동체주의다.
사랑은 공동체정신으로 현현(顯現)된다.
물론 사랑이 공동체 정신으로 한정되는 것은 아니다.
기독교의 사랑은 세상의 공동체주의로 부분적이지만 구현할 수 있다.
아아,
그렇구나.
나를 평생토록 사랑으로 인도해 주신 주님께서
나를 하나님 나라로 인도해 주신다.
사랑의 마음을 가지려고만 해도 사랑의 환한 얼굴이 나타난다.
사랑은 받기도 하지만 주는 것이다.
주는 사랑이 진정한 사랑이다.
마음을 주고 손을 내밀고
말 한마디의 사랑의 말을 전하면 세상이 바뀐다.
성령의 사랑의 물을 마신다.
사랑을 성령의 은사로 받고 싶다.
사랑은 사탄을 물리친다.
사랑은 악한 생각을 떨쳐버리게 한다.
이렇게 사랑은 악을 물리치고 선을 이루는 에너지다.
그것은 주님의 에너지다.
사랑의 기도를 한다.
사랑의 에너지를 몸에 담는다.
주님께 기도하고 세상으로 나간다.
사랑의 에너지를 갖고 나간다.
그 사랑의 에너지를 주님으로부터 받는다.
그것은 성령의 은사이다.
그렇게 산다.
그렇게 살고 싶다.
사랑이다.

사랑이고 사랑이다.
그 한 가지가 바로 사랑이다.
사랑의 에너지다.
사랑에너지의 불이다.
따뜻한 불을 가지고 세상으로 들어간다.
어둠이 밝아지고
아픔이 나음을 얻고
불안이 평안으로 바뀌고
걱정이 평화로 바뀐다.
그것은 사랑의 힘이다.
사랑이다.
그 사랑을 안고 나간다.
사랑이외는 아무 것도 바라지 말라.
주님은 사랑을 실천할 수 있도록 이미 다 섭리하고 계신다.
사랑의 글을 쓴다.
사랑의 생각을 한다.
사랑의 작품을 만든다.
사랑이다.
사랑의 따뜻함이다.
사랑의 힘이다.
사랑의 에너지가 퍼져 나간다.
사랑은 은은하다.
사랑은 퍼져 나간다.
사랑은 서로 다가가게 한다.
사랑은 일이 되게 한다.
사랑을 베풀어준 믿음의 도반이 감사하다.
정병택 장로님 가정이 감사하다.
사랑을 주셨다.

사랑의 시간을 마련해 주셨다.
사랑이다.
나날이 사랑이다.
늘 사랑이다.
사랑으로 산다.
사랑으로 가벼워진 머리로 산다.
사랑의 에너지가 움직이는 가슴으로 산다.
사랑이다.
사랑이다.
사랑이고 사랑이다.
온전히 사랑이다.
사랑의 삶이다.
사랑이다.
사랑이고
나의 삶을 사랑으로 이어간다.
사랑은 평화다.
사랑은 자유다.
사랑은 고요다.
북한 주민에게 사랑을
세계시민에게 사랑을
사랑으로 함께 형제로 산다.
그렇게 산다.
그것이 사랑이다.
사랑이고 사랑이다.
모두가 사랑이다.
사랑이고 사랑이다.
아멘이다.

<2023. 10. 22. 07:38>

14. 사랑할 수 없나요?

가을이 깊어 간다.
단풍이 보인다.
자연의 신묘한 변화다.
하나님의 섭리다.
나무가 계절을 알아보다니.
도토리 나무는 지난 해가 풍성했으면 적게 열리고
지난 해에 농사가 잘 안되었으면 많이 열린단다.
도토리나무가 이렇게 지난 해의 풍요여부를 알고
자신의 생산량을 결정한단다.
참으로 신기하다.
진정 그럴까?
나무가 자신의 생산량을 결정할 수 있는 능력이 있단 말인가?
과학자는 그렇다고 한다.
도토리 나무가 스스로 생산량을 결정할 수 있도록 누가 그렇게 만들었나?
도토리 나무 스스로가 만들었나?
나는 알 수가 없다.
자연은 참으로 신묘하다.
자연의 변화에 따라서 살아라고 한다.
자연의 법칙에 어긋나게 살지 말라고 한다.
인간은 이성적이다.
인간은 스스로 생각하고 결정한다.
인간 스스로가 스스로에게 의사결정의 방식을 어떻게 심어 주었을까?
그것도 참 신기한다.
하나님은 창조주이시다.
그 창조주께서 나에게 말씀해 주셨으면 좋겠다.
내가 너를 일일이 다 섭리하고 있다고 말씀해 주시면 좋겠다.

그런 그 음성을 듣고 싶은데
들리지 않는다.
예전에는 창조주가 직접 말씀해 주셨는데.
내가 여기 있다.
너는 안 된다고 말씀해 주셨는데.
요즈음은 사랑을 그렇게 강조하고 숙고하고 글을 쓰고 있는데,
그래 그렇다고 말씀해 주시지 않으신다.
꿈 속에서라도 말씀해 주시면 좋겠는데.
주님의 섭리와 말씀을 기도하면서 기다린다.
몸이 아프니 더욱 그렇다.
머리도 아프고
마음도 약해 지고
눈도 아프고
허리도 아프고
주님이 치료해 주시면 다 치료해 주실 수 있다.
그러나 주님은 그렇게 섭리하시지 않으신다.
내가 이성으로 생각한다.
순차적으로 치료를 받는다.
우선 잇빨 치료를 완료한다.
그리고 눈치료를 받는다.
그리고 허리치료를 받는다.
하도 아픈 사람들이 많아서
대기 시간이 길다.
느긋하게 기다리면서 순차적으로 치료받는다.
주님의 섭리를 기도한다.
주님이 구체적으로 치료해 주셔야 나을 수 있다.
나만 낫게 해 달라고 하기에는 너무 이기적이다.
모두를 치료해 달라고 기도한다.

사랑할 마음을 주시도록 기도한다.
사랑의 에너지를 좀 부어 주시도록 기도한다.
머리라도 좀 아프지 않았으면 좋겠다.
참 안타깝다.
그래도 기도하면서 아픔을 안고 간다.
또 기도한다.
나의 효용이 다 했으면 주님께서 나를 불러가셔도 좋다고 독백한다
이제 하늘나라를 가도 아깝지 않다.
더 살겠다면 그것은 욕심이다.
잘 살았다
무엇보다도 열과 성을 다해서 살았다.
열과 성을 다해 연구하고 글을 썼다.
다 주님이 주신 것이다.
주님의 섭리로 이룬 것이다.
나의 능력이 아니다.
함께 찬양하면서 기쁘게 지내고 싶었지만,
몸이 아프니 어렵다.
내가 다른 분들께 누가 되어서는 안 된다.
내가 스스로 내려옴이 좋다.
날씨가 좋다.
맑은 날이 계속된다.
세월은 이렇게 맑은 날인데,
나는 머리가 아프고
가슴이 좀 불안하다.
주님을 만나 주님의 사랑을 체득하고 싶다.
주님이 필요한 역사를 하고 계시는데
내가 깨닫지 못하고 있다.
기도하면서 인내한다.

글을 쓰고
그림도 그리고
합창도 하고
주님과의 교통을 계속한다.
사랑을 한다.
사랑할 수 없겠느냐고 말하고 싶다.
우리 서로 사랑하자.
내 아내, 그 한사람,
내 새끼들,
내 손녀와 손자,
내 형제,
내 조카들
서로 사랑하자.
공동체를 이루자.
복을 받을 조건을 갖추어 나가자.
기도하자.
깨달음을 얻자.
사랑하자.
마음을 좀 내어 놓자.
서로에게 사랑으로 다가가자.
사랑이다.
사랑이다.
사랑이고 사랑이다.
감사합니다.
몸이 좀 가뿐했으면 좋겠다.
사랑이다.
아픔도 사랑하자.
아픔도 나의 일부분이다.

나와 무관한 것이 아니다.
아픔도 나이다.
나의 아픔이다.
그 나의 아픔도 사랑하자.
그것이 나를 사랑하는 방법의 하나이다.
사랑이다.
사랑이다.
사랑이고 사랑이다.
아멘이다.

<2023. 10. 23. 09:22>

15. 사랑의 인격

사람은 인격자이고 인격자이어야 한다.
인격은 사람의 됨됨이 이다.
그런 인격자의 인격은 어떠한 인격일까?
사랑의 인격이다.
사랑의 에너지가 풍부한 인격자이어야 한다.
그런 인격자는 능력이 있다.
그리고 사랑의 인격은 아름답다.
사랑의 인격자는 누구도 원망하지 않는다.
다 가슴으로 받아들인다.
악한 마음을 사랑의 에너지로 녹인다.
사랑의 인격은 기독교의 종교적인 인격이다.
그 사랑의 인격이 세상에서도 존경받는 인격이지만
세상에서 사랑의 인격을 주장하고 그것이 받아들여질 현실이 아니다.
세상에는 서로 다투며, 분쟁이 끊이지 않는다.

서로 불신하고 전쟁을 하고
살상무기를 만들고
어떻게 하면 상대를 이길 것인가에 집중되어 있다.
이런 세상에 사랑의 인격이 필요하고 존중될 수 있지만
현실적으로는 지극히 어렵다.
사랑의 인격자들은 세상의 힘에 의해 죽임을 당하였다.
예수님이 그러하셨고, 소크라테스가 그러하였다.
사랑의 인격의 대표자는 예수님이시다.
예수님은 지금도 그러한 사랑의 인격을 가지고 세상으로 나가라고 하신다.
그러나 쉽지 않다.
세상은 다툼의 장이다.
다툼을 칭송하는 자인 마키아벨리가 그러하였고
칼 맑스도 그러하였다.
예수님의 삶의 길을 가는 것이 정도다.
사랑의 길을 사랑의 인격으로 가는 길이 정도다.
그렇다.
사랑의 에너지가 충만하여야 한다.
그렇게 되기를 기도한다.
사랑의 길에는 사탄이 괴롭힌다.
사탄은 예수님을 따라 가려고 하는 사람을 못살게 군다.
사랑의 길로 가자.
사랑의 에너지로 살자.
사랑의 에너지 운동을 하자.
그러나 사랑의 에너지는 주님으로부터만 받을 수 있다.
성령의 은사로 사랑의 에너지를 받고 싶다.
사랑이다.
사랑이다.
그 한 사람에게도 사랑,

내 새끼들에게도 사랑,
하는 일에도 사랑,
집안에도 사랑,
적은 형님께도 사랑,
조카에게도 사랑,
사랑은 주는 것,
다 주는 것,
예수님은 목숨까지도 주셨다.
그것이 사랑이다.
사랑은 이 세상의 그 무엇에도 다 이겼다.
사랑이 가장 강력한 힘이다.
사랑의 인격이다.
사랑의 인격자가 되고 싶다.
그렇게 살고 싶다.
주님의 은혜로 그렇게 살고 싶다.
나 혼자의 힘만으로는 안 된다.
주님의 사랑으로 가능하다.
그 길로 간다.
그 사랑의 인격의 길로 간다.
그 길이 생명의 길이다.
그 길이 진리의 길이다.
그 길이다.
사랑이다.
사랑의 에너지다.
사랑의 인격이다.
사랑의 인격자이다.
그리로 간다.
사랑의 길로.

아아,
그 언제인가 사랑의 인격자가 되고 싶어라.
예수님이 가신 사랑의 길로 간다.
예수님이 그 길로 가게 해 주실 것임을 믿는다.
예수님은 사랑이다.
예수님은 사랑의 인격자의 모범이시다.
그는 오로지 사랑의 삶을 사셨다.
사랑이다.
사랑이다.
사랑이고 사랑이다.
사랑으로 산다.
오로지 사랑으로 산다.
사랑의 길을 간다.
사랑의 인격자로 간다.
주님이 그 길을 열어주실 것임을 믿는다.
믿는다.
그렇게.
사랑의 길,
사랑의 에너지로
사랑의 인격자로
가고 가고 또 갈 것이다.
그렇게
그렇게
아아,
찾고 구하고 문을 두드려 이른 곳이
바로 사랑이다.
사랑의 에너지다.
사랑의 인격이다.

사랑의 힘이다.
사랑으로 만난(萬難)을 이기고
사랑의 아름답고
우아한 사람으로 산다.
참 좋다.
그렇게 산다.
주님은 그 길로 가도록 이미 섭리하셨다.
감사합니다.
감사합니다.
감사하고 감사합니다.
사랑만을 남겨두고
다 내려 놓습니다.
저 강물에,
저 세월에
다 흘려 보냅니다.
아멘이다.

<2023. 10. 18. 09:50>

16. 프란치스코 교황님을 흠모하며

프란치스코 교황님,
그윽한 평화로운 미소의 얼굴
흰옷을 입은 교황님의 모습이 참 거룩해 보인다.
교황은 무흠한 자라는 결정을 추기경회의에서 결정을 한 바 있다.
교황님은 원죄가 없으시다는 뜻인가?
교황의 무오류(無誤謬) 결정에 관계없이 교황은 인류의 빛이 되시는 분이시다.

아브라함의 현재의 계승자가 교황이라는 생각도 해 본다.
교황은 크게 웃지도 않으시고
무슨 고민에 빠지신 모습도 아니고
그냥 우아한 평화의 얼굴이시다.
언제나 기도하시고
언제나 천사가 호위하며
언제나 주님과의 교통으로 계시와 영감을 받고
이 세상의 진행에 대한 창조주의 뜻을 받는 현재의 최고의 신앙의 지도자이시다.
참으로 훌륭한 교황님이시다.
전임 교황님들도 좋았다.
내가 교황에 대하여 관심을 갖게 된 것은
요한 바오루 6세께서 세계를 찾아 다니시면서 평화를 심어 나가실 때부터이다.
바오루 6세 교황도 참 좋으신 교황이었다.
베네딕토 16세 교황은 추기경 시절부터 교리에 밝으신 분이셨다.
라칭거 추기경이었다.
그는 레겐스부르크 대학의 총장도 지내신 분이시다.
교리에는 밝으시셨지만 포용에는 좀 부족함이 있었다.
나치의 청년근위대(SS)에 참여했다는 소문도 끊이지 않았다.
결국 그는 교황재직중에 사임을 하였다.
아마도 창조주께서 조용히 말씀하였을 것 같다.
이제 그만 두어라고
그 후에 프란체스코 교황이 선출되어
참으로 신선한 믿음을 보여 주셨다.
그는 남미의 해방신학자 신부이셨다.
낮고 천한 사람들의 희망의 빛이 되어주신 분이셨다.
나는 그런 낮고 천한 사람의 친구가 되어 주신 분이 좋다.

그에 관한 책도 읽어본 일이 있다.
믿음이란 한 번에 인간의 문제를 다 해결해 주는 것이 아니라,
조금씩 조금씩 희망의 빛을 비쳐주는 것이라는 말씀이 인상적이었다.
그런 것 같다.
세상의 문제를 창조주는 단번에 해결해 주시지 않으셨다.
진정으로 인간이 주님을 찾을 때에 조금씩 해결해 주신다.
단번에도 다 해결하실 수 있지만
주님의 계획과 예정에 따라서 점진적으로 해결해 주신다.
그렇다.
단번에 해결되는 일은 참 없다.
시간을 두고 고뇌와 인내의 시간을 지나야 해결이 된다.
당대에 다 해결하지 못하는 경우도 허다하다.
후대에 까지 시간을 두고 주님의 섭리를 기다려야 한다.
그것이 신앙이다.
신앙은 내일을 위한 오늘의 고뇌의 시간이다.
그것이 인간의 삶이다.
인류에게 고뇌의 시간을 기도하면서 견디어 나갈 것을
몸소 보여주시는 이가 바로 교황님이 아닐까?
작은 차를 타시고
차를 타고 가시다가도 어린이가 보이면 내려 입마춤을 하시는
소탈한 분이 교황님이시다.
교황은 높은 자리에 있지만
항상 낮은 곳으로 내려 오시려고 하신다.
개신교에도 훌륭한 성직자들이 많다.
개신교는 교파가 참 많다.
교리내용이 조금씩 다르다.
자연법을 공부하다보니
교파마다 자연법에 대한 이해가 조금씩 다르다.

교회에서의 자연법론은 세속법학에서의 자연법론하고도 좀 다르다.
그러나 재미있다.
교황님의 내면은 아주 조용하실 것 같다.
아주 평화로우실 것 같다.
온 누리에 평화가 깃들기를 바라는 마음으로 충만해 있을 것이다.
나는 개신교도이지만
가톨릭도 좋아한다.
교회법이 있고,
자연법론이 논해 지고
서로 다투는 곳에도 화해의 손짓을 하고
이교도의 지역을 찾아가시기도 하고
다른 교파들과 대화를 많이 나누고
평화를 위한 일을 많이 하신다.
모든 이가 교황님 앞에서는 동등하다.
모든 이가 교황님 앞에서는 낮아진다.
이런 교황제도가 있다는 것이
하나님의 실존을 증명하는 것이 아닐까!
신앙이 머리에서 가슴으로 내려가는 것이 참 어렵다.
머리에서는 신앙이지만
가슴에서는 막힘이 있다.
그러나 많이 좋아졌다.
그러나 주님이 나의 중심에 자리하고 계심이 믿어진다.
주님은 나에게 부단한 변화의 노력을 말씀하신다.
선(善)을 위한 학문을 하라고 하신다.
다 내려놓고
이 세상의 것들은 다 비우고 치워라고 하신다.
오로지 주님의 집에서
평화롭게 살라고 하신다.

평화의 길은 찾을 만하다고 하신다.
평화의 학문을 하고
우아하고 고요한 시를 쓰고
죽은 생선을 살아있는 물고기로 그림을 그리고
찾고 구하고 문을 두드려 가면
아름답고 희망에 찬 새나라가 있음을 알게 해주시고
그곳으로 인도해 주신다.
창조주께서
세상에서 추구하였던 법학을 조금 이루고나니
주님이 또 새로운 세계를 주신다.
건강의 중요함도 새롭게 깨닫게 해 주시고
아름답고 그윽한 예술의 세계로 들어가게 하시고
욥같은 무던함으로
항심으로 주를 섬기는 것이
평화로 가는 길임을 알게 해 주신다.
정의에서 출발하여 사랑을 거쳐
이제 평화로 들어간다.
다 비우는 것이 평화로 가는 길이다.
먹는 것도 줄이는 것이
평화로 가는 길이다.
아름다운 주님의 세계
교황님의 세계를 내가 체험해 보고 싶다.
사랑이 충만하신 교황님,
천사들이 항상 호위하는 교황님,
천사를 통하여 창조주께 이 세상의 일을 전달하여 알려드리고
천사를 통해 창조주의 이 세상 치리 상황을 전달을 받으면서
자신을 위하여서가 아니라
온 인류를 위하여 헌신하시는 교황님이심을 다시금 깨닫는다.

조금이라고 교황님의 그 깊은 정신세계를 나도 향유하고 싶다.
나도 평화롭고 싶다.
모두와 같이 형제로 살고 싶다.
항상 기도하고 싶다.
무시로 기도하고 싶다.
교황님의 세계를 나도 조금 같이 해 보고 싶다.
아아,
아름다운 세계
아름다운 주님의 피조의 세계
교황님의 그윽한 모습이 참 존경스럽다.
내가 교황님께 가까이 가서
악수를 청하면
기꺼이 나를 맞아주시겠지.
나도 그런 사람이 되고 싶어라.
찾아보고 싶고
만나고 싶고
말 한 마디 듣고 싶은 나이고 싶다.
아아,
아름다운 주님의 세계
나도 그 아름다운 세계를 가슴에 담고 싶다.
조금,
아주 조금
주님이 허락해 주실 것이다.
기다린다.
사모하면서
희망을 가지고서
인내하며 기다린다.
사모하면서

기도하면서
아멘입니다.

<2021. 4. 14. 10:46>

17. 의사와 병원

의사와 병원을 찾지 않고 사는 사람은 거의 없다.
누구나 아프고 의사를 찾아 병원을 간다.
의사는 사람의 병을 치료하는 전문인이다.
병원은 의사가 환자를 치료하는 성스러운 곳이다.
의사나 병원은 손해를 보면서도 치료를 해 주기도 한다.
그렇게 고맙고 훌륭한 의사들이 있다.
쉬바이처, 장기려 박사, 몽골의 어느 수의사 부부.
중국 운남성 오지의 산골 마을의 왕진가는 의사
의사를 기다라는 사람이 많다.
이렇게 의사의 치료는 환자도 의사 자신도 하나님의 형상을 회복하는 성스러운 일이다.
히포크라테스는 역사에 남을 의사의 사명을 밝혀준 의사이다.
의사의 치료행위는 종래에는 의사의 환자에 대한 시혜행위(施惠行爲)로 보았다.
이제는 의사와 환자와의 계약에 의하여 환자를 치료하는 일로 이해한다.
의사의 위상이 그만큼 낮아졌다는 얘기이다.
환자의 권리장전도 나왔다.
환자의 동의가 있어야만 의사가 치료를 할 수 있게 되었다.
환자의 동의를 얻기 위해서는 의사가 환자에게 환자의 병에 관하여 설명해야 한다.
의사에게 무거운 짐이 부과되었다.

의사와 환자와의 관계가 환자쪽으로 기우니까
의사들이 반격을 한다.
의사들에게 무거운 짐을 지우는 의료계약을 발전시킨 사람은 바로 법원의 법관이다.
의사들이 법관의 재판을 받지 않겠다는 반작용이 일어났다.
그 결과로 의사의 치료상의 문제에 대해서는
특별법에 의한 법관이 아닌 사람으로부터 심판을 받게 되었다.
조정, 중재의 방법으로 심판을 받게 되었다.
의사의 책임 문제는 법원밖에서 다루어지게 되었다.
의사의 직업은 성스로운 직업이다.
사람의 생명을 다루는 직업이다.
사랑을 배풀수 있는 가장 좋은 방법이 치료를 해 주는 방법이다.
선교를 하러 가는 사람들은 의사가 가장 제격이다.
선교를 나갈 때는 의사를 모시고 가는 것이 선교하기가 쉽다.
우리 연세대학교도 세브란스 병원으로부터 시작되었다.
의료선교로부터 연세대학교가 시작되었다.
병원이 운영되려면 재정이 튼튼하여야 한다.
병원운영에는 돈이 많이 든다.
새로운 의료장비를 들여와야 한다.
능력있는 의사들을 확보하여야 한다.
한국의 큰 병원은 거의 적자란다.
세브란스 병원은 흑자란다.
나는 병원신세를 많이 졌다.
내 몸은 움직이는 종합병원이 되었다.
산부인과에 가서 진료도 받았다.
세브란스 병원으로부터 혜택을 많이 받았다.
머리가 깨어나지 않아
신경과를 거쳐 정신과에서도 오랫동안 치료받았다.

그렇게 힘들게 치료받으면서 정년을 하였다.
정년 후에는 머리가 아픈 것이 거의 사라졌다.
너무 스트레스 받고 무리한 탓으로 생각된다.
그러니 허리가 아프다.
눈이 아프다.
심장 스텐트 시술을 받았다.
이가 아프다.
고혈압에 당뇨병이다.
늘 병원에 간다.
침(針)도 많이 맞았다.
의사와 병원의 도움으로 지금까지 살아왔다.
세브란스 병원의 도움을 많이 받았다.
세브란스 병원에 시신기증 서약을 하였다.
나를 내어주고 가고 싶다.
내 몸이라도 줌으로서
그것이 사랑의 일이라 생각한다.
기꺼이 내어 주기로 하였다.
시신 기증증도 받았다.
아프지 않는 것이 좋다.
아프면 즉시 병원에 가는 것이 좋다.
움직이지 못하여 병실에 누워있는 것은 사는 것이 아니다.
병원에 돈 갖다 주기보다는 잘 먹고 운동하는 일에 돈을 쓰는 것이 좋다.
그렇다고 전혀 아프지 않을 수는 없다.
움직이지 못하면 삶의 가치가 없다.
사람은 움직여야 생명이 있는 것이다.
숨쉬는 것만이 생명이 아니다.
생명은 삶의 가치를 실현하는 원천이다.
삶의 가치를 실현하기 위해서는 움직일 수 있어야 한다.

오늘도 한방병원에 허리치료 받으러 간다.
침을 맞는 것이 좋겠다고 하시면
맞고 올 생각이다.
치료에는 의사와 환자간의 신뢰가 필요하다.
마음으로부터 이 환자를 조금이라고 낫게하여야 하겠다는 의사의 의지가 필요하다.
환자는 의사에 대해 신뢰감을 가질 수 있어야 한다.
죽어가는 사람에게 미련을 갖지 말라는 말을 그 예전에 의대생으로부터 들었다.
죽은 사람으로 인하여 다음 환자에 지장을 주어서는 안된다는 말일 것이다.
그러나 의사가 환자를 사랑으로 진료하여야 한다.
의사의 사랑이 치료의 반을 차지한다고 생각한다.
죽어가는 사람의 생명의 고귀함을 인식하고 사랑으로 치료를 하여야 한다.
그 의사의 사랑으로 환자는 병으로부터 해방될 수 있다.
의술은 단순한 기술이 아니다.
의술은 사랑을 담을 기술이다.
의료체계는 독일의 시스템이 참 좋다고 생각된다.
동네의원을 찾고, 그 다음에 전문병원으로 보내어지고
그 다음에 종합병원으로 간다.
치료비는 병원에서 받는 것이 아니라
치료비 징수대리기관이 받는다.
의사는 치료에 집중할 수 있다.
의사는 참 친절하다.
의사가 환자에게 악수를 먼저 청한다.
온천에서 휴식을 취한 것도 의료보험으로 해결해 준다.
침도 의료보험의 대상이다.
독일에서는 아픈 사람은 평생동안 치료를 받으면서 인간의 가치를 느낄 수 있는 의료체계를 갖추고 있다.

아픈 사람이 인간답게 살 수 있는 의료체계를 갖추고 있다.
아프다고 외롭지 않다.
장기려 박사가 시작한 지역 의료조합의 체계가 독일의 그것과 유사하였다.
이제 병원가는 일이 쉬어졌다.
지역 엠브란스 차가 잘 운영되고 있다.
우리도 의료 선진국이다.
의료기술도 세계 최고다.
약도 좋다.
병원시설도 좋다.
의료보험도 잘 되어 있다.
그러나 아직도 의료보험에서 제외되는 치료와 약들이 많다.
원격의료도 필요하다.
노인 재택요양도 필요하다.
이렇게 시설과 의료체계가 잘 되어 있으나
여전히 아픈 사람은 외롭다.
연명치료를 원치 않는 사람도 많다.
사람이 사는 곳에는 사랑이 가장 중요하다.
사랑으로 살아야 아파도 삶의 기치를 향유할 수 있다.
의료만이 아니라 인간의 모든 행위의 핵심은 사랑이다.
사랑이 없으면 울리는 꽹까리다.
삶의 출발도 과정도 마침도 사랑이다.
의사와 병원의 할 일은 시작도 과정도 끝남도 사랑이다.
삶이 전부 사랑이다.
사랑이어야 한다.
그런데 그것이 그렇게도 어렵다.
어려워도 사랑이다.
역사에 이름은 남긴 유명의사는 다 사랑의 실천가들이었다.
명의는 사랑의 실천가이다.

사랑이 창조의 동인이다.
의사는 창조의 동인을 이어나가는 전문가이다.
다른 일을 하여도 사랑할 수 있다.
가족을 극진히 사랑하고 있다.
지유는 사랑으로 크고 있다.
일을 사랑하고 회사를 사랑하는 일이 남았다.
하찮은 일이라도 사랑으로 하면 의사가 되기 보다 더 결실을 거둘 수 있다.
매사에 사랑이다.
사랑으로 하여야 삶의 가치를 느끼고 이룰 수 있다.
사랑이 만물의 본질이다.
의사만이 사랑의 의술을 펼치는 것이 아니다.
만인은 각자가 자기일을 사랑으로 하여야 한다.
그 사랑의 일 속에서
생명의 가치를 실현할 수 있다.
근본은 사랑이다.
만사가 사랑이다.
사랑이 모든 일의 요체이다.
사랑이다.
사랑이고 사랑이다.
만사가 사랑이다.
사랑으로 오늘 아침을 열고
사랑으로 잠자리에 들자.
사랑이다.
사랑이고 사랑이다.
만사가 사랑이다.
내가 먼저 사랑이다.
사랑이다.
사랑이고 사랑이다.

아멘이다.

<2021. 5. 10. 08:05>

18. 아름다움에 관하여

아름답다는 말을 요즈음 자주 쓰게 된다.
아름다움이란 무엇이며
어떤 것이 아름다운 것인가?
지유의 엄마 아버지가 지유를 정성으로 키우고 있다.
진정 사랑으로 지유를 돌보고 있다.
어제는 지유의 동영상 모습을 보고서
이런 글을 보냈다.
우리 지유가 모든 일에 호기심을 갖고 노는 모습이 참 아름답다.
엄마 아버지가 정성을 다한 사랑으로 지유를 키우고 있는 모습 또한 아름답다.
아름다운 지유네 집이 아름답고 든든하다.
이 글을 보내고서 나도 기뻤다.
아름다움이란 무엇인가?
솔잎에 맺힌 빗방물의 영롱함이 참 아름답다.
이름 모를 작은 꽃이 앙증맞게 피어있는 모습이 참 아름답다.
엄마가 아이를 품에 안고 잠을 재우는 모습이 참 아름답다.
삶도 아름답다.
사람의 눈에 보이지 않지만
삶은 아름다운 것이다.
그러나 아름다운 삶인데도
흠집이 생긴다.
소리가 높아지고

눈물이 나고
서로 멀리하고
가슴에 맺히는 일이 생기고
삶이 아름답도록 창조되었지만 아름답지 못한 현상들이 일어나는 것이 또한 사실이다.
작은 손으로 구세군 기부금통에 기부금을 내는 모습도 아름답고
이 세상도 참 아름답다.
이 지구가 얼마나 아름다운가?
꽃이 있고
산이 있고
계곡이 있고
파도가 일렁이고
먹을 것이 많고
어디 하나 아름답지 않는 곳이 없다.
그러나 바다에 살고 있는 바자우족의 모습이 아름답다고만 할 수 없고
목청을 채취하는 땀흘리는 목청꾼들의 고된 삶이 아름답게 보이지만은 않는다.
그러나 그들이 집에 돌아와 자기 새끼들을 안고 기뻐하는 모습은 참 아름답다.
독일에서 경험한 일이지만
기차안에서
어느 목사님과 사모님이 서로 연인처럼
얘기하는 모습이 참 아름다웠다.
나는 어떤 아름다움을 갖고 있는가?
별 기억이 나지 않는다.
아름답다는 생각을 하지 못하면서 살아온 것 같다.
요즈음은 아름답다는 말을 자주 한다.
밥 한 끼 같이 하는 것이 아름답고

그림 그리는 것도 아름답고
그린 그림이 아름답고
자연법이 아름답다.
나도 모르게 아름답다는 말을 자주 하게 된다.
아름다운 출발,
아름다운 퇴진,
찾으면 아름다운 것이 수없이 많을 것이다.
무엇보다도 주님의 이 우주의 창조가 아름다운 것이다.
사랑의 아름다움으로 이 우주를 창조하셨다.
밤 하늘의 별들이 그 얼마나 아름다운가?
나의 내면에 하나님의 형상이 있다.
하나님의 형상이 아름다움의 근원이다.
하나님의 형상은 사랑의 결정체이다.
나의 내면에 사랑의 씨가 있다.
그 사랑의 씨가 제대로 자라는 것이 아름다움이다.
그러나 세상의 삶 속에서 그 사랑의 씨를 제대로 키우지 못하고 사는 시간이 많다.
아름다움을 꽃피우지 못하고 지내는 날이 많다.
그렇다.
하나님의 형상이 아름다움의 근원이다.
누구나 아름다움의 씨를 갖고 있다.
그것을 잘 키워야 아름다워진다.
그렇다.
하나님의 형상이 아름다움의 씨다.
그 형상을 자라게 하고 잘 크도록 하여야 한다.
그것이 아름다워지는 길이다.
좋은 옷을 입고
멋을 부리는 것은 아름다움에 작은 보탬을 줄 뿐이다.

내면의 하나님의 형상을 키워야 아름다워진다.
그 하나님의 형상이 바로 사랑이다.
사랑의 열매는 온유하고 조용하고 고요한 가운데 하나님을 기리는 것이다.
그 사랑의 열매를 맺을 때마다 다 아름다워진다.
주님은 사랑이다.
사랑으로 이 세상을 창조하셨다.
인간에게 하나님의 형상을 심어 주셨다.
사랑의 씨를 심어주셨다.
그 사랑의 씨가 싹이 트고 자라는 그 모습이 아름다움이다.
내면의 원죄인 악을 키우지 말라.
내면의 선인 하나님의 형상을 키워라.
그것이 아름다움을 만들어 가는 길이다.
그것이 의미있고 가치있는 삶의 길이다.
아름다움은 순수다.
아름다움은 성실이다.
아름다움은 땀 흘림이다.
아름다움은 사랑으로 얻어진다.
아름다움은 사랑을 먹고 자란다.
삶이 아름다움이다.
이 지구도 아름다움이다.
이 우주도 아름다움이다.
이 지구의 나도 아름다움의 씨를 갖고 있다.
아름다움도 키워야 한다.
아름다움은 사랑으로 키워야 한다.
사랑의 주님이시다.
주님은 아름다움의 근원이시다.
주님, 창조, 사랑, 아름다움, 하나님의 형상,
그 모두는 같은 근원에서 나왔다.

같은 뿌리를 갖고 있다.
그렇다.
사랑하라.
그리하면 아름다워진다.
아름다움은 하나님의 형상을 키움에서 나타난다.
하나님의 형상을 키워 아름다운 삶을 살고
영원히 아름답게 살자.
삶도 세상도 지구도 우주도 주님도 참 아름답다.
그 속에 나도 아름다운 씨를 갖고 있다.
하나님의 형상이다.
그 하나님의 형상을 아름답게 키워 나가자.
아멘이다.

<2021. 5. 18. 09:05>

19. 용서의 길, 용서의 삶, 끝없는 용서의 사랑

삶이 무엇인가?
젊어서는 주님이 주신 달란트를 백퍼센트 다 쓰는 정열로 사는 기간이다.
사람은 영원히 이 땅에서 살 수 없다.
영원은 주님 뿐이다.
하나님의 형상으로 지어진 인간은 주님의 영원에 참여할 수 있다.
주님 나라에서 주님과 함께 영원히 산다.
나이가 들면 체력이 떨어진다.
주님이 주신 달란트를 나이가 들면 정열적으로 이루어 나갈 수 없다.
그러면 어떻게 해야 하나.
쉼의 시간을 가지면서
정리하는 시간을 가져야 한다.

지난 날을 살펴보는 시간을 가져야 한다.
잘 살아왔는지 어떤지를 살펴보는 것이 필요하다.
나를 되돌아 본다.
젊은 시절,
그러니까
아버님과 어머님의 보살핌을 떠나 독립하여 살기 시작한 때로부터
10대, 20대, 30대, 40대, 50대, 60대의 기간 동안을
어떻게 살았는지를 생각해 본다.
처절하게 열심히 살았다.
자신을 다한 삶을 살아왔다고 생각한다.
결코 주어진 귀한 시간을 허비하지 않았다.
헛되게 살지 않았다.
열심히 살았다.
참으로 열심히 살았다.
죽으라고 공부하였다.
찾고 구하고 달려왔다.
국내는 물론 외국에 나가서도
부족한 내가 겁없이 찾고 구하였다.
많이 얻었다.
그것은 다 주님의 사랑의 은혜의 결과이다.
참으로 많이 얻었다.
두 아들 잘 자랐다.
든든하다.
한 몫을 담당하고 있다.
화야도 웅이도 잘 하고 있다.
손녀 지유도 잘 크고 있다.
아쉬운 것이 없다.
재물도 넉넉하다.

두 아들에게 충분히 주었다.
스스로 삶을 살아갈 수 있는 형편이 되었다.
이것도 다 주님이 주신 것이다.
내가 어떻게 스스로 여기까지 왔단 말인가?
두 아들이 살림을 나가고
나는 정년을 하고서는
집에서 오로지 또 연구에 정열을 쏟았다.
정년 후 10년 정도는 쉼없이 계속 연구하였다
내 나름대로는 민법을 다 섭렵하였다고 생각하였다.
올해는 주님이 특별한 기회를 주셨다.
그것이 나의 신앙과 학문의 최종결실이다.
나는 누구의 뒤를 따라서 살아온 사람이 아니다
오로지 주님만을 믿고서 성(誠)을 다해 공부해 왔다.
믿음도 변함없이 가지고 살았다.
주님이 다 주셨다.
학문도, 명예도, 재물도, 자식도 다 주셨다.
복에 복을 더하여 받은 사람이다.
법학이외에 그림 그리기도 시작하였다.
나의 세상이 더 넓어지고 있다.
몸이 곤하기도 하였지만
그래도 오로지 학문의 길과 믿음의 길을 오고 또 왔다.
누구의 이해도 구하려고 하지 않고 오고 또 왔다.
이제 건강에 문제가 생긴다.
허리가 아파서 고생을 조금 하였으나
지난 6월 29일 대침술로 많이 좋아졌다.
나을 것이다.
주님이 나를 그냥 놓아두고 보시기만 하지 않을 것이다.
눈도 아프다.

머리도 생각이 안나고 쉬이 피곤을 느낀다.
그래도 괜찮다.
쉼없이 달려온 삶의 결과이다.
쉬라고 하신다.
좀 쉼의 시간을 가지라고 하신다.
열심히 하였다고 인정해 주신다.
이제 한 가지 남은 일이 있다.
10월의 국제회의를 원만히 개최하고
나도 발표를 제대로 하는 일이다.
그리고는 천천히
아주 천천히
그리고 조용히
고요히
자연법을 연구하고
글을 쓰고
그림을 그리고
욥같은 믿음으로 최후 승리를 향하여 간다.
욥의 믿음을 지켜주셨던 주님께서
나의 믿음도 지켜주실 것이다
그리고 주님이 나에게 주님 나라의 이 땅에서의 건설을 위해
수도원도 법과 성서와 역사 연구소의 건립과 운영도 허락해 주실 것임을 믿는다.
내가 80이 되면 시작한다.
내가 다 이룰 수 없으면
후대에게 계속 이어 완성해 줄 것을 부탁한다.
주님의 일을 하기 위해서는
내가 믿음에 굳게 서서
아무 것도 거리낌이 없는

자유와 평화와
사랑과 정의와
주님 세계를 내 안에서 이루어야
이 일을 할 수 있다.
내가 완전히 자유로와야 한다.
내가 완전히 평화로와야 한다.
내가 완전히 사랑과 정의이어야 한다.
그 일을 내 안에서 이루려면
내가 내 이웃과 자연과 나 자신에 대하여 아무런 거리낌이 없는
완전한 사람이 되어야 한다.
그 온전함을 이루는 첫째의 일이 용서이다.
마음에 거리낌이 있는 일에는 용서를 하여야 한다.
나를 용서하고
이웃을 용서하고
자연을 용서하고
내가 아무런 거리낌이 없는 순수의 상태로 들어가야 한다.
그 간에 살아오면서
마음이 완악해진 것
나는 바르다고 생각하였으나
그것이 짐으로 느껴졌던 이웃들
그 모든 일들로부터 내가 자유함과 평화로움을 얻어야 하겠다.
호불호(好不好)가 없는 경지에 들어가야 하겠다.
그런 순수의 상태에서만 수도원과 연구소를 운영할 수 있다.
소식(小食)하면서
성서를 읽고 그 속에서 귀한 말씀을 추려내고
하나님의 형상에서 자연법을 도출하여
주님 보시기에 아름답고 정결한 나로 거듭 나야 한다.
그것이 용서다.

끝없는 용서다.
한 없는 용서다.
아름다움만 있는 용서다.
나를 용서하고
이웃을 용서한다.
사랑으로 다가간다.
사랑의 씨를 심는다.
그 결실은 먼먼 훗날 거둘 수 있을 것이다.
그 일을 하고 싶다.
그 일을 위해 내가 아주 정결해야 하겠다.
그것이 용서이다.
다 용서한다.
나의 부족함도 용서한다.
주님이 때가 되면 이 일을 하게 하실 것임을 믿는다.
그렇게 믿는다.
그렇게 될 것이다.
몸이 곤하면 쉰다.
몸이 아프면 병원에 간다.
용서다
용서하고 용서하는 사랑을 펼친다.
그 위에 그 정결함 위에서
주님의 섭리를 받아
나의 남은 과업을 이루어나간다.
때가 올 것이다.
주님이 그 때를 만들어 주실 것이다.
그 때는 기어이 오고 말 것이다.
주님이 하시는 일인데
그렇다.

믿는다.
관동의 욥에게 주님이 오셔서
사명을 주실 것임을 믿는다.
기도하고 가는 집을 운영토록 해 주실 것이다.
내가 주님의 은혜로 오늘의 내가 되었는데
주님의 은혜로 주님이 칭찬하실 일을 하고 간다.
그것을 이미 주님이 예정하고 계실 것임을 믿는다.
세상의 부귀영화를 원치 않는다.
하늘나라의 아름다운 일을 하리라.
그 일을 하리라.
그 일을 위한 준비가 용서이다.
끝 없는 용서이다.
한 없는 용서이다.
그리고 그 다음에 주님의 사명을 감당할 수 있을 것이다.
주님 감사합니다.
위대하신 주님,
사랑의 하나님,
나의 주, 나의 하나님,
용서로 갑니다.
용서의 삶을 삽니다.
가고 또 갑니다.
용서로 갑니다.
용서의 삶을 삽니다.
아멘입니다.

<2021. 7. 4. 17:58>

20. 사해동포주의

세계는 이제 하나의 지구촌이다.
한 나라만이 홀로 살아 갈 수 없는 세상이 되었다.
특히 전염병이 세계적으로 확산되어 창궐하는 지금은
지구촌이 완전히 하나의 공동운명체가 되었다.
세계시민의 약 2억명 이상이 감염되었다.
약 4백만명 이상이 사망하였다.
지금은 변이 버이러스로 세계가 위기다.
한 나라만이 살겠다고 하여
그 나라만이 존속할 수 있을까?
아니다.
미국이 제일 많이 감염되었고 제일 많이 사망하였다.
중국은 강력한 봉쇄정책(containment)으로 그래도 감염자수도 사망자수도 적은 편이다.
코로나 바이러스를 전파하였다고 지목받고 있는 나라가 중국이다.
그러면서 세계보건기구의 코로나 바이러스 발생원인조사를 받을 것을 요구하였으나 거절하고 있다.
그러면서 봉쇄정책이 최선의 예방책이라고 하고 있다.
중국 본래의 악압정책을 코로나 대책에도 그대로 적용하고 있다.
그러면서 봉쇄정책을 국제학술회의에서 자랑하고 있다.
중국은 사회주의 국가이다.
본래가 억압국가이다.
이러한 위기 중에도
도쿄에서는 올림픽이 열리고 있다.
관중도 없고
마스크를 끼고 경기에 참여한다.
스타디움 안에는 관중이 없다.

그러나 스타디움 밖에는 인산인해이다.
올림픽에 반대하는 시위도 일어나고 있다.
인간의 생명을 담보로 한 올림픽이다.
일본인들만이 아니라, 운동선수들만이 아니라
지구촌의 온 세계시민을 희생양으로 하는 올림픽이다.
이렇게 올림픽을 강행하는 사람들은 코로나로부터 안전한 사람들이다.
힘있는 사람들이다.
IOC 위원장이 그렇고
일본 수상이 그렇고
스포츠 대기업의 총수들이 그렇다.
중개방송권을 따낸 방송사의 총수가 그러하다.
생명이 스포츠보다 귀하다.
이러한 힘있는 자들은 인간의 생명을 대수롭지 않게 생각한다.
중세의 군주들 같다.
돈에 메이고
정권연장에 메이고
높은 자리에 메인 자들이
낮고 천한 세계시민들의 생명의 위협에 희열을 느끼고 있는 것 같다.
이 와중에 우리의 대통령은 일본 수상에게 한일관계 협상을 하자고 한다.
일본수상은 협상할 분위기가 아니다.
어수선하고 우울한 잔치자리에 협상을 하자고 하는 우리 대통령의 한심한 인격도 문제이다.
돈에 메인 IOC위원장의 모습이 히틀러를 연상케 한다.
관중도 없고 무덥고 습한 개막식에
그는 장시간의 연설을 하였다.
죄송하다는 말을 하는 것이 예의일진데
자기 자신의 자랑과 과시에 열중이었다.
아아,

인간은 하나님을 경외하여야 하는데
높은 사람들에게는 하나님은 안중에 없나 보다.
안전한 올림픽을 위하여 하나님께 기도라도 했는가를 묻고 싶다.
여름의 일본은 무덥고 습하다.
엎친데 덥친 격으로 태풍이 도쿄로 향해 온단다.
메달 수여식이 너무 품위가 없다.
우승한 선수가 스스로 메달을 집어서
자기 목에 건다.
맡긴 매달을 찾아가라는 식이다.
그래도 이 도쿄올림픽은 인류역사에 특이한 올림픽으로 기록되어 역사에 회자될 것이다.
로마제국의 황제가
콜로세움에서 백성들의 목을 쳐서 죽이고
그 광경에 환호하는 것과 무엇이 다른가?
예전이나 지금이나
권력자들은 악하다.
그들은 스스로 하나님의 형상을 지우고 살고파 하는 사람들이다.
잔인하다.
인격자라고할 수 없다.
참으로 잔인한 사람들이다.
올림픽이 그들의 잔인함의 희열을 느끼는 행사로 변질되었다.
사해동포주의와는 너무 거리가 있다.
지구촌의 세계시민이 하나의 공동체이다.
서로 형제다
모두가 다 하나님의 형상을 따라서 창조된 인간존재들이다.
그래도 도쿄 올림픽이 안전하게 진행되기를 기도한다.
그래도 경기하는 모습을 방송을 통해 본다.
인간이 먼저다

인간이 가장 중요하다.
신은 인간을 목적으로 하고
인간은 신을 목적으로 한다.
사해동포주의의 세계로 나아가고 살아야 한다.
서로 용서하여야 한다.
서로 사랑하여야 한다.
정의의 바탕위에서 용서하고 사랑하여야 한다.
그것이 사해동포주의로 가는 길이다.
사해동포주의는 스토아 학파에서 시작된 사상이다.
모든 생명있는 존재는 다 로고스(logos)를 갖고 있다고 주장한 데서
사해동포주의 사상이 배태되었다.
성서에는 인간은 하나님의 형상으로 창조되었다는 말씀에서 사해동포주의의 사상적 기초를 제공하였다.
모든 사람은 다 신의 피조물이며 하나님의 형상을 갖고 있다는 말씀은 인간 모두가 평등하고
인간은 존엄한 인격적 존재이며
세상의 모든 사람은 다 형제로서 사해동포주의로 살라고 하셨다.
사해동포주의로 나아가야 오늘의 위기를 극복할 수 있다.
소위 지도자라는 사람들은 지배하려고 한다.
올림픽의 강행도 지배의 한 모습이다.
지도자부터 사해동포주의 사상을 가져야 한다.
이 위기의 극복은 주님의 섭리하에서만 가능하다.
백신의 발명도 주님의 섭리이다.
그것을 인간의 이성의 승리로 받아드리면 그것은 인간의 오만이고 자만이다.
그 모두를 다 주님이 주장하신다.
기도하면서 백신을 만들어 보급하고
간구하면서 세계와 세계시민의 치유를 소망하여야한다.
주님은 인간을 멸종시키시지는 않는다.

노아의 홍수 때도 마찬가지였다.
사해동포주의는 주님의 말씀으로 돌아가
자기안의 하나님의 형상을 회복하는 일이다.
주님 안에서 사해동포주의로 나아가야 한다.
과거의 교회사를 들추어
교회의 지배를 얘기할 것은 없다.
그 때는 역시 하나님의 형상에 대해서 깊이 알지 못하였다.
특히 지배자들이 그러하였다.
지배자들을 옹호한 어용학자들이 그것을 합리화하였다.
그러나 그 시대에도 하나님의 말씀에 충실한 선각자, 현자들이 있었다.
하늘이 보낸 선구자들이고 현자들이었다.
모두가 다 존엄한 인간존재임을 주장하였다.
그러나 그러한 목소리는 무시되었다.
그러나 주님은 그들 현자들로 하여금 외치게 하였다.
결국 시간이 지난 후에야 비로소 그들의 세상이 도래하였다.
모두가 다 주님의 섭리였다.
사랑이다.
정의다.
용서다
사해동포주의로 가는 덕목이다.
그 길로 가야 한다.
지금 이 시대에도 주님이 보내신 현자들이 활동하고 계신다.
현자들은 하나님의 사자이다.
돈에 취하고 발명에 취해 있는 인간에게
하나님의 형상을 회복하라고 주님이 말씀하신다.
세계의 돈을 끌어모은 아마존의 베이조스가
이혼을 하고 그 부인에게 수십조원의 돈을 주었다.
그 돈은 이혼한 부인이 다 가질 돈이 아니다.

그 돈은 세계시민들의 것이다.
그것을 베이조스의 개인 것이라고 한다.
빌 게이츠도 마찬가지이다.
벌어들인 돈이 다 자기 것이 아니다.
세계시민의 것이다.
세계는 하나이다.
둘이 아니다.
세계시민은 공동운명체이다.
지구는 하나의 마을이고 세계시민 모두의 고향이다.
개인주의, 자본주의가 바뀌어야 한다.
공동체주의가 강조되어야 한다.
사해동포주의로 나아가야 한다.
그 길이 생명의 길이다.
오늘 사해동포주의를 강하게 깨달았다.
적어 두고 싶었다.
깨달음을 주신 주님께 무한 감사를 드립니다.
감사합니다.
감사합니다.
나의 주, 나의 하나님,
세계시민의 하나님,
감사합니다.
감사합니다.
사해동포주의가 살 길입니다.
아멘입니다.

<2021. 7. 25. 13:32>

21. 평화, 평화, 평화

평화만큼 좋은 것은 없다.
아무 것에도 거리낌이 없는 완전한 자유의 상태가 평화이다.
그런 평화속에서 살고 싶다.
그것이 소망이고 희망이다.
평화는 고요하다.
조용함을 넘어 고요이다.
평화, 그렇게 갖고 싶고 그 속에서 살고 싶은 평화다.
평화는 욕심을 부리면 평화가 오다가도 불편해서 가 버린다.
많이 먹어 너무 포만해도 평화는 머물 공간이 없다.
좀 비우고 소식하고 배고프지 않게 평만한 상태가 평화다.
평화는 머리가 맑아야 자리한다.
몸의 사령탑인 머리가 아프면 몸의 균형이 깨어진다.
그러면 평화도 머리에 내 몸에 자리하지 못한다.
평안한 마음,
평안한 속,
맑은 머리,
조용히 뛰는 가슴
소리가 들리지 않는 숨소리
그 상태가 평화다.
그 상태로 사는 것이 행복이다.
그 상태도 주님이 주셔야 가질 수 있다.
평화로운 상태로 이웃을 만나야 한다.
내가 먼저 평화로운 얼굴로 다가가고
이웃도 나의 평화로운 모습에서 안도감과 평화를 느낀다.
평화의 사람은 얼굴이 맑다.
또한 건강해 보인다.

나이에 상관없이 평화로운 사람은 생명력이 있다.
아무런 감정이 없는 상태가 평화다.
아무런 거리낌도
좋아함만 있고 싫어함이 없는 상태가 평화다.
평화는 또 평화를 가져온다.
평화로 다가가는 것은 바로 사랑이다.
조건없는 정언명령(定言命令)의 사랑이다.
내가 평화로와야 한다.
이웃과 평화하여야 한다.
사회가 평화로와야 한다.
국가가 평화로와야 한다.
나라와 나라가 평화로와야 한다.
평화 속에서 사해동포주의를 이룰 수 있다.
평화다.
평화다.
주님의 평화다.
평화 속에서 살고 싶다.
잠시 평화 속에 들어가 보았다.
너무나 좋았다.
마무런 거리낌이 없었다.
가까이 내가 먼저 다가갈 수 있었다.
한 마디 말이 없어도 좋았다.
마음에서 마음으로 서로가 연결되었다.
평화의 모습인 나에게로 사람들이 다가온다.
나도 평화로이 다가간다.
참 좋다.
순수다.
그곳에 주님이 계신다.

하나님의 형상은 평화의 얼굴이다.
평화의 모습이다.
평화의 마음이다.
평화가 일을 이룬다.
어려운 일도 평화속에서는 다 풀어낸다.
언제든지 부르면 갈 수 있다.
그 예전의 거리낌은 다 사라진다.
평화의 힘이다.
평화, 평화, 평화,
아아,
아름다워라.
너무 고요하다.
가슴이 편안하다.
머리가 맑다.
잠이 사르르 든다.
평화속에서 사르르 잠이 든다.
평화, 그것이 천국이다.
그곳에는 천사들이 왕래한다.
아니 내 스스로가 천사가 된다.
평화 속에서 말이다.
그 평화를 내가 간직하고 싶다.
평화다.
평화다.
평화의 화신이고 싶다.
영구히 평화다.
평화 속에서는 다른 바람이 없다.
평화 속에서는 주고 싶은 마음 뿐이다.
평화, 평화, 평화,

아아,
너무 좋은 아름답고 고요의 평화여
나의 삶이 평화로 이어지기를 기도한다.
평화여,
평화여
깊은 평화여
나의 평화여,
우리의 평화여
세계의 평화여,
주님의 평화여
평화여 영원하라.
영원하라, 평화여
아멘입니다.

<2021. 9. 16. 17:55>

22. 평화주의의 길

세상은 하나님이 창조하셨다.
인간도 하나님이 창조하셨다.
이 세상은 다 주님의 것이다.
인간은 다 하나님의 형상을 따라서 창조되었다.
인간은 다 형제자매이다.
이 세상은 인간 모두가 먹고 살도록 하나님이 인간 모두에게 주셨다.
그런데 인간은 이 세상에 줄을 그어 내것, 네것으로 구분하였다.
그것을 진리라고 한다.
그 질서가 정의의 질서라고 한다.
아닌데,

모두의 것이고
모두의 활동무대인데.
강대국들이 다 자기 것으로 만들고자 한다.
강대국이 자기들의 이익에 부합되게 규범을 만들어 그것을 지키려고 한다.
아닌데.
하나님의 질서에는 맞지 아니하는데.
강대국들이 지구자원을 독점하려고 한다.
그렇게 독점하는 것이 정당할까?
아니다.
평화주의에 반한다.
사해동포주의에 반한다.
교황님의 평화의 호소가 맞다.
너무 자국중심이고
이기주의다.
평화로 가야 한다.
하나님 안에서 평화로 가야 한다.
하나님 안에서 사해동포주의로 가야 한다.
평화다.
개인도 사회도 나라도 세계도
평화다
너무 다투지 말라.
싸우면 다 불행해 진다.
싸움이 창조주의 창조의 뜻이 아니다.
평화가 창조주의 창조의 뜻이다.
그렇다.
평화다.
어제 합창연습하러 갔다.
곡이 참 좋다.

그러나 악보를 아직 보지 못한다.
잘 하는 분들이 있다.
나는 곡이 통 보이지 않는다.
그래도 곡을 부르고 나니 좋다.
턱시도를 맞추어야 한다고 아우성이다.
의아해 하였지만
집에 와서 잠자리에서
알프스의 목동들이
알프스의 좋은 옷을 입고
긴 나팔을 부는 모습이 떠 올랐다.
목동이 연주자로 아름답게 변신하였다.
잘 불렀다.
삶을 즐기고 있었다.
우리도 턱시도를 맞추어 입을 단계로 성장하였다.
상상을 못하던 일이다.
그래 나도 맞추기로 결정하였다.
입어 보자.
격을 높혀 보자.
그렇게 함께 어울려 보자.
절제하고 절약하여야 하지만
그래도 맞추어 입고,
합창해 보자.
평화다.
고요다.
초극이다.
부활이다.
오늘도 주님의 나라에서
진리를 찾는다.

중세의 주의주의(主意主意)에서 출발하여
르네상스가 일어나고
그것이 개인주의를 낳고
그것이 인문주의를 낳고
그것이 과학을 발전시키고
그것이 산업혁명을 일으켜 경제가 발전하고
그것이 합리주의를 낳아
과학주의와 물질만능시대를 낳았다.
그 결과로 19세기는 전쟁이 없었다.
근대 개인주의와 자유주의,
과학주의와 합리주의가 최고도로 발전하였다.
그 기간에 근대민법이 제정되었다.
개인주의와 자유주의의 민법전이었다.
그러나 정점은 하강의 길이었다.
19세기 후반부터 불안이 찾아왔다.
더 이상의 발전에 의문을 갖게 되었다.
그리고 20세기에 양차대전을 겪으면서
유럽은 이미 이성에 의한 합리주의의 한계를 인식하였다.
그러나 미국은 발전에 대한 희망을 잃지 않았다.
그러나 미국도 베트남 전쟁을 끝으로
발전에 대한 회의와 불안에 들어섰다.
그러나 한편으로는
근세이래의 인간 이성 중심의 계몽주의의
사회발전에 대한 믿음을 잃지 않고
계속 발전을 추구하고 있지만,
다른 한편으로는
계속 발전에 대한 회의,
인간이성의 한계에 대한 인식이 싹트고

인간이성의 절제를 부르짖는 사상이 나타나고 있다.
근자에는 인공지능이 발전하여
못할 것이 없지만
그 인공지능으로 인간이 고독해지고
자기중심적이며,
인간 자신의 내면이 보호받지 못하는
위험의 시대, 불안의 시대로 들어 갔다.
이 시대를 극복하기 위하여 기독교에서도 변화가 일고 있다.
하나님의 창조상태로 돌아가고자 생각하는
하나님 중심의 사고와 사상이 힘을 얻고 있다.
아직은 주류가 아니지만
점차 하나님 중심의 사고가 주류사상이 될 것으로 생각한다.
인공지능의 시대에 기독교가 대처를 못하고 있다.
기독교가 늦다.
과학이 너무나 빨리 발전한다
위험이 더 커진다.
불안도 커진다.
이성에 의한 발전을 추구하고
소비를 미덕으로 한
경제와 과학 만능의 사고가
지구를 힘들게 하고
자원의 고갈을 초래하였으며
기후변화를 가져 왔으며
다시 국제전쟁이 일어나고
사람이 극히 이기적으로 바뀐
하나님의 창조의 모습과는 다른 길로 가고 있다.
저만치 물러나 계시던 하나님이
인간에게 말한다.

너무 이기적이다.
너무 비평화주의다.
너무 자국중심주의다.
너무 비사해동포주의이다.
같이 살 길을 찾으라고 하신다.
하나님의 큰 소리에 귀 기우려야 한다.
인간의 이성은 하나님의 계시를 받아야 한다.
인간은 하나님을 이길 수 없다.
인간은 하나님의 창조에 의한 피조물이다.
피조물은 창조자의 뜻을 따라야 한다.
창조자의 뜻에 귀 기우려야 한다.
그래야 한다.
그렇고 말고
창조의 본래의 모습,
자연상태를 회복하여야 한다.
그것이 인간이 가야할 길이다.
그것이 창조주의 뜻이다.
그 길은 평화다.
그 길은 사랑이다.
그 길이 정의의 길이다.
그 길이 생명의 길이다.
그 길이 부활의 길이다.
그 길이 구원의 길이다.
인내하며 방향을 바꾸어야 한다.
이기심에서 사랑으로
인간중심에서 하나님 중심으로
평화주의로
사해동포주의로

세계시민정신으로
하나님께 빌고 구하면서
그 길로 가야 한다.
인내하며 방향을 바꾸어야 한다.
그 길이 영원으로 가는 길이다.
절제하고 근신하고 절약하면서
창조주 하나님의 뜻을 따라서 살아야 한다.
그 길이 생명의 길이다.
그 길이 희망의 길이다.
그 길이 빛의 길이다.
그 길이 구원의 부활의 길이다.
인내하며
기다리며
희망으로 앞날을 살아가야 한다.
희망이다.
희망이다.
하나님의 인도다.
하나님의 구원이다.
부활이다.
부활은 새로움의 시작이다.
끝이 아니다.,
새로운 시작이다.
새로운 세계의 시작이다.
그것은 다 하나님의 치리사항이다.
그 진리를 믿고
하나님 중심으로 살아야 한다.
맞다.
그렇다.

그것은 진리다.
그렇다.
아멘이다.

<2022. 10. 21. 09:44>

23. 덕망(德望), 신망(信望), 그리고 7덕목(德目)

어떠한 사람이 존경스러울까?
각자의 달란트가 다 다르니 획일적으로 말할 수는 없다.
그러나 나이가 들면 덕망있는 사람이어야 한다.
젊어서는 신망있는 사람이어야 하고.
덕망은 어떠한 인품을 말하는가?
덕스러운 인격을 의미한다.
덕은 뛰어남이다.
특출한 것을 덕이라 한다.
그런 덕스러움의 내용을 덕목이라 한다.
노인이 되어서는 그 인격에 덕망이 있어야 한다.
젊어서는 희망이 보이는 인격의 소유자이어야 한다.
희망의 인격을 신망이라 한다.
덕망과 신망은 뉘앙스가 조금 다르지만 그 내용은 동일하다고 생각한다.
덕망은 7덕목을 갖춘 인격을 말한다.
7덕목은 서양사회의 인간 덕목이다.
4가지는 세속의 덕목이고
3가지는 기독교의 덕목이다.
세속의 4덕목은 절제, 용기, 지혜 그리고 정의다.
4덕목은 소크라테스, 플라톤에 의하여 주장되고,
스토아 철학자들의 덕목이었다.

스토아철학 시대에 와서 비로소 4덕목이 인간의 가장 중요한 덕목으로 자리하게 되었다.
4덕목 중 가장 중요한 덕목이 정의이다.
3덕목은 믿음, 소망, 사랑의 덕목이다.
그 중에서 사랑이 으뜸되는 덕목이다.
이렇게 7덕목을 갖추면 가장 인격적인 덕망있는 인격의 소유자가 될 수 있다.
그러나 7덕목을 다 갖춘 자는 극히 드물다.
7덕목 중 몇 개라도 갖추면 훌륭한 인격의 소유자가 된다.
나는 어떤 인격의 사람인가?
덕망있는 인격을 갖추고 싶다.
그것을 소망한다.
바르고 사랑이 많고
지혜있고 절제하면서
용감하고 그리고 믿음에 충실한 사람이고 싶다.
남은 기간 동안 할 수 있는 한 덕망있는 사람이 되고자 애쓰고자 한다.
믿음이 가고
판단이 정확하며
사랑이 충만한 인격의 사람이 되고 싶다.
그 이상과는 먼 것이 현실이다.
그러나 희망을 갖는다.
믿음을 갖는다.
말이 없어도
얼굴에서 신뢰할 만한 인격자이기를 스스로 소망해 본다.
그러나 나는 속이 좁은 사람이다.
그러나 나를 극복하고 덕망있는 인격자로 나아간다.
애쓴다.
덕망있는 인격자는 자기만의 이익을 추구하지 않는다.
공동체의 이익과 안정과 평화를 추구한다.

나는 공동체주의를 추구한다.
작은 공동체부터 지구공동체까지
공동체의 결속과 평화와 행복을 추구한다.
비록 내가 속이 좁지만 그래도 덕망의 인격자로 살기를 소망하고 나아간다.
하이브리드 신앙은 거부한다.
동서양의 종교를 아우르는 위대한 학자들이 빠질 수 있는 오류가
동서양의 종교를 혼합한 자기 종교, 즉 하이브리드 종교를 만드는 것이다
나는 그러한 혼합종교를 거부한다.
기독교를 지주로 한다.
믿음, 소망, 사랑을 추구한다.
정의와 사랑을 추구한다.
그 길로 간다.
그러나 참 어렵다.
못된 자아가 나를 잡고 있기 때문이다.
그래도 기도하면서 믿음으로 극복하면서
정의와 사랑의 덕목으로 덕망있는 인격자가 되고자 노력한다.
남은 시간에.
끝은 없다.
그러나 그 방향을 가고 갈 것이다.
그것이 진리다.
정의와 사랑이다.
그 바탕은 기독교다.
그 방향으로 간다.
그러나 가슴이 평안하지는 못하다.
마음이 참 약하다.
마음이 여리다고 함이 더 맞을 것 같다.
절제다.
혼자서 다 가질 수도 다 이룰 수도 없다.

나누어 갖고 함께 이루어 나가는 것이다.
나는 기독교를 만나서 이 만큼 깨달았다.
기독교가 나를 가르쳤다.
하나님의 말씀이 깨우쳐 주었다.
성령이 길을 인도해 주었다.
그렇지 않았으면 오늘의 나는 없다.
세속의 싸움터에서 살았을 것이다.
하나님이 나를 구해 주셨다.
하나님이 나를 자신의 길로 인도해 주셨다.
하나님이 덕망을 알게 하시고
7덕목을 깨닫게 해 주셨다.
분명 하나님께서 나를 예정하시고 나를 길러주시고
오늘의 나로 오게 하셨다.
분명하다.
그것은 진실이다.
주님이 나를 예정하시고
학문의 길로 가게 하시고
학문의 길에서 깨달음을 주시고
또 덕망의 새로운 세계로 나를 데리고 가신다.
주님께 길을 묻는다.
나의 삶의 길을 묻는다.
주님이 계획하시는 그 길로 인도해 주실 것이다.
덕망이 있는 인격자로 길러주실 것이다.
나이는 들어도 배움에는 끝이 없다.
그렇게 살리라.
그 길로 가리라.
7덕목을 구비한 덕망있는 인격자로 나를 만들어 가리라.
정의와 사랑이다.

공동체주의다.
믿음이다.
기도의 삶이다.
평화와 자유의 삶이다.
고요다.
항심이다.
변함없는 그 길이다.
하나님의 아들로 산다.
하나님의 사랑하는 아들로 산다.
아멘이다.

<2023. 9. 26. 09:56>

24. 공동체 정신

사람은 사회적 존재이다.
사람은 혼자서는 살 수 없고
함께 더불어 공동체를 이루어 살아야 한다.
그것이 인간의 본성이다.
그러나 근세 이래의 인간이성의 강조 시대이래로
인간은 개인의 존엄을 중시하여
공동체의 구성원으로서 보다는 독립적 인격체인 개인으로서의 인간가치를 존중하여 왔다.
오늘날도 여전하다.
그러한 개인존중의 사상을 개인주의라 하며,
개인주의는 개인의 자유를 강조하므로,
개인주의는 자유주의와 그 맥을 같이 한다.
자유주의는 더욱 발전하여 오늘날에는 지유지상주의로 발전해 나가고 있다.

개인의 가치를 극도로 존중하고
개인의 자유로운 활동을 최대한으로 보장하는
시대로 변하고 있다.
개인의 자유를 극도로 강조하면
자연히 공동체의 가치가 소홀해 진다.
인간의 개인으로서의 존엄과 가치도 존중되어야 하지만,
함께 더불어 살아가는 공동체의 가치도 강조되어야 한다.
그러한 사상이 바로 공동체주의(communitarianism)이다.
공동체주의는 개인의 존엄과 가치의 존중을 기본으로 하면서
이와 함께 공동체의 가치, 개인의 공동체에 대한 충실의무를 인정하고 강조하는 사상이다.
이 공동체주의가 인간이 추구해야할 가치이고
인간이 가야할 길이다.
공동체의 가치만을 존중하고
인간 개인은 공동체 구성의 요소로서만 다루는 사상이 바로 사회주의이다.
사회주의는 인간을 위한 사고가 아니다.
사회주의는 사상이라고도 할 수 없다.
사상이라고 하기 위해서는 인류보편의 가치를 담고 있어야 하는데,
사회주의를 결코 그렇지 못하다.
사회주의는 사라져야할 사고이다.
공동체주의가 가장 타당하고 취하고 가야할 사상이고 길이다.
개인은 공동체에 기여하고
공동체는 개인이 공동체를 위하도록 사랑으로 돌보아야 한다.
공동체에는 가장 작은 가정공동체로부터
집안공동체, 사회공동체, 국가공동체, 세계공동체로 그 범위가 가정에서 지구촌으로 확대된다.
집안공동체는 그 공동체 구성원인 가족을 사랑으로 품에 안아야 한다.
가족구성원은 가족의 단란함을 위해 가족사랑으로 기여하여야 한다.

사회도 마찬가지이고
국가는 국가공동체를 위해 헌신하는 국민들을 돌보아 주어
나라가 국민을 버리지 않았구나 하는 마음이 들도록 하여야 한다.
나라가 국민을 불구자로 만들어서는 안 된다.
그것은 국가이기를 스스로 부인하는 지배자집단에 불과하다.
지배자의 개인영화를 위해 국민을 헌신짝처럼 무가치하게 대해서는 안 된다.
공동체 유지의 최고의 길은 사랑이다.
사랑이 공동체를 유지한다.
사랑으로 공동체 구성원 간의 결속(結束)의 관계가 이루어진다.
창조주 하나님과 그의 형상을 따라서 창조된 인간과도 공동체이다.
창조주와 인간의 공동체도 역시 사랑이 그 공동체 유지의 최고의 덕목이다.
사랑이 공동체의 정신이고 결속의 끈이다.
공동체는 공동체 구성원의 존재가치의 존중이 가장 핵심이다.
그것에 더하여 공동체의 결속을 위한 가치도 존중되어 공동체의 평화를 유지하여야 한다.
그것이 제대로 사는 길이다.
그것이 바른 삶의 길이다.
개인만이 존중되어야 하는 것이 아니다.
공동체만이 존중되어야 하는 것도 아니다.
개인의 독자적이고 독립적인 존재가치가 존중되고
공동체의 가치도 인정되고 존중되는 그런 공동체이어야 한다.
그런 공동체를 위한 사상이 바로 공동체주의이다.
공동체주의는 단체주의, 집단주의가 아니다.
단체주의, 집단주의는 공동체만의 가치를 인정하는 사상이다.
사회주의는 단체주의, 집단주의에 속한다.
공동체주의가 인간이 함께 더불어 살아갈 수 있는 최선의 길이다.
바로 그 길이다.
하나님의 창조의 길,

그 길, 바로 그 길도 공동체주의의 길이다.
그렇다.
그렇다.
하나님과 인간이 함께 이루어 가는 공동체는 공동체주의에 터잡고 있다.
하나님은 공동체주의를 인간질서의 기본으로 설계하셨다.
그렇게 생각한다.
그렇게 믿는다.
아멘이다.

<2023. 7. 18.>

25. 아내의 인내

여자는 끈기가 있다.
인내심이 유달리 강한 사람이 여자다.
내 아내도 인내심이 강하다.
교사를 기어이 연금을 받을 수 있는 기간까지 했다.
그리고 신학을 공부하여 상담사 생활을 끈기있게 하고 있다.
말할 수 없는 인내심이다.
근자에는 몸에 아픈 곳이 많다.
목도 아프고
발도 저리고
피부병까지 생긴다.
원인을 알 수 없다.
노화라는 것 이상은 자세히 알 수 없다.
그래도 얘기를 않고 견딘다.
끈질기게 견딘다.
나이가 들어 일하는 것이 몸이 부친다.
밥하고,

빨래하고,
시장보고,
청소하고
이 일도 힘에 부친단다.
불앞에 요리하는 것이 힘에 부치고
서서 일하는 것이 몸이 부치고
어디 하나 쉬운 것이 없다.
그래도 잘 참고 견딘다.
어디 여행 한번 가지 못하고 살고 있다.
그래도 불평하지 않는다.
그래도 인내하고 있다.
아내의 인내심은 참 대단하다.
그런 인내심의 아내를 나는 무심코 지나왔다.
나는 내대로 열심히 일하려고 하였다.
어쩌면 일에 파묻혀 살아왔다.
스스로 그런 삶을 살아왔다.
어디 가지도 않고
오로지 연구에 몰입하여다.
그런 내가 몸이 이제는 문제가 많이 생긴다.
허리가 아프고
발이 저리고
눈이 아프고
이가 아프고
어디 아프지 않는 곳이 없다.
당뇨병과 심장병은 이미 한 차례 지나갔다.
갈비뼈도 부러졌다.
어깨뼈도 부러졌다.
참으로 아프다.

허리가 몹씨 아프다.
이제는 치료받고
일을 내려 놓아야 한다.
일을 크게 줄여야 한다.
그러지 않으면 하나님 나라로 가야 한다.
쉬어야 한다.
몸에 쉼을 주어야 한다.
무리는 금물이다.
그래도 일은 하고 싶다.
좀 과하다.
합창하고
그림 그리고
시 쓰고 그렇게 살아야 한다.
아직 그 단계에 들어가지 못했다.
그림을 못 그린지가 상당한 시간이 흘렀다.
할 말이 없다.
아내의 불만에 대해
나는 할 말이 없다.
참 힘드는 삶을 살았다.
그래도 하나님이 은혜 주셔서 이 만큼 살아가고 있다.
주님의 섭리로 오늘의 내가 있고
아내가 있다.
주님이 아니었더면 오늘의 우리는 없다.
기도한다.
간구한다.
기도의 시간을 길게 가지려고 한다.
그것도 제대로 안 된다.
일을 그냥두고 있을 수만은 없기 때문이다.

주말이 더 바쁘다.
주말은 휴식을 취하려고 했는데,
오히려 더 바쁘다.
마음이 더 바빠진다.
그래도 주님을 향한 일이다.
그래도 일어선다.
기도로 일어선다.
허리가 몹씨 아프다.
그래도 운동한다.
주님이 계신다.
주님의 섭리와 사랑이 있다.
주님은 이미 다 아신다.
아직도 훈련기간인가 보다.
나이 80이 되면 소명을 주실 것이다.
주님의 계획이 있으시다.
주님께서 그져 교수생활이나 끝내고
주님의 나라로 오라고 하시지는 않았을 것이다.
그것이 주님의 계획의 전부는 아닐 것이다.
믿는다.
또 주님의 계획이 있으실 것을.
기도하며 간다.
희망을 갖고 간다.
나의 장래는 희망이다.
결코 실망하지 않는다.
한다고 해 놓아도 별 것은 없다.
그래도 한다.
내가 젊었을 때에는 내가 하였던 것이
희망이었다.

그러나 세월이 지나고 보니
별것이 아니다.
그래도 간다.
나는 과거 세대와 미래 세대의 가교역할을 한다,
모든 사람이 다 같다.
다 이루지는 못한다.
중간단리 역할을 할 뿐이다.
이제야 깨닫는다.
나의 가치에 대해 겸손을 깨닫는다.
그렇다.
삶이 그렇다.
완성도 없다.
완전도 없다.
정답도 없다.
중간다리 역할이다.
그렇게 삶이 이루어진다.
그렇다.
그렇게 믿는다.
그렇다.
그렇다.
아멘이다.

<2023. 9. 10. 07:36>

26. 아름다움을 찾아서

가을이 아름답다.
단풍이 아름답다.
화창하고 구름한 점 없고 선선하다.

단풍이 짙게 물들었다.
산에도
아파트에도
나의 집 창문에도
온통 단풍이다.
참 아름답다.
자연은 아름답다.
햇빛은 영롱하게 아름답고
단풍이 아름답고
소나무의 단풍도 아름답다.
아파트에서 소나무가 손에 잡힌다.
아침 마다 새가 찾아온다.
혹시나 아름다운 소식을 전해 올까 생각해 본다.
세상은 아름답다.
아름다운 사람들이
아름다운 일을 해서
더욱 아름답다.
먹을 것이 아름답다.
자연은 아름다움을 준다.
이 모두가 다 신의 섭리이다.
하나님이 인간을 위해 주신 아름다운 것들이다.
하나님은 아름다움의 창조자이시다.
신은 아름다움을 만드신다.
그는 정의와 사랑이기 때문이다.
정의와 사랑은 아름답다.
사랑과 정의는 아름다움의 기본이다.
그렇다.
신은 아름다움의 창조자이시다.

아아, 그렇다.
신의 오묘함이다.
창조주의 아름다움이다.
아름다움의 창조주에 의해 억만년 전에 창조되기로
예정된 피조물인 나도 아름다운 존재다.
그러나 세상을 살아오면서
원죄로 인하여
세상사 속에서 아름답지 못하게 되었다.
아름다움을 회복하여야 하겠다.
창조주의 은혜로 아름다움을 회복하여야 하겠다.
주님을 믿는 믿음으로
학문으로
예술로
자연과의 대화로
아름다움을 나 자신에게서 회복하여야 하겠다.
주님은 참으로 많은 깨달음을 주신다.
아름다운 창조로
아름다운 마음으로
아름다운 일로
아름다운 기도로
아름다운 믿음으로
나를
주위를
아름다움을 회복하자.
삶도 참 아름답다.
사탄이 그 아름다움을 시기하여
흐트려 놓는다.
사탄에 미혹되지 말라.

어두움으로 나아가지 말라.
빛으로 나아가라.
그 빛 속에 주님이 계신다.
빛을 따라서 살자.
그것이 치유와 회복의 길이다.
아름다움의 회복의 길이다.
아아,
그렇다.
그렇고 말고,
아름다움을 위한 변화를 시도한다.
기도시간을 더 늘린다.
아침기도와 저녁기도 시간을 늘린다.
기도할 분들과 내용을 늘린다.
기도해 두면 주님이 다 일이 되게해 주실 것임을 믿는다.
내가 가야할 길은 학문 외에 다른 길이 있을까?
주님은 나에게 학문의 길로 인도해 주셨다.
나는 학문의 길에서는 아름다움의 정점까지 왔다.
이제 그 마무리를 지어가고 있다.
학문을 아주 천천히 하면서
신앙교제,
자연교제,
예술교제를
해 나가면 삶의 아름다움을 이룰 수 있을 것이다.
그렇게 하자.
그렇게 나아가자.
나이 들어도 이루면서 나아가야 한다.
많이 보다는 아름다움의 이룸을 이어간다.
그것이 참 아름답다.

아름다움은 실천해야 한다.
의리를 지킴이 아름답다.
시간이 늦어지는 안타까움 보다는
인정과 의리를 지키는 아름다움이 더 아름답다.
실천하는 일이 몸에 베어야 한다.
나는 무던히 책상머리에서 공부하고
기도하고
그림 그리고
자연을 물끄럼이 바라보는 것이
나의 아름다움의 내용이다.
그렇다.
그것이 아름답다.
나도 아름다움에 동참하고 있다.
아아, 그렇다.
고요히
평화롭게
초극하면서
아름다움의 회복을 이루어간다.
그것이 부활이다.
살아서 부활이다.
살아서의 부활이다.
어제는 아내와 같이 우이령고개길 단풍소풍을 갔다 왔다.
단품이 절정이었다.
아름다웠다.
그러나 몸이 힘들었다.
거의 그로키 상태로 빠졌다.
아마도 혈당이 떨어진 결과가 아닐까 생각된다.
그것을 모르고

너무 힘들게 단풍산행을 하였다.
송추 일대가 단풍꽃밭이었다.
내 집 주위도 단풍꽃밭이다.
아파트로 이사온 소나무들이 잘 자랐다.
옛 고향을 잊고 잘 자라고 있다.
솔빛의 단풍이 그윽하다.
방에서도 솔잎이 손에 잡힌다.
좋은 곳이다.
아름다운 곳이다.
주님이 여기로 데려다 주셨다.
오로지 주님이 데려다 주시는
아름다운 그곳으로 간다.
그곳에서 주님이 주시는 아름다운 사명을 실천해 나갈 것이다.
그렇다.
그것은 진리다.
진리의 주님이 인도해 주시는 그곳에서
아름다운 주님의 일을 할 것이다.
그렇게 한다.
참 아름다운 일이다.
참 아름다운 삶이다.
참 아름다운 노년이다.
감사합니다.
나의 주, 나의 하나님,
감사하고 감사합니다.
감사합니다.
아멘입니다.

<2022. 10. 26. 09:28>

27. 장래는 부활을 향한 소망과 희망이다

과거를 너무 파해치지 말라,
좋은 과거는 살려야 한다.
좋지 않는 과거는 너무 파해치지 말라.
플라톤, 스토아 같은 고대의 철학을 현대화하여 살려야 한다.
그러나 과거의 기억하지 싶지 않는 역사는
너무 자꾸 역사속으로 이끌어오지 말라.
기억하고 겸허히 지나가도록 함이 좋다.
노예의 역사,
식민지의 과거,
제국주의의 수탈,
사회주의의 비인간성,
그것을 자꾸 현재로 이끌어와 아름다운 미래
건설에 장애요인으로 사용하지 말아야 한다.
다 알고 있는 일은 기억으로 족하다.
그것을 끌어내어 미래의 부활로 가는 희망을 약화시킬 필요는 없다.
미래는 하나님의 역사사항이다.
인간이 미래를 꾸려 나가지만,
궁극적인 미래 진행은 주님의 관장사항이다.
주님은 희망의 미래를 주셨다.
그것은 부활이다.
영원이다.
미래는 부정이 아니라 긍정이다.
긍정으로 미래를 맞이 하여야 한다.
과거의 불행을 끌어내어 미래를 부정으로 만들 필요는 없다.
기독교에서의 종말은 새로운 시작의 부활이다.
그것이 종말론의 의미이다.

미래를 위한 창조를 하여야 한다.
밝고 맑은 미래를 제시하여야 한다.
앞으로 가야 한다.
기독인의 앞 나라에는 부활이 기다리고 있다.
영원한 부활이다.
그것을 희망하며 산다.
주님과의 만남이다.
그곳이 천국이다.
기독인은 긍정적인 미래관을 가져야 한다.
부활이다.
새로운 탄생이 기다리고 있다.
이 땅의 삶을 정리하고
새로운 삶으로 들어간다.
부활이다.
영원이다.
긍정의 삶이 기독인의 인생관이다.
주가 항상 함께 하는 삶이 기독인의 삶이다.
불교같이 허무를 동경하는 미래관이 아니다.
유교같이 현재만이 있다는 생각도 단견이다.
미래가 있다.
영원의 나라가 있다.
부활이 기다리고 있다.
그것이 희망이다.
그러므로 기독인의 미래는 긍정적이다.
슬프지 않다.
환한 밝음이다.
나에게는 참 좋은 믿는 분이 주위에 있다.
반듯하게 살면서 장애자인 부인을 평생토록 보살펴 온 황재복 집사다.

그는 살아있는 천사다.
배운 것은 없지만 반듯한 사람이다.
반듯하게 살아오셨다.
나는 황 집사님을 존경한다.
그는 살아있는 천사다.
그리고 평생을 봉사하여 오신 구청광 목사님이시다.
아무 것고 가진 것이 없다.
집도 없다.
가진 것이 없다.
그런 그는 평생토록 성도님들을 받들며 살아오셨다.
역시 살아있는 천사이시다.
나는 이런 분들이 좋다.
나의 이웃이다.
나의 친구이다.
희망을 주시는 텅 빈 마음의 천사들이다.
둘레길을 걷는 것이 참 좋겠다.
지리산 둘레길,
DMZ 둘레길,
북한산 둘레길
힘 자라는 곳까지 걸어보고 싶다.
세상에 즐거움을 찾는 것에 나는 익숙하지 않다.
주님안에서 영원의 부활를 소망하고 희망한다.
미래는 긍정이다.
미래는 소망이고 희망이다.
과거에 메여 나오지 못한 사람이 되지 말자.
기억은 한다.
그러나 그것이 미래로 가는 길에 장애가 되어서는 안 된다.
주님이시다.

주님이시다.
헨델에게 임재하셨던 그 주님,
욥게 임재하셨던 그 주님,
관동의 욥에게도 임재하신다.
과거에 메이지 않겠다.
과거에서 미래로
고통과 고난에서 소망과 희망의 미래로.
그 미래는 부활이다.
주님이 주시는 영원이다.
그 길로 간다.
그 길이다.
그 길이 환희의 길이다.
긍정의 미래
소망의 미래
부활의 미래
환희의 미래
밝음의 미래
그 아름다운 미래로 가고 또 간다.
주님이 동행하시면서 인도해 주신다.
고요를 담아 그림을 그린다.
고요와 평화의 그림이다.
고요다.
평화다.
초극이다.
살아서 부활이다.
아멘이다.

<2022. 10. 27. 09:53>

28. 고통과 고뇌와 희망과 평화와 부활

고통없는 삶은 없다.
고뇌없는 삶도 없다.
고통과 고뇌는 삶의 필수요소이다.
고통은 고통으로 끝남이 없다.
고통을 지나 희망으로 간다.
고뇌도 고뇌로 끝남이 없다.
고뇌 후에 평화가 온다.
만물이 다 그렇다.
고통과 고뇌 후에 더 단단해 지고
더 달콤해지고
더 영근다.
그것들이 다 희망이고 평화다.
고통과 고뇌를 참고 견디어
희망과 평화의 씨가 맺기까지는 힘이 든다.
인내를 요한다.
기도를 요한다.
처절한 자기 성찰을 필요로 한다.
진정한 자아를 발견하고 체험했을 때에 비로소
희망과 평화의 세계로 들어간다.
고통과 고뇌는
개인도
가정도
집안도
사회도
나라도
세계도

다 지나야하는 필수과정이다.
찬 서리와 삭풍을 견디어 내면
따뜻한 봄마람에 새생명의 싹이 돋아나듯
삶의 과정도 그러하다.
그 과정은 피할 수 없다.
주님께 접붙여져 이기며 살아야한다.
그것이 인생이란 것이다.
영광만이 계속되는 것이 아니다.
환희만이 계속되는 것이 아니다.
고통과 고뇌의 후의 기쁨과 영광과 환희가
진정 값진 행복이다.
고통과 고뇌는 원죄가 그 근원이리라.
자연상태의 인간은 행복 그 자체였으리라.
고통과 고뇌를 잘 이기고 깨달음을 얻는 자는 대인이다.
고통과 고뇌를 통하여 더 위축되는 사람은 소인이다.
대인도 소인도 다 신의 도움으로 희망과 평화를 얻을 수 있다.
사람은 희망과 평화의 고도(孤島)를 기다리며 소망하고 가고 또 간다.
그 소망을 이룰 수 있다.
신께 기도하여 얻을 수 있다.
인간은 신을 떠나서 존재할 수 없다.
신은 인간의 원죄로 인간에게
고통과 고뇌를 주셔서
인간이 원죄를 깨닫도록 하신다.
그 깨달음을 얻는 자는 환희의 행복의 세계에 들어간다.
인간은 신의 형상을 따라 지음 받은
신의 아들이고 딸이다.
신의 사랑하는 자녀이다.
고통과 고뇌의 필수 훈련과정을 다 이수한 자는

신의 영원한 나라로 간다.
그것이 부활이다.
살아서 부활한다.
인간은 만세전에 신이 예정한 귀한 존재들이다.
인간은 신의 사랑으로 부활하여
영원히 평화의 하늘나라에서 산다.
고통과 고뇌는 평화의 하늘 나라에 들어가기 위한 훈련과정이다.
필수훈련과정이다.
그 필수훈련과정을 다 마치면
환희의 하늘나라에서 영원히 사는 부활이 있다.
삶은 고통과 고뇌와 희망과 평화의 과정을 거쳐 부활한다.
어느 과정도 피할 수 없다.
원죄의 죄과를 다 치루면
환희의 행복의 나라로 들어가는 부활을 한다.
고통과 고뇌는 희망으로 이어지고
평화로 가는 훈련과정이다.
그 끝자락이 부활이다.
부활은 영원이다.
영원으로 가는 행사다.
부활을 꿈꾸며 오늘도 내일도
이 땅에서의 고통과 고난의 필수훈련과정을
이기며 간다.
고통과 고난은 부활로 가는 과정이다.
고통과 고난은 그 자체로 끝남이 아니다.
부활의 희망과 하늘나라의 평화로 가는
신이 주신 훈련과정이다.
삶은 희망이다.
삶은 부활로 가는 과정이다.

살아서 부활한다.
그리고 영원히 산다.
영원히 주님 나라에서
천사들의 돌봄을 받으며
천가가 되기도 하여
하늘 나라에서 산다.
삶은 희망이다.
조금 더 견디면
평화가 온다.
신이 주는 평화가 온다.
기도하며
눈물로 회개하며
하늘을 소망하며
부활의 그 날을 맞이할 수 있도록
기다린다.
인내한다.
희망이다.
평화가 저만치서 기다린다.
부활의 신은 고통과 고난 속의 인간을 독려하신다.
지금 이 시간 이 자리에서
신은 온누리에서 인간의 희망이 되고
빛이 되고
평화의 그 나라로 가도록 독려하신다.
조금 더 힘을 내자.
조금 더 짐을 벗자.
조금 더 주님을 따라 가자.
저기 보인다.
희망이다.

평화의 나라의 표지판이 보인다.
부활의 그곳이다.
부활이다.
부활이다.
환한 세상이다.
부활의 그곳이다.
아멘이다.
할렐루야.

<2022. 11. 7. 09:44>

IV

자연

1. 자연

자연이란 무엇인가?
자연은 누구에 의해 만들어졌는가?
자연은 어떻게 움직이는가?
자연도 생명인가?
자연은 창조주 하나님의 피조물이다.
자연은 변화하여 아름다운 세계를 이루지만
그 창조는 하나님에 의해서 이루어졌다.
자연과 인간은 어떤 관계인가?
인류의 그 예전에는 자연을 우주(Kosmos)로 이해하였다.
그 때의 자연인 우주에는 신도, 인간도, 동물도, 식물도, 구름도 비도
눈도 바다도 태양도 지구도 산도 모든 것을 다 포괄하는 개념이었다.
그리스 시대의 사상이 그러한 자연개념에 입각해 있었다.
그러다가 점차 자연에서 신이 제외되었다.
신은 자연을 창조한 존재이기 때문에 신은 자연에서 제외되었다.
그리고 로마시대에 와서야 인간이 자연에서 제외되었다.
기독교가 로마에 전수되어 공인되고서는 인간이 확실하게 자연에서 제외되었다.
그러나 인간은 살아있는 동안은 자연이 아니지만,
인간이 죽어 한 줌의 재가 되어 흙으로 돌아가면 인간도 결국 자연이 된다.
오늘날은 자연을 신도 인간도 제외된 이 지구만을 의미한다.

저 멀리 태양과 달과 별들은 우주에 속하지 자연에는 속하지 않는 것으로 이해된다.
자연은 인간이 관리할 수 있고 인간이 이용할 수 있는 이 지구의
산과 강과 바다와 동물과 식물과 바람과 구름과 비와 눈 이 모두를 의미한다.
그리하여 자연도 그 대상이 점점 줄어들었다.
자연은 참 아름답다.
자연은 창조된 후
신의 오묘한 솜씨로 하나의 아름답고 장엄한 예술작품이 되었다.
빛, 물, 바람, 지진, 태풍, 파도, 구름으로 자연은 너무나 아름답고 오묘한 예술품이 되었다.
인간의 손과 팔로는 도저히 만들 수 없는 예술작품을
창조주는 바람과 물과 모래와 눈과 비로 너무나 아름답고 오묘한 예술작품을 지구 곳곳에
만드셨다.
자연의 아름다움과 오묘함과 신비를 대하면
창조주의 무한 능력에 감동치 않을 수 없다.
분명히 신은 있다.
창조주가 있다.
창조이후의 자연의 변화를 부분적으로 진화론으로 설명할 수 있겠지만,
근본적으로는 창조주 하나님의 창조의 신(神)임을 자연을 통하여 체험할 수 있다.
너무 아름답고 위대하다.
자연의 변화를 자연의 생명이라고 의인화하여 말할 수 있지만,
그 자연의 변화는 창조주 하나님의 창조의 계속의 결과이다.
하나님은 창조 후에도 창조를 계속하신다.
그것이 자연의 변화로 보여주시고 계신다.
창조주는 자연을 먼저 창조하시고,
가장 나중에 인간을 창조하셨다.

자연도 인간도 다 창조주의 피조물이다.
인간은 하나님의 형상을 따라서 창조되었지만,
자연은 하나님의 형상을 따라서 창조되지는 않았다.
그러나 인간은 자연과 더불어 살아가야 한다.
자연을 떠나서 인간이 살아갈 수는 없다.
자연은 인간을 위하고
인간은 자연을 돌보고 가꾸고 함께 이 땅에서 살아야 한다.
물론 하나님과 자연과 인간이 더불어 살아가야 한다.
하나님이 자연을 만들어 인간에게 주신 그 사랑으로
인간은 자연을 사랑으로 가꾸면서 살아야 한다.
그것이 자연에 대한 인간윤리가 아닐까?
자연속에 인간이 살아가고
하나님은 자연과 인간을 다 치리하신다.
하나님은 자연을 넘어 이 우주도 치리하신다.
저 아름답고 장엄한 희말라야 산을 보라.
높이 솟아 듬직하기 그지없다.
산은 눈이 쌓이고 쌓여 빙하를 만들었다.
태양빛이 히말라야를 비추어 눈과 빙하를 녹이고 빙하를 움직인다.
녹은 물이 강이 된다.
그 강물로 히말라야의 높고 깊은 계곡에도 인간이 살고
곡식이 자란다.
그리하여 생명이 이어간다.
히말라야의 물은 어디서 온 물인가?
어떻게 운반된 물인가?
히말라야 산의 눈 물은 인도양의 바닷물이다.
그 바닷물을 구름으로 만들어 실어와 그 높은 히말라야 산에 눈을 뿌렸다.
참으로 신기하다.
그것이 어떻게 가능할까?

우연일까?
아니다.
창조의 섭리다.
창조주가 인도양의 물을 구름에다 싣고
히말라야 산 꼭대기에 눈으로 만들어 뿌렸다.
산이 높아 기온이 내려가도록 지구운행의 질서를 세워
물을 눈으로 만들어 그 높은 곳에 뿌리고
빙하로 저장해 조금씩 아래로 흘러 보낸다.
그 물을 먹고 인간도 곡식도 가축도 다 살아간다.
그래도 죽지 않고 살아간다.
이 오묘한 섭리는 창조주의 크나 큰 사랑이다.
이 어찌 달리 설명할 수 있을까?
창조주의 사랑이다.
사랑이다.
사랑이고 사랑이다.
사랑이다.
창조주의 오묘하신 사랑이다.
자연의 변화속에서 하나님을 만난다.
자연 속에서 하나님의 섭리를 체험한다.
오오,
사랑의 하나님,
인간과 이 지구를 그렇게도 사랑하시는 하나님,
인간은 다 하나님의 자녀들입니다.
주님의 오묘한 이 세상 치리를 깨닫게 해 주옵소서.
사랑입니다.
그 근본은 사랑입니다.
이 세상은 사랑으로 움직입니다.
그렇게 믿습니다.

감사합니다.
분명하다고 믿습니다.
아멘입니다.

<2023. 7. 20. 10:06>

2. 지구의 위대함

지구는 참 위대하다.
지구는 모든 생물을 다 먹여 살린다.
지구는 모든 것을 다 받아들인다.
지구는 참으로 포용적이다.
다 받아들인다.
생명있는 것들은 지구를 떠나서는 살 수 없다.
지구는 거대한 고래도 먹여 살리고
아주 작은 생물도 다 먹여 살린다.
인간도 먹여 살리고
동물도 먹여 살리고
식물도 다 먹여 살린다.
이 지구가 이렇게 포용적이고, 다 먹여 살리는 위대함은 어디에서 나오는가?
지구도 창조주 하나님이 만드셨다.
인간도 이 지구에서 생명을 이어가고
활동을 한다.
지구를 떠나서는 인간이 살 수 없다.
지금 인간이 지구를 떠나려고 하지만
아직은 안 된다.
잠시 지구를 떠날 수는 있겠지만,
지구로 돌아와야 생명을 이어갈 수 있다.

지구는 모든 예술작품의 모범이 되어있다.
아무리 좋은 미술작품도 지구를 모델로 한다.
아무리 위대한 음악도 지구활동을 모범으로 한다.
아무리 위대한 문학작품도 지구의 이모저모를 소재로 한다.
지구는 정지해 있지 않고
계속 돌고 있다.
기이하게도 지구의 중심축은 23.5도 기우러져 있다.
그리하여 4계절이 생긴다.
참으로 위대한 지구,
아름다움의 극치를 간직하고 있는 지구,
모든 생명있는 것들을 먹여 살리는 지구,
인간은 지구 어디에도 살고 있다.
따뜻한 온대만이 아니라,
불볕 더위의 사막에도,
혹한의 북극 땅에도,
습하기 짝이 없는 밀림에도
인간이 살 수 있도록
지구는 인간에게 생명의 원천을 내어주고 있다.
값없이 말이다.
물도 주고 공기도 주는 것이 지구다.
이런 지구가 우연히 생겼을까,
우연히 인간이 나타났을까,
우연히 동물이 나오고
식물이 자라게 되었을까?
아니다.
우연으로 이렇게 크고 규칙적이고 질서정연한 지구가
생길 수는 없다.
분명히 창조자가 있다.

그 창조자가 바로 하나님이다.
이 지구의 창조자는 자기가 창조자라고 현현(顯現)하는 것이다.
창조자가 창조자임을 나타내 보이지 않고 침묵만 할 수는 없다.
분명히 창조자는 자기가 창조하였다고 자기를 나타내신다.
그 나타내심의 선언이 바로 성경이다.
성경의 그것이 바로 창조역사의 기록이다.
그렇게 믿는다.
지구의 나이는 40억년이 되었단다.
이 우주의 역사는 138억년 정도라니,
지구의 나이는 젊은 편이다.
이 우주가 그대로 영원히 지속할까?
이 지구가 영원히 존속할까?
지금 화성의 사진을 보면,
그 예전에는 물이 흘렀다고 이해된다.
화성은 변하여 죽은 행성이 되었다.
지구도 화성과 같이 되는 때가 오지 않을까?
지구에도 생명이 대멸종되는 시기가 몇 차례 있었다.
인간이 영원히 지구에 살 수 있을까?
지구가 없어져도 인간은 영원히 살 수 있다.
인간은 하나님께서 자신의 형상을 따라서 창조하신 피조물이다.
하나님은 영원하시다.
인간은 모두가 하나님의 피조물인 자녀이다.
영원하신 사랑의 하나님이
인간을 이 땅에서 완전히 멸종시키실까?
그것은 사랑의 하나님이 하실 일이 아니다.
하나님은 인간을 영원히 살게 하심을 믿는다.
다만 인간 모습의 변화가 있을 뿐이다.
하나님은 사랑이시다.

인간은 하나님의 사랑의 자녀이다.
사랑하는 자녀는 원인자인 하나님과 영원히 함께 한다.
그렇게 믿는다.
인간의 미래는 희망이다.
영원한 희망의 존재가 인간이다.
그 영원은 영원하신 하나님의 섭리에 의하여 이루어진다.
그렇게 생각하고 그렇게 믿는다.
인간은 지구에 대해서 아직 다 모른다.
지구의 중심이 무엇이 어떠한 상태인지 잘 모른다.
인간이 지구 중심을 뚫고 내려간 최대의 길이가 15킬로미터 정도이다.
지구 중심까지는 한 참 못 미친다.
지구를 뚫고 들어가 보니
깊이 내려갈 수도록 온도는 오르고 물렁물렁해 진단다.
참 신기하다.
지구는 화산을 폭발시킨다.
지구는 땅속에서 따뜻한 온천을 뿜어낸다.
지구는 혹한의 남극을 인간에게 조금씩 내어주고 있다.
지구도 하나의 생명체이다.
인간과 같은 구조의 생명체가 아닌
또 따른 유형의 생명체이다.
그렇게 생각한다.
그런데 이 위대한 생명체인 지구가 신음한다.
너무 많이 지구를 괴롭힌 탓이다.
누가 지구를 아프게 하고 괴롭혔을까?
어떻게 살아있는 지구를 몸살이 나게 하였을까?
인간이다.
인간이 지구를 뚫고 파헤쳤다.
과도한 인간의 무례한 활동에 생명체인 지구가 아파한다.

지구도 태양의 빛을 받아 생명을 유지하는데,
그 태양빛 마저 지구가 온전히 받아들이지 못하게 인간이 지구에 무례했다.
지구가 아파서 애써 가두어 두었던 빙하의 물을 쏟아낸다.
태풍과 허리케인으로 인간이 더럽힌 오물을 정화시키는 일도
예전처럼 해서는 정화가 안 된다.
그리하여 지구는 더 큰 태풍으로 자신을 정화하고 있다.
지구도 사랑을 원한다.
인간으로부터 사랑받기를 원한다.
지구가 인간에게
제발 자신을 좀 사랑해 달라고 한다.
인간의 사랑이 없어지면 몸부림치겠다고 한다.
그 몸부림의 시작이 바로 오늘날의 기후변화다.
기후변화는 지구의 인간에 대한 사랑의 호소다.
지구가 소리없이 인간에게 말한다.
제발 같이 더불어 함께 살아가자고,
지구 자신이 어지간히 견뎠지만
인간의 이기심이 너무 심하다고 몸부림으로 말한다.
자신의 몸부림을 제발 알아달라고 한다.
그런데 인간은 자신이 이성을 가진 똑똑한 존재라고만 하면서
더욱 이기적으로 지구를 학대하고 있다.
지구가 인간에게 자신을 좀 사랑해 달라고 한다.
지구는 우리 인간의 생명의 터전이다.
그 터전이 정상적으로 살아있지 않으면 인간도 살 수 없다.
지구와 인간의 관계는 생명의 관계이다.
그러한 생명의 관계를 하나님이 창조해 주셨다.
그 창조의 섭리를 거역하면 인간이 생존할 수 없다.
인간은 지구를 아끼고 사랑하여야 한다.
인간이 지구를 사랑하면

하나님은 인간을 더욱 사랑하실 것이다.
그렇게 믿는다.
지구는 생명이다.
지구는 위대하다.
지구는 극히 포용적이다.
지구는 인간도, 동물도, 식물도 다 사랑한다.
서로 사랑하자.
사랑이 이 지구 삶의 본성이다.
사랑이 핵심이다.
사랑이다.
사랑이다.
사랑이고 사랑이다.
아멘이다.

<2023. 7. 21. 09:26>

3. 고향

나에게는 그리운 고향이 있다.
내가 태어나서 어린 시절을 보낸 내고향이 있다.
산골의 관산 산하의 작은,
아주 작은 마을이다.
내 고향 관동을 그 예전에는 마동(馬洞)이라고 하였다.
지금은 관리라고 하지만
나는 관동이 더 좋다.
관동은 문명의 혜택을 입지 못하고 지내온 마을이다.
오지(奧地)이고,
동민수도 적고,

생산물도 변변찮고
인물도 없는 산골 마을이다.
나는 그 산골마을에서 태어나고 자랐다.
그래도 나에게는 더없이 좋은 그리운 고향이다.
순박한 마을이었다.
그 고향을 떠나 온 지도 60년이 넘었다.
내 고향에서 보냈던 지난날들이 아련하다.
가재 잡던 그 산도랑,
지게지고 나무하였던 그 일,
싸리버섯이 참 많이 났지.
물지게를 지고 물을 길러 나르던 그 시절,
형님과 함께 물지게를 지던 그 아름다운 시절,
감자를 껍질도 벗기지도 않고 삶아 먹던 그 시절,
사라호 태풍이 지나간 그 때의 기억,
그 날이 팔월 추석이었지.
비바람이 하도 몰아쳐 가마니로 문을 막았던 그 기억,
들국화를 꺾어 지고가
초등학교 가을 운동회의 아치를 만들었던 그 시절,
재를 넘어 학교 갔던 기억들,
눈오는 겨울날에 손으로 토끼를 몰아 잡던 그 기억,
누에 치고,
쌈 삼던 그 시절,
어머님이 베틀로 무명옷을 짜던 그 시절,
아버지와 형님은 긴 겨울 밤 새끼를 꼬시던 그 시절,
대나무를 쪼개 엮어 장판을 만들어 깔고 살았던 그 시절
호롱불 밑에서 밥 먹던 그 시절,
호야불을 켜고 공부했던 그 시절
앉은뱅이 책상에 공부하였던 그 시절,

밤하늘의 별이 총총히 나던 그 시절
삼태(三泰)가 올라오는 것을 보고 시간을 짐작하던 그 겨울,
초가집 지붕에 자리를 잡아 추위를 피한 참새를 손으로 잡던 그 시절
반딧불이 그리고 많았는데.
매미도 잡고,
잠자리도 잡고.
모두가 초가집이었지.
걸어서 시장가고
걸어서 학교 가던 시절
아아,
그 때가 아련하다.
그 때는 우리 산에 잣나무가 있었다.
큰 잣나무들이었다.
밤나무도 있었다.
소나무도 많았다.
아주 큰 소나무도 있었다.
그러나 지금은 다 없어졌다.
그 중에서도 잊지 못할 일은,
택골에서 종조부님 하고 함께 지냈던 열 달이었다.
그곳에서 입시준비를 혼자서 하였었지.
그 때에 주님의 부름을 받았지.
신인묵 목사가 나를 임포교회로 인도하였지.
언제나 골댕바지가 어울렸던 그 시절,
참 좋았다.
밤중에 임포에서 관동까지 혼자서
밤길을 걸어서 갔던 주일날 밤의 기억들.
그 때가 참 아련하다.
그것이 나의 고향이고

나의 어린 시절이었다.
참 좋았다.
고향을 떠나 도시로 오면서
고향이 그렇게도 그리웠다.
고향이 그리워 포스터의 스와니강을 그렇게도 불렀다.
고향이 그리워 혼자 울기도 하였다.
아버님과 어머님, 형님과 동생들이 그리워 울었다.
관동의 고향을 떠나 도시로 세계로 나온 이후에
나는 또 하나의 고향을 만났다.
그 고향은 지구촌이었다.
그 지구촌은 참 아름다운 것이 많다.
관동의 내고향보다 아름다운 것이 훨씬 더 많다.
내고향 관동의 특징은 자연의 순수함이었다.
지구촌의 내고향의 특징은 세계시민, 사해동포주의이다.
인정있고
사랑하며 살아야 하는 내 고향이다.
나이가 들어 고향으로 돌아가고 싶은 마음이 일어났다.
내 형님이 고향을 지키고 계시고,
선산과 선조의 묘소들이 있는 곳이다.
아버님과 어머님의 산소가 있는 곳이다.
돌아가고 싶었다.
그러나 아직 돌아가지 못하고 있다.
내가 하늘 나라에 간 다음,
세브란스에서 내 몸을 실험하고,
한 줌의 재로 나는 내 고향으로 돌아간다.
몸만 가는 것이 아니다.
산골마을 관동으로 주님을 모시고 간다.
주님을 모시고

한국의 장래를 위한 사상과 철학을 연구하고
관산 산하의 후손들이 함께 모이는
그런 집을 짓고 운영하고 싶다.
그 꿈을 오래전부터 가지고 있다.
내 당대에 가능할 수 있을지 모르겠다.
법과 성서와 역사 연구소를 그곳에 건설하고 싶다.
그 기초를 내가 닦고 후손들에게 부탁하고 싶다.
꿈을 가지고 있다.
이루어질 것이다.
내가 못하면
후손들이 이루어줄 것이다.
그 척박한 관동을
주님의 성지로 만들고 싶다.
꿈은 이루어질 것이다.
서두를 일은 아니다.
주님의 시간은 영원하니까!
택골도 좋은 장소다.
서젓댁이 있던 그 주변도 좋다.
가능할 것이다.
꿈이 있다.
내 고향 관동,
그것이 주님이 계시는 성지로 만들고 싶다.
기도하고 연구하는
뮌헨 근처의 에탈 수도원처럼 만들고 싶다.
기도로 이루고 싶다.
믿음으로 이루고 싶다.
주님의 은총과 섭리로 이루고 싶다.
먼 훗날 관동이 성지가 되었다는 소식을

천사가 하늘나라로 전해 줄 것이다.
주님의 계획서에 이미 기록되어 있을 것이다.
믿는다.
내 고향 관동,
보잘 것 없지만
귀중하고 소중한 나의 고향,
그곳이 주님을 모시고 살아가는
아름다운 내 고향이 될 것이다.
믿는다.
기도한다.
가능하다.
희망이다.
희망은 커갈 것이다.
희망은 이룸에 도달할 것이다.
그 때가 올 것이다.
그 기초를 닦아두고 갈 것이다.
그렇다.
그렇다.
그렇게 한다.
아멘이다.

<2023. 8. 15. 09:41>

4. 나의 고향, 관동

나에게는 두 개의 고향이 있다고 했지.
그 하나는 내가 태어난 산골 마을 관동이고,
다른 하나는 사해동포주의의 사상이 펼쳐지는 지구촌이다.

관동은 산골마을이다.
골짜기 동네다.
서쪽으로만 틔어 있고,
다른 3 방향은 다 재(岾)를 넘어야 갈 수 있는 별 볼품없는 작은 마을이다.
관동에서 다른 동네로 가려면
신촌재, 도유재, 용내기재, 오록골재를 넘어야 한다.
그러나 서쪽은 그래도 골이 티어 있다.
겨울이면 바람이 몹씨 분다.
삭풍이다.
그 골짜기에 터를 잡고 산지는 임진왜란 전후로 추정된다.
임진왜란 당시의 선대의 묘소가 있기 때문이다.
그 때에는 우리 선조들은 반계에 살고
관동에 묘소를 설치했으나 관동에 살지는 않았다.
관동으로 이사를 온 것은 아마도 5대조 즈음으로 생각된다.
너무 가난하여 움막을 짓고 살았단다.
그 때에는 호랭이가 나왔다.
그래도 그곳 산골 관동이 그립다.
어릴 때는 그 속에서 자연과 벗하여 살았고
가재잡고, 진달래를 따고,
가을이면 싸리버섯을 따기도 했지.
골짜기라 농지가 그리 많지 않다.
논밭의 크기가 작아 기계화 농업을 할 수 없는 곳이다.
지게 지고 소가 쟁이를 끄는 농법으로 농사를 지어 왔다.
산골이다 보니 햇빛이 비치는 시간이 짧아,
쌀이 찰기가 없다.
그런 척박한 관동에서 어린 시절을 보냈다.
면 소재지를 나오려면
재를 넘어 10리를 걸어야 하였다.

그 길로 초등학교를 다녔다.
그래도 그곳이 내고향이다.
늘 고향이 그립다.
선조들의 묘소가 있고
어머님 아버님의 묘소도 그곳에 있다.
나도 그곳으로 돌아가고 싶다.
어린 시절을 지나 도시로 나오면서,
그 고향이 그리워
포스터의 스와니 강의 노래를 자주 불렀다.
그 고향이 그 때도 그리웠고 지금도 그립다.
그곳에 나의 형제가 살고 있고,
후대들이 또 고향으로 돌아와 살고자 한다.
나도 그곳으로 가고 싶은 마음이 아주 컸다.
그러나 귀향의 꿈은 접었지만,
그래도 그곳에 나의 법과 성서와 역사 연구소를 세우고
기도처로 사용하고
후대들이 모이는 재실(齋室)로 쓰고 싶은 마음은 크다.
나는 관동에 법과 성서와 역사 연구소를 설립하여 운영하고 싶다.
그 꿈을 유언장에 써 두었다.
내 당대에 그 꿈을 이룰 수 있을지 모르겠다.
내 당대에 이룰 수 없으면 후대들이 이루어주기를 바라는 유언장을 작성해 두었다.
물론 내가 투자를 한다.
나의 투자금을 활용해서 후대들이 사업을 하여
몫을 키운 다음에 형편이 되면 관동에 연구서 겸, 기도처 겸, 재실로
아담한 집 한 채를 지어,
그것이 100년을 내다보는 사상과 철학이 생산되는 곳으로 만들어 운영해주기를 바란다.

나는 그것을 바란다.
나의 고향 관동은 산골이지만, 경북동남지역의 중요한 위치라 생각한다.
철학과 사상과 우리 나라의 장래를 밝혀 주는 철학의 산실이 될 수 있다고 생각하고 있다.
내 고향 관동은,
유학의 도시 안동에서 50여 길로미터,
불교의 경주에서 30여 킬로미터,
기독교의 포항에서 40여 킬로미터의
거리에 있다.
기독교를 바탕으로 하여 유불기독교(儒佛基督敎)의 사상과도 교류하여
충분히 좋은 귀한 한국 사상을 창조해 낼 수 있는 곳이다.
태백의 예수원보다 더 좋은 위치의 기도처로 만들 수 있다.
더 나아가 관동을 기독교의 성지로 만들 수 있을 것이다.
주님의 뜻이 함께 하시면 가능하다.
전능하신 사랑의 주님께서
주님의 사랑하는 아들이 소망하고 기도하는데,
그런 수도처, 연구소를 허락해 주시지 않으시겠나!
가능하리라 믿는다.
관동은 지금 미신이 강하다.
돌할메가 그러하다.
검은 세력이 자리하고 있는 곳이다.
그 돌할메에게 수많은 기층민들이 참배하고
자기의 운수를 물으러 온다.
동내 주민들은 그 참배객들의 복전(福錢)으로 생계를 꾸려간다.
농사를 거의 짓지 않는다.
미신이 창궐하는 마을이라 인심이 박하다.
나는 그 곳을 기독교 성지로 만들고 싶다.
성령이 자리하여 역사하시는 아름다운 성지로 만들고 싶다.

그렇게도 그 고향에 가고 싶어했지만,
주님은 내가 돌아가고자 하는 결정적인 순간에
돌아가고픈 마음을 거두셨다.
그러니 관동으로 돌아가고픈 마음이 뇌리에 남아있지 못하다.
가족들도 그곳으로 돌아가는 일에 마음을 같이 해 주지 않는다.
이해를 못한다.
나의 마음을 알아주지 않는다.
안팎으로 돌아갈 수 없는 여건이다.
그러나 꿈은 살아있다.
더 때를 기다려야 한다.
그 때가 되면 주님이 섭리해 주실 것으로 믿는다.
내 당대에 돌아가지 못하면
후대에 가서라도 나의 뜻을 이루어줄 것으로 믿는다.
그 기초는 내가 마련해 놓겠다.
그럴 수 있기를 기도한다.
주님의 역사만을 기도한다.
그곳에 연구소와 기도처를 세우면
각국의 성경을 가져다 놓고
내가 쓴 책들을 비치해 놓고
귀한 법전이랑 고전적인 철학책들을 가져다 놓고
기도하는 제단(祭壇)을 마련하고
누구나 와서 기도하고 돌아가는 성지로 만들고 싶다.
그런 날이 올 것을 기도한다.
내가 하늘 나라로 간 다음에는
나의 잿봉지를 관동에 묻어주면
언제까지나 관동 성지의 수호신이 되고 싶다.
아아,
돌아가고 싶은 내 고향

척박한 그 땅도 가꾸면 성지가 된다.
주님 모시는 성지가 된다.
그럴 수 있기를 소망하고 희망한다.
사람은 사회적 동물, 정치적 동물이라고들 하지만,
나는 사람은 사상의 존재라 생각한다.
자기 철학이 있는 존재가 사람이라 생각한다.
하나님의 형상(形相)은 인간 모습의 이데아이다.
형상은 이데아이다.
관동에 법과 성서와 역사 연구소 겸
기도처를 세워 운영한다면
사람들의 모습의 원형인 하나님의 형상을 자신에게서 회복할 수 있으리라.
뮌헨 근처의 에탈 수도원을 생각한다.
참으로 좋은 수도원이다.
그런 수도원이 우리나라에도 세워져 운영되기를 소망한다.
그곳에서 인간의 장래를 이끌어 가는 사상이 나온다.
나는 그런 수도원을 관동에 세워 운영하고 싶다.
언제 돌아갈지는 모르겠다.
때를 기다린다.
그 척박한 곳의 관동에서
세계인들을 가슴에 안는 사해동포주의 사상을 꿈꾼다.
관동도 내 고향이고
지구촌도 내 고향이다.
그 어디나 다 하나님 나라이다.
그런 하나님 나라로 가고 싶다.
갈 것이다.
당대에 못가면
후대들이 갈 것이다.
나는 그 기초를 닦고 가리라.

그렇게 하리라.
주여, 이 소망을 주님의 나를 위한 계획에 넣어 주십시오,
그 계획을 이루어 주소서.
기대합니다.
인내합니다.
그 때를 기다립니다.
더 궁구하고 기도하겠습니다.
성령의 인도를 따라서 꿈을 이루어 가겠습니다.
아멘입니다.

<2023. 7. 25. 09:03>

5. 길, 바로 그 길

나는 시끄러운 것이 마음에 들지 않는다.
조용한 시간이 좋다.
고요가 좋다.
쓸데없는 글들로 차있는 사회관계망(SNS)도 싫다.
좀 생각을 하고 난 다음에 글을 실어야지,
생각없이 마구 퍼나른다.
생각이 있는 글을 보내주길 바란다.
누가 어떻게 그렇게 많은 별 의미없는 글들을 생산할까?
그런 정보의 홍수 속에서 자신을 만들고 유지할 수 있을까?
과학의 발전이 언제나 좋은 것만은 아니다.
편지 대신에 전자우편으로 소식을 전할 수 있는 것은 좋다.
주판으로 계산을 해도 해도 오류가 발생하던
그 예전의 월급계산의 힘든 일을 기계가 대신하니 그것은 좋다.
동시에 널리 알릴 수 있어서도 좋다.

문제는 전달되는 글의 내용이다.
사랑의 글이 전달되어야 하는데,
악담들이 전달된다.
악담에 시달려 자신의 생명을 포기하는 사람도 나온다.
아직도 발달된 기계를 사용하지 못하는 사람도 많다.
문명의 이기의 사용을 거부하는 사람도 있다.
좋은 내용만을 보내주는 거라면 그 얼마나 좋을까?
왜 인간은 인간이 만든 기계에 괴로움을 당해야 하나.
거기에는 사랑이 없기 때문이다.
사랑은 거짓이 없는데.
기계는 거짓된 사랑도 사랑이라고 퍼나른다.
그것으로 돈을 버는 사람도 있고.
그것으로 유명해 지려고 하는 사람도 있다.
기계는 사람이 만든다.
기계를 만드는 사람도 사랑으로 그 기계를 만들어야 한다.
사랑이 그 기계의 작동에 스며들어가야 한다.
과학도 발전하고,
경제도 더 풍요로워 지는데,
인간은 왜 더 더욱 배고파하고
마음이 완악해 지고
툭하면 데모하고
자기 돈이 떨어지면 정부에 대고 돈을 달라고 한다.
추경예산을 편성해서라도 달라고 한다.
그것을 부추키는 세력도 있다.
진지하게 공부는 안 하고
자신을 성찰하지 않고
홍수로 들어오는 쓸모없는 위선의 정보에 자신을 다 내맡긴다.
그것으로 자신을 바로 세우고

가치 있는 삶을 살 수 있을까?
돈 없다고 정부에 대고 지원금을 달라고 하면서
그 누구가 잘못하면
그의 사무실에 그 많은 화환을 가져다 세워
야유하는 그 힘과 돈은 어디서 나오는가?
자신을 바로 잡고 있는가?
아니면 쓸모없는 가짜 뉴스에 휩쓸리고 있는가?
자신을 바로 잡을 수 있는 길로 가야 한다.
템플 스테이(temple stay)가 참 좋은 것 같다.
교회도 처치 스테이(church stay)를 할 만한데,
아직은 믿는 자를 위한 기도원이나, 수도원 뿐이다.
자신으로 돌아가는 그 길로 가야 한다.
자기 자신으로 돌아간다는 것이 하나님의 형상의 회복이다.
내 속에 하나님의 형상이 잠재해 있다.
그 하나님의 형상을 자신의 현재의 모습으로 끌어내어야 한다.
그 하나님의 형상의 회복의 길은 기도, 믿음, 처치 스테이 등이다.
사랑의 길로 가도록 하여야 한다.
자연으로 돌아가도록 하여야 한다.
하나님께 기도하도록 하여야 한다.
말씀 교육이 확산되어야 한다.
사람의 마음이 좀 순화되어야 하겠다.
너무 완악하다.
경제가 발전하고 과학이 발달하면,
인간은 좀 더 여유가 있어야 하는데,
더 각박하다.
더 거칠다.
수심(獸心)이 나타난다.
사람은 많은데

이웃이 없다.
집이 자물쇠로 더욱 더 단단히 잠긴다.
마음의 열쇠로 더욱 강하게 자신을 잠근다.
여유가 없다.
빠른 것이 미덕이 되었다.
무기도 극초음속이라야 한단다.
이것이 진정 좋은 사회인가?
아니라고 생각한다.
거짓말하는 인공지능(AI)이 나온다.
이것은 아니다.
빠른 것만이 능사가 아니다.
천천히 자신을 잃지 않고 가야 한다.
그 길은 하나님께 길을 물으면서 가는 길이다.
좀 천천히 가는 길이다.
절제하면서 가는 길이다.
기도하면서 가는 길이다.
이웃들도 보면서 가는 길이다.
기도는 자신을 돌아보는 길이다.
기도는 자신에게로 돌아가는 길이다.
자신을 지키고
자신의 삶을 유지하려면,
무던히 가야 한다.
이것이 좋다, 저것이 좋다고 하여도,
자신의 길을 찾아서 자신의 길을 가는 것이다.
그 길이 바로 진리의 길이다.
진리의 길을 가야 한다.
진리는 말씀이다.
자본주의 사회는 좀 사악하다.

이익이 나는 곳이면 자신을 다 버리고서라도 가려고 한다.
이익이 되는 일이면 감옥에라도 갈 수 있다고들 한다.
신문에 수많은 책들이 좋은 책이라고 소개되고 있다.
진정으로 제대로 자기를 성찰하여 쓴 책인가 질문을 던진다.
고전이 진정으로 좋은 책인데.
자기의 기술과 자신의 상품을 선전하는 방법도
극히 비양심적인 것이 많다.
기사인줄 읽었으나 기술과 상품의 선전이다.
광고도 참 교묘하다.
소위 중간광고라고 하여 방송 중간에 광고한다.
그것을 마케팅이라 한다.
아니다.
그것은 마케팅이 아니라 속임수이다.
진실을 알려주어야 한다.
조심해서 진실을 검증한 다음에 알려줌이 바람직하다.
너무 날림이다.
공해가 심하다.
자연공해보다 인간공해가 더 심하다.
기후변화를 자연공해 탓으로 돌린다.
아니다
인간공해가 기후변화의 탓이다.
천천히 가도 된다.
뭐 그렇게 빨리 가야 하나.
천천히 영혼이 평안을 누리며 갈 수 있도록 천천히 가도 좋다.
무던히 말씀을 상고하며,
하나님의 세상치리의 원칙을 상고하며,
천천히 가는 것이 좋다.
근본이 튼튼하여야 한다.

사상도 튼튼하여야 한다.
서유럽의 나라들은 질서정연하다.
그러나 중국은 바른 것을 모른다.
상식밖의 일을 하는 나라가 중국이다.
그져 군림하려고만 한다.
정의와 사랑으로 사해동포주의로 나아간다면
중국을 존경할 것이다.
그 예전에는 서쪽 대륙을 침략하여 자기의 영토로 편입하더니만,
지금은 남국중해를 자기들의 영토라고 우긴다.
그런 힘으로만 눌리려는 중국을 어느 나라가 존경하겠나?
러시아도 마찬가지이다.
부동항을 얻으려는 그들의 야망을 잘 알고 있다.
타국의 침략을 당연한 것으로 여긴다.
다른 나라들과 사해동포주의로 잘 지내도록 하여
부동항을 함께 쓰는 인류애를 보일 생각은 않고
침략하여 부동항을 뺏으려고 한다.
그것이 사회주의다.
사회주의는 사상이 아니다.
사회주의는 인간의 본성에 반하는 사고이다.
자유주의, 개인주의, 공동체주의, 사해동포주의가
함께 더불어 살아갈 수 있는 진정한 사상이다.
그 모든 더불어 살아가는 철학과 사상은 말씀으로부터 나온다.
이 세상을 창조하신 창조주 하나님은 인간들에게
함께 더불어 형제애로써 살아갈 길을 말씀으로 주셨다.
그 길로 가라고 하신다.
그러나 사회주의는 그 반대의 길을 가고 있다.
사회주의 중국에서는 성경을 서점에서 팔지 않는다.
그러면서 성경을 인쇄는 한다.

값싸게 성경을 인쇄하여 다른 나라로 수출한다.
그 많은 중국인들이 쉽게 성경을 접할 수 있도록 한다면
중국은 존경받는 나라로 나아갈 수 있는데.
가정교회에서나 중국성경을 구할 수 있다.
말씀을 멀리하는 나라는 정상적인 나라가 아니다.
성경은 인류보편의 가치를 적어둔 책이다.
그 길로 가는 것이 바른 세계로 가는 길임을 알려준다.
그 길을 막는 것은 바른 길로 가지 않겠다는 것이다.
그것이 사회주의이다.
북한도 마찬가지이다.
그것은 창조주의 세상치리를 부인하고자 하는 것이다.
늘 좋은 생각을 하도록 하여야 한다.
좋은 생각을 하고자 하면 꼭 사탄이 생겨난다.
창조주 하나님이 바르게 사는 길을 제시해 주셨는데,
그것을 방해하는 세력이 있다는 것이 놀랍다.
분명히 그런 방해꾼이 있다.
그것을 이겨야 한다.
그 이기는 길은 기도와 말씀이고,
계시와 영감의 삶이다.
그것이 인간의 하나님의 형상의 회복의 길이다.
오늘날 더욱더 그런 하나님의 형상의 회복의 길로 들어설 것이 요청된다.
그 길로 가야 한다.
말씀의 길로 가야 한다.
기도의 길로 가야 한다.
주님과의 소통의 시간을 가져야 한다.
조용히 자기 자신에게로 돌아가야 한다.
창조주에게 길을 물어야 한다.
길은 있다.

희망의 길이 있다.
창조주를 찾는 길이다.
바로 그 길이다.
그것이 인간이 이 세상에서 영존하는 방법이다.
그렇게 믿는다.
기도한다.
감사한다.
희망이다.
바로 그 길이 있다.
그 길, 바로 그 길이다.
그 길로 가야 한다.
아멘이다.

<2023. 7. 26. 09:22>

6. 고요

고요한 시간을 더 많이 갖고 싶다.
아주 고요한 경지 말이다.
저 산속 계곡의 호수가 너무 고요하다.
아무 소리도 안 들린다.
정적이다.
정적의 두려움이 다가올 정도이다.
그 고요 속에서 나 자신을 만나고 싶다.
나 자신을 보고 싶다.
고요는 순결이고 순백이다.
눈이 내리기 전의 고요다.
별이 총총한 겨울밤의 고요다.

너무 고요하여 나의 걸음걸이 소리와
숨소리만이 들린다.
아주 고요하다.
내 가슴도 고요하다.
가슴이 뛰지 않고 아주 고요하다.
머리도 맑다.
가슴이 뛰면 머리가 답답해진다.
그러나 가슴이 고요하면 머리도 고요하다.
고요한 시간을 길게 갖고 싶다.
그런 고요의 시간에 기도하고 싶다.
자신으로 더 깊이 들어가 보고 싶다.
고요는 자연상태다.
창조 직전의 상태이다.
그 고요의 자연상태가 사회상태로 바뀐 후부터 소음이 들려온다.
소음은 창조 이후의 인간사회이다.
기계소리가 들리고
다툼의 소리가 들리고
불평과 불안의 소리가 들린다.
그 시끄러운 상태로의 발전을 문명의 진보라고 한다.
과연 그럴까?
더 좋은 상태로도 발전하였지만,
더 나쁜 것들도 더 많이 생겼다.
더 완악해 졌다.
사회도 인간도 더 완악해 졌다.
지구만이 시끄러운 것이 아니라,
우주도 시끄러워지고 있다.
고요의 시간이 자꾸만 줄었다.
그것이 인간문명의 발전이라고 한다.

아니다.
고요를 체험할 수 있는 시간과 기회를 가져야 한다.
고요가 그립다.
너무 많은 말들이다.
너무 많은 유혹들이다.
너무 많은 복잡함이다.
너무 굉음소리가 크다.
지축을 흔드는 소리에 사람들이 환호한다.
좀 간결하고 소박할 수 없을까?
누구나 부를 수 있는 음악이 더 낫지 않을까?
누구나 그리고 감상할 수 있는 그림이 더 낫지 않을까?
너무 복잡하다.
스마트란 수식어로 너무 복잡해진다.
좀 간단할 수 없을까?
좀 쉬울 수 없을까?
좀 단순하였으면 좋겠다.
단순미, 소박미가 좋다.
고요하면 좋겠다.
어딜 가도 문명의 소리가 고요를 깨어버린다.
고요한 자연상태를 향유할 수 있는 기회가 더 많아졌으면 좋겠다.
고요한 가운데 기도할 수 있으면 좋겠다.
어딜 가도 시끄럽다.
시끄러워야 행복해 진다는 의견도 있다.
그럴까?
고요한 가운데서 행복을 누림이 더 낫지 않을까?
자신을 잃지 않았으면 좋겠다.
자신을 뺏어가는 시대이고 사회가 아닐까?
자기를 좀 간직할 수 있도록 고요함이 좋겠다.

도시로 와서부터는
고요를 잊고 지낸 지가 오래 되었다.
고요를 바란다.
고요한 가운데서 기도하고 싶다.
기도 속에서 자신을 간직하고 싶다.
고요 속에서 하나님을 만나고 싶다.
고요 속에서 하나님을 찾아 가고 싶다.
고요한 계곡,
고요한 산골,
고요한 마을,
고요한 나,
고요한 사회,
그 곳에서 작은 움직임을 움직여 갔으면 좋겠다.
너무 시끄럽다.
너무 자극적이다.
너무 비정상이 많다.
너무 가슴을 울렁이게 한다.
너무 부닺힌다.
고요를 갈망한다.
고요한 시간을 더 갖고 싶다.
자신을 붙잡고 싶다.
고요 속에서 하나님을 만나자.
고요 속에서 하나님으로부터의 깨달음을 얻자.
고요 속에서 하나님의 말씀을 듣자.
고요 속에서 평화의 길을 찾자.
고요 속에서 사랑의 길을 찾자.
시끄러움을 문명의 결과라 하지만,
시끄러움 속에서도 고요의 시간을 찾고 가지자.

하나님과의 만남의 시간이 가장 고귀하느니라.
고요하자.
좀 말이 없자.
좀 고요 속에서 사색하고 그 다음에 말하자.
자신을 자신이 가지자.
자신을 잊고 방향하지 말라.
나는 고요가 좋다.
고요한 가운데서 아름다운 생각을 아름답게 글로 적어두고 싶다.
고요야, 항상 나와 함께 하자.
나는 그 고요의 시간이 좋다.
항상 하나님과 같이 있는 시간이 좋다.
시끄러우면 내가 하나님을 그만 잊고 만다.
내가 하나님께 더 가까이 가고 싶다.
하나님의 고요한 품안에서 깨어나고 싶지 않다.
하나님이 들려주시는 마음의 소리를 따라서 고요히 살고 싶어라.
그것이 아름답다.
그런 시간을 좀 더 갖고 싶어라.
가능하다.
하나님 안에서는 가능하다.
기도한다.
고요 속에서 사색하고
기도하고
하나님께서 가슴에 들려주시는 그 소리를 소리없이 고요하게 들으면서 살고 싶어라.
그러고 싶다.
그러고 싶다.
아멘이다.

<2023. 8. 9. 08:38>

7. 힘: Power

태풍이 올라온다.
강력한 태풍이다.
그러나 서울은 아주 고요하다.
비가 오기는 한다.
아주 조용하다.
태풍 전야의 고요다.
태풍이 얼마나 힘이 센지
달리는 기차도 날려버린 수 있단다.
크기도 참 크다.
한반도를 다 덮을 정도의 크기다.
그 힘이 엄청나다.
힘이 세다.
힘을 생각해 본다.
이 세상에서 어느 힘이 가장 셀까?
태풍?
아니다.
지진이 더 크다.
아니다.
그 보다 더 큰 힘이 있다.
화산 폭발과 쓰나미다.
그것도 아니다.
그 보다 더 큰 저 태양의 이글거림이다.
아니다,
그것도 아니다.
태양의 열기 보다 더 큰 힘이 있다.
이 세상에서 가장 큰 힘이 있다.

그것이 무엇일까?
그것은 바로 사랑의 힘이다.
작은 사랑에서 큰 사랑까지 사랑도 여러 가지이다.
그 중에서 가장 강력한 힘은
창조주의 이 세상 창조의 사랑의 힘이다.
하나님은 사랑이다.
사랑으로 이 우주와 세상을 창조하셨다.
창조의 원동력은 사랑이다.
사랑이 가장 강력한 힘이다.
이 세상을 만들고 움직이는 힘이다.
그 힘도 영원하다.
인간의 힘의 원천도 역시 사랑이다.
인간의 힘이 태풍 앞에 힘을 쓰지 못하지만,
그래도 인간의 사랑의 힘으로 극복하고 다시 삶을 이어간다.
사랑은 약해 보이지만
가장 강한 힘이다
독일의 여자 가수, Helene Fischer는
사랑의 힘(Power of Love)의 노래를 불렀다.
참 감동적인 노래다.
잘 부르기도 하였다.
사랑이다.
이 세상에 가장 강한 힘은 사랑이다.
사랑을 이길 힘은 없다.
사랑이다.
사랑이고 사랑이다.
오늘 병원에 간다.
태풍이 걱정되나 가야 한다.
나는 나의 몸을 사랑하여야 한다.

의사 선생님의 진료를 받아야 한다.
사랑으로 간다.
별 탈 없기를 하나님께 기도한다.
평안히 갔다 오라고 사랑의 위로의 마음을 주신다.
평안하다.
그것이 사랑이다.
하나님의 사랑이다.
태풍도 사랑한다.
태양의 이글거림도 사랑한다.
하나님의 사랑도 사랑한다.
사랑이다.
사랑이다.
사랑이고 사랑이다.
사랑의 힘이다.
가장 강력한 사랑의 힘이다.
그 사랑이 삶의 궁극이다.
그렇다.
사랑이다.
사랑이다.
그 사랑의 길로 간다.
그 사랑, 아가페 사랑이다.
그 길로 간다.
그 길이다.
바로 그 사랑의 길이다.
아멘이다.

〈2023. 8. 10. 08:24〉

8. 수에즈 운하

우에즈 운하가 막혀서 배들이 다니지 못한다.
길이 400미터짜리의 초대형 컨테이너 선이 수에즈 운하를 걸쳐 좌초를 한 것이다.
어떤 사연인지는 몰라도 바람이 세차게 불어 바로 서 있던 컨테이너선이 90도를 돌아 수에즈 운하를 가로 막아 좌초한 것이다.
Evergreen은 초대형 컨테이너선이다.
좌초한 위치는 비터제(Bitter See)로부터 홍해 입구 사이의 구간이다.
예전에 이스라엘과 이집트가 전쟁을 하였을 때에도 이스라일군이 수에즈 운하를 도하(渡河)함으로써 수에즈 운하가 불통이 된 일이 있었다.
수에즈 운하의 폭은 평균 약 280미터 정도
Evergreen컨테이너 선의 길이는 400미터
이러한 운하 불통의 소식을 전해 받으니
예전에 수에즈 운하를 통과한 기억이 새롭다.
그 때가 2000년 12월이었다.
한진런던 컨테이너 선을 타고
지부랄타를 지나 지중해를 꼭 하루를 항해하여
포트사이드 계류장에 배가 멈쳤다.
수에즈 운하는 배가 한 척 씩 지나가는 것이 아니다.
선단(船團)을 이루어 함께 가야 한다.
수에즈 운하에서는 배가 서로 교차를 못한다.
운하 폭이 좁아서
그리하여 비터제에서 교차하기도 하고
홍해에서 지중해로 오는 선단이 다 지나가면
그 다음에 지중해에서 홍해로 가는 선단이 지나간다.
포오트 사이에서 얼마까지는 운하가 두 개가 만들어져 있다.
홍해로 가는 배는 오른쪽으로 지중해로 가는 배는 왼쪽을 지난다.

그러나 그 운하의 길이가 그리 길지 않다.
홍해로 가는 배가 오른쪽 운하에 정박해 있는 동안에
지중해로 가는 선단이 끝없이 함께 지나간다.
그러니 정박해 있는 시간이 참으로 길었다.
아침에 포오트사이드에 도착하였는데
정박해서 기다리다 보니
저녁이 되어서야 다시 출발을 하게 되었다.
수에즈 운하를 다 구경하고픈 생각이 있었으나 그리 길지 않는 구간에서
낮시간을 거의 보냈다.
밤에 수에즈 운하를 지나는데
운하 주변 아름다운 경치를 거의 보지 못했다.
밤이 지나 아침이 되어서도 배가 운하를 다 지나지 못했다.
운하가 직선이 아니라 꾸불꾸불한 곡선이었다.
배가 하도 커서
운하보다 배가 훨씬 높았다.
이집트에서는 다시는 이스라엘 탱크가 운하를 건너지 못하게
탱크가 건널 수 있는 운하 제방에 부교(浮橋)를 준비해 두었다.
운하 밑으로 수로를 내어 나일강 물을 시나이 반도로 흘러 보내고 있었다.
운하 위에 다리를 건설하기 위해 높은 교량 건설을 하고 있었다.
지금은 다 완공하였을 것이다.
홍해에 접에 드니
해양석유시추시설들이 빼곡하였다.
난파선의 뱃머리가 하늘을 향해 누워있기도 하였다.
홍해를 지나 인도양 쪽의 홍해 입구에 도달하지 않아
밤이 되었다.
밤에는 소말리아 해역을 지났다.
해적 때문에
조리장까지도 불침범을 썼다.

나도 같이 뱃전을 돌았다.
수에즈 운하는 길이가 약 200키로미터이다.
그곳이 그 예전에는 늪지였다고 한다.
나폴레옹이 운하를 건설하려다 완성하지 못하였다.
기술부족이었으리라.
나중에 프랑스가 완공하고
영국이 이를 뺏어 영국이 관리하다가
이집트의 낫셀이 국유화를 하여 이집트의 것이 되었다.
수에즈 운하가 있는 그 곳은 역사의 지역이다.
아브라함이 먹을 것을 찾아 이집트로 간 길목이다.
요셉이 팔려 이집트로 끌여간 그 길이다.
야곱이 요셉을 찾아 이집트로 간 그 길이다.
야곱이 죽어 가나안에 장사지내기 위해 죽어서 돌아간 길이다.
모세의 출애급의 기적이 일어난 바로 그 길이다.
예수님도 이집트로 피신하신 그 길이다.
홍해의 기적이 일어났던 바로 그 곳이다.
수에즈를 지나면 바로 나일강의 삼각주에 고센이 있다.
아마도 이스라엘을 떠난 사람들은 고센에서 살았을 것이다.
그곳은 물산이 풍부한 곳이다.
수에즈 운하는 지금도 세계물동량의 12%를 담당하는 운하이지만
역사적으로 중요한 곳이다.
그곳에서 주님이 이스라엘 사람들을 구하고 살리셨다.
수에즈는 역사의 길이다.
그곳을 나도 배를 타고 지나 와 봤다.
이번 좌초 사고로 옛 생각이 나서 적어보았다.
나도 그러고 보니 상당히 모험적인 사람이다.
홍해를 지나 인도양에 들어서니
망망대해라

주님외에는 아무도 나를 구해줄 사람이 없다는 생각에 잠겼다.
그렇게 아프던 몸이 하나도 아프지 않았다.
공(空)의 세계요, 무(無)의 세계였다.
그런 경지가 있음을 깨달았다.
아침에 구름이 산의 모습을 하고 있었다.
그것을 산으로 착각하였다.
아람다운 바다였다.
그 큰 배는 무던한 힘센 청년이었다.
꾸벅꾸벅 길을 가고 또 갔다.
하루에 1000킬로미터 정도를 갔다.
인도양을 항행하였던 그 예전의 생각이 새롭다.
적도제(赤道祭)도 드리고
해도(海圖)를 읽는 법도 배우고
일기(日氣)를 읽는 법도 배우고
인도양의 바닷물이 구름으로 올라가
히말라야의 눈으로 내려
그것이 빙하가 되어
그 높은 척박한 히말라야에 물이 흐르는 강이 있음은
창조주의 신비한 창조의 섭리다.
인도양의 니코바르 제도의 0.1도 해협, 1도 해협, 5도 해협 등의 아름다운 이름의 해협도 알고
수마트라의 아체(Aceh)지역에 배가 들어선 후 꼭 하루가 걸려서
싱가포르에 도착하였다.
싱가포르에서의 게살스프를 잊지 못하겠다.
센토사 공원의 관광도 좋았다.
싱가포르 법과대학의 건물도 보고
프랑스의 르아부르를 떠나 꼭 15일만에 싱가포르에 도착하였다.
수에즈 운하를 통과한 경험이 새롭다.

좋은 경험이었다.
역사의 길이었다.
성서의 길이었다.
주님의 섭리로 가능하였다고 생각한다.
주님께서 나를 성서역사의 곳, 수에즈를 지나게 해 주셨다.
좌초한 배가 어서 제자리로 돌아와야 하는데
인간의 이성으로 만든 그 큰 배가 바람을 이기지 못하였다.
신은 인간위에 있다.
겸손하여야한다.
자만하지 말아야 한다.
인간의 이성에는 한계가 있다.
주님,
겸손하게 주님 안에서 살겠나이다.
사랑하며 살겠나이다.
아멘

(2021. 3. 27. 11:45>

9. 바람(wind and hope)

바람은 보이지 않는다.
그러나 느낄 수는 있다.
바람은 지구도 공기도 움직인다는 뜻이다.
바람이 없으면 어떻게 될까?
지구가 정지된 상태가 될 것이겠지.
바람이 있어서 좋다.
바람이 있어서 시원하다.
바람을 생각해 본다.

작은 바람부터 생각해 본다.
호호 부는 입바람
벌이 날개로 일으키는 작은 바람
박새가 꿀을 빨아 먹기 위해서 날개로 일으키는 작은 바람
봄날 남쪽으로부터 살랑살랑 불어오는 따뜻한 바람
스스로 잠을 들게 하는 나른하게 하는 바람
산에서부터 산 바람
산의 골을 따라서 내리부는 골바람
산의 기슭에서 꼭대기로 올라가며 부는 높세바람
알프스의 산꼭대기에서 아래로 부는 찬 바람은 뮌헨 사람들의 뼈속을 쓰리게 한다.
북풍이 몰아쳐 부는 삭풍은 참 견디기 힘든다.
태풍도 비를 동반한 바람이다.
세상을 할퀴는 바람이 태풍이다.
바다를 휘저어 놓는 것이 태풍이고
허리케인이고
사이클론이고
윌리윌리이다.
사막의 모래 바람과 모래 폭풍도 세상을 바꾸어 놓는다.
이 산의 모래를 저 산으로 옮겨 놓는다.
제트기류도 있다.
그것도 바람이다.
북극지방의 세찬 바람이다.
기후의 변화를 가져오는 바람이다.
바람은 남쪽 바람이 좋다.
따뜻하니까!
북쪽 바람은 춥다.
차거우니까!

바람을 이용하여 돛단배가 항해를 하고
바람을 이용하여 전기를 생산하고
바람을 이용하여 인도양의 바닷물을 히말라야 산꼭대기로 옮기고
바람을 이용하여 알벼를 골라내고
바람을 이용하여 풍차를 돌리고
바람을 이용하여 연을 날리고
바람은 눈에 보이지 않지만 힘인 에너지이다.
참 오묘한 세상의 한 현상이 바람이다.
자연의 바람도 있지만 인공의 바람도 있고
에너지인 바람도 있지만 헛풍인 바람도 있다.
인공의 바람은 비행기가 바람을 이용하여 뜬다.
초음속 항공기는 굉음을 낸다.
그것 다 바람이다.
선거에도 바람이 있다.
선거를 바람이라는 말도 있다.
선거 때만 되면 북풍이 분다.
북쪽으로 흐르는 바람을 이용하지 못하게 하기도 한다.
북한으로 보내는 전단을 금지하는 법이 그것이다.
자연의 바람을 이용하지 말라는 것이다.
참으로 고약한 짓들이다.
아아,
세상의 자연현상도 참으로 오묘하다.
바람을 만든이도 창조주 하나님이시다.
바람은 자연현상인 것(wind)도 있고
마음의 소망인 바람(hope)도 있다.
그런가 보다.
자연의 바람이 보이지 않듯이
자연의 바람같이 어디론가 가보고 싶은 마음 그것도 바람(hope)이다.

세상만물은 변한다.
바람도 불었다 그쳤다를 반복한다.
살랑살랑 불기도 하고
휘져어 놓기도 한다.
나무를 꺽어놓고
배를 뒤집어 놓고
바다속을 뒤집어 놓기도 한다.
그 모두가 다 의미가 있고 가치가 있다.
가만 있으면 썩으니까,
썩지 말라고 바람을 불어 말리고 건조하고 뒤집고 꺾어 놓는다.
사람도 바람을 쐬야 한다.
외국바람도 좀 쐬어야 한다.
그러나 유행의 바람에 휩쓸려서는 안 된다.
자기 바람을 만들어 내어야 한다.
그것이 바로 학풍이고 가풍이다.
자기 세계의 자기흐름이 있어야 한다.
그것이 자기 학문의 학풍이다.
가정도 가풍이 있어야 한다.
가풍이 있는 가정은 품격이 높아진다.
나의 학풍은 어떤 바람인가?
기초를 든든히 하는 학풍,
원대한 목표를 가진 학풍
하나님의 형상을 학문의 기본으로 하는 학풍,
깊고 넓게 학문의 영역을 깊게하고 넓혀가는 학풍,
자기색갈이 분명한 학풍
정의와 사랑을 기초로 하면서 궁극의 이상으로 하는 학풍
자연법을 최고의 이상으로 추구하는 학풍
아아,

참 좋은 학풍이다.
이 학풍을 어떻게 흐르게 할까?
혼자 만이 이룰 수는 없다.
주님의 인도와 섭리를 받아야 한다.
어떤 가풍을 이룰까?
하나님 교육이 이루어지는 가풍
예술교육이 곁들어진 가풍
자유와 평화의 가풍
주님을 중심에 모시는 가풍
조용히 그리고 고요히 사모하고 기도하는 가풍
이웃을 생각하는 가풍
사해동포주의의 가풍
내일을 생각하며
내일에 대한 희망을 심어가는 가풍
아아,
든든한 가정의 믿음직한 가풍이구나.
그렇게 살고 싶고 그런 가정을 꾸리고 싶다.
아직은 너무나 멀리 있다.
조용한 하나님 중심의 가풍을 길러보고 싶다.
수도원을 하나 운영해 보고 싶다.
장소는 내 고향 관동이 좋겠다.
관동 서당골 뒷산 자락을 따라
기도하는 수도원을 만들고 싶다.
독일 실비아의 친정과 시집이 있는 알렌돌프와 벨크하우젠의 마을과 같이
구릉지에
두 동내가 있다.
그 자그만 시골동네에 호텔에 있다.
품격이 있는 그림같은 동네다.

내 고향 관동도 수도원으로 꾸미면 그렇게 만들 수 있다.
당대에 다 이룰 수는 없다.
후대들이 대를 이어 가꾸어 가면 된다.
100년이 걸려도 좋다.
그곳에서 가치있는 사상을 생산할 수 있다.
그것에서부터 고귀한 사상의 바람이 온 땅으로 불기를 희망한다.
그 바람은 자연의 바람이 아니라
주님을 향한 간절한 소망의 바람이다.
그곳에 내가 그 바람의 씨를 뿌리고 가면 될 것이다.
창조주를 생각하는 곳
자연법을 연구하는 곳
시를 쓰고
그림을 그리는 곳
모두가 관동의 욥이 되는 믿음을 싹티우는 곳
그런 곳으로 가꾸고 싶다.
그런 바람을 나는 갖고 있다.
주님은 이미 다 아시고 계시리라 믿는다.
가능하다,
바람의 씨는 내가 뿌린다.
아니다.
주님이 그 바람의 씨를 이미 갖고 계실 것이다.
작은 입바람에 불이 붙는 그 때를 기다린다.
아아,
좋은 것
관산의 산바람이 좋다.
마현재의 골바람도 좋다.
겉보기에는 수도원을 꿈 꿀 수 없는 곳이다.
그러나 꾸미면 수도원이 된다.

나의 꿈이다.
나의 희망이다.
바람아 불어라.
남풍도 불고 북풍도 불어라.
산바람도 불고
골바람도 불어라.
내 마음의 희망의 바람도 꺼지지 말고 불어라.
챙이로 알곡을 골라내던 나의 고향
풍구로 알곡을 올라내던 내 고향 관동
볼품없지만 그곳이 나의 고향이다.
주님의 하늘 바람이 불기를 사모합니다.
역사의 바람이 불기를 희망합니다.
영원히 주님의 하늘 바람이 하늘에서 지상으로
내고향 관동으로
서당골 뒷산 기슭에
전능하신 하나님의 바람이 불기를 소망합니다.
불 것입니다.
지금은 아주 작은 바람에도 꺼질 수 있습니다.
그러나 시원한 하늘바람이 불 것입니다.
내 고향 관동에
하늘 바람이 이는 내 고향 관동일 것입니다.
작은 온기를 느낍니다.
이제 바람이 일기 사작하였습니다.
주님의 하늘 바람이 부는 내 고향 관동
어머님과 어버님과 형님들이 계시는 내 고향 관동
따뜻한 바람이 일 것입니다.
시원한 바람으로 불 것입니다.
주님께서 불기둥과 구름기둥을 세워주실 것입니다.

주님의 따뜻한 바람이 내고향 관동에 불고 또 불 것입니다.
아멘입니다.

<2021. 4. 22. 09:58>

10. 꽃에 관하여

세상에 꽃은 참으로 많다.
봄에 가장 많이 핀다.
겨울에 피는 꽃도 있다.
동백꽃이다.
가을에 피는 꽃도 있다.
오상고절(傲霜孤節)의 국화꽃이다.
여름에도 꽃이 핀다.
여름에 피는 꽃은 그 이름이 생각이 나지 않는다.
아아, 나팔꽃은 여름에 핀다.
접시꽃도 여름에 핀다.
왜 봄에 이렇게 꽃이 많이 피는가?
잎이 나오기도 전에 꽃이 핀다.
매화가 가장 먼저 피고
목련꽃, 진달래, 개나리, 이름 모를 꽃들이 봄에 다투어 핀다.
일본에서 겨울인데도 때를 잊고 핀
매화꽃이 다 피지도 못하고 추위를 이기지 못해 오그라진 동지사대학 구내의 매화꽃이 생각난다.
봄 꽃 중에 가장 마음에 드는 꽃은 나에게는 할미꽃이다.
다소곳한 할미꽃의 모습이 너무 마음에 든다.
할미꽃 스케치를 석 장 하였다.
꽃 중에는 일년에 한 번만 피는 꽃이 많다.

100년에 한 번 피는 꽃도 있다.
선인장 꽃, 대나무 꽃이 그렇다.
시도 때도 없이 일년에도 몇 번 피는 꽃도 있다.
무궁화꽃이 그러하다.
벌과 나비를 불러 모아 꿀을 되돌려 주는 꽃도 있고
벌레를 유혹하여 잡아 먹는 꽃도 있다.
작은 꽃도 있고 큰 꽃도 있다.
아주 작은 꽃도 있고
사람 가슴보다 더 큰 꽃도 있다.
꽃에도 가지가지이다.
이러한 수많은 꽃은 어떻게 이 땅에 태어났을까?
진화론에서 말하는 자연선택에 의해 우연히 나오게 되었을까?
왜 꽃을 사람들은 좋아할까?
모양도 예쁘고 향기도 있고
식용에도 쓰고 화장품 원료로도 쓰고
화전(花煎)에도 쓰고
선물로도 주고
꽃병에 담아 관상하기도 한다.
왜 이렇게 꽃이 인간에게 환영을 받을까?
첫째는 아름다움일 것이다.
둘째는 순수함일 것이다.
셋째는 향기 때문일 것이다.
넷째는 건강을 위한 약용에 쓰임일 것이다.
네델란드는 튜립을 많이 수출한다.
튜립이 사재기의 대상이 되어
튜립 투기가 일어난 때도 있었다.
꽃놀이도 하고
꽃말놀이도 있다.

참 인간을 꽃은 좋아한다.
꽃은 사람으로부터 사랑받고 있다.
이 아름다운 꽃은 누가 만들었을까?
왜 그렇게도 아름답게 만들었을까?
누구를 위하여 이렇게 아름답게 만들었을까?
집안에서 보호를 받는 꽃,
평지에 지천으로 피어있는 꽃
절벽에 붙어 아슬아슬하게 피어있는 꽃
물 한 모금 마시기 힘든 절벽에 부는 바람에 흔들리면서 애처롭게 피어있는 꽃
그 모든 꽃들이 인간의 마음을 끈다.
새들도 벌레도
벌도 나비도
꽃을 따라서 움직인다.
주님이 인간의 행복을 위해 다 만들어주신 꽃들이 아닐까?
나는 그렇게 믿는다.
주님의 창조물이 꽃이다.
인간이 좀 아름답게 꽃같이 살라고
하신 무언의 꽃을 통한 말씀이다.
꽃은 피었을 때에는 인간은 좋아한다.
그러나 시들면 쓰레기통에 버린다.
때로는 꽃잎을 말려 책갈피 속에 넣어두기도 한다.
아아,
천차만별의 꽃들이구나.
그 꽃을 어떻게 설명해야할까?
그 생명의 근원은 어디에 있는지,
왜 하필 지금 그 상태의 꽃이 되었는지,
왜 향기가 많이 나는 꽃도 있고

향기가 별로 없는 꽃도 있는지,
알프스 목장의 민들레 꽃은 관광객을 부르고
소들의 먹이로는 더욱더 좋고
민들레꽃을 먹은 소의 우유로 만든 치즈는 상품(上品)으로 팔린다.
중국의 호수가 높은 산 절벽에 듬성 듬성 피어있던 이름모를 꽃이 눈에 선하다.
그 넓은 밭에 흐드러지게 피었던 복사꽃이 생각난다.
참 좋다.
아름다웠다.
장대하였다.
달빛이 은은히 비치는 고요한 밤의 복사꽃도 참 아름다울 것 같다.
우리의 무궁화꽃은 수시로 일년내내 피지만
벌과 나비는 부르지 않고
진딧물만을 부른다.
왜 그럴까?
왜 그러해야할까?
나는 스마트폰을 구한 후에부터 꽃을 주로 사진으로 찍었다.
특별한 목적이 있어서가 아니다.
그냥 꽃이 좋아서 찍었다.
스케치를 시작하고서는 꽃을 많이 그렸다.
있는 그대로 꽃은 스케치하기가 어렵다.
꽃이거니 하고 그 윤곽과 느낌만을 표현하였다.
그래도 내 눈은 꽃으로 인식한다.
내 고향 관동에는 봄이면 진달래가 많이 피었다.
살구꽃, 복숭아 꽃도 피었다.
감꽃도 피었다.
감꽃을 따 먹은 그 예전의 추억이 새롭다.
그리고 목단꽃도 예뻤다.

구기자꽃도 좋았다.
그것을 따 먹었지.
그래도 아련한 기억은 할미꽃이다.
길가의 할미꽃,
잔디가 있는 곳이어야 할미꽃이 있다.
서울 근처에는 할미꽃을 보지 못했다.
사진으로 찍어 보내준 할미꽃을 보고 스케치하였다.
수줍은 듯 고개 숙이고 있는 모습이 참 아름답다.
순진하고 순수하다.
오늘은 우리 내외가 결혼한 지 43년이 되는 날이다.
43주년 결혼날이다.
나는 기억하고 있다.
결혼의 날은,
그러나 특별한 아내와의 약속을 못했다.
오늘 학술원 회의가 있는 날이기 때문이다.
다른 날을 잡아
장모님과 처남을 초대하여
마포수산시장에서
회와 찌개 한 그릇을 나누고 싶다.
그곳에도 꽃이 있겠지
시들어 가는 꽃이
새 생명을 찾아 다시 꽃이 피기를 기도하면서
나이들어서의 아름다움이
꽃보다 더 아름다울 수 있기를 소망해 본다.
아름다움은 꽃처첨 눈에 보이기도 하지만
보이지 아니한 가슴속의 아름다움도 더없이 아름답다.
집안의 꽃은 다 그려보았다.
그냥 그린 것이다.

이름없는 꽃도
이름없는 풀도 다 그린다.
죽은 고기를 보고 그렸더니
살아있는 고기가 되었다.
참 신기하다.
꽃은 저도 마음의 꽃은 살아있다.
보지 않고 보이지 아니한 꽃을 그릴 날이 올 것이다.
내 마음이 정결하고
조용하고
고요하고
뽐내지 아니하고
중심에 주님을 모시고 살면
보이지 않는 꽃도 그릴 수 있다.
봄 꽃을 좀 찍어 왔다
스케치 하려고
꽃 생각을 하니 마음이 기쁘다.
동강 절벽의 동강할미꽃이 생각난다.
내가 그린 할미꽃의 모습도 아늑하고 아름답다.
한들거리는 꽃을 그려본다.
꽃을 그려 나가면,
나의 가슴도 꽃같이 향기를 만들어 내겠지.
주님이 나의 가슴에 향기를 만들어 주시겠지
꽃,
자연의 꽃
마음의 꽃
모두가 아름답구나.
할미꽃처럼 수줍어 하는 꽃이 나는 좋다.
고요히 한들거리는 꽃이 좋다.

내 가슴의 아름다운 작은 꽃을 피우고 싶다.
평화로운 꽃,
아늑한 꽃
아름다운 꽃
다소곳한 꽃
아아,
아름다워라.
그 곳에 내가 산다.
그 속에 살고 싶어라.
아멘입니다.

<2021. 4. 15. 09:38>

11. 소나무

내가 지금 살고 있는 아파트는 18층 아파트의 4층이다.
아파트의 작은 뜰에 소나무를 옮겨 심어 놓았다.
모두 4그루
어디서 왔는지는 모르지만 고향이 많이 그리울 것 같다.
고향으로 돌아가지 못하고 묵묵히 서서
나의 아파트 앞 도로의 오고 가는 사람들이
나의 집 안을 드려다 볼 수 없게 막아준다.
큰 소나무다.
4층의 나의 아파트 앞을 잘 가리워 준다.
커튼을 하지 않아도 가림막이 되어 준다.
소나무 꼭대기는 4층을 조금 넘는다.
비가 오는 날이면 소나무 잎에 맺힌 물방울이 참 영롱하다.
그림으로 그려보기도 하였다.

소나무 잎에 맺힌 물방울은 너무나 아름답다.
지금 잘 자라고 있다.
나의 아파트를 잘 가려준다.
바람부는 날이면 흔들리는 가지가 정겹다.
나의 아파트 앞의 소나무가 언제나 안타깝다.
고향에 잔 뿌리를 다 버리고
이곳으로 이사왔으니,
지금 서 있는 작은 정원의 밑이 바로 주차장이다
콘크리트 바닥에 약간의 흙을 덮어 그 위에 심겨진 소나무이다.
뿌리를 내릴 수가 없다.
물도 충분치 못하다.
관리직원이 물을 뿌려 주어야 제대로 물을 마실 수 있다.
얼마 전에는 바람이 불어 한 그루가 비스듬히 넘어질려고 하였다.
뿌리가 약하니까 작은 바람에도 견디기가 힘들었을 것이다.
아파트 바로 앞에 심겨진 소나무라 작은 바람에도 아파트의 좁은 공간을
지나는 바람은 세기를 더한다.
나에게는 더 없이 좋은 친구 소나무이다.
아무도 알아주지 않을 것이지만
나는 그래도 나의 집앞의 소나무를 좋아한다.
아파트를 지날 때 마다 보아준다.
잘 자라고 있다.
넘어질려고 하는 한 그루가 넘어지지 않도록 다른 소나무에 묶어 두었다.
그래도 잘 자라기를
너무 자라 뿌리가 너무 깊이 내려가면
곧 잘라버리겠지.
우리 아파트를 재건축할 때가 되면
잘라 내든가
아니면 또 다른 곳으로 강제이사를 가야 하겠지.

아파트 단지에는 소나무를 많이 옮겨다 심어 두었다.
다 자기 고향을 떠나온 슬픈 사연의 소나무들이다.
가지는 강제로 다 잘리고
높은 꼭대기의 가지만 남았다.
그래도 키가 크고 젊잖게 서 있다.
보기가 좋다.
소나무,
기개와 절개의 나무이다.
사시사철 푸르고
큰 한옥의 기둥과 섯가레는 다 소나무이다.
시골의 옛집들은 다 소나무 기둥에 소나무 섯가레이다.
소나무는 절개의 상징이다.
듬직한 모습이 기개가 있다.
소나무가 많은 곳에는 송이버섯이 난다.
소나무가 많은 곳에는 다른 나무는 그늘 때문에 잘 자라지 못한다.
귀한 송이버섯, 산삼, 산나물이 자랄 뿐이다.
소나무의 떨어진 잎은 최고의 연료였다.
갈비가 바로 그 소나무 잎이다.
내고향의 우리 산에도 내가 어릴 적에는 소나무가 많았다.
가을이면 노랗게 물들어 떨어진 갈비를 끌어 지게에 지고 왔다.
소나무의 굉이인 솔굉이는 잘라다가
경주에서 자취할 때에 밥을 하기 위한 연료로 지고 갔다.
대구에 있을 때에도 솔굉이 짐을 지고 갔던 기억이 난다.
집에서는 아버님과 형님들이 연료로 쓰려고 소깝을 하였다.
소깝은 소나무 가지를 잎과 함께 잘라 만든 자연연료이다.
그 소깝을 산 기슭에 쌓아두었다가
솔잎이 마르면 지어다가 연료로 쓰고
내다 팔기도 하였다.

어릴 때는 겨울 눈이 쌓인 계곡의 오솔길을 따라서
아버지와 형님과 함께 산에 쌓아둔 소깝을 집 옆의 언덕으로 옮기는 일을 하였다.
하루에 몇 번 지고 날랐다.
오후 짐짓해서 소깝을 지고 오다가
하도 무거워
눈길에서 그만 울어버리고 말았다.
그 때의 기억과 모습이 아련해 진다.
그 때가 아름다웠다.
순수하였다.
그것이 나의 어린 시절이었다.
또한
나도 학교 갈 때에 소깝을 지고 임포장에 져다 놓으면
어머님과 형님이 또 지고 뒤 따라 오셔서 팔기도 하였다.
관동서 임포장까지는 십리길이었다.
잎포재도 넘어야 하였다.
그렇게 소나무와 인연을 맺고 살았다.
그 때가 참 옛날이다.
관산에 소나무가 많았다.
그 소나무를 외지인들이 몰래 연료로 쓰기 위해 베어갔다.
그 사람들을 붙잡아 나무도 뺏고 톱도 빼어 버렸다.
그리고 베어간 소나무는 우리 집 앞에 쌓아 두었다.
절대로 소나무를 베어가지 말라고
소나무와 함께 잣나무도 있었다.
잣도 많이 따 먹었지.
그리고 소나무 잣나무가 있는 산의 게울에는 가재도 많았다.
봄날 알을 밴 가제를 잡아 구워 먹은 것이 아련하다.
참 예전의 아름다운 추억이다.

아주 큰 소나무도 있었다.
관을 짜는데 쓴다고 특별히 남겨둔 거목 소나무였다.
그런데 그 소나무를 모두 산판을 하는 분에게 팔았다.
소나무가 모두 잘리고
소나무를 실어나르기 위해
개울을 따라
화물차 길을 내었다.
가재의 서식지를 다 없애 버렸다.
산에 나무가 없으니
비만 오면 개울이 파였다.
개울의 돌바닥이 들어났다.
가재가 없어졌다.
지금은 더 심하다.
가재가 없어졌다.
소나무를 다 베어낸 산은 그대로 두었다.
그랬더니 소나무는 더 이상 씨앗을 날릴 수 없게 되었다.
그 사이에 참나무가 온 산을 다 덮어버렸다.
소나무는 많이 있어도 지나갈 길을 내어 주었다.
그러나 참나무는 지나갈 길을 허락하지 않았다.
빼곡이 참나무로 온 관산을 덮쳐 버렸다.
참나무가 잘 자리니 표고버섯 재배할 사람들이
참나무 벌체를 하고 싶어 한다.
또 참나무만 팔았다.
참나무 벌체를 하였다.
산이 민둥산이 되고 말았다.
털깍이를 한 양 같이 산의 옷인 참나무를 베어버리니
산이 발가벗겨졌다.
돈에 눈이 어두운 사람들

나무를 베고 대체목을 좀 심었으면 좋으련만
베어 돈 받는 것에만 관심이 있었다.
홀랑 벗겨진 나의 조상들이 계신 그 산을
보고서 나는 마음이 참 아팠다.
조림을 해서
간벌을 하는 방식으로 산을 관리하면
산도 좋고 사람에게도 좋은데
우선 몇 푼을 받는 것에 눈이 어두웠다.
참으로 안타까웠다.
산 보기가가 미안하였다.
어머님과 아버님의 산소는 민둥산이 된 산에 덩그러이
안타까운 심정으로 후손들에게 무심하다고 하시는 것 같았다.
그래도 세월이 흐르니 민둥산은 다시 참나무가 돋아 나고 있었다
소나무는 다 없어졌다.
산소를 보호하는 환송(環松)이 조금 남아 있을 뿐이다.
이렇게 관산의 소나무는 없어졌다.
그러나 나의 아파트 앞의 소나무는 슬픈 역사를 간직하고 나의 집을 가려 주고 있다.
고향으로 되돌아 갈 수도 없다.
어쩌면 힘든 자신의 이사를 다시 강요받을 지도 모른다.
이제 아파트 앞의 소나무에는 벌레들이 오지 못한다.
소독을 자꾸해서
그러나 새들은 들르기도 한다.
그러나 새집은 없다.
새들이 먹을 것이 없어서
나보고 먹을 좀 달라고 올지도 모른다.
아파트 베란다 난간에 모이 좀 달아 놓아 달라고 하는 몸짓일지도 모른다.
그러나 나는 그것을 이제야 깨닫는다.

다음에 새들이 오면
모이를 좀 주어야 하겠다.
봄이 되니 새들이 아예 오지 않는다.
지난 겨울에 새들이 자주 왔는데
봄이 되니 먹을 것들이 많은 산들로 갔나 보다.
참 신기한 자연의 법칙을 따라서
새들도 살아가고 있구나.
소나무잎에 달린 빗방울이 참 아름답다.
그것을 그렸는데 있는 그대로가 아니다.
영롱한 빛이 나야 하는데
그래도 참 아름다운 그림이 되었다.
의젓한 소나무
굳은 절개의 소나무
하늘을 향한 그 기상
나는 소나무의 그림이 참 마음에 든다.
또한 그림이 된다.
소나무의 역사는 슬픈 사연을 참 많이 갖고 있다.
그 예전 한강을 따라 내려온 뗏목은 다 소나무 뗏목이었을 것이다.
서울 사람을 위해 강원도의 소나무가 강을 타고 내려왔다.
껍질이 다 벗겨지면서
일제 강점기에는 비행기 연료로 쓰기 위해
송진채취가 강제로 이루어졌다.
그 상처가 아직도 남아 있다.
큰 소나무가 집단을 이루어 자라는 안면도의 소나무들은 아픈 상처를 안고 오늘도 그 자리를 지키고 있다.
새로 자란 그 해의 새순의 소나무는
그 껍질을 벗겨 떡을 해 먹었다.
송기떡이 바로 그것이다.

쫄깃한 떡이다.
나도 송기를 빻기도 하고
송기떡을 먹어보기도 하였다.
소나무여
소나무여
너의 절개를 나는 느낀다.
너의 기상도 나는 느낀다.
너는 나의 친구이다.
아파트 앞의 소나무여
내일 인사를 하자.
나는 너를 그림으로 그려주마.
비가 오는 날 물방울을 많이 달아다오.
너는 약간 굽어있지만
그래도 나는 너를 생각한다.
나의 친구이고 나의 그림의 소재인 너 소나무
언제까지나 같이 이곳에서 함께 살수 있을지를 모르겠구나.
그래도 너는 나의 기억속에서 떠나지 않을 것이다.
나는 너를 그려주마.
나는 너를 기억해 주마.
나의 든든한 친구, 나의 집앞 소나무
고향을 떠나온 것은 너와 내가 같은 처지이다.
함께 고향을 그리면서 친구로 잘 지내자.
나의 무던하고 든든한 친구
집앞의 소나무
네 그루의 소나무
나의 친구여
나의 친구여
북한의 주민들은 지금

송화가루를 모으는 일에 동원되겠지.
송화가루가 건강에 좋다고 한다.
그러나 정작 북한주민들은 그 좋은 송화가루를 먹지 못할 것이다.
송이를 그렇게도 많이 채취하건만 북한 주민들은 제대로 먹지 못할 것이다.
송화가루도 생각난다.
북한주민들이 소나무에 올가가 소나무를 흔들어
송화가루를 모으겠지.
소나무에 기대어 살아갈 산골의 북한주민들을 상상해 본다.
소나무에서 제발 떨어지지 않기를 기원해 본다.
소나무,
절개와 기개의 소나무
나는 그 소나무를 그리고 또 그릴 것이다.
기개와 절개가 살아나도록 그릴 것이다.
소나무여
소나무여
나의 친구여
나의 아파트 앞의 네 그루의 소나무여
소나무여
자꾸 불러보고 싶다.
소나무여
소나무여

<2021. 4. 19. 09:32>

12. 물에 관하여

물이 있어야 생명이 살 수 있다.
물없이 살 수 있는 생명은 없다.

아주 적은 물로 살아가는 생물도 있지만 물없이 살아가는 생물은 없다.
물은 생명의 근원이고
물이 생명을 구성하고 있다.
물이 풍부한 나라도 있고
물이 부족한 나라도 있다.
물이 풍부한 나라에서는 물법, 수법(water law)가 발달하지 못한다.
불이 부족한 나라에서 물에 관한 법이 발달한다.
물에 관한 법은 관습법이 많다.
물은 혼자만이 쓰는 소비재가 아니라 함께 써야 하는 자원이기 때문에
물이 부족한 나라에서 물을 함께 나누어 쓰는 관습법이 발전한다.
물의 모습도 참으로 다양하다.
졸졸 흐르는 도랑물
콸콸 흐르는 냇물
하늘에서 떨어지는 빗물
땅에서 솟아나는 지하수
차겁디 차거운 빙하수
펄펄 끓는 온천수
평지를 느릿느릿 흐르는 아마존 강물
급하게 낭떨어지를 만나서 떨어지는 나이에가라 폭포수
물이 지금도 흐르는 강,
예전에는 물이 흘렀으나 직금은 말라버린 사막의 와디
물의 모습도 너무나 다양하다.
안개로 나직이 떠 있는 물
가늘게 그리고 천천히 하늘에서 떨어지는 가랑비
눈이 되어 떨어지는 하얀 눈송이
히말아야의 설산(雪山)을 덮고 있는 빙하,
흑탕물로 흐르는 메콩강의 탁류
맑은 셈물

몸에 좋다는 약수
따뜻한 온천수
미네날이 풍부한 자연 암반수
언제나 흙탕물로 흐르는 황화수
사막의 생명수 오아시스
산속 계곡의 호수에 잔잔히 움직이지 않는 고요의 호수
소용돌이 치는 빅토리아 폭포
물안개를 하늘 높이 날리는 이과수 폭포
소나무 잎에 메달린 영롱한 물방울
사람을 살리는 생명수
영혼을 맑게 하는 성령의 물
물방아를 돌리는 일하는 물
세차게 몰아치는 진눈깨비의 날카로운 물
망치로 내리치는 듯한 우박의 우직스런 물
하늘을 유유히 떠다니는 구름의 하늘하늘한 물
생명의 마감을 재촉하는 서리의 매서운 물
넓디 넓은 여유를 만들어주는 넓고 깊은 바닷물
참으로 물의 모습은 다양하다.
생명을 살리기도 하고
생명을 끊기도 한다.
물이 일을 하기도 하고 아름다움의 극치를 보여주기도 한다.
오아시스는 생명의 물이면서 아름답기 그지 없다.
나뭇잎에 달린 물방울은 너무나 아름답다.
산속 깊은 곳의 절 지붕에서 떨어지는 빗방울도 참 아름답다.
그것 모두들 그림으로 그려보고 싶다.
물방물 그림도 참 오묘하고 아름답다.
물은 색갈도 냄새도 없다.
그런데 그것이 생명의 근원이며

그 모습은 다양하기 그지 없다.
매일같이 물을 마시고 살지만
물에 대해서 깊이 생각해 보지 못했다.
오늘에서야 물을 생각해 본다.
어릴 때에 관동에서
물지게를 지고 샘물을 길러 나른 기억이 아련하다.
혼자 물지게를 지지 못하였을 때에는
적은 형님과 함께 작대기를 끼워 물을 길러왔다.
집안 부엌에는 큰 물항아리가 있었다.
샘에서 길러 온 물을 모아 두는 곳이었다.
그러나 지금은 다 없어진 과거의 추억일 뿐이다.
나는 끓은 물에 빠진 적이 있다.
어릴 때이다.
소죽 끓이는 소죽솥 위를 폴짝폴짝 뛰다가
그만 솥뚜겅이 발에 걸렸다.
손뚜껑은 떨어지고 나는 끓는 소죽솥에 빠졌다.
마침 불을 지피고 있던 잠시 일하러 오신 이웃 마을 할머니가 얼른 나를 건져 내었다.
피부는 이미 익어 버렸다.
치료를 하여 낫기는 하였으나
걸음을 새로 배웠다고 한다.
아아,
아찔한 과거의 아슬아슬한 시간이었다.
그 때의 흉터가 다리에 남아있다.
지금 살고 있는 곳은 은평 뉴타운의 폭포동이다.
뒷산에 폭포가 있다.
비가 올 때만 폭포가 만들어 지고
평소에는 폭포를 이루지 못한다.

아파트의 바로 앞에는 물길이 나 있다.
습기가 많은 아파트이다.
여름이 되면
벽지와 천장지는 축 늘어진다.
겨울이 되면 제자리로 돌아가지만 정확히 제자리로는 돌아가지 못한다.
그래도 여기서 산 지가 13년에 되어 간다.
요즈음은 수돗물도 못 믿는다.
생수를 사먹어야 한다.
그래도 커피를 탈 때면 수돗물을 끓여 이용한다.
아아,
사람과 가장 가까이
그리고 항상 같이 하는 물이 이렇게 중요한 것을
이제야 글로 정리해 본다.
정화수 떠서 장독간에 올려놓고
기도하시던 어머님의 모습이 아련하다.
다시는 볼 수 없을 것이다.
물,
그 아름답고 영롱한 솔잎에 달려있는 물방울을 그림으로 그린다.
비가 올 때마다 그려보고 싶다.
히말라야의 설산과 빙하를 그림으로 그려보고 싶다.
조용한 계곡의 잔잔한 호수를 늘 생각한다.
그 곳의 고요가 그리워진다.
상상만 해본다.
고요한 호수
나의 마음이 그 호수처럼 고요하고 싶다.
웅이가 포항공대에 가던 첫날,
눈이 너무나 갑짜기 많이 왔다.
고속버스가 가다가 갈 수 없었다.

웅이는 다시 지하철을 타고 서울역으로 왔으나
기차를 탈 수 없어
다시 수원까지 전철로 가서
다행히 그곳에서 기차를 타고 포항까지 간 기억이 난다.
새벽에 집을 나섰는데
밤중에 되어서야
포항에 도착하였다.
밥도 거르고
학교에 가야 한다는 그 책임감으로
눈속에 갖치면서도 서울에서 포항까지 간 그 때가 기억난다.
웅이도 그 때를 기억하고 있을 것이다.
어머님이 팔을 삐어 수술을 하고 깨어 날 때에
내가 물을 어머님께 마시게 하여
어머님을 그 때에 잃을 뻔 하였던 때도 생각난다.
사라호 태풍의 기억도 생각난다.
추석날이었다.
비바람이 세차게 불어
가마니로 방문을 가렸던 기억이 난다.
석회수가 썩인 물을 독일에서 마시고
요도결석이 생겨 급히 상게오르그 병원에 입원하였던 기억도 난다.
비가 많이 와서
자포못이 넘치고 못둑이 터질 것 같은 긴급한 상황에서
자포못을 지키기 위해 나섰던 아버님의 모습도 생각난다.
아아,
물의 오묘함,
이것은 누구의 창조인가?
창조주의 창조이지.
창조주가 창조해 주신 오묘한 물이다.

참으로 오묘하신 주 하나님,
창조주의 피조물인 물을 이제야 생각을 해 봅니다.
아름답고 영롱한 물을 그림으로 그려 보렵니다.
나뭇잎에 달린 물방울과
설산의 고봉을 윤곽이라도 나타내 보고자 합니다.
논농사를 지을 때에
재넘어에 있는 논의 물을 보러 갔던 어린 날의 기억을 또 생각합니다.
논에 물이 있나 없나를 보고 오라는 아버님의 말씀을 따라
용내기 재를 넘어 논물을 보러갔던 그 어린 시절
땀을 뻘뻘 흘리면서 재를 넘어 논에 물보러 갔지
그 때가 생각난다.
그것이 나의 어린 시절이었다.
도시생활를 하고서 부터는 물의 아름다움을 이제야 알기 시작하였다.
그림을 그리기 시작한 때부터이다.
물같이 순수하게
물같이 움직이고
물같이 영롱하고 아름답게
물같이 저 높은 산에도 올라가
생명수를 다 나누어 주며 살고 싶다.
그런데 그것이 언제나 잘 안 된다.
주여,
내가 이제 물을 조금 알아 보았습니다.
주님의 창조의 신비를 조금 알려고 합니다.
물같이 필요한 사람이 되어 볼께요.
늦었지만 그래도 필요한 사람이 되어 볼께요.
아멘입니다.

<2021. 4. 20. 10:27>

13. 나무, 그들 서로간의 의사소통과 사랑

사람만이 의사소통을 하고 사랑을 하는가?
다른 생물들은 의사소통을 하고 서로 사랑하지 않는가?
아니다.
새들은 서로간에 재잘거리면서 의사소통을 하고 서로 애무를 한다.
새들의 사랑의 노래소리를 인간이 이해할 수 없을 뿐이다.
새들 서로간에는 의사소통이 이루어진다.
동물들은 적의 공격에 대비하여 교대해 가며 경계를 서고
적이 가까이 오면 소리를 내려 피하도록 돕는다.
인간은 그 동물들의 소리의 의미를 알지 못한다.
그러나 동물들은 그 소리를 이해하고 행동한다.
동물들도 감정이 있다.
좋아함과 싫어함을 안다.
그것에 관한 인간의 학문이 동물심리학이다.
식물도 동물처럼 서로 소통하고 서로 돕는 사랑을 한단다.
나무들끼리 서로 영양분을 주고 받으면서 서로 돕고 산단다.
옆에 나무가 광합성을 못하면 그 옆에 있는 광합성을 하는 나무가
영양분을 자기 옆의 나무에 준단다.
그리하여 두 나무가 같이 더불어 살아간단다.
나무도 서로간에 의사소통을 하는 것으로 이해된다.
인간은 그 소리를 들을 수 없다.
어떠한 방법으로 의사소통을 하는지도 인간은 모른다.
그러나 나무들은 서로간의 어려움에 대해 의사소통을 하고
영양분을 주고 받으면서 함께 다 살아남는단다.
그것은 실험으로 입증이 되었다.
식물도 감정이 있다고 한다.
식물을 사랑하면 싱싱하게 자라고

내팽개치면 시들시들해진다.
이를 식물심리학이라 한다.
이렇게 생명이 있는 것들은 모두가 다 사랑한다.
서로 의사소통을 한다.
그 의사소통의 방법을 인간은 알지 못한다.
그러나 분명히 서로간에 의사소통을 한다.
그리고 서로간에 경쟁도 한다.
동물들에게는 같은 집단에 속하지 않는 동종의 동물간에 서로 배척한다.
먹이를 더 먹으려고 싸운다.
또한 먹이를 먹는데도 순위가 있다.
분명히 동물들 상호간에 의사소통이 이루어지고 있다.
으르릉 대는 것이 의사소통의 방법의 하나이다.
서로 애무하며 짝짓기를 하는 것은 분명히 사랑의 의사소통의 이루어지는 모습이다.
그들만의 언어가 있다.
인간은 그 언어를 해독하지 못한다.
나무도 마찬가지이다.
나무도 그들만의 언어가 있다고 생각된다.
그들만의 의사소통의 방법이 있다.
나무도 경쟁한다.
햇빛을 더 많이 받아
관합성을 하기 위해서
나무는 하늘로 하늘로 더 높이 올라가려고 한다.
빼곡히 나무가 밀집해 있는 곳에서는 나무 가지가 그렇게 많지 않다.
평지에 홀로 서 있는 나무는 하늘로 보다는 가지를 많이 키운다.
참으로 신기하다.
동물과 나무에도 그들의 이성이 있을까?
스토아철학자들은 생명있는 모든 것에는 로고스가 있다고 하였다.

그 오래 전에 이미 철학자들은 동물과 식물에도 이성이 있음을 알았다.
나도 그렇게 생각한다.
인간만이 이성의 존재가 아니라 동식물도 이성을 가지고 있다.
그들만의 고유한 이성이라 생각한다.
인간의 이성으로는 동식물의 이성을 이해하지 못한다.
동식물에 인간이 배워야할 것이 많다.
서로 협력하며 사랑을 한다는 것이다.
칡이 소나무를 휘감아 소나무를 죽이는 경우도 있다.
이는 경쟁이 과한 것이다.
서로 더불어 살려는 정신이 칡에게는 부족하다고 말할 수 있다.
어느 식물은 다른 나무에 기생하여 산다.
서로간에 주고 받음이 분명 있으리라 생각된다.
들의 꽃들, 농작물들은 서로 협력하면서 같이 꽃을 피우고 결실을 맺는다.
심한 경쟁보다는 공존의 길을 가는 이성을 갖고 있는 것이다.
참 신비하다.
참 오묘하다.
인간의 이성만을 극단적으로 발전시킨 이기적인 인간에게
동식물이 교훈을 준다.
모든 생물은 같이 살아가야 한다.
서로 협력하는 관계로 살아가야 한다.
이 세상은 다 사랑으로 연결되어 있다.
땅 속의 미생물들이 지상의 동식물들의 관계를 연락해 준다.
어느 하나도 혼자서는 살아갈 수 없다는 진리를 인간이 이제야 알아가고 있다.
사랑이다.
세상은 사랑으로 구성되어 있다.
모든 생명체의 관계는 사랑으로 엮여져 있다.
사랑이다.

사랑이고 사랑이다.
모든 존재는 서로 사랑으로 연결되어 있다.
무생물과도 사랑으로 연결되어 있다.
신비하다.
사막에도 생명의 활동이 왕성하다.
그 척박한 땅에 거대한 선인장이 자라고
아름다운 꽃을 피우고 있다.
사막이 죽음의 땅이 아니라 강인한 생명의 땅이다.
저 히말라야의 높은 산도 생명의 산이다.
눈을 뒤집어 쓰고
빙하를 만들어 물을 저장하였다가
생명있는 것들에게 물을 공급해 준다.
눈 덮인 히말라야 산맥이 죽어 있는 존재냐?
아니다.
살아있다.
그 살아있는 생명활동을 인간이 알지 못할 뿐이다.
그 산도 로고스를 가지고 있을 수 있다.
언젠가는 알 날이 오겠지.
눈 덮인 산이 왜 인간에게 경이로움을 줄까?
인간이 느끼는 경이로움인가 히말라산이 경이로움을 주는 것인가?
무생물도 로고스가 있지 않을까?
지구도 생명체이다.
화산이 폭발하고 바람이 불고
해일이 일어나고
이 현상들이 바로 지구의 생명활동이 아닐까?
모두가 로고스를 갖고 있다.
각 로고스는 서로간에 아직은 이해되지 못하고 있을 뿐이다.
이는 정령사상(精靈思想)과는 다르다.

참 신비한 세상이다.
그 신비가 조금씩 풀려지고 있다.
그러나 영원히 다 풀려지지는 않을 것이다.
세상을 창조하신 창조주만이 다 풀 수 있다.
아아,
신비로운 세상이다.
그 신비의 창조자는 하나님이시다.
인간은 동물과 식물에 겸손해야 한다.
함께 더불어 살아가야 한다.
겸손하고 낮아지고
나누며 살아야 한다.
그것이 창조주의 이 세상 창조와 운행의 원리이다.
그렇다.
그것이 진리이다.
아멘이다.

<2021. 5. 13. 08:27>

14. 길(road)에 관하여

누구나 길을 걷는다.
길을 걷지 않는 사람은 없다.
길을 걷지 않는 사람은 스스로 살아갈 수 없다.
삶이란 세상을 걷고 또 걷는 과정이다.
날이 새면 길을 걷고
날이 저물면 쉰다.
인생 길은 평탄한 길도 있지만,
힘이 드는 험난한 길도 있다.

바로 갈 수 있는 길도 있고
돌아가야 하는 길도 있다.
오솔길도 있고
신작로도 있다.
혼자 가기 힘드는 길도 있고
혼자 가고픈 길도 있다.
보이는 길도 있고
보이지 않는 길도 있다.
영광의 길도 있고
낭패의 길도 있다.
사람은 길을 가고
그 족적을 남긴다.
아름다운 족적도 있고
자랑스러운 족적도 있고
말하고 싶지 않는 길을 걸은 족적도 있다.
학문의 길도 있고
신앙의 길도 있다.
이 땅의 길도 걸어야 하고
저 세계의 길도 사모하며 걸어야 한다.
따라가는 길도 있고
같이 가는 길도 있고
앞장서서 인도하는 길도 있다.
조용한 길도 있고
왁자지껄 시끄러운 길도 있다.
이미 나있는 길도 있고
개척해야할 미지의 길도 있다.
아는 길도 있고
모르는 길도 있고

궁금한 길도 있고
확신이 드는 길도 있다.
제대로 온 길도 있고
잘못 든 길도 있다.
어느 길로 가야 하나
어떻게 길을 가야 하나
튼튼한 길을 닦아
뒤에 오는 사람들이 안전하게 걸을 수 있도록 하여야 한다.
일하러 가는 길도 있고
순례의 산티아고 길도 있다.
땅에만 길이 있는 것이 아니라,
바다에도 길이 있고
하늘에도 길이 있다.
평지의 길도 있고
비탈길도 있다.
차마고도(車馬古道)는 역사의 길이다.
길은 길과 마주친다.
때로는 길이 끊어지기도 한다.
길을 가는 사람은 땀을 흘려야 한다.
차(車)가 가지 못하는 길이 있다.
걸어가야만 하는 길이 좋다.
너무 빨리 길을 가면 주위의 아름다움을 보지 못한다.
천천히 걸어가면서 아름다운 자연을 즐기는 것이 좋다.
이름있는 대로도 있고
이름없는 뒷골목의 소로도 있다.
자기 길도 있고
자기 길이 아닌 길도 있다.
자기 길을 가야 한다.

자기의 길을 가야 한다.
스스로 가는 길이 좋다.
따라가는 길은 가지 않는 것이 좋다.
호젓한 길을 고요히 걷는 것이 좋다.
생각없이 마냥 걷는 것도 좋다.
밀밭사이의 길을 걷는 것이 아름답다.
수도원으로 가는 길이 좋다.
자연법으로 가는 길도 좋다.
시와 그림이 있는 길도 참 좋다.
무던히 가는 길이 좋다.
뜻 맞는 사람과 같이 가는 것이 좋다.
혼자 가는 길도 좋다.
인간의 길에는 항상 동행해 주시는 분이 계신다.
주님이시다.
주님은 내가 알든 모르든 동행해 주신다.
참 아름다운 동행이다.
길에서 선한 사마리아인을 만나는 것은 행운이다.
내가 선한 사마리아인이 되는 것은 더 큰 행복이다.
남은 길이 걸어온 길 보다는 길지 않다.
지난 길은 주님의 동행으로 여기까지 왔다.
남은 길도 주님이 동행해 주신다.
천로역정을 생각한다.
곧(孤道)를 생각한다.
남은 노자(路資)는 나 뒤에 오는 후대에게 주고 간다.
뒤에 오는 후대가 좀 평탄할 길을 걸을 수 있도록
길을 보수해 주고 간다.
새길을 조금 더 낸다.
북극성을 보면서 걷고 또 걷는다.

아무 말없이 가고 또 간다.
인생의 고도를
조용히
아주 조용히
사모하고
기도하면서
진리의 길을 가고 또 간다.
가고 또 가고 또 간다.
내가 가야할 그 길을
가고 또 간다.
주님이 불기둥과 구름기둥으로 길을 비춰 주신다.
주님이 동행해 주신다.
영생의 길로 가고 또 간다.
자유와 평화의 그 길로 가고 또 간다.
아아,
좋다.
아름답다.
희망이다.
내일이 있다.
장래가 있다.
그 길로 그 길로 가고 또 가고 또 간다.
아름다운 길을 걸었다.
진리의 길을 걸었다.
소망의 길을 걸었다.
아아,
걸어온 길이 참 아름다웠다.
희망의 길을 걷고 또 걸었다.
좋았다.

감사하다.
무한히 감사하다.
아멘이다.

<2021. 5. 8. 18:15>

15. 산(mountain)에 관하여

산골에서 산 나이다.
나 고향 관동은 서쪽으로만 트이고 산으로 둘러싸인 산골이다.
교토같이 아름답게 삼면이 산으로 애워싼 아름다운 시골 마을도 아니다.
서쪽 방향이외에는 재를 넘어냐 갈 수 있는 산골마을이다.
산골이라 해도 특산물이 나는 것도 아니다.
그져 산속의 작은 마을이다.
그곳에서 어린 시절을 보냈다.
동쪽은 관산, 북쪽은 평룡산, 앞산은 이름도 없지만 아주 높다.
우리 집은 앞산이 바짝 다가와 있어
하늘을 넓게 볼 수 없다.
앞산의 나무들이 바로 집앞 산비탈에 힘겹게 서 있다.
옛 어른들의 말씀에
앞산이 높아 앞산이 집앞에 바짝 다가와 서 있으면
사람들이 인내심이 있다고 하였다.
앞산이 위압적으로 항상 다가와 있어서
그 앞에 사는 마을 사람들은 앞산의 위압을 참고 인내하며 살아야 하기 때문이리라 생각된다.
산에는 모든 것이 다 있다.
사람이 살 수 있는 것들은 다 있다.
풀도 나무도 꽃도 나물도 없는 것이 없다.

내 고향 관동은 산골동네이지만
산이 내어주는 것으로 조상들이 살아왔다.
비료가 없던 시절에는 참나무 풀을 팔아 보릿고개를 넘겼고
소깝은 팔아서 생활을 이어왔다.
요즘 같았으면 산에서 나는 약초들을 케어서
좀 비싸게 팔아 배불리 먹었을텐데
그것을 알지 못하였다.
골짝골짜 마다 작은 논이며 밭을 일구어 살아왔다.
참 어렵게 살아왔던 어린시절의 내 고향이었다.
그래도 산은 듬직하게 서 있다.
어제도 오늘도 변함없이 무던히 서 있다.
아침에는 태양도 쉽게 솟아오르지 못하고
저녁 때이면 일찌감치 자기 몸을 감춘다.
밤이면 호롱불이 방을 밝히고
전화도 없었다.
수도도 없었다.
길도 차가 다니기가 극히 힘들었다.
들도 없었다.
그런 산골마을에서 큰 나이다.
산골마을 관동을 떠나
넓은 세상으로 나와보니
높은 산도 많고
장엄한 산도 보게 되었다.
경주의 남산과 토함산,
대구의 팔공산,
서울의 북한산
참 장엄한 산들과 만났다.
그러나 가보지는 못하고 멀리서 보기만 하였다.

그래도 장엄하고 듬직하였다.
그 산들이 스님들을 불러 절을 짓게 하여
산이 스님들을 품었다.
가슴이 넓은 산들이었다.
그 산이 좋아
지게로 물건을 날라
세상과 교통하였다.
그러나 물은 참 좋았다.
산 속의 물은 약수이다.
큰 도시를 또 떠나 이 지구를 보니
참으로 웅장하고 경외로운 신비한 산들이 있다.
히말라야 산맥의 산들,
눈을 뒤집어 쓰고 우쭉 솟아 있는 에베레스트 산,
참으로 경의롭고 기개가 있는 산이다.
그 히말라야 산맥은 인도양 지각의 판이 움직여
중국대륙의 판과 부딛쳐 솟아오른 것이라니 더욱 신기하다.
그 무거운 대륙을 움직인 힘은 어디서 나온 것일까?
그 부닫칠 때의 힘이 얼마나 컷을까?
아마도 대륙이 부닫쳤을 때에 지구가 흔들렸을 것 같다.
그 결과로 지구의 기울기가 바뀌이었을 것이다.
왜 그렇게 대륙의 충돌이 일어나야만 하였을까?
그렇게 대륙 충돌로 높은 히말라야 산맥이 만들어지지 않았으면
중국 신장의 사막도 몽골의 고비사막도 생기지 않았을 것이다.
인도양의 바닷물이 신장의 사막도 몽골의 고비사막을 옥토로 만들었을 것이다.
히말라야 산맥이 생겨 인도양의 바밧물은 구름을 타고 와서
히말라야 산꼭대기에 다 쏟아 부었다.
히말라야의 그 산꼭대기에 실려온 바닷물은 눈이 되어 떨어지고

그 눈이 빙하가 되어
수십만년을 꽁꽁 얼어있다가
그 높은 히말라야의 땅에 생명줄이 되어준다.
그것도 한 번에 다 쏟지 않고
태양의 도움을 받아 조금씩 흘러 보내고 있다.
눈이 덮히고 빙하가 된 히말라야의 설산은 너무나 아름답다.
신비하기까지 하다.
쉽게 인간의 발길을 허용하지 않는다.
히말라야의 설산은 인간에게 신(神)이 되어 기도를 요한다.
기도하는 사람만이 설산에 올라오르도록 허용한다.
말없는 설산이 신이 되었다.
장엄하게 서 있는 설산에 정신이 있단다.
정령이 산단다.
어떻게 이런 현상이 이 지구에 생겼을까?
왜 생겨야할까?
왜 굳이 아시아의 중앙에 그런 일이 일어나야 했을까?
아름답고 신기하고 오묘하지만
의문도 많다.
왜 굳이 그렇게 높아야 했을까?
누가 그렇게 하였을까?
분명 인간이 한 일은 아니다.
왜 그 높은 산꼭대기에 눈이 쌓여
생명의 물이 되고 있을까?
너무나 신비하다.
그 신비의 히말라야 산을 그림으로 그려본다.
우뚝 솟은 에베리스트산이 기운을 돋군다.
힘을 준다.
작은 종이에 에베레스트산을 담아 본다.

기운차다.
든든하다.
그 산이 온통 철로 된 광산이란다.
품위가 낮은 철광산이란다.
써도 써도 다 씀이 없을 광산이다.
꼭대기는 만년설이
몸통은 철광산
어느 하나도 버릴 것이 없는 히말라야 산맥이다.
인간을 위해 분명히 히말라야 산은 만들어진 것이다.
영원히 물 걱정없이
쇠 걱정없이
살라고 하신 히말라야산맥의 생성이다.
신비하다.
현재의 모습만으로도 신비하다.
그 내용은 더욱 신비하다.
인도양의 물이 에메레스트 산 꼭대기에 가 있다.
발도 없는 물이
구름을 타고 그 꼭대기까지 갔다.
태양은 그 산꼭대기의 빙하를 녹혀
생명들을 키우고
강을 만들고
다시 인도양 고향으로 돌려보낸다.
몇년만의 귀향일까?
수십만년만의 귀향일 것이다.
아아,
참으로 신기하다.
참으로 오묘하다.
히말아야 산맥이

에베레스트산이
신을 만들고
종교를 만들고
생명을 만들고 또 키우고
말없는 산이 신도 생명도 만들어 키운다.
참 신기하다.
참 오묘하다.
두렵기도 하고
경외롭기도 하고
생명을 만들고 기르는 산이다.
에베레스트 산만이 아니다.
아프리가의 킬리만자로 산도 아틀라스산맥도
유럽의 알프스도
북미의 록키 산맥도
남미의 안데스 산맥도 마찬가지이다.
그 산들이 생명의 근원이 되어 있다.
산이 생명이 없는 것이 아니라
생명의 씨가 되어 있다.
생명을 키우고 있다.
이 모든 현상의 신비의 근원은 어디에 있는가?
진화론으로 설명할 수 있을까?
아니다.
창조다.
하나님의 창조다.
하나님의 창조의 신비다.
그렇다.
하나님이 이렇게 만드셨다.
하나님의 위대하심과 사랑의 결정들이다.

하나님은 위대하시다.
하나님은 사랑이시다.
이 속에 인간이,
그리고 내가 살고 있다.
하나님이 주시는 것으로 살고 있다.
그 하나님을 멀리 해서야 되겠는가?
하물며 하나님을 부인하는 것은 인간의 아주 나쁜 오만이다.
하나님 속에서 살아야 한다.
하나님을 벗어날 사람은 아무도 없다.
하나님이다.
청조주이시다.
그 분이 이 세상과 인간의 창조주이시다.
히말라야 산맥도 에베레스트 산도 만드신 분이다.
아아,
그렇구나.
이제야 알겠다.
진화가 아니다.
창조다.
하나님이시다.
위대하신 사랑의 하나님이시다.
아멘이다.

<2021. 5. 9. 08:40>

16. 라프란다와 나미비아에서의 인간의 삶의 모습을 보고

어제 세계테마기행을 보았다.
북구(北歐)의 북위 66도 이상의 라프란다 지역과

아프리카 나미비아의 모래바람이 부는 척박한 땅에서 삶을 이어가는 너무나 대조적인 삶의 모습을 보았다.
라프란다 지역은 북위 66도 이상의 북극권에 속하는 청정지역이다.
사미족들의 고향이다.
순록을 키우고 부르벨리가 지천으로 널려있다.
나무들이 하늘을 향해 경쟁적으로 자라고 있는 고요의 땅이다.
북극해와 연하여 있어서 킹크랩이며 대구가 많이 잡힌다.
킹크랩은 몸통을 먹지 하고 오로지 다리만 먹는다.
사람들이 아주 깔끔하다.
특별히 바랄 것 없이 평화롭게 산다.
누구나 다 별장을 갖고 있다.
문명의 때가 전혀 묻어있지 않는 자연 그대로의 곳이다.
순박하다.
곰과 사람이 입마추기도 한다.
너무나 자연 그대로 인간의 선성(善性)만이 작동하는 곳이다.
달리 악한 마음을 가질 필요가 없는 천국이다.
그들의 삶에 나의 삶을 비추어 보았다.
매일같이 일만하는 나의 삶과 비교하니
그들은 너무나 여유롭게 잘 살고 있다.
버섯도 많이 나고 땔감도 풍부하다.
추위도 문제가 없다.
라프란다지역에서 아프리카의 나미비아로 간다.
나미비아는 땅은 넓지만 사막이다.
모래 폭풍이 불어 온통 모래 먼지속에서 살아가고 있다.
여자들은 상의를 입지 않는다.
온 몸을 다 들어내고 산다.
집이라곤 햇빛을 막을 정도의 엉성한 가림막이다.
물이 없다.

가축과 사람이 같은 물을 마신다.
가축에게 먼저 먹이고 사람이 그 다음에 물을 마신다.
맨발이다.
물을 길러 오자면 왕복 2시간이상이 걸린다.
그 돌 길을 맨발로 물동이를 이고 온다.
양식이 부족하다.
먹을 것이 부족하다.
아이들이 여행객의 밥에 침을 흘린다.
물이 없으니 목욕을 못한다.
붉은 돌가루에 소기름을 섞어 머리를 손질한다.
머리는 감을 수 없다.
그래도 그곳에서 옷을 차려입고 흙먼지 날리는 옆집에 나들이를 간다.
삶을 사는 것이 아니다.
문명사회를 기준으로 하면
그곳은 인간의 삶이 아니다.
그래도 인간이 살아가고 있다.
그것이 예전에 독일의 식민지였다.
그리하여 독일식의 몸치장 방식에 남아있단다.
삶이 말이 아니다.
동물들의 삶이다.
염소젓이 가장 대표적인 음식이다.
라프란다와는 너무나 대조적이다.
이를 어떻게 해석하고 받아들여야 할까?
나미비아는 주님의 축복을 받지 못한 사람들이라는 생각이 든다.
그 상태에서 문명을 이룰 수가 없다.
교육을 받을 수가 없다.
라프란다는 인간이 누릴 수 있는 최고의 삶을 누리고 산다.
이러한 극과 극을 달리는 이 세상의 삶을 어떻게 받아들여야 할까?

아프리카 사람들도 제대로 먹고 입고 교육받고 일하면서 살아야 한다.
주님의 뜻을 골고루 펼칠 수 있어야 한다.
참으로 인간의 삶을 나는 이해를 못하겠다.
왜 이런 차이가 생기는가?
주님이 아프리카에도 역사하셔야 한다.
라프란다 주민은 하나님의 축복을 넉넉히 받았다.
이웃을 생각하자.
세계시민을 생각하자.
믿음이 삶이어야 한다.
삶 전체가 믿음이어야 한다.
아직도 해야할 일이 많다.
하늘나라를 이 땅에 건설하기 위해서는 해야할 일이 너무나 많다.
세상을 보자.
사해동포주의로 세상을 보자.
아직도 해야할 일이 너무나 많다.
자연법이 저 나미비아도 펼쳐져야 한다.
나의 삶이 믿음으로 이루어져야 한다.
그 믿음은 사랑이다.
그렇다.
그렇다.
주님이시여
굽어 살펴보아 주시옵소서.
이 세상을 모두 다 굽어 살펴주옵소서
빌고 비옵니다.
아멘.

<2021. 7. 2. 10:54>

V

위대한 선각자들

1. 사도 바울

유대교 율법주의를 기독교의 사랑의 종교로 바꾼 사람
다메섹 도상에서 회심의 체험을 한 사람
그의 고향은 터키의 다소,
다소는 스토아철학의 생성지
바울은 스토아철학을 기독교의 교리로 승화시켰다.
로고스(logos)는 스토아철학에서 사용한 용어이다.
스토아철학에서는 모든 생명있는 존재는 로고스를 갖고 있다고 하였다.
그리하여 스토아철학은 사해동포주의를 주창하였던 역사의 첫 철학이 되었다.
스토아철학은 사해동포주의를 주장하여 포용적인 철학이 되었다.
그 스토아 철학이 로마제국의 사상적 지주가 되었다.
성서에서는 주님의 말씀을 로고스라고 요한복음 1장 1절에 쓰여져 있다.
로고스는 이성, 말씀이다.
바울에게 로고스는 신의 이성이다.
바울의 삶은 주님의 삶이었다.
그 스스로가 사도라고 칭하였다.
그 스스로가 감동하여 사도가 되기를 작심하였다.
자신을 다 주님 위해 쓰기 위해서 사도로 자신을 칭하였다.
물론 그 근본의 힘은 주님이시다.
주님의 살아있는 생명의 힘이었다.

바울은 지식에 신앙을 겸비한 사도이다.
율법의 유대교를 사랑의 기독교로 바꾼 사도이다.
다메섹 도상의 회심의 체험으로 바울은 근본적으로 변하였다.
바울은 열정의 사도,
유대교에서의 율법에서도 열열한 율법주의자,
기독교의 사랑에서도 열렬한 사랑의 실천가,
그렇게 전환될 수 있었던 것은 다메섹 도상의 회심의 체험
그것이 가능하였던 것은 주님의 섭리,
주님의 전지전능함이 바울을 바꾸었다.
신비한 일이지만
역사적 진실이다.
바울을 사랑하는 사람 중의 한 사람이 또한 나이다.
나도 다메섹 도상의 회심의 체험을 체험하고 싶다.

<2021. 3. 21. 09:24>

2. 영원한 여성상의 사표(師表)인 룻(Ruth)

룻은 이방인 모압여인이다.
이방여인인 룻은 다윗왕의 증조할머니이다.
다윗의 후손이 예수님이시다.
룻은 너무나 여성적인 여성이었다.
영원한 여성의 사표(師表)이다.
베들레헴 땅에 가뭄이 들어
나오미는 두 아들을 데리고
양식이 있는 모압지방으로 솔권(率眷)하였다.
그 모압에서 두 아들이 모압여인에게 장가를 들었다.
그 맏며느리가 룻이다.

모압에서 두 아들은 하늘나라로 갔다.
모압의 두 며느리는 남편없는 여인이 되었다.
베들레헴에 가뭄이 그쳐
나오미는 자신의 고향 베들레헴으로 돌아오기로 하였다.
나오미는 젊은 두 며느리들에게
각자 그들이 고향 모압에서 새 남편을 얻어 살기를 권유하였다.
둘째 며느리는 모압지방에 남기로 하였다.
그러나 맏며느리 룻은 시어머니를 따라 베들레헴으로 가기로 하였다.
나오미는 그래도 룻이 모압에서 새 가정을 꾸릴 것을 권유하였다.
그 때에 룻은 시어머니 나오미에게
어머니 가는 가는 곳에 나도 가며,
어머니가 머무는 곳이 나도 머물려,
어머님의 하나님이 나의 하나님이며,
어머님이 묻히는 곳에 나도 묻히겠나이다라고
시어머니에게 말하였다.
시어머니는 룻을 데리고 베들레헴으로 돌아왔다.
룻은 들에 나가 타작 마당에 떨어진 이삭을 주어
시어머니를 봉양하였다.
그렇게 시어머니에 충실한 룻은 보아스의 타작마당에서 이삭을 줍고
끝내 보아스와 혼인을 하였다.
룻의 마음 가짐은 하늘이 내려준 순수 그 자체였다.
자연상태, 창조상태의 원죄가 없는 순수 그 자체였다고 생각한다.
어머님이 가는 곳에 나도 가며
어머님의 하나님이 나의 하나님이며,
어머니가 묻히는 그 곳에 나도 묻히고자 하니,
어머님이 자신을 따라오지 말라고 강권하지 마옵소서라고
어머님에 대한 존경과 충정의 순수한 마음을 그대로 표하였다.
어머님 가시는 곳에 나도 가겠다는 그 말 한마디,

그 말이 룻의 인격을 다 표현하고 있다.
진정 여인상의 사표의 표현이다.
나의 어머님, 성 엠마는
아버지가 객지로 나가시고
남편없는 시집을 지키면서
남들은 무섭다고 한 시아버지를 모시면서
시아버지가 중풍에 들어 움직일 수 없으셨을 때에,
어머님의 마음 깊은 곳에서는
아들도 집을 나가고
본인은 병들어 움직일 수 없는 저 불쌍한 시아버지를
내가 아니면 누가 돌보랴는 마음으로
시아버지의 병 수발을 하면서 남편없는 시집을 지키셨다.
나의 어머님은 관동의 룻이었다고 말하고 싶다.
룻이 베들레헴에 돌아와
보아스와 결혼하여
다윗왕의 할아버지를 낳아,
인류의 구세주의 가계를 이어가게 하신 것 같이
나의 어머님 성 엠마도
병든 시아버지를 돌보다
시아버지는 결국 하늘나라로 가시고
집을 나가셨던 나의 아버지가 집으로 돌아오셔서
우리 형제를 낳아 가계를 이어가게 하셨다.
내가 아니면 저 병든 시아버지를 누가 돌보랴라고
남편도 없는 홀로남은 며느리가
성하시지 못한 병든 시아버지를 정성을 다해 받들어 모신
그 순수의 어머님의 마음이 나의 뇌리와 가슴에 고이 남아 있다.
오늘날 너무나 개인주의로 바뀐 이 시대에
룻같은, 나의 어머님 같으신

그런 여인이 있기는 하지만 찾기가 그리 쉽지는 않다.
룻과 어머님은 자신만의 삶을 추구한 개인주의의 삶을 사신 것이 아니라 공동체 유지를 위해 헌신하셨다.
자신을 희생시켜 가정과 가계를 지키고 이어가는 것은 오늘날 쉬운 일이 아니다.
그러나 룻과 어머님 같은 여인상은 영원히 추앙을 받고
시대가 변화면 다시 부활할 것이다.
어머님은 어려운 시집살이를 묵묵히 받아 내시면서 살으셨다.
화장품이라고는 평생토록 시집올 때에 가져온 분 그 한통이 전부였다.
입는 것도 변변한 것이 있었겠는가?
시집올 때 해 온 이불은 우리 형제가 장성하고도 내내 덥고 잤다.
먹는 것은 참으로 보잘 것 없었다.
음식이 험해도 전혀 개의치 않으셨다.
양식이 없으니 밥을 지을 때는
솥 밑바닥에는 꿀밤(도토리)을 깔고 그 위에 쌀을 조금 놓아
쌀밥은 시어른께 드리고
어머님은 꿀밤을 드셨단다.
꿀밤은 잘 십히지 않았지만
그래도 그것을 드셨다.
그것도 배불리 드실 수 없었다.
그러나 그 꿀밤이 오늘날에 와서 알고보니 항암음식이었다.
어머님은 아이들이 먹다 남은 음식도 험하다고 버리지 않으시고 다 드셨다.
그것이 원인이 되어 어머님은 담석증으로 고생하시고
결국 그 담석증이 세 번째로 발병하여 하늘 나라로 가셨다.
어머님은 일을 많이 하셨다.
작은 체구였지만 일을 참 많이 하셨다.
그렇게 룻을 닮은 어머님은 장수하셨다.

룻은 인류의 사표가 된 여성이었다.
어머님은 나의 사표이신 여인이다.
어머님을 사랑합니다.
돌이켜 보니,
내가 성서의 한 편을 정리하여 숭덕학사 사생들에게 드린 것이 바로 룻기였다.
제대로 알지도 못한 상태에서 룻기의 내용을 정리하여 드렸다.
이렇게 룻기는 내가 성서를 접하고
처음으로 정리해 본 한 권이었다.
룻, 참으로 아름다운 여인이었다.
룻은 마음이 순수 그 자체였던 여인이었다.
룻은 하늘이 보내주신 여인이었다.
그렇게 생각한다.
어머님은 나에게 너무나 위대한 여인이다.
우리 집안에 어머님이 계셨다는 것은
무한한 복이며,
어머님이 계셨기에 우리 형제가 있다.
룻과 어머님,
영원한 여인상의 사표이다.
참으로 아름답다.
그렇게 살고 싶다.
그런 삶을 살고 싶다.
나이는 들어도
순수 그 자체로 살고 싶어라.
순수는 상처를 쉽게 받는다.
그래도 순수는 하나님의 품성이다.
룻과 어머님의 품성이다.
그렇게 살고 싶어라.

그렇게
그렇게 살고 싶어라.
아멘이다.

<2022. 12. 12.09:50>

3. 지식과 인격을 겸비한 학자

학자는 지식인이다.
지식은 갖기는 하였으나 인격자인 지식인은 참 찾기 힘든다.
지식을 좀 가졌으면 성품이 좀 푸근하지 않다.
비판하기 좋아한다.
은연중에 자기가 최고임을 전제로 하고 있다.
인격이 고매한 학자의 학문의 내용은 참 인격적이고 감동적일 것이다.
그런 분이 있느냐?
아직 그런 분을 만나지 못하였다고 함이 나의 고백이다.
위대한 학자라고 처다보기만 하였으나,
지식은 좀 가졌어도 인격자는 아니었던 분들이 대부분이다.
큰 소나무가 쭉 뻗어 자랐을 뿐만아니라,
가지가 크고 넓어 그늘을 넓게 만들어 주는 소나무가
참 드물 듯,
인격과 지식을 갖춘 지식인도 참 드물다.
성직자는 어떤가?
성직자들도 하늘을 설교하면서 이 세상의 즐거움도 함께 가질려고 하는 분들이 있다.
말씀과 신앙인격을 갖춘 성직자가 그리워진다.
그래도 성직자는 신앙인격을 가지고
이웃을 사랑하는 분이 더 존경스럽다.
학자는 인격적으로는 좀 안정적이지 못해도

예리한 통찰력으로 날카로운 분들을 더 높이 생각한다.
성직자는 인격을
학자는 지식을 더 높이 평가하는 것 같다.
주님의 본성은 사랑이다.
사랑의 인격이 날카로운 지식보다 위대하다.
인격과 지식을 다 갖춘 분이 누구일까?
공자님,
부처님,
예수님,
같은 시대를 사는 사람은 열거할 분이 얼른 생각이 나지 않는다.
황제와 싸움을 벌린 교황님은 어떠한 분이라 해야 옳을까?
인격과 지식을 다 갖추기란 지극히 힘든다.
얼른 그런 분이 생각이 나지 않는다.
나는 지식도 인격도 제대로 갖추지 못했다.
부족하고 부족한 사람이다.
주님의 형상을 받아 태어나
주님의 보살핌으로 자라서
주님의 인도와 섭리로 공부해서
주님의 축복으로 오늘의 내가 있지만
말이 없어졌다.
글을 쓴다고 썼지만 지식이 별로 없다.
나의 지식을 정리해 보니 몇 줄 안 된다.
좀 쓰다보면 더 쓸 것이 없어진다.
인격은
순수를 유지하려고 했지만,
이웃과 사랑을 나누고자 하지만
그것이 안된다.
인격이 너무 부족하다.

욥같은 믿음의 인격으로 욥과 같이 살고자 하지만
마음이 환하지 못하다.
내가 지식인에 대해 말할 자격이 없다.
그래도 살아왔다.
주님의 은혜로 살아온 것이 이 정도일 뿐이다.
아아,
참으로 인간이 무력하구나.
인간인 내가 무력하구나.
그래도 이 만큼 살아온 일이 놀랍다.
지식을 갖춘 분들이 있어서
수에즈운하의 초대형 컨테이선이 구출되었다.
지식이 이룬 기술덕분이다.
그래도 지식이 대단하다.
그러나 인격을 온전히 갖추지는 못하였다.
곳곳에서 파열름이 난다.
미얀마에서
우리 나라의 보궐선거에서
중국과 미국사이에서
이러한 세상을 그래도 주님은 사랑하신다.
그래도 주님은 이러한 사람들을 데리고 역사를 계속하신다.
아아,
나늘 책망한다.
나의 부족을 고백하고 고백한다.
그래도 희망적으로 생각한다.
인격과 지식을 겸비하여 갖추지 못한 이 세상의 학자이지만
그래도 이 분들이 역사를 이루어가고 있다.
인격적인 성직자
지식이 충만한 학자가

서로 협력하여 이 세상을 움직여 가라는 것이
창조주의 섭리인가 보다.
부족한 나로서는 알 수가 없다.
도저히 알 수 없다.
주님께 다 맡긴다.
관조하자.
성찰하자.
낮아지자.
안다고 자고말자.
낮고 낮은 자세로
주님을 믿는 믿음을 가지고
좀 부족하지만
주님의 섭리에 맡기고 살자.
그것이 세상을 살아가는 이치라 생각한다.
나를 나타내지 말자.
다 모른다.
자연법이나 알 수 있는 한까지 정리하자.
주님,
나의 부족을 고백합니다.
주님의 은혜로 그래도 이 만큼 알게 되었습니다.
주님의 섭리로 오늘의 내가 있습니다.
좀 깨달음의 고요의 세계로 나를 데려다 주옵소서.
고요의 세계로 가고 싶습니다.
저 낮은 심연으로 가서 살고 싶습니다.
주님 조금 세상을 깨닫고
그 깨달음대로 살고 싶습니다.
그래도 인격이 중요합니다.
사랑의 인격말입니다.

정의는 이제 너무 강조하지 않겠습니다.
사랑이 최고의 덕목입니다.
사랑의
덕목을 지닌 자연법을 공부한 그 한 사람이기를 원합니다
그리고 조용히 낙향하여
사모하고
기도하며
조금 책보고
시도 쓰고
그림도 그리고
자연과 벗하여
지내다가
주님 부르시면 할렐루야 부르며
주님께로 가겠습니다.
인격과 지식을 겸비하는 것은 불가능합니다.
서로 나누어 가지고서
서로 사랑하면서
서로 힘이 되어
역사를 이루어 가라고 하십니다.
혼자서 다 갖출 수는 없음을 깨닫고 고백합니다.
다 갖출 수는 없습니다.
나누어 갖추어
사랑으로 협력하여
이 세상을 희망적으로 만들어 나가라고 하시내요.
이 아침의 깨달음입니다.
주여,
나의 부족을 고백합니다.
나를 받아 주옵소서.

이 세상에는 똑같은 사람은 아무도 없습니다.
모두가 다릅니다.
이 세상에서 살은 사람들도, 살고 있는 사람들도
같은 사람은 아무도 없습니다.
다 독자적인 인격자입니다.
다 하나님의 형상으로 지음을 받은 존엄한 존재입니다.
인간이란 객관적인 존재는 없습니다.
각자가 독자적이고 존엄하며 자기 하나 뿐인 존재입니다.
그러한 각각 다른 사람이 서로 더불어 같이 삽니다.
사랑으로 같이 삽니다.
사랑의 끈으로 하나로 결속되어 서로 다른 삶을 삽니다.
그것이 나의 깨달음입니다.
아멘입니다.

<2021. 3. 30. 09:51>

4. 인류의 영원한 스승인 플라톤

역사의 시작 시에 태어나
진리의 길을 열어준 철학자로서
긴긴 세월 동안 변함없이 인류의 스승으로 남아있는
그리스의 아테네 철학자가 있다.
그가 바로 플라톤이다.
플라톤은 그리스 아테네의 부유한 집안의 아들이었다.
그가 원하였더라면 그는 아테네에서 지체 높은 권력자가 되었을 인물이다.
그러나 그는 힘있고 지체높은 권력자의 길을 마다하고
학문의 길로 들어섰다.
그는 그가 가진 그 많은 재물을 다 이웃에 나누어 주었다.
그에게 재물이라고는 아무 것도 없었다.

마음과 정신은 살아있었으나
재물이라고는 가진 것이 없는 빈손의 텅 비인 사람이 되었다.
그는 학문을 하였다.
그가 학문을 함에는
위대한 스승이 있었다.
그가 바로 소크라테스였다.
소크라테스는 그 스스로 저작을 남긴 것이 없다.
그의 제자 플라톤이 그의 스승 소크라테스를 대화에서 기록해 주었다.
소크라테스는 진리의 순교자였다.
소크라테스는 당시의 권력자들이었던 소피스트들의 궤변의 희생의 인물이 되었다.
소크라테스는 시류(時流)의 대변자였던 소피스트들에 대항하여
변하지 아니한 객관적이고 절대적인 진리를 주장하였다.
진리의 보편성과 절대성과 불변성을 주장하였다.
그는 그러한 진리를 수호하기 위하여
당시의 권력자들의 모함으로 독배를 마셨다.
소크라테스는 자기가 믿고 주장한 진리를 수호하기 위하여 독배를 마셨다.
만약에 스크라테스가 그의 친구들의 권유에 따라서 감옥을 뛰쳐나와 살기 위하여 도망을 갔더라면,
스크라테스가 자신이 주장한 진리를 스스로 거스리는 자기모순에 빠지기 때문에
소크라테스는 진리를 지키고 수호하기 위하여 죽음을 택하였다.
그리하여 소크라테스는 현실의 권력지배를 정당화하는 소피스트의 주장에 결연히 반대하고 독배를 마심으로 진리를 죽음으로 지켰다.
이러한 담대한 진리의 수호자 소크라테스가 플라톤의 스승이었다.
플라톤은 이렇게 훌륭한 스승을 둔 인류의 스승이다.
플라톤은 그의 철학을 펼치기 위하여 사학교(私學校)인 아카데미아(Akademia)를 설립하였다.

아카데키아를 통하여 플라톤은 제자를 길렀다.
그 아카데미아를 통하여 배출한 걸출한 제자가 아리스토텔레스이다.
플라튼은 이렇게 위대한 철학자 소크라테스를 스승으로 모시고
걸출한 철학자 아리스토텔레스를 길러서 그의 철학과 사랑을 전해 주었다.
플라톤는 인류역사에서 학문적으로 가장 행복한 지위에 있었던 사상가이자 철학자이다.
역사에서 위대한 스승을 모시고, 걸출한 제자를 길러낸 가장 행복하였던 학자였다고 생각한다.
그는 권력과 재물을 다 버렸기 때문에
그의 마음은 한없이 자유로왔으며,
그의 맑고 밝은 순수한 가슴과 머리에서 인류에게 빛이 된 진리를 창작해 낼 수 있었다.
플라톤은 그의 스승 소크라테스의 사상을 그대로 전수하여 기록해 주고 발전시켰다.
플라톤은 아카데미아를 통하여
그의 스승 소크라테스의 진리의 사상과 그 스스로 발전시킨 그의 철학과 사상을 가르쳐 주었지만,
그의 제자 아리스토텔레스는 플라톤의 높은 이상의 진리를 담은 사상을 모두
이 세상속으로 세속화 해 버렸다.
플라톤은 권력과 부(富)를 다 버렸다.
그러나 아리스토텔레스는 알렉산더 대왕의 왕사(王師)가 되어
권력도 부도 가까이 한
오늘 날로 말하면 좀 어용학자라고 할 수 있다.
플라톤은 소크라테스와 그의 진리의 사상을 잘 정리하고
아카데미아를 통하여 후학들에게 전하였다.
아리스토텔레스 같은 제자가 나와 플라톤의 사상을 세속화 함으로써
플라톤의 철학은 곧이 곧대로의 내용과

그것을 뒤집어 다른 방향으로 발전할 수 있는
양 방향으로의 발전이 가능케 되었다.
플라톤은 권력과 부를 다 버렸기 때문에
진리의 빛을 밝혀 인류의 갈 길을 인도한 위대한 철학을 창안하여 발전시켰다.
플라톤은 위대한 사상가이자 철학자였다.
스승과 제자를 잘 만난 행복한 학자였다.
플라톤 사상은 신플라톤주의를 거치면서 더욱 시대변화에 적응하여 갔으며,
이상을 향하여 인류가 발전해 나가도록 인류의 갈 길을 비추어 주었다.
플라톤이 세운 아카데미아는 훗날
대학과 학술원의 선구가 되었다.
대학과 학술원을 논할 때에 양 학문기관의 시초는 바로 플라톤의 아카데미아라고 말한다.
플라톤은 진리의 학문의 기초를 놓은 위대한 학자였다.
플라톤은 현실세계의 저 위에 이상세계인 이데아(Idea)가 있다고 하였다.
이데아론에 의하여 플라톤은 이상주의자가 되었다.
이데아론은 소크라테스의 객관적, 절대적, 불변적인 진리의 세계이며,
현실 권력지배의 정당성을 부여하고 현실에 안주하는 소피스트들의 궤변에 맞섰다.
현실에 살고 있는 인간이 이상세계인 이데아를 갈망하는 그 갈구를
플라톤은 에로스(Eros)라 하였다.
플라톤은 갈급하게 갈구하는 에로스 사랑을 이데아의 세계를 바라고 이루고 실현하고자 하는 그 사랑으로 필리아, 아가페와 함께 사랑의 한 유형으로 창안하였다.
독일 낭만주의 시대에 사랑을 갈급하게 구하는 에로스가
육체적인 사랑으로 그 의미가 바뀌게 되어
갈급하게 구하는 사랑을 플라토닉 러브(platonic love)하게 되었다.
플라톤은 정의를 주장하고 서양에서의 개인과 사회의 덕목인 4덕목을 주

장하였다.

플라톤의 4덕목은 절제와 극기, 용기, 지혜, 정의의 4덕목을 주장하고 그 4덕목이 서양사회의 7가지 덕목 중 4가지의 자리를 차지하고 있다.

7덕목 중 플라톤이 주장한 4덕목이외의 3덕목은 기독교에서 발전된 믿음, 소망, 사랑의 3덕목이다.

7덕목은 서양사회의 덕목을 넘어

온 세계, 온 인류의 덕목이 되었다.

플라톤은 이렇게 인류의 삶의 태도를 밝힌 위대한 철학자이다.

절제는 자기 일에 충실하며 자기 위치에서 자기 일을 성실히 감당해 나가는 덕목이며, 이는 특히 일반인들인 근로자들의 덕목이다.

용기는 위급한 일에 당하였을 때에는 담대하고 용기있게 맞서 사회와 나라를 지키는 덕목으로서 군인의 덕목이다.

지혜는 사물을 현명하게 이해하고 다스리는 덕목으로서 철학자의 덕목이며,

정의는 올곧고 반듯한 태도의 덕목이며,

또한 사회공공체의 구성원들이 각자의 위치에 따라서

덕목을 충실히 실천함으로서 공동체가 조화롭게 운영되는 상태를 의미하는 개념이기도 하다.

이렇게 조화로운 공동체 유지를 위한 인간의 덕목을 그 옛날 플라톤이 이미 정립하여 오늘에까지 전해주었다.

플라톤 사상은 오늘날의 관념론, 이상주의의 기초가 된 원류(遠流)가 되었다.

플라톤은 참으로 위대한 사상가이다.

이 세상이 계속되는 한 플라톤은 인류에 회자(膾炙)될 것이다.

권력과 부를 다 버리면

위대한 사상을 만들어 내고

그의 명예는 영원히 재생되어 길이길이 빛날 것이다.

그것은 진리이다.

그렇게 살아야 한다.

그렇게 살기가 쉽지 않다.

극히 여럽다.
그렇게 살 수 있는 희망과 소망이 있으면
그런 길로 가야 한다.
그것이 제대로 사는 최선의 길이다.
권력과 부를 초개같이 버리는 것은
바로 인류를 위한 사랑의 한 방법이라 생각한다.
플라톤의 아카데미아를 나도 하나 마련해 운영해 보고 싶다.
나의 아카데미아는 기도처이며, 학문하는 곳이며, 역사를 이어가는 곳이다.
플라톤의 아카데미아에서는 플라톤 당대에 인류의 사표가 되는 사상을 정립하여 후세에 알려주었지만,
나의 기도처 겸 연구소는 100년 후의 우리 사회의 나아가야할 방향을 제시하고
실천해야할 7덕목을 새롭게 정립해 보고자 한다.
긴 역사적 안목을 가지고
플라톤처럼 작은 오늘의 아카데미아를 설립하여 기도하면서 학문하고 싶다.
그리하여 우리나라에서 플라톤의 사상에 기독교의 사랑의 사상을 더하여 이어가는 아카데미아를 만들어 운영하고 싶다.
꿈은 있다.
꿈은 이루어진다.
당대에 이루지 못하면
후대가 이루어주도록
그 기초를 마련하기라도 하고 싶다.
그것이 나의 꿈이다.
그것이 나의 이데아이다.
플라톤이 한국에서 자리할 처소를 마련하고 싶다.
그렇게 하고 싶다.
아멘이다.

<2022. 12. 10. 13:10>

5. 플라톤과 아리스토텔레스

플라톤은 아테네의 귀족출신이었다.
그는 철학을 하기 위하여 가진 재산을 이웃에 모두 다 나누어 주고 철학에 몰두하였다.
그는 아카데미아를 설립하였다.
아카데미아는 대학과 학술원의 시초이다.
그곳에서 철학을 하였다.
소피스트들의 현실주의에 대항하여
이상사회를 탐구하였다.
그는 이데아의 이상사회를 주장하였다.
이데아는 현실사회 위의 질서있는 이상사회였다.
그 이데아를 갈구한 사랑이 바로 에로스 사랑이다.
플라톤이 에로스 사랑을 개척하였다.
갈구하는 사랑이 에로스 사랑이다.
플라톤은 서양사회의 덕목을 제시하였다.
정의, 절제, 용기, 지혜의 덕목을 주장하였다.
그 덕목이 지금도 서양사회의 덕목으로 이어져 오고 있다.
정의는 덕목중에서 최고의 중심 덕목이다.
정의는 절제와 지혜와 용기가 조화를 이루는 사회상태를 말하였다.
플라톤은 지혜를 가진 현자들이 통치하는 국가를 이상국가라 하였다.
그리하여 플라톤은 현자들의 귀족국가를 이상국가로 보았다.
플라톤은 소크라테스를 글로 후세에 전해 주었다.
플라톤으로 인하여 소크라테스가 후세의 성인으로 기억되고 있다.
아카데미아는 오래 계속되었다.
동로마제국의 유스티아누스 대제가 아카데미아를 해체하고 말았다.
아카데미아 출신의 플라톤의 제자가 아리스토텔레스이다.
아리스토텔세스는 아데네 출신이 아니었으나

아테네에서 활동하였다.
그는 알렉산더 대왕을 가르친 스승이었다.
알렉산더 대왕의 은덕으로 그는 부를 누리며 살았다.
알렉산더 대왕이 이른 나이에 사망하자
그는 아데네를 떠나 마케도니아로 돌아가서
곧 사망하였다.
그의 철학은 플라톤의 이상세계를 세속세계로 끌어내리는 내용으로 구성되어 있다.
플라톤은 이상세계인 이데아를 꿈 꾸었다.
아리스토텔레스는 사물 속에 스스로 움직임의 동인(動因)이 있다고 하였다.
그 동인이 바로 엔텔레히이이다.
아리스토텔레스는 학문을 질(質), 류(類)로 나누어 학문을 세분화하였다.
그는 정의를 보편적인 정의와 특수적 정의로 나누고
특수적 정의를 다시 배분적 정의와 교정적 정의로 나누었다.
그의 정의의 분류는 지금도 유효하다.
플라톤과 아리스토텔레스의 철학은 스토아철학에 영향을 주었다.
중세의 아우구스티누스는 플라톤 철학을 이어받았다.
그리하여 아우구스티누스는 사랑의 도시를 이상사회로 받아들였다.
신은 사랑이다라는 성서의 말씀을 아우구스티누스는 그의 신학의 중심사상으로 삼았다.
그는 사랑을 최고의 덕목으로 받아들이고
사랑의 나라를 이루는 것을 이상으로 추구하였다.
아리스토텔레스는 토마스 아퀴나스에 영향을 주었다.
그리하여 중세의 신학의 학풍이 달라지게 되었다.
플라톤과 아우구스티누스는 이상을 추구하였다.
아리스토텔레스와 아퀴나스는 현실에 관심을 두었다.
다 관심을 두어야 할 영역이다.
위대한 철학자들이다.

서양에서는 고대의 철학자들을 위대한 역사의 현인(賢人)으로 추앙하고 세계화하였다.
동양의 공자와 부처는 세계화되지 못하였다.
서양의 철학자들은 인류의 스승을 만들어 내고
동양의 철학은 그렇지 못하였다.
학문은 계승되어 가야 한다.
나의 학문의 계보는 어디에 속하는가?
계보가 있기는 한가?
나의 학문은 자연법론의 계보이다.
창조주의 창조
성서의 사랑,
세속의 정의
실정법을 더 나은 법으로 만들어 가는 자연법
신법도 자연법으로 포섭하며
말씀, 자연, 이성, 직관, 계시, 영감으로 깨달은
이 세상과 저 세상의 진리를
자연법으로 포섭한다.
자연법론이 나의 학문의 계보이다.
기독교적 자연법론이다.
자연법이 마지막의 나의 그 한 권이 책이 될 것이다.
그 한 권의 책이 자연법이다.
그 한 권의 책 자연법을 준비하고 있다.
그 책이 나의 마지막 책이 될 것이다.
자연법론의 연구가 이어져 갈 것을 기원한다.
아멘이다

<2021. 3. 28. 07:36>

6. 이성론의 계보

이성이란 무엇일까?

철학에서 법학에서 이성(reason), 이성적(reasonable)이란 말을 수없이 사용하였다.

그러나 이성이란 그 자체의 의미와 위상에 대해서는 생각함이 없이 그냥 사용하였다.

이성이란 말의 원류(源流)는 스토아철학의 로고스(logos)로부터 시작된 것으로 이해하고 있다.

그 로고스가 중세의 주의주의(voluntarism)의 신의 의사를 강조하는 윌리암 옥캄의 주장을 지나,

근세 이성주의자들에 의하여 이성철학, 이성법에서 꽃을 피웠다.

스토아철학 이전에도 이상사회를 이루기 위한 인간의 의식작용이 활발하였다.

그 시대의 이상사회를 위한 의사를 이성으로 논하지는 않았다.

그져 이상사회를 이루는 길을 찾은 것일 뿐이었다.

플라톤의 이데아론, 아리스토텔레스의 엔테레키아론이 주장되었지만

그것이 인간의 이성의 작용, 이성의 활동에 의하여 이룬 것이라고는 하지 않는다.

그러나 플라톤이나 아리스토텔레스의 이상사회를 위한 의식적인 활동은 다 이성의 발현이었다.

지금도 이성 중시의 시대에 살고 있다.

이성이 한 없이 꽃피운 시대이다.

그러면 이런 이성은 어떤 의미인가?

이성은 인간의 선을 향한 의식작용이다.

악을 향한 인간의 의식작용을 이성이라 하지 않는다.

그것은 범의(犯意), 악의(惡意), 해의(害意)이지, 이성은 아니다.

이기심의 행위도 이성의 작용이라 할 수 있을까?

시장(market)은 이기심이 작용하는 장소이다.

이기심의 작용을 이성의 작용이라, 아니라고 할 수 있을까?
시장에서의 이기심의 발동에 의한 행위는 이성적인 행위로 보는 것이 경제학의 일반이다.
과학발견, 과학탐구 같은 가치중립적인 행위의 동인(動因)인 의식작용도 이성인가?
그렇다고 해야할 것이다.
범죄행위는 이성의 작용이 아니다.
범죄행위를 하고 뉘우치는 행위는 이성의 작용인가?
그렇다고 하여야할 것이다.
나폴레옹의 정복의 정치행위는 이성의 작용이었을까,
히틀러의 전쟁행위는 이성의 작용이었을까?
나폴레옹의 정복의 정치행위는 이성의 작용이라 할 수 있을 것이나,
히틀러의 전쟁행위는 이성의 작용이라 긍정할 수 없다.
이성은 오성(悟性)과 인식과는 어떻게 다른가?
오성은 단순한 이해일 뿐이다.
오성은 인식이나 다름없다.
이성은 선한 것을 창조하기 위한 의지이다.
그러니 이성은 인간의 선(善)을 향한 의지, 의사이다.
가치중립적인 행위의 의사도 이성에 속한다.
악을 향한 의사는 이성이 아니다.
악을 향한 의사도 이성이라고 하면, 이성으로 범죄행위를 한다는 결과에 이른다.
인간의 이성만이 아니라 신의 이성도 있다.
인간의 이성과 신의 이성은 다르다.
신의 이성은 신의 이 세상의 창조와 운행의 의사와 의지이다.
인간의 이성은 신이 인간에게 준 빛이다.
신의 이성의 일부를 신으로부터 인간이 받는 것이 인간의 이성이다.
인간의 이성은 바른 일, 선한 일을 하라는 신의 선물이다.

인간의 이성은 하나님의 형상을 따라 창조된 인간의 하나님의 형상의 한 부분이다.
인간이외의 생명있는 동식물도 이성이 있는가?
동식물 그들간에도 의사소통을 한다.
새가 지지귀면서 서로 짝을 찾고
나무가 땅속의 물을 퍼올려 높은 나뭇잎까지 나른다.
그 작용들은 동식물의 이성의 작용이 아닌가?
스토아철학에서는 인간이외의 동식물에도 로고스가 있다고 하였다.
그 결과로 스토아철학에서 사해동포주의가 시작되었다.
인간은 이성만을 가졌는가?
인간은 오성도 갖고, 인신능력도 갖고, 감각능력도 갖고, 못된 짓을 할 능력도 갖고,
이기적인 행위를 할 능력도 갖고 있다.
인간의 이러한 의식능력 중에서 왜 이성을 강조하는가?
이성은 선을 향한 의사, 의지이기 때문이다.
선에는 자기를 위한 선도 있고 공동선도 있다.
자기를 위하여서는 악한 행위도 한다.
이성이 작용하지 아니하는 의사로 자기를 위한 이익을 챙긴다.
그러나 공동선(common good)은 인간의 이성만에 의해서 이룰 수 있다.
인간의 이성이외의 다른 의사로는 공동선을 이루지 못한다.
오히려 공동선을 해친다.
공동선을 이루어 평화로운 사회를 이루기 위해 공동선이 강조된다.
공동선을 이루기 위해 이성이 강조되는 것 같다.
칸트는 이성으로 인간이 갈 수 있는 최고도의 도덕태(道德態)에 갈 수 있다고 하였다.
이성으로 인간은 도덕적인 존재가 될 수 있다고 하였다.
칸트도 역시 이성을 선을 향한 인간의 의사, 의지로 이해하였다.
이성은 선을 향한 의사, 의지이기 때문에 이성의 활동은 자유롭다.

그것이 이성의 자유이다.
이성의 자유는 분명히 이성이 선을 향한 의사, 의지이기 때문이다.
그렇다.
이성은 자기와 공동체의 유익을 위한 인간의사의 작용이다.
해악을 가져오는 인간의사는 이성이 아니다.
그러한 해악의사에는 자유가 용납되지 않는다.
이성은 인간개인과 인간공동체의 유익을 위한 인간의사 내지 의지이다.
이 세상에는 이성만으로 다 이해될 수 있을까?
이성에는 한계가 없을까?
신의 세계도 이성으로 다 파악할 수 있을까?
아니다.
이성으로 이해할 수 없는 질서가 있다.
그 질서는 신의 계시에 의해서 이해될 수 있다.
영감으로 깨달은 것은 이성의 작용이 아니다.
이성위에 계시와 영감이 있다.
계시와 영감도 선을 위한 행위에만 작용된다.
이성은 선을 향한 의사이고 의지이다.
악을 향한 의사와 의지는 이성이 아니다.
이성은 선을 향한 인간의 의사이고 의지이다.
이성의 인간으로 자라야 한다.
선한 이성의 사람이어야 한다.
그렇구나.

<2021. 3. 23. 10:27>

7. 스토아철학자들

스토아철학은 고대 그리스에서 태동하여

로마의 공화정 시기에 로마에서 꽃을 피운 사해동포주의의 철학이다.
스토아철학은 그리스의 플라톤과 아리스토텔레스를 이어
위대한 그리스철학의 세계화에 기여한 위대한 철학이다.
스토아 철학은 사해동포주의적인 포용적인 사랑의 철학으로서
알렉산더 대왕의 포용적인 세계정책에 기여하였으며
포용적인 당시의 헬레니즘의 중심 사상이 되었다.
스토아철학의 태동의 역사를 살펴보면,
플라톤은 현실위의 이상세계인 이데아를 생각하였다.
현실은 이데아의 반사(反射)로 이해하였다.
플라톤 철학은 이데아와 현실의 2원주의 철학이었다.
아리스토텔레스는 플라톤의 이데아의 이상을 현실 속으로 세속화하였다.
아리스토텔레스는 모든 사물의 움직임의 동인(動因)은 사물에 내재해 있고 그것이 바로 엔테레히라고 하였다.
아리스토텔레스는 현실의 사물 속에 그 사물을 움직이는 이상인 동인이 내재해 있다고 생각하였다.
아리스토텔레스는 엔테리히가 무엇인지를 밝히지 아니하였다.
스토아철학에서는 그 사물을 움직이는 동인이 바로 그 사물의 이성인 로고스라고 하였다.
스토아철학은 모든 생명있는 사물은 그 자신 스스로 이성을 가지고 움직인다고 주장하였다.
생명있는 모든 것들만이 아니라,
우주도 우주 그 자신의 로고스에 의해서 움직인다고 하였다.
신도 신 자신의 로고스를 가지고 있고,
신의 로고스에 의해 이 세상이 움직인다고 주장하였다.
스토아철학은 모든 생명있는 것들은 다 그 자신의 로고스를 가지고 있고,
신도 우주도 그 자신의 로고스를 가지고 있으므로
로고스의 2중적인 존재를 인정하였다.
아리스토텔레스의 엔테리히(Entelechie)를 로고스로 바꾸어 발전시킨 것이다.

모든 생명있는 것들이 자신의 이성을 가지고 있다는 사고는
모든 생명을 존중하는 사고로서,
사해동포주의의 사상적 근거가 되었다.
그 결과로 스토아 철학은 사해동포주의 사랑의 철학이 되었다.
스토아철학은 아테네에서 시작된 것이 아니라
아테네와는 거리가 먼 변방출신들이 발전시켰다.
변방 사람은 겸손하였다.
변방 사람은 모든 사람의 인격을 존중하는 사상을 만들어 내었다.
이름 없는 모든 생명들을 다 존중하였다.
그렇게 배태된 사상이 바로 스토아 철학이다.
모든 생명이 로고스를 가지고 있다는 사고는 오늘날 과학의 발전으로
조금씩 밝혀지고 있다.
식물도 감정이 있다는 것이 밝혀지고 있다.
그것을 연구하는 학문이 식물심리학이다.
동물은 말할 것도 없이 감정과 로고스를 가지고 있다.
그것을 연구하는 학문이 바로 동물심리학이다.
스토아학파의 로고스는 성경에서는 말씀으로 기록되고 있다.
요한복음 제1장 제1절의 말씀이 로고스이다.
창조주의 말씀이 모든 만물의 근원이라는 뜻이다.
말씀이 이 세상의 이성의 원천이라는 것이다.
성서의 말씀은 만물의 이성의 원천이라고 로고스의 성격을 말하고 있다고
생각한다.
이렇게 스토아철학은 로고스를 통하여 성서에 기록되고
바울을 통하여 사해동포주의의 사랑으로 실천되어 갔다.
바울의 이방인 전도는 바로 모든 사람이 평등한 하나님의 피조물임을 인
정하는
스토아철학의 사해동포주의 사상의 결과이었으리라 생각한다.
모든 생명에게 그 자신의 로고스를 인정한

사해동포주의적 평화주의 사상의 스토아철학은
헬레니즘의 포용적인 사상의 원천이 되었으며,
로마에서의 포용적인 정치사상의 원천이 되고
기독교의 사해동포주의 사랑의 사상의 밑거름이 되었다.
참으로 위대한 철학이었다.
스토아철학에 관해서는 성서의 사도행전에서 언급되고 있다.
스토아철학은 로고스 철학, 사해동포주의 철학, 평화주의 철학의 원천이 되었다.
스토아철학을 바탕으로 한 헬레니즘에 대해서
유일신을 믿고 유일신만을 지키고자 한 유대인들은
헬레니즘을 거부하는 저항운동을 펼치기도 하였다.
그것이 마카비 가문에 의한 마카비 전쟁이다.
사상에는 스토아철학에서와 같이 평화주의적인 사해동포주의도 있지만,
자기 고유의 유일신을 섬기고자 하는 강한 민족주의적인 사상도 있다.
양쪽이 다 옳다.
그러나 역사는 좁은 민족주의를 극복하고 넓은 사해동포주의로 이행하여 왔다.
사해동포주의는 민족주의도 사랑하면서
민족주의를 넘어 모든 사람의 존재가치를 인정하는 넓은 사랑의 세계로 발전하여 왔다.
그것이 진리다.
그것이 신의 로고스이다.
그것이 우주의 로고스이다.
로마에 전해진 스토아철학은
로마법에서 로고스는 모든 움직이는 동물에 내재한다고 그 존재범위가 좁혀졌다.
그 후 신중심의 중세에는 인간과 신만이 로고스를 가지고 있다고 다시 좁혀지고

인간 중심의 근세에 와서는 인간만이 이성을 가진 존재로 더욱 로고스의 존재 범위가 좁혀졌다.
그러나 동물도 식물도 그 자신이 그 자신을 움직이는 그 무엇이 있다는 것이 밝혀지고 있다.
식물도 인지능력과 감정이 있고
동물은 말할 것도 없이 인지능력과 감정이 있음이 분명하다.
온 세상, 우주의 운행도 법칙을 따라서 질서정연하게 움직인다.
바람이 불고 비가 오고 눈이 오는 자연현상도 우연의 작용이 아니라,
그 무엇인가의 로고스에 의한 움직임으로 이해된다.
그 움직임의 동인이 로고스이다.
우주에도, 이 세상에도 로고스가 있다.
지금 아프리카 동부의 대륙이 갈라지고 있다.
수억년이 지나면 아프리카가 두 개의 대륙으로 갈라질 것이다.
그 갈라진 틈이 바다가 된다.
동아프리카 대륙의 갈라짐은 우연에 의한 것은 아니며
그 동인인 로고스에 의한 작용일 것이다.
그 로고스를 대륙 그 자체가 갖고 있다고 하여야 할까?
그것은 아니고,
신(神)인 창조주의 로고스에 의한 갈라짐으로 이해하여야할 것이다.
로고스는 움직임의 동인이다.
생명있는 것들은 그 자신의 로고스를 갖고
그 로고스에 의해 움직인다.
신은 모든 존재의 로고스이다.
생명있는 존재는 그 자신의 로고스와 신의 로고스가 2중적으로 작용한다.
무생물은 신의 로고스에 의해 움직인다.
로고스에도 그 이성의 능력의 범위에 있어서는 차이가 있다.
그러나 모든 생물에 로고스가 있다고 인정한 것은
생물을 평등하게 사랑한 사해동포주의의 인류애에 있었다.

스토아 철학은 참으로 위대하다.
평화주의, 평등주의, 사해동포주의가 너무나 좋다.
나의 철학과 사상은 스토아철학에 뿌리를 내리고 있다.
스토아철학은 세계를 하나로 묶었다.
스토아철학은 만물을 형제애로 묶었다.
스토아철학은 만물의 존재가치를 다 인정한다.
스토아 철학은 아주 포용적이다.
스토아철학은 영원할 것이다.
영원의 생명을 가진 사상이 스토아철학이다.
결국 스토아철학의 핵심은 사랑이다.
만물사랑과 만물인정과 만물존중의 사상이다.
아아,
위대한 스토아학자들,
스토아학자 중 로마의 노예출신의 에픽테트를 특히 존경한다.
그는 노예로서 숱한 학대를 받았다.
그러나 그는 사랑의 스토아철학을 지켰다.
그의 몸은 노예였기 때문에 학대를 받아 불구에 가까운 몸이 되었다.
그러나 그는 사해동포주의의 사랑의 스토아철학을 지켰다.
영원한 진리를 지켰다.
스토아철학의 로고스는 영원할 것이다.
만물의 로고스 인정에 의한 사해동포주의의 사랑도 영원할 것이다.
신의 로고스는 전지전능하다.
신의 로고스는 사랑의 로고스이다.
로고스는 지혜이고 이성이고 에너지이다.
신의 로고스는 무한한 에너지이다.
신의 로고스는 인격적인 사랑의 에너지이다.
신은 사랑이고 로고스이고 영원부터 영원까지 계속 작용한다.
그것이 신의 역사(役事)이다.

사랑의 역사이다.
그 신의 사랑의 로고스, 사랑의 역사 속에 인류가 있다.
나도 있다.
나도 그 속에 있다.
나는 그 사상을 알게 되었고 믿고 지킨다.
그렇다.
그것은 영원한 진리이다.
스토아철학자들도 신이 보낸 인류의 안내자들이었다.
원죄의 인간에게 인간이 가야할 갈 길을 제시한 위대한 길잡이이다.
원죄상태에서 자연상태로의 회복의 길을 제시한 철학자들이다.
스토아철학에서 역사상 처음으로 자연법이 출현하였다.
스토아철학 이전에 이미 실정법을 넘어 저 위에 이상세계의 법인 자연법이 있다는 사상은 있었다.
그러나 그것을 자연법이라고 이름붙이지는 않았다.
스토아철학에서 자연법이라는 이름이 쓰여지게 되었다.
현실을 움직이는 로고스의 세계의 법이 자연법이라고 하였다.
그 로고스의 법은 오늘날의 법률의 의미가 아니라 자연법칙이었다.
로고스에 따라서 현실이 움직인다.
현실은 로고스의 방향을 따를 것이 요청된다.
현실은 로고스의 자연법칙을 따라야 한다.
로고스의 세계의 법인 자연법은 현실에서 지킬 것이 요청된다.
그리하여 자연법, 즉 자연법칙은 규범력을 갖게 되었다.
스토아철학에서는 실정법은 자연법을 따라야 하고
자연법은 영원법인 신법을 따라야 한다고
신법, 자연법, 실정법인 인정법(人定法)의 위계질서를 세웠다.
참으로 놀라운 법질서의 체계화였다.
신법, 자연법, 인정법의 법의 위계질서는 오늘날도 지켜질 것이 요구되고 있다.

아아,
위대한 변방의 스토아 철학자들,
그들은 인류의 위대한 스승이었다.
그들은 진리를 찾아 영원의 진리를 인류에게 선물한 위대한
사랑의 실천자들이었다.
이미 그 옛날에
예수님이 오시기 전에
이미 사랑의 다른 표현으로
인류에 사랑을 실천하였다.
인류를 사랑한 위대한 사랑의 실천자들
스토아철학자들과 스토아철학
나는 스토아철학의 후학으로 오늘을 살고 있다.
그렇게 살고 싶다.
사랑의 이해에서 사랑의 실천으로 간다.
스토아 철학자들을 회상하면서.
나의 학문의 사상적 뿌리는 스토아철학에 있다.
그렇다.
그렇고 말고
그렇습니다.
좀 너무 비약적인 생각일지 모르지만,
로고스를 가진 생명체들 간의 의사소통은 어떻게 이루어질까?
인간간에는 로고스의 작용에 의하여 언어나 문자로 의사소통을 한다.
동물 상호간에는 그들 자신의 로고스의 작용에 의한 소리로 의사소통을 한다.
식물 상호간에도 그들 자신의 로고스에 의하여 인간은 이해하기 힘들지만 의사소통이 이루어지고 있을 것이다.
인간과 신(神)간에는 어떻게 의사소통이 이루어질까?
인간도 신도 그 자신의 로고스를 가지고 있다.

인간이 기도로, 묵상으로, 명상으로, 신에게 인간의 의사를 전하고
신은 계시로, 영감으로 답하시는 방식으로 의사소통이 이루어진다.
계시는 모세에게는 구름 속에서 우뢰같은 큰 음성에 의하여
말씀하는 방법으로 이루어졌지만
꿈을 통해 계시하시기도 하신다.
신의 로고스에 의해서는 인간의 생각을 모두 파악하신다.
신의 인간에 대한 답은 신의 뜻에 따라서 가장 필요한 때에 꿈을 통하여, 또는
영감을 주는 방법으로 답을 하심으로 인간과 신간의 소통이 이루어진다.
로고스를 가진 생명체 간에는 로고스의 작용에 의하여 서로간에 의사소통이 이루어지고 관계가 꾸려진다.
스토아학파의 로고스의 발견과 정립으로 이 세상의 존재들 간에는 다양한 방법으로
의사소통이 이루어지고 결속되어 조화를 이룬다.
스토아학파의 참으로 위대한 로고스의 발견이고 사상이다.
위대한 스토아철학이다.
참으로 위대하다.
그렇다.
그렇고 말고
아멘이다.

<2022. 12. 7 09:57>

8. 사해동포주의의 스토아철학

플라톤과 아리스토텔레스에 이어 그리스에서 일어난 철학이 스토아철학이다.
스토아는 회랑(回廊)이란 뜻이다.
회랑을 따라서 걸으며

사색하며 대화하면서 철학하였던 철학파이다.
스토아철학은 사이프러스의 제논이 창시를 하였다.
사이프러스의 옛 이름이 키티온이다.
키티온은 아테네에 비해서는 그리스의 변방이었다.
그곳에서 스토아철학이 시작되었다.
그러나 제논은 아데네에 와서 활동을 하였다.
그러나 스토아철학의 본거지는 키티온의 건너편 터키 땅의 다소였다.
다소는 사도바울의 고향이다.
그 결과로 사도바울은 스토아철학의 영향을 받은 것으로 짐작된다.
스토아철학은 그리스에서 시작되었지만
로마제국에 전해져
로마제국에서 꽃을 피웠다.
로마제국의 세네카, 에틱투스, 마르쿠스 아우렐리우스 황제 등이
스토아철학자이다.
세네카는 네로의 스승이었다.
그러나 세네카는 자기의 제자 네로로부터 죽임을 당하였다.
에픽투스는 노예였다.
그러나 그는 스토아철학을 펼쳤다.
노예였기 때문에 천대를 받아가면서도
그는 스토아철학을 펼쳤다.
그는 하도 천대받아 한 쪽 눈을 잃었다.
그래도 스토아철학을 펼쳤다.
황제 아우렐리우스는 전장(戰場)에서 마음의 평정을 유지하기 위해 명상록을 썼다.
그 내용이 스토아 철학이 가르친 내용이었다.
로마의 법학자 중에는 스토아철학자가 있다는 글을 아직까지 접하지 못하였다.
스토아철학자들은 로마제국에서는 관직에 나가지 않았나 보다.

그러나 스토아철학이 로마법학에 영향을 주었을 것으로 추론된다.
스토아 철학은 어떤 내용의 철학이었는가?
스토아 철학은 로고스를 주장하였다.
로고스는 이성이다.
생명있는 모든 것들은 다 로고스를 갖고 있다고 하였다.
생명있는 것들은 다 스스로 생명을 이어갈 수 있는 이성을 가졌다는 것이다.
사람도 이성을 갖고
동물도 그 자신의 고유한 이성을 갖고
식물도 그 자신의 이성을 갖고 있다는 것이었다.
이렇게 생명있는 것들은 다 스스로 고유한 자기 자신을 유지해 나가는 이성을 가지고 있다는 것이다.
로고스 사상은 만유정신론이라할 수 있다.
로고스 사상은 만물의 평등을 인정하는 사상이었다.
로고스는 생명있는 것들에 대한 존중의 사상이었다.
로고스는 사해동포주의를 내포한 사상이었다.
로고스는 포용적이고 관용적인 사상이었다.
그리하여 로고스 사상이 로마제국에 전해지고
로마제국이 포용적인 나라가 되었다.
그런데도 로마법학자들에게는 왜 스토아 철학자가 없는가?
키케로는 스토아철학자가 아니다.
성경에는 주님은 말씀으로 이 세상을 창조하셨다고 하였다.
요한복음 제1장 제1절이다.
그 말씀이 바로 스토아의 로고스이다.
성서의 말씀은 신의 이성이다.
사도행전에서 사도바울이 스토아 학자와 논쟁을 벌렸다는 기록이 나온다.
사도행전 17장 18절에 나온다.
스토아 철학은 관용적이고 포용적이고 사해동포주의적이다.
그렇기에 스토아 철학은 로마에 전수되어 로마를 대제국으로 만들었다.

이민족들을 다 하나로 결속시켰다.
참으로 위대하였다.
그러나 로마법학자들은 이러한 포용적인 스토아철학을 받으들이지 않았던 것 같다.
로고스는 이성이고 사랑이었다.
로마법에서는 사랑은 법의 영역이 아니었다.
그런 결과로 로마법학자들은 사랑의 관용의 스토아철학을 수용하지 않았다고 생각된다.
관용과 사랑을 강조하면 국가질서가 확고하게 유지되기 어렵다.
분명한 잣대로 결정을 해야 존재하였던 것이 로마법이었지 않았을까?
오늘 나도 사랑을 법의 이상으로 받아들이니까
법치가 흔들 수 있다는 생각이 들기도 한다.
스토아 철학은 성서에서 받아들여지고
사도 바울의 사랑의 기독교의 조직을 위해서 기여하였다고 생각된다.
스토아 철학은 아우구스티누스에게도 영향을 미치고
계몽적 전제군주에게도 영향을 주었다.
나는 스토아철학을 좋아한다.
동물과 식물에도 그들 나름의 이성이 있다는 생각을 한다.
그들 스스로 의사소통을 한다.
인간은 그들의 의사소통을 이해하지 못한다.
그러나 동식물은 분명히 그들 나름의 이성을 갖고 있다.
그러므로 동식물도 존중받아야 할 가치를 가지고 있다.
스토아의 로고스 철학
이성의 존중,
로고스의 세계가 또한 자연법이다.
자연법은 로고스철학의 스토아철학에서 차음으로 그 용어가 사용되었다.
그 이전의 플라톤이나 아리스토텔레스시대에는 초월적 세계에 대한 관념은 있었지만 그 초월적 세계의 법칙을 자연법이라고는 말하지 않았다.
후대에 자연법을 생성시킬 수 있는 관념을 가졌을 뿐이었다.
스토아철학에 의하여 로고스의 법을 자연법이라 하였다.
로고스의 관념과 사상은 영원하다.
로고스는 이성이다.
로고스는 평등이다.
로고스는 포용이다.
로고스는 관용이다.
로고스는 신의 이성이다.
로고스는 사해동포주의이다.
로고스는 사랑이다.
로고스는 이성적 사랑이다.
로고스는 희생적, 헌신적 사랑은 아니다.
로고스는 신의 본성은 아니다.
로고스는 신의 본성의 일부일 뿐이다.
중세의 신중심의 시대로부터 로고스는 인간만이 갖는 것으로 이해되고 있다.
동물과 식물에게는 더 이상 로고스가 인정되지 않고 있다.
그러나 나는 동식물의 의식을 인정하고자 한다.
그들 나름의 의사소통의 방식을 갖고 있다.
인간은 동식물의 로고스의 작용을 다 알지 못한다.
스토아철학은 그리스에서는 변방의 철학이었다.
그러나 변방의 철학이 가장 보편적이고 포용적이다.
로마법을 발전시킨 법학자들도
로마가 아닌 변방의 4등성의 법학자들이 발전시켰다.
로마의 법학자들은 스스로를 일등성이라 하였다.
그러나 법사(法史)에 로마법을 전한 법학자들은 4등성의 법학자들이었다.
스토아철학도 마찬가지이다.
플라톤와 아리스토텔레스가 자연법의 관념을

스토아철학이 로고스법이 자연법임을 말해 주었다.
아아,
역사의 오묘함
변방, 4등성이 역사를 이어가게 하였다.
엘리트가 아니라 평범한 시민이 역사를 이어갔다.
가장 관용적이고 포용적인 철학을 마련해 주었다.
예수님의 제자들도 못난 어부였다.
못난 어부가 초대 교황이 되어 오늘에 이르고 있다.
잘 난 사람은 당대에 부귀영화를 누리고
낮고 천한 사람들은 고뇌의 삶을 이어서
역사를 발전시킨다.
역사는 희망이다.
역사는 희망 쪽으로 진행한다
빛도 없이 이름도 없이 창조주를 믿고 살아온
낮고 천한 사람들이
희망의 역사를 만들어 간다.
그 곳에 창조주의 창조의 섭리가 있다.
창조주의 창조의 섭리는 역설적이다.
낮고 천한 자를 역사의 진행자로 삼으신다.
아아,
스토아철학이 역사를 희망적으로 포용적으로 사해동포주의적으로 이끌어 준다.
나는 스토아 철학이 마음에 닿는다.
로고스
로고스
생명있는 모든 것들의 로고스
지구도 거대한 생명체이다.
지구 자신도 로고스을 갖고 있을 것 같다.

지진, 해일 등 지구의 로고스가 아니고서는 일어날 수 있을까?
이 우주의 모든 로고스의 근원을 창조주라 믿어진다.
이 정도로 로고스를 생각하자.
감격, 감사, 감탄
위대한 로고스
너무나 좋으신 스토아철학자들
너무나 푸근한 스토아철학

<2021. 3. 29. 10:05>

9. 사회사상가 존 로크

존 로크는 영국의 사회사상가로서 사회활동을 하다가 결혼을 하지 못하였다. 그러나 그가 이 세상을 하직할 때에는 그는 그를 흠모하였던 어느 귀족여인의 다리를 베고 숨을 거두었다.
그는 미국의 버지니아 권리장전,
미국의 독립선언
프랑스 인권선언의 사상의 기초를 제공한 사상가이다.
그는 근세 자연법론자였다.
자연상태는 평화로운 상태라 하였다.
그는 사회계약론자였다.
사회계약에 반하는 군주는 방벌(放伐)하여야 한다고 주장하였다.
저항권과 혁명권을 주창한 사회사상가였다.
그는 자유지상주의자였다.
그는 사소유권을 천부인권으로 주장하였다.
그의 사소유권의 주장은 오늘날까지도 지속되고 더욱 강화되었다.
그는 사소유권의 근거를 노동에 두었다.
스스로 일하여 얻은 것은 그의 것이라고 하였다.

사소유권에도 다른 사람들이 가져갈 만큼은 남겨두어야 한다고 제한을 두었다.
로크의 자연법과 자연권과 자연상태와 사소유권 사상은 오늘날에도 여전히 유효하다.
사회계약론도 저항권론도 혁명권론도 여전히 유효하다.
로크는 홉스와는 다른 자연상태를 주장하였다.
홉스의 자연상태는 전쟁상태였다.
그러나 로크의 자연상태는 평화로운 목가적(牧歌的)인 상태였다.
존 롤스는 로크의 자연상태를 원초적 상태(original position)라 하였다.
롤스가 로크의 자연상태를 현대에 재생하였다.
로크의 자유사소유권은 오늘날에도 계속되지만 좀 제한을 두어야 하겠다.
사소유권에는 자기의 몫과 사회의 몫이 하나로 결합되어 있다.
양자의 분리가 이루어져야 한다.
자기의 몫은 소유자에게 철저히 귀속시키고
사회의 몫은 사회로 되받아 사회구성원 모두가 공평하게 나누어야 한다.
아직도 로크는 살아있다.
그의 생명인 사상이 살아움직이고 있다.
사람은 죽지 않는다.
몸이 죽지 정신과 사상은 살아있다.
훌륭한 사상가가 많이 나온 나라가 선진국이다.
로크는 영국을 선진국으로 만들었다.
세계시민을 평화로 이끌었다.
역사에 길이 남을 사회사상가이다.
나는 그를 존경한다.
스토아철학자들과 사도바울과 칸트와 함께
나는 위의 사상가들을 특히 존경한다.
그들이 나를 그들의 사상으로 이끌었다.
아아,

훌륭한 사상가들
그들이 한없이 존경스럽다.

<2021. 3. 26. 11:39>

10. 존 로크의 삶과 사상과 역사에 미친 영향

존 로크는 지금으로부터 약 500여년 전의 영국의 사회사상가이었다.
존 로크는 당시의 계몽사상가였다.
존 로크는 절대왕정에 저항한 사회사상가였다.
존 로크는 근대시민혁명의 불을 지핀 사상가였다.
존 로크는 근대 자유토지소유권의 근거를 노동에 둔
생산수단에 대한 자유사소유권의 근거를 제시한 학자였다.
노동은 몸의 움직임이다.
몸은 그 몸의 주인인 자신의 소유이다.
노동의 산물은 자기 소유의 자기 몸의 움직임의 결과이기 때문에
그 산물도 자기 몸을 움직인 자의 소유가 된다고 하였다.
참 설득력 있는 논리이다.
자기 몸이 자신의 자유에 속하듯이
자기 몸의 움직임의 산물에 대한 소유권도 역시 자유사소유권이다.
존 로크는 근대 자연법을 주장한 사상가로서
사회계약론, 목가적인 자연상태론, 인격권의 천부인권설,
폭군방벌론을 주장한 혁명적 사상가였다.
존 로크는 절대전제군주제를 반대하고
모든 사람이 다 시민임을 인정한 근대 민주주의 사상가였다.
존 로크는 독신으로 살았다.
개신교와 구교가 대립하였을 당시에 종교간의 관용론을 주장하였다.
로크는 평화주의자였다.

로크는 포용의 마음의 소지자였다.
로크의 사상은 인간의 선한 본성에 부합하는 내용이었다.
로크의 사상은 하나님의 형상을 따른 인간 창조사상과 부합하는 사상이였다.
존 로크는 그가 이 세상을 떠날 때는 어느 귀부인의
다리를 베고 하늘나라로 갔다.
존 로크의 주장은 버지니아 권리장전, 미국독립선언, 프랑스인권선언, 영국의 명예혁명에 의한 권리장전으로 성문화되었다.
존 로크, 그 사상가는 이 세상을 떠났지만 그의 사상은 오늘도 이 세상을 이끌고 있다.
그의 몸은 갔지만, 그의 정신과 사상과 기개와 신념은 오늘도 살아서 움직이고 있다.
그는 결코 죽지 않았다.
그는 살아서 움직이고 있다.
세상을 움직이고 나라를 움직이고 있다.
로크의 사상이 위대하지만,
그에게도 흠은 있다.
거의 얘기조차 되지 않는 사실이다.
로크는 미국으로 건너가 그곳에서 그의 사상을 주장하고 성문화에 이르도록 하였다.
로크는 사우스 케롤라이나의 어느 농장주의 서기로서 농장일을 돌보았다.
당시의 미국 남부의 농장주는 아프리카 노예를
고용하여 일을 시켰다.
로크는 그러한 농장의 서기로서 일했다.
쇠고랑을 차고 일하던 흑인 노예들의 참상을 로크는 직접 보고 관리하였을 것이다.
당시의 실정으로 흑인노예들에 대한 동정의 마음은 컷으리라 생각된다.
그의 사상 속에 흑인노예들의 인격의 보호는 그의 사상에 있었을까, 없었을까?

아마도 마음의 아픔이 컷으리라 생각한다.
당시의 실정으로는 감히 소리내어 흑인노예의 인격을 주장하기가 힘들었을 것이다.
이러한 로크의 고뇌는 역사책에서 말하지 않는다.
로크는 심한 고뇌에 찼을 것이다.
로크 이전에 이미 원주민에 대한 하나님의 형상론이
남아메리카에서 주장되어 있을 때였기 때문이다.
당시는 모든 인간이 하나님의 형상을 따라서 창조되었다는
성서의 말씀이 권력자들을 설득하기도 힘들었고
원주민과 팔려온 노예들도 그 말이 무슨 뜻인지를 알지도 못하였을 시대였다.
영국은 훌륭한 사상가를 많이 배출하였다.
사상가들이 많이 나와서 나라가 부강한 나라가 되었다.
포용적인 나라가 부강한 나라였다.
영국은 개신교도 다양하게 나타난 나라이다.
시민들의 자유를 널리 인정한 결과였다고 생각한다.
영국이 역사에서 세계를 지배하기 시작한 것은
스페인의 무적함대를 제패(制霸)하고서 시작되었다.
무적함대가 활동하고 있을 당시에는
근대시민사상, 계몽사상이 스페인에서 먼저 일어났다.
스페인의 살라만카 대학이 근대 계몽사상, 근대 자연법 사상의 요람이었다.
넬슨 장군에 의해 무적함대가 혁파되고
스페인은 세계지배의 왕좌의 지위를 영국에게 넘겨주고
살라만카 대학의 근대 자연법 사상도 퇴조하여
스페인에서 시작된 근대 사상이
영국으로 넘어가 버리고 말았다.
그 결과 영국이 근대시민사상의 요람인 것처럼 이해되고 설명되고 있다.
나라가 흔들리면 사상도 훌륭한 사상도 이어가지 못한다.

영국이 국세(國勢)가 강해지니
사상도 문학도 종교도 과학도 융성하고 다양해 졌다.
세계에 해가 지지 않는 나라로 성장하여
오늘날도 역사의 흐름의 중심에 있다.
나라가 한 일이고
그 나라의 일을 이끌어간 사상가들이 길을 안내하고
과학과 경제가 사상가들이 비추어 주는 그 길을 따라왔다.
그 중심에 존 로크가 있었다.
로크의 근대시민사상은 위대하였다.
그는 지금도 살아서 역사에 빛을 비추고 있다.
로크는 명예혁명을 이끈 사상가이다.
로크는 영국 사상의 건설자이었고
자유시민세계의 앞길에 빛을 비춘 사상가이다.
그는 살아있다.
그의 사상은 지금도 세계를 움직인다.
나도 그의 사상을 따라서 가고 있다.
로크의 자연상태는 고요하고 아름답고 평화적이다.
로크의 자연상태는 원죄상태이전의 순수 창조상태이다.
원죄가 없는 상태이다.
로크가 주장한 사상은 사회상태를
자연상태로 회복케 하는 것이다.
그렇다.
그것이 진리이다.
성서의 말씀과 일치한다.
로크의 사회사상은 성서의
창조주의 말씀에 기초하고 있다고 생각한다.
세상을 지배하고자 하는 절대권력에 대한 저항은
지금도 계속되고 있다.

로크, 어떻게 이렇게 위대한 사상을 갖게 되었을까?
창조주의 섭리가 로크와 함께 한 것일 것이다.
그렇다.
그렇다.
진정 그렇다.
영국이 땅은 작지만 세계를 제패하였던 근원은 어디에 있을까?
사람들의 생각을 바꾼 사상가가 많이 나왔기 때문이다.
개신교도 다양하게 일어난 곳이 영국, 특히 스코트랜드였다.
성공회, 감리교, 퓨리턴, 청교도, 장로교 그들이 다 개신교의 분파들이다.
그 뿌리가 다 영국에 있다.
세계를 제패한 나라들은 로마제국, 무적함대 때의 스페인, 영국, 지금은 미국이다.
이들 나라들의 공통점은 포용성이다.
다양한 사고들과 종교를 다 포용하였다.
다 받아들여 용광로에서 녹여 하나로 만들었다.
포용이 바로 사랑이다.
사랑으로 하나되게 하여
하나의 거대한 힘을 만들었다.
세계를 제패한 사람과 나라는 다 포용적인 사랑이 그 핵심이다.
로크가 주장한 사회사상도 모두가 다 사랑이었다.
로크의 사상은 사랑의 다른 표현들이었다.
큰 그릇은 사랑의 그릇이다.
사랑으로 만들고 사랑으로 키우고 사랑을 담는 그릇이 큰 그릇이다.
로크는 큰 사상의 그릇이었다.
그 사상은 사랑의 다른 표현이었다.
그렇다.
참 그러네.
그렇습니다.

그렇습니다.
아멘입니다.

<2022. 12. 5. 10:10.>

11. 이성의 시대를 연 칸트

칸트는 인간이성을 최고도로 발전·승화시켰다.
칸트는 인류의 이성시대를 열었다.
칸트의 이성철학이 오늘날의 이성문명을 이루었다.
인간의 이성을 위대하게 만든 철학자가 칸트였다.
도덕도 이성으로 이루고자 하였다.
칸트의 정언명령(定言命令)이 바로 이성에 의한 최고의 도덕율이다.
인간의 이성에 의한 최고의 도덕률은,
모든 사람이 공통적으로 인정하고 수긍하는 정언명령에 따라서 행동할 것을 요청하였다.
모든 사람이 다 수긍하는 도덕률에 따라서 행동하라는 것이다.
그것이 정언명령이다.
그는 위대한 이성철학자였다.
그의 이성은 자유이성, 자유의지였다.
이성의 자유를 인정한 이성철학이었다.
칸트의 이성은 인식보다는 의사(意思)와 의지(意志)에 있었다.
이성에 의해 스스로 결정하고
이성에 의해 스스로 행동하도록 하는 이성주의였다.
칸트의 이성철학은 의사와 자유가 결합하여 근대 이성의 시대를 열었다.
법에서는 개인주의와 이성에 의한 법률행위의 자유의 원칙을 가져왔다.
칸트는 근대 시민법의 개인의사에 의한 결정, 그 결정에 대한 책임을 내용으로 한 사적자치의 법원칙의 철학적 기초를 놓았다.

칸트는 근대사법을 의사의 자유, 개인주의에 터잡은 민법으로의 발전에 철학적, 사상적 초석을 놓았다.
칸트의 철학은 근대를 지나 현대에도
인간문명의 발전에 이성의 기여를 뒷받침하고 있다.
생각해 보면, 칸트의 이성은 선(善)의 이성만을 생각한 것 같다.
현실의 인간이성은 선의 이성만이 아니라 악(惡)의 이성도 있다.
선의 이성으로 인류문명이 발전하였지만
악의 이성으로 허다한 사회문제를 낳았다.
칸트는 이성을 절대시하였다.
오로지 인간사는 인간이성에 의하여 조정할 수 있다고 생각하였다.
칸트는 이성을 너무 강조한 나머지
신도 부인하고 신의 계시도 부인하였다.
창조주의 창조신앙을 부인하였다.
창조주는 칸트를 창조하였다.
칸트도 역시 피조인간이다.
칸트 스스로 자신을 창조한 것이 아니다.
창조주는 그의 존재를 부인하는 칸트를 이 세상에 보내주셨다.
신은 사랑을,
칸트는 이성을 강조하였다.
신의 사랑은 영원부터 영원까지 계속된다.
칸트의 이성은 인류문명의 발전을 가져오기는 하였지만,
인류의 영원한 행복을 약속해 주지는 못했다.
창조주 신은 자신을 부정한 칸트를 지극히 사랑하였다.
칸트의 이성철학도 진리이기 때문이었다.
칸트는 신의 사랑을 한없이 받은 사람이다.
칸트는 위대하였지만,
그의 이성철학이 계속되고는 있지만,
칸트 자신이 오늘날에도 살아있지는 아니하다.

사랑의 화신(化身)은 영원히 살아있으나
이성의 사상은 영원히 계속되는 것은 아니다.
이성에 사랑의 계시가 보태어져야 한다는 반론이 강하다.
이성 위에 계시가 있다.
이성보다는 계시가 더 확실하다.
계시는 창조주의 활동이지만
이성은 인간의 활동일 뿐이다.
칸트는 그렇지만 위대한 이성주의자였다.
칸트는 젊은 시절 사강사(私講師)이었을 때에 쾨니히베르크를 잠시 떠나 있었으나,
그 후에는 한 번도 쾨니히베르크는 떠나지 않았다.
칸트는 쾨니히베르크를 떠나지 않았으나 세계지리책을 집필하였다.
칸트는 자기 집에 해외로 장사하러 나갔던 무역상들은 초청하여
대화를 나누고 세계의 견문을 들어 익혔다.
칸트의 사고는 참으로 깊었다.
칸트는 생각을 잠기어 숙고하였던 사람이었기 때문에
아침에 새가 지저귀는 소리를 싫어했단다.
새소리가 칸트의 사색에 방해가 되었기 때문이다.
칸트는 규칙적인 사람이었다.
같은 날 같은 시에 항상 사색의 산책을 하였다.
아마도 사색은 하였지만 규칙적으로 기도는 하지 않았을 것이다.
하나님은 칸트를 지극히 사랑하셨다.
산책하고 있었던 칸트의 모습을 그려본다.
멋있었던 모습이다.
깊은 사색에 들어가 자신이 산책하는 것도 잊었을 것 같다.
위대한 이성철학자였다.
칸트는 독신이었다.
칸트는 그럼에도 장수하였다.

어느 때에 어느 여성이 청혼을 하였을 때에
결혼에 대하여 그는 사색이 들어갔다.
결혼에 대한 사색을 끝내고 청혼을 받아들이겠다고 결정을 한 후에
결혼하자고 얘기하기로 하였으나,
그 여인은 이미 다른 남자와 결혼하여 살고 있었다.
칸트는 결혼을 이성으로 철학적 분석을 다하였던 것이라 생각된다.
결국 칸트는 독신으로 생을 마감하였다.
칸트가 말년에 기운이 진하여 스스로의 삶을 꾸려가기 힘들었을 때에
하나님은 그의 삶을 지켜 주셨다.
시집갔으나 과부가 된 여동생이
오빠인 칸트를 돌보아 주었다.
참 멋있는 칸트의 마지막 삶의 모습이었다.
칸트의 모습을 상상해 보면
칸트는 격정의 사람이 아니었다.
나약한 사람도 아니었다.
차분한 깊은 사색이 일상인 생각하는 사람으로 그려진다.
차분하나 예리한 사람으로 그려진다.
인정이 있었을 것 같다.
이성으로 자기제어를 한 사람으로 생각된다.
규칙적으로 산책하고
고정된 장소에서 깊은 생각에 사무치고
아무 것도 바라지 않았을 것 같다.
이성의 철학 그 자체로 만족한 사람으로 그려진다.
칸트는 재물이 좀 있었던 철학자였다.
칸트는 쾨니히베르크 대학의 총장까지 지냈다.
하나님이 재물도 주시고,
명예도 주시고,
자신을 말년에 돌보아줄 여동생도 주시고,

하나님이 칸트를 돌보아주시지 않았다면
칸트가 인류의 이성시대를 개척할 수는 없었을 것이다.
하나님은 칸트에게 이성을 사고할 수 있는 능력을 주셨다.
하나님이 자신을 믿으라고만 하지 않고
칸트에게 이성을 주신 것은
하나님을 믿으면서 이성도 길러야 한다는 하나님의 창조의 뜻이 있었음이기 때문이리라.
칸트는 80이 넘게 사시면서
창조주를 부인하면서
그렇게도 깊은 사색을 하였는데
머리가 아프시지 않았을까?
정신이 혼미하시지 않았을까?
언제나 정신이 맑았을까?
머리가 항상 맑았을까?
칸트는 이성철학을 집대성하였다.
그것이 칸트의 위대함이다.
칸트는 현실주의자가 아니라 이상주의자였다.
이상을 이성으로 추구하였다.
그 최고봉이 바로 정언명령이다.
칸트는 영구평화를 주장하고 세계정부를 수립할 것을 주장하였다.
칸트의 평화사상은 지금 유엔이라는 세계정부를 통하여 실현되었다.
칸트가 이상을 너무나 추구하여 이상으로 나아갔으나,
후대의 신칸트주의 철학에서는 이상과 현실을 결합하여 사고하는 사상이 배태되었다.
이상적인 것은 현실적이고
현실적은 것은 이상적이라는 주장이 나왔다.
현실속에는 이상을 향하는 현실을 움직여 가는 절대정신이 있다는 사상이었다.

그것이 신칸트주의자들의 생각이었다.
이상 만이 아니라 이상이 현실 속에서 실현되어 간다고 생각하였다.
그 동인(動因)은 절대정신이라고 하였다.
그 절대정신이 바로 로고스이고 신이다.
칸트가 플라톤적 사고를 하여 이상과 현실을 2원적으로 사고했다면
신칸트학파는 아리스텔레스적 사고를 하여 현실 속에 이상인 에테레히인
절대정신이
작용한다고 생각하였다.
그 절대정신은 로고스이고 신의 이성의 작용이다.
칸트는 다른 대학으로부터의 초빙을 거절하였다.
할레대학으로부터의 초빙을 거절하였다.
초빙의 조건도 참 재미있었다.
땔감으로 장작을 얼마간 더 줄 것이라는 조건이었다.
이사도 할레대학에서 맡아서 다 해준다는 조건이었다.
참 목가적이었다.
칸트는 분명 하나님이 보내신 특별한 이성철학자이다.
독일 관념론의 개척자이다.
이성에 의해 무엇이든지 다 할 수 있다는 사상가였다.
이성을 강조하였다.
신의 계시나 도움없이도 인간은 인간사를 인간이 계획하고
그 계획을 다 이룰 수 있다고 생각하였다.
칸트는 개인주의자였다.
공동체주의자 내지 단체주의자가 아니었다.
개인주의는 중세의 유명론자들의 사상이다.
옥캄의 뒤를 이은 철학자와 사상가들의 개인주의의 시발점이다.
개신교도인 옥캄의 유명론을 이어 개인주의를 발전시켰다.
칸트도 자연법사상을 전개하였다.
칸트의 자연상태는 로크의 목가적인 자연상태가 아니라,

홉스의 만인의 만인에 대한 투쟁의 전쟁상태로 이해하였다.
그 결과로 칸트는 법으로 사회질서를 유지하고 다스려야 한다고 하였다.
법으로 전쟁상태를 종식하고 사회상태로 넘어 가야 한다고 하였다.
자연상태에서 사회상태로의 전환은 사회계약에 의하여 이루어진다고 하였다.
사회계약은 자연상태의 사회상태로의 전환을 위한 인간이성에 의한 계약으로 이해하였다.
칸트는 위대한 이성철학자, 이상주의자, 관념론자,
근세이후의 과학의 발전, 경제의 발전에 기여한
개인주의, 자유주의, 이성주의를 고도로 발전시킨 철학자이다.
근세와 지금의 현대까지는 칸트의 자유주의, 이성주의가 지배하는 시대로 이끌어가고 있다.
칸트철학에 의하여 경제가 발전하고 과학이 고도로 발전하게 되었다.
이성에 의해 인간을 위대하게 만들었다.
칸트가 신을 부인한 것은 잘못이었다.
신의 계시를 부인한 것은 잘못이었다.
이성만으로 이 세상을 설계하고 발전시켜갈 수 있다고 과신한 것도 지나쳤다고 생각한다.
이성도 신이 준 것이다.
인간이 인간을 만들지 않았다.
신이 인간을 만들었다.
신이 인간을 만들 때에 인간에게 이성도 주었다.
이성도 신의 선물이다.
이성도 중요하지만 이성에는 한계가 있다.
이성에 신의 계시가 보태어져야 완전으로 갈 수 있다.
이성만으로는 완전을 이룰 수 없다.
위대한 철학자 칸트도 하나님의 피조물이다.
신앞에 겸손함이 중요하다.
신의 말씀인 계시도 이를 받아들임이 완전으로 가는 길이다.

칸트는 위대하였다.
간트는 갔다.
칸트의 이성철학은 아직도 그 위력을 발휘하고 있다.
칸트의 이성철학에는 한계가 있다.
인간의 악성을 이성으로 인정하는 잘못이 남아 있다.
인간의 악성은 인간이성으로 제거할 수 없다.
인간은 원죄의 존재이기 때문이다.
신을 부인한 칸트도 역시
신이 창조하셨다.
신을 부인할 수 없다.
부인한다고 없어지는 존재가 아니다.
신은 영원부터 영원히 인간에게 역사하신다.
그렇게 믿는다.
그러하다고 생각한다.
아멘이다.

<2022. 12. 6. 10:04>

12. 관념론의 이성주의 철학자 칸트

칸트는 하늘이 내려준 자유이성주의 철학자이다.
하늘이 그를 이 땅에 보내 주셨지만
그는 하나님이 필요하다고는 하면서도 하나님을 존재를 부인하였다.
칸트는 지금의 러시아 땅 카릴린그라드에서 태어나서 그곳에서만 살았다.
그곳이 바로 당시는 프러시아 제국의 쾨니히스벨크였다.
그는 꼭 한 번 사강사(私講師)로 쾨니히스벨크 가까이의 도시에 산 적이 있다.
그 이외 그는 오로지 쾨니히스벨크에서만 살았다.
할레대학의 초청을 받았지만 그는 쾨니히스벨크를 떠나지 않았다.

할레대학의 초청내용이 참 재미있다.
쾨니히베르크에서 할레까지의 이사를 할레대학이 책임지고
월급으로 장작 몇 단을 더 주겠다는 내용이 들어 있었다.
참 흥미로운 시대의 대학교수 초청내용이었다.
그는 쾨니히벨크대학의 총장까지 지냈다.
그는 평생 독신으로 지냈다.
청혼을 받고 결혼에 대해 철학적 사고를 한 후
결혼하겠다고 얘기하러 갔을 때에 그 청혼자는 이미 다른 사람과 결혼한 상태였다.
그는 80세를 살았다.
당시로는 장수하였다.
말년에 그를 돌봐준 이는 남편과 사별한 그의 여동생이었다.
그의 여동생이 칸트의 마지막을 돌보아 주었다.
참 멋진 생의 마지막 삶이었다.
그는 아침에 숲속에서 새가 지저귀는 소리를 싫어했다.
새들의 지저귀는 소리가 자신의 사색을 방해하였기 때문이다.
그는 이성에 관한 대철학자이다.
그는 세계지리서도 썼다.
그는 일주일에 정기적으로 몇 차례씩 세계를 항해하고 돌아온 뱃사람들과 자기 집에서 담소를 하였다.
그들을 통해서 들은 세계를 세계지리서로 정리하였던 것이다.
칸트는 자기 집에서 몇 분들을 초청해서 담소를 하였다.
담소의 날도 담소의 시간도 정한 사람, 정한 시간내에서 하였다.
철저한 자기관리자였다.
그가 산책한 길도 시간도 항상 일정하였다.
그는 한치의 빗나감이 없는 삶을 살았다고 생각된다.
그의 이성철학은 근세이후의 이성시대를 열어 오늘에 이르고 있다.
그는 인간이성에 의한 최고의 도덕을 이루고자 하였다.

이성에 의한 최고의 도덕상태가 정언명령(定言命令)의 경지이다.
정언명령에 따라서 사는 사람이 최고의 이상적인 도덕상태에 사는 것이었다.
칸트는 영구평화론도 주장하였다.
그의 영구평화론의 사상이 지금의 국제연합으로 실현되었다.
그는 인간을 이성의 존재로 보았다.
그 이성은 자유이성이었고 자유의지였다.
그의 자유이성, 자유의지의 주장은 근세에 중세의 신중심의 사회를
완전히 극복하기 위한 인간중심의 이성의 최고를 주장하였던 것이라 평가된다.
그는 이성의 자유, 즉 자유의지를 최고도로 주장하였다.
칸트의 자유이성, 자유의지 사상은 근대민법의 사상적 기초가 되었다.
이성의 자유로운 전개가 그의 이성철학의 핵심이라 생각된다.
그의 이성철학에 의하여 법률행위 자유의 원칙이 법의 원칙으로 자리하였다.
지금도 이 세계는 칸트의 자유이성, 자유의지 사상이 계속되고 있다.
칸트는 이성의 무흠결성을 믿고 있었다.
이성 위에는 아무 것도 없다고 생각하였다.
칸트의 이성의 자유사상이 근세를 지나 현대의 인간중심의 문명사회를 낳았다.
그는 인간 개인의 이성의 자유에 기초하여 사소유권과 사유재산제도 옹호하였다.
그는 개인의 존엄과 개인의 이성을 강조한 결과로
최대다수의 최대행복의 공동의 복지를 중시한 공리주의를 비판하였다.
칸트에 의하여 대륙의 관념철학과
영미의 경험철학, 실용주의철학이 확연히 갈라지게 되었다.
위대한 이성 철학자 칸트
위대한 관념철학자 칸트
인간이성의 발견과 존중의 계보를 살펴보면
이상의 발견은 스토아철학의 로고스(logos)부터 시작되어,

중세의 프란체스코 교단의 윌리엄 옥캄의 신의 창조보다는
인간의 의지를 주장한 주의주의(主意主義)를 거쳐,
칸트에 와서 활짝 꽃피운 인간중심, 그것도 인간 개인 중심의 사상으로 자리하였다.
칸트의 이성철학은 오래 지속되어 오늘에도 변함없는 세계사상의 주류를 이루고 있다.
이제는 그의 이성철학에 의문이 제기된다.
인간의 이성이 과연 인간을 완전하게 할 수 있는가?
이성에 한계가 과연 없는가?
이성이 더 높이 갈 수 없는 궁극인가?
이성의 제공자는 누구인가?
창조주의 계시는 부인될 수 있는가?
아니다.
이성에도 한계가 있다.
정언명령의 이성의 최고 도덕태 위에 신의 나라가 있다.
인간은 신의 형상을 따라서 지어진 피조물이다.
인간의 이성은 신의 형상의 일부분이다.
이성은 신의 성품의 일부이다.
어느 철학도 영원하지 않다.
이 세상에는 완전이란 없다.
칸트의 이성철학도 완전이 아니다.
자본주의에서는 이성이란 이름으로 이기심을 용인한다.
이기심이 완전히 배제된 이성이란 있을 수 있을까?
칸트의 이성철학이 위대하고
근세이후 지금까지 자본주의 문명사회를 이루고
근대민법이후 지금까지 민법의 자유의지, 자유의사 법이론의 사상적 기초를 제공하였지만
변화를 요구받기 시작하였다고 생각된다.

이성에는 한계가 있으며
신의 존재를 아무리 부인해도 신은 존재하고 역사하시는 엄연한 진리를 부인할 수 없다.
칸트는 위대한 철학자였다.
역사에 길이길이 기억될 철학자이다.
그는 경건주의 기독교 가정의 아들이었다.
칸트가 신의 존재까지 인정하여
그의 이성철학을 확대하였더면
인간세계가 더 여유롭고 풍요로울 것이라 생각해 본다.
나는 창조주를 믿는다.
이 세상도 저 세상도 믿는다.
이 세상의 주인도 저 세상의 주인도 창조주 하나님임을 믿는다.

<2021. 3. 22. 10:08>

13. 역사에 영원히 남을 4등성이었던 로마의 법률가 가이우스

역사는 어떤 사람을 기록하여 전해 줄까?
역사는 역사의 흐름을 바꾼 사람을 기록하여 전해 줄 것이다.
역사는 최고의 사람을 기록하여 전해 준다.
중간의 삶, 최하의 사람을 역사는 기록하여 전해 주지 않을까?
아니다.
그들도 기록하여 전해 준다.
마음을 다하고 성을 다한 삶을 산 사람은
그의 삶을 역사는 기록하여 전해준다.
성을 다한 삶을 그 자신이 기록하고
역사는 그를 잊지 않는다.
성을 다한 사람의 작품은 후세사람이 찾고 구하고

읽고 주석하고 다시 후대에 알려준다.
그 성을 다한 작품은 신의 은총을 입은 작품일 것이다.
그 성을 다한 작품의 원저작자는 후세의 사람들이
그의 작품을 알아주리라는 기대를 하고서 그 작품을 쓰지는 않았을 것이다.
그저 성을 다하여 작품을 창작하였을 뿐이다.
그 성을 다한 작품의 생명은 영원하다.
그 성을 다한 사람은 영원한 신의 은총을 입어
그 작품을 썼을 것이기 때문이다.
법학에서 성을 다한 작품이 있다.
그러나 그 작품의 창작자는 당대의 최고의 유명인이 아니었다.
그 법률가가 바로 로마의 고전시대 법학제요(法學提要; Institutiones)를 쓴 가이우스다.
법학제요는 두 종류가 있다.
하나는 고전시대의 가이우스가 쓴 법학제요이고
다른 하나는 로마법대전의 한 권인 유스티니아누스 대제 때의
로마법 대전인 법학제요이다.
두 권의 편찬형식은 동일하다.
가이우스는 로마제국에서 당대의 최고의 법학자는 아니었다.
소아시아의 변방의 법학자였다.
가이우스는 4등성(等星)의 법학자였다.
오늘날로 말하면 어느 지방대학의 이름없는 법학교수였다고 할 수 있다.
가이우스는 법학제요에서 로마시대의 소송절차에 관하여 상세히 기록하였다.
가이우스가 법학제요를 썼다는 것은 로마법대전의 학설휘찬(學說彙纂)에 인용되어 기록되어 있다.
그러나 가이우스의 법학제요의 원전(原典)은 찾을 수가 없었다.
그러나 가이우스의 법학제요는 꼭 필요하였다.
그 법학제요에는 로마시대의 소송제도에 관하여 기록되어 있었기 때문이다.
로마법의 소송제도에 관하여는 법학제요에서 유일하게 기록되어 있었기

때문이었다.
법제사가들은 가이우스의 법학제요를 찾고 찾았다.
1500년 넘게 찾았다.
가이우스가 성을 다해 저술한 법학제요는 나타나 그의 모습을 보여주지 않았다.
그러나 법학제요가 없어진 것은 아니었다.
1806년에 와서야 가이우스의 법학제요가 발견되었다.
그 긴 세월 동안 찾지 못하였으나,
없어지지 아니하고
그 책의 생명은 어디선가 작은 연명의 숨을 쉬면서 햇빛을 보기를 기다렸다.
가이우스의 법학제요의 발견으로 로마시대의 소권(訴權) 중심의 변론주의 소송제도의 내용을 알게 되었다.
이 사건으로 가이우스는 법의 역사에는 영원히 기록될 로마제국의 고전시대의 법학자로 남게 되었다.
그는 갔지만 그의 작품인 법학제요는 영원히 남아 있을 것이며
인류역사의 귀한 작품으로 남게 되었다.
이런 사건을 역사에서는 어떻게 평가해야 할까?
가이우스는 당시에는 유명한 법률자가 아니었던 것으로 보인다.
로마제국의 중심지에서 활동한 법률가도 아니었다.
당대에는 유명인사가 아니었던 것 같다.
그래도 4등성의 반열에 올랐으니 평범한 법률가는 아니었을 것이다.
가이우스는 당시의 소송제도를 상세히 기록하였다.
1등의 법률가들은 왜 로마소송제도를 기록하지 않았을까?
1등성의 법률가들은 소송실무에 열심이었던 관계로
소송제도를 문자로 기록하는 일에는 관심이 적었을 것으로 생각된다.
1등성의 법학자들은 당시의 자신들의 명성과 수입에 만족하였을 것이다.
4등성의 가이우스는 명성도 수입도 그리 좋지 않았지만
1등성, 2등성, 3등성의 당시의 유명하였던 법률가들의

소송실제를 책으로 기록하였던 것으로 생각된다.
이름 날렸을 당시의 1등성 법률가들도 훌륭하였다.
1등성이 치루었던 소송실무를 기록하여 전해 준 가이우스도 참 훌륭하였다.
가이우스는 자기가 유명해지는 방법으로 법학제요를 쓰지는 않았을 것이다.
무던히 성을 다해 당시에 활용되던 소송제도를 담담히 기록하였을 뿐이었을 것이다.
그러나 세월이 흐른 지금,
후세는 1등성의 법률가는 알지 못한다.
그러나 4등성의 가이우스는 기억한다.
가이우스는 법의 발전에 기록으로 기여하였다.
후대가 그의 기여를 기억하고 있다.
그는 지금 아마도 후대의 그에 대한 감사와 칭송을 알지 못하고 있을 것이다.
그러나 그는 위대한 법률가였다.
무던한 법률가로 생각된다.
이름도 없이 빛도 없이 자신의 소임에 충실하였던 법률가로 생각된다.
가이우스의 마음을 다한 성(誠)의 그 빛은 1500년을 지나도 꺼지지 않았다.
마음을 다함의 성은 하늘이 인정하고 지켜주고 보전해 주고 전수해 준다.
인간의 위대함은 마음을 다한 성에 있다.
우직하고 무던하게 마음을 다 쏟은 그 성은
하나님이 아시고 인정해 주시고 보전해 주시고 전수해 주신다.
가이우스의 그 성은
오늘에도 진리이다.
무던히 하늘이 내려주신 달란트로 성을 다하여
작품을 만들면
하늘은 그 작품을 인류의 빛이 되게 하신다.
가이우스는 갔지만
그의 성과 작품을 오늘 후세가 만나고 있다.
위대한 가이우스,

그는 성을 다한 사람이었다.
그렇게 사는 것이 진리의 삶이다.
진리는 하늘이 내려준 복을 성을 다해 사용하는 것이다.
인간은 유한하지만
그 인간의 마음을 다한 성은 영원하다.
그 성은 하늘의 축복이다.
성이다.
하늘의 축복이다.
아아,
그렇다.
성을 다함,
그것이 삶이고 생이다.
그것이 빛이 되어 인류의 장래가 밝아진다.
그렇게 살기가 쉽지 않지.
그러나 하나님안에서는 가능하다.
성(誠), 그것은 하나님의 마음이다.
그렇게 산다.
그렇게 살다가 가자.
성은 위대하다.
성은 위대한 결과를 낳는다.
가이우스가 그 진리를 몸소 보여주었다.
그렇습니다.
아멘입니다.

<2022. 12. 9. 10:10>

14. 게르만법사학자 길케와 역사학자 토인비

학자들 중에는 참으로 인격적인 학자들이 있다.
학식은 인격을 겸비하여야 빛이 난다.
독일의 게르만법사학자 옷토 폰 길케는
당시에 독일에 계수된 로마법을 연구하는 보통법학에
맞지 아니하는 독일 고유법인 게르만법을 연구하였다.
개인주의적, 자유주의적인 계수된 로마법으로 독일민법을 제정하고자 할 당시에
길케는 독일의 고유법인 단체주의적이고 공동체주의적인 게르만법을 연구하였다.
길케는 유대인이었다.
그럼에도 길케는 독일의 고유법을 연구하여
독일의 단체법을 깊이 연구하였다.
당시 독일민법을 제정할 당시에
길케는 민법전 편찬작업에 참여하지 못하였다.
그러나 길케는 독일민법전 제1초안이 발표되었을 때에
단체주의적 게르만 법에 기초하여 초안에 대한 비판을 가하였다.
제1초안이 너무 개인주의적인 법안이라는 것이다.
길케는 민법전에 사회의 기름이 처져야 한다고 비판하였다.
그러나 길케의 비판은 받아들여지지 않았다.
오로지 하나의 주장,
매매는 임대차를 깨뜨리지 못한다는
독일 고유법의 법리만이 받아들여져 지금까지 독일민법을 이루고 있다.
길케의 독일고유법의 연구결과로 독일고유법이 지금도 시대를 넘어 후세에 알려져 있다.
길케는 위대한 일을 하였다.
그러나 그의 게르만법연구는 법사에서는 위대한 업적이었지만
독일민법의 내용으로 반영되지는 못하였다.

길케는 프러시아 제국의 영토이었던
지금의 폴란드에서 활동을 하였다.
그의 손자를 함부르크의 어느 클럽(Kreis)에서 만나본 적이 있다.
길케를 기리는 기념관이 폴란드 땅에 있다고 하였다.
길케는 당시의 독일민법학계에는 받아들여지지 못했지만,
길케는 제자들로 부터 10년이 멀다하고 길케를 위한 기념논문집을 증정받았다.
인격이 고매한 법학자가 아니었더면
제자들로부터 그런 존경을 받을 수 있었을까?
길케는 학식에 인격을 겸비한 법사학자였다.
존경받는 법사학자이었다.
학자는 학식만으로 되는 것이 아니다.
학식에 인격이 겸비되어야 진정한 학자이다.
양자를 겸비한 학자가 그리 쉽지 않다.
깊은 학식,
고매한 사랑의 인격,
양자가 진정한 학자로 만든다.
토인비는 비잔틴제국사를 연구한 역사학자이다.
토인비의 역사연구의 책은 불후의 명작이다.
나는 길케도 토인비도 그를 직접 만나 본 적이 없다.
사진으로 보았을 뿐이다.
사진으로 본 토인비는 너무나 젊잖아 보였다.
깊은 혜안의 대학자로 보였다.
그의 삼촌도 역사학자이다.
고매한 인격의 대학자였던 토인비는
역사의 처음부터 저 끝까지를 꿰뚫어 보는 학자로 보였다.
토인비는 역사진행의 법칙을 도전과 응전이라고 하였다.
도적과 응전의 역사진행의 법칙은

헤겔이 말한 정반합(正反合)의 과정과 같은 법칙으로 이해된다.
정반합, 도전과 응전,
역사의 진행법칙이다.
위대한 발견이다.
역사에 남을 역사진행의 법칙을 발견하여 정립하였다.
나는 토인비의 도전과 응전의 역사진행의 법칙에 입각하여
한국민사법의 사회발전에 따른 변화와 대응의 논제로
대한민국학술원 국제학술회의에서 발표를 하였다.
젊었을 때부터 나는 토인비를 좋아하였다.
토인비는 왕조중심의 역사기술을 하지 아니하고
문명중심으로 역사기술을 하였다.
한국사의 예로 들면
한반도에 왕조가 바뀌어 역사가 단절되어 진행된 것이 아니라,
한국문명이라는 문명이 한반도에 계속 이어져 온 것으로
역사의 단절이 아니라 역사의 계속을 보았다.
권력자 중심의 사관(史觀)이 아니라
권력자와 민중을 아우르는 민주적인 역사진행으로 역사를 설명하고자 하였다.
참으로 인간적인 인격적인 학자라 생각한다.
토인비는 역사의 흥망성쇠를
태동기, 절정기, 쇠퇴기, 부흥기, 소멸기로 나누어 역사진행의
모습을 설명하고자 하였다.
한 문명이 태동하여 번창하다가 쇠퇴하는 과정을 이렇게 설명하고자 하였다.
토인비의 문명진행의 페턴은 진리이다.
이집트문명, 메소포타미아 문명, 그리스 문명, 로마제국의 문명,
이 모두가 태동기, 절정기, 쇠퇴기, 부흥기, 소멸기의 과정을 거쳐
약화되어 왔음을 볼 수 있다.
토인비는 한 문명이 계속적으로 발전하기 위하여는

창조적인 문명의 자기변화를 지속하여야 함을 말하고 싶어서일 것이다.
문명도 창조적이고 포용적인 정신을 불어넣지 않으면
결국 소멸하게 된다는 역사의 진리를 역사학을 통하여 말하고 싶어서일 것이다.
찬란하던 문명도 지속적으로 인류보편의 가치 실현을 향하여
자기 혁신을 하여야 그 문명이 계속된다는 진리를 토인비는 말하고 싶어서일 것이다.
이러한 긴 역사적 안목을 가진 역사학자가 나온 나라가 영국이다.
아마도 토인비의 가슴에는 영국의 영화가 계속 이어질 것을 소망하면서
이런 문명의 발전모습을 찾아 그리고자 하였을 것이다.
창의적이고 포용적인 더 높은 가치의 실현으로 나아가야 함은
개인에게도, 집안에도, 사회에도, 국가에도, 세계에도 다같이
통용되는 진리이다.
편협한 개인주의, 민족주의, 제국주의, 전체주의, 공산주의, 사회주의로는
역사를 계속 이어갈 수 없다.
보편적이고 포용적인 평화주의, 사해동포주의, 인도주의로 나아가야
문명은 자기변화를 하면서 계속 발전해 갈 수 있다.
그렇다.
더 넓은 길로 가는 것이 진리의 길이다.
좁은 자기만의 길을 만들어 그 좁은 길로만 가고자 하면
갈 길을 더이상 낼 수 없을 수 있다.
넓은 길로 가야 한다.
그래야 계속 넓은 길을 낼 수 있고 큰 차도 다닐 수 있다.
좁은 길은 자기만이 갈 수 있을지 모르지만
큰 차는 갈 수 없다.
사람의 삶도 마찬가지이다.
좁은 자기 만에 파묻혀 살아서는 안 된다.
더 넓은 길을 개척하고 그 넓은 길로 가야 한다.

함께 갈 수 있는 넓은 길을 닦가야 한다.
그것이 사해동포주의이고, 평화주의이고, 인도적인 길이다.
나는 그렇게 살지 못했네.
이 글을 쓰면서 이제야 깨닫는다.
다 함께 갈 길을 닦가야 한다.
큰 흐름에 동참하며 가야 한다.
혼자 빠져 나오려고 하지 말라.
넓은 가슴으로 다 함께 형제애로 함께 가야 한다.
참으로 위대하신 학자, 길케와 토인비여,
역사를 좋아한 나는 두 분을 존경해 왔다.
학식도 학식이지만 고매한 인격에 매료되었다.
속좁고 학식도 부족하고
인격도 모자라는 나입니다.
남은 날이 그리 길지 않을 것이지만
그래도 인격을 닦가 나가겠습니다.
하나님의 섭리와 은혜와 인도를 믿고 구합니다.
길케와 토인비,
법사학과 역사학에서 기록되어 영원히 전해질 것입니다.
위대한 인격자인 학자님이시어,
두 분은 나의 학문의 사표입니다.
인격자이신 두분을 존경합니다.
고매하신 인격자인 위대한 대학자이시여
감사합니다.
두 분을 책을 통하여 접한 것을 감사합니다.
감사하고 감사합니다.
감사합니다.
아멘입니다.

<2022. 12. 14. 15:49>

15. 선각자들의 혜안과 인류에 대한 사랑

오늘날에도 위대한 선각자들이 있다.
위대한 선각자이면서 동시에 인류에 대한 사랑의 마음을 가진 헌신적인 학자들이다.
그들이 바로 1972년에 발간된 로마클럽 보고서의 저자 학자들이다.
물론 저자 학자들도 위대하지만,
그런 책을 쓰도록 주도한 이탈리아의 사업가도 위대하다.
참으로 위대하고 먼 미래에 대한 혜안을 가졌으며
인류에 대한 사랑을 가지고 또한 사랑을 배푼 분들이다.
그들은 성장의 한계의 보고서에서
인구가 늘고 자원이 고갈되고 환경의 오염이 계속되는
이 지구는 100년이내에 성장이
멈출 것이라고 경고하였다.
그러면서도 희망은 있다고 인류에게 희망을 제시하였다.
그 때부터 바로 적절한 조치를 취하면
지구는 견딜 수 있고 성장은 지속할 수 있다고 하였다.
그 보고서를 기반으로 하여 먼저
세계적은 기후변화에 대한 대응을 위한 국제회의가 열렸다.
그리고 2015년에는 유엔의 결의로
2030년까지의 세계의 지속가능발전의 목표를 제시하였다.
1972년의 성장의 한계가
2015년에는 지속가능발전이라는 이념으로 변화를 한 것이다.
물론 2015년 유엔결의 이전에 이미
세계기후변화 회의에서 지속가능한 발전(sustainable development)라는 용어가 쓰여졌다.
이제 지속가능발전이란 말은 단순한 새로운 단어가 아니라
하나의 이념으로 발전하였다.

인간이 이 지구에서 살아남기 위해서는
너무 과도한 성장도 안 되고
성장이 멈추는 일도 있어서는 아니되며,
성장을 계속할 수 있는 적정수준의 지속가능발전으로 나아가야 한다는 것이다.
그것은 이제 하나의 지구관리의 이념이 되었다고 나는 생각한다.
참으로 위대한 학자들의 혜안이다.
인류에 대한 사랑의 마음이 넘치는 학자들이었다.
자신들의 부귀영화가 아니라
인류의 미래를 걱정하며
인류를 사랑한 결과이다.
참으로 위대한 사랑이다.
나의 생각으로는
주님이 그들 학자들에게 인류를 위해 일하라는 달란트를 주신 것으로 믿어진다.
주님이 주신 사랑으로 위대한 성장의 한계를 썼다고 믿어진다.
어제 SCA(Science Council of Asia)의 5월 13일과 14일의 회의에 온라인으로 참가하여
그 참가기를 쓰면서 깨달은 내용이다.
이미 오래 전에 로마클럽 보고서는 알고는 있었지만
일반적으로는 로마클럽이 제로성장(zero growth)을 주장하였다고 알고 있었는데
제로성장을 주장한 것이 아니라
적정성장을 위한 세계적인 조치를 취하여야 한다는 주장을 담은 책이었음을 알았다.
적정수준의 성장이 지속가능발전이라는 용어로 오늘날 일반적으로 사용되고 있다.
우리나라는 지속가능발전기본법을 만들고 그 법은 다시

지속가능발전법으로 법명을 바꾸어 시행하고 있다.
지속가능발전위원회를 두어 국가의 각 방면의 지속가능발전을 추진하고 있다.
참으로 위대한 학자들이다.
학자는 마땅히 그러해야 한다는 생각을 한다.
자신의 부귀영화를 위해서가 아니라
미래에 대한 혜안을 갖고
학문으로 인류에 대한 사랑을 하여야 함이 학자의 사명임을 깊이 깨달았다.
국제회의에 참가하는 의미를 새롭게 깊이 깨달았다.
영어가 귀에 들어오지 않아
자책을 하였으나
끝까지 이틀간의 회의에 참가하였다.
그래도 내용의 큰 줄기 파악이 어려웠다.
함께 국제회의에 참가하였던 다른 분들이 함께 참가기를 쓰자고 제안해 왔다.
그러나 나는 반대의 마음이 있었다.
내가 참여한 분과가 다르고
내가 이해하고 느낀 바를 글로 정리하여야 하겠다는 생각으로
참가기를 함께 쓰는 것이 어렵다는 것을
다른 이유를 들어 이해를 구했다.
그렇다.
바로 이것이다.
자기 학문적 주관이 분명해야 한다.
참가기를 형식적으로 쓰는 것이 일반적이다.
나는 그래도 학문적 결실을 거두어 보고자 하였다.
힘들게 이틀을 꼬박 회의에 참가하고
나 혼자 참고 구하는 고뇌의 과정을 거쳐
참가기를 씀으로써 비로소 이런 귀한 결실을 거두었다.
이것도 주님이 주신 섭리라 믿는다.

주님이 나를 지극히 사랑하심을 믿는다.
나로 하여금 이러한 깨달음에 이르게 한 것은 전적으로
주님의 섭리이다.
나같이 속이 비좁은 사람이
어떻게 이러한 위대한 선각자들의 혜안과 인류사랑을 깨닫는다는 말인가?
전적으로 주님의 섭리이다.
주님께 무한 감사를 드린다.
이런 깨달음이 있을 때 너무나 기쁘고 감사하다.
위대한 사상가들을 존경한다.
그들은 진정으로 위대하였다.
플라톤, 스토아 철학자, 바울, 록크, 칸트 등
역사를 개척한 학자들의 혜안이 참으로 위대하다
그들의 인류에 대한 사랑도 참으로 크고 아름답다.
위대한 인물들이다.
주님이 이 땅에 보내신 인물들이다.
자신이 우연히 그러한 혜안과 사랑을 가진 것은 아니라고 생각된다.
모두가 창조주 하나님이 주신 은혜와 섭리라 생각한다.
창조주에게 돌아가야 한다.
창조주에게 물어보아야 한다.
주님의 진정한 뜻이 무엇이냐고 물어야 한다.
주님은 인간을 너무나 사랑하신다.
주님이 창조하신 인간을 주님은 결코 버리시지 않음을 알겠다.
주님은 인간을 영원히 살게 하신다.
주님의 창조의 동인인 사랑이 이렇게 나타나고 있다.
성장의 한계의 보고서는 성서 다음으로 위대한 책이라도 한다.
그럴만 하다.
인간의 이기심으로 지구가 힘들어 멈춰설 것을 경고하도록 주님은
학자들에게 기회를 주셨다.

주님은 인간을 너무나 사랑하신다.
그 사랑을 깨달은 자에게는 주님의 일을 맡기신다.
지금은 이성의 시대로서 주님을 인간이 자꾸 멀리 한다.
인간의 이성으로 이 지구를 살릴 수 있을 것으로 생각한다.
아니다.
그것은 이성의 오만이다.
이성이란 이름으로 자꾸만 이기적으로 바뀌어
지구가 신음하고 있다.
병든 지구를 치료하도록 선각자들을 주님이 보내주셨다.
기회도 주셨다.
주님이 하실 말씀을 학자들로 하여금 말하게 하셨다.
그렇다.
학자는 순수하게
주님을 사모하고 기도하며
정의와 사랑으로 살고
정의와 사랑으로 인간의 길을 밝혀 주어야 한다.
나는 자연법으로 인류에 빛을 주는 일에 작은 동참을 하고자 한다.
아아,
그렇구나.
주님이 이 나이 든 몸의 아픈 나를 지극히 사랑하신다.
주님이시다.
주님이 이 세상의 치리자이시고 구원자이시다.
자신이 스스로도 일하시지만
인간에게 사명과 달란트를 주어
이 세상에 보내신다.
주님의 뜻을 받아
주님 대신에 말하게 하신다.
순수의 생각과 사랑으로

나는 자연법으로 답하려 한다.
자연법으로 인류사회의 자유와 평화와 사랑을 실천하도록 하련다.
법에서 인류를 구원할 길은 자연법이다.
자연법을 연구하게 하신 주님,
너무나 감사합니다.
내 부족하지만 힘써 자연법을 정리해 나가도록 하겠습니다.
감사합니다.
감사합니다.
주님, 감사합니다.
감사하고 감사합니다.
주님께로 또 갑니다.
주님이여
나를 받아주옵소서.
자연법을 정리하겠습니다.
귀한 책을 쓸 수 있도록 해 주시고
재물도 넉넉히 주셔서 걱정없이 공부하게 해 주시고
학문하게 해 주셔서 감사합니다.
자식들도 잘 지내고 있느니 감사하고 감사합니다.
이제 자연법을 정리하면 주님의 사명을 조금은
실천하는 것이라 생각합니다.
감사합니다.
감사합니다.
나의 주, 나의 하나님,
오늘 아침 너무 기쁩니다.
11일 발표 때에 이런 내용을 좀 말하고 싶습니다.
주여 감사합니다.
나의 주, 나의 하나님,
사랑과 정의의 하나님,

위대하신 하나님,
감사하고 감사하고 또 감사합니다.
아멘입니다.

<2021. 6. 8. 10:00>

16. 독일에서의 국수주의 사상의 흐름

아주 자세히는 모르지만 독일에는 민족주의, 국수주의 사상이 면면히 흐르고 있음을 정의를 공부하면서 알게 되었다.
정의에 관한 자료가 주로 독일어책이기 때문에 독일의 역사의 흐름을 큰 틀에서는 조금 이해할 수 있게 되었다.
독일의 시작은 그 옛날 중앙집권국가를 이루지 못한 상태에서
게르만족들이 씨족(Sippe), 부족(Hunderschaft)으로 결속하여 그들의 역사를 시작하였다.
씨족 집단은 그 내부의 결속을 다질 수 있는 질서를 형성하였다.
그러한 씨족 부족끼리의 삶을 오래도록 유지하였다.
그래도 그들은 힘을 합쳐 서로마제국을 무너뜨렸다.
그러나 독일은 오랫동안 분방(分邦)으로 나누어져 느슨한 독일의 결속을 유지하여 왔다.
나폴레옹이 강력한 국가의 통치자로 유럽을 제패하였을 때에
독일은 그들의 생존을 유지하기 위하여 결속을 하지 아니할 수 없었다.
이러한 어려운 시기에 독일에 민족주의의 흐름이 다시 일어나기 시작하였다.
피히테(Fichte)의 독일국민에게 고함이라는 글은 독일 민족주의를 강조한 외침이었다.
역사법학을 창시한 사비니는 법을 민족정신(Volksgeist)의 발현이라고 하였다.
그 민족정신은 독일인들의 민족정신이었다.
독일문화의 독자성을 강조한 사상이었다.

그리고 헤겔은 역사는 절대정신(Absolutgeist)의 현현(顯現)이라고 하였다.
그리고 다시 그들이 어려움이 처하였을 때에 나치에 의한 전체주의가 나타났다.
그 전체주의의 사상을 제공한 이는 칼 쉬미트의 구체적 질서론이었다.
독일만의 구체적인 질서(konkrete Ordnung)가 있다는 민족주의, 국수주의의 사상적 배경이 깔려있던 사상이었다.
칼 라렌즈는 구체적 일반개념(konkreter allgemeiner Begriff)의 민법론으로 국수주의 입장에서 독일민법전을 재해석을 하여 나치의 전체주의를 뒷받침하였다.
오늘날의 난민에 대해 적대적인 정당인 독일의 대안(代案)의 당(AfD:Alternativ für Deutschland) 역시 독일 민족주의의 정당이다.
독일은 이렇게 연면히 민족주의, 국수주의의 흐름이 이어져 오고 있다.
이에 대해 독일에서는 또한 강력한 보편주의, 높은 도덕주의 사상의 흐름도 병행해 오고 있다.
칸트가 대표적인 철학자이다.
칸트의 정언명령(定言命令)은 국수주의 흐름을 차단하고 독일인들의 도덕성과 보편주의를 최고로 높힌 인물이다.
또한 루터 같은 인물은 독일인의 개인주의를 일깨운 인물이다.
국수주의의 폐해를 경험한 독일은 유럽주의와 세계주의 속에서 안정과 평화를 구가하고 있다.
독일이 어려운 처지에 빠지게 되면
독일의 민족주의, 국수주의 정신은 다시 살아날 소지가 있다.
오늘날의 평화주의, 연대주의(Solidarität)도 평화를 위해 기여하고 있다.
허버마스의 담론이론(Diskurstheorie)도 성숙한 사회에서 기능할 수 있는 진리파지(眞理把持)의 방법이다.
정의와 사랑의 철학이 개인은 물론 사회사상의 기초를 이루어야 한다.
그래야 평화의 길, 공존의 길, 하나님의 길을 갈 수 있다.
민족주의는 한 민족의 통합을 이루는데 기여하지만,

그것이 지나치면 배타성으로 발전함을 경계하여야 한다.
개인도 누구나 독자성과 보편성을 균형 있게 갖추어야 한다.
독자성은 자기 세계, 자기 정체성이다,
보편성은 자유와 평등과 평화, 자비와 사랑, 사해동포주의이다.
양자가 조화를 이루어 균형 있는 인격자가 되어야 한다.
나의 세계는 정의로 확실한 나 자신을 구축하고,
사랑으로 나눔으로 이웃사랑의 정신으로 보편성을 체득하여
양자가 조화된 나를 만들어 가고자 한다.
그것이 주님이 주신 나의 세계이다.
나는 그 길로 간다.
정의와 사랑의 사상으로 나는 그러한 사람이 되고
그 길로 가고 또 간다.
그 길이 생명이 있는 영원의 길이다.
참으로 깨달음의 길이라 생각한다.
주님이 주신 깨달음이다.
주님 감사합니다.
주님의 길로 가고 또 가겠습니다.
그 길이 생명의 길임을 알고 있습니다.
그 길이 주님의 창조질서의 길임을 깨닫습니다.
아멘. 아멘. 아멘. 할렐루야

<2018. 12. 11. 09:44>

17. 역사진행에 관하여

태양은 오늘도 정한 시간에 동쪽에서 떴다.
오늘 저녁에는 정한 시간에 서쪽하늘로 넘어간다.
이 역사는 언제 시작되었으며 언제 끝이 날까?

태양의 시작은 분명히 있었을 것 같다.
태양의 이글거림의 끝도 올 것 같다.
태양이전에는 무엇이 있었을까?
암흑이었을까?
그 암흑도 우주의 역사를 이룬다.
태양의 불이 꺼지면 어떠한 역사가 올까?
그 때에도 역사는 진행된다.
역사는 끝남이 없다.
역사는 시작도 없다.
이것이 우주의 역사이다.
그러면 지구의 역사는 어떻게 되나?
지구의 역사는 지구의 생성시로부터 시작되었을 것이다.
지구도 끝남이 있을 것이다.
지구의 역사는 지구의 생성시로부터 지구의 끝남으로 마감될 것이다.
인간의 역사는 언제 시작되었을까?
인간이 이 지구에서 생명을 가졌을 때부터이다.
인간도 언젠가는 이 지구에서 사라질 날이 올 것이다.
인간의 역사는 인간이 이 지구에서 존재하는 기간 동안 뿐일까?
태양도, 지구도, 인간도 그 존재의 기간이 유한하다.
유한해도 영겁의 시간이다.
이렇게 이 우주의 존재는 유한한가?
아니다.
그 본래의 존재가 변하여 다른 존재로 존재한다.
이 우주의 역사는 시작도 끝도 없다.
이 우주의 창조자와 관리자는 창조주이기 때문이다.
영원히 존재한다.
창조주는 영원히 존재한다.
창조주의 모든 피조물도 영원히 존재한다.

다만 영원히 변화를 계속한다.
그러나 창조주는 변하지 않는다.
인간의 역사를 좁혀 살펴보자.
역사는 진행이다
역사는 변화이다.
역사는 희망적으로 변화한다.
종말론은 역사를 비관적으로 본다.
종말론적 역사관은 문제가 있다.
희망적 역사관이 바른 역사관이다.
역사는 영원히 희망적으로 발전한다.
역사는 영원히 밝은 쪽으로 진행한다.
역사의 주관자는 창조주이다.
인간은 창조주의 섭리를 따라서 역사 진행에 참여한다.
역사의 진행은 직선일까?
역사의 진행은 회귀적일까?
역사의 진행은 윤회적일까?
역사의 진행은 나의 생각으로는 회귀적 진행일 것 같다.
역사는 반복되지만, 앞으로 나아가면서 반복된다.
바퀴가 굴러 땅에 닿지만, 그 땅에 닫는 점은 다르다.
구르면서 앞으로 나아간다.
역사의 바퀴가 제자리에서 돌 듯이 그 자리에 머물러 있지는 않다.
바퀴는 돈다.
그러나 처음 닿았던 땅의 점이 지난 번에 닿았던 그 자리가 아니다.
이렇게 변화하면서 앞으로 진쟁하는 것이 역사진행의 모습이다.
그러한 변화의 진행은 영원히 끝남이 없다.
창조주가 유한한 생명이 아니기 때문에
창조주의 피조물인 이 우주의 진행도 유한함이 아니라 영원히 변한다.
나도 피조물로서 영원히 변화하면서 존재한다.

영원히 존재한다.
저 높은 바위산이 깨어지는 변화를 겪어
깨어져 계곡으로 떨어지고
또 깨어져 작게 깨어지고
흐르는 계곡물에 휩쓸려 깨어져 계곡물을 따라 내려가고
그 깨어진 작은 돌이 더 깨어져 자갈이 되어 강으로 내려가고
자갈이 또 깨어져 해변의 모래가 되고
모래가 또 깨어서 바다의 머드가 되고
머드는 또 깨어져 분해되어 바다속으로 들어가고
바다속의 머드는 분자로 분해되고,
분해된 분자는 다른 분자와 결합하여 물이 되고
바다속의 물은 증발하여 구름이 되고
구름은 다시 비와 눈이 되고
비와 눈은 다시 바위산을 쪼개는 일을 영원히 반복한다.
다 쪼개면 화산으로 머드도 바위산으로 변한다.
이렇게 영원히 변화하면서 진행한다.
이것이 역사이다.
역사의 진행에는 법칙이 있는가?
토인비는 도전과 응전의 법칙에 따라서 역사가 진행한다고 하였다.
헤겔은 정반합(正反合)의 변증법(辨證法)을 따라서 역사가 진행한다고 하였다.
도전과 응전의 법칙이나, 정반합의 변증법의 법칙은 역사진행의 현상을 설명함에
동일한 내용을 말을 달리하여 표현하고 있을 뿐이다.
아무런 저항이 없이는 변화가 없다.
변화가 있기 위해서는 저항을 만나야 한다.
역사의 진행은 변화의 계속이다.
변화를 위해서는 장애, 도전이 있어야 한다.
장애와 도전에 대항하여야 변화가 있다.

대항이 바로 응전이고, 반이다.
이렇게 역사는 도전과 응전의 반복의 계속이다.
도전과 응전의 변화의 계속이 역사의 진행이다.
그런데 이러한 도전과 응전은 언제나 희망적으로 진행한다.
응전이 도전을 이긴다.
더 나은 응전으로 응전이 도전이 되어 또다시 응전한다.
이러한 도전과 응전의 변화의 계속의 역사의 주관자가 있는가?
우연히 변화를 계속하는 것은 아니다.
역사의 주관자가 있다.
고대에는 자연 그 자체가 변화의 주인으로 생각되었다.
중세에는 신이 역사의 주관자라고 생각되었다.
근세에는 인간의 이성이 역사의 진행의 원인자라고 생각하였다.
모두가 다 아니다.
나는 계속 창조론이 맞다고 생각한다.
신은 역사를 계속적으로 창조해 나가신다.
인간을 창조한 후 부터는 인간과 신 자신이 더불어 함께 변화의 역사를 진행해 나간다.
그것이 신의 인간 사랑의 징표이다.
역사진행의 주관자는 신의 인간창조 후에는 인간과 신의 합의·협력에 의하여 역사의 변화를 계속해 나간다고 생각한다.
인간도 신도 다 함께 역사의 주관자이다.
그것은 신이 인간을 지극히 사랑한 사랑의 결과이다.
인간의 창조이전에는 신만이 역사의 주관자일 수 있다.
혹시나 다른 능력적인 존재가 신과 함께 인간 창조의 이전의 역사를 주관해 오셨을지도 모른다.
지구가 소멸된 후에도 신은 인간과 더불어 역사의 변화를 주관하실까?
그럴수도 있을 것이다.
그 때에도 인간은 변화하여 계속 존재한다.

혹시 인간이 우주의 먼지로 존재할 지도 모른다.
어떠한 모습이든 인간은 변화하여 영원히 존재한다.
모든 존재는 영원히 존재한다.
블랙홀에 빨려 들어가 없어져도
없어진 상태에서 없는 모습으로 존재한다.
인간이 이 지구에서 생존하는 한,
역사는 긍정적이고 희망적이다.
인간을 사멸(死滅)시키기 위해 신이 인간을 창조하였을까?
그런 창조주는 창조자의 자격이 없다.
고난과 고통은 있을 수 있지만
결국 인간은 살아남아 어제보다는 내일을 더 좋은 사회로 만들어 나간다.
그것이 신의 창조의 뜻이 아닐까?
고난도 고통도 극복된다.
희생은 따르겠지만,
창조주가 노아홍수 심판 때에도
소돔과 고모라의 심판 때에도
인간을 멸종시키지 않으셨다.
의인을 살아남게 하여 인간의 역사를 이어가게 하였다.
인간은 신의 인간사랑에 감사하여야 한다.
그 신의 인간사랑에 대한 인간의 감사로
자연법을 개발하여 공동선을 기르고
이웃사랑을 실천하도록 하여 함께 공동체를 이루어 살고
새끼를 낳아 대를 이어 인간이 생존을 이어가도록 하고
늘 희망을 주어 좋은 대안을 내놓게 하고
지구 속에 갖가지 만나를 다 준비하여 비축해 두고서 조금씩 인간에게 주고
또 새로운 만나를 만들어 내일을 위해 비축하도록 하고
인간이 그 만나를 찾아 먹고 살아가고 있다.
이러한 인간의 역사를 인간은 이성으로 스스로 전개해 나간다고 말한다.

아니다.
신이 인간을 지극히 사랑하여
역사진행에 동참캐 해 주시고
넉넉히 지구창고에 만나를 비축해 두어
인간이 만나를 찾아 먹고 살아가도록 하고 있다.
그러나 인간은 이기적이다.
생래적으로 이기적이다.
그 결과 이 지구도 인간 자신의 것이고
이 지구의 관리자도 인간 자신이라고 하고
이 지구의 만나도 인간 자신이 무한이 가질 수 있다고 생각하고
인간의 미래역사도 인간 스스로가 만들어 나간다고 생각하고
신은 저 멀리 있으라고 밀어내고
자연도태의 진화론이 이 지구 역사의 진행의 원리라고 한다.
아니다.
이 지구 역사의 주인은 창조주이시다.
인간은 창조주의 사랑으로 창조된 이 지구의 변화의 역사의 일에 동참하고 있다.
인간은 창조주도 경외하고
같이 살아가는 동료인간도 생각하고
미래에 올 인간도 생각하고
동식물과 자연도 생각하고
자기만을 위하는 이기주의가 아니라 사해동포주의로
이 지구를 관리해 나가야 한다.
그것이 인간이 신의 역사의 진행에 참여하는 의미이다.
이러한 인간역사는 희망적이고 긍정적이다.
어려울 때는 인내로 기다리면 희망의 미래가 온다.
창조주가 늘 희망으로 이끌어간다.
이것이 나의 역사관이고

계속적 창조론이고
긍정과 희망의 나의 사관(史觀)이다.
참 좋다.
참 아름답다.
참 고요하다.
참 평화롭다.
이 모두가 창조주의 섭리이다.
아멘이다.

<2021. 3. 24. 11:30>

VI

나를 돌아보다

1. 과거로 돌아가려고 말라

과거는 지나 간 날이다.
과거는 돌아오지 않는다.
나는 지금 현재에 있다.
미래를 향해 가고 있다.
과거는 아름다운 일도 있었지만,
나를 옥죄는 죄의식이 나를 괴롭힌다.
과거가 생각나지 않았으면 좋겠다.
참회와 속죄로 과거를 정리해 보았지만,
여전히 과거의 죄가 나를 괴롭힌다.
아마도 사탄이 그렇게 하는지 모르겠다.
성령의 섭리로 과거를 살아왔는데,
성령은 밝음과 맑음의 은사를 주시는데,
과거의 죄로 오늘도 나를 괴롭히는 것은 아마도 사탄의 소행이라 생각된다.
사탄은 분명히 있다.
제대로 살아보려고 하면 할수록 사탄은 더욱 기성을 부린다.
사탄은 아픔을 이용한다.
사탄은 머리가 아프면 측은한 마음을 갖고 물러가야 하는데,
아프면 아플수록 더 아프게 하는 냉혈의 못된 존재이다.
이제는 미래다.
미래는 주님이 주실 날들이다.

미래는 주님이 섭리해 주시는 날들이다.
미래는 주님이 자신의 계획을 실현하는 시간이다.
미래는 아픔의 시간이 아니라 평화의 시간이다.
평온과 안온의 아주 평화로운 시간이다.
주님이 섭리하시는 시간이다.
성령께서 인도해 주시는 시간이다.
머리의 아픔이 없고
가슴의 답답함이 없는 안온하고 평온한 시간의 계속이다.
미래는 사랑의 시간이다.
할 수 있는 사랑을 다해 보는 시간이다.
미래는 천사로 사는 시간이다.
과거를 인간으로 살았다면
미래는 천사로 산다.
주님의 계획을 따라서 순결하게 사는 시간이다.
미래는 감사의 시간이다.
다 되돌려 주는 시간이다.
아아,
미래는 아름다운 삶을 살 수 있는 시간이다.
뒤에 오는 후손들이 더 사랑하며 살 수 있는 바탕을 만드는 시간이다.
영원히 산다.
삶은 영원하다.
변화가 있을 뿐이다.
아름다운 미래를 산다.
참 좋다.
참 밝고 맑다.
아아,
아름다운 나의 미래여.
과거는 지나 간 시간이다.

과거에 메이지 말라.
미래가 오고 있다.
아름다운 미래가 오고 있다.
성령의 인도를 받아 사는 미래다.
사랑의 미래다.
천사로서의 미래다.
그렇게 아름답고 평화로운 미래를 산다.
그렇게 살겠습니다.
그렇게 삽니다.
아멘.

<2023. 7. 12. 09:56>

2. 직업윤리에 관한 단상(斷想)

창조주 하나님은 인간에게 한 가지 이상의 달란트를 주어 세상에 보냈다.
아무 것도 가진 것 없이 인간이 이 세상에 온 것 같지만,
그렇지 않다.
한 가지 이상의 달란트, 즉 재능, 능력, 탁월한 재주를 주어서 보내었다.
그러나 창조주는 한 사람에게 모든 달란트를 몰아 주지는 않았다.
다 나누어 주셨다.
그 얼마나 넓으신 창조주의 사랑인가!
달란트를 주신 것이 사랑이고
달란트를 각각 나누어 주신 것이 또한 더 큰 사랑이다.
그것이 창조주의 사랑이다.
그렇구나.
창조주께서 인간을 창조하실 때에 그의 형상을 따라서 창조하셨을 뿐만아니라,

각 사람에 한 가지 이상의 재능을 주셔서 이 땅에 보내주셨다.
그리고 그 재능을 충실히 연마하고 사용하여 행복하게 살라고 하셨다.
조용히 자신에게로 돌아가 보면,
자기는 자기 만이 가진 달란트가 있음을 발견할 수 있다.
그 재능을 가지고 살면 행복한 자기 삶을 살 수 있다.
그런데 창조주께서 각자에게 달란트를 주셨지만,
그 달란트를 남용해서는 아니된다.
창조주로부터 받은 재능을 가지고 자신의 입신양명(立身揚名)을 위해
쓰는 것이 무슨 문제가 있겠느냐 할 수 있을 수도 있지만,
각 달란트는 사회 전체가 이해하고 조화를 이룰 수 있는 범위내에 사용하여야 하지
자신의 이기적인 목적을 위해서 사용해서는 안 된다.
창조주로부터 받은 달란트를 남용하면
세상의 법으로는 비난할 수 없을 수 있지만
하나님의 사랑의 질서에서 보면
용인되고 이해되기 힘들 수 있다.
법 위에 윤리라는 것이 있다.
윤리 중에서도 직업윤리라는 것이 있다.
직업윤리는 창조주가 주신 달란트를 자기 직업의 수행에서
충실히 사용하라는 가르침인 것이다.
그러나 인간사회에서 주어진 달란트를 직업윤리에 반하게 사용하는 경우가 종종 전해진다.
고위 공직 인사청문회에 자주 나타나는 현상이
자기의 고위직을 바탕으로 하여 얻는 정보로
부동산을 취득하여 많은 개발이익을 사유화하고,
자녀의 좋은 대학 입학을 위해서 위장 주민등록이전을 하고,
자기의 고위직을 이용하여 친구 자녀에게 가짜 인턴증명서를 작성해 주고,
그렇게 하고도 왜 그 일들이 나쁘냐고 반문한다.

자기가 능력이 있어서 그 능력을 이용하였을 뿐인데
그것이 왜 나쁘냐고 한다.
그러면서도 청문회장에서는 국민의 눈높이에 맞지 않은 행동을 했다고 사과한다.
그러면 그것으로 또 넘어가는 것이 다반사이다.
또 어느 청문회에서는,
어느 법전공 교수가 대형로펌에 법률의견서를 수십 건 써주고
거액의 사례비를 받았다고 보도되었다.
그러면서 국민의 눈높이에 맞지 않았다고 고개를 숙인다.
법률의견서는 의견을 구한 자의 뜻을 받들어 그 정당성을 도출하는 자기재능을 사용하기 마련이다.
현행법을 해박하게 알면 의견서를 자주 쓰게 될 것이다.
그러나 그것도 유명대학의 교수여야 가능하지.
아마도 청문회를 본 여타의 법과대학의 교수들은 허탈감을 가졌을 것이다.
자기 능력이면 다 할 수 있는가?
그것이 직업윤리에 충실한 달란트의 사용인가?
달란트의 남용은 자기의 이기심을 채울 수 있지만
주위로부터의 인정과 존경은 받기 힘든다.
어느 법과대학 교수는 보험회사에 의견서를 많이 써 주고
돈을 좀 벌었다가,
그 일에 심취한 나머지 그만 자기 논문을 제대로 쓰지 못하여
대학에서 불이익 처분을 받은 경우도 있단다.
그 일이 다 직업윤리에 충실하지 못한 것이지!
정치하는 사람은 국민의 행복을 위해 일해야 하는데,
소속정당의 이익을 위해 자신을 내팽개친다.
아니다.
사람은 자기의 직업활동을 사랑으로 하여야 한다.
그 직업활동을 충실하게 하는 것이 사랑이다.

어떤 분은 국제회의에 참석한다면서 경비를 다 지원받아
가서는 정작 자기는 놀러가고
참가보고서는 큼지막한 사진을 붙여서 양을 채워 제출한다.
직업윤리에 반한다.
직업윤리란 창조주가 주신 달란트를 충실히 자기의 직업활동에 사용하여 자신은 행복하고, 이웃의 행복에도 도움이 되도록 하는 윤리이다.
이 세상이 그래도 조화롭게 운행되는 것은,
많은 사람들이 창조주가 주신 자신의 달란트를 가지고
자기의 직업활동에 충실히 사용하고 있기 때문이라 생각한다.
창조주가 주신 달란트도 자신의 행복을 위해서 사용해야 하고,
또한 이웃들이 함께 공동체의 행복에 동참할 수 있도록 사용해야 한다.
그것이 직업윤리다.
사회가 개인주의로 발전하고, 자본주의가 더욱 발전하다 보니,
자기만을 위한 달란트의 사용이 다 용인되는 실정이다.
그러나 하늘의 뜻을 생각하여야 한다.
서로 사랑이 될 수 있는 범위에서 달란트를 사용하여야 한다.
나는 부동산법, 그 중에서 토지법을 전공하였다.
토지는 그 양의 제한으로 개발이익이 많이 발생한다.
땅을 전공한 사람이 땅법을 이용하여 땅으로부터의 개발이익을 사유화하는 일에 매진한다면
그 자신의 토지법의 지식이 진정 가치를 나타내고 사회의 안정에 기여할 수 있을까?
아니다.
토지법을 전공한 사람은 토지로부터의 불로소득을 얻으려고 하지 말아야 한다.
그것이 직업윤리가 아닐까?
창조주가 주신 달란트를 남용하지 말아야 행복의 삶을 살 수 있다.
그것이 바로 하늘 나라의 운행질서이다.

그렇다.
그렇다고 생각한다.
아멘이다.

<2023. 7. 13. 09:40>

3. 젖먹이 애기가 엄마를 찾듯

젖먹이 애기가 엄마를 찾듯,
나는 하나님 아버지를 찾는다.
젖먹이 애기에게 엄마는 생명선이다.
하늘 아버지도 나에게는 생명선이다.
엄마는 오로지 사랑으로 애기에게 젖을 먹인다.
나도 하나님의 사랑을 구한다.
엄마가 애기를 얼래면서 애기에게 젖을 주듯
나는 하늘 아버지의 생명의 사랑을 받고 싶다.
기도의 시간을 늘린다.
생각나는 이웃들을 위하여 기도한다.
그러한 기도도 이웃에 대한 관심이고 사랑이다.
사랑의 방법이 여러 가지이다.
학문도 사랑으로 탐구하여야 그 맛이 난다.
이웃도 사랑으로 다가가야 가까워 진다.
주님이 주시는 사랑으로 이웃에게 다가가야 한다.
내 진심을 다한 마음으로 다가가는데
변화를 받지 않을 사람은 없다.
그것이 사랑이다.
나는 하나님의 사랑을 구한다.
그 사랑으로 나를 사랑하고 이웃을 사랑한다.
사랑을 구한다.

주님은 이미 충분한 사랑을 주시고 계신다.
구하기 전에 이미 다 아시고 사랑을 주셨다.
그런데도 주님께 사랑을 달라고 기도하고 구한다.
왜 주님께서 침묵하고 계시느냐고 주님께 말씀드린다.
그러나 이미 주님은 사랑하시고 계신다.
믿고 구하면 된다.
믿지 못하기 때문에 왜 침묵하시는냐고 반문한다.
이미 넉넉히 사랑을 주셨다.
이미 장래를 위한 사랑을 다 예비하시고 계신다.
왜 그것을 믿지 못하느냐?
그렇습니다.
인간이기에
갈대와 같이 흔들리는 인간이기에
굳건한 반석이신 주님이 생명의 샘에서 사랑을 보내주시는데,
감각이 둔하여 그 사랑을 느끼지 못하여
울부짖고 있다.
그래도 생명의 젖을 달라는 그 구함이 기특하다고 하신다.
이미 다 주셨다.
넉넉히 주셨다고 하신다.
삶 속에서 늘 사랑을 부어주신다.
그 분이 바로 나의 하나님이시다.
사랑의 그 하나님이시다.
하나님은 사랑이시다.
하나님은 본체가 사랑이시다.
걱정하지 말라.
염려하지 마라.
너에게 이미 넉넉히 사랑을 부어주었다.
나는 너를 한시도 눈을 떼지 않고 지켜주고 사랑하고 있다고 하신다.

이미 너에게 달란트도, 만나도, 계시도, 영감도, 성령의 은사도, 깨달음도 다 내려 주셨다고 하신다.
한번 주위를 둘러보라고 하신다.
내가 너를 사랑한다.
사랑하는 아들이 가장 행복하게 살아갈
모든 소재를 이미 다 주셨다.
너는 이미 충분히 많이 받았다.
미래를 위한 너를 위한 나의 계획이 있으시다고 하신다.
기도하면서 기다리라고 하신다.
믿고 때를 기다리라고 하신다.
나는 너를 무한히 사랑하신다고 하신다.
너가 생각하지 못한 것을 나는 이미 다 준비해 두셨다고 하신다.
다 알았다고 하신다.
너는 나의 사랑의 아들이라고 하신다.
감사합니다.
그렇습니다.
그렇게 믿습니다.
확실한 깨달음에 이를 것입니다.
주님안에서 내가 있음을 알겠습니다.
주님의 사랑의 품안에서 살 것임을 알고 또 믿습니다.
아멘.

<2023. 7. 13. 16:14>

4. 느린 삶

천천히 간다.
느리게 간다.
쉬면서 간다.

빨리 갈 것 없다.
빨리 갈 수도 없다.
허리가 아픈데 어떻게.
진통제를 먹고 아픔을 줄인다.
그래도 희망이다.
주님의 섭리를 믿는다.
주님께서 나를 위한 계획을 가지고 계신다.
나는 홀로가 아니다.
내 곁에 아내가 있고
전능하신 사랑의 인격자 하나님이 계신다.
하나님은 단순한 신이 아니다.
하나님은 인격자이시다.
아픔도 슬픔도 다 아시는 사랑의 하나님이시다.
나의 독일 친구 바제도우가 하나님 나라로 간지도 벌써 100일이 지났다.
그는 하늘나라에서 평화를 누리고 있으리라.
뭐 그렇게 빨라 갔는지?
천천히 가도 되는데.
딩굴딩굴하면서 한 20년은 더 있다가 가지.
왜 그렇게 쉽게 붓을 놓아버렸는지.
하기야, 그는 세상의 이곳 저곳을 많이도 다녔지.
대접도 잘 받고 존경도 참 많이 받았지.
그 누가 바제도우 만큼 가치있게 살았을까?
그는 갔다.
그를 위해 추모사를 완성하였다.
그의 아들에게도
막스 플랑크 함부르크 연구소에도 보냈다.
꾸밈없이 썼다.
형식에 구애됨이 없이 썼다.

서투른 독일어로 썼다.
화야갸 독일에 가면 그의 묘소를 찾을 것이다.
그는 참 좋은 법학자였다.
좋았다.
참 좋았다.
나의 사촌 여동생과 오랜만에 소식을 주고 받았다.
그녀는 유방암으로 고생을 하였다.
상당히 좋아진 것 같다.
믿음으로 이기고 있다.
믿음으로 살라고 하였는데,
나의 그 말에 감동을 많이 받았단다.
걱정하지 마라.
주님의 섭리를 따라서 살 것이다.
주님이 다 아신다.
다 주고자 하신다.
믿음으로 살아라.
기도다.
기도로 일어날 수 있다.
젊어서는 힘주어 살고
주님이 주신 달란트로 주님의 소명을 다하면
천천히
그리고 아주 느리게 느리게
무던히 기도의 삶을 살아야 한다.
주님께 전적으로 맡기고
무던히 살아야 한다.
암으로 생의 마지막을 생각하며
오늘 이 시간을 지나고 있는 믿음의 노인이 계신다.
좀 더 살고 싶으시단다.

그럴 수 있지.
아니다.
알차게 살으셨으면
주님의 섭리에 순종하여야 한다.
천사가 오기를 기다리면서
마지막 그 순간까지 기도하면서
주님이 보내실 천사를 맞이하도록 하여야 한다.
그것이 알찬 삶이다.
주님은 나에게 참으로 알찬 삶을 주셨다.
그렇다.
자연법과 참회와 속죄를 쓰게 해 주셨다.
너무나 감사하다.
나의 학문과 삶을 정리하는 글을 담은 책이다.
나의 학문과 삶의 정점에서 쓰고 출판한 책이다.
이제는 천천히 그리고 아주 느리게,
더 느리게
나의 노년의 삶으로 들어간다.
전적으로 주님이 섭리해 주시는 그 삶이다.
자꾸만 새로운 생각들을 깨닫게 해 주신다.
글을 쓴다.
짧은 글 중심이다.
자기의 이 땅에서의 기록을 남기지 않으려는
분은 참으로 위대하다.
하나님만이 아시면 되지 자기 기록을 남겨
그 누군가가 읽어 주기를 바라는 것은
과욕일지 모른다.
자기 자신을 기록으로 남긴다는 것은
그 누구에게 자기를 알아주기를 바라는 욕망일지도 모른다.

그것을 다 없애고자
자기 기록을 남기지 않으려고 하는 분은 위대한 인격자이다.
그렇게 사신 분이 있다.
기도하는 삶이 가치 있는 삶이다.
늘 기도하며 창조주를 사모하는 삶은 아름답다.
기도에는 거짓이 없다.
기도에는 간절한 소망이 담겨 있다.
기도하는한 희망이 있다.
기도하는한 생명이 유지된다.
기도하는한 호흡이 이어간다.
기도하고자 하는 힘이 생긴다.
기쁘다.
용기가 난다.
주님은 기도하는 자에게 다가와 손잡아 주신다.
천천히 기도하자.
좀 시간을 길게 내어 기도하자.
기도가 사는 길이다.
기도로 살자.
재주로 살기보다는 기도로 사는 것이 낫다.
조리없는 기도라도 좋다.
어색한 기도라도 좋다.
기도하는 마음이 생기는 한 살아있고 희망이 있다.
기도로 일어난다.
기도가 힘이다.
기도가 생기(生氣)다.
기도로 주님을 만나자.
오늘 아침에도 주님께서 나에게 체험을 허락하셨다.
성령의 불이다.

성령의 빛이다.
희망이다.
밝다.
힘이 생긴다.
아파도 일어선다.
기도가 일어나게 한다.
기도다.
기도다.
기도이고 기도다.
아멘이다.

<2023. 7. 18. 15:04>

5. 일상(日常)

날이 여전히 덥다.
비가 오지 않고 무덥다.
밤잠을 설친다.
그래도 잘 견뎌 내고 있다.
몸이 더위에 적응을 하도록 하고 있다.
한 주일이 지나면 아침, 저녁으로 기온 차이가 날 것이다.
세월은 변한다.
희망으로 변한다.
선선한 날도 멀지 않았다.
항상 희망으로 살자.
목사님께 나의 책,
참회와 속죄의 책을 드렸다.
있는 그대로 나를 보여 드리는 것이 나의 도리다.

이제는 악보가 조금 눈에 들어온다.
따라 부를 정도는 되어 간다.
장족(長足)의 발전이다.
이 나이에 합창을 하다니
하나님의 섭리이다.
차분히 더 정진해 나가고자 한다.
더위 속에서도 스케치를 하였다.
나의 마음을 표현하고 싶다.
나는 자연 그대로가 좋다.
눈 덮인 높은 산이 좋고,
작은 이름 없는 꽃이 좋다.
자연 그대로가 좋다.
호숫가의 나무가 좋다.
산속 계곡의 고요가 좋다.
계속 그려 본다.
그리기는 그려도 뭐 알고 그리는 것은 아니다.
그냥 그린다.
누구에게도 사사(師司) 받지 않았다.
그냥 그려 보는 것이다.
손녀에게 그림 자랑을 하였다.
아들이 그리 좋아 하지 않는다.
아들에게 투자를 계획하고 있는데,
자신을 갖기를 기도한다.
자신을 가지려면 주님께로 나와야 한다.
이는 주님으로부터 받은 은혜로 오늘을 사는 것이다.
그 이상도 이하도 아니다.
오로지 주님이 주신 달란트로 오늘을 살고 있다.
이 모두를 다 주님이 주셨다.

나는 기도하면서 주님으로부터의 깨달음을 받아
이렇게 일상을 살아간다.
그러나 열심히는 한다.
그러나 요즈음은 쉬는 시간을 좀 더 길게 가지려고 한다.
너무 더우니까?
또 머리가 정지하는 일이 일어나서는 안 된다.
그래도 부지런히는 살려고 한다.
오늘도 태양이 뜨겁게 솟았다.
나도 아침에 일어났다.
뜨겁게 부지런히 산다.
오늘을 산다.
몸을 생각하면서 운동한다.
몸이 운동을 해 달라고 한다.
운동을 하지 않으면 몸은 시들해 진다.
움직여야 한다.
주님 믿는 일도 열심이어야 한다.
기도를 부지런히 하여야 한다.
인간이 이 지구의 주인이라고 살고 있지만,
인간이 어찌할 수 없는 일들이 참 많다.
태양의 저 이글거리는 에너지,
이 여름의 더위,
올라오고 있는 태풍의 진로 바꾸기,
겨울철인 남미의 고온현상의 변화,
인간이 할 수 없는 일들이 참 많다.
그러면 누가 인간이 손댈 수 없는 일을 하고 있는가?
그것은 창조주이시다.
눈 덮인 히말라야 산을 행글라이더로 오르는 사람이 있다.
이미 손가락을 여덟 개나 잃은 사람이다.

이런 생각이 들었다.
왜 창조주께서 히말라야를 그렇게 높게 만드셨을까?
좀 낮게 만들었으면
손가락도 잃지 않고
언제나 그곳을 즐길 수 있을 텐데.
왜 창조주는 히말라야를 저렇게 높게 만들어 놓고
그것을 가고 싶어 하는 사람에게 여덟 개의 손가락을 대가로 받으시는가?
나는 보기만 해도 온 몸이 오싹해 진다.
그것이 좋다고 나는 사람은 태연하다.
그렇게 높게 히말라야를 만들었기에
그 많은 물을 저장하였다가,
인더스 강을 만들어 수많은 사람과 생명을 살린다.
그것이 창조주의 신비한 뜻이 아닐까?
그것이 사랑이다.
자신이 없으면 주님께 길을 물어야 한다.
그러면 답을 얻어
자신을 가질 수 있을 것이다.
그렇게 살면 참 좋겠다.
더워도 책을 마주한다.
그 예전의 성현들을 마주한다.
깨달음을 얻을 것이다.
학문은 상승으로의 변화다.
학문한다.
글을 읽는다.
상승한다.
희망으로 나간다.
희망이다.
더워도 희망이다.

더 나은 경지로 간다.
그것이 변화다.
상승으로의 변화다.
간다.
그 길로
바로 그 길로.
아멘이다.

<2023. 8. 7. 08:50>

6. 학문의 길, 학자의 길

학문의 길은 형극(荊棘)의 길이다.
학문의 길에서는 이 세상의 즐거움을 다 버려야 한다.
세상을 즐기면서 학문을 하기는 힘든다.
온전히 평생을 학문하는 일에 매진하여야 그래도 작은 결과를 얻을 수 있다.
학문하는 일은 고독의 길이다.
다 어울리면서 한담(閑談)하고 학문하기는 힘든다.
학문은 고독하게 자기 자신을 온전히 자기의 학문에 정신을 쏟아야 한다.
학문하는 일에는 세상의 부귀영화를 바라서는 안 된다.
세상의 부귀영화를 바라면서 학문을 하면
그 학문은 세상을 향하여 왜곡된다.
학문은 이상주의를 향함이 바람직하다.
그래야 현재를 극복하고 밝고 아름다운 미래를 제시할 수 있다.
학문하는 사람 중에는 현실주의자도 있다.
현실에 충실한 학문을 하는 사람도 있다.
그러나 그러한 현실주의자는 어용학자가 될 가능성이 높다.
나는 아리스토텔레스가 현실주의 어용학자의 원조라 생각한다.

아리스토텔레스는 이상주의 철학자이자 자기의 스승인 플라톤의 학문을 모두
현실로 끌어내려 세속화하였다.
그 무엇보다도 아리스토텔레스는 노예제도의 합법성을 인정하였다.
그는 아마도 알렉산더 대왕의 스승으로서
알렉산더 대왕의 동방원정으로 얻는 노예들을 부리는
일의 정당성을 부여한 사람이었다고 생각한다.
그가 노예를 인간으로 인정하지 않은 것은 학자로서 큰 잘못이었다고 생각한다.
아리스토텔레스의 노예인정으로 역사 속에서 그 얼마나 많은 노예들이 고난을 당하였는가?
어용학자는 학자가 아니다.
신학에도 현실주의 신학자가 있다.
대표적으로 라인홀더 니버가 현실주의 신학자이다.
학문을 권력자를 위해 활용해서는 안 된다.
그것은 악이다.
학문은 성스러운 일이다.
학문은 단순한 기술과는 다르다.
학문은 더 나은 세계를 이루기 위한 길잡이이어야 한다.
학문하는 삶은 자기세계가 있는 사람이어야 한다.
자기세계가 분명하지 않으면 어용학자가 될 수 있다.
학문은 입신양명(立身揚名)의 일이 아니다.
학문으로 곡학아세(曲學阿世)해서는 안 된다.
자기세계는 자기철학이며 자기사상이 분명하여야 한다는 것이다.
인간은 사회적 동물이면서 동시에 사상의 존재이다.
학문하는 사람은 더욱더 자기사상이 확실하여야 한다.
인류에 위해(危害)한 기술을 개발하는 연구 작업에 반대하는 학자들이 있다.
그런 일에 연구비 지급을 못하게 하는 학자들이 있다.

그런 인류에 위해가 될 수 있는 연구에 참여하지 못하게 막는 학자도 있다.
그런 학자가 진정한 학자이다.
학문이란 이름으로 인류에 해가 되는 기술을 만들어서는 아니 된다.
바른 사회, 사랑의 사회로 가는 사상의 소유자들이 학문하여야 한다.
편협한 민족주의를 부추기는 연구를 학문으로 칭송하는 것도 자제되어야 한다.
사회주의를 이상사회로 그리는 학문하는 사람도 진정한 학문하는 사람이 아니다.
사랑의 이상사회를 실현하는 일에 학문의 생명이 있다.
학문하는 사람은 자기가 무슨 일을 하는지를 늘 성찰하여야 한다.
자기의 학문결과가 이 세상에 어떤 유익을 가져올 것인가를 생각하는 사람이 학자이다.
학문하는 사람은 이 세상이 더 나은 사회가 되도록 하는 일에 그 목적과 목표를 두어야 한다.
학문하는 사람은 진리의 순교자가 될 각오를 하여야 한다.
소크라테스는 진리의 순교자였다.
진리를 학문으로 설파하다가 고통을 당한 사람들이 있다.
그들이 진정 학문하는 사람이다.
오늘날의 신자유주의적 자본주의 사회에서는
아무리 이상적인 학문을 하여도
그 학문으로 지위나 부(富)를 얻지 못하면
학자대접을 해 주지 않는다.
학문하는 사람은 그러한 사회적 무관심 속에서도 진리의 자기세계를 펼쳐 나가야 한다.
진리는 그 자제 힘을 가지고 있다.
그 진리를 자기세계의 핵심가치로 하여야 한다.
그것이 학문의 길이고, 학자의 나아가야 할 길이다.
학자는 자신을 잃지 말아야 한다.

자신을 끝까지 지켜 나가야 한다.
이상사회를 향하여 학문하여야 한다.
현재를 정당화하는 것은 진정한 학문이 아니다.
학문에는 끝이 없다.
이상을 향해 가고 또 가는 것이 학문하는 일이다.
평생을 두고 가야하는 길이다.
이러한 학문의 길을 가는 학자는 결코 죽지 않는다.
역사에서 사라지지 않는다.
학문에도 생명이 있다.
학문하는 사람은 가도
그의 학문은 생명이 이어진다.
소크라테스도, 플라톤도,
아우구스티누스도, 칼빈도,
그는 여전히 현재에 살아서 이 세상을 이끌어 간다.
그런 분들이 진정한 학자이다.
진정한 학자는 역사가 기억해 준다.
어용학자는 역사의 비난을 받는다.
하나님은 말씀하셨다.
하나님의 뜻을 따르고 받드는 사람에게는 천대(千代)까지 복을 주시고
주님을 거역하는 자는 삼대(三代)까지 벌을 주리라고 하셨다.
그렇다.
그 말씀은 바로 학문하는 사람에게 적용된다.
학문도 사랑으로 하여야 한다.
학문함이 사랑이 되도록 하여야 한다.
이렇게 학문의 길은 힘드는 형극의 길이다.
그러나 학문의 길은 세상을 살리는 희망의 길이다.
학문이 세상을 바로 세우는 일이다.
그러므로 학문은 진리를 찾고 구하고

진리의 세계의 문을 두드리는 길이다.
참 힘 드는 길이다.
그 길에 들어선 사람은 그 길로 가고 또 가야 한다.
인류의 장래를 밝히는 학문의 길은 갈만한 길이다.
그 길로 가는 사람은 힘들지만,
행복을 찾아가는 길이며,
행복을 찾아주는 길이다.
그 길이다.
바로 그 길이다.
아멘이다.

<2023. 8. 1. 09:53>

7. 나는 미완성

이 세상에 완전(Vollkommenheit)은 없다.
이 세상에는 정답도 없다.
완전과 정답은 하늘나라에만 있다.
다만 완전을 향하여 나아갈 뿐이다.
나도 마찬가지이다.
완전을 목표로 하였지만
완전은 하늘나라에서나 이룰 수 있는 경지임을 깨닫는다.
인격도 미완성이다.
학문도 미완성이다.
믿음도 미완성이다.
기도도 미완성이다.
삶도 미완성이다.
언제 완전에 가까이 갈 수 있을까?
믿음 안에서만 어느 정도 가능할 수 있으리라.

그래도 완전을 이상으로 하여 나아간다.
나에게의 완전은 정의와 사랑이다.
그 중에서도 사랑이다.
영원한 이상이고 궁극이다.
그래 사랑이다.
사랑으로는 완전에 이를 수 있을 것이다.
사랑으로 인격을 기르고,
사랑으로 학문의 완성을 향하여 부단히 애쓰고,
주님이 들어주실 만한 사랑의 기도를 드리고,
사랑의 삶을 살도록 애쓰면,
그래도 완전에 가까이 갈 수는 있지 않을까?
완전을 향하여 더 나아가고 싶은데,
몸이 아프다,
몸이 나의 완전을 향한 소망과 희망에
몸이 다 뒷받침하기 힘든다고
한다.
자주 넘어진다.
아프다.
이러다간 일어서지도 못하는 것 아닌가?
완전을 향한 노력에 제동이 걸리는 것이 아닌가?
그러지는 않을 것이다.
그래도
노예신분의 스토아철학자 에픽테투스(Epictetus)를 생각해 보아라.
그는 다리가 잘려 나가고
몸이 불구가 되어도 진리 속에서 살면서
진리를 설파하였다.
그의 몸은 갔지만,
그는 지금도 살아있다.

결코 죽기 않았다.
그의 사상은 오늘날도 생명을 유지하고 있다.
그렇다.
그는 살아있다.
좀 더 나은 세계를 향하여,
더 가치있는 결실을 거두어 보고자 한다.
가능할 것이다.
주님 안에서는 가능하다.
주님이 이루어주시면 가능하다.
주님안에서는 다 완전하고
불가능이란 없다.
몸이 뒷받침해 줄 수 있는 범위내에서 완전을 향한 변화를 계속한다.
그것이 삶이다.
그래 그렇다.
그것이 삶이란 것이다.
하나님이 내어주신 몸의 전문가들의 사랑의 도움을 받으면서
나의 세계도 좀 더 완전에 가까이 가도록 해 보고 싶다.
깊은 깨달음의 삶이다.
충실한 삶이다.
사상이 있는 삶이다.
철학이 있는 삶이다.
완전에 가까이 가는 삶을 산다.
그 삶은 하늘나라를 가기 직전까지 이루어여야할 과제이다.
완전은 이 세상에는 없다.
그러나 완전을 향해 간다.
창조주의 창조의 섭리를 깨달아가며 완전을 향해 간다.
간다.
그 완전을 향해.

사랑이 완전으로 가는 길이다.
그렇다.
그렇다.
그렇다고 믿는다.
진정 그렇다.
그렇다.
그것이 진리다.
아멘이다.

<2023. 7.24. 09:29>

8. 절제, 절약, 검소, 소박, 순박, 수수함, 단아함의 아름다움: 소소한 아름다움

하나님은 한 사람의 인간에게 5복을 몰아주시지 않았다.
각 사람에게 각각 5복을 나누어 주었다.
그러나 받은 몫을 제대로 잘 활용하는 사람도 있고 그렇지 못한 사람도 있다.
받은 복도 가꾸고 가다듬고 키워야 계속 크고 아름다워 진다.
큰 복을 받은 사람이 자기의 복을 뽐내지기만 하면 그 복이 오래가지 못한다.
작은 복을 받은 자기의 복이 작다고 불평만 하면 그 작은 복도 지킬 수 없다.
사람은 어떻게 자신을 잘 관리해 나가야 할까?
어떻게 사는 것이 창조주가 보시기에 아름답고 칭찬받을 수 있을까?
받은 복을 잘 관리하고 가다듬고 아름답게 만들어 나가야 한다.
그러한 방법이 무엇일까?
절제다.
검약이다.
검소다.
소박함이다.

순박함이다.
수수함이다.
단아함이다.
받은 복에 감사하고
그 복을 절제하면서 잘 가꾸고
절약하면서 아끼고
검소함으로써 오래 오래 복을 누리도록 하여야 한다.
너무 화려하지 않고 그러면서도 추하지 않게
아주 소박하게 꾸미는 것이 좋다.
깨끗하고 순백하게 치장하는 것이 좋다.
그러면 그 모습이 단아(端雅)하고
절제의 아름다움이 살아날 것이다.
받은 복을 절제하면서 키워
그 몫을 키워 나감이 사람의 본분이며,
사람의 아름다운 삶의 모습이다,
받은 복에 자신의 노력을 더하여 그 몫을 키워 나갈 때가 아름답다.
하나님이 보시기에 아름다운 삶이다.
그런 삶을 사는 것이 아름답다.
하나님이 보시기에 아름답고
잘했다 칭찬하실 수 있는 사람의 모습은
소박함과 절제라 생각한다.
그런 소박함과 절제의 삶이 안정적이다.
오래 오래 지속되고
자자손손 이어질 수 있다.
그렇게 사는 것도 쉬운 일이 아니다.
늘 기도하면서 주님 앞에 자기를 비추어 보아야 가능할 수 있는 일이다.
세상의 유행에 정신을 팔지 않아야 가능하다.
세상의 흐름에 자신을 지켜야 가능하다.

그것이 그리 쉽지 않다.
하나님께 늘 기도하면서 자신을 성찰하여야 한다.
그런 사람의 철학이 이 사회의 바탕이 되어야 한다.
오늘날의 풍조는 과한 것을 찾는다.
일확천금을 꿈꾼다.
시대변화에 편승하여 부를 누리려고 한다.
그것이 아니다.
절제하여야 한다.
검소하여야 한다.
검약하여야 한다.
소박하게 살아야 한다.
수수함이 좋다.
화려한 꽃만이 아름다운 것이 아니다.
길가에 이름없이 피어있는 작은 꽃이 아름답다.
이름없는 꽃을 아름다운 꽃으로 대접할 수 있어야 한다.
그런 작은 꽃에 눈을 돌여야 한다.
하나님 보시기에 아름다운 삶을 살아야 한다.
하나님은 분에 넘치는 삶을 원치 않으신다.
차분하게 절제된 삶을 좋아하신다.
절제된 삶은 진실하다.
소박하다
수수하다.
꾸밈이 없는 자연 그대로이다.
그런 삶이 좋다.
세상이 첨단으로 발전해 가지만
절제된 소박한 삶이 아름답다.
그러한 사람의 얼굴은 환하다.
화장을 안 해도 환하다.

하나님의 축복의 기운이 나타난다.
아무리 얼굴을 뜯어 고쳐도
주님이 주신 본래의 모습이 가장 아름답다.
주님이 주신 모습을 잘 가다듬어
이웃집의 인정 많은 아저씨같이
복스러운 이웃집 아주머니 같은
모습이 아름답다.
주일이면 교회 가서 기도하고
이웃에 꾸러가지 않고
늘 평안한 모습의 이웃으로 살아감이 아름답다.
서로 사랑으로 인사하고
언제 보아도 수수한 그 모습이 아름답다.
비싼 옷을 입지 않아도 좋다.
말끔한 모습이 좋다.
사랑의 모습이 얼굴에 들어나는 그 분이 좋다.
더 가까이 가고 싶은 그 사람이 좋다.
그런 사람이 되고 싶다.
그런 분이 바로 천사다.
천사는 자랑하지 않는다.
천사는 좋은 소식을 전해 주지만,
좋은 옷만 입고 오는 것이 아니다.
수수하고 소박하고 절제된 경건한 모습으로 온다.
그런 사람이고 싶다.
그런 사람이 많으면 세상은 평화롭다.
평범하고 수수하게
절제하며
절약하며
소박하게 살아보자.

그것은 몸에 배어야 한다.
기도로 몸에 배일 수 있게 할 수 있다.
그 곳에 주님이 역사하신다.
주님이 역사하는 그런 소박한 삶을 살자.
그렇게 살아보자.
그러면 세상이 더 좋아질 것이다.
더 평화로울 것이다.
더 여유가 있을 것이다.
더 아름다울 것이다.
더 많이 가지려고 아옹다옹 하지 않을 것이다.
더 안정적일 것이다.
참 아름다울 것이다.
그렇게 살자.
그런 분이 바로 살아있는 천사다.
살아있는 천사로 살아보자.
하나님이 그 길로 인도해 주실 것이다.
그렇게 믿는다.
하나님의 섭리에 충실한 삶이 될 것이다.
참 아름답다.
참 가고 싶은 길이다.
소박한 자연스러운 그 삶의 모습이
참으로 아름답다.
그렇다.
분에 넘치지 않은 아름다운 삶이다.
그런 사람이 하나님 나라의 삶이 아닐까?
그럴 것이다.
그렇게 믿는다.
사랑스러운 삶이다.

그렇다.
아멘이다.

<2023. 7. 29. 07:30>

9. 아픔

아픔은 정상적인 상태가 아닌 상태이다.
아픔에는 육체의 아픔, 마음의 아픔, 영혼의 아픔,
수 없이 많다.
아픔을 경험하지 않은 사람은 아마도 없으리라.
큰 아픔도 있고 작은 아픔도 있다.
오래가는 아픔도 있고 곧 잊혀지는 아픔도 있다.
사람만이 아픈 것이 아니라,
동물도 식물도 다 아픔이 있다.
생명 있는 것들은 다 아픔을 갖는다.
능력은 있으나 자신감이 없어서
자신에 대해 아파하는 사람이 있다.
이길 수 있는 아픔도 있고
이기기 힘든 아픔도 있다.
아픔을 이기는 사람도 있고
아픔을 이기지 못하는 사람도 있다.
아픔은 보듬어야 한다.
아픔을 방치해도 안 되고,
아픔을 너무 과대하게 생각해도 안 된다.
보듬어야 한다.
아픔이 반복되는 일은 참으로 괴롭다.
아픔은 아픔을 보듬어

아픔을 달래면서 가기도 하고,
아픔을 완전히 제거하기도 하고,
아픔을 이기기도 한다.
부처님이 말씀하셨듯,
이 세상은 생노병사의 근원적인 아픔이 있다.
부처님은 해탈로 근원적인 아픔에서 벗어났다.
그러나 범인(凡人)은 그러하지 못한다.
나도 몸이 아파 오늘 병원으로 간다.
아픔을 완전해 해결해 주시길 바라지만,
벌써 아픔이 시작된 지 10년이 넘었다.
그래도 용케 잘 인내하면서 살아왔다.
아픔에 도전하면서 살아온 때도 있었다.
아픔을 보듬으면서 지난 때도 있었다.
하나님께 기도하면서 아픔을 없애주시길 구하기도 하였다.
그러나 아픔의 정도는 변화하지만,
아픔이 완전히 사라지지는 않았다.
어떻게 할 것인가?
사랑으로 보듬어야 한다.
사랑으로 보듬어야 아픔이 덧나지 않는다.
사랑이 약이다.
아픔에는 사랑이 약이다.
인간 개인만이 아픔을 갖고 있는 것이 아니다.
인간의 역사도 아픔을 갖고 있다.
어느 나라나 정도의 차이는 있지만 나라의 아픔이 있다.
나라의 큰 아픔을 정의의 문제로 다루기도 한다.
그것이 바로 역사적 정의다.
역사적 정의는 아픔이 상당히 커야 한다.
작은 역사의 아픔은 잊고 넘어간다.

아픔이 성숙을 가져다준다.
아픔이 아픔으로 끝나서는 안 된다.
아픔도 더 나은 방향으로 변화하여야 한다.
그것이 바로 아픔을 통해서 더 성숙해 지는 것이다.
그 성숙은 아픔을 통해서 자기 성찰을 하는 방법으로 이루어진다.
아파도 자신을 놓지 말아야 한다.
아픔으로 희망을 가질 수 있어야 한다.
아픔에서 더 높은 경지로 가야 한다.
아픔의 과정을 통해 아름다운 결과를 얻을 수 있다.
아픔을 통해 자신감을 가지고 더 나은 위치로 자기를 옮겨갈 수 있다.
그것이 바로 아픔의 본질이다.
아픔도 변한다.
아픔이 길을 찾도록 한다.
더 좋은 길을 찾도록 한다.
그렇게 길을 찾아가는 과정이 삶이다.
사랑으로 아픔을 이기고
사랑으로 보듬어야 한다.
아내의 아픔도 나의 사랑으로 보듬어야 한다.
가족들의 아픔도 사랑으로 보듬어야 한다.
집안의 아픔도 서로 사랑으로 보듬어야 한다.
공동체의 아픔도 서로 사랑으로 보듬어야 한다.
기도로 아픔을 이기도록 힘을 내고 힘을 주어야 한다.
아픔을 원망으로 대할 것이 아니다.
아픔은 자기 성찰로 응시하여야 한다.
아픔은 더 나은 세계로 가기 위한
과정으로 받아들임이 좋다.
아픔 없이 창조주를 찾기 힘 든다.
아픔이 있는가,

하나님을 찾아라.
하나님은 아픔에서 평화의 길로 인도해 주실 것이다.
아픔에서 성숙한 사람으로 길러 주실 것이다.
아픔에는 긍정의 마음이 중요하다.
아픔을 미워하지 말라.
아파도 희망의 끈을 놓지 말아라.
아파도 내일이 있을 것임을 믿어라.
하나님께 길을 물어라.
사랑으로 아픔을 보듬고
기도로 하나님께 아픔에서 벗어날 수 있는 길을 물어라.
하나님은 길을 밝혀 주실 것이다.
아픔에서 희망으로
아픔에서 성숙으로
아픔에서 믿음으로
아픔의 어두움에서 빛으로
기도하면서 가고 또 가야 한다.
그 길이 생명의 길이다.
그 길이다.
바로 그 길이다.
아멘이다.

<2023. 8. 8. 08:22>

10. 인내(忍耐)

참아야 하는 것은 초조하고 때론 고통스럽다.
그러나 인내하면서 때를 기다려할 때가 많다.
삶도 인내를 요하는 여정이다.

인내한다는 것은 어려움을 참고 견디어 최후 승리를 얻어내는 과정이다.
인내하면서 깨달음을 얻고
깨달음을 얻어야 값진 결과를 얻을 수 있다.
인내의 대표적인 인물은 욥이다.
우스 땅의 욥이다.
욥은 하나님을 믿는 믿음으로 그 혹독한 시련을 인내하여 최후 승리를 얻었다.
욥의 그 처절한 인내에 대해
하나님은 그 답례로 그에게 잃었던 재물과 그의 생(生)의 2배를 축복해 주셨다.
축복을 받기 위해 인내하는 것이 아니다.
인내하여 참아내면 그 보답이 있는 것이다.
세상의 어떤 일이든
쉽게 얻어지는 것이 있으랴?
인내하며 참고 견디면 이긴 결과로 보답이 주어지는 것이다.
나도 인고의 삶을 살았다고 생각한다.
그리하여 나는 나를 관동의 욥이라고 스스로 이름지어 보았다.
참고 견디어 왔다.
기도하면서 참고 견디었다.
희망으로 참고 견디었다.
인내를 해도
주님이 그 인내의 내용을 허락해 주셔야 그 결실을 거둘 수 있다.
주님이 허락해 주시지 않으면 결실을 거둘 수 없다.
늘 기도하면서 주님으로부터 깨달음을 얻어야
그 인내의 결실을 거둘 수 있다.
그러므로
인내하였으나 결과가 없다고 실망할 것이 없다.
주님이 다른 길로 인도해 주신다.
물론 기도하면서 인내하여야 한다.

주님은 자신이 허락한 인내에 대해서는 기어이 결실을 거두도록 해 주신다.
그것은 진실이고 진리이다.
특히 젊은이들이 인내를 몸에 익혀야 한다.
꿈꾸는 일의 결과는 인내하여야 그 결실을 거둘 수 있다.
젊어서의 고생은 사서도 한다는 말이 있다.
좀 고생하여야 한다.
늙어서까지 고생하는 것은 안타까운 일이다.
그래도 다 인내하여야 한다.
인내는 인내로 끝나서는 안 된다.
인내로 더 나은 결실을 거두어야 한다.
그럴 수 있도록 인내하여야 한다.
그러한 인내가 기도하면서 겪는 인내다.
기도하면서 겪는 인내는 꼭
더 나은 결실을 얻을 수 있다.
그것은 주님이 섭리하시기 때문이다.
쉽게 포기 하지 말아야 한다.
쉽게 마음을 놓지 말아야 한다.
곰곰이 생각하고 기도하면서
인내가 결실을 거둘 수 있도록 성령의 인도를 받아야 한다.
성령의 인도를 받은 인내는
바른 인내이다.
일부러 인내하는 일도 수다하다.
불교의 스님들은 동안거(冬安居), 하안거(夏安居)를 하면서 수련을 한다.
가장 덥고, 가장 추운 시기에 수련을 하면서 인내한다.
단식(斷食)을 하시는 분은 힘들게 배고픔을 참는다.
성철 스님은 눕지 않고 정진하는
장좌불와(長坐不臥)의 인내를 10년도 넘게 하셨다.
범인은 그런 극단적인 인내를 할 것은 아니다.
그러나 참을 만한 정도의 참는 수련을 삶 속에서 기도하면서 인내하는 것은 가치있는 삶의 한 내용이다.
인내가 기쁨과 평화로 가는 방법이어야 한다.
무던히 인내하여야 한다.
좀 우직하게 인내하여야 한다.
인내에는 기도가 수반되어야 한다.
인내로 검은 세력이 침투하도록 허용해서는 안 된다.
인내는 선을 위한 참음이어야 한다.
인내 후에는 선과 평화의 경지로 넘어가야 한다.
조금 참는 것도 인내다.
크게 참는 것도 인내다.
인내는 힘들지만
그 결과는 아름답고 기쁘다.
그러한 인내이어야 한다.
주님도 십자가에 달리어 돌아가시기 까지
극한 시련을 인내하셨다.
그 인내의 결과는 부활이었다.
인내가 부활로 승화하도록 기도하면서 인내하여야 한다.
그것이 가치있는 인내이다.
적절히 인내하여야 한다.
기도하면서 인내하여야 한다.
그것이 인내하는 바른 방법이다.
그렇게 믿는다.
그렇게 생각한다.
그렇게 산다.
그렇게 인내한다.
아멘이다.

<2023.8. 12. 13:06>

11. 인격, 인품

사람에는 품격이 있다.
국가에는 국격이 있다.
인격과 품격은 고매하고 높은 것이 좋다.
인격은 그 사람의 됨됨이 이다.
사람의 됨됨이란 무엇인가?
사람으로서 갖추어야할 덕목을 갖추어 있는 것이다.
사람의 덕목에는 서양에서는 7덕목이다.
절제, 용기, 지혜, 정의와
믿음, 소망 사랑이다.
그 중에서도 정의와 사랑이 주덕목(Kardinal Tugend)이다.
동양의 유학에서는,
인의예지신(仁義禮智信)의 5덕목이다.
동양의 덕목 중에는 사랑의 덕목이 그리 강하지 않다.
관계를 중시하는 덕목으로 구성되어 있다.
상하질서(上下秩序)를 강조하는 덕목이다.
서양의 덕목에는 정의와 사랑이 핵심 덕목이다.
평등정신의 기초위에 있다.
지금 중국의 공산당 지배체제는 전통적인 동양의 상하질서의 덕목에 기초하고 있다.
서구 여러 나라의 사회는 그리스 철학과 기독교 신앙에 기초한 덕목의 사회이다.
이러한 덕목의 차이가 나타난 배경은
아마도 동양은 농경사회를 중심한 덕목이었고,
서양의 덕목은 유목사회, 상업사회의 발전에 기인하지 않았을까 생각한다.
오늘날의 산업사회를 지난 고도정보화사회로 들어선 이 시대는
어떠한 덕목이 이 시대의 사람들의 인격을 형성해 나가야 할까?

오늘날은 인간의 이성이 고도로 발전하고
인간은 인간 자신의 이성도 부족하여
인공지능의 지식을 더하여 가지고 있고 더 가지려고 한다.
인간의 이성과
인공지능이 합하여진 오늘날의 사회의 인간인격은 어떠한 덕목으로 갖추도록 하여야 할까?
오늘날의 사회는 목가적인 고요한 사회가 아니다.
인간과 인간 간의 직접 접촉보다는
인공지능의 기계를 통한 접촉이 많아지고 있는 사회다.
농사도 기계가 짓는다.
인간은 멀리서 기계를 조종만 하면 된다.
농부만이 농사를 짓는 것이 아니다.
인공지능 기술자가 농사를 짓는다.
농부는 기술이 없어서 농사에서 밀려 난다.
이제는 시장에 가지 않아도 물건을 살 수 있다.
집에서 장보고
사무실에서 물품을 구입한다.
직접 물건을 보고 구입하지 않고
사진으로만 보고 구입한다.
자동화 시대의 모습의 일면이다.
전쟁에서도 군인이 전장(戰場)에 가지 않고
수천 킬로미터 멀리서 대포를 손다.
진지를 구축하기 보다는
방어 시스템으로 대처한다.
전염병이 와도 집안에서 식생활을 할 수 있다.
인간이 우주로 나간다.
벌써 우주로 나가는 일을 해냈다.
인간이 만든 인공지능이 인간을 우주로 데려다 주고 있다.

우주에는 목가적이고 낭만적인 초원도 바다도 없다.
그런데도 인간이 그곳에서 살 수 있다고 믿고
인간이 외계로 나가려고 하고 있다.
지구가 더 이상의 낭만적인 인간 거주지가 아닐 수 있는 시대로 가고 있다.
인간이 지구를 다 떠나 지구를 버릴 수 있을까?
그런 시대가 올까?
인간은 그런 시대도 생각하고
인간이 자기이성으로 인공지능을 만들어 외계로 나가려고 하고 있다.
이러한 사회로의 변화는
인간의 이성과 인공지능의 능력이 더하여
이루어진 결과이다.
이러한 시대에 예전과 같이
서로 마주 대하여 주고 받는 사랑의 관계가 형성될 수 있을까?
낭만적인 인간관계가 형성될 수 있을까?
이러한 사회에서의 인간의 덕목은 무엇일까?
절제, 용기, 지혜, 정의가 오늘날의 시대에도 여전히 적합할까?
인의예지신의 덕목이 오늘날에도 여전히 이상적인 덕목일까?
인간이 인공지능을 만들어 내는데,
창조주 하나님의 이 세상 창조는 여전히 진리일까?
창조주 하나님이 없는 세상으로 가는 것일까?
신앙은 어떻게 될까?
창조주 하나님은 자신이 인간이성에 계속 밀리면
어떻게 반응하실까?
창조주는 조용히 인간이 하는 일을 보고만 계실까?
인간도 참으로 위대하다.
지금 진행되고 있는 인공지능의 활동을 생각해 보면,
인간의 이성도 참으로 위대하다.
인간은 자신의 내부를 다 해독한다.

인간은 우주를 탐사하고 있다.
인간이 우주의 운행을 이해해 가고 있다.
그 예전에는 다 신의 영역이라 했던 것을
이제는 인간이 다 찾아 해독해 내고 있다.
신만이 할 수 있다고 생각하던 일을 인간이 해내고 있다.
어디까지 가능할까?
인간은 끝없이 발전할까?
아니면 하나님이 제동을 걸까?
인간은 이 지구에서 영존할까?
아니면 지구를 떠나 저 우주의 식민지를 개척하여
인간이 모두 이주할 수 있을까?
우주에 설치된 제임스 웹의 망원경과
유럽연합이 설치한 우주의 망원경으로
이 우주의 저 멀리까지 탐사를 하고 있다.
참 인간이 대단하다.
이러한 인간의 우주 탐사로 인간이
이 우주의 주인으로 자리를 차지할 수 있을까?
인간의 이성의 계발(啓發)과 발전은 인간의 본성이다.
인공지능의 시대로의 발전을 인간 자신도 제지할 수 없다.
하나님은 이러한 인간의 인공지능의 고도화의 노력을 도우실까,
제지하실까?
이 시대의 인간의 인격은 어떠해야 할까?
목가적인 시대로의 동경(憧憬)의 인격이어야 할까?
냉혈적인 머리만 남은 존재로도
좋은 사람의 존재로 인정받는 인격이어야 할까?
나는 알지 못하겠다.
그것은 전적으로 신의 영역이다.
창조주의 영역이다.

그러나 인간은 계속 자기의 이성에 인공지능을 더하고 또 더하여 가고 있다.
그러한 변화를 제지할 수가 없다.
창조주만이 하실 일이다.
이러한 시대에 인간이 갖추어야할 덕목과 인격은 어떠해야 할까?
그래도 정의와 사랑이 아닐까?
핵심덕목이 인격구성의 핵심요소가 되어야 하지 않을까?
나는 그렇게 믿는다.
인간이 창조주의 섭리에 머리 숙여야 하지 않을까?
인간의 이성이 인공이성을 낳았다.
인간이 자신의 이성으로 인공지능의 이성을 만들어 내었다.
생물인 인간이 자기 이성으로 무생물인 인공지능에 이성을 불어넣었다.
인간의 이성이 대단하다.
인간이 참 위대하다.
그러면 인간의 이성이 하나님의 이성도 대체할 수 있을까?
그런 날이 올까?
예배 중에 이런 생각을 계속하였다.
이 세상에 이성(logos)은 가진 존재는 무엇인가?
인간의 이성(reason of mankind)
인공지능의 이성인 인공이성(man-made reason)
생명있는 동식물의 이성(animal and plant reason)
바람, 물, 바다, 등의 자연적인 이성(natural reason)
그리고 신의 이성(divine reason).
그러고 보니 이성을 가진 존재들이 많네.
인간만이 이성을 가진 존재가 아니지 않는가?
이처럼 무생물인 인공지능도 이성을 가지는 시대의 덕목은 무엇인가?
인간이성과 인공이성이 공존하는 시대의 인간생존을 위한 덕목은 무엇인가?
인공지능이 거짓말도 한다.
인공지능이 자신을 움직이게 한 사령관을 사살하는 일이 일어난다.

이러한 시대의 인간이 가져야할 덕목이 무엇이어야 할까?
나는 정의와 사랑이라 생각한다.
하나님의 정의와 하나님의 사랑이 이 시대의 핵심덕목이라 생각한다.
하나님의 이성 이외의 모든 이성은 다 주어진 이성이지,
스스로 가진 이성이 아니다.
주어진 이성은 그 한계가 있다.
주어진 이성은 이성을 준 이성을 넘을 수는 없다.
그러므로 하나님의 이성 이외의 이성은 하나님의 이성을 초월할 수 없다.
하나님 나라의 덕목은 정의와 사랑이다.
사랑은 이 세상 창조의 동인이며,
정의는 사랑의 진행의 길이다.
사랑은 정의의 바탕 위에서 실천된다.
그러므로 정의와 사랑은 같이 간다.
같이 가야 한다.
그러므로
인간이성과 인공이성도 정의와 사랑의 길로 간다.
그 한계를 넘을 수 없고 넘어 서서도 안 된다.
그러므로 인간이성과 인공이성도 정의와 사랑을 따라서 실천하여야 한다.
정의와 사랑은 인간사회의 영원한 덕목이다.
그렇다.
그렇게 생각한다.
그러면 인격은 어떠해야 하는가?
인격은 정의와 사랑으로 충만한 인간 됨됨이 이다.
정의와 사랑은 영원한 인격의 구성요소이다.
그것도 진리이다.
정의와 사랑,
사랑과 정의,
그것이 인격을 이룬다.

고매한 인격을 이룬다.
그렇다.
그 길이다.
바로 그 길이다.
바로 그 길이 영원한 생명의 길이다.
그렇다.
그렇게 믿는다.
그런 믿음의 사람이 인격자가 된다.
그런 인격자가 하나님의 아들과 딸이다.
그렇다.
그렇다.
그렇다.
아멘이다.

<2023. 8. 13.07:51>

12. 합창

솔로도 좋지만 합창이 더 좋다.
함께 부르는 노래가 더 웅장하고 울림이 크다.
솔로가 개인주의라면
합창은 공동체주의라고 할 수 있겠다.
합창은 잘 하는 사람은 더욱 좋고
못하는 사람은 따라 할 수 있으니까 좋다.
함께 어울려 화음을 이루니 좋다.
솔로는 재능이 있는 사람에게는 좋다.
그러나 솔로는 개인주의적 성격이 강하다.
합창은 좀 미치지 못하는 사람들이 참여하기가 좋다.

못하는 사람도 동참할 수 있어서 참 좋다.
공동체 정신이 살아있는 음악이 바로 합창이라는 생각이 든다.
고양파주 장로 합창단에 가입하여 함께 성가를 부른 지가 벌써 6년이 된다.
처음에는 참 힘들었다.
음악이라고는 초등학교에서 한 것이 전부였던 터라
나이가 들어서 노래하는 것이 어려웠다.
악보도 읽지 못하고
목 소리가 나오지 않았다.
성대가 노화되었기 때문이다.
그래도 참고 인내하였다.
물론 연습은 하지 않았다.
집에 와 혼자 연습하는 것이 엄두가 나지 않았다.
그래도 나갔다.
또 나를 극진히 인도해 주시는 단원이 있었다.
이제는 불안해 하지 않는다.
할 수 있는 한 하겠다는 생각이다.
교회에서는 성가대원으로 합창하고 있다.
성가도 합창이다.
우리 나라의 방송에는 혼자서 노래 부르는 것이 일반적이다.
합창이 거의 없다.
극히 개인주의적 사회이다.
그러나 독일은 솔로도 있지만
방송에서 합창을 많이 보았다.
청중들이 맥주잔을 기우리면서 함께 합창하는 방송도 자주 보았다.
독일은 확실히 공동체주의적인 성격이 강한 사회이다.
오케스트라의 합창이 너무 좋다.
함께 함이 참 좋다.
우리나라에서 합창이 활발하지 않는 것은 참 안타까운 일이다.

각자도생(各自圖生)의 이기적인 사회임을 반영한다.
함께 더불어 이웃하고 살아가는 공동체 정신을 합창으로 이루어 나가야할 일이다.
음악은 부드러운 인성을 개발하는 일에 도움이 크다.
음악은 거칠고 악한 마음의 상태에서는 할 수 없다.
부드럽고 기쁠 때나 슬플 때나 고요한 자신으로 돌아가야 할 수 있다.
요즈음은 그래도 합창단이 많이 생겼다.
사회가 좀 더 부드러워질 것으로 생각된다.
만남의 기회가 더 활발해질 것이다.
축가도 불러준다.
축가는 혼자서 불러줄 수도 있지만,
합창으로 불어주는 것이 더 웅장하고 감동이 크다.
플라톤은 선한 심성을 기르는 방법으로 음악교육이 좋다고 하였다.
이미 그 예전에 음악이 인성교육에 좋다는 것이 실증되었다.
나이가 들어도 음악하는 것이 참 좋겠다.
여유있는 마음을 갖게 하는 아주 좋은 방법이다.
곡도 참 좋은 내용이 많다.
가슴을 울리는 내용들이 많다.
신심(信心)을 기를 수 있는 좋은 예술이 음악이다.
마음을 차분하게 한다.
사랑을 내용으로 하는 음악이 더욱 좋다.
성가가 참 좋다.
함께 부를 합창 속에서 우정을 나눈다.
공동체를 만든다.
함께 마음을 합하게 한다.
합창이 좋다.
함께 노래하는 합창이 좋다.
좀 못해도 참여할 수 있는 것이 합창이다.

함께 노래하며
함께 공동체를 이루어
함께 행복으로 감이 좋겠다.
합창이 참 좋다.
그 길로 간다.
나이가 더 들어가도.
아멘이다.

<2023. 8. 14. 08:57>

13. 무지의 죄와 무지의 은혜

무지는 사리 분별을 못한다는 뜻이다.
무식과 무지는 좀 다르다.
무식은 알아야 할 일을 알지 못한다는 뜻이다.
무지는 구분·분별을 못한다는 뜻이다.
나는 참 무지하였다.
너무나 무지하였다.
무지의 극치를 걸어왔다.
그것은,
나는 공부만 하면 모든 일이 자연스럽게 다 잘 풀려 가는 줄만 알았다.
공부하는 것이 나쁜 일이 아니니
공부만 하면 여타의 모든 일들은 잘 이루어져 갈 것으로 철석같이 믿었다.
젊은 시절에.
그렇게 믿고 열심히 공부하였다.
혼과 성을 다하여 하면 무엇인가 결과가 있을 줄 철저히 믿었다.
밤낮으로 휴일도 없이 공부하였다.
실적이 쌓였다.

더욱 열심히 공부하였다.
아내와 아이들도 돌보지 않고 공부하였다.
어디 강의해 달라면 다 해 주었다.
논문 써 달라면 다 써 주었다.
몸이 힘들었다.
그래도 했다.
그러기를 수십년을 해 왔다.
나도 모르게 고대를 넘은 지가 수십번은 되었을 것이다.
열심히 하면서 더 열심히 가게 해 달고 기도하였다.
주님은 일거리를 또 주시고 또 주셨다.
하나도 빠뜨리지 않고 하고 또 했다.
병원신세도 많이 졌다.
그렇게 한 결과
머리가 아팠다.
그 결과로 상도 받고 최의 명예의 위치에 까지 갔다.
아무리 삶의 브레이크를 밟아도 그 관성이 늦추어지지 않았다.
아이들도 다 장성하여 자기 살림을 차렸다.
문제가 생겼다.
공부를 하니 연구실적은 쌓였지만 가정에 문제가 생겼다.
아이들이 원망해 온다.
아내가 원망해 온다.
주위에 아무도 없다.
공부만 하면 아무 문제가 없이 잘 될 것으로만 믿었는데,
왜 이런 문제가 생기나?
아들이 말한다.
공부만 하면 공부는 성공하지만
다른 것은 성공하지 못한다고.
그 말이 맞다.

공부만 하면 문제는 없을 것으로만 알았는데,
문제가 너무 많고 크다.
무지였다.
공부만 알았지 가정을 몰랐다.
가정에 문제가 생긴다.
아들과 아버지의 관계가 어렵다.
그래,
나의 무지의 결과다.
고백하고 고백한다.
그래도 문제가 풀리지 않는다.
건강에도 문제가 생긴다.
머리도 아프고
허리도 아프다.
무지의 결과가 이제 나타난다.
나는 말이 없어진다.
어디 내가 아프다도 말할 수도 없다.
누구도 이해할 수 없다.
기도 외에는 다른 방법이 없다.
전능하신 사랑의 하나님이 나의 아버지이시다.
사랑하는 아들이 아픈데
하늘 아버지는 그 아픔을 알아주실 것으로 믿었다.
기도한다.
비웠다.
줄였다.
버렸다.
이웃에게 작은 마음을 표하였다.
나도 모르게 일이 줄여진다.
가슴이 좀 트인다.

작은 선물을 준비해서 이웃에게 드린다.
이웃에게 밥 한 그릇을 산다.
조금씩 풀린다.
허리도 나을 것이라는 확신이 든다.
성령이 치료해 주실 것으로 믿는다.
그렇게 믿어진다.
허리는 걸을 때는 아파도 가만히 있으면 아프지 않다.
그러니 조금 공부를 할 수 있다.
글 쓰는 일은 짧을 글을 쓸 수 있다.
그래도 일한다.
무지가 죄인가, 은혜인가?
가족들에게는 죄였다.
주님에게는 은혜였다.
가족들에게는 내가 공부만 했으니 괴로운 시간을 인내하며 살았다.
참 미안하다.
정말 무지하였다.
열심히 나의 일을 하는 것이 가족에 대한 사랑인 줄 알았다.
그것만이 아님을 알았다.
나의 무지였다.
내가 안다고 하였지만 나는 너무나 무지한 사람이었다.
하나 밖에는 모르는 외골 수의 나였다.
정말 무지하였다.
아들들이 아버지의 무지를 이해해 주면 좋겠다.
하나님은 내가 공부하고 싶어 하니
나에게 복에 복을 주어 공부하도록 해 주셨다.
전적으로 주님의 은혜로 학문하였다.
전적으로 주님의 섭리로 이어온 나의 학문의 삶이었다.
내가 하고픈 것은 다 이루어 주셨다.

독일가서 실컷 공부하고
학문의 최고의 위치에 까지 나를 데려다 주셨다.
내가 지쳐 힘들어 할 때에
나의 삶에 브레크를 걸기 위해 몸을 아프게 하셨다.
만부득이 속도를 줄일 수 밖에 없었다.
나의 의지로는 속도가 줄지 않았다.
몸을 쓰지 못하게 하셔서
나의 책상머리의 삶에서 조금 떠나게 하셨다.
주님의 은혜로 오늘의 내가 있다.
나는 주님의 뜻을 따르련다.
주님의 섭리를 따라서 살련다.
주님은 결코 나를 버리지 않으신다.
사랑하는 아들을 버리는 부모는 없다.
하늘 아버지는 더욱더 그러하다.
그 한 권의 책은 썼다.
그 한 사람의 친구를 사귀고 있다.
그 한 가지 일, 사랑의 일도 시작하였다.
주님은 넉넉히 주셨다.
공동체가 살 수 있도록 준비해 주셨다.
주님께서 공동체가 일어설 수 있는 길로 인도해 주실 것임을 믿는다.
너무 개인주의로 흘러서는 안 된다.
부부공동체, 가정공동체, 집안공동체,
사회공동체, 국가공동체, 세계공동체가 살아나야 한다.
공동체를 위해서 일하리라.
결코 나만이 살기 위해서 죽을 줄 모르고 공부해 온 것이 아니다.
주님이 가르쳐 주신 사랑의 공동체를 이루기 위해
내가 궁구해 온 것들을 다 쏟으리라.
시간이 필요하다.

인내가 필요하다.
기도가 더 필요하다.
성령의 인도하심이 있어야 한다.
내 당대에 다 이룰 수는 없다.
대를 이어 이루어가야 한다.
가능하다.
부침(浮沈)이 있어도 잘 되어 갈 것이다.
무지의 죄의 용서를 받을 수 있을 것이다.
생전에 받지 못하면
사후에라도 받을 수 있을 것이다.
주님의 은혜로 살아온 삶이 바로 무지의 은혜의 삶이었다.
무지가 양날의 칼이다.
가족에게는 고통이었다.
하나님에게는 은혜였다.
세월이 흐르면 균형을 이룰 것이다.
끝내 주님의 섭리로 무지의 죄의 용서함을 받을 것이다.
참 무지하였다.
그러나 무지가 은혜였다.
세상의 일에 무지하였기에 오늘의 내가 있다.
세상을 바라보았다면
오늘의 나는 없을 것이다.
무지였음은 사실이었다.
그 무지가 또한 일을 해냈다.
그 일이 무슨 의미가 있느냐고 반문할 수도 있지만
나의 성과 혼을 다한 삶이었다.
후회는 없다.
언제든지 부르시면 따라 나설 수 있다.
주어진 이 땅에서의 삶을 열심히 살았다.

주님은 알아주실 것이다.
주님은 나의 소망을 이루어주실 것이다.
주어진 이 몸이 부셔지도록 했다.
잘 썼다.
충실히 썼다.
잘 했다.
바보같이
우직스럽게
미련하게 잘 썼다.
주여 감사합니다.
주님이 주신 이 육신과 지혜를
혼을 다해 잘 썼습니다.
감사합니다.
감사,
감사,
감사합니다.
아멘입니다.

<2024. 1. 21. 14:49>

14. 긴 역사적 안목으로: 긴 안목으로 살아야 한다.

이 세상을 창조하신 하나님은 영원하시다.
이 세상의 역사도 영원하다.
하나님의 형상을 따라 창조된 나도 영원히 산다.
다만 변화가 있을 뿐이다.
이 세상에 변하지 않고 영존하시는 분은 오직 하나님 뿐이시다.
이데아도 주님만이 이데아이다.

플라톤도 이데아를 주장하고 찾았지만 결국 찾지 못했다.
만물은 변한다.
만물이 변하지만 궁극을 향하여 변한다.
이 세상의 궁극은 무엇인가?
창조주 하나님이시다.
하나님의 본성이신 정의와 사랑도 영원하다.
이 세상은 궁극을 향해 변화하고 있다.
그 궁극이 바로 정의와 사랑이다.
하나님의 정의와 사랑이다.
이 세상의 존재들은 정의를 따라서 사랑하며 살고자 한다.
그것이 인간의 궁극이다.
궁극의 정의와 사랑을 인간이 추구하지만
끝내 그 궁극에는 이를 수 없다.
그것은 하나님의 세계이기 때문이다.
영원히 이룰 수 없는 정의와 사랑을 향하여
나아가는 것이 인간이다.
인간이 궁극을 향하여 역사를 이루어 가지만
그 궁극은 인간의 것이 아니라 하나님의 것이다.
궁극의 정의와 사랑은 하나님의 세계이다.
정의와 사랑의 궁극을 향하여 나아가는 과정이 역사이다.
그러므로 이 세상에는 완전이란 없다.
정답도 없다.
완전을 향해 가고,
정답을 찾아 나가는 과정이 있을 뿐이다.
인간이 인간이성에 인공이성을 더하여 찾고 구하고 문을 두드린다고 해도
궁극의 이데아에는 도달할 수 없다.
부단히 찾고 구하고 문을 두드릴 뿐이다.
인간은 불완전한 가운데서 만족하고 사는 것이다.

그러면 인간은 어떠한 안목을 가지고 살아가야 할까?
당대에 다 이루기를 바라면서 아옹다옹 살아가야 할까?
아니다.
긴 역사적 안목을 가지고
먼 미래를 생각하며
나만이 아니라 나 뒤에 오는 후대들을 위해
기초를 놓는 자세로 살아가야 한다.
당대에 다 이루기를 바라는 성급한 마음으로 살아갈 것이 아니다.
나는 기초를 놓고 후대들이 결실을 거두도록 하는 마음으로 살아가야 한다.
후대들이 결실을 거두어도
나는 영원히 살아있기 때문에 그 결실을 함께 향유한다.
결코 실망하지 말고
후대들이 더 보태어 더 낳은 결실을 거둘 수 있도록
긴 역사적 안목으로 오늘을 살아야 한다.
로마의 법학자 가이우스는 변방의 이름없는 4등성의 법학자였다.
그러나 그는 법학제요라는 법서를 썼다.
그러나 그 법서는 역사 속에서 파묻혀 발견되지 않았다.
그러나 그의 법서는 집필한지 1500여년이 지난 다음에 발견되었다.
그 법서에는 로마시대의 소송방식에 관하여 기술하고 있었다.
로마시대의 소송방식에 관해서는 오로지 그의 법서에서만 기술되어 있었다.
로마시대 당대에 이름을 날렸던 법학자들은 잊혀졌다.
그러나 가이우스는 로마시대에는 이름없는 법학자였지만
그의 사후 1500여년이 지난 후에 역사에 길이길이 남게 되었다.
물론 그의 법학제요가 있다는 사실은 로마시대부터 계속 알려져 왔다.
그러나 그 책이 발견된 것은 1500여년 후이다.
가이우스는 지금도 살아있다.
나에게도 알려져 있다.
나도 알고 있다.

긴 역사적 안목으로 자신의 삶을 살아야 한다.
사람은 영원히 산다.
다만 변화가 있을 뿐이다.
이스라엘은 기원 후 70년에 멸망하였다.
그러나 이스라엘은 근 2000년이 지나
1948년에 독립하여 그 예전의 이스라엘을 이어가고 있다.
역사의 영원에 대해 믿음이 없었더면
이스라엘 사람들이 독립을 할 수 있었을까?
긴 역사적 안목을 가지고 살아온 결과가 아닐까?
하나님은 인간을 만들어
인간이 이 땅에서 살고 있는 동안만 사랑하시고
인간이 생을 마감하면 완전한 무(無)로 만들고
새로 태어나는 인간들로부터 또 사랑받으시는
그런 변덕스러운 하나님이 아니시다.
인간을 자신의 형상을 따라서 지어 놓으시고
그 인간으로부터 사랑받으시다가
자신은 영원히 살면서
인간을 계속 교체하는 그런 격이 낮은 존재의 하나님이 아니라고 믿는다.
그렇다면 하나님은 열심히 살아가는 이 땅의 인간보다 못한 존재가 된다.
그렇다면 인간은 하루살이 벌래나 마찬가지 존재가 된다.
인간은 하나님과 함께 영원히 산다.
결코 죽지 않는다.
변화할 뿐이다.
하나님은 한 번 창조한 인간을 영원히 사랑하시고 함께
하늘나라에서 같이 사는 하나님이라 생각한다.
긴 역사적 안목을 가지고 살아야 한다.
결코 서두를 것 없다.
그러나 열심히는 살아야 한다.

성과 혼을 다하여 살아야 한다.
그러나 당대에 다 이루겠다는 근시안적인 삶은 극복하여야 한다.
자신이 기획하여 기초를 놓고
후대가 더 보태어 이루어
그 결실은 함께 나누는
긴 역사적 안목을 가져야 한다.
그렇다.
그런 안목으로 살면 여유가 있다.
그런 역사인식이 좋다.
로마는 2200여년을 존속하였다.
로마가 이루어 놓은 문화는 영원히 존속한다.
어느 유명인의 당대에 다 이룬 로마문화가 아니다.
로마인들이 대를 이어 함께 이룬 결실이다.
로마인 전원이 이루어 놓는 결실이다.
로마인 전원이 하늘에서 이 땅에서 다 살아있다.
죽은 것이 아니라 살아있다.
나도 우리나라도 마찬가지이다.
긴 역사적 안목에서 보면
지금은 변화의 과정이다.
통일된 통일한국도 이룰 것이다.
법과 성서와 역사 연구소도 건립하여 운영될 것이다.
관동이 성지로 변화할 것이다.
긴 역사적 안목으로 오늘을 살아야 한다.
내일을 위해 오늘 그 기초를 놓아야한다.
후대에게 투자를 하여야 한다.
후대에게 부탁도 하여야 한다.
기초를 오늘 놓고
그 결실은 후대에게 부탁하고 오늘을 살아야 한다.

그렇게 산다.
그것이 바른 삶이다.
물론 오늘 땀 흘려야 한다.
후대가 내일 결실을 거두도록 맡겨야 한다.
후대는 다시 기초를 놓고 그 후대에게 결실을 거두도록 한다.
늘 기도하면서
영원하신 하나님께서 이루어 주실 것을
기도하면서 살아야 한다.
그런 여유를 갖자.
그것이 긴 역사적 안목이다.
그것이 여유로운 삶을 누릴 수 있는 마음이다.
평화로 가는 자세이다.
자유함을 누릴 수 있는 마음이다.
사랑할 수 있는 상태이다.
좋다.
참 좋다.
그렇게 살자.
그렇게
나도
우리도
세계도
아멘이다.

<2023. 8. 17. 09:40>

15. 얼굴

신언서판(身言書判)이란 말이 있다.

사람을 판단하는 기준이다.
신(身)은 그 사람의 용모이다.
용모는 몸 전체에 나타나지만 주된 부분은 얼굴이다.
그 사람의 얼굴을 보면,
완전히는 모르지만 그 사람의 마음 상태를 읽을 수 있다.
링컨은 얘기하였다.
나이 40이 되면 자기 얼굴에 책임을 져라고 하였다.
나의 40이 되면 그의 마음과 인격이 얼굴에 확실히 나타나고
그 후에는 바뀌기 힘들다는 것이다.
훤한 얼굴을 가지고 있는 분에게는 다가가기가 쉽다.
찌든 얼굴을 하고 있는 사람에게는 접급하기가 힘든다.
얼굴은 세월을 어떻게 살아왔는지에 관한 자기이력을 담고 있다.
늘 기도하면 하나님의 형상을 조금씩 회복할 수 있다.
하나님의 형상은 사람 얼굴의 이데아이다.
정의와 사랑의 얼굴이 사람 얼굴의 이데아일 것이다.
땀 흘리는 그의 얼굴이 성실을 담고 있다.
꾀를 쓰는 사람은 그의 얼굴에 나를 믿지 말라고 그리고 있는 사람이다.
역사에는 참으로 훤한 얼굴의 인물들이 많다.
역사학자 아놀드 토인비를 나는 만나본 적이 없다.
그러나 사진으로 본 그의 얼굴을 깊은 평화였다.
그는 역사의 저 과거에서부터 저 미래까지 꿰뚫어 보는 것 같은
인상을 그의 얼굴 사진을 통해서 보여주었다.
그져 존경의 마음이 우러나왔다.
성철 스님의 사진으로 본 그의 얼굴도 참으로 인상적이었다.
성철 스님이 오랜 시간 동안 불경(佛經)을 연구하시고
수행을 한 다음의 그의 눈에는 빛이 나는 것 같았다.
참 강력한 인상이었다.
예수님의 얼굴은 어떤 모습이었을까?

많은 예수님의 초상화가 그려져 있지만
그린 시대상의 반영이라
진정한 예수님의 모습을 보기는 힘든다.
말씀을 통해서 예수님의 모습을 생각해 볼 수 있다.
나의 생각으로는 예수님은 혁명가 같다는 생각이 든다.
어지러운 이 세상에 정의와 사랑의 나라를 세우려는 혁명가 말이다.
그럴 수 있겠다는 생각을 한다.
그는 무력으로 이상의 나라를 세우는 것이 아니라,
정의와 사랑으로 그 이상의 나라를 세우려고 하셨다고 생각한다.
정의와 사랑은 이 세상 창조의 근원이고 본질이고 동인(動因)이다.
예수님의 얼굴에는 무력으로 이 세상을 지배하겠다는 무서운 모습보다는,
힘없고 낮고 천한 인간을 정의와 사랑으로 보듬어,
자유롭고 평화롭고 고요히 살아가는 그런 정의와 사랑의
새로운 나라를 이루려는
기도하는 아주 평안한 모습일 것이다.
낮고 천한 사람들을 측은히 여기면서
힘없이 힘들게 살아가는 사람을
불러 함께 정의와 사랑의 나라를 이루고자 하신 그 마음이
얼굴에 나타나는 그런 인품의 얼굴을 가졌을 것이다.
아무 힘도 없는,
고기 잡는 베드로를
제자 삼아
영원한 정의와 사랑의 나라를 이루고자 한
희망을 심어주시는 그런 인자하신 얼굴이었을 것이다.
요즈음은 성형을 하여 하나님이 주신 아름다운 자기 얼굴을 고치기도 한다.
얼굴을 고친다고 내면의 마음이 변하여 훤한 모습으로 바뀔까?
아니다.
더 어색하다.

아무리 인간이 정교하게 얼굴을 성형하여도
하나님의 창조의 그 솜씨에는 미칠 수 없다.
성형보다는 기도하는 방법이 훤한 얼굴로 바꿀 수 있는 방법이다.
성형은 인간의 칼로 한다.
그러나 기도는 하나님의 섭리로 한다.
눈에 보이지 않는 기도가 눈에 보이는 성형보다
더 정교하다.
기도로 자기 얼굴에 책임을 지는 것이 훤한 얼굴을 가지는 방법이다.
요즈음 세상이 어지럽다.
비난이 세상사가 되어 있다.
가짜가 많다.
인공지능도 거짓말을 한다.
가까 뉴스가 많다.
일확천금을 노리는 얄팍한 일들도 나타난다.
힘들게 살려고 하지 않는다.
땀흘리려고 하지 않는다.
너무 쉽게 살고자 하는 풍조가 있다.
아니다.
무던히 땀흘리고 기도하는 그 사람의 얼굴이어야 한다.
바르고 사랑하는 그 사람의 얼굴이어야 한다.
실낙원을 쓴 죤 밀턴은 그의 실낙원에서
평안한 천국에서 사는 것 보다는
땀흘리며 해산의 고통이 있는 이 땅에서
땀 흘리며 일하는 그 삶이 더 좋다고 하였다.
그의 말은 진리다.
땀흘리고 고뇌하고 기도하고
하늘의 위로를 받으며
정의와 사랑으로 사는 이 땅에서의 삶에서

삶의 가치를 찾고 살아야 한다.
그것이 인간이 살아가야할 삶이다.
그렇게 살면 자기 얼굴에서
정의와 사랑이 그려지고 새겨질 것이다.
그렇게 믿는다.
그렇게 살도록 이 세상이 창조된 것이 아닌가!
훤한 얼굴의 내가 되고 싶다.
이 세상을 정의를 지키고 사랑으로 살아온 이력을
내 얼굴에 담고 싶다.
그렇게 살고 싶다.
내 얼굴의 주름살에서 땀흘리며 살아온 이력을 담고
정의와 사랑을 실천한 맑고 밝은 얼굴을 만들어 갖고 싶다.
그러나 나에게는 시간이 많이 남아 있지 않다.
그래도
조금이라고 그러고 싶다.
희망을 갖는다.
다는 아니라도 조금, 아주 조금이라 할 수 있을 것이다.
그렇게 믿는다.
희망을 갖는다.
오늘도 아주 작지만 기도하면서 그 길로 간다.
그것이 내가 가야할 길이다.
그것으로 내 얼굴이 조금은 맑고 밝아질 것이다.
간다.
그 길로,
바로 그 길로
아멘이다.

<2023. 8. 18. 09:59>

16. 용서

용서란 무엇이며, 누가 누구에게 용서하는가?
용서는 자신과 상대에 대하여 악감정을 갖지 않는 상태라 생각한다.
용서는 자신에게도 하고 주로는 상대를 향하여 하게 된다.
선한 감정은 마음을 기쁘고 편하게 한다.
선한 감정은 그런 힘이 있다.
그러나 악감정은 마음을 불편하게 하고
마음에서 상대가 떠나지 않고
내내 자신을 괴롭힌다.
그런 악감정을 갖지 않음이 선이며,
그런 악감정은 빨리 자신에게서 털어내 버려야 한다.
용서는 사랑으로 하여야 한다.
용서하는 것이 쉽지 않다.
참 어렵다.
자신의 마음과 기억에서 악감정을 들어내어
버린다는 것은 이성과 의지로 하기가 힘든다.
단시간에 용서가 안 되는 일이 많다.
오랜 시간을 지나고
자신도 고난의 시간을 겪고서야
악감정이 조금씩 사라지기도 한다.
용서하였다고 하여 쉽게 그 사람에 접근하기도 힘든다.
보지 않으면 좀 길게 잊어 버릴 수 있겠지.
그러나 그것도 쉽지 않다.
무조건 용서함이 좋은가?
반드시 그것만도 아니다.
상대가 충분히 이해해 줄 때에 용서가 가장 효과적이다.
용서는 개인 간에만 일어나는 일이 아니다.

민족과 민족, 개인과 단체,
국가와 국가 간에도 용서가 필요한 경우가 많다.
역사적으로
흑인노예들의 식민지 종주국에 대한 용서,
피식민지민들의 식민지국에 대한 용서,
유대인들의 그들을 천대하였던 유럽인들에 대한 용서,
아르메니아인들의 아제르바이젠 사람들에 대한 용서,
한국민의 일본인들에 대한 용서,
이러한 민족과 국가의 용서는 역사적 정의의 문제로 다루어진다.
아무리 용서해도 피해자들은 불충분하다고 한다.
일본인의 용서에 한국민이 느끼는 감정이 그러할 것이다.
악감정을 마음에 갖고 살 필요는 없다.
그것을 넘어가야 한다.
그것은 용서다.
용서는 마음에서 우러나와야 한다.
그것이 진정한 용서다.
그러니 용서가 얼마나 어렵나?
용서의 극치는 예수님의 십자가에서의 그를 처형하도록 한 사람들을 향한 용서다.
아버지여, 자기의 잘못을 알지 못하는 저 무지한 자를 용서하여 주십시오라고
한 예수님의 용서가 가장 마음을 울리는 용서이다.
그럴 수 있다면 대인이다.
그러나 그것이 쉽지 않다.
그러나 악감정을 무덤에 까지 갖고 갈 필요가 없다.
그럴 가치도 없다.
살아 생전에 악감정은 다 씻어 버리는 것이
바른 삶의 길이다.

악감정은 참으로 견디기 힘드는 나쁜 감정이다.
그 악감정을 갖고 하루하루 살아가는 것은 참으로 힘드는 일이다.
그러나 상대가 나의 악감정을 일으키는 원인을 제공하였을 때에
그 악감정을 털어버리는 것은 지극히 힘드는 일이다.
상대가 그 원인을 알아주면 좋으련만,
상대는 전혀 그것을 인식하지 못할 때가 너무나 힘든다.
그럴 때는 어떻게 하여야 할까?
기도다.
상대가 알아주지 못하더라도
하나님은 다 알아주시겠지 하는 마음으로 기도하면
어느 정도는 극복할 수 있다고 생각한다.
하나님은 대신 용서해 주신다.
하나님을 믿고 사는 길이 가장 평화로운 삶이다.
하나님과 가까이 지내는 것이 가장 평온한 삶이다.
그것이 천사같이 사는 길이다.
그렇게 생각한다.
천사같이 순백하게 살고 싶다면,
하나님을 믿고 하나님께 다 아뢰고
하나님으로부터 위로를 받는 일이다.
그렇게 사는 것이 평화로운 삶이다.
그것이 용서하고 용서받고 사는 길이다.
용서하지 못해 한탄하는 삶을 살지 말아야지.
용서받지 못하여 안타까운 삶도 살지 말아야지.
다 털어버리고 사는 것이 좋다.
그것이 좋다
거울같이 맑고 밝게 사는 것이 좋다.
용서의 기도를 하고
하나님께서 상대에게 나의 이 뜻을 전해 주실 것을 기도함이 좋다.

그렇게 하면 하나님은 그 기도를 이루어주실 것이다.
그렇게 사는 것이 좋다.
용서하자.
모두가 용서하자.
작은 것도 큰 것도 용서하자.
민족도 국가도 서로 용서하자.
브란트 수상의 용서를 비는 무릎 꿇음으로 독일이 평안해 졌다.
큰 용서이다.
역사가 독일을 용서하였다.
하나님이 독일을 용서하셨다.
세계가 독일을 용서하였다.
서로 용서하자.
마음에 조그만 찌거기라도 다 용서를 하자.
그리하여 평안을 갖자.
그것이 살아서 천국을 누리를 한 방법이다.
마음의 찌거기를
남은 그 한 줌을 다 꺼내 버리자.
그것이 용서다.
그리고 마음에 평화를 심고
평안함으로 함께 더불어 살자.
모두가,
서로 서로 말이다.
그렇게 살아보자.
그것에는 정의가 바탕이 되어야 한다.
나의 용서가
상대방의 나쁜 짓의 정당성을 인정하는 것이 되어서는 안 된다.
상대방이 잘못을 인식할 수 있는 정의의 바탕위에서의 용서다.
그러므로 정의와 사랑은 같이 가야 한다.

손양원 목사님의
자기 두 아들을 죽인 살인자를 용서하고
양자로 삼은 것은
보통 사람에게서는 기대할 수 없다.
그것은 하나님의 섭리로 이루어진 일이다.
하나님의 그러한 섭리가 자기에게 임재하도록 기도하자.
가슴에 담아두지 말고
십자가 앞에 다 내려놓자.
주님께 용서를 구하자.
주님이 그 용서의 뜻을 상대방에게 전해 주실 것이다.
그렇게라도 용서하고
평안하게 사는 것이 좋다.
그렇게 살아보자.
용서하자.
정의의 바탕위에서 용서하자.
그렇게 살자.
평화의 나라로 가자.
용서로
이해로
깨달음으로
그렇게 값지게 한 평생을 살자.
주님 안에서만 그런 삶이 가능하다.
주님께로 나아가 용서를 구하자.
주님께서 자신의 용서의 기도를 상대에게 전해 주시도록 그렇게 믿고 기도하자.
평화로 가자.
자유로 가자.
고요로 가자,

그것은 악감정을 다 털어내었을 때에 가능하다.
그것은 믿음 안에서만 가능하다.
용서하자.
악감정을 만들지 말자.
기도하자.
용서하자.
주님께 용서를 구하자.
알고 지은 죄, 모르고 지은 죄,
허물의 선하지 못한 감정을 다 털어내자.
용서하자.
그러면 평안을 얻으리라.
아멘이다.
그렇고 말고.
다윗의 베개를 적시는 눈물의 회개와 용서를 구함의 기도는 하나님을 움직였다.
눈물의 기도
눈물로 용서를 구하고 용서하는 그 마음,
그것이 진정한 용서이고
그 후에야라 편안과 평화가 깃든다.
그렇다.
아멘.

<2023. 8. 20. 07:30>

17. 기쁨

누구나 기쁘게 살고 싶어한다.
기쁨은 인간에게 삶의 활력을 불어 넣는다.

기쁨이 없는 사람은 없다.
크고 작은 기쁨을 느끼면서 사는 것이 인간이다.
동물도 기쁨을 안다.
기쁘게 살고 싶어하는 것이 인간이다.
그러면 기쁨은 무엇인가?
어떨 때에 기쁜가?
그리고 가장 기쁠 때는 언제인가?
기쁨을 계속 가질 수 있는가?
기쁨이란 마음이 즐거운 것이다.
만족스러운 것이다.
기쁨을 가지면 감사하게 된다.
기쁘면 베풀고 싶다.
은은한 기쁨이 좋다.
내면의 기쁨이 얼굴에 은은하게 나타나는 것이 좋다.
기쁨은 새로운 기쁨을 찾아 나간다.
어떨 때가 가장 기쁘냐는 사람마다 다를 것이다.
정치하는 사람은 선거에 승리했을 때일 것이다.
사업하는 사람은 사업이 잘 될 때일 것이다.
사회사업을 하는 사람은 자신으로 인하여 어려운 분들이 기뻐할 때일 것이다.
농사짓는 사람은 일기가 고르고 수확이 풍성할 때일 것이다.
장사하는 사람은 거래가 잘 되고 돈을 넉넉히 벌었을 때일 것이다.
성직의 삶을 사는 사람에게는 종교에 깊이 심취해 몰입했을 때일 것이다.
학문하는 사람에게는 깨달음을 얻었을 때일 것이다.
학문은 미지의 진리의 세계의 문을 두드리는 일이다.
쉽지 않다.
그러나 궁구하던 것을 깨달았을 때가 가장 기쁘다.
미처 알지 못한 것을 알게 되었을 때에 가장 기뻤다.

그것이 깨달음이었고,
깨달음을 얻었을 때에 가장 기뻤다.
깨달음은 무엇인가?
불교에서는 이를 해탈(解脫)이라 한다.
그러나 해탈은 자기 초월이다.
기쁨을 넘어 간 정신세계이다.
이데아의 세계에 들어가는 것이 깨달음이 아닐까 싶다.
깨달음은 분명히 인간이 이성으로 안다.
그러나 이성으로 깨달음을 만들어 낼 수 있을까?
이성으로 깨달음을 찾기는 하지만 이성으로 깨달음을 만들어
자기가 그 깨달음을 가지고 기뻐하는 것은 아니라고 생각한다.
깨달음은 신의 계시로 이루어지는 일이다.
그러므로 계시는 바로 신이 주는 은혜이다.
영감(靈感)도 하나님이 주시는 것이다.
계시와 영감이 모두 하나님이 인간에 주시는 깨달음이다.
신의 계시와 영감을 인간이 이성으로 인지하고 마음으로 받아들여,
느끼는 환희의 세계가 기쁨이다.
깨달음을 얻으면
바로 마음이 한없이 기쁘고 감사가 나온다.
기쁨은 신이 주는 것이다.
기쁨은 인간이 만들어 갖는 것이 아니다.
그러므로 기쁨도 신이 인간에게 주는 신의 선물이다.
기쁨은 계시와 이성의 만남의 환희이다.
그렇다.
그러고 보면
모든 인간은 다 신과의 관계를 맺고 산다.
기쁨이 없는 인간 존재는 없다.
누구나 다 기쁨을 갖고 삶을 이루어 간다.

기쁨은 다양한 일의 이룸, 성취의 결실이다.
그 중에서도 나에게는 깨달음이 가장 중요한 기쁨의 원천이었다.
깨달음은 하나님이 주신다.
내가 만들어 가지게 되는 것이 아니다.
깊은 깨달음에 이르면 그 일로 기뻐서
머리도 훤해 지고 마음이 평화로워진다.
그런 깨달음으로 글을 써 왔다.
깨달음이 걸작을 만든다.
그런 깨달음이 없으면 학문을 계속하기 어렵다.
열심히 학문하는 것은 의무였지만,
일을 성취하는 것은 깨달음으로 인하여 이루었다.
그러고 보니
크고 작은 깨달음으로 쓴 글들이 나의 저작이었다.
감히 그렇게 생각하고 또한 믿는다.
기쁨의 궁극은 하나님이시다.
기쁨은 하나님으로부터 온다.
그의 계시로 온다.
계시는 하나님의 극진하신 사랑이다.
구하고 찾고 문을 두드리면
하나님은 문을 열어주시는데,
그것이 바로 계시(啓示)다.
기쁨도 영원히 계속되어야 한다.
그러나 한 번 얻은 기쁨이 지속되기 위해서는
열과 성을 다하여 자기의 일에 충실하고
마음을 천사같이 순백하게 가지고
사랑하며
기도로 자신을 지속적으로 갈고 닦아야 한다.
돈오점수(頓悟漸修)이다.

돈오돈수(頓悟頓修)가 아니다.
무던히 우직스럽게 갈고 닦아 나가야
하나님은 계속적으로 깨달음을 주시고
인간은 계속 기쁨의 삶을 살 수 있다.
무던히 가고 또 가야 한다.
그러면 기쁨도 자기와 늘 함께 할 것이다.
은근과 끈기의 삶이 기쁨을 지속할 수 있다.
깨달음의 기쁨으로 살아가는
은근과 끈기의 삶이 경건한 삶이다.
기쁨의 삶은 하나님과의 연합의 삶이다.
그런 사람의 삶이 행복의 삶이다.
기도로 그런 행복의 삶을 계속 이어가야 한다.
그것이 창조주의 인간에 대한 사랑이다.
그런 삶을 살자.
살고 싶다.
가능하다.
희망이다.
하나님께 나아감으로 가능하다.
아아,
그런 기쁨의 나날을 이어가고 싶다.
그런 기쁨의 삶을 살고 싶다.
그것이 아름답다.
그 삶은 평화다.
자유의 삶이다.
그런 삶을 살고 싶다.
그런 삶을 기도한다.
하나님이 주시는 깨달음으로 기쁨의 삶을 살고 싶다.
그런 나라로 가자.

그런 나라로 간다.
하나님과 연합된 나,
그 경지가 기쁨의 세계이다.
참 좋은 세계이다.
아름답다.
기쁘다.
기쁘고 기쁘다.
그렇게 믿는다.
이어간다.
아멘이다.

<2023. 8. 21. 09:02>

18. 나이

나이가 들어 노인의 반열에 들어가니 변화가 참 많다.
무엇보다도 먼저 신체의 변화다.
노화로의 변화다.
살이 빠지고,
허리가 아프고,
눈이 아프고,
몸의 균형이 좀 흔들리는 것 같다.
신체가 변하니,
마음도 변한다.
나 혼자만으로는 살 수가 없고
하나님께 의탁하고 살아야 하겠다는 생각이 더욱 난다.
기도한다.
기도의 시간을 늘린다.

잘 살아왔다.
쉼없이 무던히 하고 또 하여 왔다.
결실을 거두었다.
오래 살았느냐가 중요한 것이 아니다.
어떤 생각을 가지고
무엇을 하였으며,
어떤 결실을 거두었느냐가 중요하다.
예수님은 33세 살으셨다.
알렉산더 대왕도 33살 살았다.
그러나 역사를 바꾸어 놓았다.
오래 살았어도 역사에 오점을 남기기만 한 사람도 있다.
수부귀다남(壽富貴多男)이란 말이 있다.
오래 사는 것이 5복의 하나라고.
오늘날은 오래 살기 때문에 어려움이 많은 사람이 많아지고 있다.
극단적인 개인주의 때문이다.
함께 어울려, 늙어도 삶에 걱정이 없어야 좋은 삶이다.
사회보장제도가 발전하여
나이 들어도 살아갈 수 있도록 사회가 돌보기는 하지만,
쓸쓸한 나이든 분들이 많다.
이 땅에서 오래 사는 것이 중요한 것은 아니다.
사람은 누구나 영원히 살기 때문이다.
어떤 사상을 가지고서
무엇을
얼마나 성실하게 했느냐가 중요하다.
인류보편의 정의와 사랑의 사상과 철학을 가지고서
무던히 우직스럽게 열과 성을 다하여
하나님께 기도하면서
하나님의 계시를 받아

정의의 바탕위에서 사랑을 실천한
그 사람이 가장 잘 그리고 고귀하게 산 사람이다.
물론 이 세상에서 즐겁게 복을 누리는 삶도 가치가 있다.
그러나 하나님의 이 세상 창조의 뜻을 받들어서
이를 이루며 산 삶이 더 고귀하다.
그렇게 생각하고 그렇게 믿는다.
늙음을 서러워 할 것이 아니다.
과거를 후회할 것도 아니다.
언제나
남은 삶을 충실히 사는 것이 중요하다.
사람은 영원히 이 땅에 머물러 있지 못한다.
이 땅에 머물 시간이 제한되어 있다.
길어야 100년 정도다.
그 옛날 노아의 홍수 심판 이전에는 오래 살았다.
무두셀라는 900년을 넘게 살았다.
노아의 홍수 사건 이후에 인간의 이 땅에서의 삶의 기간이 급격히 줄어졌다.
우스 땅의 욥은 하나님의 축복으로 70년을 연장받아 더 살았다.
나이가 들면 기도의 모범자가 되고
이 세상을 가장 값지게 살며,
경건(敬虔)의 사표가 되어 사는 것이 좋다.
나이가 들어 노인이 되면,
날라가는 까마귀도 내려다 보지 않는다는 말이 있다.
그것을 서러워할 것 없다.
하나님 안에서 살면 그것은 아무 쓸모없는 일이다.
세상만을 보면서 사니까 그렇지.
창조자 안에서 사는 것이 정도다.
나이가 들면 주위의 이웃들도 줄어든다.
한 사람 두 사람 이 세상을 떠난다.

그것이 자연의 순리이다.
그러나 하나님 안에서는 평화로운 변화이다.
나도 나이가 꽤나 들었다.
어딜 가도 노인이고 상석에 앉게 된다.
그러나 남은 삶의 기간을 값지게 보내고 싶다.
미지의 진리의 세계를 조금 더 알고 싶다.
하나님의 그 깊고 깊은 사랑의 세계에서 살고 싶다.
외국어를 좀 더 익혀 지구촌의 동내이웃들과 정을 나누며 살고 싶다.
그러나 몸이 건강하여야 한다.
아프면 할 수 없다.
그러나 나이드는 늙음으로의 변화는 피할 수 없다.
자연의 이치임을 받아들여야 한다.
거역할 수 없는 변화는 순종함이 좋다.
한 때는 시대를 거역하며 살고자 하는 기개(氣槪)도 있었다.
그러나 나이가 드니, 그것이 만용(蠻勇)으로 여겨진다.
하나님 안에서의 순리가 나이든 사람의 마음이어야 함은 느낀다.
나이들어 합창단에 입단하여 함께 노래를 부른다.
나이들어 미술의 세계에 들어가 그림을 그려본다.
나이가 들어 시를 쓰며 풍류를 즐기어 보려한다.
그러나 시간이 한 참 지났다.
경지(境地)에 들어가는 꿈은 조금도 갖지 않는다.
세상은 참 넓다.
눈에 보이는 세상은 물론, 눈에 보이지 않는 마음의 세상도 엄청 넓다.
다 가볼 수 없다.
조금 보면 족하다.
나이가 들면 평화와 자유와 고요의 세계로 들어가야 한다.
그곳에서 하나님을 만나야 한다.
하나님의 계시와 영감도 받아야 한다.

남은 시간 만이 아니라,
나 뒤에 오는 후대들을 위한 일도 하여야 한다.
혼자만이 왔다가 가려고 하는 마음은 너무 이기적이다.
함께 영원히 살아가는 마음을 가져야 한다.
나이들면 후대를 위한 헌신으로 무엇을 할 것인가를 생각함이 좋다.
많을 것이다.
참 많을 것이다.
함께 영원히 사니까,
나만이 있는 것이 아니라,
후대도 함께 있는 있는 것이다.
후대는 이 땅에,
나는 하늘나라에 있어도,
다 살아서 함께 있는 것이다.
하나님은 이 세상에도,
하늘나라에도 영원히 계신다.
모두와 함께.
그렇다.
그렇게 믿는다.
기도로 하나 된다.
하나님과 함께 하나 되고,
후대와 함께 하나 된다.
사랑으로
사랑으로
영원히
영원히
그렇게 믿고 산다.
그렇게 믿고 노년을 보낸다.
이 땅의 삶을 살았고, 살고 있고,

살 사람의 모두가 하나의 공동체이다.
모든 사람은 영원히 산다.
변화가 있을 뿐이다.
아멘이다.

<2023. 8. 24. 09:51>

19. 관심

작은 일에도 관심을 가지면 흥미로운 일들이 많이 보인다.
그림 스케치를 조금씩 하였더니 그림 소재가 보인다.
인고의 세월을 이겨내고 있는 바위를 끌어 안고 자란 소나무,
바위 틈새로 뿌리를 길게 뻗어 생명의 끈을 냇물에 내린 끈질긴 소나무.
그래도 그 소나무들이 자라 수십년의 연륜을 자랑한다.
어떻게 그렇게 인고의 삶을 살아왔을까?
그 소나무는 자신의 처지를 원망하지 않았다.
그 험한 곳에 씨앗이 떨어져
낙엽과 빗물로 생을 이어왔다.
추호도 자신의 처지를 원망하지도 탓하지도 않았다.
그런 말없는 소나무에 하나님은 햇빛과 빗물을 내려 주셨다.
하나님의 사랑으로 인고의 세월을 이겨왔다.
그것이 바로 이 세상의 조화이다.
그렇게 사는 것이 자연의 이치다.
참고 견딘 삶이 단단하다
아주 단단하다.
그 소나무를 그림으로 그려본다.
내가 그린 스케치 중에 가장 마음에 든다.
아침에 크지 않는 봉투에 젓갈 한통을 넣어 합창하러 나갔다.

옆자리에 앉은 정병택 장로님께 살며시 드렸다.
아주 작은 나의 마음의 선물이다.
지난 주에 소래포구에 갔다고 사가지온 젓갈이다.
나는 손이 작아 큰 것은 드리지 못한다.
작은, 그것도 아주 작은 것, 그것도 실용적인 것을
구해서 그 한 사람의 친구에게 드렸다.
어머님의 사랑방법을 이어 받았나 보다.
어머님은 남편과 사별하고 혼자 사는 과부댁에
치마 속에 간장이며 된장을 조금 숨겨 갖다드렸다.
혹시나 며느리가 볼까 봐,
치마 속에 숨겨 가져다 드렸다.
그 어머님의 사랑이 나의 뇌리와 가슴에 늘 남아 있다.
어머님이 말씀해 주셔서 내내 기억하고 있다.
어머님은 대구지역 좌익의 십일폭동 때에
어린 큰 형님이 해를 입을까봐
좌익들이 우리 집에 먹을 것을 가져가려고 처들어왔을 때에,
큰 형님을 치마 밑에 숨기고,
다리에 병이 나서 일어설 수 없다고 하셨단다.
참 담대한 어머님이셨다.
엄마이기에 할 수 있었던 일이라 생각한다.
그 언젠가가 독일 트리어에서
마음씨 좋은 독일 청년 하우에게
길가에서 작고 작은 선물들을 하나하나 건냈던 기억이 난다.
아마도 그 일에 하우의 마음에 감동이 되었던 모양이다.
그 후로 하우는 나의 친구가 되었다.
나이 차이가 많다.
그래도 그는 나의 친구다.
독일 친구다.

그래 마음을 담은 선물이 진정 선물이다.
요즈음 선물이 정치쟁점이 된 사례도 있다.
값비싼 선물이었던 모양이다.
큰 마음을 전하고자 한 것이 오히려 화가 되었다.
준 사람도 받은 사람도 화를 입었다.
받은 사람이 더 큰 화를 입었다.
그것은 선물이 아니라 뇌물이었다.
다 버려야지.
다 내려 놓아야지.
다 비워야지,
좋은 것을 갖고 싶으면 땀흘려 일해서
착실히 돈을 모아 구하면 되지.
비워야 한다.
공(空)이어야 한다.
마음을 비우면
화(禍)가 사라진다.
마음의 불인 화는 자신을 못쓰게 다 태운다.
긍정의 불이 아니라
부정의 불이다.
그 마음의 불로부터 해방되어야 한다.
스스로는 스스로의 불을 끄지 못한다.
성령의 생수로 꺼야 한다.
성령의 생수를 기도하고 갈망하여야 한다.
그러면 성령은 마음의 부정의 불을 꺼 주신다.
성령을 구하여야 한다.
성령을 사모하여야 한다.
성령을 구하면, 성령의 생수를 부어 주신다.
그 성령의 생수를 마시면,

마음의 불이 꺼진다.
사모하고 구하는 것을 주님은 주신다.
사랑으로 주신다.
아무 값없이 주신다.
하나님은 주시는 분이시다.
하나님은 사람의 기도를 이루어주시는 분이시다.
하나님은 일이 되게 하신다.
하나님은 일을 이루어 주시는 분이시다.
하나님은 참 좋으신 분이시다.
사랑의 하나님이시다.
하나님께 관심을 갖고
그의 품으로 좀 들어가면
평화와 자유와 은혜의 세계에 이른다.
그곳이 하나님의 나라이리라.
관심을 갖고 찾아보자.
관심을 갖고 구해보자.
관심을 갖고 문을 두드려 보자.
사랑의 관심을 갖고 사랑의 세계로 나아가 보자.
참 아름다운 세계가 있다.
그 세계에 관심을 갖고 찾아 나가자.
나는 비우고
성령을 모셔드리면
그 세계에 자기가 갈 수 있다.
그 세계로 가자.
하나님에 대하여 관심을 갖고
나아가면
하나님은 자신의 세계로 영접해 주실 것이다.
내가 주님을 영접하면,

주님은 나를 영접하여 주의 나라로 인도해 주신다.
그렇게 살자.
세상사에 너무 몰입하지 말고
사랑의 하나님의 나라를 사모하고 찾아 나가자.
그렇게 하자.
그러면 좋은 세계가 펼쳐질 것이다.
그렇다.
그렇게 믿는다.
아멘이다.

<2024. 1. 20. 19:34>

20. 나의 부족함의 고백

나는 참으로 부족한 사람이다.
학식도 인격도 부족한 사람이다.
모두가 부족한 사람이다.
하나님의 섭리와 축복과 은혜가 아니었더면
나의 현재는 없다.
그것은 확실하고 진실이다.
뭐 한다고는 했지만,
이제 다시 보니 참 부끄럽다.
그 때는 뭐 좀 안다싶었는데,
지금와서 보니 참 부끄럽다.
나는 이런 사람이다.
참으로 소인이다.
추호도 대인의 품격은 갖추고 있지 못하다.
올바름과 정의를 지키려고 했지만

너무 속이 좁은 옹졸한 노인의 나를 새롭게 발견한다.
사랑을 얘기하고 사랑의 실천이 나의 남은 날의
과제라고 다짐했지만
그 이상과는 너무 멀리 있는 나를 발견한다.
뭐 학식을 좀 갖추려고 애썼지만
현실의 문제에 대해 내 의견이 분명치 않다.
의분(義憤)에 쌓여 참지 못하는 그런 나도 아니고,
저 위의 이상의 나라에서
아래를 보고 점잖은 말 한 마디를 하는 그런 식견을 가지지도 못했다.
하나님과 부모님께서 건강을 주셨지만
잘 관리하지 못하고
죽으라고 그 무엇인가를 찾는 동안에
몸은 힘들어 했고
나이가 드니 몸이 나의 뜻을 받들기 힘든다고
머리도, 눈도 허리도,
소화기도, 심장도
다 힘들어 한다.
그래도 마음은 아직 더 힘내어 달리고 싶지만,
그렇게 할 수가 없다.
노화의 진행이라고 하지만
그래도 안타깝다.
사해동포주의를 주장하면서
세계시민을 따뜻하게 대접하지 못하고
주머니의 사정을 자꾸만 생각하게 된다.
어디 하나 마음에 들게 살아가고 있지 못하는 나이다.
공동체를 생각하고
후손들이 안정되게 살아가고
주님을 기리는 기도처를 세우고

함께 주안에서 살아가고 살아갈 수 있게 하고픈 마음이지만,
아직도 내 머리 속의 생각에 머물러 있다.
세상의 어지러운 충돌에 대해
나의 생각과 판단이 확실히 서야 하는데,
어느 쪽이 더 진리에 가까운지를 판단할 수 없다.
그러니 자꾸 나의 판단을 미루게 된다.
쉽게 결단에 이르지 못하겠다.
아니, 충돌하는 양쪽이 서로 가까이 올 수 있을 때까지
나의 판단을 미루고 싶다.
주님께 판단을 묻고 싶다.
이렇게 부족하고 부족한 나를
주님은 너무나 사랑해 주셨다.
주님이 아니었더면
지금의 나는 없다.
어찌 주님은 이렇게 부족하기만 한 나를
그렇게도 사랑하셨는지요?
부족하다는 고백과
감사하다는 인사 밖에는
더 드릴 말씀이 없습니다.
참으로 감사합니다.
주님의 사랑에 감사하고 감사합니다.
주님은 나의 길을 막아서시고
주님 나라의 길로 인도해 주셔서
주님은 한없는 사랑으로 주님의 책임을 다 이행하셨습니다.
지금도 장래도 다 주님의 계획에 따라 내가 가고 또 서 있을 것을 믿습니다.
그 생각과 믿음에는 변함이 없습니다.
이것 저것 좀 많이 알고 싶었습니다.
이것 저것 익힌 것을 글로 정리해 보고자 하였습니다.

그래도 올바르고 정의롭다는 방향과 내용의 글을 엮어 보았습니다.
항심(恒心)으로 살고 항심으로 가자고 나를 다스려 왔습니다.
힘들어도 항심으로 의(義)의 길로 가고 가자고 하였습니다.
그러나 제대로 이루지는 못하였습니다.
아직도 나에게는 선듯 움직이지 못하는 일들이 남아있고
그 일이 나를 괴롭게 하고 있습니다.
잊고자 잊고자 하였지만
내 머리에서 지워지지 않고
나는 괴로워 하고 있습니다.
열심히 미지의 진리의 세계를 찾고 구하고 문을 두드리면
밝고 빛나는 훤한 세계에 도달할 줄 알았습니다.
그러나 그렇지 않았습니다.
사랑의 길로 들어 가고자 하여
오늘에 까지 이르렀으나
아직은 너무나 사랑과는 먼 길에 저가 서 있습니다.
학문의 세계를 지나
예술의 세계로 들어가고자 하였습니다.
아무런 형식에도 구애받지 않고
나의 예술의 세계에 들어가 보고자 하였습니다.
아직은 극초보 상태입니다.
그래도 조금씩 이루면서 나아가려고 합니다.
그런데 힘이 달립니다.
그래도 갈 것입니다.
내 스스로 할 수 있는 일은 아무 것도 없습니다.
오로지 주님의 섭리로만 이해하고 갈 수 있음을 깨닫습니다.
오로지 주님의 사랑의 은혜로만 저가
이 땅에 좀 더 머물 수 있고
꿈꾸던 일을 조금 더 할 수 있을 것 같습니다.

무엇보다고 건강의 뒷받침이 되지 않습니다.
그래도 운동합니다.
끈질기게 운동합니다.
조금이라도 진리의 세계에 가까이 가보고자 합니다.
누구에게도 말하지 않으렵니다.
조용히 살려고 합니다.
주님만이 알아주시면 그것으로 만족합니다.
아니 주님은 이미 다 아시고 계심을 믿습니다.
주님만을 믿고 나아가겠습니다.
내가 사상과 철학을 좀 탐구해서
세계의 장래에 대한 나름대로의 미래상을 정립해 보고 싶었습니다.
그것이 정의와 사랑, 그 중에서도 사랑이었습니다.
그 세계로 가고자 합니다.
아무도 알아주지 않아도 괜찮습니다.
주님만이 알아주시면 됩니다.
주님이 그 길로 가라고 저에게 깨달음을 주셨습니다.
그러나 그 길이 참 어렵습니다.
내 능력이 너무 부족합니다.
그것을 깨닫고 있습니다.
저의 앞으로의 세계는,
개인주의와 자유주의를 기초로 하는 공동체주의를 추구하고
정의에 바탕한 사랑의 나라를 이루고
인간의 이성과 함께 주님의 계시를 함께 인정하고 중시하는 신중심의
사상과 사랑의
세계를 꿈꾸고 있습니다.
사랑의 구체화를 이루어 나가고 싶습니다.
집안공동체를 중시합니다.
후대에게 주님이 주셔서 내가 관리하고 있는 재산을

다 넘겨 주고
후대가 좀 더 보태어 주님을 모시는 기도처와
나의 법과 성서와 역사 연구소를 설립하여
성지로 키워 줄 수 있기를 바랍니다.
이 소망은 아직 후손들에 얘기하지는 않았습니다.
그러나 유언장에는 써 두었습니다.
참으로 부족한 나입니다.
너무나 부족한 나입니다.
주님의 사랑과 은혜와 지혜와 깨달음을 주셔서
오늘의 나로 존재하고 있음을 다시금 고백합니다.
너무나 부족하기에
고백이라도 하고 싶어 이 일기를 씁니다.
주님 안에 저가 있음을 감사합니다.
부족한 이대로 나를 주님께 드립니다.
받아 주시고 치리하여 주소서.
부족함을 깨닫고 가슴 아파하는 나를
평화와 자유와 고요의 나라에서,
작은 사랑이라도 실천하고,
감사하고 감사하며 살게 하여 주옵소서.
내 부족을 내가 알고 있습니다.
주님의 은혜로 살아왔고, 그렇게 살아가고 있습니다.
감사합니다.
감사합니다.
나의 부족을 고백합니다.
부족하지만
사랑으로 살겠습니다.
사랑으로
사랑으로

주님 감사합니다.
아멘입니다.

<2023. 8. 31. 10:10>

21. 인격 · 됨됨이

사람이 됨됨이가 인격이다.
사람의 됨됨이가 밝아야 한다.
나는 바름이 좋다.
반듯한 사람이 좋다.
정직하고 정의로운 인격이 좋다.
사랑을 최고의 덕목으로 생각은 한다.
나 스스로 실천을 제대로 못하고 있다.
반듯하고 사랑이 많은 사람이 좋다.
장애인 부인을 평생토록 돌본 그 분이 좋다.
오로지 성도들을 위해 사랑을 베푸시고 정작
자기는 노년에 형편이 극히 어렵게 된 그 목사님도 좋다.
이웃을 위해 아무 것도 바라지 않고 자기를 내어준 그 믿음의 분이 나는 좋다.
꼿꼿하게 절약하며 산 나의 지도교수님이 좋다.
열심히 사시고 이웃을 위해 작은 사랑을 베푸신 나의 어머님이 좋다.
우리 형제들은 일을 참 많이 하였다.
몸을 아끼지 않고 일하였다.
큰 형님도, 적은 형님도 두 동생도 일을 참 많이 하였다.
몸을 아끼지 않았다.
나도 일을 많이 할려고 한 사람이다.
몸을 아끼지 않고 다 쓰고자 하였다.

열심히 일 하였다.
그래도 아직 넉넉히 살지는 못한다.
그래도 좋다.
희망이 있다.
잘 살 것이다.
넉넉히 여유있게 살 것이다.
주님이 계신다.
만나를 주신 주님이 계신다.
사랑을 못한 것이 인격의 흠이다.
즐겁게 살지 못한 것도 인격에 흠이다.
열심히는 살았다.
그러나 마음이 그리 기쁘게는 못 살았다.
열심히 일하는 것이 삶의 의미였다.
오로지 학문의 길에서 정진하였다.
그 학문도 나의 삶의 기간 동안의 역사의 작은 가교역할에 그친다.
역사에 길이 남을 결과를 내지는 못하였다.
내 자신에 충실하려고 하였다.
정직하고 정의로우려고 하였다.
한 점 티없이 살려고 하였다.
나를 지키려고 하였다.
믿음을 가지고 살려고 하였다.
미지의 진리의 세계를 찾고 또 찾았다.
그러다 보니 아내와 가족에 대한 돌봄이 부족하였다.
집안을 돌보는 일에도 부족하였다.
처가에 대한 돌봄도 부족하였다.
나 자신의 일, 연구에 최선을 다하였다.
그 외는 다 부족하였다.
그래도 나를 좋아하는 분들이 있어서 감사하다.

나에게 관심과 사랑을 주시는 분이 계신다.
부족한 나를 사랑하시는 분이 계신다.
지금도 일을 계속하고 싶다.
연구하고 싶다.
책을 읽고 글을 쓰고 싶다.
그 외는 별 관심이 없다.
아내에게 미안하다.
집을 나서서 여행 한번 제대로 하지 못했다.
미안하다.
두 아들은 여행도 하고 잘 지낸다.
다행이다.
큰 아들은 스스로 자신의 진로를 개척하였다.
아버지를 의지 않고 자신이 스스로 현재까지 이루어 왔다.
물론 경제적으로는 내가 조금 지원하였다.
그러나 교수가 되는 일에는 전적으로 그 스스로 노력하여 이루었다.
대견하다.
둘째의 내외도 잘 살고 있다.
아주 즐겁게 살고 있다.
삶의 즐거움을 누리고 있다.
손녀가 아름답게 잘 크고 있다.
지유를 참 잘 키웠다.
스스로.
지유가 잘 자라고 있다.
명랑하고 똑똑하다.
큰 기쁨이다.
울고 싶으면서도 독일어로 된 논문을 한 편 썼다.
울고 싶은 마음으로 영어로 된 논문을 고치고 보태었다.
외국어를 제대로 구상할 수 있어야 하는데 참 부족하다.

그래도 논문과 책을 엮고 있다.
일본어도 좀 들여다 보고 싶다.
눈으로만 읽고 입으로는 읽지 못하는 것이 나의 일본어 실력이다.
그래도 일거리를 갖고 싶다.
이제는 훤한 얼굴의 내가 되어야 한다.
젊잖은 모습의 내가 되어야 한다.
평안한 나이어야 한다.
울지 말아야 한다.
울고 싶도록 일하는 것은 노인이 할 일이 아니다.
젊은이들에게 넘겨주어도 좋다.
무리하게 붙들지도 말고 너무 가지려고도 하지 말아야 한다.
한다고는 하였지만
그렇다고 번듯한 결과를 내놓은 것은 없다.
양은 많지만 질은 여전히 자랑할 것이 못된다.
그러나 일관성은 유지하고 있다.
변칙을 용납하지는 않았다.
원칙에 충실하고자 한다.
법에서의 가치문제를 다루어 보고자 한다.
민법에서의 가치문제는,
개인주의, 자유주의, 시장경제, 사랑, 정의의 공동체주의의 가미이다.
전체주의, 사회주의, 인종주의, 민족주의, 제국주의, 식민지주의는 안 된다.
사해동포주의가 갈 방향이다.
민족주의는 안 될 일이다.
세계주의다.
사회적 시장경제다.
공동체주의다.
자유지상주의, 극단적 개인주의, 온정주의, 기회주의, 상황윤리는 안 될 일이다.

원칙주의여야 한다.
인간주의여야 한다.
신인협력주의가 맞다고 생각한다.
하늘로부터 계시를 받아 살도록 하여야 한다.
복고주의는 아니다.
전통을 존중하는 사상은 맞다.
기회주의는 아니다.
청교도주의다.
퓨리턴이즘이다.
복음주의다.
나를 정립해 나간다.
나를 정리해 나간다.
아직은 일할 수 있다.
그러나 별 생각이 나지는 않는다.
신비주의도 아니다.
경건주의다.
법에서의 가치를 생각해 보자.
정리할 수 있는 한에서 정리해 보자.
법에서의 가치다.
법이 담아야할 가치를 생각한다.
민법에서 담아야할 가치를 생각한다.
기본적으로는 자유주의, 개인주의를 바탕한 공동체주의이다.
인간은 사상의 존재이다.
인간은 가치의 존재이다.
인간은 인격적 존재이다.
인간은 믿음의 존재이다.
인간은 하나님과의 관계에서 존재가치가 있다.
한 번 정리해 보자.

가능할 것이다.
틈틈이 생각을 정리해 보자.
법실증주의는 반대다.
자연법론이 맞다.
신중심의 자연법론이다.
그렇게 정리해 보자.
주님이 계시를 주실 것임을 믿는다.
기도한다.
주님께로 나아간다.
그 길이 나의 삶이다.
열심, 연구, 반듯함, 항심, 사랑,
절제와 절약, 신앙, 계시,
이것이 나의 존재모습이 아닐까 생각한다.
주님안에서의 나이다.
아멘이다.

<2023. 9. 24. 07:31>

22. 이웃 나라

이웃 나라 일본은 참 깨끗하다.
자연풍광이 그러하다.
일본의 동북지방인 아오모리, 아기타 등
눈이 많이 오는 지방을 보여주는 방송을 시청하였다.
너무 깨끗하였다.
관리를 잘 해 두었다.
음식들도 아주 깨끗하게 사람의 입맛을 사로 잡았다.
오랜 전통의 공동체 축제도 볼만하였다.

모두가 참여하는 축제였다.
일본은 어떻게 깨끗한 자연을 그렇게도 사랑하였을까?
일본은 자연재해가 심한 나라다.
지진, 화산 폭발, 해일, 태풍 등 자연재해가 심한 나라이다.
한 번의 자연재해로 수만명이 목숨을 잃는다.
함께 하지 않으면 안 되는 나라다.
공동체 정신이 발달된 나라이다.
법에서의 공동체 정신의 표현은 바로 입회권이라 생각된다.
공동체가 함께 살아가는 길을 찾은 법적 전통인 것이다.
일본민법 제1조 제1항은 사권은 공공복리에 적합할 것을 의무로 규정하고 있다.
그 모두가 다 공동체 정신의 법적 표현이다.
일본인들은 행동이 극히 절제되어 있다.
다른 사람에게 해가 되지 않도록 행동하는 것이다.
그것도 모두가 공동체 정신의 표현이라 생각된다.
참으로 아름다운 섬나라 일본이다.
그러면서도 아주 관리를 잘 하고 있다.
개발도 잘 해 놓았다.
온천이 일본인들을 아주 깨끗하게 만든다.
외관상 그러려니라고만 생각했으나,
그 모두가 다 공동체 정신의 표현임을 알게 되었다.
일본은 마라톤 경기가 많이 열린다.
그것도 공동체 정신을 함양하는 방법이라 생각된다.
일본은 존경받을 나라이다.
물론 역사적으로 우리를 괴롭힌 일본이지만,
일본국내의 여러 모습은 존경을 받을 만하다고 생각된다.
직업도 가업(家業)을 이어 계속해 나가는 것이 특징이다.
그것도 집안공동체의 정신이라 생각된다.

입회권은 촌락공동체의 정신이다.
나는 법학을 전공하였지만
법학에서도 법사상, 법사, 법가치 등을 늘 생각하여 왔다.
그리고 나의 마음의 중심은 기독교이다.
기독교 사상에 대해서도 늘 생각해 왔다.
기독교 사상을 어떻게 법적으로 연결시킬 것인가를 늘 생각하여 왔다.
그리고 근대 자본주의 경제가 오늘날의 경제와 과학의 발전을 가져왔음을 인정하고,
자본주의의 기초사상인 자유주의와 개인주의를 기본으로 하여야 한다고 생각해 왔다.
자유주의와 개인주의는 그냥 그대로 발전해 나가도록 할 것이 아니라,
사람은 공동체를 이루어 함께 살아가야 하기 때문에,
공동체주의로 인간사회가 발전해 나가야 한다고 생각해 왔다.
그러므로 자유주의, 개인주의를 바탕으로 하는 공동체주의를 추구하여 왔다.
나는 공동체주의자로 남고 싶다.
그 공동체주의는 인간의 본성인 개인의 존엄과 인간의 자유를 존중하는 기초위에서 추구되어야 한다.
공동체주의를 추구하면서 집단주의, 단체주의는 반대한다.
전체주의, 제국주의, 인종주의, 식민지주의, 공산주의, 사회주의는 배격한다.
그 사상들은 인간의 인격의 존엄과 인간의 행동의 자유를 용납하지 않는다.
자유주의, 개인주의를 바탕한 공동체주의가 맞다.
그리고 인간은 창조주와의 관계에서 살아야 하는 피조물이다.
그리하여 인간은 하나님의 말씀을 삶과 공동체의 지표로 하고 살아야 한다고 생각한다.
그렇다고 하여 신앙공동체를 추구하는 것은 아니다.
신앙이 삶의 지표이고 삶의 내용이어야 한다는 것이다.
정의와 사랑을 지표로 하여 바름과 사랑을 추구하고 공동체를 이루어가야 한다고 생각한다.

하나님은 개인과 공동체의 주인이다.
하나님 앞에 겸손한 인간의 모습으로 살아가야 한다는 것이다.
그리고 인간이 이성적인 존재로,
하나님을 믿고 기도하면서 계시를 받아 살아가지만,
이성을 통하여 선한 삶을 추구하고 행복한 공동체를 이루어 나가야 한다.
그러기 위해서 하나님의 창조의 뜻과 섭리를 이루어가는데,
인간이 이성으로 갖추어 나가야할 것은 인간이 덕망이 있는 존재로
서로 신뢰하고 존중하는 관계를 이루어가야 한다고 생각한다.
서로 신뢰하고 존중하는 공동체를 이루기 위해서는
7덕목을 갖추어야 한다고 생각한다.
세속의 4덕목인 절제, 용기, 지혜, 정의와
기독교의 3덕목인 믿음, 소망, 사랑의
7덕목을 자신의 삶 속에서 구현해 나가며 살아야 한다고 생각한다.
정리해 보면,
창조주 하나님을 중심으로 하여,
자신과 공동체를 이루고,
하나님의 가르침인 정의와 사랑의 궁극가치를 실현해 나감에
자유주의와 개인주의를 바탕한 공동체주의의 사상으로
공동체가 결속할 수 있는 인격적 가치인 7덕목을 갖추어 나가는
그런 공동체를 이루어 나가야 한다고 생각한다.
그러면 개인도 공동체도 선하고 서로 의지하고 살아갈 수 있으리라 생각한다.
이러한 인간개인과 공동체가 활동해 나감에 있어서
교회가 그 중심에서 이러한 사상과 가치를 실천할 수 있도록 지원하고
활동하여야 한다고 생각한다.
기도하고
낮고 천한 사람들이 인격의 존경을 받고
서로가 서로에게 이웃이 되어 더불어 살아가는 그런 공동체를 추구한다.

또한 이런 가치와 사상의 기초위에서
공동체주의가 실현될 수 있도록 법이 이를 뒷받침하여야 한다고 생각한다.
그러면 살만한 존재, 살만한 공동체가 되지 않을까!
그리고 기독교가 삶과 공동체의 기초이고 이상인 개인과 공동체가 형성되길 소망한다.
결코 기독교신앙공동체가 아닌,
기독교 가치, 기독교 사상, 기독교 말씀의 공동체를 지향한다.
이것이 내가 깨달은 사상체계이고 가치체계이다.
이것은 하나님이 주신 계시라 생각한다.
이성적으로만 생각한 것은 아니라고 생각한다.
이러한 사상과 가치를 머리로 생각하고
실천은 아주 부족하다고 고백한다.
세월이 걸릴 것이다.
긴 세월이 필요하다.
나는 그 기초를 세우고 작은 기여를 하고 갈 것이다.
주님은 내가 이 일을 하도록 나를 부르신 것이라 생각해 본다.
그런데 내가 너무 부족하다.
그러나 주님께 나아간다.
주님이 나의 세상의 길을 막아서시고
주님이 이 길로 가게 하시고
모든 책임을 다하여
이 길를 밝혀 보도록 빛을 비춰주시고
계시하여 주셔서
이제서야
이렇게 깨달았다고 생각한다.
많이 부족하다.
극히 부족하다.
이러한 사상과 가치를 더욱 상세히 체계화할 수 있도록

하나님의 계획이 있을 것임을 믿는다.
그렇게 간다.
가고 또 간다.
아멘이다.

<2023. 9. 28. 08:52>

23. 엄청난 양의 지식

이 세상의 지식은 그 양이 엄청나다.
계속 생성되고 있다.
아무리 노력해도 다 알지 못할 양의 지식이다.
종이에다 써 놓는 것으로 그 양을 다 감당할 수 없다.
디지털로 저장할 수 밖에는 없다.
그 양이 엄청나게 많다.
지구의 기후변화의 원인에 대한 발표가 있었다.
과학자들이 기후변화의 원인에 관하여 엄청나게 많이 연구했다.
아마존이 지구의 허파가 아니라
바다가 지구의 허파란다.
그린란드의 빙하의 변화
남극 빙하의 연구
인도양 동서의 수온의 차이와 그 영향
태풍의 순기능
참으로 엄청난 연구를 하였다.
그 양이 엄청나다.
그 지식을 종이에 담아서는 다 보관할 수도 없고,
그렇게 종이로 보관하였다고 하더라도 다 읽어볼 수가 없다.
아아,

참으로 많은 지식이다.
귀한 지식이다.
그것 뿐일까?
희말라야의 눈의 역할,
뉴질란드의 특이한 돌의 정체에 관한 지식,
인공위성의 제작과 발사, 이용에 관한 지식,
인공위성이 가져다 주는 정보의 해독과 그 지식,
인문, 진리, 철학, 음악, 미술, 생물, 등등
그 지식이 그 얼마나 많을까.
인간은 달에 대한 지식은 많이 축적하였지만,
지구속의 10킬로미터 이하에 대하여는 지식이 별반 없단다.
앞으로 알아야할 지식이 그 얼마일까?
광대무변의 지식의 세계이다.
그것은 그렇게 만들어 움직이게 하는 존재는 누구인가?
인간이 모르는 곳,
그것에 대한 지식은 분명히 있다.
인간이 모를 뿐이다.
분명히 인간은 모르고 있겠지만,
그곳에 대한 지식은 존재하고 그 지식에 따라서 움직이고 있다.
그 지식을 인간은 지금은 모르지만
그 누군가가 알고 그 지식대로 운행하고 있다.
그 분은 창조주 하나님이시다.
그렇다.
하나님은 그 지식의 창조주이시고 그 지식의 활용자이시고
그 지식에 따라서 그곳을 운영하고 계신다.
그렇게 믿는다.
이 세상은 인간이 전혀 알지 못하는 영역이 너무나 넓다.
인간은 모르지만, 그러한 영역을 인간이 부인할 수 없다.

인간의 지식이 참으로 엄청나지만,
그 너머에 하나님의 아시고 계시는 지식이 무궁무진하다.
그러한 지식을 계속 창조해 나가시는 분이 하나님이시다.
그렇다.
하나님은 한계가 없으시다.
하나님은 무에서 유를 창조하셨다.
지금도 창조를 계속해 나가고 계신다.
우주의 팽창은 하나님의 창조의 계속의 일이다.
그렇게 생각한다.
새로운 생물들이 나타나고 있다.
인간이 알지 못했던 새로운 생물이다.
돌연변이라고도 할 수 있을 것이다.
그러나 하나님이 계속 창조해 나가신다고 생각한다.
하나님은 끝이 없으신 분이시다.
하나님은 한계가 없으신 분이시다.
계속 창조해 나가시는 분이시다.
하나님의 지식은 그 정교함이 특별할 뿐만 아니라.
그 양에 한계가 없다.
유체물은 물론 무체물,
정신과 영혼의 지식까지도 다 가지시고 계신다.
문제와 그 해결방법을 다 아시고 그것에 대한 지식을 다 가지시고 계신다.
주님은 다 아시고
다 하실 수 있다.
주님이 사랑하고 쓰기로 계획한 사람은 스스로 터득한 지식을 넘어서
계시로 지식을 얻고 영감으로 그 지식을 최고도로 활용한다.
주안에서 살아야 한다.
그것은 엄청난 지식의 세계의 일면을 보면 더욱 그렇다.
지식의 창조자이신 주님께 계시를 구함이 바른 지식을 구함이다.

주님께 기도하고 주님의 사랑으로 주님의 지식의 극히 일부분을 얻어 깨달음의 생활을 함이 바른 삶이다.
그것이 의미있고 가치있는 믿는 자의 삶이라 생각된다.
그렇구나.
주님께 지식을 구하여야 한다.
주님께 물어야 한다.
주님이 지식도 창조해서 인간에게 주신다.
그렇다.
이 세상의 오묘함은 주님의 작품이다.
가장 아름다운 주님의 작품이다.
그 오묘한 주님의 세계를 보고 즐거워 하고 감사함이 삶의 본질이다.
삶이란 이런 것이다.
인간이 삶을 만들어 나가는 것 같지만
하나님이 앞장서서 삶을 만들어 인간에게 알리고 향유하도록 하시는 것이다.
그것이 삶이다.
그것이 하나님의 궁극의 인간 사랑이다.
그렇다.
그렇겠다.
주님의 인간 사랑은 보이는 것은 물론
보이지 않는 것도 다 관장하시고,
주님이 만들어 인간에 알리고 누리도록 사랑하신다.
주님은 창조주이시고
계속 창조해 가시고
인간은 주님의 그 창조의 세계를 터득하고 풍요롭게 살기를 원하신다.
주님이 스스로 즐거우려고 이 세상을 창조하시고 그 엄청난 지식을 창조하신 것일까?
아니다.
인간 사랑이다.

세상 사랑이다.
주님은 이기적인 창조주가 아니시다.
이 세상의 모든 것을 다 만들어 인간이 넉넉하게 살도록 해 주시는 사랑의 존재이다.
그러면 왜 이 세상에는 지식을 오용하여 사회문제가 생길까?
그것은 인간의 이성의 남용이다.
이성의 오용이다.
인간 이성은 하나님을 향하여야 한다.
인간 이성이 하나님을 떠난 것이 악이다.
그것이 사회악이다.
사회악은 인간이성이 하나님을 떠나 이성 스스로가 자만한 결과이다.
아니다.
이성은 하나님의 창조의 섭리와 무한함을 따라야 한다.
이성으로 만드는 것이 하나님의 창조의 섭리와 부합되었을 때에 진리가 된다.
그렇다.
이성은 하나님의 창조의 섭리를 따르고 존중하여야 한다.
이성은 자신의 이성활동이 하나님의 창조의 섭리에 부합하는 지를 늘 성찰하여야 한다.
하나님의 창조의 궁극은 사랑이라 생각한다.
인간을 사랑하고 생명을 사랑하기 때문에
하나님은 자신의 창조를 계속하여 인간에게 지식을 준다.
받은 그 지식으로 조화로운 공동체를 이루어 살라고 하신다.
그것이 하나님의 인간에 대한 당부이시다.
인간이 만들었다는 새로운 지식은
이미 하나님이 창조해 놓으신 것을 인간이 이성으로 발견한 것이다.
인간이 새롭게 발명한 지식이 하나님이 먼저 창조하신 지식이 아니라,
하나님에 앞서서 인간이 만든 것이라면

인간은 하나님에 앞선 존재이다.
과연 그럴까?
그렇게 믿는 사람도 있을 것이다.
그러나 그렇지 않다.
인간은 하나님을 넘을 수 없다.
인간은 하나님이 이미 만들어 놓으신 것을 찾아 이용할 뿐이다.
결코 하나님이 알지 못한 지식을
인간이 창조하는 것이 아니다.
인간이 하나님에 앞서 인간이 이성으로 스스로 창조해 나간다면
인간이 하나님이어야 한다.
과연 그럴까?
아니다.
그것은 인간 이성의 오만이다.
하나님 앞에 겸손하여야 한다.
하나님이 이 세상의 주인이시다.
인간은 하나님의 가장 사랑받는 피조물이다.
인간은 지식을 오용하지 말아야 한다.
지식을 남용하지도 말아야 한다.
이미 주어진 지식만도 엄청나다.
주님이 이미 인간을 위해 창조해 두신 인간이 아직 터득하지 못한 지식도 엄청나다.
주님이 하나하나 인간에게 알려주실 지식들이다.
그 지식들로 인간이 행복하게 살기를 하나님이 원하시고
그렇게 이 세상을 운영해 나가시고 계신다.
그렇다.
그렇게 믿는다.
주님을 경배하여야 한다.
그것이 더 많은 지식을 얻는 길이다.

하나님 앞에 겸손히 머리 숙이고
하나님이 이미 인간을 위해 창조해 두신 지식을
계시로 알려주시기를 기도하여야 한다.
그것이 지식세계이다.
그렇다.
그렇다고 믿는다.
주여 감사합니다.
주님의 섭리와 사랑을 믿습니다.
인간은 쉽게 하나님의 말씀을 잘 따르지 않는다.
그래도 주님은 기다리시면서
고통과 고난을 통해 깨우쳐 주신다.
참으로 인간은 무지하다.
인내하면서
기도하면서
믿음으로 주님으로부터 깨달음을 얻도록 함이
제대로 삶을 사는 것이다.
아멘이다.

<2023. 9. 30. 08:50>

24. 삶의 여유, 마음의 여유를 갖자

여유는 여백이다.
여유는 넘치는 과잉이 아니다.
여유는 궁색함도 아니다.
필요한 만큼 갖는 잔잔함이다.
충만함도 아니다.
모자람도 아니다.

그져 그만그만한 상태이다.
그런 여유의 삶을 살자.
그런 여유의 마음을 갖자.
열심히도 일했고,
많이도 이루었고,
넉넉히 받았고,
간절히도 기도하였고,
처절하게 살았고,
실적도 많이 쌓았고,
꿈도 많이 이루었지만,
그래도 아직도 가슴이 답답하고
안정이 안 되는 이유가 무엇인가?
여유가 없다.
삶의 여유도
마음의 여유가 없다.
그렇게 답답해 하면서 살아왔다.
다들 부족한 상태에서도 행복하게 잘 살고 있는데,
참 평안하게 잘 지내고 있는데,
나는 남들이 부러워 하는 상태에 살면서도 여유가 없다.
아직도 더 일하고 싶고,
더 쓰고 싶고,
더 책을 내고 싶고,
하나님의 놀라운 섭리를 구하고,
아직도 내어주기가 어렵고
손이 쉽게 펴지지 않고.
왜 그런가?
스스로 그렇게 생각하고 있는가?
그래도 바르고 정의롭게 살려고

정의와 사랑을 궁극의 이상으로 하여 실천하려고 하는데,
그 궁극은 아무리 해도 닿지 못한다.
그러니 항상 부족하다.
소인이다라고
나를 채근하고 있다.
그것도 여유없는 삶과 마음의 한 원인이었으리라.
쉽게 다가가지 못하는 나이고
쉽게 다가오기 힘든 나이다.
나와 틀리면 다 멀리하는 지난 날들이었다.
이웃과의 사귐도 학문도 가려서 한 것 같다.
나와 다름을 그대로 인정하지 못하고 살아온 것이 아닌가?
그 모든 일들이 나로 하여금 여유없는 삶을 살도록 한 것이 아닌가?
허리가 아프다.
잠이 깊이 오지 않는다.
눈이 아프다.
그래도 연구하고 싶다.
그래도 매일 글을 쓰고 싶다.
그래도 통장에 여유를 가지고 싶어한다.
안 준 것이 아닌데.
그래도 많이는 못 주어도 드렸는데.
아아,
아침에 주님께서 삶과 마음의 여유를 갖고 살아라는 깨달음을 주셨다.
나는 너무 자책한다.
내가 나쁜 일을 한 사람이 아니지 않느냐?
극히 열심히 살고자 한 것 그것 뿐이다.
절대로 돈 꾸지 않으려고 하였다.
그리하여 꾼 일이 없다.
전공부야를 다 섭렵하고 책으로 엮고자 하였다.

그것을 넘어서 까지 했다.
쉽게 잊지 못했다.
좀처럼 잊혀지지 않았다.
한 번 계획한 것은 이루어야 마음이 놓였다.
처절하게 열심히 나를 채근했다.
가족들이 가장 힘들었을 것이다.
아내가 가장 힘들었을 것이다.
나는 나대로 나를 이해해 달라고 하였지만,
가족들은 감당하게 어려웠다.
그렇다.
나를 풀어라.
이제는 나를 풀어도 괜찮다.
울타리를 치지 말라.
나를 몇 번이고 정리하였다.
너무 나를 정리하다보니
내가 너무 경직되었다.
항상 부족하다고 나를 채근한 때문이 아닐까?
이제는 나를 풀어놓자.
가슴을 열자.
좀 용인하고 받아들이자.
이해하고 용납하자.
주님이 다 아시고 보시고 계신다.
나를 사랑해 주셨다.
지금도 사랑하고 계신다.
주님께만 의지하여 살고자 하는 그 마음을
이웃에게도 좀 열자.
이웃과 소통을 좀 하자.
나와 다르다고 나의 마음의 문을 닫지 말자.

기회는 있다.
주님은 마지막까지 기회를 주신다.
그 기회를 선용하라고 하신다.
감사합니다.
주님,
감사합니다.
아내와 내 새끼들.
집안 공동체를 이루고자 하는 그 뜻도
내가 마음을 좀 풀어야 가능하다.
나의 마음의 여유가 필요하다.
너무 공부만 하려고 하지 말고,
여유를 가져라.
여유를 찾아라.
가능하다.
그것이 삶의 즐거움이다.
그렇게 살아라.
하나님도 그것을 귀히 여기신다.
그렇다
그렇고 말고.
아멘이다.

<2023. 10. 1. 07:45>

25. 나의 오랜 친구, 낡은 책상

날씨가 좋다.
화창하다.
그래도 가을은 온다.
들꽃도 많이 핀다.

가을 안개의 운치가 있다.
세월은 참 아름답다.
밝음도 있고 따뜻함도 있다.
태어남도 있고 사라짐도 있다.
만남도 있고 헤어짐도 있다.
그것이 다 자연의 이치이고 하늘의 조화다.
이 세상에 영원은 없다.
영원은 오직 주님 뿐이다.
완전도 없다.
완전은 주님 뿐이다.
이렇게 다 왔다가 같이 좀 있다가 헤어짐이 반복된다.
그러나 역사는 앞으로 계속 나아간다.
다들 잘 지내기를 기도한다.
기도가 약이다.
기도가 스스로를 견디게 한다.
힘내어 기도한다.
아버지는 혼자 살려고 하는 것이 아니다.
가정 공동체를 이루어 나가고자 한다고 기도한다.
기도는 대화다.
기도는 말로서 하기 힘드는 내용을 전할 수 있다.
힘주어 기도한다.
간절히 간구한다.
사회활동을 하시는 스님이 텔레비전에 나오셨다.
1000일을 기도하면 자신의 변화가 일어나고
10000일을 기도하면 사회의 변화가 일어난다고 하셨다.
1000일은 3년이고
10000일은 30년이다.
그렇게 살아오시고 계신다고 하셨다.

매일 1000원이상 보시(報施)하시고
매일 한 가지 이상 선행을 하신다고 하셨다.
그 스님의 얼굴이 참 밝으셨다.
웃음이 많으셨다.
3년은 기도하여야 자신의 변화가 일어날 수 있다는 말씀에
왜 인간은 그렇게도 변화가 더딜까?
그것은 원죄 때문이 아닐까?
나의 책상이 참 오래된 나의 옛 친구다.
세월이 흘러 책상이 휘고
다리가 어색하다.
연필이 구른다.
나의 책상도 노화의 세월을 이기지 못한다.
책상도 나도 서로 버리지 않았고
책상이 지금도 나를 지켜주고 있다.
오래된 옛 친구로 버릴 수가 없다.
아직은 쓸만하다.
같이 늙어간다.
이렇게 오랫동안 같이 지낼 수 있었던 것이 감사하다.
말없는 책상은 나의 친구가 되어 이렇게 함께 지내고 있는데,
만났던 친구들은 다 헤어지고 멀어지고 말았다.
나도 잊었고 그들도 잊었다.
서로 찾지 않았다.
찾은 사람은 극소수다.
그래도 항상,
아니 영원히 같이 계시며
사랑하며, 인도해 주시며, 빛을 비처 주시는 분이 계신다.
그 분이 바로 하나님이시다.
삶을 다 주관해 주시는 하나님이시다.

하나님과의 대화는 성경말씀, 기도, 찬송, 설교, 계시, 체험, 꿈, 환상, 깨달음, 기쁨, 환희, 영감, 삶의 변화, 자연의 변화, 세상의 오묘함, 우주의 질서정연한 움직임,
간절한 간구, 가슴의 평안, 콧노래로 부르는 성가, 기쁜 소식, 생각을 나게 함, 바른 삶, 정의, 사랑, 항심, 사모, 희망 등등
이 모든 것이 다 하나님과의 대화방법이다.
그렇게 믿는다.
마음을 가지런히 하여 주님께로 나아간다.
주님과의 대화의 체널은 참 많다.
고요히 주님의 섭리를 깨달아 가는 것이 기쁨이다.
그렇게 살고자 한다.
하나님,
그 분은 나의 창조주이시다.
나의 치리자이시다.
나를 길러주신 분이시다.
사명을 주시어 그 일을 이루어가게 하신 분이시다.
나를 불러주신 분이시다.
자신이 예정한 그 길로 나를 가게 하신 분이시다.
자기 책임을 다해 주신 분이시다.
알지 못한 일을 주님은 나에게 이루어주신 분이시다.
마지막 까지 주님의 사명을 받아 살고자 한다.
주님 나라에 영원히 함께 산다.
그 길로 나는 가고 있다.
하나님이시다.
오로지 하나님이시다.
모두가 하나님의 섭리이었고 은혜였다.
남은 기간도 주님이 인도해 주시고 빛으로 인도해 주실 것임을 믿는다.
주님은 사랑이다.

주님은 사랑의 인격체이시다.
그 하나님을 따라서 간다.
가고 또 간다.
주님 안에서 산다.
주님께 기도하면서 산다.
나는 주님의 사랑하는 아들이다.
공동체를 이루어 살아간다.
아내를 새끼를 사랑한다.
학문을 사랑한다.
삶 속에서의 신앙고백을 정리한다.
공동체주의와 사랑의 관계를 정립한다.
신앙에서의 사랑은
세속에서 공동체주의로 실현된다.
나의 학문과 삶이 다 체계를 이룬다.
조화를 이룬다.
그 방향으로 나아가고 있다.
이 모두가 다 하나님의 사랑으로 이루어가는 일이다.
사랑이다.
사랑이다.
정의에 바탕한 사랑이다.
세상에서 좀 더 벌려고 정상이 아닌 방법을 쓰는 사람들,
그 방법을 버리고 하나님께로 나아오면 좋겠다.
하나님이 만나를 주실 것이다.
잔재주를 굴려서 재산을 모으려고 하는 사람들아,
하나님께로 나오라.
교회로 나아오라.
말씀이 있고
친구가 되어줄 이웃들이 많다.

함께 같이 주님께 기도하자.
그것이 아름다운 삶이다.
세상에서 애써 모은 재물을 잃어 버린 사람들도
교회로 나아오라.
사랑으로 용서하고
함께 이웃이 되어 위로를 하자.
교회가 희망이다.
교회가 희망이 되어야 한다.
교회가 이웃이 되는 장소이다.
그곳에 하나님이 계신다.
정의와 사랑의 하나님이 계신다.
모두 서로 용서하자.
그리고 하나님을 중심에 모시자.
기도하자.
찬송하자.
말씀을 듣자.
하나님이 계신다.
마음에 다가오신다.
그 하나님을 붙들고 살자.
그것이 영원으로 가는 길이다.
영원,
평화,
자유,
그리고 고요의 세계로
그 하나님의 세계로
아멘이다.

<2023. 10. 2. 08:13>

26. 초극

나를 붙잡으려고 하지 말고
나를 놓아라.
세상은 넓다.
너무나 넓다.
아무리 지식을 쌓아도 이 세상을 다 알 수는 없다.
머리가 너무 아프다.
많이 넣었다.
용량을 초과하여 넣으려고 하였다.
용량의 한계에 왔다.
평생을 그렇게 하였다.
머리가 못견디겠다고 한다.
내가 세상을 알 수 있는 길은 이 세상을 창조하시고 모든 지식을
창조하신 하나님께 나를 맡기는 일 뿐이다.
그 길 뿐이다.
나의 머리의 용량을 늘리는 길은
나의 뇌를 만드신 하나님께 수리와 확장을 요구하는 일 뿐이다.
내가 요구할 수는 없고 주님이 아시고 늘려주면 좋겠을 뿐입니다.
다른 수 많은 선현(先賢)들이 깨달은 세계를 조금 더 알아볼 수 있는 기회를 주시면 너무나 감사하겠습니다만, 그것은 전적으로 주님의 사랑으로 하실 수 있는 일임을 압니다.
나를 풀어 놓습니다.
나를 다잡지 않고 풀어 놓습니다.
주님의 관리에 전적으로 맡깁니다.
고장난 나의 머리와 마음의 수리는 전적으로 주님만이 해 주실 수 일입니다.
고쳐도 소용이 없다고 생각하시면 용도폐기해 주시고
수리해서 좀 더 쓸만하다면 고쳐 주십시오.

그것은 전적으로 주님의 관장사항입니다.
나를 다잡으려고,
나를 다하고자 하였지만
세상을 다 알 수가 없다.
그것은 하나님의 세계이다.
쥐어 짜면서
머리가 넘치도록 하려고 하였지만,
그것은
나를 쥐어짠 결과이었지
자연스러운 글은 아니었습니다.
주님의 영감과 계시로 썼다고 나혼자 생각하였지만
그것이 아니었습니다.
주님이 주신,
주님이 하시고자 하시는 말씀은 아니었습니다.
이제 나는 나를 풀어놓습니다.
나를 더 이상 괴롭히지 않습니다.
나를 더 이상 제촉하지 않습니다.
나를 더 이상 왜 이렇게도 부족하였느냐고 자책하지 않겠습니다.
왜 그리도 소인이냐고 더 이상 책망하지 않겠습니다.
그 모든 나를 괴롭게 하였던 것이 나의 머리를 아프게 하였습니다.
머리가 상한 것 같지는 않습니다.
아직은 살아있습니다.
이제 다 풀어 버리고
성령의 역사에 다 맡깁니다.
있는 이대로 받아 주시옵소서.
주님의 세계는 너무나 넓고 광대무변(廣大無邊)합니다.
누구도 다 안 사람은 없습니다.
알고 알아봐도 또 알아야할 것이 남아 있습니다.

그렇다고 알기를 포기한 것은 아닙니다.
알 수 있는 한 알아보고자 합니다.
나를 완전히 풀어주고
주님이 알도록 해 주시는 것들은 알아갈 것입니다.
주님 나라에 필요한 것은 알아 보겠습니다.
이제껏 한 것은 쥐어짠 결과입니다.
그러니 자연스럽지 못합니다.
쉽게 공감이 가지 않았을 것입니다.
서로 연결이 잘 되지 않았을 것입니다.
그러니 너무나 머리가 아팠지요.
이제는 주님의 계획에 따라서 필요한 지식을 터득하도록 하렵니다.
그것은 삶 속에서의 신앙고백과
사랑의 공동체주의의 실천입니다.
호불호(好不好)도 없습니다.
좋은 것도 나쁜 것도 없습니다.
무엇이 몸에 좋다고 하여도 아무 상관이 없습니다.
주님 주시는 삶을 살기만 하려고 합니다.
아주 자연스럽게
초인(超人)으로
주님이 주시는 영감으로 살려고 합니다.
맑은 머리로 살 것입니다.
다 사랑할 것입니다.
죽으라고 운동하지 않아도 될 것 같습니다.
머리가 시원하게 살겠습니다.
주님입니다.
주님의 사랑입니다.
초인은 주님의 사랑하는 아들의 마음입니다.
초인은 주님 나라의 소식을 이 세상에 전달하는 실부름꾼입니다.

주여 감사합니다.
나를 풀어 놓습니다.
나를 자유케 합니다.
그것은 사랑입니다.
주님의 사랑입니다.
크고 넓으신 주님의 사랑입니다.
아멘입니다.

<2023. 10. 2. 16:12>

27. 자유

하나님이 사람을 창조하실 때에 자기의 형상을 따라서 창조하셨다.
하나님의 형상을 따라 창조된 사람이 자유롭지 않게 살도록 창조되지는 않았다.
하나님의 형상을 따른 인간이 자유로운 것은
하나님이 인간을 자유의 존재로 만들었기 때문이다.
그러므로 인간은 자유로운 존재이다.
인간은 창조 때에 이미 자유의 존재로 이 땅에 왔다.
그런데 그 자유를 인간이 잘못 이해하고 오용한 것이 바로 원죄라고 나는 생각한다.
인간의 자유는 하나님의 창조질서의 유지와 발전에 있다.
정의와 사랑의 실천에서 인간은 자유로운 것이다.
그렇게 바른 일을 하고 사랑을 실천해 나감에서 인간은 자유로운 것이다.
그렇지 않게 살고자 하는 데서 자유의 잘못된 사용이 이루어진 것이다.
자유다.
평화다.
고요다.

그 모두는 다 주님의 세계다.
자유롭게 살라.
아무도 자기를 구속하지 않는다.
자기의 원죄가 자기를 구속한다.
자기를 사랑하고
자기를 올바르게 살도록 하고
그렇게 평화롭고 자유롭고 고요하게 사는 것이 창조의 뜻이 아닐까?
자유롭자.
구속하지 말자.
그러나 창조의 질서는 지켜져야 한다.
자유하자.
마음을 평안히 갖자.
사랑하고 천사의 순백으로
성령의 인도를 따라서 사는 것이
자유가 아닐까?
지금까지는 목표를 이루기 위하여 처절하게 나를 옥죄며 살아왔다.
젊어서는 그러해도 괜찮다.
이제는 나를 풀어주자.
연구도 어진간히 했다.
아이들도 잘 컸다.
자랑스럽다.
손녀가 예쁘고
손자를 곧 만난다.
살림도 여유를 가질만 하다.
실적도 어느 정도 이루었다.
명예도 있다.
주님의 축복을 마음으로 현실로 느낀다.
달리는 말에 채찍을 치면서 달려온 관성(慣性) 때문에

아직도 더해야 한다는 마음이 있다.
이제는 줄이고 줄이고
주님께 평화를 구하고 자유를 구하고 고요로 들어가야 한다.
그 나이가 되었다.
지금도 달리기를 계속해야 한다면
숨이 차서 달릴 수가 없게 된다.
너무 심하면 걷기도 힘들어진다.
나의 몸을 사랑하고
나의 마음을 사랑하고
나의 심장을 사랑하고
나의 눈도 사랑하여
평화와 자유와 고요의 세계로 나를 데려간다.
그것도 주님이 허락해 주셔야 이룰 수 있다.
나는 기도할 뿐이다.
역사는 주님이 이루어 가신다.
나는 주님의 계획을 따라서 살아가면 된다.
고요하라.
아무런 미련도 갖지 말라.
다 사랑하라.
어느 하나도 가슴에 담아 놓지 말라.
가슴이 평안하도록 나를 놓아 두어라.
안타까울 것 없다.
다 이루어가고 있다.
언제 주님이 나를 불러가도 갈 준비가 되어 있어야 한다.
미련일랑 갖지 말자.
아쉬움은 없다.
몸을 이제는 자유로이 놓아두자.
물론 치료받으면서

다 놓아두자.
그것이 자유를 얻어 평화로 가는 길이다.
주님이 역사해 주신다.
자유를 주시마고 하신다.
평화를 주마고.
그리고 주님과 대화하면서 아름다운 하늘나라를
조금 체험케 해 주시겠다고 하신다.
고요하자.
평화하자.
자유하자.
아무런 거리낌이 없자.
넉넉히 먹고
몸을 움직이고
마음을 내려놓고
주님이 주신 마지막 사명을 담당한다.
주님께서 정하신 그 길로 부른 그 사람에게
주님은 자신의 길에서 일할 수 있도록 자신을 다 내어주신다.
주님은 그렇게 좋으신 분이시다.
사랑이다.
정의다.
항심이다.
그리고 마지막 나의 과업,
삶 속에서의 나의 신앙을 고백하고
사랑을 세속에서 실천할 수 있는 공동체주의를 정리한다.
천천히,
아주 천천히
그러면 평화가 올 것이다.
자유를 가질 것이다.

고요 속에 살 것이다.
주님과 항상 함께 있을 것이다.
주님의 사랑 속에서 살 것이다.
이 모두는 다 주님이 주시는 것이다.
구체적으로
아주 세세하게
그리고 아주 오묘하게
주님이 구체적으로 변화를 만들어 주시는 것이다.
그렇게 믿는다.
그렇게 믿고 기도한다.
아멘이다.

<2023. 10. 3. 09:20>

28. 사람의 색깔

사람에도 색깔이 있다.
모두가 다 하나님의 형상을 따라 피조되었지만,
그 하나님의 색깔이 각각 다 다르다.
그 색깔이 바로 인격이고 자신의 가치세계이고 자신의 사상세계라 생각한다.
괜찮은 색깔도 있고
보기가 싫어지는 색깔도 있다.
고운 색깔도 있고
투박한 색깔도 있다.
절제된 색깔이 그래도 낫다.
인고의 세월을 묵묵히 버텨온 그 묵직한 색깔이 좋다.
며칠전에 작은 그림을 하나 그렸다.
큰 바위틈에서 바위를 끌어안고

그 숱한 세월을 살아온 노송의 모습이었다.
마음에 들었다.
바위를 안고 있다.
물은 빗물 뿐이었다.
흙은 없었다.
자신 위에 떨어진 소나무 갈비가 자신을 덮고 있는 전부였다.
그래도 아주 잘 컷다
꼭 사람이 무엇인가를 안고 있는 상태이다.
참 좋은 나무였다.
세월이 많이도 흘렀을 것 같았다.
그 소나무가 마음에 들었다.
나의 마음을 움직였다.
왜 그럴까?
나는 어떤 색깔의 사람인가?
나도 인고의 세월을 지나왔던 것 같다.
고생을 많이 한 사람에 비하면 나는 너무 행복한 삶을 살아왔다.
복되게 살아왔다.
그 누군가가 나의 손을 잡고 계속 데리고 오셨다.
위험한 곳에 가지 못하게 갈 길을 인도받아 온 것이 나의 사람의 색깔이다.
그 누군가가 나를 데리고 오셨다.
그 누군가가 이미 오래 전에 나를 계획하시고
오늘까지 데리고 오셨다
모든 것을 챙겨주셨다.
나는 그냥 그대로 살아왔다.
그 누군가의 인도를 따라서 왔다.
그 분은 바로 하나님이셨다.
하나님이 항상 함께 해 주셨다.
가야할 길을 가게 하시고

가지 말아야 할 길을 막아서셨다.
그렇게 길러진 사람이 바로 나이다.
하나님이 길러 주셨다.
그렇다.
그 하나님이시다.
그 하나님이 오늘도 나를 데리고 가신다.
오로지 하나님에 메달려 살아왔다.
그러다 보니 세상 친구가 그리 많지 않다.
하나님과 나만이 함께 한 사람이 나의 사람의 색깔이라할 수 있다.
하나님의 색깔이 나에게 확 나타나야 하는데,
아직 그런 수준은 아니다.
세상에 할 일이 많다.
그것은 공부하고 글 쓰는 것이었다.
거의 다 썼다고 생각하나,
그래도 더 쓸 것이 있다는 생각이 든다.
다른 일은 연습을 전혀 하지 않아 하기가 힘든다.
그러니 더욱더 글을 써야겠다고 나에게 말한다.
그러나 몸이 뒤따라 주지 않는다.
눈이 아프고
머리가 깨어나지 못하고
허리가 아프고,
가슴의 안정을 이루지 못하는 시간이 많다.
사랑을 강조하였지만 사랑의 실천은 참으로 부족하였다.
하나님께서 항상 나를 데리고 다니셨지만
그 놀라운 사랑에 내가 감사를 제대로 하지 못했다.
그렇다.
다 드려야 하는데,
내가 있고 내 새끼들을 위한 일을 해야 한다고

또 내 지갑에 그냥 두었다.
하나님은 만나(manna)를 그것이 필요한 사람에게는 한 없이 주시는 분이신데.
말은 하면서도 구체적인 삶에서는 그러지 못하였다.
모든 것이 다 하나님의 것이고,
하나님의 창조의 결실인데,
하나님 보다는 내가 있었다.
그것이 내가 아닐까?
꼭 그런 것만은 아니다.
글은 하나님이 주시는 깨달음으로 썼다고 자복해 왔다.
그런데도 그리 독자가 없다.
하기는 했는데,
출판으로 만족하지 않을 수 없었다.
출판사로부터 인세를 받지 않은 지가 오래 되었다.
지금도 나의 삶과 학문연구의 모순적이라 생각하였던 내용을
조화를 이룰 수 있는 결론의 글을 쓸 계획이다.
구상은 되어 있다.
그것을 실천해야 하는데,
건강이 문제다.
앞으로는 감사의 나의 사람색깔을 만들어 나가야 하겠다.
그럴려고 한다.
정의의 바탕위에서 사랑하고 감사하는 색깔의 나로 만들어 가련다.
남은 날은 사랑하고 감사한다.
나를 낳아준 어머님과 아버님께 감사하고
함께 뒹글며 살아왔던 형제들에게 감사하고
나를 교회로 인도해 준 이종 목사에게 감사하고
나를 공부하게 해 준 기관과 선생님들께 감사하고
좋은 책을 쓰셔서 나로 하여금 읽게 해 주신 선현들에게 감사하며,

출판을 해 준 출판사에 감사하며,
나의 책을 그래도 읽어준 독자분들께 감사하며,
학문의 길에서 도반이 되어준 친구들에게 감사하며,
가족을 이루어 함께 살아온 식구들에게 감사하며,
하나님께 감사한다.
감사하다.
이렇게 많이도 좋은 것으로 나를 키워 주었는데,
그간에 감사에 너무 부족하였다.
지금까지는 하나님의 손을 잡고 커왔다.
이제부터는 세상 속으로 들어가 이웃과 함께 살아야 하겠다.
세상의 이웃을 너무 가까이 하지 않았다.
색깔을 따라 만남을 구분하여 왔다.
이제는 색깔구분을 너무 하지 말아야 하겠다.
사랑을 말하였음에도 생각구분을 많이 하였다.
그져 이웃으로 자연스럽고 싶다.
색깔에 너무 신경쓰지 말자.
그래도 똑 바른 사람이 좋다.
그래도 자기헌신하는 사람이 좋다.
황재복 집사님이 참 좋은 분이시다.
바르시다.
바르게 사셨다.
카톡의 글도 참 마음에 드는 글을 보내주신다.
나는 그런 색깔의 이웃이 좋다.
그러나 너무 색깔구분을 하지 말자.
나의 색깔은 정의이고 사랑이고 감사이어야 한다.
아직 다 입히지 못했다.
아니 어느 색깔도 제대로 입히지 못했다.
그래도 희망을 가지고

정의와 사랑과 감사의 나의 색깔을 만들어 나간다.
감사합니다.
감사합니다.
감사하고 감사합니다.
주님 감사합니다.
아멘입니다.

<2023. 10. 4. 09:22>

29. 그 한 사람

그 한 사람이 없다.
거의 대부분의 사람이 그럴 것이다.
그 한 사람이 그립다.
그 한 사람과 마음과 정을 다 나누면서
그 한 사람과 한 평생을 친구로 살면 얼마나 좋을까?
나에게는 아직 그런 그 한 사람이 없다.
늦었지만 그 한 사람을 사귀어 나간다.
마음을 같이 할 수 있는 그 한 사람,
마음을 다 줄 수 있는 그 한 사람,
문제가 있으면 언제든 달려갈 수 있는 그 한 사람,
그 한 사람이 없구나.
무엇하다,
그 한 사람을 찾지 못했을까?
그 한 권의 책을 쓰고자 하였다.
자연법으로 그 한 권의 책을 썼다고 생각하였다.
그 한 가지의 일을 하고자 하였다.
그 한 가지의 일이 무엇일까?

믿음의 학문의 삶이었다.
그런대로 그 한 가지의 일을 이루었다고 생각하고 있다.
그러나 많이 부족하다.
어제 교회에서 부흥회가 있었다.
기도뿐인 삶을 느꼈다.
삶은 기도의 연속이고
삶은 기도로 이루어져 감을 깨달았다.
믿음의 삶이 가장 값지다.
다윗에게는 400명의 기드온 용사가 있었다.
그 400명의 용사가 다윗을 지키고 왕으로 만들었다.
목숨을 기꺼이 내어주는 용사였다.
바울에게는 그를 따르는 믿음의 사람들이 있었다.
바울의 전도를 마음을 다하여 받들었다.
예수님에게는 12명의 사도가 있었다.
그들이 순교로 예수님을 받들었다.
관포지교(管鮑之交)는 마음을 다한 친구지간이었다.
그 한 사람은 자기 자녀라도 좋다.
성의 구별이 없다.
나이의 차이도 없다.
지식이 있느냐 없느냐도 문제가 아니다.
마음을 다한 서로의 받듬이다.
나에게 그 한 사람이 있느냐.
주님은 나의 그 한 분이시다.
나는 주님의 그 한 사람이냐?
그러고 싶다.
하나님은 나의 그 한 분이시다.
하나님의 전적인 그 한 사람이고 싶다.
하나님도 나를 하나님의 그 한 사람으로 삼아 주실 것임을 믿는다.

그 한 사람,
그 한 사람으로 인하여 세상이 아름다워진다.
그 한 사람으로 인하여 만난(萬難)을 이긴다.
아내도 그 한 사람이다.
아들도 그 한 사람이다.
며느리도 그 한 사람이다.
손녀도 손자도 그 한사람이다.
나의 제자가 그 한 사람이다.
자기 갈 길을 찾지 못해 힘들어 하는 그 제자도
나의 그 한 사람이다.
그 한 사람을 지금부터라도 만들어 간다.
정성을 다해 다가간다.
그 한 사람도 만들어 나가야 한다.
주어지지 않는다.
그 한 사람,
시골의 조카를 그 한 사람으로 만들어 가고 싶다.
동반자이고 싶다.
집안공동체를 이루는 그 한 사람으로 만들어 가고 싶다.
기도다.
은혜다.
그 한 사람도 기도로 찾고 구해야 하고
주님의 은혜로 만날 수 있다.
그렇게 믿는다.
믿는다.
기도다.
그 한 사람을 만나고 싶다.
주님은 나에게 그 한 분이시다.
주님도 나를 주님의 그 한 사람으로 받아주신다.

받아주셨다.
받아주셔서 길러주셨다.
나에게도 그 한 분이 있다.
하나님이시다.
앞으로도 그 한 사람을 더 찾아 나간다.
내가 그에게 그 한 사람이 되고자 한다.
색깔을 구분하지 않는다.
모두가 그 한 사람이다.
그 한 사람을 만나 같이 이 시대를 가고 싶다.
그 한 사람 말이다.
그 한 사람,
그 한 사람,
바로 그 사람이 나의 그 한 사람이다.
찾고 구하고 다가간다.
구한다.
그 한 사람을.
그 한 사람.
주님은 그 한 분이시다.
세상의 그 한 사람을 만난다.
가까이 있는 사람은 더 가까이,
저멀리 있는 사람은 찾아가 가까이 지내고 싶다.
그 한 사람,
그 한 사람.
주님의 섭리를 기도합니다.
삶을 고귀하게 만들어 갑니다.
그 한 사람을 찾아서.
그 한 사람을 만난다.
그 한 사람을

그 한 사람을
감사합니다.
아멘입니다.

<2023. 10. 5. 09:21>

30. 다 흘려보내자

다 흘려 보내자.
담아두지 말자.
담아서 곰곰히 새기지도 말자.
다 흘려 보내자.
흐르는 강물에 다 흘려 보내고
가볍게 살자.
머리에 담아 둘 것 없다.
담아두고 내내 생각하고 생각하니 머리가 아프다.
이제야 깨달음을 얻는다.
다 흘려 보내자.
다 흐르는 강물과 세월에 흘려보내자.
그것이 평화로 가는 하나의 방법이기도 하다.
어디를 보아도 평안이 없다.
본가에는 여전히 전통적인 생각과
첨단을 가는 천민자본주의가 충돌하고 있다.
소리가 나지 않았으면 좋겠다.
분명 검은 세력이 작용하는 것 같다.
이모가 역시 편치 못하다.
무슨 해결책이 없다.
주님의 섭리만이 해결을 할 수 있다.
인간의 지혜와 노력으로는 안 된다.

혹시나 있을 지난 날의 회개할 일을 다 회개하여야 한다.
주님의 역사를 기도한다.
그리고 교회생활에 있어서도 조용히 생활하는 것이 좋다는 생각이다.
예배가 끝나면 세상으로 바로 들어가지 말고
설교 말씀도 그 간의 신앙생활을 얘기함이 좋다.
세상의 여러 이야기로 교회인 것 같지 않은 생각이 든다.
많이 만나지 않음이 좋겠다.
조용히 하나님과 직접 만나는 노력을 기우림이 좋겠다.
조용히 지냄이 좋겠다.
말을 많이 하지 않음이 교회생활에는 좋다.
조용히 지냄이 좋다.
이런 저런 세상사는 다 흘러보냄이 좋겠다.
담아 둘 필요가 없다.
주님의 은혜로 살아가도록 기도를 많이 하여야 한다.
그것이 살 길이다.
사탄은 항상 나를 괴롭힌다.
사탄이 이제는 떠나 갔는가 했더니
간밤에는 나를 극히 괴롭혔다.
사탄의 소행이란 것을 알 수 있다.
참 많이도 사탄으로부터 괴로움을 받았다.
결코 사탄에 굴하지 않는다.
우스 땅의 욥처럼
오로지 주님의 은혜로 산다.
오로지 주님으로 산다.
주님의 은혜로 산다.
다 흘려 보낸다.
나의 삶은 주님의 섭리로 이어간다.
세상으로 가지 말아야 한다.

세상에 살면서 세상과 합하지 않으면 문제가 많이 생기지만,
세상의 흐름에 그냥 따라가서는 안 된다.
주님이 이 세상의 주인이시다.
주인이신 주님을 따라서 살아야 한다.
학문한다.
공동체주의를 연구한다.
사랑의 공동체주의로의 실천을 연구한다.
천천히 한다.
결코 서두르지 않는다.
주님으로 산다.
오직 주님으로 산다.
이 세상의 험한 일들은 다 흘려보낸다.
나는 조용히 평화롭게 고요 속에서 기도한다.
사탄이 침투하지 못하게 기도하며 산다.
이루시는 이는 주님이시다.
오로지 주님이시다.
기도다.
주님의 치리이다.
내일 허리진료 받으러 간다.
평화롭다.
다른 생각을 할 필요가 없다.
주님의 역사를 기도한다.
주님 만이다.
오로지 주님이시다.
주님이시다.
주님만이다.
아멘이다.

<2023. 10. 9. 08:57>

31. 사랑의 가정

가정은 사랑의 보금자리이다.
사랑이 깃든 공동체가 가정이다.
이런 사랑의 가정을 이루어야 한다.
이제부터다.
주님이 가장이신 사랑의 가정이어야 한다.
사랑의 공동체가 바로 가정이다.
나는 사랑을 모르고 어린시절을 보냈다.
당시의 농촌의 삶에 사랑이란 것을 모르고 살았다.
그냥 밥 먹고 살았을 뿐이다.
나는 초등학교를 마치고는 도시로 나왔으니까
집안 일을 잘 모르고 자랐다.
도시로 와서는 착한 아이로 자랐다.
참 공부하려고 애를 썼지.
서울로 와서 숭덕학사에 있으면서
목사님의 말씀을 듣고
사랑의 실천의 모습을 조금 터득하였다.
그러나 목사님은 정치를 하신 분이라
일반 목사님하고는 좀 달랐다.
숭덕학사를 나올 때의 쓸쓸했던 기억이 남아있다.
아내와 처음 만나고 결혼을 한 후에는,
처음에는 아주 좋았다.
사랑을 느끼는 것 같았다.
그러나 그것도 결혼 후 1년까지의 기간이었다.
그 후에는 마음이 강팍해지는 관계가 되어
원망과 강팍한 마음이
나의 삶이 되고 말았다.

다툼도 일어나고
그리하여 사랑은 어디가고
원망과 강팍한 마음으로 세월을 보냈다.
사랑과는 거리가 있었다.
그러나 주님은 나에게 길을 인도해 주셨다.
세상으로 가지 말라는 것이었다.
나의 길을 막아서신 것이다.
주님이 계획하신 길로 가라고 하셨다.
그리고 사랑의 옆길을 가라고 계시해 주셨다.
사랑의 글을 썼다.
사랑의 가치를 조금씩 익혀 나갔다.
사랑으로 하나님이 이 세상을 창조하시고,
사랑으로 이 세상을 치리하시고
사랑으로 영원의 하늘나라로 감을 깨닫게 해 주셨다.
그러나 사랑의 글을 써도 내 몸은 사랑을 실천하지 못하였다.
그러나 변화는 왔다.
손녀 지유가 태어나고
지유가 너무 예쁘다.
지유는 사랑을 받아 크고 있다.
사랑의 중요성을 깨닫는다.
내 몸이 아프기 시작하였다.
사랑을 실천해 보고자 했지만 몸이 문제다.
그러나 사랑은 가정에서부터 실천되어야 함을 느낀다.
사랑으로 살아야 한다고 다짐한다.
사랑의 가정을 꾸려 가야 한다고 다짐한다.
그러나 그것이 쉽지는 않다.
그러나 일어난다.
그렇지만 또 한편 사랑을 방해하는 일들이 일어난다.

가정공동체, 집안공동체를 사랑으로 꾸려 보고 싶지만,
문제가 곳곳에서 일어난다.
소리가 터져나올 소지가 있다.
기도한다.
사랑으로 잠잠하자고,
이모가가 믿는 집안인데도 문제가 생긴다.
처가에도 긴장이 있다.
성가(聖歌)를 불러
주님을 찬양하고 싶었으나
목소리가 제대로 만들어지지 않는다.
그래도 힘을 낸다.
기도한다.
사랑의 마음을 갖는다.
사랑의 가정을 갖는다.
다른 길은 없다.
사랑을 법에서 어떻게 제도화 나갈 것인가를 생각한다.
기독교와 세상을 연결할 수 있는 학문을 하고자 한다.
사랑의 세속에서의 법제도화를 연구한다.
교회와 세상을 연결하는 일을 하고자 한다.
사랑의 공동체 정신으로의 고양(高揚)을 연구한다.
그러면 주님이 나를 부르신 뜻을 실천하는 것이 될 것이리라.
주님 안에서 산다.
주님의 뜻 안에서 산다.
주님의 섭리로 산다.
주님의 사랑으로 산다.
사랑의 가정,
사랑의 집안,
사랑의 교회,

사랑의 사회,
사랑의 나라,
사랑의 남북관계,
사랑의 세계,
사랑의 우주
모두가 사랑이다.
사랑이다.
사랑의 공동체이다.
사랑이 궁극의 가치이다.
사랑을 넘을 가치는 없다.
나는 최소한
사랑의 가정을 이루어 살고 싶다.
사랑이다.
사랑이다.
작은 사랑이다.
꿈 같은 사랑이 아니라,
내 마음을 다하는 사랑이다.
마음을 다 내어주는 사랑의 가정이다.
몸이 아프다.
머리도 맑지 못하다.
가슴이 안정적이지 못하다.
그래도 사랑이다.
말이 안 된다.
그래도 사랑이다.
사랑이다.
사랑으로 살고
사랑으로 푼다.
사랑이다.

사랑의 가정이다.
사랑의 집안이다.
사랑이다.
사랑이고 사랑이다.
사랑의 가정에서 사랑하며 살고 싶다.
사랑이다.
주님의 사랑이다.
사랑이다.
사랑이고 사랑이다.
아멘이다.

<2023. 10. 10. 08:19>

32. 끈질김

끈질기게 살아왔다.
어머님은 참으로 인내심이 많으셨다.
돌이켜 보니 어머님은 해탈의 삶을 사셨다.
그 숱한 험한 세월을 다 내려놓으시고 무던하게 사셨다.
참으로 긴 세월을 인고의 시간으로 보냈다.
그러나 아무도 탓하지 않으셨다.
오로지 자신의 본분을 다 하셨다.
한 집안의 며느리로서 자신의 소임을 다하려고 하셨다.
참으로 끈질긴 삶을 사셨다.
담석증으로 고생하시던 어머님,
평생을 담석증으로 고생하셨지만 장수하셨다.
그러나 끝내 그 담석증으로 하나님 나라로 가셨다.
이가 아파서 찬물로 아픈 이를 달래시던 어머님,

나중에는 이를 다 뽑고 틀니를 했지만,
그 틀니도 맞지 않아 잇몸으로 사신 세월이 짧지 않았다.
아아, 인고의 세월이었다.
그래도 이기시었다.
어머님은 한 번도 누구와 다투거나,
누구를 탓하시는 모습을 보지 못했다.
그냥 그대로의 항심이셨다.
해탈하신 어머님이셨다.
어제 허리 진료를 받았다.
두 달 후 MRI를 찍고 그 때에 다시 보자고 하셨다.
기다린다.
끈기있게 기다린다.
10년 전의 상태보다 중하면 절개를 하여야 하고
그 정도이면 시술로 가능하단다.
기다린다.
끈질기게 기다린다.
이를 치료받으면서
눈도 치료받으면서 기다린다.
끈기있게 기다린다.
아픔 속에서 삶을 희망으로 이끈다.
주님이 계신다.
그 어느 누가 아프지 않는 사람이 어디 있는가?
다 아프면서 살아간다.
정도의 차이가 있을 뿐이다.
주님의 섭리에 다 맡기고 산다.
전적으로 다 의탁하고 산다.
어린 손녀 지유가 기도를 참 잘 한다.
중림동의 약현성당에 있는 유치원에 가더니

천주교식 기도를 곧장 잘 한다.
성부와 성자와 성령의 이름으로 기도하고 있다.
너무 예쁘다.
사랑으로 커야 한다.
누구나 다 아프다.
아프지 않는 사람이 없다.
그래도 몸을 움직인다.
그것이 생명을 이어가는 길이다.
날 위하여 기도해 주시는 성도님이 계셔서 감사하다.
참 감사하다.
이웃 사촌이다.
기도한다.
기도하고 기도한다.
끈질기게 기도하고
끈질기게 살아간다.
그래도 하루의 일기를 쓰고
한 면이라도 책을 읽고
무던히 끈기있게 산다.
나을 것이다.
변화가 있을 것이다.
끈기있게 기다린다.
변화를 기다린다.
주님의 섭리가 있다.
주님이 고침을 계속하고 계신다.
내가 망가뜨린 내 몸을
주님은 자신의 하나님의 형상의 회복을 위해
고치시고 계신다.
그렇다.

계속 고치시고 계신다.
너무 망가져 고쳐도 소용이 없으면
주님은 가져 가신다.
고칠 가능성이 없고 고칠 소용도 없으면
영혼만 가져 가시고
몸은 이 땅에 되돌려 주신다.
평화로운 마음으로 주님의 섭리를 따라서 산다.
그것이 내가 갈 길이다.
이제 공동체주의를 조금 더 공부한다.
사랑으로 공동체 정신을 구현한다.
그것이 또 내가 해야할 일이다.
그것이 아버지 하나님이 나에게 주시는 사명이길 기도한다.
그렇다.
주님의 사명이다.
사랑의 가정이다.
사랑의 교육이다.
사랑의 집안이다.
사랑의 길이다.
사랑이다.
주님의 사랑이다.
아가페 사랑이다.
주는 사랑이다.
격렬한 사랑이 아니라
은은한 사랑이다.
은은한
끈기있는 사랑이다.
끊어지지 않는 사랑이다.
사랑으로 산다.

그 누가 몰라 주어도 사랑이다.
주님이 주시는 사랑이다.
하나님의 형상의 회복을 향한 사랑이다.
사랑으로 창조된 이 세상,
사랑으로 계속 창조해 나간다.
사랑이다.
사랑이다.
사랑으로 만들고 이루며 산다.
아름다운 사랑의 가정이다,
사랑의 집안이다.
아픔이 줄어지는 사랑이다.
사랑이다.
사랑이다.
사랑이고 사랑이다.
아픔도 사랑으로 이기고 고친다.
아멘이다.

<2023. 10. 11. 08:37>

33. 주님으로부터 받은 용서의 깨달음

주님은 사랑이시다.
사랑의 하나님이시다.
참으로 사랑하시는 하나님이시다.
어제 병원에 가서 잇발 치료를 받았다.
브릿지로 이를 해 넣는 치료였다.
집에 와서 핸드폰을 열어보니 치료비가 5백여만이 나왔다.
할인은 10% 정도 뿐이었다.

시간이 늦어 확인을 못하였다.
어제는 좀 일찍 병원으로 나섰다.
소소한 일들을 처리하고
병원 기도실에 가서 기도를 하였다.
늘 하던 대로 병원에 가면
거의 빠짐없이 기도실에 가서 기도한다.
그러는 것이 좋았다.
그리하여 병원에는 좀 일찍 가는 편이다.
어쩐지 기분이 다운되었다.
나도 모르겠다.
아픈 사람도 많았다.
다들 잇발 치료는 임플란트를 한다.
나는 브릿지로 하기로 하였다.
브릿지가 훨씬 더 비싸다.
임플란트를 하려면 나는 인공뼈를 심어야 한다고 하여
브릿지로 하기로 하였다.
돈이 더 들더라도 몸에, 그것도 뇌에 이물질을 넣는 것은 반대다.
2시간여 치료를 받고 돌아왔다.
나는 어디로 무엇을 하며 살아야 하느냐고
또 나에게 돌아가 묻는다.
생각이 자꾸 난다.
나에게 또 묻는다.
정병택 장로님의 나의 병원감에 대해 전화를 하셨다.
참 고마우신 분이시다.
나의 참회와 속죄의 책을 한 권을 드려야 하겠다.
참 고마웠다.
그 한사람의 생각을 하였다.
나에게 그 한 사람은 하나님이시다.

그리고 나의 아내다.
나의 아내가 나의 그 한 사람이다.
나도 아내에게는 그 한 사람이다.
그렇게 되기를 원하고 바라고 노력한다.
사랑이다.
사랑으로 살아야 한다.
사랑의 글을 써야 한다.
사랑을 나는 알지를 못하고 자랐다.
주님께서 사랑의 옆길을 보여주신 이래도 사랑을 공부하고 책을 썼다.
그러나 한편으로 늘 죄의식 속에서 살았다.
나 같은 사람이 과연 사랑을 논할 수 있을까?
나는 그 누구에게도 사랑을 얘기할 자격이 없다.
주님이 깨달음을 주셨다.
사랑을 못해도 사랑을 얘기하고 글을 쓰는 일이라도 하여라 라고 말씀하신다.
사랑의 실천을 할 능력이 못되어도
사랑을 얘기할 수 있다면 그 사랑의 얘기라도 하여라.
주는 사랑이다.
사랑이외에 더 고귀한 가치는 없다.
사랑은 모든 가치를 다 포괄한다.
그런 사랑을 논하여도 세상 사람들이 관심을 갖지 않는다.
그래도 나는 사랑을 공부하고 논하리라.
사랑은 이 세상 창조의 동인이고 이 세상의 운행원리이고
영원의 나라 하늘나라의 질서이다.
그 사랑을 연구하라고 하신다.
실천의 능력이 없어도 연구라도 하라고 하신다.
내가 너를 선택하였고
내가 너를 길렀고

내가 너를 여기까지 데리고 왔다.
이제는 나에 대해 공부 좀 하여라고 하신다.
그것이 사랑이다.
그것이 하나님의 사랑이다.
그 사랑을 연구하여 책을 엮으라고 하신다.
그것만으로 너는 가치있는 일을 하고 있는 것이다라고 하신다.
위로가 된다.
주님의 말씀이시다.
예수님의 일생을 공부하여야 하겠다
열정도 많이 사라졌다.
기운도 없다.
이를 해 넣고 나니 그래도 좀 안정이 된다.
얼굴이 쑥 들어 갔는데 이제 정상을 유지할 것 같다.
주님은 또 말씀하신다.
나는 너를 선택하였다.
나는 너를 세상으로 가는 길을 막아서서
나의 길로 가도록 하였다.
너는 참으로 열심히 공부했다.
내가 너를 길렀다.
너는 법학의 전공분야를 집대성하였다.
그것은 다 나의 계획이었다.
그 지식으로 나를 알아보아라.
나는 너의 하나님이다.
나는 사랑이 그 본체이다.
나는 너에게 사랑을 공부하도록 하였다.
그것도 잘 따라 주었다.
세상이 사랑이 없는 사회로 가고 있다.
그것은 원죄의 결과이다.

가장 행복하였던 사람은 선악과를 따먹기 이전의 아담의 에덴동산에서의 삶이었다.
에덴동산의 삶이 인간이 가길 수 있는 최고의 행복상태이었다.
그러나 죄를 지어 낙원에서 추방되었다.
그 추방된 사람의 상태는 원죄의 결과이다.
원죄의 인간은 고생하고 땀 흘리고 고뇌와 고통의 삶을 살 수 밖에 없다.
그것은 인간 스스로의 결정이었다.
현재의 문명은 원죄의 인간이 이룬 문명이다.
발전도 했지만
부작용도 많다.
세상이 그렇게 편하지 못하다.
고통과 고난 속에서 살아간다.
그것은 다 원죄의 결과이다.
그런 고통과 고뇌의 인간의 구원을 위해 예수 그리스도가 오셨다.
그는 인간의 죄를 용서하고 구원을 이루어주시기 위해 인간세계에 오셨다.
나는 너를 선택하였다.
나는 너를 사랑한다.
지금도 사랑하고 있다.
한 번 준 사랑은 영원하다.
그것이 나의 사랑이다.
앞으로는 영원히 나와 함께 있을 것이라고 하신다.
세상의 부귀영화를 부러워 하지 말아라.
영원한 천국에 내가 있고
나와 함께 영원히 그곳에 머물 것이다.
나는 너를 사랑한다.
나는 너의 하나님이다.
내가 너를 안다.
너는 학문으로만 사랑을 말할 수 있음을 내가 알고 있다.

그것이라도 하여라.
세상이 몰라주어도 나는 안다.
나는 너의 사랑에 대한 연구를 알고 있다.
그 길로 계속 가길.
세상을 보지 말고
나를 보고 가거라.
나는 너를 무한히 사랑한다.
그러나 너가 나이들어 아픈 것은
내가 고쳐줄 수도 있지만
너만을 치료할 수는 없다.
내가 너에게 특혜를 줄 수는 없다.
아프면서도 나를 기억하고 기도하며 사랑을 연구하고
공동체주의로 사랑을 실천해 보아라.
그것이 내가 너를 향한 분부다.
너무 많이 할려고 하지 말라.
다 할 수는 없다.
할 수 있는 부분을 해라.
나는 너의 하나님이다.
항상 나는 너를 깨닫게 해 주고 있다.
무던히 끈기있게
은은한 사랑으로 나를 따라 오너라.
나는 너를 사랑한다.
나아가 들었지만 그래도 능력을 조금씩 부어주마.
나는 너를 사랑하는 하나님이시다.
걱정말고 나를 따라 오너라.
나에게 다 맡기고 하는 일을 계속하여라.
사랑이다.
사랑의 연구다.

사랑의 공동체주의로의 실천이다.
사랑의 실천은 그 전문가들에게 맡겨라.
너의 공동체주의적 사랑의 길로 가고 또 가거라.
세상은 그 길로 가야 한다.
지금 세상은 도덕도 사랑도 다 실종했다.
그것은 원죄의 결과이다.
원죄의 인간이 나를 잊고 있다.
인간은 원죄의 인간을 본래의 인간으로 생각하고 있다.
아니다.
사랑의 인간이 본래의 인간이다.
그 인간이 내가 만든 인간이다.
나의 형상을 따라서 지음을 받은 인간으로 회복하여야 한다.
그 회복의 길은 사랑이다.
그 사랑의 길로 가거라
내가 함께 하고 있다.
두려워 말라.
실망하지 말라.
나는 너의 하나님이고
세상을 관리해 나가고 있다.
나를 따라 오너라.
나는 너의 하나님이다.
사랑이다.
사랑이다.
사랑이고 사랑이다.
사랑이다.
사랑으로 살라.
그 한 사람을 바로 너의 옆에 이미 내가 보냈다.
사랑이다.

나는 사랑의 하나님이다.
너는 가장 고귀한 가치를 연구하고 있다.
내가 너에게 기회를 주었다.
가라.
또 가라.
기도하면서 가라.
나는 너를 사랑한다.
아멘이다.

<2023. 10. 13. 12:10>

34. 초극생사(超克生死), 초월생사(超越生死)

이제는 삶과 죽음을 초극한다.
살아도 좋고 죽어도 좋다.
생사를 넘어서 산다.
나를 탓하지도 않는다.
다 내려 놓는다.
잘 하는 사람을 칭찬한다.
그 무엇인가를 부러워하지도 않는다.
여유와 자유와 평화를 갖는다.
그리고 고요한다.
나는 세상을 보고 살아오지 않았다.
오로지 하나님을 믿고 보고 살았다.
하나님이 섭리하신 것이 나의 삶이다.
그러나 이 몸이 세상에 있기에 세상의 것에 관심이 없을 수 없었다.
세상에 하나님의 세계를 담으려고 하였다.
이제는 다 내려 놓는다.

전공인 법학은 거의 이루었다.
사랑의 세계의 연구도 초보적인 수준은 다 했다.
사랑의 자연법을 전개하였다.
그러나 이 세상이 나의 사랑의 자연법에 관심을 보일 그런 시대가 아니니다.
오로지 주님만이 알아주실 일이다.
사랑의 세계의 글도 정리하고 있다.
아주 평범한 일상속에서의 하나님에 대한 고백이다.
천천히 한다.
다 비운 마음으로 한다.
내가 아픈 것도 주님의 섭리다.
아프지 않았으면 계속해서 앞으로만 나아갔을 것이다.
거기에 제동(制動)을 건 분이 하나님이시다.
세상의 길로 가는 길을 막아서신 주님께서
앞으로만 가는 길도 제동을 거셨다.
그렇게 해서 깨달음을 주셨다.
내 자아(自我)가 죽어야 깨달음이 온다.
내가 살아있으면 아무리 믿음을 고백해도
주님이 주시는 깨달음을 받아들이기 힘든다.
주님은 나로 하여금 아프게 하심으로 두 손을 들게 하신다.
끝내는 생사를 초극하라고 하신다.
삶과 죽음을 오로지 주님이 섭리사항이니
삶과 죽음을 전적으로 주님께 맡기라고 하신다.
세상을 열심히 살았다.
그 정도면 됐다.
너를 세상의 길에서 구원해 준 내가
너의 마지막 삶을 그냥 지나쳐 버리겠느냐고 하신다.
너는 어느 한 교회의 소속원을 넘어
하나님 나라의 소속원이다.

하나님 나라의 한 부분까지 너가 왔지 않느냐?
그것은 다 나의 섭리이었다.
너의 노력이 아니었다.
세상은 너를 몰라주어도 나는 너를 안다.
생과 사를 넘어 전적으로 나에게 너의 삶을 맡기라고 하신다.
그렇게 하겠습니다.
오로지 주님으로 산다.
이 세상에서는 더 이상 아무것도 바라지 않는다.
주님이 주시는 사랑의 세계에서 산다.
사랑을 조금이라고 실천하고 산다.
주님이 다 길을 인도해 주실 것임을 믿는다.
주님께 전적으로 의탁한다.
주님이 나를 인도해 주실 것이다.
그렇게 믿는다.
믿음으로 산다.
다른 길은 없다.
궁극의 세계에 왔다.
궁극의 가치인 사랑으로 산다.
사랑으로 산다.
주님이 나의 길을 인도해 주심을 믿는다.
주님으로 산다.
아멘입니다.

<2023. 10. 26. 09:19>

35. 나의 고백

나는 주님의 은혜로 살아왔다.

나는 내가 산 것이 아니라 주님의 섭리로 살았다.
나의 나인 것은 나의 재주나 능력이 아니라
주님의 사랑과 은혜와 축복의 결과이다.
그렇다.
오로지 주님의 사랑과 은혜였다.
내가 혼과 성과 열정을 다하여
연구하고 발표하고 글을 쓰고 출판하였던 것은
다 주님의 섭리였다.
내가 그렇게 여러 차례 독일로 공부하러 갈 수 있었던 것도
다 주님의 섭리였다.
주님의 섭리가 아니고서는
그렇게 해외에서 공부할 수는 없다.
전적으로 주님의 은혜다.
내가 그렇게 바르게 살아가려고
몸부림 친 것도 다 주님의 섭리이고 은혜였다.
몸서리치게 가슴 아파하면서도
나를 지키려 한 것도 모두가 주님의 섭리였다.
그렇게 아팠어도 지금까지 살 수 있었던 것도
전적으로 주님의 은혜였다.
주님 감사합니다.
나는 주님의 것입니다.
나는 나의 것이 아닙니다.
민법의 기초분야를 섭렵하였습니다.
그러나 별로 아는 것이 없습니다.
법학방법론도 뚜렷하지 못합니다
그래도 열심히 했습니다.
이것저것 이해하려고 참 무던히 했습니다.
몸이 부서지라고 하면
무슨 결과가 나오겠지 하고 했습니다.

연구하려면 연구이외는 다 버려야 한다고 생각했습니다.
참 단순하고 무지한 생각을 하였습니다.
무지의 극치였습니다.
그것도 주님의 섭리라 생각합니다.
무지의 죄를 용서해 달라고 기도했습니다만,
그 무지도 주님의 섭리라 생각합니다.
허리도 아픕니다.
시간이 지날수록 아픔의 강도가 강해지고
강함의 속도가 빨라 집니다.
그것도 주님의 섭리입니다.
그렇게 믿습니다.
믿어집니다.
이제는 다 버립니다.
다 비웁니다.
하나도 남겨두지 않습니다.
독에 구멍도 뚫었습니다.
공(空)입니다.
태허(太虛)입니다.
무아(無我)입니다.
나는 없습니다.
주님만이 계십니다.
그렇게도 친구가 없었는데,
그 한 사람의 친구를 보내 주셨습니다.
그것도 주님의 사랑과 섭리입니다.
다 이루었습니다.
예술의 세계로 들어가고 있습니다.
극초보입니다.
그래도 합니다.
그리고 그 무엇인가 오묘한 주님의 세계로

주님이 나를 이끌어가실 것으로 믿어집니다.
그 세계로 주님이 나를 데려다 주실 것으로 믿습니다.
그렇게 믿습니다.
합니다.
무던히 합니다.
우직하게 합니다.
주님 붙들고 합니다.
주님의 은혜로 합니다.
팔십이 되면 들어 쓰실 것으로 믿습니다.
우스땅의 욥에게 임재하셨던
주님이 저에게 임재하시고 계십니다.
믿습니다.
주님의 섭리와 은혜로 살아왔습니다.
감사합니다.
고백합니다.
모든 것은 다 주님의 것입니다.
주님입니다.
하나님이십니다.
여호와 하나님이십니다.
감사합니다.
지금 나 여기 있습니다.
주님의 은혜로 나 여기 있습니다.
주님 감사합니다.
감사하고 감사합니다.
감사, 감사, 감사합니다.
아멘입니다.

<2024. 1. 12. 09:08>

36. 지식과 인격을 겸비한 학자

학자는 지식인이다.
지식은 갖기는 하였으나 인격자인 지식인은 참 찾기 힘든다.
지식을 좀 가졌으면 성품이 좀 푸근하지 않다.
비판하기 좋아한다.
은연중에 자기가 최고임을 전제로 하고 있다.
인격이 고매한 학자의 학문의 내용은 참 인격적이고 감동적일 것이다.
그런 분이 있느냐?
아직 그런 분을 만나지 못하였다고 함이 나의 고백이다.
위대한 학자라고 처다보기만 하였으나,
지식은 좀 가졌어도 인격자는 아니었던 분들이 대부분이다.
큰 소나무가 쭉 뻗어 자랐을 뿐만아니라,
가지가 크고 넓어 그늘을 넓게 만들어 주는 소나무가
참 드물 듯,
인격과 지식을 갖춘 지식인도 참 드물다.
성직자는 어떤가?
성직자들도 하늘을 설교하면서 이 세상의 즐거움도 함께 가질려고 하는 분들이 있다.
말씀과 신앙인격을 갖춘 성직자가 그리워진다.
그래도 성직자는 신앙인격을 가지고
이웃을 사랑하는 분이 더 존경스럽다.
학자는 인격적으로는 좀 안정적이지 못해도
예리한 통찰력으로 날까로운 분들을 더 높이 생각한다.
성직자는 인격을
학자는 지식을 더 높이 평가하는 것 같다.
주님의 본성은 사랑이다.
사랑의 인격이 날카로운 지식보다 위대하다.

인격과 지식을 다 갖춘 분이 누구일까?
공자님,
부처님,
예수님,
같은 시대를 사는 사람은 열거할 분이 얼른 생각이 나지 않는다.
황제와 싸움을 벌린 교황님은 어떠한 분이라 해야 옳을까?
인격과 지식을 다 갖추기란 지극히 힘든다.
얼른 그런 분이 생각이 나지 않는다.
나는 지식도 인격도 제대로 갖추지 못했다.
부족하고 부족한 사람이다.
주님의 형상을 받아 태어나
주님의 보살핌으로 자라서
주님의 인도와 섭리로 공부해서
주님의 축복으로 오늘의 내가 있지만
말이 없어졌다.
글을 쓴다고 썼지만 지식이 별로 없다.
나의 지식을 정리해 보니 몇 줄 안 된다.
좀 쓰다보면 더 쓸 것이 없어진다.
인격은
순수를 유지하려고 했지만,
이웃과 사랑을 나누고자 하지만
그것이 안된다.
인격이 너무 부족하다.
욥같은 믿음의 인격으로 욥과 같이 살고자 하지만
마음이 환하지 못하다.
내가 지식인에 대해 말할 자격이 없다.
그래도 살아왔다.
주님의 은혜로 살아온 것이 이 정도일 뿐이다.

아아,
참으로 인간이 무력하구나.
인간인 내가 무력하구나.
그래도 이 만큼 살아온 일이 놀랍다.
지식을 갖춘 분들이 있어서
수에즈운하의 초대형 컨테이선이 구출되었다.
지식이 이룬 기술덕분이다.
그래도 지식이 대단하다.
그러나 인격을 온전히 갖추지는 못하였다.
곳곳에서 파열름이 난다.
미얀마에서
우리 나라의 보궐선거에서
중국과 미국사이에서
이러한 세상을 그래도 주님은 사랑하신다.
그래도 주님은 이러한 사람들을 데리고 역사를 계속하신다.
아아,
나늘 책망한다.
나의 부족을 고백하고 고백한다.
그래도 희망적으로 생각한다.
인격과 지식을 겸비하여 갖추지 못한 이 세상의 학자이지만
그래도 이 분들이 역사를 이루어가고 있다.
인격적인 성직자
지식이 충만한 학자가
서로 협력하여 이 세상을 움직여 가라는 것이
창조주의 섭리인가 보다.
부족한 나로서는 알 수가 없다.
도저히 알 수 없다.
주님께 다 맡긴다.

관조하자.
성찰하자.
낮아지자.
안다고 자고말자.
낮고 낮은 자세로
주님을 믿는 믿음을 가지고
좀 부족하지만
주님의 섭리에 맡기고 살자.
그것이 세상을 살아가는 이치라 생각한다.
나를 나타내지 말자.
다 모른다.
자연법이나 알 수 있는 한까지 정리하자.
주님,
나의 부족을 고백합니다.
주님의 은혜로 그래도 이 만큼 알게 되었습니다.
주님의 섭리로 오늘의 내가 있습니다.
좀 깨달음의 고요의 세계로 나를 데려다 주옵소서.
고요의 세계로 가고 싶습니다.
저 낮은 심연으로 가서 살고 싶습니다.
주님 조금 세상을 깨닫고
그 깨달음대로 살고 싶습니다.
그래도 인격이 중요합니다.
사랑의 인격말입니다.
정의는 이제 너무 강조하지 않겠습니다.
사랑이 최고의 덕목입니다.
사랑의
덕목을 지닌 자연법을 공부한 그 한 사람이기를 원합니다
그리고 조용히 낙향하여

사모하고
기도하며
조금 책보고
시도 쓰고
그림도 그리고
자연과 벗하여
지내다가
주님 부르시면 할렐루야 부르며
주님께로 가겠습니다.
인격과 지식을 겸비하는 것은 불가능합니다.
서로 나누어 가지고서
서로 사랑하면서
서로 힘이 되어
역사를 이루어 가라고 하십니다.
혼자서 다 갖출 수는 없음을 깨닫고 고백합니다.
다 갖출 수는 없습니다.
나누어 갖추어
사랑으로 협력하여
이 세상을 희망적으로 만들어 나가라고 하시내요.
이 아침의 깨달음입니다.
주여,
나의 부족을 고백합니다.
나를 받아 주옵소서.
이 세상에는 똑 같은 사람은 아무도 없습니다.
모두가 다릅니다.
이 세상에서 살은 사람들도 살고 있는 사람들도
같은 사람은 아무도 없습니다.
다 독적적인 인격자입니다.

다 하나님의 형상으로 지음을 받은 존엄한 존재입니다.
인간이란 객관적인 존재는 없습니다.
각자가 독자적이고 존엄하며 자기 하나 뿐인 존재입니다.
그러한 각각 다른 사람이 서로 더불어 같이 삽니다.
사랑으로 같이 삽니다.
사랑의 끈으로 하나로 결속되어 서로 다른 사람으로 삽니다.
그것이 나의 깨달음입니다.
아멘입니다.

<2021. 3. 30. 09:51>

37. 늙음이라는 것

늙음, 노화, 노인이 되는 것이란 무엇인가?
시간이 지나 나이가 들었다는 것인가?
늙으면 우울한가?
늙음도 아름다움이다.
늙음도 우아하다.
나이가 들어도 늙지 않는다면 이상한 것이 아닌가?
그렇게 살기를 바라는 사람이 없지 않았다.
진시황이 그러하였다.
늙지 않고 더 살기 위해 불로초(不老草)를 찾았다.
그러나 불로초는 없었다.
불로초는 창조주이시다.
창조주는 영원이시다.
늙음이라 어떤 것인가?
힘이 있었을 때에 열심히 일하여
이 세상에 온 소임을 다하고

자기 달란트를 다 써서
자기의 흔적을 남기고
다 이루었다 하고
조용히 자신에게 답하는 늙음이
가장 아름답다.
젊어서는 노인의 세계와 늙음에 대한 의식과 상태를
아무리 설명해도 이해가 안 된다.
늙음은 늙어 보아야
그때서야
아아, 이것이 늙음이구나 하게 된다.
늙으면 왕성했던 젊은 시절이 생각이 안 난다.
현재의 늙음만이 자기와 마주하고 있다.
늙음은 아름다움의 과정이다.
생각이 잘 나지 않고
몸이 예전같지 않지만
조용히
자신과 대화할 수 있는 귀중한 기회이다.
늙음은 아름다운 것이다.
젊음을 유익하게 보낸 사람에게는
늙음이 더욱 아름답다.
젊음없이 늙음이 어느날 불쑥 찾아오지 않는다.
젊음 후에 늙음이 온다.
젊어서 혼과 성을 다하고 살아야
늙어서 다 이루었다고 하고
아름다운 늙음을 스스로 가질 수 있다.
늙음은 희망의 시간이다.
늙음은 우수수한 시간이 아니라
영원의 소망을 이루어가는 희망이다.

텅 비인 자신을 갖게 되는 기회이다.
다 되돌려주는 사랑의 시간이다.
아무 것도 아쉬움이 없는 후련한 시간이다.
아무 것도 내것이라고는 없다는 깨달음의 시간이다.
재물은 창조주가 나에게 맡기신 만나임을 깨닫는 아름다운 시간이다.
넓은 자연과 하나가 되는 시간이다.
늙음은 영원에 대한 희망이며
영원에 들어가기 전의 시간이다.
늙음도 아름답다.
탱탱한 근육과 미모의 젊음만이 아름다운 것이 아니다.
늙음의 아름다움이 있다.
늙으면 여유가 생긴다.
늙으면 되돌려 주게 된다.
늙으면 자신을 깊숙히 들여다 보게 된다.
늙으면 새로운 취미를 갖게 된다.
늙으면 영원을 찾는 이웃에게 영원의 길을 조금 안내해 드릴 수 있다.
늙으면 사랑이 삶의 근본임을 깨닫게 된다.
늙으면 욥같이 고요히 하늘의 순리를 따라서 살 수 있는 마음을 갖게 된다.
늙음은 슬픈 것이 아니라
아름다움이다.
무슨 큰 기쁨이라고는 말할 수 없지만
슬픔이 아니라
희망이다.
영원을 향한 희망이다.
젊음은 알차게
늙음은 우아하고 아릅답게
보내야하는 시간이다.
그것이 하늘의 섭리이다.

하늘은 늙음을 허비하라고 주신 것이 아니다.
조금 아파가면서 산다.
조금 불편해 하면서 산다.
조금 적게 먹으며 산다.
조금 이웃을 생각하며 산다.
이 땅에서 밥 한 끼 같이하면서 산다.
아무 것도 바라지 않는다.
영원을 향한 희망의 시간이 늙음이다.
쓸쓸해 하지 말라.
슬퍼하지 마라.
아프다고 너무 괴로워 하지 마라.
조금 아픈 늙음이 정상이다.
평생의 그 한 권의 책을 쓸 시간이다.
그 책은 나에게는 자연법이다.
법속으로 주님을 모셔드린다.
늙음은 그윽하다.
늙음은 만난(萬難)을 겪고 이긴 인고(忍苦)의 결실이다.
늙음은 아름답다.
늙음은 원숙한 하나의 예술작품이다.
꼭 한 사람이 한 작품만을 제작할 수 있는
이 세상에 하나뿐인 예술작품이다.
늙음이 이런 것이다.
늙음은 희미한 빛을 찾아 가는 과정이 아니다.
늙음은 그간의 일들을 다 내려놓고
저 멀리 새어들어오는 빛을 향해 가는 늙은이의 길이다.
희망이다.
영원한 소망이다.
늙음은 아름다운 것이다.

시를 쓴다.
그림을 그린다.
그림이 된다.
시가 된다.
자연법이다.
자연의 개념과 자연법의 개념이 흥미롭다.
실정법의 현실세계의 질서를
인류보편의 평화로운 질서로 안내하는 법이 자연법이다.
아아,
늙음은 아름다운 것
늙은 나도 아름다운 존재
늙은 이웃들도 아름다운 존재
세상은 아름다운 것
역사는 희망쪽으로 진행한다.
나도 그렇다.
오늘도 아름답다.
내일도 아름답다.
영원히 아름답다.
영원히,
영원히
지금은 아름다운 늙음
늙음이 아름다울 수 있음을 늙어보니 알겠다.
아름다운 늙음,
창조주께 감사드립니다.
감사, 감사,
아멘,

<2021. 3. 31. 09:30>

38. 내가 살았던 곳을 되돌아가 본다

나는 이사를 많이 하지 않았다.
한 곳에 비교적 오래 살았다.
내가 살았던 아름다운 추억을 회상하면서 나의 기억을 정리해 본다.
나는 관동의 초가집에서 태어났다.
그 때는 방에 장판이 없었다.
대나무를 역어 만든 삭자리가 장판대용이었다.
이불인들 제대로 된 것이 없었을 것이다.
온 식구들이 함께 자는 방이었다.
오줌을 사면 그대로 방바닥으로 쓰며 들었다.
방에 불을 많이 때서 오줌을 말리고 냄새를 없애며 그렇게 살았다
요즘같이 오줌을 받아주는 기저귀가 없었다.
야생의 삶이었을 것이다.
그 곳에서 어머님 젖을 먹고 자랐다.
관동집에서 나서
초등학교를 졸업한 1962년초까지 살았다.
초등학교를 졸업하고는
적은 형님과 함께 경주에서 자취를 하였다.
경주의 놋그릇을 만들던 동네였다.
그 때에 주인집 할머니가 참 좋으셨다.
이미 다 하늘나라로 가셨겠지.
경주에서 1년을 살았다.
그리고는 1964년에 대구로 왔다.
양동 아지매 정환이 집에서 살게되었다.
양동 아지매가 떡 장사를 하였다.
아침부터 떡을 만들어 오후 짐짓해서 팔러나가셨다.
밤 늦게 오셨다.

기다리는 시간에 배가 많이 고팠다.
방 한 칸에 3식구가 살면서 책상이 없었다.
밥상이 책상이었다.
그 밥상을 내가 차지하고 공부했다.
그러다가 정환이가 내가 그의 집에 머무는 것을 싫어하였다.
고등학교를 입학하고서 얼마되지 않았다.
나는 신천동의 큰 형님이 계시는 방으로 거처를 옮겼다.
그리고 얼마 안 있어서
봉덕동 자취집으로 이사를 하였다.
그 때가 아마도 1966년 어느 때였던 것 같다.
그 집에 한 1년 지났을까 다시 자취집을 옮겼다.
역시 대봉동이었다.
그 자취집에서 고3을 보낸 것 같다.
그 때에 손실이가 자취집에 와서 밥을 해 주기도 하였다.
지금 생각해도 너무 미안하다.
여자라는 것 때문에 공부를 못하고 평생 고생하였다.
대학 시험 첫해에 실패를 하고 관동의 택골 종조부님이 계시는 산막으로 들어갔다.
지금 그 집은 없어졌다.
종조부님이 참 고마우셨다.
내가 술 한 잔 대접 못하고 돌아가셨다.
택골에서 꼭 10달을 보냈다.
그 때에 교회에 나가고 기도 참 열심히 하였다.
그 그릇을 굽던 언덕에 올라가 기도 참 많이 하였다.
종조부님의 후대에라도 내가 감사를 하여야 한다.
대업이를 좀 도와 주어야 한다.
그렇게 하여야 한다.
1969년에 서울로 왔다.

청량리 산꼭대기의 청량사가 있는 가까운 곳의 하숙집에서 하숙을 하였다.
그곳에서 공릉동의 교양과정부를 다녔다.
1년을 보내고 금호동의 숭덕학사로 들어갔다.
그 해가 1970년이었다.
고시공부를 위해 잠시 종로의 어느 하숙집에서도 조금 지내고
지금 신장의 하장면 산곡의 어느 농가에 들어가기도 하였다.
그러나 공부할 수가 없었다.
그 때마다 숭덕학사로 다시 돌아왔다.
공부는 하는데
고시는 멀었다.
1975년 봄에는 부득이 숭덕학사를 나와 한남동의
단국대 고시반 기숙사로 갔다.
그곳의 생활도 힘들었다.
참 기운이 없었다.
안 되었다.
한남동에서 1년 가까이 살다가
1976년에 군 방위근무를 가게 되었다.
경주에서 훈련받고
임포에 왔는데
갈 곳이 없었다.
그 때에 군인이면서 가정교사로 먼 집안의 형님댁에서 지냈다.
그러나 그 결과도 좋지 않았다.
제대를 앞두고는 임포2동의 박 장로님의 댁으로 이사를 하였다.
불을 피우지 않은 냉방이었다.
두꺼운 요를 펴고 잤는데
겨울을 지나고 보니 요 바닥에 곰팡이가 새까맣게 피어 있었다.
적은 형님이 그 때에 석유난로를 사다 주셨다.
그러나 오래 피울 수가 없었다.

밥은 이모님 댁에서 먹었다.
이모님과 이종형님 참 고마우셨다.
내가 답을 해야 하는데
드디어 제대하고 삼성에 입사하면서 처가댁에 들어갔다.
그 때가 1977년이었던 것 같다
그곳 방 하나에 지난 지가 1986년 봄까지 였다.
그 사이 8개월간 거제도에 있는 삼성조선의 기숙사에서 보내기도 하였다.
그 때 참 쓸쓸하였던 시절이었다.
물론 내가 충북대학교 가면서 청주에 1981년에 방을 전세내어 갔다.
살림을 다 청주로 옮겼다.
독일에 1년 가 있는 동안에는 다시 살림집을 서울로 옮겼다가,
다시 청주로 이사를 갔다.
처음에는 사창동에, 그 다음은 사직동에 집을 얻어 어머님과 같이 지내면서
나는 서울의 처갓집에 있는 아내와 아이들 보러 왔다 갔다 하였다.
방학때는 아이들과 함께 청주에서 살았다.
그러기를 5년 지냈다.
청주에서의 생활이 5년이었다.
한양대학교로 오면서
장위동에 전셋집을 얻어 1년 체 살지 못하고 방학동의 아파트도 이사를 왔다.
그 때가 1987년이었다.
방학동은 아내가 학교 다니기도 멀었고
화야가 연세대학교 다니기도 멀었다.
그래도 아내는 버스를 타고 지하철을 갈아타면서 학교를 다녔다.
화야는 집이 멀다고 하였다.
그래도 방학동에 꼭 15년을 살았다.
그 사이 남가좌동에 아파트 분양을 받아서
이사를 왔다.
이사오는 과정이 순탄치 못하였다.

그 때에 송추중앙교회의 분란이 있었고
화야가 아프고
집안이 흔들거렸다.
회오리 바람이 지나는 것 같았다.
그래도 주님이 구해 주셨다.
힘들게 남가좌동 삼성 아파트로 왔다.
와서 구청광 목사님을 만나게 되었다.
남가좌동에 9년을 살다가 2011에 이곳 은평뉴타운으로 왔다.
힘들게 분양을 받았다.
가장 넓은 집으로 왔다.
남가좌동의 아파트는 팔지 않고 아직도 그대로 소유하고 있다.
은평뉴타운에 온 지가 13년째 들었다.
조용하고 좋다.
그러나 습기가 많다.
그래도 이만한 위치의 아파트가 쉽지 않다.
내 남은 평생에 한 번 더 이사를 해야할 것인가?
모르겠다.
이제 집 분양 받기가 쉽지 않다.
이곳에 계속 살려면 리모델링을 한 번은 해야 할 것이다.
내 생각으로는 시골로 내려가고 싶다.
그러나 아내는 전혀 뜻이 없다.
수도원을 하나 장만해서 가고 싶다.
그러나 무리해서는 안 된다.
이것이 내가 살았던 집의 기억이다.
그리 많이 다니지는 않았다.
한 곳에 비교적 오래 살았다.
주님의 뜻을 따라서 산다.
아무 바람도 없다.

다 내려 놓는다,
명예도 싫다.
자연법을 연구할 수 있는 곳이면 좋겠다.
시도 쓰고
그림도 그리고
욥같이 주님만을 항심으로 믿으며 살고 싶다.
이것이 나의 소망이고 희망이다.
적절히 건강하게 살고 싶다.
구청광 목사님처럼 다 비우고 살면 참 좋다.
어느 정도는 된다.
이제는 다 버리자.
안 될 일은 잊자.
다 용서하였다.
나는 아무런 거리낌을 갖지 않는다.
아무런 허물없이 지내고 싶다.
그림을 그리니 좋다.
오늘은 회의가 롯데호텔에서 있어서
그곳에서 북악산과 북한산,
남산을 사진으로 찍었다.
집에 돌아와 그 사진을 보고
그것을 스케치 하였다.
윤곽만의 스케치였다.
괜찮았다.
손실이와 상익이가 보내준
할미꽃 사진도 그림으로 스케치해 보았다.
그래도 윤곽은 나타났다.
주여, 감사합니다.
조용히 살겠습니다.

고요히 살겠습니다.
꿋꿋이 살았다.
이사도 많이 안 했다.
잘 살았다,
아름다웠다,
힘은 들었어도 아름다웠다.
참 잘 살았다.
감사하고 감사합니다.
할렐루야.
감사합니다.
감사합니다.
감사하고 감사합니다.
잘 살았습니다.

<2021. 4. 9. 18:39>

39. 내가 강의하였던 곳을 다시 생각해 본다

나는 교수가 되기 전에 시간강사를 한 적이 없다.
조교도 한 적이 없다.
바로 충북대학교 사회과학대학 법학과에 전임으로 채용되어
전임으로서 첫 강의를 시작하였다.
나는 본래 대학교수가 된다는 생각을 갖지 못했다.
법조인이 되고 싶었다.
그러나 주님은 나의 길이 그 길이 아니었음을 내가 알고 받아들이도록
10년 가까이 나를 고통과 고뇌의 세계로 이끄셨다.
결국 내가 항복하였다.
학자의 길을 가게 되었다.

그것은 나의 의지와 뜻과 관계없었다.
그러나 그것이 주님이 예정하신 나의 길이었다.
전임교수가 되고서는 강의를 많이 하였다.
나도 꽤나 잘하였다고 생각을 했었다.
그러나 돌이켜 보니 잘한다고 생각한 것이 착각이었다.
그래도 열심히는 했다.
충북대학교에서 5년,
한양대학교에서 6년 반
연세대학교에서 22년을 강의하였다.
열심히는 했다.
기본을 충실히 하는 방향으로 강의를 하였다.
넓게 공부하였다.
깊게는 못한 것 같다.
한양대학교와 연세대학교에 있을 때에 특강을 많이 다녔다.
고시특강이었다.
고시에 무슨 특별한 재능이 있었던 것은 아니었다.
그러나 많이 다녔다.
논문집필을 부탁받은 것을 거절함이 없이 썼다.
죽으라고 썼다.
참 많이 썼다.
동일 주제로 두 번 쓰기가 싫어졌다.
돌이켜보니,
연세대학교
고려대학교
이화여자대학교
건국대학교
인하대학교
전북대학교

전남대학교
경북대학교에서 특강을 하였다.
서울법학원에도 나가 특강을 하였다.
부산대학교에도 특강을 갔다.
주로 민법의 전반적인 기초를 강의하였다.
특별한 주제 중심으로 강의한 것이 아니었다.
고시에 특별한 기술이 없다고 고백하였다.
기본을 충실히 하는 것이 고시의 길이라고 하였다.
힘들었다.
그래도 수입이 그런대로 괜찮았다.
그렇게 많이 다녔다.
산동대학에 가서 영어로 강의하기도 하였다.
외국어로 국제회의에서 발표도 하였다.
일본, 중국, 독일에서 발표를 하였다.
학회에서 발표는 참 많이 하였다.
그 모두가 다 지나갔다.
이제는 고요히 지내고자 한다.
논문도 더 안 써도 된다.
의무감도 없다.
내려 놓는다.
버릴 것은 다 버린다.
강의평가가 시작될 때였다.
강의평가가 그리 좋지 않았다.
나는 열심히 강의한다고는 했는데
학생들은 논점 위주로 강의해 주기를 바랐다.
그러나 나는 기본을 튼튼히 하고
법사(法史)를 담은 민법을 강의하고자 하였다.
그러나 서로의 방향이 달랐다.

나는 학문으로서의 법학을 강의하고자 하였다.
학생들은 당장 시험에 이용할 수 있는 법률지식을 요구하였다.
그러니 평가가 떨어질 수 밖에 없었다.
이제는 강의도 다 생각없다.
연대 정년을 할 때에 교회법을 중심으로 강의를 하고 싶었는데
강의의 기회가 봉쇄되었다.
그래도 책은 썼다.
이제는 조용히
아주 조용히
고요의 사색과 시와 그림을 그리면서
내면의 깊은 관조의 세계로 들어가 살고자 한다.
잘 지냈다.
관동 시골의 욥이
주님의 은혜로 교수생활을 잘하였다.
힘들었지만 아름다운 연구생활이었다.
순수의 학문생활이었다.
연구용역은 해 본 일이 거의 없다.
그것도 주님의 뜻이었다.
내가 하고싶은 연구를 할 수 있었다.
지금도 그렇다.
잘 지냈다.
주님의 은혜다.
아름다웠던 교수생활이었다.
보람찬 교수생활이었다.
주님께 감사.
감사하고 감사합니다.
아멘입니다.

<2021. 4. 10. 09:29>

40. 아름다웠던 발자취들, 내가 가보고 경험한 것들을 회상하다

내가 태어난 시간은 음력으로는 1948년 12월 23일 밤 11시에서 24일 밤 새벽 1시 사이이다.
양력으로는 1949년 1월 21일이다.
그러니 지금으로부터 꼭 75년 5개월 전이다.
그 세월동안 두발로 걸은 곳이 그 얼마며
두 눈으로 본 것이 그 얼마냐!
그러나 내 기억 속에 다 남아 있지는 않다.
기억을 더듬이 아름다웠던 그 옛일들을 적어 과거로 돌아가 본다.
초등학교를 들어가기전 기차 구경을 하러
학교가는 형님들을 따라서 같이 가다가
나는 반계 삼촌집으로 갔다.
삼촌집의 보리뺏가리에 올라가 기차가 지나가기를 기다렸다.
숙모가 해주시는 점심을 먹고
해가 질 즈음에 다시 학교 갔다오는
형님들을 자포에서 만나 집으로 돌아왔다.
그 때의 기차는 증기기관차였다.
눈에 선하다.
초등학교 입학하고서는 가을이면 학교운동회를 하였다.
가을 운동회에는 각자가 들에 피어있는 들국화를 꺾어 짊어지고 가서
교문에 들국화 아치를 만들었다.
그 때 참 좋았다.
그리고 달리기 하고
줄 다리기 하였다.
들국화를 짊어지고 학교로 갓던 기억이 생생하다.
그리고 1959년 음력 8월 추석날
사라호 태풍이 관동을 지나갔다.

비바람이 엄청 불었다.
우리 형제들은 방에서 가마니 거적으로 문을 막았다.
종일 비가 왔다.
무슨 영문인지도 모르고 집에 있다가 오후에
비바람이 좀 숙졌을 때에 바깥에 나가보니
논둑 밭둑이 다 무너졌다.
우리 봉답 논의 논둑도 무너졌다.
그해 겨울 자갈더미를 치우는 일을 내내 하였다.
그래도 그 다음 해에 모를 심었다.
사라호 태풍이 지나 간 후에는 들국화를 꺾어서 아치하고 가을 운동회하는 일이 없어졌다.
그 때는 교실이 부족하였다.
오전 반 오후 반으로 나누어 수업을 하기도 하고
학교의 수양버들 나무 그늘에
비료포대를 펴 놓고 야외수업도 하였다.
그 때에 순수한 총각선생님이 생각난다.
참 좋으신 분이셨다.
그리고 아화 팔봉산으로 소풍을 갔던 기억도 새롭다.
졸업반이었던 때에는
불국사 수학여행을 당일치기로 갔다.
나는 아무 준비없이 몸만 가지고 갔다.
불국사에서 석굴암까지 걸어갔다 왔다.
점심이 없어서 친구의 점심을 조금 먹었다.
배가 고팠다.
해가 지고 임포역에 오니 어머님과 아버님이 마중을 나오셨다
점심을 준비해 주시지 못한
어머님 아버님 마음이 그 얼마나 아프셨을까?
나에게 수학여행은 그것이 전부이었다.

경주에서 1년을 보낼 중에는 오능 앞 들에 메뚜기를 잡으로 간 기억이 난다.
그 메뚜기를 당시의 메뚜기 선생님께 드렸다.
그 선생님의 별호가 메뚜기 였다.
경주에 있을 때에 처음으로 반월성 야외에서 영화를 보여주는 일이 있어
아버님과 같이 가 보았던 기억이 난다.
대구로 왔다.
대구로 왔지만 오로지 공부하였다.
내가 살던 양동 아지매의 집은 태평로의 철물공장 뒤었다.
쇳가루가 집에 날아들었다.
그런 곳에서 3년을 양동 아지메 집에서 보냈다.
특별한 기억은 없다.
소풍을 은혜사로 갔던 기억이 난다.
수학여행은 동해안으로 갔는데
나는 가지 못하고 학교로 나왔다.
내가 고등학교에 다닐 때에
어머님이 눈이 쌓인 겨울 임포재를 넘어 오시다가
넘어져 팔목을 다치셔서
대구에서 치료를 받으셨다.
그 때에 마취에서 깨어나시는데
물을 드시게 하지 말라고 하였었는데도
어머님이 너무 목말라 하셔서
물을 드렸더니
그만 물이 목을 넘어가지 못하는 위기가 발생하였다.
정신이 없었다.
그때 나도 크대 당황하였던 모양이었다.
택시요금을 10배나 많이 주었던 기억이 난다.
큰 금액의 지폐를 작은 금액으로 알고 그냥 드렸던 것이었다.
어머님이 담석증으로 대구 파티마 병원에 두 번째 입원하셔서

수술을 받고 나오신
어머님의 모습이 눈에 선하다.
목소리는 들릴 듯 말 듯 하였다.
목은 아무 힘도 없으셨다.
그래도 살아나셨다.
그 때에 병원에서 수녀님으로부터 영세를 받으셨다.
세례명이 성 엠마였다.
대구에서의 특별한 기억도 없다.
서울로 와서도
별 특별한 아름다웠던 기억이 없다.
숭덕학사에서 일해 주시던 향이 누님과 그 어머님이 생각난다.
참 좋으신 분들이셨다.
내가 사회활동을 시작하고서 아름다운 곳을 많이 가 보았다.
강화도 마니산을 화야를 업고 갔던 기억
그 때 화야는 잠이 들었다.
부모이기에 업고 올라갈 수 있었다.
미국에 처음로 갈 때에 엥커리지 공항을 거쳤던 기억이 새롭다.
독일로 갈 때에는 일본의 나리타 공항에서 종일토록 기다렸던 기억이 새롭다.
그 때에 집에서 만들어준 주먹밥을 나리타 공항에서 먹었다.
함부르크에 도착하여 박명철 목사님 댁에서 하룻밤을 자고 나니
온 몸이 물주머니가 되었던 기억이 난다.
알스터 호수가 좋았다.
자주 다녔다.
성 게우르그 병원에 입원도 하였다.
마취도 받았다.
그 때 독일의 여자 간호사님과
일본에서 오신 상법 교수님이 참 고마웠다.

강창환 선배님도 참 고마웠다.
일본 교수님은 병문안을 오셔 주셨다.
강 선배님은 매일같이 병원을 오셔 주셨다.
참 공부 많이 하였지
복사도 많이 하고
함부르크는 베델(Wedel)이 마음이 들었다.
큰 배가 오고가는 길목이다.
상익이가 김치를 담가 가져다 주고
상익이 배에서 하룻 밤을 자기도 하였다.
독일에서는 뮌헨 근처의 에탈 수도원이 마음에 들었다.
포츠담의 엘네노(Ellenor)의 여자 교수님이 생각난다.
전후에 결혼할 남자가 없어 혼자 산 분이셨다.
참 고마웠다.
드레스덴에서 함부르크로 오는 기차안에서 얘기를 나눈 구동독의 목사님 내외분이
너무 좋으셨다.
참 좋으신 분이셨다.
혼자 있을 때에 함부르크의 겨울 보리 밭길을 한 없이 걸었다.
엘배강가의 길을 따라 겄다가
집으로 오는 길을 찾지 못해 고생하였던 기억이 또 새롭다.
화야와 같이 게스트 하우스에서 같이 지냈던 기억도 새롭다.
화야가 참 잘 견뎌주었다.
배타고 오면서
영국의 프렉스토우 항구에서 차안에서 바람을 쐬시던 늙은 할아버지의 모습
로텔담 항구
헬리콥터가 와서 파이러트를 실어 가던 모습
프랑스의 르아부르 항구의 조그만 어촌 마을의 아름다움
비스케이 만에서의 한랭전선의 모습,

멀리서 지브랄타를 보면서 지나온 지중해 입구
수에즈운하 입구의 포트사이트
수에즈 운하에서의 정박
인도양의 항해
수마트라의 아체 반도
싱가포르에서 참 맛있었던 게살스프
홍콩
로마의 베드로 대성당
스위스의 융프라우
로잔
제네바의 분수
제네바 공항에서의 긴 기다림, 그러나 라운지에서 넉넉히 먹었지.
부다페스트의 아름다운 국회건물
모젤강
미국의 버클리
금문교
요세미티 국립공원
엠바케도로 빌딩
주의 이름을 붙인 워싱턴의 도로명
미국 의회도서관
아뮈시 마을
나이에가라 폭포
뉴욕의 고층빌딩 숲
워싱턴기념탑
링컨 좌상
스미소니언 박물관
미국 국회의사당
일본의 니코

하코네
고배의 가파른 뒤산 자락
교토의 왕궁의 소나무들
오사카 성
벳부
중국의 태산
홍콩의 파이넨스 빌딩
북경의 탐관오리의 정원과 보물창고
대만 아리산에서의 잉어 스프
노르웨이의 송내 피욜드의 프륌 역(驛)
중국의 만리장성
높은 산에 꽃이 피었있던 아름다운 광경
복사꽃이 아름답게 피어있던 중국의 북경근교
캐나다의 토론토.
이것이 다네.
여행을 위한 여행은 안 했다.
그래도 많이 다녔다.
지구의 북반부만을 다니고
남반부를 가지 않았다.
그래도 관동의 욥이 많이도 다녔다.
이렇게 아름다웠던 기억을 회상하니 참 좋다.
아름다웠던 나의 지난 날들이었다.
주님이 주신 선물이다.
어머님, 아버님 감사합니다.
저는 관동의 욥입니다.
이렇게 지난 날들의 아름다움을 글로 적어 봅니다.
이 모든 것이 나를 만들어 온 것이지요.
감사합니다.

감사합니다.
주님,
어머님과 아버님,
형님들, 동생들
감사합니다.
감사합니다.
아멘입니다.

<2021. 4. 11. 09:02>

41. 비움의 미학, 비움의 아름다움

사찰의 절간은 텅 비워있어 여유가 있다.
스님의 방도 작은 탁자하나 있을 뿐 텅 비어 있다.
비워 있어 여유가 있다.
비워야 여유공간이 생긴다.
비움은 고요하다.
비움은 시원하다.
비움은 생각할 수 있는 공간이다.
비움은 자유의 공간이다.
다닥다닥 붙은 교회의자에서의 예배는 여유가 없다.
요즈음은 교회의자에 지그제그로 한 사람, 두 사람이 앉는다.
여유가 생겼다.
사람이 모일 곳에는 모여야 한다.
그러나 여유를 가짐이 무엇보다도 중요하다.
여유를 가지려면 비워야 한다.
머리도 비워야 머리가 아프지 않다.
가슴도 비워야 속이 시원하다.

배도 비워야 소화가 완전히 된다.
누가 텅 비인 여유공간에서 살고 싶지 않는 사람이 어디 있을까?
형편이 안 되어 여유공간을 갖지 못하지.
그래도 비움이 좋다.
젊었을 때에는 닥치는 대로 모았다.
버리기가 참으로 아까왔다.
모은 것을 바탕으로 일하고 쌓아 왔는데
그래도 버릴 것은 버림이 좋다.
그렇다고 다 버릴 수는 없지 않는가!
자기 자신을 버릴 수는 없지 않는가?
아름다운 것은 참 많다.
자연법이 아름다운 법이다.
시도 아름다운 세계이다.
그림도 아름다운 마음을 표현한 것이다.
내 고향도 아름답기만 하다.
가도 또 가고 싶다.
돌아가 그곳에서 살고 싶다.
별것 아닌 내 고향 산골이지만
탁트인 들은 아니지만
골까기의 빈 공간이 아름답다.
물도 빈 공간을 따라서 흐른다.
빈 공간을 좋은 책들로 채우자.
텅빈 공간의 벽에는 작은 그림으로 채우자.
너무 비좁지 않게 빈 공간을 채우자.
시로 채우고
자연법으로 채우고
스케치로 채워보자.
그리고 기도로 채우고

욥의 마음으로 조용히 관조하자.
빈 공간은 아름답다.
빈 자리는 여유롭다.
빈 공간에 보편세계의 아름다움으로 채우자.
머리를 비우니 참 홀가분하다.
근심 걱정을 내려 놓으니 머리가 비워진다.
허리가 아프지 않으니 머리가 비워진다.
믿음이 머리에서 가슴으로 내려오는 것이 그렇게 오래 걸린다.
아직 믿음이 가슴으로 내려오지 못했다.
가슴을 덜 비웠기 때문이 아닐까?
아직도 더 채우려고만 하는 것이 아닐까?
미지의 진리의 세계를 찾아 나가기 위해
책 속에 파묻혀 있던 그 세월도 좋았다.
이제 다 내려놓은 지금 세계도 좋다.
명예도 내려 놓는다.
재물로 다 되돌려 준다.
자리에 대한 생각은 아예 없다.
누구 앞에 서는 것도 내려 놓았다.
그져 조용히 주님 앞에 기도하는 것이 좋다.
고요히 가슴이 안정되면 그것이 좋다.
바람도 없으면 좋다.
뭐 특별히 더 이루어야 할 것도 없다.
자연법 그 한 권의 책을 쓰면 된다.
맡은 일은 그 끝맺음을 잘 하여야 하는데
그러면 더욱 비울 수 있다.
더 자유로울 수 있다.
아내도 같이 자유롭기를 소망한다.
비운다.

내려 놓는다.
이제 더 새기지 않는다.
가슴에 아무 것도 담아두지도 않는다.
아무런 거림낌도 갖지 않는다.
소리도 없다.
빗나간 생각도 없다.
아무 것도 없다.
공(空)이다.
무(無)다.
텅 비인 그곳
고요한 그곳
물안개가 나직히 피어나는 고요의 산속 호수
정적이다.
고요다.
비운 상태다.
아름답다.
산메아리를 만들지 않음이 좋겠다.
바삭거리를 나뭇 소리가 나지 않도 좋다.
깊은 고요의 세계
아주 고요한 따뜻한 산속,
새들도 짖지 않는 조용한 그 세계
아아,
그 세계가 내 마음이고 싶다.
주님이 조용히 오신다.
내 안에 자리하신다.
아아,
고요한 이 시간,
아무 염려도 걱정도 바람도 없다.

고요한 빈 그 아름다움
바람도 없다.
아주 고요하다.
조용하다.
그런 곳에서 좀 더 산다.
주님의 세계에서 주님과 함께 영원히 살고자 한다.
비인 아름다움 속에서
비움의 미학을 이루어가면서
감사합니다.
감사합니다.
아멘입니다.

<2021. 4. 12. 09:43>

42. 밥 한 끼 같이 하는 즐거움

누구나 밥을 먹고 살아간다.
잘 먹는 사람도 있고 험하게 먹는 사람도 있다.
먹을 것이 없어서 굶는 사람도 있다.
먹을 것이 없어 풀뿌리를 케어 먹고 풀을 뜯어 먹고 사는 사람도 있다.
예전에는 봄이면 먹을 것이 없어서
보리를 뜯어다가 삶아 먹고 연명한 사람들이 있었다.
그래서 보릿고개라 한다.
어떤 학생는 가난해서 학교를 오기는 하였으나
도시락을 사가지고 오지 못해서
점심시간이면 혼자 밖을 나가 물을 마시고 배를 채우는 학생들도 있었다.
그러한 사정은 오늘도 마찬가지이다.
너무 배가 고파 빵 한 개를 몰래 훔쳐 먹고서 철창 신세를 진 사람도 있고,
그 사정이 알려져 온정의 손길의 도움을 받는 사람도 있다.

이렇게 밥 한 끼가 중요하다.
밥은 생명의 영양소이기 때문이다.
예전에는 먹을 것이 없어서
식사때면 허겁지겁 먹기도 하였다.
그러한 습관은 좀 살게 되었어도 변하지 않는다.
젊잖은 모습의 식사모습을 갖추기가 쉽지 않다.
밥 한 끼
혼자서 홀로 먹지 않고 뜻이 맞는 사람과 함께 먹는 즐거움을 가지려고 하지만
그것이 쉽지 않다.
그런 습관이 연습되어 있지 않기 때문이다.
머리로는 젊잖게 한 끼를 먹고 싶지만
마음과 배는 허겁지겁 먹게 된다.
좀 밥 먹는데도 신사의 모습을 갖고 싶어 연습을 해 본다.
조용히 혼자서 먼 산을 보면서 식사를 하는 것도 좋다.
그러면 식사가 바쁘지 않으니까!
그러나 그러한 때가 그리 많지는 못하다.
어느 부자는 자기와의 반 한 끼를 경매에 부친다.
또 돈 있는 사람이 응찰을 한다.
그는 수많은 돈을 주고 밥을 같이 먹는다.
그것은 1회 뿐이다.
그 속에 무슨 밥 한 끼 같이하는 의미가 있을까?
밥 한 끼를 경매에 부치는 것은 윤리적이지 못하다.
물론 경매에 부친 사람은 그 돈을 자선 사업에 쓴다.
그러나 왜 그렇게 비윤리적인 행위로 자신의 자선사업을 하는지
자본주의의 어두운 면의 한 부분이다.
나는 그런 밥 한 끼는 싫다.
또 어떤 사람은 대접을 받았으나 그 내용이 부실하다고 불만을 표한다.

별 차린 것이 없었다고 말이다.
그것도 잘 못이다.
없어서 제대로 차리지 못한 것을 원망해서야 되겠는가?
소박한 밥 한 끼가 좋다.
배고프지 않고 좀 넉넉하면 좋다.
기름지지 않은 정갈한 밥 한 끼가 좋다.
예전에는 손님을 대접하면
그 손님은 반드시 밥을 조금 남겨서 상을 물린다.
그래야 밥을 먹지 못하고 기다리는 아이들이 손님이 남긴 밥을 먹을 수 있었으니까?
나는 그런 모습을 체험하였다.
내가 바로 그 체험이 당사자이다.
밥 한 끼 같이 나누는 것이 즐겁고 아름답다.
내가 숭덕학사에 있을 때의 식사는 참으로 소박하였다.
그러나 영양이 좀 부족하였던 것 같다.
한창 먹고 활동할 때였기 때문이었다.
그 때 박영출 목사님의 아들 박효근 박사님이 미국 유학 중에 돌아와
사생들에게 불고기를 대접해 주셨는데
너무나 맛이었던 기억을 잊을 수 없다.
내가 한 번 더 사달라고 염치 없이 얘기하였던 얼굴이 뜨거운 기억이 난다.
그 때의 소박한 한 끼를 오래 먹다 보니 얼굴에 기미가 새까맣게 끼었다.
그 때의 지난 날을 생각하면 참으로 무지한 나였다는 생각이 떠오른다.
참 무지하였고, 참 부족하였다.
이제는 밥 한 끼 같이할 수 있는 형편이 되었다.
뜻을 같이 하는 분들과 밥 한 끼 같이 하고 싶다.
종종 그렇게 하고 있다.
그러나 사실 밥 한 끼 같이 할 수 있는 뜻을 같이 하는 분들이 그리 많지 않다.

구청광 목사님을 종종 모시고 밥 한 끼 같이 할 때면
기도해 주시는 것이 너무나 감사하였다.
어려운 형편에도 작은 선물을 주시는 목사님이 참 고마우셨다.
어느 때는 집마당의 영근 감을 선물로도 주시고
자신이 선물받은 김을 나에게 선물로 주시기도 하시고
좀 과하다 싶을 정도의 선물을 해 주시기도 하셨다.
어느 목사님과의 밥 한 끼 때에는 자신이 집필한 작은 책자를 선물로 주시기고 하시고
기도의 영성을 키울 수 있는 책을 선물로 주시기도 하셨다.
밥 한 끼 같이하는 기회를 통하여 서로 우정을 나누고 싶다.
나이가 들어서 우정을 나누기란 참 어렵다.
상대가 좀 잘 살면 부담이 된다.
그러나 함께 기도하고 밥 한 끼 나누면서
정을 나누며 사는 것은 참 아름답다.
자식들이 잘 자라서 스스로의 삶을 살고
자신도 자기 노년의 생활을 해 나가면서
뜻이 맞는 그 한 사람과 같이 밥 한 끼 같이 하는 것은 주님이 주신 행복이다.
그렇게 살고 싶다.
호텔의 기름끼가 흐르는 뷔페가 아니라도 좋다.
접시를 들고 날면서 배가 거부할 때까지 먹는데 바쁜 그런 한 끼가 아니다.
소박한 소찬의 밤 한 끼다.
황적인 선생님처럼
좋은 음식을 대접하려고 해도
소박한 값이 좀 싼 음식을 드시겠다는 그 먹음에 있어서 낮아짐의 말씀이 기억난다.
그렇게 살아야 한다.
소찬의 밥 한 끼에

막걸리 한 잔을 곁드리면 더욱 좋다.
안주는 된장에 풋고추를 찍어 먹는 것이 좋다.
이제 좀 수준을 높여
와인에
치즈 몇 조각
그리고 과일 조금이면 좋다.
아아,
그렇게 소박한 밥 한 끼 같이하는 즐거움을 갖고 싶다.
참 아름다워라.
소박한 밥 한 끼
뜻이 맞는 분과 함께
기도하고 감사하고
맛있게 먹는 것이 참 아름답다.
그곳에 주님이 계신다.
그것이 주님이 주시는 만나이다.
밥 한 끼
그것이 만나이다.
아름다운 만나
조촐한 만나,
소박한 만나,
그 곳에 가슴을 다 내려놓고
감사하며
품위있게
소박하게
고요히
그윽하게
아주 평안히
평화스럽게

하나님의 형상이 회복된 얼굴로
차분히 살고 싶다.
주님은 그런 기회를 주시리라.
바라고 기도하고 구하면
아름다운 밤 한 끼의 즐거움을 주시리라.
그것도 주님의 섭리이다.
어머님이 중국집에서 짜장면 한 그릇을 그렇게 맛있게 드시던 모습이 눈에 선하다.
영덕 강구에서 영덕게를 드시면서
좀 더 다오 하시던 어머님이 모습이 생각난다.
아버님도 생각난다.
큰 형님도 생각난다.
밥 한 끼 같이 하지 못한 것이 늘 아쉽다.
남아있는 내 형제
적은 형님, 여동생, 남동생
우리 같이 밥 같이 할 수 있기를 소망한다.
소찬이지만 정을 나누고 뜻을 같이 하며
집안을 일으키는 논의를 하며
후대들이 하나님을 잘 믿고
값진 삶을 살 것을 소망하는 그런 시간을 갖고 싶다.
밥 한 끼 같이 하면서
아아,
아름다워라.
기회를 만들어 나가야지
소박한 그 밥 한 끼 같이하는 그 아름다움을 나누고 싶다.
아멘입니다.

<2021. 4. 16. 10:27>

43. 일의 즐거움과 일의 아름다움

일한다는 것은 인간의 존엄에 속한다.
인간은 하나님의 형상을 받아 창조되었기 때문에 존엄하다.
인간의 존엄에는 양질의 교육을 받을 권리, 정당한 보수를 받고 일할 권리, 인간답게 살 수 있는 주거의 확보 등이 속한다.
일한다는 것은 인간의 존엄을 실현하는 것이다.
일은 하도록 인간은 창조되었다.
땀흘리며 일하도록 인간은 수고하도록 창조되었고 그것이 권리이자 의무이다.
존 밀턴은 실락원에서
원죄 이전의 에덴동산에서 아무런 염려도 수고도 없이 사는 때보다.
원죄 이후의 땀흘리며 일하고 해산의 고통을 겪으면서 사는 것이 더 가치 있다고 하였다.
그렇다.
수고하고 일해야 인간의 존엄을 실현하고 인간의 가치를 만들어 낼 수 있다.
일에는 하고 싶은 일도 있고 하기 싫은 일도 있고
즐거운 일도 있고 귀찮은 일도 있다.
대가가 주어지는 일도 있고 대가가 없는 일도 있다.
저 바다에 나가 고기를 잡는 어부들,
광산에서 진폐증에 걸리면서도 일하는 광부들
가정을 떠나 저 열사(熱砂)의 나라에서 혼자 일해야 하는 외국파견근로자들
가족을 두고 한국에 와서 어려운 환경에서 일하는 외국노동자들
용광로 앞에서 쇳물을 녹이는 노동자들
마스크를 끼고 용접을 하는 용접노동자들
먼지가 펄펄 날리는 작업장에서 일하는 노동자들
뙤약볕에 구슬땀을 흐리면서 소금밭에서 일하는 근로자들,
여름에도 방한복을 입고 일하는 냉동창고의 노동자들
배추를 추럭에 번쩍번쩍 던져주고 차곡차곡 싣는 노동자들,

연구실에 밤이 늦도록 연구하는 학자들
연구에 몰두하는 과학자들
어떤 사람은 남을 사기하기 위하여 보이스피싱을 하고 헤킹에 몰두하는 사람들
일에도 그 모습이 가지가지이다.
일을 하는 대도 열심히 꼼꼼히 하는 사람도 있고
대충 하는 사람도 있다.
일을 즐기는 사람도 있고
일을 게을리 하는 사람도 있다.
세상의 일은 참으로 다양하다.
일은 주님이 창조시에 인간을 위하여 주신 것이다.
힘들게 일하는 사람들은 대부분
가족을 부양하기 위하여 일한다고 한다.
그것도 중요하다.
그러나 무엇보다도 일은 즐거워야 한다.
그리고 자기의 적성에 맞는 일을 열심히 하는 것이 좋다.
자기의 적성에 맞는 일을 즐거움으로 하는 사람은 자신의 가치를 일을 통하여 실현한다.
미켈란제로는 평생 그가 죽을 때까지 조각을 하고 그림을 그렸다.
만년의 그림이 대작이고 걸작이 되었다.
그렇다.
갈고 닦아
자기 삶의 마지막 작품이 걸작이 된다.
그렇게 살아야 한다.
황적인 교수님은
학자는 연구실에서 살아야 한다고 하셨다.
연구실에서 마지막 까지 연구의 일을 하여야 한다는 말씀이었다.
어느 학자는 연구실에서 자기의 박사학위논문을 수정하다가 하늘나라로

갔다는 얘기도 하셨다.
그렇다.
자신의 일을 사명으로 알고 주님 나라로 가는 그 순간까지 일하는 그것이 아름답다.
그렇게 살아야지.
삶은 일을 통하여 이루어야 나가야 한다.
일찍부터 기도하고 주님께 자신을 맡기면 주님이 가장 적절한 일을 주신다.
주님이 주신 그 일이 사명이다.
그 사명을 다하는 것이 인간이 가야할 길이다.
그 일의 길은 즐겁다.
먼지를 뒤집어 써도 즐겁다.
몸이 아파도 흐뭇하다.
일의 즐거움은 너무나 아름답다.
그 아름다움은 본인이 가장 잘 안다.
일이 즐겁고 아름다워야 한다.
그 일을 주님과 상의해서 찾아 나가야 한다.
그 사람이 행복하다.
그 사람이 가장 삶의 가치를 충실히 실현하는 사람이다.
일을 하기 위해서는 건강을 잘 유지하여야 한다.
너무 일을 많이 해서 병이 나면 안 된다.
그러나 그러한 사례들이 많다.
너무 일을 많이 그리고 모질게 해서
허리가 휘어진 농촌의 할머니들
그러한 분들은 일의 즐거움 때문이 아니라
생존을 위해 일을 하신 분들이다.
삶의 즐거움을 느낄 수 있는 일하는 즐거움이어야 한다.
사랑의 일,
정의의 일,

평화의 일
봉사의 일,
값진 일들을 발굴하여 일하면 더욱 좋다.
일을 통하여 인간이 인간으로 대접 받는다.
그렇게 살자.
그렇게 살다가 주님으로부터 사랑받고
주님 나라로 가자.
일은 아름답다.
일은 즐거워야 한다.
그렇게 살자.
그렇게 소망한다.
일을 주신 주님께 감사,
일을 하는 것에 감사,
일한 결실에 대해 감사,
그렇게 일하면서 즐겁고
일을 아름답게 꾸며 나가자.
아아,
아름다운 삶,
보람있는 삶,
감사한 삶,
일이 즐겁고 아름다워라.
아아, 아름다운 일
즐거운 일,
오늘도
내일도
모래도
계속 할 것이다.
아아,

이것이 삶이다.
즐거운 삶이다.
일은 즐거움
일은 아름다운 것
그 작품도 아름답기만 하다.
아멘이다.

<2021. 4. 17. 21:21>

44. 자유는 해탈이며 성화이며 평화이다. 모두가 동일한 온전한 깨침이다

자유는 자신의 굴레를 벗어난 해방이다.
여기 자유는 국가로부터 구속을 받지 않는다는 헌법상의 자유와는 다르다.
자신이 세속의 굴레에서 벗어나 자신의 허물을 벗고
영혼이 자유로운 새사람이 되는 것이다.
자유는 아무런 장애도 거리낌도 없는 조그만 장애도 없는 희열의 상태이다.
자유는 자신의 포기가 아니라, 자신이 할 일을 다 한 뒤의 기쁨의 상태이다.
자유의 사람은 아무런 욕심도 없다.
창조주와 함께 하고
자연과 함께 하고
세상과 부담없이 마주하고
부귀영화도 초극하고
삶과 죽음도 초극한 상태이다.
언제 어디서나 본능도 이상도 초월한 상태이다.
자유는 신의 경지이다.
만물을 포용하고
창조주를 사모하고

자신이 숨을 쉬고는 있으나
이 세상과 저 세상의 구별이 없는 상태이다.
어느 것에도 메임이 없는 경지이다.
좋음도 싫음도 없는 무아(無我)의 경지이다.
완전히 자신을 벗어난 상태가 자유이다.
그렇게 자유를 강조해 왔지만 그 자유는 국가의 구속으로부터 벗어남의 정도에 불과하였다.
자유는 인간이 이 땅에 발을 딛고 밥을 먹고 살지만,
자신의 먹는 것도, 입는 것도, 사는 것도, 가지고 싶은 것도, 이루고 싶은 것도,
다 초극한 경지이다.
그러한 경지는 진정한 자유의 세계이다.
다 이룬 상태가 그런 상태이다,
창조주가 주신 달란트로 창조주가 맡기신 사명을 다 감당한
그 다음의 세계가 바로 자유이다.
자유는 창조주의 것이다.
창조주의 것을 내가 향유하는 것이 자유다.
신의 형상을 따라서 창조된 인간의
신의 형상의 온전한 회복이 자유의 경지이다.
자유는 하나님의 것이고
인간에게는 하나님의 형상으로 심겨져 있다.
그 하나님의 형상의 회복이 바로 자유이다.
불교에서는 자유를 해탈이라 한다.
해탈은 터득하여 자신을 초월한다는 뜻으로 이해된다.
해탈도 그냥 주어지는 것이 아니다.
극기의 고행과 수행을 통하여 얻어지는 것이다.
하안거(夏安居), 동안거(冬安居)를 거치고
매일같이 불공을 드리고

독신으로 세상의 욕심을 다 떨쳐버리고
탁발을 하고 산속깊이 암자에서 수행을 하여야
해탈에 이를 수 있다.
아무나 해탈을 하는 것이 아니다.
자신의 이 땅에서의 욕망을 다 떨쳐버리고
무한 고통의 수행을 거친 후에
적게 먹고
기워입은 장삼을 입고
세상의 명예도 부도 다 버리고
자신과는 아무런 관계가 없을 그 때에 해탈할 수 있다.
해탈한 사람은 자유다.
아무 것에도 거리낌이 없는 상태다.
해탈은 자유다.
해탈한 사람은 자유인이다.
기독교에서는 자유를 성화(聖化)라 한다.
성화는 하나님의 모습으로 바뀌는 것이다.
하나님과 완전히 동일한 모습으로는 바뀔 수는 없지만
말씀에 따라서 살며
성령의 은혜로 하나님을 체험하며
세상의 어떠한 유혹도 이길 수 있는 경지가 바로 성화이다.
해탈은 스스로 수행을 하여 이룬다고 하지만
성화는 본인의 노력만으로는 안 되고
주님의 은혜로만 가능하다고 한다.
인간은 원죄로 인하여
성령의 은혜로만 성화할 수 있다고 한다.
주님께 늘 가까이 가고
말씀을 상고하고 실천하며
주님의 뜻을 실천하고자 하며

계시를 받고 영감을 얻으며
체험을 하고
갖은 고난을 겪은 다음에야 비로소 성화할 수 있다.
욥의 삶이 바로 성화의 과정을 가장 잘 나타내 보여주고 있다고 생각한다.
성화하면 자유롭다.
창조 때에 주신 하나님의 형상을 살아서 회복할 수 있다.
성화도 역시 자유다.
천사가 주님의 말씀을 전달해 주고
주님께 자신의 일을 다 말씀드릴 수 있는
주님과 자신간에 아무런 거림낌이 없다.
성화하면 자신과 사람간에도
자신과 자연간에도
자유로운 소통이 이루어진다.
아무 것도 두렵지 않다.
아무 것에도 미련이 없다.
하나님이 자신을 완전히 주관하신다.
온전한 자유다.
주님이 주신 달란트로 주님이 주신 사명을 다 이루었을 때에 비로소 성화할 수 있다.
자유롭고 해탈하고 성화하면
무한한 평화의 세계로 들어간다.
바로 자유와 해탈과 성화가 평화이다.
어떠한 세력도 깨뜨릴 수 없는 평화다.
평화는 전쟁이 없는 상태를 세상에서는 말한다.
불안한 평화는 평화가 아니다.
공포의 균형을 이루고 있는 상태도 평화가 아니다.
평화는 고요하다.
아주 고요하다.

누구도 건드리고 깨뜨릴 수 없는 고요다.
그 고요 속에서는 오로지 창조주만이 움직인다.
평화롭다.
숨소리조차 들리지 않는다.
완전한 자유이다.
자유, 해탈, 성화, 평화는 동일한 경지이다.
무아의 경지이다.
고요의 경지이다.
이 세상과 저 세상을 왔다갔다하는 그런 경지다.
아무런 부러움도 없다.
갖고 싶은 것도 없다.
다 이루고자 하는 마음도 없다.
아무런 거리낌도 없다.
아무런 장애도 없다.
좋음도 싫음도 없다.
그러한 경지가 있다.
이 땅에 발을 딛고 살지만
자유, 해탈, 성화, 평화의 경지가 있다.
그곳에 갈 수 있다.
갈 수 있고 말고
갈 수 있다.
가고 있다.
거의 가까이 왔다.
주님이 주신 학문의 사명을 거의 다 마치고
이제는 주님의 세계를 법 속으로 모시는
자연법을 연구하면서
시(詩)로서 주님 나라의 아름다움을 노래하며
그림을 그려 주님의 오묘한 창조의 섭리의 결과물들을 흰 종이에 그린다.

어떠한 상황에서도 주님을 향한 믿음을 굳건히 지켜가는 욥같은 신앙으로 산다.
자연법, 시, 그림, 욥의 믿음,
이것이 나에게는 4君子이다.
이 4군자의 세계가 자유이고 해탈이고 성화이고 평화이다.
아아,
관동 산골의 욥이
나이 들어
주님의 은혜로
자유와 평화의 세계로 들어가고 있다.
아무런 거림낌도 없이
아주 고요히
이제 다 내려놓고
다 되돌려주고
4군자와 더불어
자유와 평화를 마음껏 누리며 산다.
영원히 산다.
영원한 자유와 평화의 경지에서 산다.
주님과 함께
영원히
영원히
자유와 평화의 세계에서
아름답게 산다.
관동의 촌아이,
욥게게 이런 경지를 허락해 주신
주님께 무한 감사를 드립니다.
좋습니다.
아름답습니다.

고요합니다.
다 이루었습니다.
이제는 4군자와 더불어 삽니다.
주님이 저의 중심에 자리하고 계십니다.
자유와 평화,
평화와 자유
그것을 지금 누리고 있습니다.
감사합니다.
감사합니다.
아멘입니다.

<2021. 4. 21. 09:54>

45. 이름 모를 꽃들

꽃도 종류가 많다.
화사한 꽃도 있고 못난 꽃도 있다.
알아주는 꽃도 있고 아무도 알아주지 않는 꽃도 있다.
꽃은 피었지만 잡초라고 뽑혀지는 꽃도 있다.
참 꽃도 많다.
들에 피는 꽃
길가에 피는 꽃
절벽에 아슬아슬하게 피는 꽃
저 높은 산 꼭대기에 혼자서만 피어 있는 꽃
큰 꽃도 있고 작은 꽃도 있다.
아주 작은 꽃도 있다.
바깥으로 피는 꽃이 일반이지만 속으로만 피는 꽃도 있다.
무화과 꽃이 그러하다.

귀하게 대접받는 꽃도 있고 아무도 보아주지 않는 꽃도 있다.
냉이 꽃이 그러하다.
이름있는 꽃도 많지만 이름 모를 꽃도 수없이 많다.
좀 보아달라고 하지만 아무도 보아주지 않는 꽃도 있다.
그러나 다 이 땅을 아름답게 하는 꽃이다.
어떤 꽃은 자신의 몸을 희생해야 대접을 받는 꽃도 있다.
진달레 꽃이 그러하다.
진달레 꽃은 흔하지만
진달레꽃이 화전(花煎)이 되었을 때에 대접을 받고 칭찬을 받는다.
진달레 꽃이 기름에 자기 몸이 익혀졌을 때에 사람들은 아름답다고 한다.
나는 할미꽃이 참 마음에 든다.
다소곳이 수줍은 듯한 그 모습이 마음에 든다.
사진에 담았다가 겨울 할미꽃을 그려보고자 한다.
참 겸손하다.
가까이 하고 싶은 꽃이다.
냉이 꽃은 이름도 없고 작지만
그 작은 꽃이 빳빳이 서있을 때의 그 기상은 생동감이 넘친다.
그리고 소나무꽃도 좋다.
소나무 꽃이 피는 쭉쭉 솟아오르는 꽃줄기가 소나무 가지가 된다.
소나무는 참으로 기개와 절개가 있어 보여서 좋다.
쭉 쭉 뻗는 모습이 너무 좋다.
그림을 그리니 그림소재를 세밀하게 관찰하게 된다.
이름없는 냉이꽃을 그려본다.
작지만 기개와 생명력이 있다.
생동감이 있다.
앙증맞게 서로 세상을 더 보려고 하늘로 하늘로 커나간다.
참 좋다.
소나무 꽃 줄기도 참 좋다.

하늘로 하늘로 솟아나려고 한다.
주님을 만나보고 싶어 한다.
작지만 나도 하나님을 만나고자 하늘로 하늘로 뻗어 본다.
그러나 하늘에는 도저히 닿지 못하겠다.
줄기가 힘이 없어 너무 높이는 못 올라간다.
작은 꽃이 참 아름답다.
몰라주는 꽃이 더 아름답다.
향기가 없어도 좋다.
땅에 붙어 있는 민들레 꽃도 참 아름답다.
사해동포주의다.
작고 볼품없는 없는 꽃도 그리니 아름답다.
그것이 사해동포주의다.
차별하지 말라.
동등하게 대우해 달라고 한다.
그래 작은 꽃아
내가 너를 그려주마.
나는 너와 뜻을 같이 한다.
너는 한 번도 꽃꽂이의 꽃이 되어
번듯한 탁자에 올라간 일이 없지.
그러나 나는 너를 작은 종이에 그려주마
그것이 내 마음이다.
나는 너의 친구이다.
말은 없지만 마음은 너와 같이 한다.
너의 가르다랗지만 곧게 뻗은 가는 줄기가 힘이 있다.
무엇을 소망하고 뻗으려고 하는가?
나의 마음은 너의 뜻과 같이 한다.
하늘에 같이 가자.
하늘나라에는 차별이 없다.

모두가 형제자매이다.
나는 너를 생각한다.
나는 너가 좋다.
아무도 바라보지 않아도 나는 너가 좋다.
나는 너가 마음에 든다.
올해도 그리고 내년에도 그려주마
그리고 너의 이름을 달아주마.
아아,
세상이 참 오묘하다.
길가에 피어있는 작은 꽃들
그들에게 나의 마음이 간다.
너희에게도 다 하나님의 사랑이 깃들어 있다.
너희들도 다 사랑의 피조물이다.
너의 본질도 다 사랑이다.
사랑의 결정체이다.
사랑,
그것이 바로 너희 이름모를 꽃이다.
이름 모를 꽃들
사랑의 결실
그들도 생명이다.
창조주의 생명이 너희에게도 있다.
이름 모를 꽃들
나는 너를 사랑한다.
그리고 그린다.
작지만 힘있는 모습으로 너희들을 그린다.
나의 작은 친구들
나의 아주 작은 친구들
너희 이름 모를 꽃들

나는 너희들을 흰 종이에 그린다.
그리고 또 그린다.
생명을 그린다.
아멘입니다.

<2021. 4. 23. 12:43>

46. 아무런 거리낌도 부닷침도 없는 그러한 세계에서 산다는 것

오늘은 어린이 날이다.
지유가 마음껏 뛰놀기를 바란다.
어린이에게는 하나님의 형상의 싹이 그대로 살아있다.
그 싹을 잘 길러 키우는 것이 제대로 살아가는 것이다.
나이가 들고
사회생활을 하면서
부닷치는 일들이 생긴다.
의견이 다르고 신앙이 다르고
삶의 방식이 달라서 서로 간에 거리가 생기고
때로는 아주 멀리하고
그래도 부족하여 아파 눕게 되는 일도 생긴다.
세상을 살면서 어찌 고요히만 살 수 있느냐고
자신을 달래면서 넘어가기도 하고
비난도 하고
일기에 써 두기도 하고
때로는 아주 멀리하기도 한다.
대부분의 사람들은 그것이 세상살이라고 넘어 간다.
그러다가 문득 또 속상해 하기도 한다.
세상을 아주 조용히

아무런 거리낌도 없이
아무런 장애도 없이
아주 자연스럽게
조용히 살 수는 없을까?
어떤 사람을 스님이 되어 절로 들어가기도 하고
어떤 사람은 새벽기도를 그렇게 열심히 하면서
회개하고 용서를 구하고
어떠한 사람은 멀리 이민을 가버리고
어떠한 사람은 속을 태우면서 살아가기도 한다.
참으로 세상은 복잡하다.
어느 하나만이 진리가 아니다.
음과 양의 세계이다.
서로를 인정하지 않으면 갈등의 연속이다.
너무 다름을 인정해 버리면
자신이 없어진다.
자신도 이웃도 함께 같이 평화롭게 사는 것이 이상이다.
그렇게 사는 것 역시 쉽지 않다.
천의무봉(天衣無縫)의 삶을 살 수는 없을까.
참으로 어려운 일이다.
그러기에 신앙이 필요하다.
이 세상에는 완전이란 없다.
이 세상에는 완결이라는 것도 없다.
이 세상에는 절대라는 것도 없다.
이 세상에는 영원이라는 것도 없다.
이 세상을 인간으로서는 다 알 수 없다.
이 세상에는 창조주만이 영원한 완전이다.
인간에게 주님은 그의 영원한 완전의 일부분을 하나님의 형상으로 주셨다.
그래도 영원한 완전을 향하여 가는 것이 삶이다.

자유와 평화가 그것이다.
해탈과 성화도 그것이다.
그것들은 인간의 내면의 악을 상당한 정도로 극복한 상태이다.
조용한 호수의 물처럼 살 수는 있다.
그럴려면 세상을 한 번 깨쳐야 한다.
자기가 하고자 하는 일을 다 이루었을 때에 비로소 가질 수 있는 경지이다.
열심히 땀흘린 다음에 주어지는 경지가 바로 그러한 자유와 평화의 세계이다.
누에가 뽕잎을 충분히 다 먹었을 때의 상태로 가야 자유와 평화를 얻을 수 있다.
인간의 삶이 그렇게 구성되어 있다.
그것이 창조의 원리이다.
그것을 받아들여야 한다.
그것을 받아들이는 것 그것도 어렵다.
자신을 계속 갈고 닦아야 한다.
진물이 다 빠지고 성령의 물로 씻어야
그 경지에 갈 수 있다.
나날이 갈고 닦아야 한다.
그것이 그 경지로 가는 길이다.
어느 정도까지는 가능하다.
마음에 걸림돌은 다 치워라.
마음판에 새기지도 말아라.
새긴 것도 다 지워라.
자유와 평화,
그것은 알 사람만이 안다.
그 경지에 가서 살아야 한다.
그런 곳이 있다.
주님을 향한 믿음을 돈독히 하고

자연법을 연구하고
예술 세계에 들어가
자신과 깊은 대화를 하여야 한다.
누구도 이런 경지를 나에게 가져다 줄 수 없다.
스스로 가지도록 하여야 한다.
주님의 은혜로 받을 수 있어야 한다.
바울이 다메섹 도상에서 회심을 한 것처럼
바울이 눈이 멀어 3일 동안 보지 못한 것처럼
근본적인 변화가 있어야 한다.
그러한 변화를 단번에 가지는 경우도 있지만
긴 시간을 두고 그러한 변화를 갖는 것이 더 낫다.
길은 있다.
인내가 필요하다.
무한 인내가 필요하다.
욥같은 인내가 필요하다.
희망의 미래를 가져야 한다.
주님의 임재를 믿고서
오늘보다는 내일을 희망하고 살면
주님이 그런 경지를 허락해 주실 것이다.
그렇게 믿는다.
그런 세계가 있다.
있고 말고
해탈의 그 시간을 가질 수 있다.
가자.
자유와 평화의 세계로
조용하고 고요한 세계로
감사하고, 주어도 주어도 더 주고 싶은 세계로
간다.

자유와 평화의 세계로
오늘도 가고 내일도 간다.
미래는 희망이다.
내일은 희망이다.
희망의 세계로 간다.
그 희망의 세계가 자유와 평화의 세계이다.
그리로 간다.
그 경지로 간다.
그 세계로 간다.
주님이 동행해 주신다.
주님이 인도해 주신다.
주님이 섭리해 주신다.
간다. 또 간다.
자유와 평화의 세계로
그 세계가 이 세상의 최고의 이상세계이리라.
아멘입니다.

<2021. 5. 5. 09:53>

47. 늙음과 아픔

늙으면 아프다.
물론 아프지 않는 100세 노인도 있다.
늙으면 왜 아프지?
몸을 많이 써서 닳아서 그럴 것이다.
늙어 죽으면 천국에 가는데
왜 꼭 아파서 숨을 헐떡 거린 다음에 천국으로 갈까?
건강한 몸으로 천국으로 갈 수 있게 창조하실 수도 있었을 텐데.

아니다.
천국에 가는 길은 자신의 육신의 껍데기를 벗고
진정한 자기인 영혼만이 천국으로 간다.
겁떼기인 허물을 벗기 위해서는 건강해서는 벗겨지지 않는다.
아프고 힘들고 축 늘어져야 허물을 벗는다.
벌레들을 보라.
벌레들이 세상에 나와서 날아가기 위해서는
번데기인 허물을 벗어야 한다.
허물을 벗은 벌레는 훨훨 난다.
인간도 마찬가지이다.
영혼이 인간의 허물인 몸을 벗어나기 위해서는
겁데기인 육체가 좀 허물허물해 져야 한다.
그것이 아픔으로 나타난다.
안 아픈데가 없다.
온 몸 곳곳이 아프다.
그래야 영혼이 육체를 벗어날 수 있다.
무의미한 육체를 버려도 아깝지 않게 된다.
그런 진리를 담고 있는 것이 늙음이고 아픔이다.
아아,
그렇구나.
나이 들어 늙어서 아픈 것은
더 자유로운 하나님 나라에 가기 위한 겁데기를 벗기 위한 것이구나.
주님의 섭리를 이제야 좀 깨닫는다.
그래 몸이 다 천국으로 가지 않는다.
영혼만이 천사의 호위를 받으며 천국으로 간다.
영혼은 천국에 가서 주님이 주시는 새옷으로 갈아 입는다
천국옷이다.
이 땅에서의 옷은 육신이다.

천국에서의 옷은 벗을 필요가 없는 옷일 것이다.
그러니 천국에서는 아픔이 없을 것이다.
너무나 좋은 자유와 평화와 사랑만이 있는 천국일 것이다.
천국에 가서는 내가 무슨 일을 할까?
시도 쓰고 그림도 그리는 일은 계속하고 싶다.
자연법도 계속 공부하고 싶다.
신법과 영구법을 이 땅에 자연법으로 내려보내는 일을 하고 싶다.
천국에도 욥같은 믿음의 어른이 계실까?
욥의 영혼이 지금도 천국에 계시겠지?
나는 천국에 가면 욥을 찾을 것이다.
이 세상에 살 때에 욥같은 믿음을 가지고 싶어셨다고 말하리라.
그래서 주님이 나를 더욱더 사랑해 주셨다고 말하리라.
욥과 나란히 이 세상에서 어떻게 살아야 하는지를 의논하고
천사로 나를 이 세상에 욥의 신앙을 가지라고 전하러 오고 싶다.
그러면 참 좋겠다.
얼마나 좋으냐?
아아,
오묘하시고
좋으시고 좋으신 하나님,
그 하나님의 집에 내가 간다.
갈 것이다.
자꾸 몸이 아프다.
허리가 아프다.
걷는 것이 힘이 든다.
어깨도 아프다.
허물을 제대로 벗으려고 운동을 한다.
상처나지 않게 벗으려고 운동을 한다.
그러나 노인이 아픈 것은 주님의 예정해 두신 일이다.

자유의 나라에 가기 위한 준비를 시키시는 것이다.
많이 아픈 사람도 있고
적당히 아픈 사람도 있다.
한 10년은 아파야
육신의 허물을 벗을 수 있다.
새 생명으로 탄생하기 위한 진통이다.
그렇다.
노인의 아픔은 새로운 세계에서 새 생명으로 태어나기 위한 준비이다.
주님의 섭리이다.
그렇게 인간을 만들어 주셨구나!
참으로 오묘하다.
생명의 신비를 깨달으면 아픈 곳이 없다.
생명의 신비를 깨닫지 못하고
이 땅에서의 삶만을 생각하니
늙어서 아픈 것을 서러워 한다.
서러워 할 일이 아니다.
주님의 섭리의 진행이다.
오묘한 신비이다.
늙어서 아프면
잘 치료해서
육신의 껍데기를 아주 아름답게 벗도록 하여야 한다.
육신이 너무 아프면 영혼도 슬퍼한다.
이 땅에서 육신으로 살다가
저 세상으로 영혼이
아쉬움도 없이 아름답게 가려면
육신이 너무 힘들어 하지 말아야 한다.
적절히 소식하고
적절히 운동하고

좋은 생각을 하고
주님을 사모하고
이 세상의 선(善)을 위해 일하고
더 좋은 세상이 되도록 선한 사업을 하고
남은 것은 다 되돌려 주고
하늘나라를 이 땅에서도 체험할 수 있게 수도원을 운영하며
이 땅과 저 세상을 찬미하는 시도 쓰고
이 땅의 아름다움을 그리기도 하고
이 땅의 기쁨과 저 세상의 아름다움을 찬미도 하면서
아름답게 살다가
좋은 일하고
적절히 허물을 벗기 위한 아픔의 시간을 갖고
그리고 주님이 기다리시는 천국으로 가야한다.
이제야 늙음도 아픔도 이해가 좀 된다.
그것은 슬픈 일이 아니다.
아쉬운 일도 아니다.
아름답게 가는 길이다.
주님 섭리의 길이다.
아아,
그렇구나.
주님 감사합니다.
나도 노인입니다.
늙어가고
아파하고 있습니다.
희망의 하늘나라를 생각하게 합니다.
주님과 함께 영원히 저는 살 것입니다.
늙음과 아픔은
슬픈 일이 아니라

더 아름다운 곳으로 가기 위한 준비라는 진리를 이제야 알게 되었습니다.
치료받아 가면서
견딜만할 정도로 견디겠습니다.
늙음과 아픔 속에서
삶의 진리를 깨달아 갑니다.
자연법을 깊이 정리해 나갑니다.
시로써 진리를 깨달아 적어 갑니다.
그림으로써 주님의 아름다운 창조의 신비를 나타내 봅니다.
욥처럼 아픔 속에서도 희망을 갖습니다.
영원을 소망합니다.
주님의 오묘한 섭리를 조금씩 깨달아 갑니다.
다 정리하고 가겠습니다.
조금 시간을 가질 수 있을 것으로 생각합니다.
이제 막 시작한 일도 있으니까요?
이 진리를 세상에 조금이라도 알리고 갈께요.
주님께 감사드립니다.
감사합니다.
늙음과 아픔도 아름다운 다음 세계로 가기 위한 준비라는 진리를 깨달았습니다.
알알이 영근 결실을 다 거두고 가겠습니다.
주님이 알려주신 진리를 정리하고 가겠습니다.
감사합니다.
나의 주, 나의 하나님,
이 세상에는 의미없는 일은 하나도 없네요.
인간이 깨닫지 못할 뿐입니다.
이 세상에서의 삶만을 생각하니
그러하지요.
영원한

아멘입니다.

<2021. 4. 28. 18:51>

48. 이웃나라의 국내사태에 관하여

미얀마 군부가 쿠데타로 권력을 잡고 불법을 행한 지가 100일을 넘었다.
무고한 선량한 시민들이 약 800명 가까이 군부의 총에 맞자 죽었다.
자기 나라를 지키는 것이 군부의 사명이고 책무이다.
그런데 나라를 지키기 보다는 자국민을 총으로 죽이고 있다.
세상에 이런 나라가 지금 이 시대에도 있다는 것이 부끄럽다.
한 때는 쿠데타가 유행이었던 시대도 있었다.
그러나 지금은 나라의 평정을 되찾고 자국민들이 평화롭게 살도록 하는 일이 나라의 국정을 맡은 사람들의 과업이고 군부의 책무이다.
독재자가 나타나서 그 독재자를 제거하지 않고서는 나라의 희망이 없다고 할 때에 군부가 나서서 그 독재자를 방벌하는 것은 용납이 될 수 있다.
그러나 미얀마 사태는 국민들이 선출한 의회의원들이 국회의 다수당을 차지하니까
자신들이 누리던 기존의 권력을 잃을 염려가 있으니까 민주인사를 구금하고 권력을 찬탈하고 저항하는 시민들을 총으로 쏴 죽이고 있다.
절대로 일어나서는 안 될 일이다.
시민들 만이 아니라 승려들도 일어나 저항하고 있다.
승려들이 군부의 지지세력이었다.
그런데 지금은 승려들도 일어나 저항하고 있다.
소수민족들이 자경대를 구성하여 일어나고
저항시민세력은 소수민족과 결집하여 군부에 저항하고 있다.
자유민주국가들도 군부를 비난하고 있다.
다만 중국과 러시아는 그들의 세력을 확장하기 위하여
군부를 지지하고 있다.

군부는 정비되어야 한다.
군사력으로 자국민을 죽이고 자국의 민주발전을 막은 범죄행위에 대해 반드시 징벌하여야 한다.
킬링필드의 캄보디아도 징벌을 하였다.
유엔이 나서서 징벌하였다.
시리아의 내전은 10년을 더 넘기고 있다.
자국민을 폭격기로 폭격하고
살인가스로 죽이는 시리아의 소위 대통령이라고 하는 자는 반듯이 정의의 심판대에 세워야 한다.
권력이 그렇게도 좋은가?
지배하는 것이 그렇게도 마음에 드는가?
자국의 동포들이 헐벗고 죽어가는 것이 그렇게 보기 좋은가?
정상인이 아니다.
피를 좋아하는 사탄의 후예라고 할 수 밖에 없다.
사탄이다.
그 군부가 사탄이다.
미얀마 국민들은 이번에 숨을 죽이면 안 된다.
반드시 군부를 몰아내고
나라의 장래를
스스로 결정하여야 한다.
사탄에 대항해서 싸우기 위해서는
희생이 따른다.
누군가는 나라의 민주화를 위해 목숨을 희생으로 드려야 한다.
자유는 공짜로 얻어지는 것이 아니다(Freedom is not free).
전쟁을 치르고
죽어가고
수많은 희생의 제물을 받쳐야 가질 수 있는 것이 자유이고 민주이고 평화이다.

희생한 분들에 대해서는 후대가 이들을 극진히 받들어 주어야 한다.
결코 그들의 희생을 잊어서는 안 된다.
백성들이 나라를 바로 세우고자 하니
외국군대를 초빙하여 나라를 구하겠다는 백성들을 토벌한 고종(高宗)도 있다.
그 고종을 지금 정치권이 자꾸만 역사의 인물로 부각한다.
고종 때문에 우리가 식민지가 되었는데
고종을 기리는 역사적 과업을 한다고 야단이다.
지금 우리의 정치하는 사람들도 방벌의 대상이다.
통 믿을 수가 없다.
거짓말만 하고 있다.
도저히 국정을 맡아서는 안 될 사람을 높은 자리에 앉힌다.
대통령이 그를 비난한 국민을 모욕죄로 고소를 한다.
그가 한 행위를 스스로는 모르는 모양이다.
방벌해야할 대상이다.
북한의 사회주의 집권자들도 방벌의 대상이다.
주민들을 먹여 살리지도 못하면서
어떻게 그 값비싸고 쓸모도 없는 핵무기를 만든단 말인가?
그런 사람은 떠받들고 있는 북한 주민들이 너무 안타깝다.
사회계약, 자연법, 폭군방벌에 대하여는 전혀 모르는 사람들인 것 같다.
그런 집단을 추종하는 남쪽의 사회주의 집단도 방벌해야 한다.
진정코 자유와 평화와 민주의 나라가 되도록 하여야 한다.
군인은 정치에 개입해서는 안 된다.
미국은 문민지배를 확고히 하고 있다.
그것이 정상이다.
군복을 입고 정치하는 것은
국민을 적으로 보고 눌리는 일에 희락을 느낀다.
자유와 민주와 평화의 길은 힘들고
희생을 요구하고 긴 아픔의 인고의 끝에서야 비로소 얻을 수 있다.

희생을 한 사람들에게는 그의 공적을 길이 높혀야 한다.
미국 알링턴의 무명용사묘역을 생각해 보라.
전쟁에 나가 전사한 사람의 유해를 끝까지 찾아 그의 공적을 기리는 나라만이 흥할 수 있다.
어느 나라이든 종교의 자유가 인정되어야 한다.
불교가 국가종교인 동남아 국가들의 모습은 불교가 정신을 못차리고 있음을 보여주고 있다.
이슬람교가 지배하는 아랍의 여러나라도 정상적인 나라의 모습이 아니다.
중화종교가 지배하는 중국도 정상이 아니다.
사회주의가 여전히 자리하고 있는 러시아도 정상이 아니다.
경전도 없는 신사를 참배하는 일본도 정상이 아니다.
인간이 하나님의 형상으로 창조된 존재임을 인정하는 나라가 정상적인 나라이다.
인간이 하나님의 일부를 공유하고 있다는 나라가 정상이다.
하나님의 형상이 바로 인간의 존엄이다.
인간의 존엄은 바로 하나님의 형상이다.
그 만큼 인간존재는 고귀하다.
하나님을 믿고 받들고
하나님의 형상인 인간의 존엄을 인정하고 존중하고
자유와 평화와 인권이 존중되는 나라가 정상적인 나라이다.
인권을 존중하지 않는 나라는 비정상적인 나라이다.
우리나라는 비정상적인 나라로 기우러지고 있다.
사회주의자들의 준동 때문이다.
사회주의는 인간 개인의 존엄을 부인하는 사고체계이다.
왜 그것을 신봉하려고 하는가?
좋고 좋은 사상이 있는데,
자연법이 있고, 인간의 존엄이 있고, 만나를 내려주시는 하나님이 계시는 그런 나라로 가야지.

왜 곁길로 가려고 하는가?
인간의 존엄, 신앙, 인권, 자유, 평등, 평화를 사랑하고 숭상하는 그런 나라로 가야 한다.
왜 이렇게 좋은 길이 있는데 다른 길로 가려고 하나?
돌아와야 한다.
자유민주적 기본질서를
이루어야 한다.
사회주의는
버려야 한다.
믿음과 인간의 존엄과 자유와 평화와 인권과 사랑의 사회와 나라를,
그 길로 가야 제길이다.
미얀마 인들이여
군부를 제거하라.
그들을 정의의 심판대에 세워라.
자연법으로 처단하라.
그리고 군부에 희생당한 분들과 그들의 가족들을 기리고 지켜주어야 한다.
미얀마 국민들의 고귀한 뜻을 실현하기를 기원하다.
응원한다.
군부를 타도하였다는 소식을 속히 듣기를 원한다.
미얀마 인들이여 결집하라,
미얀마 인들이여 제대로 된 당신들의 조국 미얀마를 건설할 것을 응원한다.
주님의 섭리를 기도한다.
불교는 순종을 강조한다.
기독교는 저항적인 종교이다.
미얀마 인들이여 일어나라.
하나님께 기도하고 응원한다.
아멘이다.

<2021. 5. 12. 15:16>

49. 100년을 내다보고 오늘을 살라

주님은 영원하시다.
영원부터 계셨고 영원히 계신다.
인간도 영원히 산다.
영적으로 영원히 산다.
육신을 가진 현재는 지나갈 뿐이다.
내일을 예비하며 신뢰할 수 있는 내일을 만들 생각을 하면서 오늘을 살아야 한다.
오늘만이 나에게 주어진 것이 아니다.
내일도 모래도 100년 후도 그 후도 나에게 주어져 있다.
훗날을 생각하면서 오늘을 살아야 한다.
내 당대만이 아니라 후대들이 잘 살 수 있는 바탕을 선대인 내가 만들어 놓아야 한다.
산에 나무를 당장 배어 돈으로 바꾸려고 하지 말고
나무를 키우고 수종개량을 하여 100년 후에 큰 자본이 되도록 오늘 한 그루의 나무를 심어야 한다.
장래를 준비하고 예비하는 오늘의 삶이어야 한다.
주님이 사랑하는 사람은 오늘의 평안을 누릴려고 해서는 안 된다.
주님이 사랑하시는 아들에게는 평안을 주시지 않으신다.
고뇌하고 주님께 묻고 문을 두드리며 살라고 하신다.
바울이 그러하였다.
다윗이 그러하였다.
아우구스티누스가 그러하였다.
다니엘이 그러하였다.
욥이 그러하였다.
요셉이 그러하였다.
주님이 쓰고자 선택한 사람은 고뇌의 연속의 삶을 산다.

평안해서는 주님을 찾지 않는다.
고뇌에 쌓였을 때에 주님을 찾는다.
주님은 이미 다 아신다.
주님이 만든 창조질서이다.
고뇌가 많은가,
그것은 주님이 사랑하신다는 징표이다.
답을 드려야 한다.
답을 모르면 주님께 구하고 찾고 주님집의 문을 두드려야 한다.
주님이 사랑하는 사람은 이 땅에서의 마지막 순간까지 주님의 일을 하여야 한다.
천사가 와서 데리고 가는 그 순간까지 주님 나라를 이루어나가야 한다.
미켈란젤로가 그러하였다.
헨델이 그러하였다.
고뇌와 고통은 주님이 주시는 선물이다.
더 나은 세계를 소망하도록 하는 축복이다.
그렇다.
그 진리를 터득하는 것은 쉬운 일이 아니다.
그것은 주님의 사랑의 선물이다.
내 것이 아닌 것에 마음을 두지 말라.
주님은 필요한 것은 다 주신다.
넉넉히 주신다.
주님을 사모하고 살면 필요한 만큼을 넉넉히 주신다.
남의 것을 탐내는 것은 못난 짓이다.
주님은 필요한 만나를 다 가지고 계신다.
넉넉히 준비해 두셨다.
가장 유용하게 쓸 사람에게 주신다.
낭비하는 사람에게는 주시지 않는다.
한 그루의 나무를 심고 키워라.

100년 후의 후손을 위해 심어라.
오늘 당장 벨 생각을 마라.
키워서 제대로 된 목재로 큰 때에 배고 또 심어라.
그것이 주님의 분부이시다.
주님이 창조한 이 땅을 큰 나무로 옷을 입힐 것을 원하신다.
주님안에서 찾고 구하고 문을 두드려라.
그러면 새나라와 새 땅을 찾게 될 것이다.
오늘도 내일도 100년 후에도 필요한 만나를 넉넉히 만들어 나갈 수 있을 것이다.
오늘의 고뇌는 내일의 평강과 평화를 가져온다.
고뇌는 주님이 주시는 선물임을 가슴에 새겨라.
고뇌는 주님이 사랑하신다는 징표이다.
아아,
세상이 이렇게 역설적이고 또한 오묘하다.
주님 안에서 답이 있다.
주님께 물어라.
주님이 답을 해 주실 것이다.
주님의 답이 바로 계시다.
계시하는 대로 가고 또 가야 한다.
아멘입니다.
할렐루야입니다.

<2022. 1. 13. 18:54>

50. 길, 내가 가야할 길

세상은 길로 연결되어 있다.
길도 참 많다.

하늘 길,
바닷 길,
산길
꽃길
자갈질
인생길,
황천길
셀수 없이 많다.
보이늘 길
안보이는 길,
마음의 길,
영혼의 길,
머리 속에서 그리는 길
걸어온 길
걷고 있는 길,
가야할 길,
혼자 가는 길,
함께 가는 길,
믿음의 길,
불신의 길,
사망의 길,
하고 많은 길이 있구나.
시끄러운 길,
덜거덕 거리는 길
고요한 길,
고즈넉한 길
물안개가 피어오르는 아주 조용한 호숫가의 길,
웃으며 걷는 길,

울면서 걷는 길,
손잡고 걷는 길
화내며 걷는 길,
어느 길로 가야 하나!
인생은 길을 걷는 노정(路程)이다.
그 길은 조용하고 순탄하다가도
덜거덩거리는 소리를 내는 길도 있고,
축복받아 감사한 길도 있고
험악하여 혼란스럽고 원망스러운 길도 있다.
혼자서는 무서워서 떠나지 못하여
주님의 손을 꼭 붙들고 걷는다.
주님의 불기둥과 구름기둥으로 앞으로 인도해 주시는 그 길로 간다.
끊어질 듯, 끊어질 듯한 앞을 내다 보지 못한 그 길로 그래도 간신히 걷는다.
제대로 탄탄한 길을 걸으려고
학문하고
기도하고
소망하고
희망하며
오늘보다는 더 나은 내일을 기대하며 오늘도 걷고 또 걷는다.
힘에 겨운 짐을 지고 걷는 저 히말라야의 등산객의 짐을 나르는 포터의 길은
등산객과 마찬가지의 길이나 짊어진 무게가 다르고
얼굴빛이 다르고
가진 것이 다르고
삶의 무게에 짓눌려 험한 산길을 오르고 또 내려온다.
인생은 희망의 길,
삶은 사랑의 길,
아무리 어려워도 주님이 함께 해 주시는 그 길,
그 길로 가고 또 간다.

책을 보면서
기도하면서
사랑하면서
용서하면서
감사하면서
길을 가고 가고 또 간다.
끝이 없는 고도(孤道)를 가고 또 간다.
그래도 희망을 갖고 간다.
그래도 소망을 갖고 걷는다.
그래도 생명의 길을 걷는다.
그래도 결실을 거두며 걷는다.
주님이 함께 하시는 길이다.
나 혼자가 아니다.
아내가 있다.
아들이 있다.
며느리가 있다.
손자와 손녀가 있다.
형제가 있다.
조카들이 있다.
함께 간다.
사랑의 줄로 서로 엮어서
함께 간다.
영원을 향하여
영원의 주님 나라를 향해 가고 또 간다.
다윗같이 눈물로 벼개를 적시며 회개하며 간다.
욥같이 무던히 우직하게 가고 또 간다.
그 길이 나의 길이네.
내가 걸어왔고 걷고 있고 가야할 길이구나.

간다,
그 생명의 길로
그 부활의 길로
그 영원한 사랑의 나라로 난 길로
간다.
가고 또 간다.
학문의 길로
예술의 길로
주님을 향한 믿음의 길로
사랑의 길로
다 되돌려주는 그 길로
아내와 내 새끼들과
새끼의 새끼들과
형제와 조카와
이웃과 세계시민과 함께
사랑의 길을 가고 가고 또 간다.
영원히
영원히
영원히
그것이 나의 믿음의 길이고
삶의 길이고
희망의 길이고
가야할 길이다.
주님을 알리면서
간다.
간다.
영원으로 인도하면서
가고 또 간다.

생명의 길로
주님의 길로
부활의 길로
구원의 길로
다리로 걷고
머리로 생각하고
마음을 드리며
사랑하며
사랑을 드리러 간다.
사랑의 길에서
사랑을 드리러 사랑의 길을 간다.
나선다.
힘을 낸다.
갈 수 있다.
주님이 섭리하신다.
사랑의 길을
가고 또 간다.
할렐루야
아멘

<2022. 6. 14. 14:28>

51. 수신제가치국평천하(修身齊家治國平天下)

사람이 태어나서 어떻게 한 평생을 살아야 할까?
특히 뜻을 갖고 장부(丈夫)로서의 일생을 살고자 하는 사람은 어떤 마음가짐과 몸가짐으로 살아야할까?
태어날 때부터 어떻게 살아가야할까를 깨우친 사람은 없을 것이다.

그러나 태어나서부터 밥상머리 교육을 받은 사람은 자기 자신을 수양하는 길을 제대로 걸은 사람이다.
그러하기 때문에 가정이 참 중요하다.
가정의 가풍(家風)이 바로 선 집안의 자녀들은
자연스럽게 어떻게 살 것인지를 몸으로 체득한다.
유태인의 가정이 그러하다.
유태인은 밥상머리 교육을 통하여 어릴 때부터 유태인으로 살아가는 길을 체득한다.
그 결과 유태인들은 우수한 사람이 많고
유태인 공동체가 아주 강하다.
유교에서도 먼저 자신을 수양하고
집안을 잘 다스리고
그 다음에 국가를 다스리고
끝내는 천하를 다스리는 길을 가는 것이 한 인간이 제대로 살가는 길이라고 가르쳤다.
그것이 바로 수신제가치국평천하(修身齊家治國平天下)이다.
그렇게 한 평생을 살면 얼마나 좋을까?
사람은 제대로 규범이 있고 사랑이 있는 가정에서 태어나
가정 교육을 받고 가족들의 사랑을 받고 자라는 것이 중요하다.
그러나 그러한 조건을 갖추어 태어나고 자라기란 극히 어려운 것이다.
어릴 때는 아버지와 어머님으로부터 교육을 제대로 받아아야 한다.
그리고 사랑을 받아야 한다.
더욱 중요한 것은 교회에 나가 말씀과 사랑의 교육을 받아야 한다.
그것이 어릴 때의 좋은 교육이고 수양이고 훈련방법이라 생각한다.
집안이 갖추어지지 못한 가정에서는 부모님의 밥상머리 교육과
사랑을 받고 교회에 나가 하나님의 사랑의 교육을 받는 것이 중요하다.
가정에서는 문제가 있는 사람도 교회에 나가 하나님의 사랑 교육을 받는 것이 중요하다.

그러나 그러한 교육을 받기도 그리 쉽지는 않다.
청년은 꿈을 갖고 사회의 일꾼이 되겠다는 의지를 닦는 단계이다.
꿈이 있는 청년이어야 한다.
글을 읽고, 운동하고, 기도하고,
정의를 몸에 익히고, 의협심(義俠心)을 가지며,
이상을 갖고 열심히 살아가는 중요한 단계다.
그 다음에는 사회와 나라를 위해 일하는 장년으로서
낮은 단계에서부터 높은 단계로 자신의 활동영역을 넓히며
정의롭게 일하고
사랑으로 널리 혜택을 주도록 하여야 한다.
그리고 자기의 일에는 전문가이어야 한다.
그리고 열정으로 혼을 다하고 성을 다하여 일하여야 한다.
주님께 기도하는 깊은 믿음의 생활로
자신의 일을 더욱 강력하게 추진해 나가야 한다.
그 결과로 실적을 쌓아나간다.
그러나 칭찬을 받을 생각을 말고 베푸는 일을 널리 하여야 한다.
그 후에 이 세상을 이해하고
높은 경지에 도달하여
온 세계를 위하여
세계시민의 행복과 온 세계의 평화를 위하여 일하고
호소하여야 한다.
물론 그 때에도 하나님을 중심에 모시고 온 세계를 사랑하여야 한다.
그리고는 자기의 일평생을 정리하고
하나님으로부터 받은 만나들을 다 되돌려줄 준비를 한다.
이렇게 살면 멋진 인생을 산 것이 될 것이다.
멋지고 청사(靑史)에 기록될 삶을 사는 것이 될 것이다.
값지게 산 삶일 것이다.
이것이 바로 수신제가치국평천하가 아닐까!

나를 되돌아 본다.
어릴 때는 자연과 벗한 삶이었다.
주님을 모르고 산 시기였다.
형제들과 딩굴며 야생으로 산 삶이었다.
문명의 혜택을 못받고 살았다.
청년이 되어 도시로 나왔다.
문명을 접하였다.
그러나 촌 사람이라
문명을 향유하지는 못한 삶이었다.
그저 꿈만 키우고 꿈을 이루기 위한 처절한 삶이었다.
혼과 성을 다한 삶이었다.
교회에는 나갔지만 깊은 신앙의 본뜻은 이해를 못한 상태였다.
정의를 아주 강조한 삶이었다.
장년이 되어 많은 학문적 실적을 쌓았다.
의지로 이룬 학문의 결실이었다.
그러나 창의적이지는 못하였다.
그저 내려오는 기록을 정리하는 학문의 결실이었다.
정리를 한 것 뿐이었다.
노년이 되어서야
사랑을 깨달았다.
사랑의 법학을 연구하고 집필하였다.
그러나 사랑을 강조하지만
인간 중심의 개인주의 생활을 중시하는
오늘날에 사랑을 아무리 강조해도 설 자리가 좁아졌다.
홀로 남게 되었다.
그러나 하나님은 이해해 주실 것을 믿으며
사랑의 학문을 계속한다.
인간이 지키고 이루어나가야할 덕목도 학문한다.

이렇게 삶의 최고경지인 사랑의 세계에 왔다.
그러나 머릿속에서의 사랑에 머물고 있다.
실천으로의 사랑에는 이르지 못하였다.
이렇게 정의와 사랑을 따라 살아왔다.
그러나 기초가 부족하다.
집안을 이루어야 한다.
제대로 살 수 있기 위해서는 집안이 튼튼하여야 한다.
집안이 튼튼하여야
수신제가치국평천하할 수 있다.
정의와 사랑이 기본이다.
그 기본이 튼튼한 사람이 되어야 한다.
그것을 이루려면 집안을 만들어야 한다.
집안, 가정이 튼튼하여야 한다.
사랑의 가정이어야 한다.
주님을 모신 가정이어야 한다.
기도가 있고 찬송이 있는 가정이어야 한다.
그것이 수신제가치국평천하로 가는 삶의 기초이다.
나는 뒤죽박죽인 수신제가치국평천하의 길로의 삶을 살아왔다.
치국평천하부터 먼저 생각하였다.
이제서야 수신제가로 들어가고 있다.
집안이 튼튼하면 제대로 된 순서로
제대로 된 사람으로 자랄 수 있다.
이제야 깨닫는다.
그러나 하나님을 믿었기에 이만큼의 삶을 살 수 있다.
정의를 추구해 온 삶에서
이제서야 사랑의 삶을 깨닫고 그 길로 들어서고 있다.
정의의 기초위에
사랑을 실천하여

정의롭고 사랑스런
나, 가정, 사회, 나라, 온누리를 이루어 나가야 한다.
그것이 삶의 정도이다.
그 기초는 부부공동체, 가정공동체, 집안동동체이다.
바르고 사랑이 풍성한 기초 공동체를 이루어야 한다.
그것이 정상이고 정도다.
그 중심은 주님이시다.
사랑의 주님이시다.
아가페 사랑의 주님이시다.
사랑이다.
사랑이다.
사랑이고 사랑이다.
수신제가치국평천하는 사랑으로 이루어진다.
아멘.

<2022. 7. 6. 08:03>

52. 변화하여야 한다.

몸은 움직여야 튼튼해진다.
물도 흘러야 썩지 않는다.
가만있으면 몸이 굳어진다.
만사는 변화가 있어야 나아진다.
좋은 방향으로 좋아진다.
몸도 나쁜 움직임을 계속하면 망가진다.
자연과 벗하여 꾸준히 움직여야 한다.
규칙적으로 운동하여야 한다.
밥을 세끼 먹드시
몸도 규칙적으로 움직여 주어야 한다.

그것이 자신에 대한 사랑이다.
움직이는 것은 자신에 대한 사랑이 없으면 계속하기 힘든다.
자신을 사랑하여야 한다.
지식을 더하여 자신의 머리를 채우고
운동을 하여 자신의 몸을 키우고
기도를 하여 자신의 영혼을 체워야 한다.
신앙도 마찬가지이다.
나날이 주님께로 나가야 한다.
그래야 주님이 좋아하신다.
우정도 마찬가지이다.
계속 교류가 있어야 우정이 깊어진다.
Out of sight, out of mind(보지 않으면 마음에서 멀어진다)란 말은 진리이다.
주님은 이 세상을 그렇게 창조하셨다.
그림도 계속 그려야 좀 더 잘 그릴 수 있다.
음악도 꾸준히 연습하여야 좀 더 잘 부를 수 있다.
시도 꾸준히 써야 좀 더 잘 쓸 수 있다.
꾸준한 것이 중요하다.
지속적인 변화가 꾸준함이다.
사람은 그렇게 살아야 한다.
영원한 변화 속에 사는 것이 삶이다.
변화를 계속하기가 쉽지 않다.
계속적인 변화의 계기를 마련하여야 한다.
계속적으로 새로운 소재를 찾아야 변화를 할 수 있다.
젊어서는 변화를 하기가 쉽다.
나이가 들면 변화가 느려진다.
그러한 변화의 변화도 다 수용할 수 있어야 한다.
그러나 변화는 계속되어야 한다.
변화하지 않으면 정지하고

넘어진다.
그것이 이 세상의 운행원리이다.
서로가 좀 더 가까이 있도록 변화하여야 한다.
사랑의 변화를 계속하여야 한다.
좀 더 나은 변화된 사랑을 주어야 한다.
사랑도 고정적이어서는 식상한다.
새로운 사랑을 불어 넣어주어야 한다.
아내에게도
새끼들에게도
형제들에게도
이웃들에게도
세계시민들에게도
변화된 사랑을 생산해서
공급하여야 한다.
그래야
제대로 사는 것이다.
변화하는 한 살아있다.
변화가 멈추면 하직이다.
아아,
그렇다.
변화가 진리다.
변화의 불을 지펴라.
더 나은 방향으로의 변화를 계속하라.
그것이 의미있고 가치있는 삶이다.
그리고 계속 사랑하라.
차원이 높은 방향으로 사랑하라.
기도하며 사랑하라.
전능자의 섭리를 받아 사랑하라.

전능자와 깊은 관계 속에서 변화하고 살아야 한다.
사랑이다.
이 세상은 사랑이다.
사랑의 샘물을 마르지 않도록 하라.
그 사랑의 샘물로
삶의 생기를 불어 넣어라.
그 샘물이 주님의 섭리이다.
전능자안에서 변화하라.
전능자 안에서 사랑하라.
사랑으로 변화를 계속하라.
그 길이 진정 소망의 삶이다.
희망의 삶이다.
진정 값진 삶이다.
그렇다.
그것이 진리의 삶이다.
머리의 운동은 어떻게 하여야할까?
자연과 더불어 사는 것도 머리운동의 한 방법일 것이다.
좋은 생각을 하는 것도
깨달음을 얻는 것도
무리하지 않는 것도
그러나 사랑하는 것이 가장 좋은 방법일 것이다.
그렇다.
사랑이 머리를 맑게 하는 변화의 묘약이다.
사랑의 묘약을 주님으로부터 처방받고 싶습니다.
사랑하는 나이고 싶습니다.
사랑 속에서 사는 내 가정이기를 원합니다.
사랑의 내 집안이기를 기원합니다.
사랑으로 충만한 이 나라와 세상이기를 원합니다.

사랑으로 살고 싶습니다.
사랑입니다.
사랑입니다.
사랑이고 사랑입니다.
아멘

<2022. 7. 17. 08:28>

53. 건강

사람은 건강하여야 한다.
가정도 건강하여야 한다.
사회도 건강한 사회이어야 한다.
국가도 건강한 나라이어야 한다.
육체도 건강하고
정신도 건강하고
영혼도 건강하여야 한다.
건강은 모든 지체가 제대로 제 기능을 하는 상태이다.
지체가 제 기능을 못하면 건강치 못하고 아프고 질서가 없고 기강이 서지 않는다.
건강을 유지하기 위하여는
제대로 골고루 잘 챙겨 먹어야 하고,
지식을 터득하여 머리를 깨워야 하며
기도하여 창조주의 뜻을 상고하여
창조의 섭리에 어긋남이 없어야 한다.
가정도 마찬가지이다.
사회도 마찬가지이다.
국가도 마찬가지이다.
세계도 마찬가지이다.

건강의 유지를 위해서는
육체적으로는 적절히 운동하여야 한다.
정신적으로는 늘 성찰하여야 한다.
영혼은 늘 깨어
창조주의 창조의 섭리를 깨닫고 그 뜻을 실천하여야 한다.
아무리 건강하여도 나이가 들면 건강에 이상이 온다.
그렇다고 서러워할 것은 없다.
그것이 창조의 섭리이다.
건강하다고 건강을 남용해서는 안 된다.
절제하여야 한다.
건강을 해칠 정도로 자기를 혹사해서는 안 된다.
정신없이 앞만 보고 내달려서는 안 된다.
자기 페이스를 유지하여야 한다.
무엇이 좋다고 오용해서는 안 된다.
적절히 이용하고 사용하여야 한다.
가정도 마찬가지다.
사회도 마찬가지다.
국가도 마찬가지다.
개인에게는 그 개인이 건전하여야 건강을 유지할 수 있다.
가정은 가장이 반듯이 서야 한다.
사회는 어른이 있어야 한다.
국가는 지도자가 반듯하고 건강하여야 한다.
사람이 건강하기 위해서는 지켜야할 준칙이 있다.
그 준칙을 지키지 않으면 병이 난다.
가정도 마찬가지다.
가정이 건강하려면
가장이 먼저 건강하여야 한다.
정의롭고 사랑이 있어야 한다.

절제되고 성실하여야 한다.
그리고 기도하는 가정이 되어야 한다.
사회도 마찬가지이다.
사회의 구조가 탄탄하여야 한다.
사회의 구성원이 공도덕을 지켜야 한다.
사회의 지도층이 건전하고 건강하여야 한다.
부조리가 없어야 한다.
검소한 사회이어야 한다.
조용한 사회이어야 한다.
덜거덩 소리를 내지 않는 사회이어야 한다.
나라도 마찬가지이다.
인류보편의 가치를 가진 지도자가 나라를 치리하여야 한다.
편협한 사고를 가진 자는 지도자가 되지 말아야 한다.
자기집단만 살고자 하는 사고를 갖지 않는 지도자가 나와야 한다.
사회주의자는 지도자가 될 수 없다.
정의로운 국가이어야 한다.
하늘을 두려워하는 지도자가 치리하는 국가이어야 한다.
성찰이 뒤따르는 개인, 가정, 사회, 국가이어야 한다.
인간도 가정도 사회도 국가도 불완전하다.
불완전한 존재들은 늘 성찰하여 자신의 길을 수정·보완해 나가야 한다.
성찰은 하나님의 말씀에 비추어 이루어져야 한다.
이 세상은 하나님의 창조질서하에 있다.
그 누구도 하나님의 창조질서를 벗어날 수 없다.
그렇기 때문에 고난이 와도 희망을 가질 수 있는 것이다.
건강하게 살다가 건강하게 주님 나라로 가야 한다.
그것이 가장 가치 있는 삶이다.
가정도 건강하게 유지되어야 한다.
가족도 건강하고 재물도 필요한 만큼 있어야 한다.

그러나 욕심을 내면 건강을 해친다.
상식에 맞는 삶을 사는 가정이어야 한다.
그러한 가정이 건강한 가정이다.
주님을 가장으로 모시는 가정이 건강한 가정이다.
사회도 삐그덕 거리지 않고 굴러가는 사회가 건강한 사회이다.
비난보다는 깊은 성찰과 감사가 있는 사회이어야 한다.
사회주의는 사회에 발을 들여 놓지 못하게 하여야 한다.
사회주의는 혼돈을 좋아하는 사고이다.
사회주의자가 나라와 국가의 지도자가 되어서는 안 된다.
자유민주적 기본질서의 사회, 나라이어야 한다.
시장이 제대로 작동하는 경제·사회국가이어야 한다.
깊은 성찰이 있는 개인, 가정, 사회, 국가이어야 한다.
영혼이 맑은 개인, 가정, 사회, 국가이어야 한다.
건강하기를 바란다.
건강한 삶을 바란다.
건강은 자유와 고요와 평화 속에서 자란다.
건강은 절제 속에서 자란다.
건강은 정의와 사랑을 먹고 자란다.
건강,
건강을 바란다.
나의 건강,
가정의 건강,
사회의 건강,
그리고 국가의 건강을 바란다.
건강, 건강, 건강,
육체의 건강,
정신의 건강,
영혼의 건강,

나의 건강,
가정의 건강,
사회의 건강,
나라의 건강
세계의 건강,
나도 건강
이웃도 건강
가치 있는 삶을 살아갈 수 있는 건강
그 건강을 위해 기도한다.
깊은 성찰이 있는 건강한 삶,
주님과 함께 건강한 삶을 살다가
주님께로 가자.
아멘.

<2018. 9. 20. 09:06>

54. 침묵

말은 해야 한다.
그러나 너무 많은 말은 해롭다.
그리고 좋은 말을 해야 한다.
겸손의 말을 하여야 한다.
말에도 절제가 있어야 한다.
때로는 침묵하는 것이 좋다.
침묵 속에서 깨달음을 얻을 수 있다.
말을 하는 중에는 깨달음을 얻기가 힘 든다.
깊은 사색은 침묵이다.
물론 말은 하지 않지만 뇌는 작동을 한다.
논란이 많을 때는 침묵함이 좋을 때가 있다.

말로써 바르게 해결할 수도 있지만
할 수만 있다면 침묵의 시간을 갖는 것이 좋다.
깊은 침묵,
깊은 사색
조용한 중에 만나는 주님의 역사
그 중에서 깨달음을 얻을 수 있다.
주님의 역사가 아닌 것이 없다.
주님은 어느 곳에서나 다 역사 하신다.
채소를 시설재배하면 야생의 본래의 맛이 없어진단다.
채소도 형편이 좋으면 노력을 안 한다는 것이다.
형편이 나쁘면 살려고 단단해 지고 쓴 맛도 나고
갖출 것을 다 갖춘단다.
참으로 신기한 현상이다.
이것도 주님의 섭리이다.
이(齒牙)도 이와 이 사이가 벌어지면 뒤의 이가 밀려나와서 그 벌어진 간격을 메워 준단다.
이 사이가 벌어지면 제일 뒤에 있는 이는 7mm정도까지 앞으로 밀려나온단다.
신비한 현상이다.
주님께로 돌아가야 한다.
주님은 모든 것을 주관하신다.
결코 진화로만 다 설명할 수 없다.
진화도 주님이 진화하도록 창조하셨다.
진화가 환경에 의해 우연히 진행되는 것이 아니다.
환경에 따라서 진화하도록 주님이 창조하셨다.
그 창조의 원리에 따라서 진화를 한다.
주님은 모든 것의 모든 것이다.
주님은 참으로 신비하게 역사 하신다.

그 진리를 깨닫는 것이 중요하다.
침묵 속에서
사색 속에서
기도 속에서
꿈속에서
학문하는 속에서
주님의 역사의 오묘함을 깨달아 감이 좋다.
그것이 침묵하는 자의 자세이다.
침묵,
그것을 실천하기는 쉽지 않다.
그러나 때로는 깊은 침묵이 필요하다.
말을 많이 하려고 하지 마라.
말이 많으면 자신을 세울 수가 없다.
깊은 사색,
깊은 정적,
깊은 침묵,
깊은 기도,
그 속에서 주님을 만나고
이 세상을 깨침이 중요하다.
그 삶이 값진 삶이다.
그렇다.
말이 없자.
주님과 대화하자.
소리나지 않는 말 속에서 주님을 만나야 한다.
그러나 내면에는 천둥이 칠 수 있다.
아멘.

<2018. 12. 7. 16:24>

55. 삶에 관하여

삶은 사랑의 과정이다.
삶은 진지하여야 한다.
삶은 유희가 아니다.
삶은 순수하여야 한다.
삶은 반듯하여야 한다.
그리하여 삶은 정의로워야 한다.
삶은 자신이 추동(推動)해 나가지만 섭리는 주님이 하신다.
삶은 주님과의 믿음의 관계 속에서 진행되어야 한다.
삶은 진정하여야 한다.
삶에는 가식(假飾)이 없어야 한다.
삶은 절제된 삶이어야 한다.
삶은 이상을 향해 가는 과정이다.
삶의 이상은 정의와 사랑과 사해동포주의이다.
삶은 전적으로 주님의 섭리하에 진행된다.
죽음도 삶의 한 과정이고
죽음은 부활이다.
죽음으로 삶의 모습이 변하지만
삶은 영원히 계속된다.
삶은 다 내어주는 과정이다.
삶은 자신을 다 하고 다 내어주는 과정이다.
삶은 주님의 섭리로 시작되고
주님의 은혜로 진행하다가
주님의 섭리로 부활에 의하여 영원히 주님과의 삶으로 들어간다.
삶은 주님이 주신 달란트를 다하는 과정이다.
삶은 주님이 내려주시는 만나로 산다.
이 땅에서의 삶을 다하기 전에 받은 만나를 다 되돌려 드려야 한다.

삶은 주님의 섭리와 사랑과 은혜에 대한 감사의 과정이다.
삶의 진행과정에서는 땀을 흘리고 땀의 의미를 깨닫도록 하여야 한다.
젊어서는 미지의 세계의 문을 두드리고
나이가 들어서는 받은 만나를 되돌려 드림으로 사랑을 실천하여야 한다.
삶은 검소하여야 한다.
삶은 절제되어 진행되어야 한다.
삶을 희화화해서는 안 된다.
삶의 중심에 주님이 섭리하시고 계시도록 하여야 한다.
삶은 자기만을 위한 것이 아니라
이웃과 함께 하는 것이다.
삶은 가치있고 가치있도록 하여야 한다.
삶은 가치이다.
삶의 가치를 실현하여야 한다.
삶은 영원한 것이다.
주님과 함께 하는 그 삶이 가장 의미있고 가치 있다.
믿음의 삶을 살아야 한다.
정의, 사랑, 사해동포주의, 자연법, 평화의 삶을 부단히 유지하고 추구하여야 한다.
그것이 주님 세계의 실현이다.
삶은 좋은 것이다.
삶은 의미 있는 과정이다.
삶은 가치 있는 과정이다.
삶의 과정이 뿌듯하다.
감사하고 감사하다.
할렐루야

<2019. 10. 5. 20:18>

제 2 편

삶에서의 깨달음의 말씀들

I

성경의 생명의 말씀

1. 찾으라 그러면 찾을 것이요,
   구하라 그러면 얻을 것이요,
   문을 두드려라 그러면 열릴 것이라.
   Ask and it will be given to you,
   Seek and you will find,
   Knock and the door will be opened to you.
   (마태복음 제7장 제7절).
2. 믿음, 소망, 사랑, 그것은 항상 있을 것인데 그 중에 제일은 사랑이라
   And now these three remains; faith, hope and love. But the greatest of these is love
   (고린도전서 제13장 제13절).
3. 좀 더 자자, 좀 더 졸자, 좀 더 눕자 하면, 가난이 도둑같이 오리라
   A little sleep, a little slumber, a little rest, and poverty will come on you like a bandit.
   (잠언 제6장 제10-11절)
3. 모든 수고에는 이익이 있어도, 입술의 말은 궁핍을 이룰 뿐이니라.
   All hard work brings a profit, but mere talk leads only to poverty.
   (잠언 제14장 제23절)
4. 성령의 열매는 사랑과 희락과 화평과 오래 참음과 자비와 양선과 충성과 온유와 절제니, 이같은 것을 금지할 법이 없느니라.
   The fruit of the Spirit is love, joy, peace, patience, kindness, goodness, faithfulness, gentleness and self-control. Against such things there is no

law.
(갈라디아서 제5장 제22－23절)

5. 세상도, 세상의 어떤 것도 사랑하지 말라. 세상을 사랑하는 그 사람의 내면에는 아버지에 대한 사랑도 아버지의 사랑도 존재하지 않는다.
Do not love the world or anything in the world. If anyone loves the world, the love of the Father is not in him.
(요한 1서 2장 15절)

6. 아버지여, 저희들의 잘못을 알지 못하는 저 무지한 자들을 용서하여 주옵소서.
Father, forgive them, for they do not know what they are doing.
(누가복음 제23장 제34절)

7. 가장 보잘 것 없는 형제 한 사람에게 해준 것이 곧 나에게 해준 것이다
Whatever you did for one of the least of these brothers of mine, you did for me.
(마태복음 25:40)

8. 내가 사망의 음침한 골짜기로 다닐지라도 해를 두려워하지 않을 것은 주께서 나와 함께 하심이라. 주의 지팡이와 막대기가 나를 안위하시나이다.
Even through I walk through the valley of the shadow of death,
I will fear no evil, for you are with me;
your road and your staff, they comport me.
(시편 23:4)

9. 어느 누구도 그 예전부터 하나님을 본 사람이 없다. 그러나 우리가 서로 사랑할 때에 하나님이 우리 안에 거하시고 그의 사랑이 우리 안에서 온전히 이루어 지느니라.
No one has ever been God;
but if we love one another,
God lives in us and his love is made complete in us.
(1 John 4: 12)

10. 여호와는 죽이기도 하시고, 살리기도 하시며,
음부에 내리기도 하시고, 올리기도 하신다.
여호와는 가난하게도 하시고, 부하게도 하시며,
낮추기도 하시고, 높이기도 하신다.
The Lord brings death and makes alive;
He brings to the grave and raises up.
The Lord sends poverty and wealth;
He humbles and he exalts.
(1 Samuel 2; 6−7)

11. 두려워하지 말라, 내가 너와 함께 함이라.
놀라지 말라, 나는 네 하나님이 됨이라.
내가 너를 굳세게 하리라.
참으로 너를 도와 주리라.
참으로 나의 의로운 오른 손으로 너를 붙들리라.
Do not fear, for I am with you;
Do not dismayed, for I am your God.
I will strengthen you and help you;
I will uphold you with my righteous right hand.
(이사야 41:10)

12. 두려워 말라, 내가 너를 구하리라.
Do not fear, I will help you.
(이사야 41:13)

13. 하나님이 자기 형상 곧 하나님의 형상대로 사람을 창조하시되 남자와 여자를 창조 하셨느니라.
God created man in his own image, in the image of God he created him; male and female he created them.
(Genesis 1:27)

14. 내가 모태에서 적신으로 나왔은즉 또한 적신이 그리로 올라갈지라. 주신 자도 하나님이시오, 취하신 자도 하나님이시니, 하나님, 여호와의

이름이 찬양을 받으실 지로다.
Naked I came from my mother's womb,
and naked I will depart.
The Lord gave and the Lord has taken away;
may the name of the Lord be praised.
(Job 1,21)

15. 손을 깨끗이 하는 자는 점점 힘을 얻느니라.
Those with clean hands will grow stronger.
(Job 17:9)

16. 욥이 그의 친구들을 위하여 기도하였을 때에, 여호와께서 욥의 곤경을 돌이키사, 욥에게 이전에 가졌던 것 보다 갑절이나 주신지라.
After Job had prayed for his friends,
the Lord made him prosperous again and
gave him twice as much as he had before.
(Job 42: 10)

17. 여호와께서 욥의 말련에 욥에게 처음보다 더 복을 주시니라.
The Lord blessed the latter part of Job's life more than the first.
(Job 42:12)

18. 하나님은 우리의 피난처이시오 힘이시니, 환난 중에 만날 큰 도움이시라.
God is our refuge and strength,
an ever-present help in trouble.
(Psalms 46:1)

19. 나는 하나님의 영원하신 무한한 사랑을 믿습니다.
I trust in God's unfailing love for ever and ever.
(Psalms 52:8)

20. 나는 항상 소망을 품고 주를 더욱더욱 찬양하리이다.
I will always have hope;
I will praise you more and more.
(Psalms 71:14)

21. 수고하고 무거운 짐진 자들아 다 내게로 오라, 내가 너희를 쉬게 하리라.
    Come to me, all you who are weary and burdened,
    and I will give you rest
    (Matthew: 11:28)
22. 내가 너와 함께 하리라.
    And I will be with you.
    (Genesis 31: 3)
23. 마음의 즐거움은 양약이라도 심령의 근심은 뼈로 마르게 하느니라.
    A cheerful heart is good medicine,
    but a crushed spirit dries up the bones.
    (Proverbs 17:22)
24. 여호와께서 요셉과 함께 하셔서, 그의 범사를 형통케 하셨느니라.
    The Lord was with Joseph and gave him success in whatever he did
    (Genesis 39:23)
25. 하나님은 사랑이시라. 사랑안에 거하는 자는 하나님 안에 거하고, 하나님도 그의 안에 거하느니라.
    God is love. Whoever lives in love lives in God, and God in him.
    (1 John 4:16)
26. 가난한 자를 구제하는 자는 궁핍함이 없으려니와, 못 본체 하는 자에게는 저주가 많으리라.
    He who gives to the poor will lack nothing, but he who closes his eyes to them receives many curses.
    (Proverbs 28:27)
27. 내가 너를 지었은 즉 내가 너를 내품에 안아 품을 것이요, 지킬 것이요, 구하리라.
    I have made you and I will carry you; I will sustain you and I will rescue you.
    (이사야 제46장 제4절)

II

감동적인 진리의 말씀

1. 하늘은 스스로 돕는 자를 돕는다

   God helps those who help themselves; Heaven helps those who help themselves.

2. 구르는 돌은 이끼가 끼지 않는다

   A rolling stone gathers no moss.

3. 불가마에서 도자기가 나온다

   (이동규, 경희대학교 경영대학원 교수).

4. 세상을 바꾸는 아이디어는 저절로 탄생하지 않는다.

III

가슴에 새겨야 할 귀한 말씀

1. 모사재인, 성사재천(謀事在人, 成事在天)
   일을 꾀하는 것은 인간이 하지만 일을 이루시는 이는 하나님이시다.
2. 사람이 마음으로 자기의 길을 계획할지라도 그의 걸음을 인도하시는 이는 여호와시니라(잠언 16:9). 모든 일은 하나님의 시간과 때가 차야 비로소 이루어지기 때문이다.
3. 학이시습지불역열호(學而時習之不亦說乎)
   유봉자원방래불역낙호(有朋自遠方來不亦樂乎)
   인부지이불온불역군자호(人不知而不慍不亦君子乎)
   때를 따라 익히니 그 어찌 즐겁지 아니할까!
   먼 데서 친구가 찾아오니 그 어찌 기쁘지 아니할까!
   세상 사람들이 나를 알아주지 않아도 화를 내지 아니하면 그 어찌 군자가 아닐까!
   (논어 學而 편)
4. 조문도 석사가의(朝聞道 夕死可矣)
   아침에 도를 깨치면 저녁에 죽어도 가하다.
   (논어 제4편 里仁)
5. 산은 산이요, 물은 물이로다
   (성철 스님의 말씀)
6. 동오점수(頓悟漸修)이다. 돈오돈수(頓悟頓修)가 아니다
   한 번 깨달은 것도 계속 수련을 하여야 그 깨달음이 계속된다. 한 번 깨달았다고 깨달음이 계속되는 것이 아니다.
   (知訥(지눌) 선사의 말씀)

7. 사랑이 머리에서 가슴으로 내려오는데 70년이 걸렸다
   (김수환 추기경님의 말씀)
8. 까마귀 싸우는 곳에 백로야 가지 마라
   (정몽주 선생의 어머니의 말씀).
9. 인간의 능력이 다하는 때(곳)에 주님의 은혜가 시작된다.
10. 성실(誠實)보다 뛰어난 지혜(智慧)는 없다.
11. 불성무물(不誠無物)
    성실하지 않으면 세상에 되는 일이 하나도 없다.
12. 나는 꿈이 있습니다.
    나는 오늘 꿈을 갖고 있습니다.
    I have a dream.
    I have a dream today.
    (Martin Luther King Jr. 1963. 8. 28. Washington D.C.에서의 연설).
13. 세상은 여전히 어둡고, 고통에 차 있다. 하지만 우리 주님은 부활하셨다
    (Karl Barth가 숨질 때 한 말(1968))
14. 호연지기(浩然之氣)
    무엇에도 구애받지 않고, 자유롭고, 조금도 부끄러움이 없는 용기와 절개와 의리를 소중히 하며, 청렴결백하여 하늘과 땅을 우러러 부끄러움이 없는 마음
15. 진인사대천명(盡人事待天命)
    인간으로서 할 수 있는 일을 다하고 하늘의 뜻을 기다린다.
16. 인십기천(人十己千)
    다른 사람이 열을 노력할 때 나는 천을 노력하라.
    (퇴계의 말씀, 도쿠가와 이에야스(德川家康)의 인생관)
17. 기쁨은 고난속에서 나온다
    (Crosby 여사의 말)
18. 웃음소리가 울음소리보다 더 멀리 간다.

우울한 한계 그 너머에 기쁨이 있다.

19. 과거는 여는게 아니고 닫는 것이다. 미래를 여는 것이다
(넬슨 만델라)

20. 신은 누구나 언제든지 용서를 하고, 인간은 때때로 용서한다. 그러나 자연은 결코 용서하지 않는다.
(프란치스코 교황)

21. 순천자존, 역천자망(順天者存, 逆天者亡)
천리를 따르는 자는 살고, 천리를 거역하는 자는 망한다.
(明心寶鑑(명심보감) 天命 篇)

22. 나는 어려울 때마다 무릎 꿇고 기도한다. 나는 충분한 지혜가 없지만, 기도하고 나면 특별한 지혜가 머리에 떠오르곤 했다
(Abraham Lincoln의 말)

23. 천지, 지지, 아지, 자지(天知, 地知, 我知, 子知)
하늘이 알고, 땅이 알고, 내가 알고, 네가 안다.

24. 가톨릭과 달리 개신교는 절제와 금욕을 강조하지 않았다. 근면과 청부(淸富)를 강조 할 뿐이었다. 절제, 절제가 필요하다.
(종교와 투기(컬럼), 조선일보 2022. 6. 8. A34)

25. In der Familie ist es nötig, drei Worte zu gebrauchen. Drei Worte: darf ich? danke und entschuldige.
가정에는 세 가지의 말을 사용하는 것이 긴요하다. 즉, 내가 할까요? 감사합니다, 그리고 죄송합니다의 3가지의 말이다.
(Papst Franziskus의 말씀)

26. Die Familie ist das Heiligtum des Lebens
가정은 삶의 聖地이다.
(Papst Franziskus의 말씀).

27. 수신제가치국평천하(修身齊家治國平天下)
자신을 수양한 다음에라야, 가정을 다스리고, 나를 통치하고, 천하를 평화롭게 할 수 있다.

28. 삶은 진지하고 경건하게 살아가야할 사명이고 소명(das Leben als eine Berufung)이다.

자비는 정의의 충만이며 신의 진리를 가장 밝게 알려주는 것이다.

Die Barmherzigkeit ist die Fülle der Gerechtigkeit und die leuchtendste Bekundung der Wahrheit Gottes

29. Die Liebe ist letzlich das einzige Licht, das eine dunkle Welt immer wieder erhellt

사랑은 어두운 세상을 언제나 다시 밝혀주는 빛이다.

(Benedikt XVI 교황의 말씀)

30. 지어도, 거어덕, 의어인, 유어예(志於道, 據於德, 依於仁, 游於藝)

도에 뜻을 두며, 덕에 의거하여, 어진 것에 의지하며, 예에서 노닐어야 할 것이다.

(논어, 述而 편)

仁義禮知信(유학에서의 德目, 5常)

31. 벤저민 프랭크린의 13가지 습관: 절제, 침묵, 질서, 결단, 검약, 근면, 진실함. 정의, 온건함, 청결함, 침착함, 순결, 겸손.

32. Der Glaube hat keine Angst vor der Vernunft; im Gegenteil, er sucht sie und vertraut ihr, denn das Licht der Vernunft und das des Glaubens kommen beide von Gott und können daher einander nicht widersprechen.

신앙은 이성에 대해 불안해 하지 않는다. 그 반대이다. 신앙은 이성을 찾고 이성을 신뢰한다. 왜냐하면 이성의 빛과 신앙의 빛은 양자 모두 신으로부터 나오며, 따라서 그 둘은 서로 모순될 수 없다.

(프란치스코 교황의 말씀)

33. 용지불갈(用之不竭)

아무리 써도 마르지 않는다.

34. 타산지석(他山之石)

타인의 허물이나 실패까지도 거울로 삼아 교훈을 얻는다.

35. 황금률 : The Golden Rule

무엇이든지 남에게 대접을 받고자 하는 대로 너희도 남을 대접하라. (마태복음 7:12; 누가복음 6:31)

정언명령, 칸트 : Kategorischer lmperativ; Categorical Imperative

네 의지의 준칙이 항상 주관적인 동시에 보편적인 법칙 수립이라는 원리로서 타당하도록 행위하라.

네 인격을 모든 타인의 인격 중의 인간성을 네가 한갓 수단으로서만 대우하지 말 말고 동시에 목적 자체로서 대우하도록 행위하라.

그대가 하고자 꾀하고 있는 것이 동시에 누구에게나 통용될 수 있도록 행하라.

나의 황금률, 나의 정언명령 : 나의 깨달음

내가 주님을 영접하고 모시고 받들고 찬양하고 섬기듯이, 그와 꼭 같이 네 이웃에게 다가가고 이웃을 섬기며 받들며 배려하도록 행동하라.

네 이웃을 구분하지 말고. 평가하지 말고, 모두가 다 하나님의 형상을 따라 창조된 피조물임을 기억하고, 하나님의 형상을 입은 고귀한 존재임을 인정하고 존중하라.

이 원칙이 아가페 사랑이다. 주님도 이 원칙을 용인하고 환영하실 것이다.

36. 사랑은 산산히 부서진 교제가 회복될 때까지, 거부가 응답으로 바뀔 때까지 쉬지 않고 참고 인내하며 자기를 내어 주는 것이다. 증오의 마음이 일어날 때에는 사랑이나 고결한 마음으로 이겨야지, 증오로 앙갚음을 해서는 안 된다.

(Spinoza의 말)

37. 평화의 기도 (아시시의 성 프란치스코)

주님,

저를 당신의 도구로 써 주소서,

미움이 있는 곳에 사랑을,
다툼이 있는 곳에 용서를,
분열이 있는 곳에 일치를,
의혹이 있는 곳에 신앙을,
그릇됨이 있는 곳에 진리를,
절망이 있는 곳에 희망을,
어두움에 빛을,
슬픔이 있는 곳에 기쁨을
가져오는 자 되게 하소서.
위로받기보다는 위로하고,
이해받기보다는 이해하며,
사랑받기보다는 사랑하게 하여 주소서.
우리는 줌으로써 받고,
용서함으로써 용서받으며,
자기를 버리고 죽음으로써
영생을 얻기 때문입니다.

(Prayer For Peace)

Lord,
make me an instrument of your peace.
Where there is hatred, let me sow love;
where there is injury, pardon;
where there is doubt, faith;
where there is despair, hope;
where there is darkness, light;
where there is sadness, joy.
O Divine Master,
grant that I may not so much seek

to be consoled, as to console;
to be understood, as to understand;
to be loved, as to love.
For it is in pardoning that we are pardoned;
and it is in dying
that we are born to eternal life.

38. 오십유오이지우학,
삼십이입,
사십이불혹,
오십이지천명,
육십이이순,
칠십이종심소욕불유구.
吾十有五而志于學,
三十而立,
四十而不惑,
五十而知天命,
六十而耳順,
七十而從心所欲不踰矩.
열 다섯에 배움에 뜻을 두고
서른에 뜻을 세우고,
마흔에 모든 사리에 의심하지 아니하고,
쉰에는 하늘의 이치를 알고,
예순에는 모든 일을 들어 거슬림이 없고,
일흔에는 마음에 하고자 하는 데로 하더라도 법규를 넘지 않았다.
(논어 위정(爲政) 편)

39. 지자불언, 언자부지(知者不言, 言者不知)
아는 자는 말하지 않고, 말하는 자는 알지 못한다.
(老子의 말씀)

40. 지금까지 우리는 하나님 외에 그 누구에게도 굴복하지 않았습니다.
(이스라엘의 마사다 항전, 엘리에제르 벤 야이르 유대 장군의 최후 연설)

41. 벽극풍동, 심극마침(壁隙風動, 心隙魔侵)
벽에 틈이 생기면 바람이 들어오고, 마음에 틈이 생기면 마귀가 침범한다
(성파 조계종 종정의 말씀)

42. 인욕부중(忍辱負重)
치욕을 참고 무거운 짐을 지고 살았지만 큰 일을 이루다.
(司馬遷의 삶)

43. 현자는 자신의 손에 떨어지는 것을 뭐든지 사용할 수 있지만, 아무 것도 원하지 않는다.
어리석은 자는 필요한게 없어도 모든 것을 원한다.
가지되 원하지 말고, 즐기되 필요로 하지 말라.
(스토아 철학)

44. 기소불욕, 물시어인(己所不欲, 勿施於人)
자기가 원하지 않는 것은 남한테도 하지 말라.

45. 공수래, 만수유, 공수거(空手來, 滿手有, 空手去)
빈손으로 왔다가, 가득 채우고, 빈손으로 간다.

46. 신독: 군자필신기독야(愼獨: 君子必愼其獨也)
홀로 있을 때에 삼가라.
(大學 제6장 성의(誠意) 편)

막현호은, 막현호미, 고군자신기독야
(莫顯乎隱, 莫顯乎微, 故君子愼其獨也);
숨겨진 것보다 더 드러남이 없으며 은미한 것보다 더 나타남이 없으니, 군자가 홀로 있을 때에도 삼가는 것이다.
(中庸)

47. 나의 40이되면 자기 얼굴에 대해 책임을 져라.
(링컨 대통령의 말씀)

48. 군자 3락

부모구존 형제무고 일락야,
앙불괴어천 부부작어인 이락야,
득천하영재이교육지 삼락야.
(군자유삼락이왕천하불여존언)

君子3樂

父母俱存 兄弟無故 一樂也,
仰不愧於天 俯不作於人 二樂也,
得天下英才而教育之 三樂也.
(君子有三樂而王天下不與存焉)

군자3락

부모가 함께 살아 계시고, 형제가 무고하니 첫번째 즐거움이요,
하늘을 우러러 부끄러움이 없고 굽어보아 남에게 부끄러움이 없는 것이 둘째 즐거움이요,
천하의 영제들을 모아 그들을 교육시키는 것이 세번째의 즐거움이다.
(군자3락에는, 천하의 왕노릇함은 여기에 들지 않는다.)

<맹자(孟子) 진심(盡心)편>

49. 사람의 일생은 무거운 짐을 지고 먼 길을 가는 것과 같다. 서두를 필요 없다. 자유롭지 못함을 항상 곁에 있는 친구로 삼는다면 부족할 것은 없다. 마음에 욕심이 생기면 궁핍했을 때를 걱정하라. 인내는 무사장구(無事長久)의 근원이요, 분노는 적이라 생각하라. 이기는 것만 알고 지는 것을 모르면 그 피해는 너 자신에게 돌아갈 것이다. 너 자신을 탓할 뿐 남을 탓하지 말라. 미치지 못함이 지나친 것보다 낫다.

IV

깨달음과 감사의 단상(斷想)

1. 젊었을 때에는 찾고 구하고 문들을 두드리고 나이가 들어서는 사랑하라.
2. 진리는 승리한다.
3. 사람을 소중히 여겨라.
4. 주님의 섭리는 참 오묘하다.
5. 하늘의 그물은 하도 촘촘하여 그 그물을 뚫을 자가 없다.
6. 영성을 길러라.
7. 시절이 좋을 때는 장래를 위하여 예비하라.
8. 절약하고 절제하여야 한다.
9. 주님의 창조는 미완결하셨다. 미완결 부분을 주님은 인간과 함께 이루시고자 한다.
10. 창조의 동인은 사랑이며, 창조하신 세계의 질서는 정의이다.
11. 주님과의 소통의 경로(經路): 말씀, 묵상, 기도, 찬양, 정의와 사랑의 글쓰기, 매일 서사시 쓰기, 이웃사랑, 전도, 계시, 체험, 영감(靈感) 등등
12. 담론(談論; Diskussiontheorie)이 진리를 찾아내는 유용한 방법이다.
13. 교회법과 세속법의 대화를 통하여 사랑을 세속법에서 공동체 사상으로 제도화할 수 있을 것이다.
14. 사랑은 자연법의 내용이며 자연법은 세속법의 근원이 된다. 그리하여 사랑이 세속의 실정법으로 전환될 수 있다.
15. 주님은 나와 너를 불기둥과 구름기둥으로 인도해 주신다.
16. 출애굽은 기독교사에서 억눌린 자를 해방시킨 불의에 대하여 정의를 이룬 첫 사건이다.

17. 나는 주위의 희생적 헌신의 아가페 사랑으로 자란 복에 복을 더하여 받은 사람이다.
18. 주님을 믿는 나에게 있어서, 나의 모든 일은 주님의 섭리로 이루어졌고 이루어져 감을 믿는다.
19. 그윽한 믿음, 고요한 믿음, 평화로운 믿음, 사랑스런 믿음, 참 아름다운 믿음, 그러한 믿음이 좋다.
20. 버릴 것은 과감하게 버려라.
21. 최적의 조건이 갖추어졌을 때에 소신있게 나아가라.
22. 자기 일에는 보람과 긍지를 가져라.
23. 가슴을 펴고 담대하라.
24. 위기에 대담한 사람이 위인이고 대인이다.
25. 가슴을 펴라. 그리고 주님을 영접하라. 그러면 주님의 평화가 임재할 것이다.
26. 아쉬움도 애달픔도 없는 평정된 마음을 가져라.
27. 은근하고 끈기 있는 신앙을 가져라
28. 운전도 청소도 자기 수행(修行)으로 하여라.
30. 자기에게 한없는 여유를 허락하여라. 그러면 평화롭게 살리라.
31. 자기 일에 보람과 긍지를 가지면 결과가 있다.
32. 과욕하지 말라. 과욕은 억지의 욕심이다. 그러면 결과가 좋게 나오지 않는다.
33. 사람은 모두가 다 각자 자기만의 재주를 가지고 있다. 지렁이도 구르는 재주가 있다.
    다른 사람의 가치를 인정하라. 다른 사람은 내가 갖지 못하는 재능을 가지고 있다.
34. 다른 사람과 더불어 조화하라. 그러면 더 좋은 결과를 얻을 수 있다. 이웃을 기꺼이 칭찬하라.
35. 사랑할 수 있을 때에 사랑하여라.
    사랑할 기회가 왔을 때에 확실히 사랑하여라.

사랑하는 일도 때가 있는 법이다.

36. 땀 흘리지 않고 얻으려 하지 말라. 땀흘려 얻은 것만이 나의 것이다. 남의 것에는 눈도 마음도 돌리지 말라.
37. 아무리 재능과 재주가 있고 정치(精緻)한 이론을 전개하여도 그것을 사랑의 실천을 위하여 활용하지 않으면 무슨 소용이 있나? 아무런 가치가 없다. 부도 권력도 마찬가지이다.
38. 정의에 어긋난 행위는 가만히 두어도 스스로 모순을 낳고 스스로 붕괴하고 만다.
39. 만물의 근원은 사랑이다.
    사랑은 에너지이다.
    만물의 움직임(流轉)은 사랑의 에너지의 작용이다.
40. 영혼이 맑아야 한다.
41. 자기 스스로 불필요한 무거운 짐을 자기에게 지게 하지 말라.
42. 정의는 사랑이 흘러가야할 길이다.
    정의의 길에서 사랑이 흘러가야 한다.
    사랑이 정의의 길을 벗어나면 원칙없는 무질서를 낫는다.
43. 정의와 사랑이 궁극이다.
44. 땀흘려 얻은 청부(清富)만이 자기의 소유이다.
45. 할 수 있다고 생각하면 할 수 있다.
    풀린다고 생각하면 풀린다.
    긍정과 적극은 사람을 움직인다.
    긍정의 힘: 긍정은 힘을 생성한다.
46. 나는 나를 떠나지 못했다
    (나는 해탈을 못했다)
47. 늙음은 아픔이다.
    그 늙음의 아픔이 끝나는 때가 이 세상에서의 끝날이다.
48. 교회는 복을 비는 곳이 아니다.
    지역민들이 사랑을 나누는 곳이다.

49. 나는 바보다
(김수환 추기경님의 말씀)
주님은, 바보로 살아라. 그러면 내가 다 챙겨주마고 하신다.
50. 욥(Job)으로 살게 해 주마. 때가 찰 때까지 기다려라.
51. 부족한 작품들이지만 애썼다. 내가 알만한 사람들에게는 이미 다 알게 해 두었고 또 알게할 것이다. 땀 흘린 그 모습이 장하다.
52. 평생을 절제하면서 사는 것은 참 어렵다. 그러나 주님께 접붙여져 있으면 가능하다.
53. 사람은 사상과 철학과 가치의 존재이다.
54. 회오리 바람이 불 때면 납작 엎드려 바람이 지나기를 기다려야 한다.
일이 잘 안 풀릴 때는 현상유지가 상책이다.
사모하고 기도하며 하늘의 도움을 기다려라.
55. 사랑의 인격을 길러라.
정의와 사랑은 함께 가야 한다.
56. 주안에 있는 것이 지혜와 지식의 근본(근원)이니라.
57. Tikkun Olam(히브리어)
세계를 고친다. 하나님은 이 세상을 창조하셨으나 완벽하게 창조한 것이 아니라 지금도 창조사업을 계속하고 계신다. 창조론과 진화론을 아우르는 사상. 인간은 하나님의 파트너로 세상을 개선해 완전하게 만들어가야할 책임이 있다는 의미. 유대인들은 인간의 병든 몸을 고치는 것도 틱쿤 올람이라 생각한다.
(유대인의 믿음)
58. 정의와 사랑에 더하여 평화하라. 그것이 생명의 길이다.
59. 충분한 시간을 갖고 글을 써야 좋은 글을 쓸 수 있다.
60. 바쁘게 쓴 글은 흠결이 있을 수 있다.
절제가 없는 삶은 내일이 없다.
어려움이 닥치면 현상유지를 하라.
그 때에 일을 벌리면 뜻대로 안 된다.

61. 뇌의 녹은 쉬이 쓴다. 늘 움직이고 사용하여야 한다.
그것이 늙음의 예방이다.
인생을 낭비하지 말라.
절제하고 움직여라.
순수의 마음으로 주님이 주신 사명의 일에 몰입하라.
62. 내일을 생각하는 삶을 살라.
내일에 대한 소망과 신뢰를 만들면서 살라.
63. 사랑할 일을 만들어 나가라.
64. 역사는 영원하다. 급히 서둘지 말라. 당대에 다 이루려고 하지 말라.
긴 안목을 가져라.
65. 영원한 진리의 원천은 복음이다. 복음은 영원한 진리의 원천이다.
66. 주님은 삶의 희망이다.
주님은 빛이다.
67. 그 누구도 혼자 있지 않다. 항상 주님이 곁에 계신다. 같이 가 주신다.
그 분이 바로 주님이시다.
68. 사랑은 긍정이고 기쁨이다.
긍정의 마음을 길러야 한다. 그래야 부정이 물러간다.
69. 재물은 나의 것이 아니다. 주님이 나에게 맡겨 두신 것이다. 주님의 것이다.
다 돌려주어야할 것들이다.
70. 역사는 희망 쪽으로 발전한다.
71. 교수는 연구실을 지켜야 한다. 교수가 연구실을 떠나 나돌면 위선의 상징이 된다.
72. 평생의 도반(道伴) 그 한 사람이 있어야 한다.
평생에 그 한 권의 책을 남겨야 한다.
평생에 그 한 가지의 일, 사랑의 일을 하여야 한다.
그것들이 3가지의 그 하나 들이다.
그 사람이 바로 진정 삶다운 삶을 산 사람이다.

73. 진정한 수제자는 마지막에 정해진다.
74. 자기 가치는 주님으로 받은 달란트를 가지고, 하나님과 소통하면서 자기가 스스로 만들고 발전시켜 나가야 한다.
    믿음이 있는 자는 아름다운 가치를 주님으로부터 받을 수 있다.
75. 자기를 비추어 볼 수 있는 거울을 가져라.
    자기의 내면을 살필 수 있는 내시경을 가져라.
76. 나의 가치: 순수, 성실, 사랑, 겸손, 믿음, 낮은 자들과의 친교, 어머님, 보답, 기록, 정리, 공동체, 집안, 신앙에로의 인도, 하나님의 섭리와 계시로 살고자 함. 사해동포주의. 자기의 진정한 가치는 외부의 행위가 아니라 내면의 마음이 추구하고 실천하고자 하는 가치이다.
77. 고통과 결핍이 걸작을 만든다.
78. 배우는 데는 2년 걸리나 듣기를 배우는 데는 60년(耳順)이 걸린다.
79. 지혜는 듣는 데서 오고, 후회는 말하는 데서 온다.
80. 능력껏 벌어 필요에 따라 나누어 쓴다
    (유대인의 사회사상).
81. 인생의 참된 교육은, 삶은 너무 짧기 때문에 비관주의나 환멸이나 분노에 시간을 낭비해서는 안된다는 것이다.
    (이스라엘 대통령, 시몬 페레스의 철학)
82. 사람은 평화롭고 번영할 때에 타락하기 쉽다.
83. 율법(법)은 두려움에 의해서 완성될 수 없고, 오직 사랑에 의해서만 완성될 수 있다.
84. <내가 찾은 나: 나는 어떻게 현재의 나로 되었는가?>
    나는 어머님의 항심(恒心)의 아들이다. 어머님께서 가지셨던 마음, 내가 아니면 아들도 없는 저 병든 시아버지를 누가 돌보랴하신 그 마음으로 살으셨으며, 시집오시기 전에 돌아가신 보지도 못한 시어머니를 위하여 제삿날 쌀밥을 많이 담아 시어머님 제사를 모신 그 어머님의 아들이다. 그리고 나는 하나님의 사랑하는 아들이다. 하나님은 내가 가고자 하였던 그 길을 막아 서시고, 자신이 예정하신 그 길로 가게 하신 후 자신의 책임을 다해 주셨다. 나의 가고자 한 길은 세상의 힘의 길이었다. 그러나 주님이 나에게 가게 하신 길은 학문의 길, 그것도 주님 나라의 법학인 자연법의 길이었다. 그 자연법의 길에서 주님은 복에 복을 더하여 나의 갈 길을 다 이루어 주셨다.

이런 사람이 나이다. 어머님의 항심과 사랑, 주님의 섭리와 사랑의 은혜로 오늘의 내가 있게 되었다. 나는 참으로 복받은 사람이다. 이런 사람이 바로 나이다.

85. 주님과의 대화는 깨달음을 통해 깨달음의 방법으로 이루어진다.
    구체적인 삶의 과정은 주님의 섭리로 이루어진다. 그렇다.
86. 칸트: 사람을 수단으로 대하지 말고 목적으로 대하라
    나: 사람을 천사로 대하라.
    사람을 천사로 대하는 사랑을 하라.
    그것이 영원한 효력이 있는 사랑이다.
87. 외국에 나가면 그 나라의 언어로 된 성경과 그 나라의 민법전을 사가지고 와라. 그것을 법과 성서와 역사 연구소에서 비치하라.
88. 천사를 대하는 사랑으로 이웃을 사랑하라.
    일도 사랑으로 하라.
    천사를 영접하고 대하듯, 일도 이웃 만남도 사랑으로 하라.
    그러면 가장 값진 이 땅에서의 삶을 사는 것이다.
    그 이상은 없다.
89. 인간의 하나님의 형상은 인간 모습의 이상, 즉 인간 모습의 이데아이다.
90. 인생은 살아있는 동안만의 삶이 아니다.
    먼 훗날까지의 기간도 인생의 기간이다.
    살아있는 동안만의 행복을 구하지 말라.
    그것이 인생의 전부가 아니다.
    긴 역사적 안목을 갖고 살아야 한다.
91. 7덕목은 하나님의 정의와 사랑의 구체화이다.
    7덕목은 플라톤의 4덕목: 정의, 절제, 용기 지혜와

기독교의 3덕목: 믿음. 소망. 사랑이다.
7덕목의 길: 정의의 길, 사랑의 길, 절제의 길, 지혜의 길, 용기의 길, 믿음의 길, 소망의 길로 가야 한다.
여기에 8덕목: 항심(恒心), 나의 어머님의 마음인 항심을 7덕목에 추가한다.

92. 고도를 기다리며에서와 같이 인간은 무엇인가를 찾아 헤매는 존재가 아니라,
천로역정에서와 같이 하나님 나라를 향하여 무던히 가고 또 가는 과정이다.
방황하는 존재가 인간이 아니다.
하나님 나라를 향하여 무던히 가고 또 가는 과정이 인간의 삶이다.
무던함, 우직함도 귀한 덕목의 하나이다. 그것이 욥의 신앙의 모습이다.
93. 과학자들의 사랑의 방법, 정치가들의 사랑의 방법, 전문가들의 각 전문 분야별 사랑의 방법이 각각 다르다. 법학자들의 사랑의 방법은 자연법, 법외의 가치의 법에로의 인도와 실현이 법학자들의 사랑의 방법이다.
94. 정의와 사랑이 이 우주의 생성과 질서의 근본이고 원리이다.
95. 자연법은 희망의 법이고 평화의 질서이다.
96. 법과 말씀과 신학의 만남의 그 법이 자연법이다.
97. 내가 없어도 신은 존재한다.

V

기독논문

논문 1: 자연법의 근거로서의 인간의 하나님의 형상론

법사학자 헨리 메인(Henry James Sumner Maine: 1822~1888)은 법이란 언제나 종교와 구분되지는 않았으며, 원천적으로 법규정은 종교적 성격을 지니고 있었다고 하였다.[1] 인간이 하나님의 형상으로 창조되었다는 성서의 말씀을 기초로 하여 그것으로부터 인간의 존엄이 인정되고, 인간의 존엄이 법적으로 인권과 인격권으로 구체화되었다는 논리는 바로 법이 종교적 성격을 띠고 있다는 반증이며, 특히 자연법론은 법의 종교적 성격을 강하게 지니고 있는 법사상 내지 법이론이다. 신중심의 자연법론(theocentric theory of natural law)은 더욱더 그러하다.

인간의 존엄의 근거는 인간이 신의 형상을 따라서 창조되었음에 있다. 인간이 이 지구에서의 신의 대리인으로서 이 지구를 신을 대리하여 관리해 나갈 것을 위탁받았다. 신의 대리인인 인간은 존엄한 존재이다. 이 땅에 인간이외의 생명있는 것들이 존엄성을 갖는 것은 아니다. 생명이 있고 지구를 관리할 수 있는 신의 위임을 받은 존재가 인간이다. 인간의 존엄은 인간 스스로가 스스로에게 부여한 인간의 지위가 아니다. 신이 준 인간의 지위가 인간의 존엄이다. 그 존엄은 바로 인간의 신의 형상으로부터 창조되어 인정된 인간의 지위인 것이다.

인간은 이성적 존재이다. 인간이성은 인간이 스스로가 인간 스스로에게 준 능력이 아니다. 전지전능한 창조주가 인간에게 준 것이 인간의 이성이

1) W.D. Davies, "Paul and the Law: Reflections on Pitfalls in Interpretation", in: Religion, Law and Ethics: A Symposium, The Hastings Law Journal, Vol. 29(1978), p. 1496.

다. 그것은 창조주가 자신의 형상을 따라서 인간을 창조하였기 때문이다. 하나님의 형상을 따라서 인간이 창조되어 신의 본성 전부가 그대로는 아니라 하더라도 인간의 본성에도 존재하기 때문에 인간은 창조주와 소통할 수 있는 지위에 있다. 신과 소통할 수 있는 인간의 지위가 바로 인간의 존엄이다. 그 인간의 존엄으로부터 인권과 인격권의 법적인 권리가 인정된다.[2] 고귀한 인간의 존엄이 인간 스스로가 스스로에게 인정한 것이라고는 말할 수 없다. 창조주가 인간에 부여한 지위가 인간의 존엄이다. 창조주는 인간의 존엄을 모든 사람에게 부여하였다. 인간의 존엄에는 차별이 없다. 창조주는 모든 인간에게 동등한 존엄을 부여하였다. 그러므로 인간은 평등하다. 인간의 평등도 바로 인간의 신의 형상으로부터 인정된 인간의 지위이다. 이와 같이 인간의 존엄과 인간의 평등은 인간의 신의 형상에 따른 창조에서부터 인정된다.[3] 인간의 하나님의 형상론은 피조물인 인간을 가치 있게 하고 존엄하게 한다.[4] 인간이 하나님의 형상이 존엄한 인간의 정체성이다.

그리고 인간은 신의 동반자(counterpart) 내지 협력자이다. 신은 그의 세계를 단번에 창조를 완료하지 않았다. 계속적으로 그의 세계를 창조해 나가고 계신다. 신은 창조를 계속해 나가심에 인간에게 그의 계속 창조에 동참해 줄 것을 기대하고 계신다. 신은 인간을 그의 협력자로 인정하여 신의 창조의 계속 사업에 참여하도록 하신다. 그것은 인간이 신 자신의 형상을 따라서 자신의 본성을 인간에게 부여하여 존엄한 존재로 인정해 주셨기 때문에 가능하다. 창조주 신은 인간에게 그의 창조의 계속 사업에 참여할 수 있는 자격을 인정해 주셨다. 신의 창조의 계속 사업에 인간이 동참할 수 있도록 함이 신의 인간 사랑이며, 인간은 신의 창조의 계속 사업에 동

2) 창조주 신이 인간에게 인격을 주었는데, 그것이 바로 인간의 하나님의 형상이다(See, Gunnlaugur Jónsson A., The Image of God: Genesis 1:26−28 in a Century of Old Testament Research(Sweden, Lund, Coniectana Biblica,1988), p. 87). 對國家的 關係에서 人格(personhood)은 人權(human rights)으로 표현된다.

3) Roger Ruston, Human Rights and the Image df God(London, SCM Press, 2004), p. 86; George P. Fletcher, "In God's Image: The Religious Imperative of Equality under Law", Columbia Law Review(Columbia Law School, 1999), p. 1608.

4) Love and Christian Ethics (edited by Frederick V. Simmons with Brian C. Sorrels, Georgetown University Press, 2016), p. 229.

참하는 것이 인간의 신에 대한 사랑이다. 이와같이 신과 인간은 서로 소통할 수 있는 관계에 있고, 서로 협력하는 관계에 있으며, 서로 사랑하는 관계에 있다. 이것이 신인협력(神人協力)이라 생각한다. 신인협력은 인간의 존엄이 인정되고, 신의 창조의 계속에 인간이 참여하며, 서로 사랑으로 신의 창조의 계속을 이루어가는 것이다.[5)]

신은 인간을 그의 형상을 따라서 창조하면서 인간에게 인간 스스로가 자기 의사로 자신의 본성인 신의 형상을 유지할 수 있도록 인간에게 자유의지를 주셨다. 그 인간의 자유의지가 인간의 이성이다. 인간은 신으로부터 부여받은 자유의지를 신의 형상을 유지하면서 신의 창조의 계속에 참여할 수 있도록 인간의 이성을 신과의 협력을 이루는데 사용하도록 하여야만 했으나, 인간은 신이 준 이성으로 인간 자신이 이 세상을 스스로 계획하고 스스로 관리해 나갈 수 있다는 방향으로 인간이 이해하고 행사하여 자고(自高)하였다. 그리하여 인간은 창조주 신을 잊고 이 세상을 인간중심으로 스스로 치리해 나가고자 하였다. 그것이 근세에 시작된 이성의 시대이며, 개인주의의 시대로서 오늘날까지 이성에 의한 개인주의는 계속되고 더욱 이기적인 개인주의로 발전해 가고 있다고 이해된다.[6)]

역사적으로 중세는 신중심의 시대였다. 신중심의 중세를 극복하기 위하여 인간의 이성을 강조하고 이성에 의하여 인간세계를 치리하여 온 것이 오늘날에도 계속되고 있다. 인간이성에 의하여 과학이 발전하고 경제가 부흥하여 인간의 삶이 풍요로와진 것은 사실이다. 이러한 인간중심의 사회발전을 문명이라고 한다. 오늘날의 인간문명은 인간이 인간의 창조주인 신을 멀리하고 이룬 결과이다. 과연 창조주 신을 멀리하면서 인간이 이성으로써 인간 문명을 계속 이어갈 수 있을까? 저자는 아니라고 판단한다. 인간과 신이 협력하여야 하는 신인협력을 하여야 현재의 문명을 더욱 발전시켜

5) 신인협력의 사상은 신앙과 이성의 화해를 모색하는 신과 인간과의 관계에 기초하고 있다고 스스로 평가한다(길희성, 영적 휴머니즘 (아카넷, 2021), 13면 비교 및 참조). 이는 인간의 이성을 존중하지만, 신의 계시도 인정하고 존중하는 견해이다.

6) 개인주의는 중세의 윌리엄 옥캄에 의하여 주장된 主意主義로부터 시작되어, 루터에 의해서 더 발전하였으며, 칸트에 이르러서는 이성에 의한 개인주의의 극치를 이루었다. 개인주의의 주된 흐름은 인간의 의지를 중시하는 主意主義的 個人主義이었다.

나갈 수 있다고 생각한다.

신인협력시대에 인간과 신과의 관계는, 신은 창조의 일을 계속해 나가고, 인간을 사랑하셔서 인간을 신 자신의 창조의 계속에 참여하게 하시며, 인간도 신의 창조의 계속에 참여하는 신에 대한 사랑을 하여야 하는 내용으로 구성되어야 한다고 생각된다. 인간이 신의 창조의 계속에 참여함으로써 인간은 타락에 의하여 잃어버렸던 하나님의 형상을 회복하도록 하여야 할 것이라고 생각한다. 인간이 신의 창조의 계속에 헌신적으로 참여하는 것이 인간의 신의 형상의 회복의 길이라 생각한다. 그것이 인간의 신에 대한 사랑이라 생각한다. 또한 인간은 신의 말씀에 충실하게 헌신하는 것이 이웃에 대한 사랑이다. 신은 사랑이다.[7] 따라서 신의 본성은 사랑이다. 또한 만물의 근원은 사랑이다. 사랑의 질서가 정의이다. 이와 같이 신의 본성은 사랑과 정의이다. 그러나 인간의 본성에는 선한 마음이 내재해 있기는 하지만, 타락에 의한 인간의 이기심에 의하여 선한 마음이 헌신적인 사랑의 실천으로 나아가지 못하고 있다. 정의도 인간 스스로 이성에 의하여 정한 질서를 정의라고 판단하고 있다. 그러므로 하나님의 형상을 받은 인간의 본성도 신의 본성과 같이 사랑과 정의이어야 한다. 그러나 인간에게는 사랑이 부족하다. 그 점이 신의 본성과 인간의 본성의 가장 큰 차이점이라 생각한다. 인간의 하나님의 형상의 회복의 길은 인간의 사랑의 실천이라 생각한다. 이기심을 이성으로 이해하고 살아온 인간은 사랑을 실천함으로써 하나님의 형상을 회복하도록 하여야 한다고 생각한다.

인간을 하나님의 형상을 이루도록 이끌어나가는 법이 바로 자연법이라 생각한다. 그 자연법은 사랑이 중심내용을 이룬다고 생각한다. 지금까지는 정의를 자연법의 가장 주요한 내용으로 이해하고 이를 관철하려고 하여 왔지만, 정의를 지키면서 공동선, 공동체의 유지를 위한 이웃사랑이 자연법의 가장 중요한 내용으로 전환해 나가야 한다고 생각한다. 개인주의에 터잡은 개인의 존엄과 인격의 보호 및 인격의 자유로운 전개를 위한 재산적 기초로서의 사소유권의 보호를 근대 자연법, 즉 인간 이성법의 중요한

7) 요한일서 제4장 제16절

내용으로 파악하고 이를 지키는 법을 자연법으로 이해하였지만, 앞으로는 개인의 존엄을 유지하면서 공동체의 유지를 위한 공동선의 실천을 위한 이웃사랑을 자연법의 중요한 내용으로 전환해 나아가야 한다고 생각한다. 자연법의 내용은 사랑과 정의이다. 지금까지는 정의를 자연법의 중요내용으로 강조하여 왔으나, 앞으로는 사랑을 강조하는 방향으로 자연법의 중심내용이 바뀌어야할 것으로 생각한다. 그렇지만 사랑과 정의는 함께 가야할 자연법의 내용임에는 변함이 없다.[8] 인간은 실정법의 내용보다 더 높은 꿈과 희망을 요구하고 있다. 그 꿈과 희망이 사랑이다. 자연법은 정의와 사랑으로 꾸려져 있다.[9] 특히 정의와 사랑은 빈자의 입장을 고려할 것이 요구된다.[10] 이는 빈곤의 문제가 정의의 문제로 다루어진 역사적 과정을 살펴보면 더욱 확실하며, 사랑과 정의는 빈자에 더 큰 희망을 가져 준다. 그리고 구약성서 레위기 제19장 제18절의 네 이웃을 내 몸같이 사랑하라는 말씀은 이웃도 역시 하나님의 형상을 따라서 창조되었기 때문에 사랑할 수 있다고 한다.[11] 성서의 계명에서와 같이 이웃을 자신처럼 사랑하기는 힘들지만 이웃도 신의 형상을 닮은 존엄한 존재이기 때문에 서로 서로 사랑할 수 있다는 것이다.

그리고 자연법은 인간의 마음에 신의 사랑의 손으로 새겨둔 법으로서, 인간이 비록 타락했어도 어두워지지 않는 인간의 이성에 의해 읽혀진다.[12] 그것은 인간은 창조주 신의 형상을 따라서 창조되었기 때문이다. 또한 신은 인간을 창조하시고 계속적으로 인간을 축복해 주시는 분이기 때문이다.[13]

8) 자연법의 내용으로서의 정의와 사랑 및 兩 德目이 함께 가야한다는 것에 관하여는, 김상용, 법정책 방향으로서의 정의와 사랑: 법과 성서와 역사 연구소, 연구시리즈 제5권(피앤씨미디어, 2019. 11), 참조

9) Matthew Levering, Biblical Natural Law: A Theocentric and Teleological Approach(Oxford University Press, 2012), p. 190

10) Ronal M. Green, "Neighbor Love in the Jewish Tradition", in: Love and Christian Ethics: Tradition, Theory and Society (edited by Frederick V. Simmons with Brian C. Sorrels, Georgetown University Press, 2016), p. 380.

11) Ibid., p. 354.

12) Levering, op. cit., p. 19

13) Ibid., p. 22

논문 2: 틱쿤 올람(Tikkun Olam): 하나님의 창조의 계속

창조주는 이 세상을 창조하시고, 인간을 자신의 형상을 따라서 창조하셨다. 이러한 신의 창조의 사업은 한 번에 완결하셨을까? 기독교에서는 그렇게 믿고 있다. 신은 이 세상을 단번에 완벽하게 창조하셨다고 믿는다. 그러면 이 세상은 더 이상의 변화가 없이 창조주가 창조한 그대로 진행만 하는 것일까? 하나님의 형상을 따라서 창조된 인간도 창조 그대로의 모습만을 지니고 변함이 없이 살아가고 있을까? 인간의 하나님의 형상에도 더 발전적인 변화가 있을 수는 없을까?

중세 신중심의 기독교의 창조론에서는 신은 한 번에 완벽하게 이 세상을 창조하시고 인간의 신의 형상도 창조시에 이미 다 결정된 형상이었다는 믿음이 주류사상이었다. 그러나 종교개혁자들은 창조는 한 번에 이루어졌으며, 인간의 신의 형상은 창조에 의해 인간에게 주어졌으나 인간의 타락에 의해 잃어버리게 되었다고 하였다. 오로지 신의 은혜로만 인간은 하나님의 형상을 회복할 수 있다는 희망을 주었다. 그리고 진화론에서는 신의 이 세상의 창조를 인정하지 아니하고, 이 세상도 인간도 모든 생물도 자연발생적이며, 자기선택에 의하여 최적의 상태로 스스로 진화해 나간다고 한다. 이러한 창조론과 진화론 이론의 어느 하나의 이론만으로 이 세상의 존재와 운행, 인간의 하나님의 형상으로의 창조와 잃어버린 인간의 하나님의 형상의 회복을 제대로 의문없이 설명할 수 있을까? 창조론과 진화론은 여전히 논쟁이 계속되고 있다. 어느 이론도 완전한 이론일 수는 없으며, 인간 각자의 믿음으로 받아들일 것인가 받아들이지 않을 것인 가의 선택의 문제이고 신념의 문제로 남아있다. 그러나 이 세상은 변화를 계속하고 있으며, 인간도 변화를 계속하고 있다. 이 우주도 계속 팽창하고 있다. 그 발전도 후퇴로의 변화가 아니라 더 나은 방향으로의 발전을 이루어 나가고 있다. 실망으로의 발전이 아니라 희망으로의 발전을 계속하고 있다. 창조론도 진화론도 너무 고지고식대로(orthodox) 믿고 따르면 모든 것이 결정론(determinism) 내지 운명론(fatalism)에 이르게 된다.[1] 결정론만으로서는 인간의 자유의지도 신의 구원(救援)도 섭리도 설명할 수 없다.

저자는 소박하게, 인간은 신의 형상의 의한 창조에 따라서 신으로부터 부여받은 자유의지를 가진 이성의 존재이고, 이성의 발현에 의해 인간문명이 발전해 나가고 있다고 생각한다. 그리고 이 세상은 발전적으로 변화를 계속하고 있는데, 이러한 발전을 신의 창조시에 이미 다 결정되어 있었다고 설명할 수는 없을 것이며, 신은 무한한 에너지를 가진 살아있는 인격체로서 신 자신도 자신의 무한한 에너지로 이 세상의 발전적 변화를 계속 추구하고 있다고 함이 인간문명의 발전과 이 세상의 계속적인 발전적인 변화를 설명함에 설득력이 있고 미래를 희망적으로 재설계해 나갈 수 있도록 하는 것이 더 나은 이론이 될 수 있지 않을까 생각한다.[2] 창조주 신은 인간이 창조주에게 가까이 오도록 창조하셨다.[3] 그것이 바로 창조주는 인간을 창조주 자신의 형상에 따라 인간을 창조한 인간창조론이라 생각한다. 신은 인간을 그의 형상을 따라 단 번에 창조만 하고 그친 것이 아니라, 계속적으로 신에게 가까이 오도록 창조를 계속하고 있다.

유대교에서는 신은 세계를 완벽한 상태(perfect state)로 창조를 완성하지 않고 계속적으로 세계를 창조해 나가며, 신은 신 자신의 계속적 창조에 인간이 신의 창조의 계속 사업에 동반자(partner)로서 동참하여 도움을 줄 것을 기대한다는 창조의 계속 사상이 있다.[4] 이러한 창조의 계속 사상을 히브리어로는 Tikkun Olam이란 말로 표현하고 있다. Tikkun Olam은 세계를 고친다는 의미이며, 하나님은 이 세상을 창조하셨으나 단번에 완결적으로

---

1) 윤회설도 넓게는 결정론 내지 운명론에 속한다고 생각된다. 윤회설은 인간으로 하여금 선한 행위를 하도록 하는 교훈적인 사상이라 생각되나, 인과응보론에 입각해 있으며, 어느 정도의 선을 행하여야 구원에 이를 수 있을지 인간에게 불안을 주는 사상으로도 기능하지 않을까 생각된다. 회귀론(ewige Wiederkunft; the Eternal Recurrence)도 역시 윤회설과 함께 넓은 의미에서는 결정론 내지 운명론에 속한다고 생각된다. 이러한 윤회설, 회귀론은 인간에게 희망의 미래를 갖게 하는 사상으로보다는 숙명론으로 빠지게 할 위험성이 내재해 있다고 이해된다.

2) 진화적 창조론(길희성, 영적 휴머니즘 (아카넷, 2021), 532면)은 저자의 이러한 계속적 창조사상과 동일하다고 생각된다.

3) Matthew Levering, Biblical Natural Law: A Theocentric and Teleogical Approach (Oxford University Press, 2012), P. 11.

4) Elliott Dorff, “Judaism as a Religions Legal System”, in: Religion, Law and Ethics: A Symposium, The Hastings Law Journal, Vol. 29(1978), pp. 1348, 1349.

창조한 것이 아니라 지금도 창조사업을 계속하고 계신다는 뜻으로 창조론과 진화론을 아우르는 사상을 표현하며, 유대교의 일파에서는 지금도 이러한 사상을 견지하고 있다고 한다.[5] 또한 Tikkun Olam은 보다 완전한 세계를 만들어 나갈 인간의 의무로 이해되며,[6] 따라서 인간은 하나님의 파트너로서 세상을 개선하여 완전하게 만들어가야할 책임이 있다는 의미로도 이해되고 있다. 유대인들은 인간의 병든 몸을 고치는 것도 티쿤 올람이라 생각한다고 한다.[7] 이러한 유대교에서의 창조의 계속 사상은 인간은 신이 아니지만, 신은 창조를 완결하시지 않으시고 계속적으로 창조해 나가심에 인간에게 신 자신의 창조의 계속 사업에 도움을 주기를 기대하며, 신은 인간과 협력하여 창조의 완성을 이루어간다는 사상으로서, 인간과 이 세상의 장래를 희망적으로 파악하며, 인간을 신의 협력자 내지 동반자로서 신과 인간이 협력하여 더 나은 세계를 계속 창조해 나간다는 신인협력(神人協力)의 사상이라 생각한다.[8][9] 인간과 이 세상의 장래를 신인협력에 의한 창조의 계속에 의해서 더 좋은 사회로 발전해 나간다는 사고는 인간과 이 사회의 장래에 희망을 주는 희망적 역사관이라 생각한다.

이러한 희망의 역사관은 하나님의 인간 사랑에 극명하게 나타난다. 하나님의 형상을 따라서 창조된 인간이 타락에 의해 하나님의 형상을 완전히

5) Tikkun Olam에 대한 보다 자세한 내용에 관하여는, Mürsel Özalp, A survey on the concept of 'Tikkun olam: Repairing the world' in Judaism, Cumhuriyet İlahiyat Dergisi(Cumhuriyet Theology Journal) Vol.23, Nr.1 (Turkey, Sivas, Sivas Cumhuriyet University, Faculty of Theology, 2019. 6), pp. 292~293, 참조.

6) Ibid., p. 293.

7) 김상용, "기독법률가의 덕목(德目)으로서의 정의와 사랑", 연세법학, 또 다른 백년: 진리, 자유와 법학 (연세대학교 대학출판문화원, 2021. 11), 19면, 각주 45.

8) 필자는 일찍부터 이러한 신인협력이 창조론과 진화론의 조화를 위한 이론으로서 적절하다고 생각하였으며, 이러한 신인협력에 의한 더 나은 세계로의 발전을 신의 계속적 창조로 설명함이 적절하다는 생각을 갖고 있었다.

9) 마틴 루터는 하나님을 성서에서 말씀으로 선포된 하나님(the God preached)과 성서에서 기록되지 아니한 숨겨진 하나님(the God hidden)의 2 종류의 하나님으로 나누고, 하나님의 계시와 성서의 해석도 점진적으로 발전되고 확장되어 나간다고 하였다. 다시 말하면 하나님의 세계는 일시에 전부 알려지는 것이 아니라 점진적으로 알려진다고 하였다. 이와같이 하나님의 계시와 성서의 해석이 시간의 흐름에 따라서 점진적으로 인간에게 알려지고, 따라서 인간의 하나님의 세계의 이해가 발전되고 확장된다고 하였다(강성구, 원죄란 무엇인가? (도서출판 서로사랑, 1997), 107면), 이러한 루터의 하나님의 세계에 대한 점진적인 이해의 사상은 유대교에서의 tikkun olam 사상과 상통하는 사상이라 생각해 볼 수 있다.

상실하였지만[10] 하나님의 은혜에 의해 인간은 창조 본래의 하나님의 형상을 회복할 수 있다. 이러한 하나님의 은혜 의한 인간의 하나님의 형상의 회복은 하나님이 인간을 극진히 사랑하기 때문이다.[11] 특히 하나님은 타락한 인간의 구원을 위해 완전한 신의 형상인 예수 그리스도를 이 땅에 보내주셨다. 예수 그리스도의 죽으심으로 인하여 인간은 원죄를 사하시고 인간이 희망을 갖고 살도록 하셨다. 이는 하나님의 지극하신 인간사랑으로서, 인간에게는 구원의 희망을 갖게 한 것이다. 인간의 하나님의 형상의 회복의 가능성과 예수 그리스도를 통한 회복의 그 길은 하나님이 인간에게 주신 인간의 희망이다.

그리고 유대인들의 신에 대한 관계는 인간의 신에 대한 두려움의 관계가 아니라 사랑의 관계로 이해하고 있다. 그리하여 신인관계에서 신의 명령을 신의 인간에 대한 사랑으로 이해하고, 인간의 신에 대한 복종은 인간이 신의 인간에 대한 사랑을 받아들이는 표시(manifestation)로 이해한다.[12] 그리고 인간이 법을 지키는 것은 신에 대한 인간의 사랑의 표현으로 이해한다.[13] 그러므로 유대인들은 인간과 신과의 신인관계를 계약관계(covenant)로 파악하며, 그들의 유대법을 신의 인간 사랑법으로 받아들인다.[14][15] 또한 유대교에서 가장 중요한 경전(經典)이자 법전(法典)인 토라[16](Torah)는 신의 명

10) 개신교에서는 인간은 타락에 이해 하나님의 형상을 완전히 상실하였으며, 하나님의 은혜로 회복할 수 있다고 한 반면, 구교(舊敎)에서는 인간이 타락에 의해서 하나님의 형상을 완전히 상실할 것은 아니며, 부분적으로 하나님의 형상이 남아 있다고 한다(G, G. Berkouwer, The Image of God, Michigan(Grand Rapids; Wm, B, Eerdmans Publishing Company, 1962), p. 162). 인간을 신의 사람(man of God), 신의 자녀(child of God)라고 하는 것은 인간은 신을 닮았다는 뜻이며, 또한 이는 바로 인간은 신의 형상을 따라서 창조되었기 때문이다. 그리하여 인간의 육체는 신의 예술작품(God's art)이다(Berkouwer, op. cit., p. 77).

11) Ibid., p. 189

12) Dorff, op.cit., p. 1355

13) Ibid., p. 1355

14) Ibid., p. 1355

15) 유대법에서는 법의 강제를 도덕적 유인(moral induement)에 두고 있다. 유대법은 종교법이기 때문에 권리구제에 있어서도 인법(人法)에 의한 인간적인 구제방법(human remedy)보다는 신법(divine law) 위반에 의해 유죄가 된다는 도덕적 강제(moral; enforcement)의 방법에 크게 의존하고 있다(Ibid., p. 1359). 그리하여 유대인들에게는 법을 지키면 축복을 받고, 법을 지키는 것이 즐거움이며, 평화로 가는 길이라고 생각하고 있다(Ibid., p. 1360).

16) 토라는 모세오경이라고도 하며, 단순히 오경(Pentateuch)이라고도 한다. 창세기, 출애굽기, 레위기, 민수기, 신명기가 토라이다.

령이며, 인간은 이를 바꿀 수 없다고 한다.[17] 이 오경이 인간과 신과의 신인관계의 내용을 담고 있다. 그리고 유대인에게서 신은 공포의 신이 아니라 사랑의 신이다.[18] 또한 유대법은 신의 계명은 신의 인간사랑이며, 인간이 신의 계명을 지킴은 인간의 신에 대한 사랑으로 이해하고 있다. 따라서 유대교에서는 신인(神人)간은 협약관계(covenant)이며, 유대법은 신인(神人) 상호의 사랑법으로 이해하고 있다.[19] 그리고 유대인들은 하나님의 말씀을 인간의 가슴에 새겨진 법으로 이해하고 받아들였다.[20]

이러한 창조주의 창조의 계속 사상에 입각하여, 인간의 신의 형상도 계속적으로 인간이 본래의 신의 형상에로, 계속적 · 지속적으로 회복해 나갈 수 있다는 희망을 갖게 하며, 신도 인간에게 자신의 창조사업에 인간이 동참해 줄 것을 요청할 수 있고, 인간도 신에게 인간의 간절한 소망을 기도하면 신이 인간의 소망을 이루어주시는 기대와 희망을 가질 수 있으며, 인간과 사회의 역사가 발전적 · 희망적으로 진행해 나갈 수 있다는 미래에 대한 희망의 역사관을 가질 수 있는 세계관 내지 사관(史觀)이라 생각한다. 이러한 신의 창조의 계속 사상과 신인협력 사상은 타락에 의해 잃어버린 인간의 하나님의 형상의 회복을 계속적, 지속적으로 실천해 나갈 것을 요청하는 사상이기도 하다. 이러한 창조의 계속 사상은 독일의 신학자 몰트만(Jürgen Moltmann: 1926~2024)도 견지하고 있는 사상으로 이해된다.[21]

또한 성서는 창조가 단지 과거에 완결된 사건이 아니라 계속 완성을 향하여 진행되고 있는 사건임을 보며준다는 견해도 주장되고 있다.[22] 이를 연속창조론으로 표현하여, 신의 연속창조에 있어서는 자연과 인간이 단지

17) Dorff, op.cit., p. 1334
18) Ibid., p. 1355
19) Ibid., pp. 1354~1355
20) Milton R. Konvitz, “ Conscience and Civil Disobidience in Jewish, Christian and Greek and Roman Thought”, in: :Religion, Law and Ethics: A Symposium, The Hastings Law Journal, Vol. 29(1978), p. 1634
21) Ann McDougall, Pilgrimage of Love: Moltmann on the Trinity and Christian Life (Oxford University Press, 2005), p. 111.
22) 한우식, 과학시대의 종교를 말하다(Religion in an Age of Science)(연세대학교 대학출판문화원, 2022), 144면.

일회의 창조의 대상이 그치는 것이 아니라 인간은 신의 연속적인 창조의 파트너가 된다고 한다.[23] 그리하여 연속창조론에서는 인간을 신과 공동창조자로 인정한다.[24] 필자는 신의 이 우주의 창조 후에 신은 인간과 협력하여 창조를 계속해 나간다고 생각하며 또한 그렇게 믿고 있다.

그리고 이러한 신의 창조의 계속 사상에 의하면, 자연법도 신인협력에 의해 계속적으로 창조해 나갈 수 있는 사상으로 활용할 수 있을 것으로 생각한다. 이러한 사상에 의하면, 나치의 학정(虐政)을 극복하기 위하여 생성된 20세기 자연법론의 재생(Renaissance der Naturrechtslehre)을 자연법의 계속적인 창조의 하나로 설명할 수 있는 장점이 있다고 생각된다. 그리고 앞으로 새로운 자연법을 더 많이 창조해 나갈 가능성을 제공하는 유용한 법사상이 될 것으로 생각된다.

이처럼 창조주 하나님은 인간을 그의 형상을 따라서 창조하셔서 그의 자녀로 삼으시고, 계속적, 지속적으로 인간으로 하여금 하나님의 형상을 회복할 수 있도록 인간을 얼래고 달래면서 인간이 하나님의 세계로 돌아와 하나님 자신과 함께 이 세계의 역사를 계속적으로 새롭게 창조해 나가실 것을 원하신다. 신의 이 세상의 창조는 인간의 행복에 있다.[25] 신은 인간의 행복을 위해 토라(Torah)와 복음(Gospel)을 인간에게 주셨다.[26] 또한 신은 인간의 번성을 바라신다.[27] 이러한 하나님의 섭리(攝理)는 하나님의 극진하신 인간 사랑이며, 인간에게는 무한한 희망인 것이다.[28] 그리고 인

23) 상게서, 156면,
24) 상게서, 178면.
25) Levering, op. cit., p.210
26) Ibid., p. 210
27) Ibid., p. 234
28) 서구(西歐)에서 인간이 하나님을 멀리하게 된 것이 이미 17세기 및 18세기에 시작되었다고 한다. 하나님의 본성은 사랑이다. 그러나 인간이 하나님을 멀리 하면서 하나님의 사랑 대신에 인간의 행복을 위해 인간이 찾은 것들이 이성, 발전, 민족국가, 주의(ism) 등 수많은 인간의 우상들(idols)이었으나, 그러는 사이에 신은 천천이 죽어가고(slow death of God), 인간에게 궁극의 만족은 이루어지지 못하고, 인간에게 이루어지리라고 기대감을 주었던 수없는 인간의 약속들은 실현되지 못하였다고 진단하면서, 그래도 오로지 살아서 희망이 되어주는 것은 신의 사랑이라고 진단한 저작이 있다(See, Simon May, Love: A History (Yale University Press, 2011), pp.3~4). 신의 사랑이 신의 이 세상과 인간창조의 근원이고 동인이라 생각한다(전게 찬미 받으소서, 63면 참조). 신의 사랑이 이 세상의 근원이다. 그러므로 신의 사랑을 능가할 인간이 만든 가치는

간의 하나님의 형상의 회복을 향한 인간의 길은 인간에서의 희망의 빛이다. 또한 인간이 창조주의 형상을 회복해 나가는 것은 인간이 창조주를 닮아가는 창조주의 동반자로서의 자격을 회복해 나가는 길이다. 그것이 바로 인간에게서의 희망이다. 또한 그러한 인간을 희망의 길로 이끌어가는 법이 자연법이다. 자연법은 인간이 창조주 신에게로 되돌아가도록 인도하는 법이다.[29]

사람도 사회도 역사도 변화한다. 이러한 변화의 궁극의 동인은 창조주의 섭리라 생각한다. 그리고 변화의 주체는 창조주이다. 인간이 변화를 실천하고 있지만 궁극의 동인은 창조주이심을 믿는다. 창조주가 창조한 이 세상을 창조만 해 놓으시고, 그 변화를 인간에게 전적으로 맡겨두지는 않았다고 생각한다. 창조주의 창조는 계속되고 있다고 생각한다. 이 세상의 변화는 신인협력으로 끊임없이 진행되고 있다고 생각한다.[30]

없을 뿐만아니라 있을 수도 없다고 생각한다. 인간이 신의 사랑에 동참하고 참여하는 것이 인간의 근본가치라 생각한다. 따라서 사랑은 모든 존재 및 모든 가치의 근원이고 시원(始源)이다(Ibid., p. 18). 근세이래 인간중심의 개인주의가 발전함으로써 인간은 개인만을 보고 이웃을 보지 못하였다. 그러나 창조주는 인간 모두를 하나의 가족으로 보았다. 이웃을 모두 한 가족으로 보았다. 전지구적으로는 지구가족을 이루고 인간 개인들에게 인간이 하나님을 사랑하듯이 이웃을 사랑하라고 하시고, 이웃을 사랑하는 것이 바로 창조주 신 자신을 사랑하는 것이라고 가르쳤다(마태복음 제25장 제40절). 그러나 근세이래 발전된 개인주의가 강화됨으로써 인간은 이웃을 잊어버리고 개인의 행복과 만족만을 생각하여 왔다고 생각한다. 이러한 자기사랑의 개인주의에서 벗어나 모두가 이웃이고 이웃사랑이 곧 창조주의 대한 사랑이며, 그 이웃사랑이 하나님의 형상의 회복의 길임을 다시 자각하여야 한다고 생각한다(Ibid., p. 18).

29) Levering, op. cit., p. 13.

30) 프란치스코 교황은, 하나님의 거룩한 현존은 모든 존재의 생존과 성장을 보장해 주며, 창조사업은 계속 이어 나갑니다라고 말씀하셨다(전게 찬미 받으소서, 66면 참조).

논문 3: 기독법률가의 덕목

I. 개설: 기독교대학인 연세대학교에서의 법학교육 시작의 남다른 뜻

부족하기 그지없는 저이지만, 기독교인으로서, 기독교 대학에서 학문과 신앙생활을 하고픈 마음을 갖고 이를 소망하여 왔다. 그 소망이 이루어져 우리 연세대학교 법과대학과 법학전문대학원에서 22년간 교수생활을 하고 교목실에서 운영하는 교수성서연구모임에 나가 신앙생활을 함께 하였다. 현직에 있을 때에는 연구와 강의 및 집필을 하면서 가능한한 기독교 정신을 나의 하는 일에 조금이라도 투영하고픈 마음이었지만 제대로 하지 못하였다. 그러나 강의 시간에 성서의 말씀을 인용하면서 강의하였다. 구하라 그러면 너희에게 주실 것이요, 찾으라 그러면 찾을 것이요, 문을 두드려라 그러면 너희에게 열릴 것이리라는 말씀[1]을 자주 인용하였다. 물론 학생들로 하여금 열심히 공부하라는 뜻으로 그 말씀을 자주 인용하였던 것이다. 나도 이 말씀을 미지의 진리의 세계를 찾아 나가는 좌우명으로 삼아 학문생활을 이어왔다.

그러나 기독교의 핵심사상은 사랑임에도 그 사랑은 그리 강조하지도 실천하지도 못하고 교수생활을 하여 왔다. 믿음, 소망, 사랑, 이 세 가지는 항상 있을 것인데 그 중에 제일은 사랑이라는 말씀[2]은 정년을 하고서야 마음에 더욱 와 닿고, 전래적으로 이해되어 왔던 법의 이상으로서의 정의와 함께 사랑도 법의 이상으로 받아들여져야 한다는 생각을 하게 되고, 따라서 정의와 사랑이 법에서 어떠한 위치에 자리하여야 하며, 어떻게 기능하여야 할 것인가에 관심을 가지게 되었다. 그리하여 법에서의 정의와 기독교의 핵심윤리로서의 사랑이 법에서 어떻게 상호작용하여야 이 세상이 평화로운 사회가 될 수 있을 것인가에 관심을 가지게 되었다.

연세대학교는 기독교 대학으로서, 다른 비기독교대학과는 달리, 학문만

1) 마태복음 7장 7절
2) 고린도전서 13장 13절

을 하는 대학을 넘어 영혼의 구원까지 돌보는 대학이라 필자는 늘 그렇게 생각하고 강조하였다. 그러한 생각에는 변함이 없으며 앞으로도 더욱 그러한 방향으로 발전되어 갈 것을 소망한다. 연세대학교는 의학과 신학을 시작으로 서양중세의 대학의 모습을 갖추어 나왔다고 평가된다. 서양의 중세의 대학은 신학, 의학, 철학, 법학 4개의 학문을 중심으로 하여 대학이 설립되고 발전되어 왔다. 우리 연세대학교는 의학과 신학은 그 시작부터 가르쳐졌으나 법학은 상당히 늦은 시기에 와서 가르쳐지기 시작하였다. 법학이 가르쳐진 시기를 연희전문대학에서 학칙으로 법학을 학과목으로 규정하였을 때인 1921년부터라고 한다.[3)][4)] 이렇게 연세대학교에서의 학문의 4대분야인 법학이 가장 늦게 가르쳐지고 학과가 개설된 것은 기독교대학인 연세대학교에서는 특별한 역사적 뜻을 갖고 시작되었으며 또한 남다른 특별한 의미가 있었다고 생각된다.

연희전문대학에서 법학이 가르쳐질 때의 한국에서의 법상황은 악법인 제정법을 극히 중시하는 법실증주의(Gesetzespositivismus)가 강하게 지배하던 시대였다. 당시 대표적인 악법으로는 집회결사를 탄압하기 위한 1907년의 보안법, 1912년의 조선태형령, 헌병경찰제의 실시,[5)] 1925년의 치안유지법 등에 의한 태형제도, 예심제도, 예비구금제도 등의 비인간적인 제도가 시행되던 시대였다. 그러므로 일본에 의한 제국주의적인 법은 극히 법률실

3) 연세법학 90년사 1921~2011(연세법학 90년사 편찬위원회 간, 2011), 79, 84면

4) 그러나 필자의 추론으로는, 1915년에 연희전문대학교가 설립되고, 일본인 법학교수인 츠다 타케야(津田猛哉)가 1918~1920년간 재직하였으며 당시의 연희전문대학 상과에서 법학을 가르친 점에 비추어 보면, 1921년이전에 이미 연희전문대학에서 법학과목이 교과목으로 가르친 것으로 생각된다. 일본 츠다 교수는 동경제국대학에서 법학을 전공한 분으로 연희전문대학 교수로 재직한 후에 한국에서 판사로 오랫동안 경성(京城), 대구, 평양 등 여러 지역을 전근하면서 판사로 재직한 점과 츠다 교수의 부부는 모두 기독교인으로서(이종수 집필, "유억겸 교수(1895~1947): 연세법학의 선구자", in: 연세의 법학자들 I (연세대학교 대학출판문화원, 2020), 20면, 尾註 10), 당시의 일본제국주의 악법에 고통을 받던 한국민을 위하여 기독교의 사랑의 정신으로 당시의 법을 해석·적용하여 한국민에 대하여 우호적인 일본인 판사였던 분으로 생각된다. 당시에 일본제국주의 악법을 그대로 적용하여 한국민의 고통을 가중한 일본인 판사들은 한국민으로부터의 불신과 스스로의 불안으로 오래 한국에 머물러 있기 힘들었을 것으로 짐작되며, 여러 곳을 전근하며 근무하는 것 또한 쉽지 않았을 것임을 생각해 보면, 츠다 판사는 기독교의 사랑을 당시의 악법 속에서도 한국민에게 실천하려고 했던 것으로 짐작된다.

5) 헌병경찰제는 1910에서 1919년까지 시행되었다. 헌병경찰은 민사사건에도 개입하였다.

증주의적인 악법들이었다.[6] 그 시대에, 그러나 다른 한편으로는 법실증주의에 대립되는 자연법 사상의 흐름도, 계속 이어지지는 못하였지만, 한국에 소개되고 실행될 것이 주장되었다. 1884년에 갑신정변의 실패로 미국으로 갔던 서재필이 한국으로 돌아와 1895년에 독립협회를 조직하고, 만민공동회를 개최하여 서양의 자연법 사상에 기초하여 아래로부터의 자연법적인 시민사회를 이루기 위한 사회운동을 전개하였다.[7] 그리고 1905년에는 대한매일신보에서 미국의 독립혁명과 프랑스 대혁명을 소개하여 천부인권과 평등사상을 여론화하였다[8]. 또한 1906년에는 천주교에서 경향신문을 발행하여 법률계몽운동을 전개하였다. 경향신문에서는 1905년에 제정된 형법대전을 해설하면서 법은 개인의 이익과 권리의 보장을 위한 제도라는 방향으로 민중을 계몽시켰다. 그러한 자연법 사상에 기초한 근대 시민사회의 실현을 위한 운동은 일본제국주의 법실증주의에 입각한 억압으로 인하여 오래 지속되지 못하였다.

한편으로 1895년에는 법전문가 양성기관으로 법관양성소를 설립하고, 1905년에 보성학교가 개교되어 법학교육이 이루어졌다. 이러한 법전문가 양성소와 법학교육에 의하여 가르쳐진 법은 법실증주의에 입각한 일본의 제국주의 법이었다. 그로 인하여 한국민의 악법에 의한 고통은 말할 수 없이 컸을 것임은 의심의 여지가 없다. 1905년에 한국에서 최초로 유성준의 법학통론의 책이 출판이 되었다. 그리고 1907년에는 유치형에 의한 헌법교과서가 출판되었으나, 민주주의 대원칙인 다수결의 원리와 개인주의 등의

6) 구한말, 일제 강점기 및 해방이후에 우리나라에서는 법실증주의자 한스 켈젠(Hans Kelsen: 1881~1973)의 순수법학이 유행하였다. 한스 켈젠의 순수법학에서는 제정법이외의 도덕, 윤리, 종교 등의 가치의 개입을 법에서 일절 배제하고, 오로지 국가제정법만을 법으로 다루고 그 제정법의 효력도 법단계설에 따라서 상위의 제정법이 하위의 제정법의 효력의 근거라고 하였다(김상용, 자연법론과 법정책(피앤씨미디어, 2015), 104~105면). 가장 상위의 제정법인 헌법위에는 제정법이 없으므로 근본규범이라는 관념을 내세워 헌법의 효력근거로 삼았다. 이러한 켈젠의 극단적인 법실증주의가 일제의 제국주의 식민지 경영에 가장 유용하였을 것임은 말할 것도 없다(김효전, "경성제대 공법학자들의 빛과 그림자", 공법연구 vol.41,no.4 (한국공법학회, 2013), 267~318면, 참조).

7) 서재필은 그가 미국에서 익힌 자연법 사상에 기초하여, 당시 우리의 의병들이 일본군을 살해하는 것에 대해 이를 비판하였다.

8) 김상용, 한국법사와 법정책(피앤씨미디어, 2014), 178면.

서구학풍에 대하여 비판적으로 서술하였다.[9)]

이러한 법실증주의 악법의 시대상황에서 한국민의 고통을 덜고 법실증주의와는 다른 인간적인 법인 자연법에 의한 한국민을 위하여 아래로부터의 시민사회를 열어 갈 수 있는 법학교육의 필요성을 절감한 선각자들이 기독교의 사랑에 기초한 법의 구축을 위하여 법학교육을 시작한 것이 연희전문대학에서의 법학교육의 시작이라는 남다른 뜻이 있다고 생각된다. 단순히 법관 내지 관리양성을 위한 법학교육을 시작한 것이 아니라, 악법의 시대상황에서도 한국민들이 인간으로서의 가치를 찾을 수 있는 방안의 하나로서 법학교육을 시작하였다고 추론된다. 이미 연세대학에서는 신학이 가르쳐 지고,[10)] 의학에 의하여 한국민의 생활의 질의 개선을 도모하였으며, 기독교에 입각한 자연법에 의하여 한국민의 인격을 지키고 존중하며, 조금이라고 한국인의 이익을 보호할 수 있는 아래로부터의 시민사회 건설을 생각한 법학교육을 시작하였다고 평가된다. 그리하여 기독교대학인 연세대학에서의 법학교육의 시작은 당시의 제국주의 일본법의 이해와 그를 넘어서 당시의 어려웠던 법실증주의 상황을 자연법론으로 극복해 나감은 물론 먼 훗날 반드시 도래할 시민사회의 건설을 위한 자연법의 기초를 놓은 것이라는 역사적 의미가 있었다고 평가된다. 현재 연세대학교 법학전문대학원의 교육이념이 기독교 정신에 입각하여 섬김의 리더십을 실현하는 글로벌 법조인의 양성이다. 이러한 이념은 현재의 연세대학교 법학전문대학원의 법학교육 이념일 뿐만 나이라, 연희전문대학에서의 법학교육의 시작부터의 법학교육이념이라 생각한다.[11)] 필자는 연희전문대학에서의 법학교육의 시작은 법실증주의 악법의 시대에 이미 창조주께서 한국이 해방되어 시민사회로 전환되어 나아감에 필요한 법학교육을 시작하도록 섭리하셨다고 믿는다. 그러한 법학이 어떠한 법학일까? 필자는 그것이 바로 성서의 말씀에 기초한 정의와 사랑의 법학이었다고 감히 말하고 싶다.[12)]

---

9) 상게서, 176면.

10) 연희전문대학의 전신인 1886년의 경신학교는 목회자 양성을 주 목적으로 하였으며, 1924년 연희전문대학에서는 성서가 교과목으로 설치되었다.

11) 전게 연세법학 90년 1921~2011, 73면.

Ⅱ. 정의와 사랑의 덕목

인간사회에서 덕(virtue, Tugend)이란 탁월함(Exzellenz), 최선(Bestheit)의 의미를 지니며, 인간이 도달할 수 있는 최상의 성품, 인품, 품격을 말한다.[13] 이를 달리 표현하면 덕이란 인간의 탁월한 성품(hervorragende Ckaraktereigenschaft) 내지 모범적인 자세(vorbildliche Haltung)라 할 수 있다. 이러한 덕은 사람으로 하여금 도덕적으로 선한 일을 하도록 추동한다. 이러한 덕으로서, 서양에서는 사회의 기초가 되는 덕목으로 7개의 덕목을 들고 있다. 4개의 덕목은 소크라테스, 플라톤, 스토아철학에서 정립되어 주장되고 그 후 시대의 변화에 따라서 더욱 정제된 세속의 덕목이며, 3개의 덕목은 기독교의 말씀에 기초한 덕목이다. 세속의 4개의 덕목은 정의(Gerechtigkeit) 절제와 극기(Selbstbeherrschung; Besonnenheit), 용기(Tapferkeit; Starmut), 지혜(Weisheit; Klugheit)이며, 기독교의 말씀에 기초한 3개의 덕목은 믿음(Glaube), 소망(Hoffnung), 사랑(Liebe)이다.[14] 이러한 7개의 덕목 중에서 정의와 사랑이 가장 기본적이고 기초적이며 핵심적인 덕목(Kardinaltugend)이다. 때로는 정의는 절제와 극기, 용기, 지혜를 다 포괄하는 덕목으로 다루어지며, 사랑은 믿음과 소망의 덕목을 포괄하는 덕목으로 다루어진다. 그리하여 덕목으로서 정의와 사랑은 서양에서의 7가지의 덕목을 모두 포괄하는 덕목으로 다루어지기도 한다. 그러므로 일반적으로 덕으로서의 정의와 사랑은 좁은 의미에서의 정의와 사랑을 넘어 모든 덕목을 포괄하는 덕으로 다루어진다.[15]

---

12) 그러한 정의와 사랑의 자연법학이 연세법학에서 유지되어 왔는가에 대해서는 많은 성찰을 요한다고 생각된다. 시대의 흐름에 따라서 법학교육이 흘러온 감이 없지 아니하지만 그래도 말씀에 기초한 법학의 생명은 유지되고 있다고 생각된다. 그러한 방향으로 창조주께서 인도해 나가 주실 것임을 확실히 믿는다. 필자도 이에 동참한다.

13) 김상용, (법정책 방향으로서의) 정의와 사랑: 법과 성서와 역사 연구소, 연구시리즈 제5권 (피앤씨 미디어, 2019), 53면.

14) David Johnston, A Brief History of Justice (UK, Wiley-Blackswell, 2011), p. 48.

15) 유학에서는 그 시초에는 인(仁), 의(義), 예(禮), 지(智)의 4덕목을 제시하고, 인(仁)이 다른 모든 덕목(德目)을 포괄하는 덕목으로 이해되기도 하였다. 좁은 의미의 인(仁)은 남을 사랑하는 것이었다. 사랑은 모든 것의 핵심이며 근원이다. 그리하여 모든 덕목은 예외 없이 핵심인 인(仁)에서 파생되는 것으로 이해되었다. 그리고 4덕목에 신(信)의 덕목이 한대(漢代)에 와서 추가되어 인의예지신(仁義禮智信)의 덕목을 5상(五常)이라 한다. 이러한 유학에서의 기본적인 덕목은 시

주된 덕목으로서의 정의와 사랑은 그 개념을 정의하기 어려운 불확정 개념이다. 사랑은 창조의 동인(動因)이고, 정의는 창조의 질서이지만, 시대의 변화에 따라서 그 내용이 확장되고 변화되어 왔기 때문에 정의와 사랑을 정확히 개념정의하기는 불가능하다.[16] 그러나 정의와 사랑은 인간사회에서 개인은 물론 사회도 지키고 실행하여야 할 개인의 덕목이면서 동시에 사회의 덕목이며, 인간도 사회도 추구해 나가야할 영원한 이상이고 가치이다.

정의는 그 개념 정의(定義)가 불가능하지만, 정의는 인간이 가장 행복하게 살아갈 수 있는 가장 좋은 공동체를 이루고자 하는 최고의 이상이자 목표이다. 사회가 부정의할 때에 정의가 강하게 요청되며, 시대의 변화에도 불구하고 정의는 인간의 최고이상이며, 정의는 끊임없이 찾아 나가야 하는 덕목이고 사상이며 가치이다. 이처럼 정의는 계속 찾아 나가야 하며, 정의는 단 번에 이룰 수 있는 것이 아니며, 끊임없는 노력 끝에 정의에 접근할 수 있을 뿐이다.[17] 이와 같은 넓은 의미의 정의는 바름, 반듯함, 올곧음, 당당함, 떳떳함, 마땅함이라고 할 수 있을 것이다. 이러한 정의를 보편적 정의(universal justice), 법적정의(legal justice)라 한다. 아리스토텔레스가 정의를 배분적 정의(distributive justice)와 교정적 정의(corrective justice)로 나누었지만, 그 정의는 일반적, 보편적 정의가 아니라 특수적 정의(particular justice)이다.[18] 아리스토텔레스가 이렇게 정의를 배분적 정의와 교환적 정의로 나누어 비례적 평등과 균등적, 산술적 평등을 이루고자 한 것은 그러한 평등을 이루어야 공동체, 당시로서는 그리스의 도시국가 결속(binding)

대의 변화에 따라서 더욱 세분화되어 왔다.

16) Wolfgang Kersten, Theorien der Gerechtigkeit (Metzler Verlag, 2000), S. 12; Günther Herrmann, Gerechtigkeit: Impulse für ein menschliches Rechtsleben (Duncker & Humblot, 2012), S. 71.

17) Herrmann, a. a. O., S. 39.

18) 배분적 정의와 교정적 정의는 양자 공(共)히 평등을 이루고자 하는 정의로서, 배분적 정의는 명예, 부, 공동체 자산, 전리품 등을 공동체 구성원들에게 각자의 공동체에 대한 기여 내지 공적에 따라서 비례적으로 평등(proportional equality)하게 그의 몫을 배분하고자 하는 덕목이었으며, 교정적 정의는 사인(私人)간의 거래관계에서 손해를 입은 사람에게 손해를 전보케 하여 거래당사자의 본래의 위치를 복구함을 목적으로 하는 덕목으로서 상호대등하고 균등한 양적평등의 산술적 평등(arthimetical equality)을 내용을 하는 덕목이었다. 이러한 교정적 정의의 덕목은 중세의 스콜라철학에서 교환적 정의(commutative justice)라는 용어로 그 용어가 바뀌어 사용되었다.

을 이룰 수 있다고 생각하였기 때문이었다. 따라서 정의론은 공동체의 결속과 유지를 위한 덕목으로 시작되었다. 아리스토텔레스는 보편적 정의를 완전한 덕목(complete virtue)이라 하고, 특수적 정의는 특수한 덕목(particular virtue)이라고 하였다.[19] 그러나 정의는 주로 아리스토텔레스의 정의 분류를 따라서 발전되어 왔으며, 오늘날 널리 사용되고 있는 사회정의(social justice)는 빈곤의 문제를 해결하기 위한 배분적 정의가 발전되어 변형된 정의이다.[20] 법의 이상으로서의 정의는 특수적 정의가 아니라 보편적 정의이다. 이러한 보편적 정의는 BC 1750년 바빌로니아의 함무라비 법전에서 이미 실정법으로 규정이 되었다.[21]

법(ius)이란 용어가 정의(iustitia)라는 용어에서 출발한 것을 보면, 정의는 법위에 있으며, 법은 정의의 반사(反射)이며, 입법은 정의의 구체화이며,[22] 법의 집행은 정의의 실현이다. 그러므로 법의 내용은 정의일 것이 요청된다. 그리고 정의는 부정과 불법이 만연할 때에 더욱 강하게 요청된다. 이와같이 정의는 법의 이상, 이념이며 법의 목표이다. 이처럼 정의는 법의 이상이며 법의 궁극으로서 법의 시작과 함께 법을 이끌어 왔으며, 미래에도 영원히 법의 이상으로 법을 이끌어갈 궁극의 가치라 생각한다.

정의와 함께 기독법률가의 덕목으로의 사랑은 기독교에서 출발한 덕목이다. 사랑에도 여러 가지가 있다. 기독교의 사랑이 헌신적이고 희생적인 사랑인 아가페 사랑(agapic love)이지만, 기독교에서 아가페 사랑이란 용어를 사용하기 전에 이미 그리스 철학에서 사랑이란 개념이 사용되고 있었다. 플라톤에 의한 에로스 사랑, 아리스토텔레스에 의한 필리아 사랑이 그

19) Izhak Englard, Corrective and Distributive Justice: From Aristotle to Modern Times (Oxford University Press, 2009), p. xi.

20) 정의론의 역사에서 초기에 가난의 문제는 정의논의의 대상이 아니라 교회의 사랑의 문제로 다루어졌다. 그러나 18세기에 와서 가난, 빈곤의 문제를 법에서 정의의 문제로 다루기 시작하여, 배분적 정의가 사회정의로 전환되는 계기가 되었다. 가난이 배분적 정의에서 다루어졌을 때에 배분의 기준은 공적이 아니라 필요(need)로 바뀌었으며, 오늘날 사회정의에서 배분의 기준은 평등이다.

21) 함무라비법전에서는 바빌로니아의 왕 함무라비 자신이 바빌로니아에 정의가 실현되도록 하는 왕으로 소명을 받은 자라고 규정하였다.

22) Herrmann, a. a. O., S. 91.

것이다. 에로스 사랑은 갈급하게 갈구하는 사랑이다. 플라톤에게 있어서의 에로스(Eros)는 그의 이상세계인 이데아(Idea)를 갈구하는 받고자 하는 사랑이었으며, 아리스토텔레스에게 있어서의 필리아(Philia)는 우정으로서 혼자만의 사랑의 대상에 대한 갈망이 아니라 사람상호간에서 서로에게 유익이 되고자 하는 것을 얻고자 하는 사랑이었다. 그리하여 필리아는 공동체 내에서 공동체 유지를 위한 공동체 구성원 간의 상호적인 사랑이었다.

그러나 성서에서의 사랑은 자기 희생적이고 헌신적인 아가페 사랑이다. 아가페 사랑이라는 용어는 BC 300년 경, 히브리어로 쓰여진 성서를 당시의 국제어였던 희랍어로 번역한 70년역(Septuaginta)에서 처음으로 사용되었다.[23] 성서에서 아가페 사랑의 용어가 사용되기 전에 이미 중근동에 신(神)은 사랑이다,[24] 서로 사랑하라, 원수도 사랑하라는 말이 형성되어 사용되고 있었지만, 히브리어 성서에서는 이러한 희생적이고 헌신적인 사랑과 다른 유형의 사랑을 구별하지 않았다.[25] 그리하여 이러한 희생적이고 헌신적인 사랑은 다른 유형의 사랑과 구별할 필요성이 인식되어, 히브리어 성서를 희랍어로 번역하면서 이러한 헌신적인 사랑을 아가페로 번역하게 되어, 에로스, 필리아와는 다른 유형의 가장 고귀한 사랑으로 분류되어 사용되었다. 기독법률가의 덕목으로서의 사랑은 바로 아가페 사랑을 의미한다. 서양에서의 7가지 덕목 중의 사랑도 아가페 사랑을 의미하는 것으로 이해된다.

이처럼 정의는 일찍부터 실정법으로까지 입법으로 규정되어 법의 이상으로 받아들여지고, 로마제국에서도 정의를 바탕으로 하여 로마법이 발전되어 왔으나, 사랑은 그 용어 형성이 정의보다는 훨씬 늦었으며, 로마법은 정의를 기초로 하여 발전하고, 사랑은 기독교에서 이를 실천하여 발전시킴

23) André Comte-Sponville, Liebe: Eine kleine Philosophie (Aus dem französischen von Hainer Koben, Zürich, Diogenes Verlag, 2011), S. 126

24) 요한 1서 4장 8절 및 16절. 성 아우구스티누스는 신은 사랑이다라는 이 성서의 말씀을 중심으로 그의 신학을 전개하였다. 성서의 말씀에 비추어 볼 때에도, 신은 사랑이고, 신이 이 세상을 창조하였음으로, 창조된 피조물은 모두 창조주의 사랑의 산물(産物)이며, 피조물 상호간의 관계 역시 사랑의 상호작용이라 생각한다.

25) 히브리어로 쓰여진 구약성서에서는 사랑을 모두 아합('ahab)이라 표현하였다.

으로써, 기독교의 사랑의 정신이 도덕신학(Moraltheologie)의 내용이 되어, 중세교회법의 발전에 영향을 주기는 하였으나, 사랑이 정의와 함께 법의 이상으로 받아드려지는 못한 상태가 지속되고, 근세에 와서 정교분리에 의하여 더욱더 사랑은 법의 이상으로 받아들여지지 못한 상태로 오늘에까지 이르렀다고 생각된다. 그러나 사랑은 정의와 함께 가야하며, 정의만이 법의 이상이 아니라 이제는 사랑도 법의 이상으로 받아들여져야 한다고 생각된다. 물론 정의와 사랑은 별개의 독립적인 이념, 사상, 가치로서 서로 구별되지만 분리될 수는 없다. 견해에 따라서는 양자를 분리하기도 하지만 양자는 함께 있어야 하고 함께 가야한다고 생각한다.

필자의 사견(私見)으로는 창조주의 이 세상의 창조의 동인(動因)은 사랑이라 생각한다. 창조주는 사랑으로 이 세상을 창조하시고, 이 세상의 운행질서로서 정의를 세우셨다고 생각한다. 따라서 사랑은 창조의 동인이고, 정의는 창조된 이 세상의 운행질서로서 그것은 바로 사랑의 질서라 생각한다. 사랑은 만물의 근원이고 정의는 사랑이 흘러가야할 길이고 질서라 생각한다. 그리고 이 세상의 운행은 사랑의 작용으로 이루어진다고 생각한다. 그리하여 정의와 사랑은 인간의 덕목이지만, 신의 세계의 질서라고 생각한다. 신의 세계가 바로 정의와 사랑이라 생각한다. 따라서 정의와 사랑은 법에서만의 최고의 이상이 아니라, 인간과 사회의 모든 방면에서의 최고의 질서원리라 생각한다.

우리 연세대학교의 교훈이 진리가 너희를 자유케 하리라[26] 이다. 여기에서의 진리는 창조주의 세계를 의미한다고 생각한다. 그 창조주 하나님이 바로 진리이시고, 그 진리의 세계는 정의와 사랑의 세계라 생각한다. 저의 좁은 생각이지만, 연세법학의 중심은 법에서 어떻게 하나님 나라를 구현하는가에 있다고 생각한다. 이는 바로 법을 통한 정의의 구현과 사랑의 실천의 길이라 생각한다. 법의 입법에도 법의 해석과 적용에도 정의와 사랑이 실현될 수 있도록 법학을 익히고 적용하는 것이 기독연세법률가들의 사명이라 생각한다. 정의와 사랑이 함께 작용하는 연세법학의 개척이 감히 기

26) 요한복음 8장 32절

독연세법률가에게 주어진 과제라 생각한다. 창조주는 진리 그 자체이고 사랑이다. 그러므로 진리안에서 사랑을 실천하는 자는 두려울 것이 없다.[27] 바로 그러한 정의와 사랑의 덕목의 소유자가 기독법률가일 것이 요청된다고 생각한다.

Ⅲ. 자연법의 기초와 내용으로서의 정의와 사랑

법의 역사에 있어서는, 실정법만이 법이라는 법실증주의와 실정법위에 실정법을 지도하고 지침이 되는 법이 있다는 자연법론이 서로 대립하고 비판하면서 법이 발전되어 왔다. 법실증주의는 고대 그리스의 소피스트들에 의하여 주장된 강자의 명령이 법이라는 관념에서 이미 잘 나타나 있었으며, 제정법만을 법으로 이해한 법실증주의는 절대주의, 제국주의, 전체주의, 사회주의, 식민주의 법사상으로 널리 인정되고 받아들여졌다.

자연법론은 소크라테스, 플라톤, 스토아 철학에서 실정법 이외에 인간의 영혼을 깨우쳐 주고, 인간행동의 기준이 되는 객관적 가치이며, 이성의 질서인 법이 있음을 인정하고 그러한 법을 자연법이라 하였다.[28] 이러한 자연법은 제정법처럼 국가가 제정하고 조문화되어 있지는 않지만, 제정법 위의 객관적 가치를 담고 있으면서 제정법을 지도하고 제정법의 지침이 되는 법의 존재를 인정하였다. 그리고 자연법론자들은 이러한 자연법을 법의 법(Recht des Rechts)이라고 하였다.[29] 이러한 자연법 사상은 고대 그리스에서는 플라톤의 이데아론, 스토아철학의 로고스(logos) 사상으로부터 배태되어, 중세에는 교회법에서 인간의 이성으로 이해된 신법(神法)을 자연법으로 이해하여 중세에는 자연법이 크게 발전되었다. 그리고 근세에 와서는 인간의 이성이 강조되고 이성에 의한 법을 자연법으로 이해하였다. 근세 인간이성에 의한

27) 요한 1서 4장 18절

28) 물론 그들이 자연법이란 용어를 사용한 것은 아니었다. 그러나 자연법적인 사고의 기초를 놓은 철학자들이다. 자연법이란 용어의 사용은 스토아철학에서의 이 세상의 법칙(Weltgesetz)으로서의 로고스의 전개로부터 시작되었다.

29) Thomas Vesting, Rechtstheorie, 2. Aufl.(Beck, 2015), S. 97.

자연법론과 자연법 사상은 고대 스토아철학에서의 로고스 사상으로부터 시작하여, 중세에는 신이 지배하던 신중심의 세계이었기 때문에, 중세의 인간의 신의 지배로부터 인간의 독립성과 독자성 인정의 사상적 근거로 인간의 이성이 강조되고, 그러한 인간의 이성으로 이해된 이성법을 자연법으로 정립하였다. 그리하여 근세에는 중세의 신중심의 시대를 극복하기 위하여 인간중심의 이성이 강조되어, 근세는 이성의 시대, 법에서는 이성법의 자연법 시대를 이루었다. 이러한 근세의 자연법론은 근대 서양의 1794년 프로이센왕국의 일반법전(ALR), 1804년의 프랑스 민법전(C.c.), 1811년의 오스트리아민법전(ABGB) 제정의 기본 법사상이 되었다. 근대민법전이 제정된 후에는 제정된 민법전을 완결적인 법전으로 이해하여 법학의 방향은 제정법의 정치(精緻)한 체계화와 해석에 치중하여 개념법학(Begriffsjurisprudenz)을 시작으로 다시 법실증주의가 강화되었다. 그 결과 19세기에는 자연법은 극히 약화되고 법실증주의 사상이 지배하는 법시대를 이루었다. 그 후 나치의 법실증주의에 의한 악법의 시대를 거치고 이를 극복하기 위하여 자연법이 부활한 자연법의 재생시대(Renaissance des Naturrechts)를 맞이하였으나 그리 오래 지속되지는 못하였다. 그리하여 지금은 법실증주의가 여전히 강하게 작용하는 시대라 진단된다.

자연법은 자연의 이치(理致), 사물의 본성, 인간의 선성(善性)에 기초한 법이다. 그러나 실정법은 국가의 의사와 의지에 의하여 강행하기로 결정된 법이다. 신은 인간의 마음과 양심에 옳음과 그름을 인식할 수 있는 능력을 심어주었으며, 인간이 행동을 함에 지켜야할 보편적인 원칙(universal principles)을 분별할 수 있는 능력을 주셨다.[30] 인간의 선한 마음과 이성 그리고 양심에 의하여 알려진 인간행동의 기준이 되는 법이 바로 자연법이다. 자연법은 인간의 이성(reason) 이외에도 신의 계시(啓示, revelation), 인간의 직관(直觀, instinct), 전통이 되어 지켜지는 윤리(ethics)에 의해서도 인식될 수 있다.[31] 이와같은 자연법은 실정법 위에 존재하기도 하고, 실정

30) 그러한 인간의 능력은 바로 창조주가 인간을 창조할 때에, 신의 형상을 따라서(in the image of God) 창조한 것(창세기 1장 27절)에서 그 근거를 찾을 수 있다고 생각한다.

31) Norman Doe, "Preface", in: Normann Doe, Christianity and Natural Law (Cambridge University Press, 2017), p. xv.

법으로 전환되어 존재하기도 하며,[32] 영구불변의 자연법도 존재하고, 시대정신의 변천에 따라서 변화하는 자연법도 있다. 이러한 자연법은 신의 명령이기도 하며, 자연의 이치이고, 인간의 선한 이성에 의한 법이기 때문에 국가의 강제력에 의하지 아니하고서도 당연히 지켜야하고 지켜지는 법이다.[33] 따라서 자연법은 인간의 내면, 즉 이성과 양심을 움직여 시행되는 법이다.

이러한 자연법은 신법(神法)과 인법(人法)의 가교(架橋)가 되는 법이다. 중세 스콜라 철학에서는 법을 신법, 자연법, 인정법(人定法)으로 구별하고, 신법은 신의 세계의 질서이며, 인간은 신의 세계를 다 알 수 없으므로 인간의 이성으로 이해된 신법을 자연법로 이해하였다.[34] 중세의 교회법(canon law)은 개별사건 중심의 법이었던 카주이스틱한(kasuistisch) 로마법을 소재로 하여 도덕신학에 의하여 일반 법원칙을 만들어 반전시켜 온 실정법이었다.[35] 그리고 자연법은 인간이 만든 실정법을 지도하고 인정법의 지침이 되는 법으로 이해하였다. 그리고 신은 영원함으로 신법을 영구법(eternal law)이라 하였다. 이와같이 중세에는 자연법은 신법을 기초로 하고, 자연법은 실정법으로 구체화된다고 법리 정립을 하였다. 그리하여 중세의 인정법이었던 교회법은 당시의 자연법을 받아들여 구체화한 실정법이었다.

자연법과 실정법은 별개의 법이지만, 별개 독립적으로 존재하는 것이 아니라 상호관련을 갖고 서로 영향을 주고 받는 관계에 있다. 자연법은 현행 실정법의 정당성을 부여하는 동시에 또 한편으로는 현행법을 비판하고 수정을 요청하는 기능을 갖는다. 자연법은 인간의 내면에 호소하는 법이기 때문에 스스로 존재할 수 있다. 그러나 실정법은 그 누군가의 제정주체가 있어야 하기 때문에 스스로 존재할 수 없다. 실정법은 자연법의 지도를 받

32) 우리민법 제1조에서 민법의 법원(法源)으로, 민사에 관하여 법률에 규정이 없으면 관습법에 의하고 관습법이 없으면 조리(條理)에 의한다는 규정에서, 조리는 자연법을 의미한다고 해석된다.

33) 김상용, 전개 자연법론과 법정책, 6면.

34) 구약성서에서의 대표적인 신법은 십계명이며(출애굽기 20장 1－17절), 중세의 교회법학자들 중에는 신학자들이 많았다(R. H. Helmholz, “Natural Law and Chrisitianity: A Brief History”, in: Normann Doe, Christianity and Natural Law (Cambridge University Press, 2017), p. 5)

35) A. a. O., p. 8.

았을 때에 국가에 의한 강제력 이외에도 인간의 내면에 호소할 수 있고 더욱더 실효적(實效的)일 수 있다.[36] 그리고 자연법론의 입장에서, 실정법이 자연법에 반할 때에는 실정법이 무효로 되거나 실정법의 효력이 실효(實效)될 수 있다. 자연법은 정의를 내용으로 하기 때문에 정의에 반하는 실정법은 자연법에 의하여 그 효력이 부인된다.[37]

이러한 자연법의 기초와 그 내용은 정의와 사랑이다. 지금까지는 정의가 자연법의 중심내용으로 다루어져 왔으나, 사랑도 자연법의 중요한 내용이라 생각한다. 라드부르흐는 법의 이상으로 법적안정성, 합목적성, 정의 세 가지를 들고 법적안정성이 정의에 우선한다고 하였다. 그러나 제정법인 악법에 의하여 실정법의 정의에 대한 모순이 참을 수 없을(unerträglich) 정도일 때에 그 실정법은 부정의한 법으로서 정의를 법적안정성에 우선시켜 그 부정의한 실정법의 효력을 부인할 수 있다는 자연법에 의한 제정법의 효력을 부인하였다. 이러한 라드부르흐의 자연법 사상과 공식은 독일 헌법재판소가 받아들였다. 우리의 헌법재판소에서의 헌법재판에서도 역시 자연법 사상에 기초한 실정법의 헌법위반 여부를 판단하고 있다고 생각한다. 왜냐하면 헌법상의 법의 제원칙들은 자연법에서 생성된 법원칙들이기 때문이라 생각한다.

법의 내용은 정의만이 아니라 사랑을 담아 사랑의 실천규범으로 구성되어 나가야 한다고 생각한다. 인권법, 사회보장법, 이민법 등은 이미 사랑의 실천법으로 제정된 대표적인 실정법으로 이해된다. 법에 있어서 아가페 사랑은 감상적인 감정이 아니라 법개혁의 구도를 형성하는 원동력이 되는 도덕적 명령이다.[38] 아가페 사랑은 보편적으로 법개혁자들에게 법을 보다 인간적으로 만들도록 하며, 보다 공정하게 만들도록 하며, 보다 정의롭게 만들도록 한다. 그리하여 아가페 사랑은 법에 있어서 인간의 존엄을 증진시키며, 인간을 서로 더욱 가깝게 결속하게 한다. 성서에는 사랑을 율법의

36) 김상용, 전게 자연법론과 법정책, 7면.

37) 김상용, 전제 (법정책방향으로서의) 정의와 사랑, 199면.

38) Richard J. Mouw, "Foreword", in: Agape, Justice and Law (ed. by Robert F. Cochran Jr. and Zachary R. Calo, Cambridge University Press, 2017), p. xv.

완성이자 목적이라고 하였다.[39] 그리고 사랑은 실정법의 해석·적용에도 크게 기여한다.

이와같이 자연법은 주로 정의를 이루기 위한 법으로 이해되고 발전되어 왔으나 사랑도 자연법의 내용으로 정의와 함께 작용하도록 하여야 한다. 정의는 소멸함이 없다. 정의는 창조주의 창조의 질서이기 때문에 영원하다. 사랑은 창조의 동인(動因)이기 때문에 모자람이 없다. 영원한 정의가 모자람이 없는 사랑과 결합하여 법의 내용이 되어야 영원히 모자람이 없는 평화롭고 안정된 사회를 이룰 수 있다고 생각한다. 그러한 사상이 정의와 사랑을 내용으로 하는 자연법 사상이다. 인간의 역사가 밝고 희망적이기 위해서는 정의와 사랑을 바탕으로 하여야 한다. 이렇게 밝고 희망적인 미래사회를 열어가는 법이 바로 자연법이며, 그 자연법은 정의와 사랑을 그 내용과 이상으로 하는 법이다.

성서도 구약성서는 율법을 주된 내용으로 하는 정의에 관하여 말씀하고 있고, 신약성서는 사랑을 주된 내용으로 하고 있다고 생각한다. 그리하여 성서의 내용의 중심 역시 정의와 사랑이라 생각한다. 정의와 사랑은 진리이며, 법에 있어서도 법이 나아가야갈 이상이며 또한 법의 내용이다. 그러한 정의와 사랑의 법이 자연법이다. 지금까지는 정의를 중심으로 자연법을 전개하여 왔으나, 미래에는 사랑도 중시하는 사랑의 자연법으로 나아갈 것을 소망하고 기대한다. 그러한 사랑의 자연법의 전개는 기독법률가들이 이루어나가야할 사명이라 생각해 본다.

좀 첨언(添言)을 하면, 정의와 사랑의 덕목은 자연법의 내용임에는 틀림이 없다. 그러나 자연법의 내용인 정의는 그것의 법제도화가 어렵지 않다. 왜냐하면 정의는 법의 기초로서 법의 시작이 정의에서 출발하였기 때문이다. 그러나 사랑은 정의보다 역사적으로 늦게 논의되기 시작하였으며, 기독교의 윤리이었지 법에서 다루어진 것은 그리 오래지 않다. 또한 사랑은 인간의 내면의 선한 마음의 발로(發露)이나 정의는 인간의 외적 행위를 주된 대상으로 한다. 그리하여 사랑을 실정법에서 법제도화하기가 쉽지 아니

39) 로마서 13장 8-10절

하다. 특히 성서에서 아가페 사랑의 대표적인 사례인 선한 사마라아인의 사랑은 우리나라에서는 아직 실정법으로 법제도화되지 못하였다. 사랑은 정의와 함께 자연법의 주된 내용이지만, 실정법에서의 사랑의 법제도화는 정의처럼 쉽지 아니하다. 정의와 사랑은 같이 가야 하고, 정의와 사랑이 모두 자연법의 내용이지만, 사랑의 실정법에서의 법제도화를 위해서는 정의와 사랑의 조화를 위한 연구가 더 깊이 진행되어야할 것으로 생각한다. 사랑이 온정으로 흐르면 정의가 무너지고, 정의가 사랑의 뒷받침을 받지 못하면 냉정하고 잔인한 인간과 사회로 발전할 수 있다.

Ⅳ. 미래사회의 모습과 정의와 사랑의 덕목

미래에 도래할 장래의 사회는 현재의 사회와는 어떤 다른 사회일까? 현재의 자본주의 사회는 자유주의, 개인주의, 사소유권과 사유재산제의 보장, 그리고 시장경제 중심의 사회이다. 이러한 현재의 사회는 중세의 신분구속적인 봉건사회에 저항하여 시작된 근세사회의 계속이다. 중세의 신중심의 공동체 중심의 사회를 극복하기 위하여 인간개인의 존엄을 인정하고 인간의 이성을 강조하여 이성에 의한 인간중심의 사회를 이루어 왔다. 인간이성의 강조는 신중심의 사회를 인간중심의 사회로 전환하기 위한 이데올로기로 주장되었으며, 이성을 극도로 강조하고 인간의 이성만에 의한 최고선의 사회를 이루고자 하는 사회로 발전하여 오늘에 이르고 있다. 인간이성은 칸트에게 있어서 최극도로 발전되어 신을 부인하고 이성만에 의한 이상사회를 이루고자 하였다. 그러나 현실적으로는 그러한 이상사회로 발전하지 못하고, 가진 자와 갖지 못한 자가 대립하는 양극화가 심화되는 사회로 발전되어 왔다. 그리고 자본주의 경제에서는 이성이 이기심으로 발전되어 왔으며, 개인주의는 이기주의로 발전하고, 사소유권과 사유재산제는 사회의 양극화 현상을 심화시켜 왔다. 이러한 근세의 자유주의, 개인주의, 사소유권과 사유재산제, 시장경제의 이데올로기는 자본가가 사회의 중심이 되는 사회의 이데올로기이었으며 자본가 중심의 사회로서 근세 이후의 사회가 발전되어 온 결과라 생각한다. 산업혁명 후, 갖지 못한 노동자 층의 저항으로 양극화의 사회문제를 극복하고자 하였지만, 완전히 해결되지를 못하였다. 그리하여 근세부터 전개되어 온 오늘날의 사회는 자유주의, 개인주의, 경쟁사회를 정의로운 사회로 이해하고 발전되어 온 정의중심의 사회였다.

그러나 근세 이후의 자본주의 사회는 사랑이 부족하였고 공동체 사상이 부족하였다고 생각한다. 인간개인은 존엄하고 개인이 존중되고 개인은 자유롭게 활동하며 개인의 자유로운 활동에 위한 재산은 보장되어야 함이 원칙이다. 그러나 다른 한편으로 인간은 혼자서만이 살 수 있는 존재가 아니라 공동체를 이루어 살아가야할 사회적 존재이다. 근세 이후의 사회사상은 개인을 강조한 사상의 사회였으며 공동체의 가치와 공동체 유지에는 소홀하였다고 평가해 볼 수 있다. 그리하여 인간과 사회의 덕목으로서의 정의와 사랑 중에서 개인의 정의가 강조되고 공동체의 정의와 사랑은 부족하였다고 평가해 볼 수 있다.

그러면 앞으로 전개되어야할 사회는 어떠한 사회일까? 사회사상가들은 미래의 사회는 협동사회(Kooperationsgemeinschaft), 연대사회(Solidaritätsgemeinschaft), 공동이용사회(Besitzgemeinschaft)로 발전되어가야하고, 인간의 모습도 합리적이고 이기적인 인간에서 합리적이고 도덕적인 인간으로 성숙해 나가야 한다고 한다.[40] 이러한 미래사회의 모습은 인간 개인의 존엄과 이성의 존중을 원칙으로 하지만 공동체의 유지도 강조되는 개인주의와 공동체주의[41]가 조화를 이

40) Kersting, a. a. O., S. 22ff..

41) 공동체주의는 자유지상주의, 자유주의에 대항해서 형성된 사회정의론으로서, 개인(Individuum)의 자유를 중심 가치로 하는 자유주의에서와는 달리 공동의 복지(Gemeinwohl)를 정의론의 중심 가치로 하는 사회정의론이다. 공동체주의 내지 공동체주의적 정의는 개인을 그 개인이 구성원으로서 소속된 공동체와의 관계에서 그 가치를 파악하고 개인의 복지보다는 공동의 복지에 중심 가치를 두는 정의론으로서, 그 대표적인 학자가 센델(Michael J. Sandel: 1953~)이다. 오늘날의 공동체주의적 정의론은 과거의 공동체 이론을 계승한 사회사상이 아니라 새롭게 생성된 정의론이다. 헤겔(Georg Wilhelm Friedrich Hegel: 1770~1831), 칼 맑스(Karl Marx: 1818~1883) 등의 과거의 공동체 이론은 개인을 공동체에 완전히 몰입시키고 공동체를 유일한 법적주체로 파악한 단체주의, 집단주의, 사회주의로서 개인의 독립 존재가치를 부인하고 단체의 구성원으로서의 자격만을 인정한 사회사상이었다. 그러나 오늘날의 공동체주의는 과거의 단체주의, 집단주의, 사회주의를 발전시킨 사회사상이 아니라, 개인의 가치만을 극도로 존중하고 공동체의 가치를 고려하지 않는 자유지상주의, 자유주의에 대하여 비판함으로서 형성된 사회사상이다.

루는 사회일 것을 요청하고 있다. 개인과 사회의 덕목의 면에서는, 정의를 강조하는 사회에서 정의와 함께 사랑도 강조하는 사회일 것의 요청이라 생각한다.

미래사회는 지금의 예측으로는 인공지능(AI)으로 대표되는 지능정보사회(intelligent information society)로 발전해갈 것으로 예상되며, 인공지능의 발전으로 밝고 희망적인 미래도 예상되지만, 다른 한편으로는 인공지능에 인간에 예속되고 거대 플랫폼 기업의 지배를 받는 개인의 자유로운 활동이 제약을 받는 사회로 갈 것도 염려가 된다. 또한 지금의 코로나 위기와 같은 위험의 시대, 불안의 시대가 또다시 도래할 가능성도 예상된다. 이러한 플랫폼 경제, 위험의 시대, 불안의 시대에는 자연히 국가의 규제가 심해지는 규제사회로 갈 가능성도 예상해 볼 수 있다. 또한, 인간은 생래적(生來的)으로 이기적(利己的)인데,[42] 미래의 거대 플렛폼 경제지배의 시대에 인간은 이익의 극대화를 위하여 더욱 이기적으로 변화하여갈 것으로 생각된다. 이러한 미래사회는 법률이 사회발전을 다 정의롭게 규제하기 힘들 것이며, 인간과 인간 간에 사랑이 오고가야할 필요성이 더욱 강하게 요청될 것으로 생각된다. 생각건데 인공지능의 발달을 법률로 다 규율하기 힘드는 사회가 될 가능성을 배제할 수 없다. 이러한 때에 사랑의 덕목이 미래사회에는 보다 강하게 요청될 것으로 생각된다.

거래의 유형도 미래에는 변화할 것이라는 주장도 제기되고 있다. 지금까지 민사거래의 중심유형은 소유권이전의 매매계약이었으며, 매매계약을 일시적 계약으로 이해되고 그렇게 법리가 구성되어 있다. 그러나 미래사회에는 소유권이전의 매매계약보다는 이용권 설정의 임대차계약이 중심을 이루고, 일시적 계약에서 계속적 계약으로 계약의 중심유형이 바뀔 것이라는 주장도 제기되고 있다.[43] 이렇게 미래사회는 현재의 사회와는 많이 다

그러므로 공동체주의는 단체주의, 집단주의, 사회주의와는 다른 개인의 이익도 존중하면서 공동체의 공동선을 강조하는 사회사상이다(김상용, 전게 정의와 사랑, 248~255면 참조).

42) Johnston, op. cit., p. 8.

43) Privatrecht 2050: Blick in die digitale Zukunft (hrsg von der Gesellschaft Junge Zivilrechtswissenschaft e.V., Nomos, 2020), S.11ff., 15ff.

른 사회로 바뀔 것임은 충분히 예상할 수 있다.

그리고 정의와 사랑은 법의 근본가치이고 궁극의 이상으로 과거와 현재에는 물론 미래사회에도 여전히 변함없이 요청될 것이라 생각된다. 물론 내용은 변화를 할 것이지만 정의와 사랑이 법의 궁극의 이상이고 영원히 추구해 나가야할 가치임에는 변함이 없을 것이다. 미래의 인공지능사회에서는 인간의 이성으로 인공지능사회를 규율할 수 있다고 생각할 것이지만, 필자는 그렇게 믿어지지 않는다. 자연법의 내용으로서의 정의와 사랑이 강하게 요청되지만, 실정법에서 자연법의 내용을 그대로 법제도화할 수 있을까에 대해서 의문을 갖게 된다. 미래의 인공지능과 위험과 불안의 사회에서는 정의도 강하게 요청되겠지만, 사랑은 더욱더 강하게 요청될 것으로 생각된다. 또한 정의만이 지배하는 사회에서의 인간은 항상 긴장하고 살아야 한다. 정의에 어긋나면 정의로는 구제받을 수 없다. 정의에 사랑이 보태어져야 살만한 사회를 만들 수 있고, 사랑으로 정의를 감싸고 이끌어나가야 정의가 완성될 수 있다.[44]

또한 필자의 생각으로는, 창조주가 사랑으로 이 세상을 창조하시고 정의로 그 운행질서를 세우신 이 세상의 근본가치인 정의와 사랑은 미래사회에도 여전히 근본가치일 것이지만, 그 내용은 시대의 변화에 따라서 변화가 있을 것으로 생각한다. 창조주는 단 번에 이 세상을 완결적으로 창조하신 것이라 아니라 창조를 계속해 나가신다는 필자의 입장에서는,[45] 창조주의 첫 창조의 동인(動因)인 사랑과 창조 후의 운행질서인 정의는 계속 발전되어 갈 것으로 생각되며, 미래사회에도 사랑과 정의는 그 내용이 더욱 변화된 모습으로 이 세상의 핵심덕목으로 기능할 것이며, 정의와 사랑을 내용으로 하는 자연법 역시 더욱 강하게 실정법을 지도해 나가고 지침이

44) 김상용, 전제 정의와 사랑, 332면.

45) 히브리어에 Tikkun Olam이란 말이 있다. 이는 세계를 고친다는 의미이며, 하나님은 이 세상을 창조하셨으나 단번에 완결적으로 창조한 것이 아니라 지금도 창조사업을 계속하고 계신다는 뜻으로 창조론과 진화론을 아우르는 사상을 표현하며, 유대교의 일파에서는 지금도 이러한 사상을 견지하고 있다고 한다. 또한 Tikkun Olam은, 인간은 하나님의 파트너로서 세상을 개선하여 완전하게 만들어가야할 책임이 있다는 의미로도 이해되고 있다. 유대인들은 인간의 병든 몸을 고치는 것도 티쿤 올람이라 생각한다고 한다(조선일보, 2021. 1. 5. A30: 유대인의 믿음, 펜데믹마다 백신 열매 맺었다).

될 것으로 생각한다.

우리 연세대학교의 설립자인 언더우드 선교사가 처음으로 우리나라에서 도착하였을 때에, 언더우드 선교사가 기도하였다고 잘못 전해하여져 내려오고 있는, 당시 한국에는 아무 것도 보이지 않습니다, 즉 희망이 보이지 않는다고 기도하였다는 말이 전해지고 있다.[46] 그러나 그간 하나님의 나라를 이루기 위한 노력과 정의와 사랑의 사회를 이룩하고자 하는 노력의 결과로 연세대학교가 개교하고 139년이 지난 지금의 한국은 풍요로운 문명사회로 발전하였다. 지금과는 다른 모습의 미래의 한국, 100년 후의 한국의 모습은 어떠할까? 여전히 하나님 나라의 진리 그 자체인 정의와 사랑이 더 강하게 펼쳐지는 사회로 갈 것으로 생각된다. 비록 사회가 인공지능사회로 바뀌고 불안하고 위험한 사회가 도래할지라도, 사회는 정의와 사랑으로 희망적인 사회로 발전해 갈 것으로 생각한다. 창조주는 어두운 미래를 인간에게 주지 아니하였다. 밝은 미래를 약속해 주시는 분이 창조주이다. 밝은 미래는 정의와 사랑을 바탕으로 하여야 이루어갈 수 있다.[47] 또한 기독인들이 앞장 서고 기독법률가들이 정의와 사랑의 덕목을 승화시켜 나감으로써 희망적인 사회로 발전시켜 나갈 것을 기대한다. 미래사회에도 정의와 사랑은 여전히 가장 중요한 인간과 사회의 덕목이며, 자연법의 내용이며, 기독법률가들이 앞장서서 그러한 자연법을 실정법으로 법제도화해 나갈 것을 소망한다.

Ⅴ. 사도적(使徒的) 기독법률가의 양성과 배출

창조주가 이 세상을 사랑으로 창조하시고 정의의 운행질서를 세워주셨

46) 이 기도문은 언더우드 선교사가 한 기도가 아니고, 선교사들의 삶을 다룬 정연희 작가가 그의 소설 양화진(1992)에서 자신의 상상력으로 쓴 정연희 작가의 기도문이다. 이 기도문이 많은 이들에게 감동을 주어 언더우드의 정신과 삶을 잘 녹여내었기 때문에, 정연희 작가 자신은 자신이 언더우드의 기도문을 쓴 것이 아니라, 하나님께 사로잡혀서 쓴 것이라고 고백하였다고 한다(이에 관하여는, 정종훈, 연세대학교 루스체플 이야기(연세대학교 대학출판문화원, 2019), 40~42면 참조).

47) 김상용, 전게 정의와 사랑, 361면.

지만, 역사의 진행과 함께 창조주의 뜻을 시대정신에 맞게 구체화하는 것은 창조주의 뜻을 받든 신앙지도자들이 이를 담당하여 왔다. 구약시대에는 선각자(先知者), 사사(士師)들이 창조주의 뜻을 구체화하여 이 세상을 인도해 주었다. 그리고 신약시대의 초기에는 사도(使徒)들이 그리고 중세에는 교부(教父)들이 그 시대를 이끌었다. 그러나 근세에 들어와서는 신중심의 사회에서 인간중심의 사회로 바뀜으로써 시대정신을 이끈 사람들은 사회사상가 및 철학자들이었다고 생각된다. 그러므로 인하여 기독교의 가르침[48]을 시대변화에 부합되게 구체화하여 제시한 지도자에 대한 고유한 명칭이 없는 시대로 바뀌었다. 그러나 사회의 각 방면에서 기독교의 가르침을 시대정신으로 보다 상세하게 구체화하고 실천 가능한 내용으로 발전시킨 사람들이 없지 않았음은 분명한 사실이다.

오늘날은 과연 누가 사도일까? 신앙의 지도자들만이 사도일까? 아니면 모든 방면에서 기독교의 가르침을 구현해 나가고 있는 모든 분들이 다 사도일까? 필자는 스스로에게 이런 질문은 해 보지만 답을 얻을 수 있는 위치에 있지는 못하다. 법의 분야에서 기독교의 가르침을 법 속으로 이끈 위대한 법학자들은 어떤 분들이 있을까? 독일에서 출판된 독일역사에서의 위대한 기독법률가(Great Christian Jurists in German History)란 서명의 책[49]에서 26명의 독일의 위대한 기독교법률가를 선정하여 그들의 신앙과 법학세계와의 관계를 설명하고 있다. 그 중에서도 Sachsenspiegel 법서를 쓴 Eike von Repgow(ca.1180~1235), 프로이센일반주법(ALR)의 제정에 크게 기여한 Samuel von Pufendorf(1632~1694)와 Christian Thomasius(1655~1728), 역사법학을 전개한 Friedrich Carl von Savigny(1779~1861), 독일연방공화국의 초대수상 Konrad Adenauer[50](1876~1967)가 독일의 위대한 법률가에 포함

48) 기독교의 가르침(Christian teaching; Christianity)은 성서, 기독교의 전통, 인간의 이성과 인간의 신앙체험(experiences)에 의하여 형성된 기독교의 사상과 이념, 제도와 규범, 관습(habits)의 총체이다(Christianity and Private Law (ed. by Robert F. Cochran Jr. and Michael P. Moreland, New York, Routeledge, 2021), p.viii).

49) Great Christian Jurists in German Histtory (ed. by Matthias Schmoeckel and John Witte Jr., Mohr Siebeck, 2020).

50) Adenauer 수상은 법학을 전공하고 변호사 자격을 취득하였으나 법실무는 하지 않고 정치에 평생 몸담았다. 그는 정치에서 기독교의 가르침을 구현하고자 한 관계로 위대한 독일 기독교법률

되어 소개되어 있었다. 26명의 독일의 위대한 기독법률가들은 기독교가 융성하였던 그 시대에만 집중되어 있지 않다. 시대의 변화에도 계속적으로 기독교의 가르침을 법학과 법실무에로 이끌어내어 왔음을 보여주고 있다. 이는 바로 기독교의 가르침이 진리이고 그 진리는 영원불변의 가치인 정의와 사랑이 핵심가치이기 때문에 그 영원한 가치인 정의와 사랑을 시대정신으로 전환하여 법에서 구체화하여 왔다고 평가할 수 있다. 앞으로 어떠한 사회로 이 세상이 발전하든 진리인 정의와 사랑은 다소 그 모습을 달리 할지라도 계속에서 법에서 구현되어 갈 것임을 믿는다.

기독교는 유일신을 믿는 종교이기 때문에, 기독교인들은 넓은 시야의 안목을 갖지 못할지도 모른다는 의문이 제기될 수도 있다. 그러나 기독교가 가르치는 진리의 핵심내용이자 가치인 정의와 사랑, 특히 사랑은 포용과 관용을 내용으로 한다.[51] 정의는 용서를 허용하지 않는다. 용서가 정의일 수 없다. 그러나 용서는 사랑의 중요내용이다. 사랑에 관한 기독교의 가르침 중에서도, 예수 그리스도가 십자가에 못박혔을 때의 기도가 대표적인 사랑의 표현이라 생각된다. 예수 그리스도는 자기를 정죄한 율법주의자, 서기관, 바리세인들을 위하여 성부 하나님께 "아버지여, 그들을 용서하여 주십시오. 그들은 그들이 한 행위를 알지 못하나이다(Father, forgive them, for they do not know what they are doing)"[52]라고 기도하였다. 그 기도는 용서가 바로 아가페 사랑의 핵심적인 것임을 보여주는 말씀이며, 사랑은 포용과 관용임을 보여주는 가장 중요한 성서의 말씀이라 생각한다. 기독법률가들도 사랑으로 포용과 관용의 법윤리와 법이론을 전개해 옴으로써 기독교법률가들이 시대가 바뀌어도 계속 양성되고 배출되어 왔다고 생각한다. 그러한 방향으로의 법의 전개는 바로 눈에 보이지 않게 법도 영원한 진리인 정의와 사랑에 의하여 희망적으로 발전되어 간다고 생각한다. 그 담당자들이 바로 기독법률가라고 생각한다.

우리 연세법학도 이러한 성서가 가르쳐주는 정의와 사랑을 법 속으로

가로 선정된 것으로 생각된다.

51) 김상용, 전게 정의와 사랑, 360면

52) 누가복음 23장 34절

받아들여 연세법학이 기독교사상을 구현하는 법학이 될 것을 기대하며, 외람되지만, 우리 연세대학교 법학전문대학원은 이러한 기독법률가를 양성하고 배출하는 법학교육을 다할 것을 기대한다. 사도적 기독법률가의 배출을 기대한다. 우리나라의 미래는, 법학분야에서는 기독법률가들이 이끌어 가야할 것이며, 100년 후의 우리 법학은 더욱 정의와 사랑이 풍성해질 것이며, 그러한 한 우리의 미래는 희망적이라고 생각한다.

Ⅵ. 기독법률가 길의 재확인

정의와 사랑은 법과 신앙으로 분리되어 역사적으로 발전하여 왔지만, 미래에는 양자가 서로 병행하여 양자가 조화를 이루는 방향으로 발전해 나가야할 근본궁국의 가치로서, 특히 사랑이 좀 더 강조되는 사회로 발전되어 나갈 것을 기대한다. 정의와 사랑은 별개이지만 분리될 수 없다고 생각한다. 사랑과 정의는 진리이고 기독교의 세계도 진리의 세계이기 때문에 기독법률가들이 법학과 법실무에서 정의와 사랑의 조화로운 발전을 이루어나가야할 것이라 생각한다. 기독법률가에는 기독법학자 만이 아니라, 사법, 행정 등의 각 방면에서 활동하는 기독인들 모두를 포함한다. 정교분리의 사회에서 기독인들이 어떻게 기독교의 가르침을 실사회에 그대로 실현할 수 있를 것인가 반문할 수도 있지만, 기독교의 가르침은 진리이며, 진리가 모두를 자유케 하며, 정의와 사랑은 진리이기 때문에, 정교분리의 시대에도 정의와 사랑은 법의 궁극의 이상이고 가치라 생각한다. 양자는 같이 가야 하며 서로 다른 길을 갈 수는 없다고 생각한다. 양자의 발전의 역사에 비추어, 법에서 사랑을 어떻게 구체화하여 실천해 나갈 것인가에는 정의에 기초한 오늘날의 법학에서 어려움이 있을 것이지만, 법학과 신학의 지속적인 학제간의 담론을 통하여 사랑이 법으로 구체화될 수 있는 길을 찾아 나가야할 것으로 생각한다. 그것이 창조주의 창조의 뜻이 아닐까 생각을 해본다. 그 일은 기독교대학교인 연세대학교에서 법학을 탐구한 연세기독법률가들에 대한 기대라 생각한다. 그리하여 특별히 연세법학 100주년의 기념의 때에 힘주어 강조하고픈 마음으로 이 글을 쓰게 되었다.

정의와 사랑은 법의, 자연법의 기초이고 내용이다. 자연법이 실정법을 지도하고 지침이 되어야 한다. 실정법은 자연법을 법제도로 구체화하여 실행해 나가야 한다. 정의와 사랑을 법가치의 이상으로 하는 기독법률가는 자연법론자로 나아갈 것이 기대된다.

이와같이 기독법률가의 덕목은 정의와 사랑이며, 기독법률가에 있어서는 법의 이상도 목적도 정의와 사랑이라 생각한다. 기독법률가는 법을 다루는 모든 분야에서의 기독인들이라 생각한다. 입법에서는 물론 법의 해석과 적용의 실무를 하시는 모든 분들이 기독법률가라 생각한다. 기독법률가가 아닌 법률가에게 있어서의 덕목도 역시 정의와 사랑이라 생각한다. 정의와 사랑은 이 세상의 궁극으로서 시대의 변화에 따라서 시대정신으로 그 내용과 모습이 조금씩 변화되어 간다. 그것을 앞서서 이루어가는 사명을 부여받은 법률가가 바로 연세의 기독법률가라고 생각한다. 연세의 기독법률가들이 앞장서서 이러한 정의와 사랑의 법의 세계를 구현해 나갈 것을 기대한다.

이 글은 쓰다 보니 좀 감정에 치우진 글이 되어 않았을까 하는 생각이 든다. 그러나 기독교의 정의와 사랑을 법의 이상과 궁극의 가치로 하는 법학으로 발전되어 가야 하겠다는 생각이 강하여, 이를 좀 강조하다 보니 객관적인 서술로서 보다는 신앙에 기초한 좀 주관적인 글이 되었음을 자인(自認)하며 넓은 이해를 구한다.

<연세법학, 또 다른 백년: 진리, 자유와 법학,
연세대학교 대학출판문화원, 2021. 11., 2~23면>

논문 4: 북(北)의 형제들을 향하여

I. 북한에 대한 나의 관심

통일과 북한법 연구회의 30주년을 마음으로부터 축하드린다. 부족한 저가 이러한 귀한 기념학술대회에서 기조발표의 기회를 갖게 되어 영광이지만, 또 한편으로는 저가 남북한간의 관계의 발전에 과연 무엇을 하였으며 어떠한 기여를 하였을까를 생각하게 된다. 남북한 간의 통일을 위한 여정은 계속될 것이며, 통일과 북한법연구회는 통일로 가는 길에 법적 뒷받침을 하게 될 것이며, 그렇게 하여야할 것으로 생각한다.

통일과 북한법연구회는 북한법연구회로 시작되어, 지금은 통일의 과정에 법적 뒷받침을 하는 것이 학회의 주된 과제의 하나로 추가되어 오늘의 통일과 북한법연구회로 그 명칭이 바뀌었다고 생각한다. 그 간에는 사회주의 북한법을 연구하고 이해하는 일에 치중했다면, 장래에는 북한법의 발전을 계속 추적하여 연구하면서, 남북한의 통일과정에 연구회가 법적으로 크게 기여할 것으로 생각하며 기대가 된다.

통일과 북한법연구회는 남북간의 평화적인 관계유지와 통일의 대업을 이루는 일에 관심을 가진 법학자들은 물론 이에 관심을 가진 각계의 여러분들이 참여하여 북한법에 대하여 관심을 일으키고, 사회주의 북한법으로부터 시사(示唆)받을 점과 문제점들을 다방면으로 연구하고 이해의 폭을 넓혀 왔다.

북한법은 사회주의와 주체사상에 기반한 법이기 때문에, 자유민주주의의 남한에서는 이해하기도 받아들이기도 어려운 내용이 적지 않다. 그러나 엄연히 북한은 법을 갖춘 체제이고, 대외적으로는 독립국가이고, 대내적으로는 잠정적 특수관계에 있는 실체이기 때문에, 북한법을 면밀히 이해하고, 북한의 변화에 따라서 사회주의 계획경제체제에서 시장경제로 나아가는 변화를 뒷받침하여, 변화되어 가는 내용의 북한법이 이상적인 방향으로 발전해 나가도록 우리가 지원하고, 통일시에 이를 활용하여 평화적인 과정으로 통일로 가도록 수정하고 선용해 나가야할 것으로 생각한다.

북한에서도 통일과 북한법연구회의 활동과 연구결과물을 소상히 알고 있을 것으로 생각하며, 또한 활동을 지켜보고 추적할 것으로 생각한다. 북한에 관한 전문연구기관이 적잖이 많은 남한에서, 통일과 북한법연구회는 통일을 향한 북한법의 이해의 일을 총괄할 수 있고, 평화적 통일을 위한 과정에서 북한에 대하여 어떠한 법적인 일들을 준비하여야할 것인지에 관하여 의견을 내고, 통일 후의 통일한국이 갖추어 나가야할 법적인 모습도 깊이 연구하여 제안하고 이해를 구하는 일을 더욱 힘써 하여할 것으로 생각된다.

이러한 통일과 북한법 연구회의 중차대한 과제에 관하여, 발표자는 이를 전반적으로 다룰 거시적인 안목을 갖지 못하다. 물론 북한법 전반에 대하여 관심을 갖고 연구하지도 못하였으며, 북한의 토지법과 북한 주민의 인간으로서의 존엄과 가치의 회복에 기독교적 자연법적인 입장에서 탐구를 조금 하였을 뿐이다. 오늘의 기조발표도 이러한 좁은 안목에서, 북한의 사회주의와 주체사상에 기초한 북한법에 대하여 조금 비판적인 견해를 밝히고, 북한주민의 인격의 존엄의 회복과 북한의 토지는 북한 주민에게 귀속되도록 하여야한다는 평소의 생각을 말씀드리고자 한다. 이것을 발표자의 북한관 내지 대북관이라고 거창하게 이름을 붙여 보았음을 이해해 주시기 기원한다. 이는 또한 발표자의 사랑의 자연법의 한 부분이기도 하다.

Ⅱ. 북한의 사회주의 및 주체사상 비판

1. 사회주의와 북한의 주체사상에 대한 비판

북한은 사회주의와 북한에만 특유한 주체사상을 기반으로 하는 사회주의 체제이다. 사회주의는 생산수단에 대한 사소유권에 기초한 근대 산업자본주의가 초래한 자본가가 노동자를 합법적으로 지배하는 사회모순 현상에 대하여 노동자의 해방을 위하여 출현된 자본주의에 대한 비판과 생산수단에 대한 사소유권을 혁명에 의하여 일시에 폐지할 것을 주장하는 내용으로 구성된 사회사상이다.

주체사상은 사회주의 국가 중에서 북한에서만 특유한 사회사상으로서 역사의 주체는 인민임을 전제하면서도 이를 수령론과 결합하여 인민은 수령의 영도를 받아야 한다는 수령지배의 사고체계이다. 그리하여 북한에서는 이러한 주체사상에 입각한 사회주의를 우리식 사회주의라 한다.[1]

이와 같은 사회주의는 사회주의 역사관에 입각하여 형성된 사상으로서, 사회주의 역사관은 물질이 정신을 지배한다는 유물사관에 입각해 있다. 그러므로 사회주의에서는 물질이 아닌 신의 존재를 부인하게 되고 따라서 무신론을 취한다. 인간의 정신사를 거슬러 살펴보면 인간사회의 사상은 종교의 가르침에서 시작되었다. 종교에서의 가르침은 정신이 물질을 지배하는 사상이었다. 그러나 사회주의에서의 유물사관은 물질이 정신을 지배한다는 반대의 사고체계이다. 따라서 사회주의에서는 도덕론을 전개할 수 없는 사고의 토대 위에 있다. 정신에 대한 물질 우위의 인정과 무신론에 입각한 사회주의 사고체계에서는 인간의 존엄을 천부인권으로 인정할 수 없으며, 따라서 인권존중의 사상을 배태할 수 없는 내재적 한계를 갖고 있는 것이다.

그리고 사회주의는 역사의 진행을 계층 간의 대립 내지 투쟁관계로 이해한다. 칼 맑스(1818~1883)는 역사를 적대적 세력 간의 끊임없는 충돌 내지 투쟁과정이라고 하였다.[2] 그리고 맑스는 이러한 사회주의 역사관에 기초하여 자본주의적 생산관계에서 노동자의 노동으로 창출된 잉여가치를 생산수단의 사소유권의 인정에 의하여 이를 모두 착취하는 자본가 계급에 대한 노동자의 계급투쟁을 독려하였다. 이와 같이 역사의 진행을 적대세력간의 충돌 내지 투쟁과정으로 이해한 맑스의 견해는 근세초기의 절대전제군주제를

1) 중국은 사회주의 시장경제 체제로 전환하였지만 중국민법에 사회주의적 요소가 여전히 많이 남아 있다. 그리하여 중국에서는 그들의 시장경제의 사회주의를 중국적 특색이 있는 사회주의라고 한다.

2) 김상용, 민법사상사: 법과 성서와 역사 연구소, 연구시리즈 제1권 (피앤씨미디어, 2016), 142면; 김문수 옮김, Sterling Power Lamprecht 저, 즐거운 서양철학사(Our Philosophical Traditions)(동서문화사, 2017), 514면

옹호한 마키아벨리(1469~1527)의 절대전제군주의 절대적 지배를 위해서는 권모술수, 약탈 등을 합법적으로 용인한 사상과, 근세 자연론을 주장을 하였지만 자연상태를 만인의 만인에 대한 투쟁상태로 이해한 홉스(1588~1679)의 자연상태에 대한 이해와 그 맥을 같이 하는 것으로 이해된다. 사회주의에서는 이러한 계급투쟁을 사회주의 혁명이라는 이름으로 정당화한다.

북한은 정통 사회주의를 고수하여 왔을 뿐만 아니라, 북한 특유의 주체사상을 발전시켜 주체사상을 북한의 사회주의헌법의 서문에서 이를 규정하였다. 북한의 이러한 사회주의 사상과 주체사상은 바로 수령의 지배체제를 합법적으로 용인하며, 수령의 교시를 최고의 범규범으로 하여, 그 수령의 교시를 노동당의 당책으로 실현하며, 노동당의 당책은 북한의 헌법보다 위에 있는 법규범으로 하는 법체계를 구축하였다. 북한의 민사법도 결국 수령의 교시가 최고의 법규범으로 되어 있는 법체계이다.

이러한 북한의 사회주의와 주체사상은, 사회주의 인간과 인간관계를 투쟁관계로 이해하고 종교를 부인하는 역사관에 입각하여 있어서, 평화와 자유의 가치 및 절대자를 믿는 세계관의 입장에서는 용인하기 힘든다. 그리고 주체사상은, 역사의 주체는 인민이라고 하면서, 그 인민은 지도자의 영도를 받아야 한다고 하는 사고는, 창조자인 절대자를 믿고 그 절대자의 계시를 받아 살아가고 있는 존재가 인간 모두라는 신앙의 입장에서는, 주체사상은 인간을 신격화한 사고로서 용납할 수 없다.

2. 북한 및 북한법에서의 인간이해에 대한 비판

북한은 사회주의와 북한 특유의 주체사상을 사상적 기반으로 하는 정치체제로서 집단주의 내지 단체주의에 입각하고 있다(북한헌법 제63조, 북한민법 제8조 제1항). 집단주의는 북한 헌법 제63조에서 “하나는 전체를 위하여, 전체는 하나를 위하여”라는 표현에서와 같이 인간을 독자적인 인격체인 자연인으로 인정치 아니하고 단체의 구성원으로서의 존재만을 인정한다. 그 결과 북한에서는 개인의 존재가치를 자연인으로서의 독자적인 인격체(Individuum)로 인정치 아니하고 단체의 구성원으로서의 존재가치만을 인정한다. 그리하여 북한헌법과 북한민법에서는 개인을 자연인으로 규정하지 아니하고 공민(公民)이라고 규정하고 있다[3](북한헌법 제5장, 북한민법 제11조, 제18조, 제20조 등).

인간은 자연인으로서의 독자적인 인격체이면서 동시에 사회적 존재로서, 인간개인은 자연적 독자적 인격체이면서 동시에 사회구성원으로서 양면적인 존재이다. 자유국가에서는 인간의 자연인으로서의 독자적인 인격체로서의 존재를 강조하여 인격의 존엄을 인정하고 인격의 존엄권을 천부인권으로 인정한다. 그러나 집단주의를 취하는 사회주의에서는 인간의 인격적 개체로서의 존재를 인정치 아니하고 단체의 구성원으로서의 존재가치만을 인정한다. 이와 같이 인간을 독자적이고 독립적인 인격체인 자연인으로 인정치 아니하고 단체의 구성원으로서의 존재만을 인정하는 집단주의는 공동체주의(communitarianism)와는 다르다.

집단주의 내지 단체주의는 인간을 단체의 구성원으로서 만의 존재를 인정하나, 공동체주의는 개인을 독자적인 인격적 존재로서 인정하면서 동시에 공동체의 전통가치를 인정하고 이를 존중할 것을 내용으로 하는 사회사상이다.[4] 공동체주의는 사회주의 집단주의와는 다른 자유주의 사회사상의 범주에 속하는 사회사상이다.

이러한 사회주의에서 단체구성원으로서 만의 인간이해는 주체사상에 의하여 북한사회 전체를 사회주의 대가정으로 인정하고 수령을 가장(家長)으로 하는 체제에서는 더욱더 북한주민 개인의 자연인으로서의 존재를 부인하고 북한이라는 집단의 구성원으로서의 존재가치만을 인정한다. 그리하여 북한에서는 북한주민이 자연인으로서 이성에 의한 자기인격의 자유로운 전개가 이론적으로는 물론 법적으로 봉쇄되어 있으며, 단체의 구성원으로서 수동적인 행동만을 할 수 있게 북한법제가 구성되어 있다.

---

3) 중국에서는 사회주의 시장경제를 표방한 직후의 민법통칙(1986)에서는 개인을 공민으로 규정하였으나(중국민법통칙 제2장), 그 후 합동법(1999)에서는 자연인으로 규정하였다(중국합동법 제2조).

4) 김상용, (법정책 방향으로서의) 정의와 사랑: 법과 성서와 역사 연구소, 연구시리즈 제5권(피앤씨미디어, 2019), 248~249면

3. 사회주의 북한에서의 법이해에 대한 비판: 법을 정치의 수단으로 이해하는 법관(法觀)에 대한 비판

사회주의에서는 노동자 계층이 국가권력을 행사하도록 하는 정치가 주이고 다른 여타의 부문은 모두 정치의 수단으로 파악한다. 그러므로 사회주의에서는 법은 정치의 수단일 뿐이다. 사회주의에서는 법 그 자체가 독자적인 가치와 목적을 가지는 것으로 파악하지 아니하고, 법은 국가의 주요한 통치수단이며, 주권을 쥔 계급이나 사회적 집단의 요구에 맞게 제정, 집행되고 발전하여 왔다고 이해하고 있다. 그러므로 사회주의에서 법은 당해 국가의 정치의 표현형식이고 정치의 실행수단으로 이해한다.[5)]

그리고 사회주의에서는 생산수단에 사소유권을 착취적인 소유권으로 이해하고, 생산수단에 대한 사소유권을 일시에 혁명적인 방법으로 폐지하고, 이를 전인민의 공동소유로 옮겨가야 한다는 사회주의적 소유제도를 취함으로, 경제는 시장경제를 용인하지 아니하고 계획경제를 취한다. 자본주의하에서 시장경제를 형성해 주는 계약은 사회주의의 계획경제하에서는 경제계획의 실천수단으로서 기능하게 된다. 그리하여 사회주의 계획경제하에서 계약은 경제계획의 실천수단일 뿐이다. 북한민법에서 경제계획에 기초하지 아니하는 일반계약이 규정은 되어 있지만, 계약의 주된 부문은 경제계획의 실천을 위한 계획에 기초한 계획적 계약이다,

법에서의 근본적인 대원칙인 법치주의의 견지에서 북한의 법현실을 살펴보면, 법치주의가 아니라 인치라고 할 수 있다. 북한에서는 주체사상에 의하여 수령의 교시가 최고의 규범이고, 수령의 영도를 실행하는 기관이 북한의 노동당이고, 노동당 당책이 헌법위의 규범이기 때문에 북한에서는 법을 국가의 정치의 수단으로 파악하는 사회주의 일반국가의 법체계와는 달리 수령지배 체제의 유지를 위한 수단으로 기능하고 있다.

국가작용은 법, 법률에 의하여 이루어져야 함이 민주주의의 근본원칙이다. 그러나 현실의 국가작용은, 국가작용이 법률의 형식을 취함이 없이 권력자의 자의(恣意)에 의하여 이루어지는 자의의 지배(rule of whim), 국가작

5) 김상용, "북한에서의 사회주의민사법의 발전과 전망", 민사법연구(5)(법원사, 2004), 282면.

용이 법률의 형식으로 행하여지나 그 법률의 내용이 권력자의 의사를 실현하고자 하는 법률에 의한 지배(rule by law), 그리고 국가작용이 법, 법률의 형식에 의하여 행하여지면서 동시에 그 법률이 객관적이고 인류보편적인 가치를 담은 내용의 법률일 때의 법의 지배(rule of law)로 나눌 수 있다. 자의의 지배는 인치(人治)이며, 법률에 의한 지배와 법의 지배는 외관상으로는 법률에 의하여 국가작용이 이루어지기 때문에 모두를 법치라고 말하기도 한다. 그러나 국가작용을 법률을 수단으로 이용하여 이루고자 하는 법에 의한 지배는 인치이며, 법률이 인류보편의 가치를 그 내용으로 담은 법률에 의한 법의 지배만이 법치주의이다.

그러므로 법치주의는 인류보편의 가치를 담고 있는 법률에 의한 법의 지배만을 말한다. 따라서 법률을 단지 수단으로 이용하고 그 실질은 권력자의 자의를 실천하고자 할 때의 법률에 의한 지배는 권력자가 이를 법치주의라고 부르지만 실질은 인치에 속한다. 그러므로 법치주의는 인류보편의 객관적인 가치를 내용으로 담아 그 법가치를 실현하고자 하는 법의 지배만을 말한다. 법에 의한 지배와 법의 지배가 모두 법률의 외관을 취하고 있으나, 법에 의한 지배는 권력자의 의사를 실현하고자 하며, 법의 지배는 인류보편적이고 객관적인 가치를 실현하고자 한다.

이와같이 법은 그 자체가 가치를 지니고 있으며, 그렇기 때문에 법치주의를 법의 우위라고 하며, 법은 인류보편의 가치를 내재적으로 갖추고 이를 실현하는 사회규범이어야 한다. 북한의 사회주의법에 의한 사회주의적 법치주의는 법치주의가 아닌 인치이다.

4. 사회주의 북한에서의 변화에 대한 분석

사회주의 북한에서도 변화는 일어나고 있다. 자유주의, 자본주의적 요소가 깃든 제도, 특히 경제부문에서의 변화가 일어나고 있다. 그러나 그 변화는 극히 제한적으로 일어나고 있다. 그러한 변화의 대표적인 것이, 토지의 유동화를 용인하지 않는 사회주의토지소유제도의 북한에서의 토지이용권의 인정이라 생각한다.

북한은 사회주의 계획경제의 어려움으로 인하여 반환의 부담이 없는 외국투자를 유인하기 위하여 사회주의법의 다소간의 변화를 시도하게 되었다. 이러한 북한의 사회주의법의 변화는 동구사회주의국가의 몰락으로 북한경제가 어려워지기 시작하였을 즈음에 이미 1984년에 합영법을 제정하고, 1992년에는 합작법과 외국인기업법을 제정하였다. 그리고 북한의 변방에 경제특구를 지정하여, 각 경제특구마다의 특구법을 제정하였다. 구체적으로는 자유경제무역지대법(1993), 라선경제무역지대법(1993), 신의주특별경제행정구기본법(2002), 금강산관광지구법(2002), 개성공업지구법(2002), 금강산국제관광특구법((2011), 황금평·위화도 경제지대법(2011)을 특구법으로 제정하고, 각 도(道)마다 경제개발구를 지정하여 외국투자를 유인할 수 있도록 2013년에는 경제개발구법을 제정하였다. 그리고 2019년에는 북한이 유엔통일매매법(CISG: United Nations Convention on Contracts for International Sale of Goods))에 가입하고 2020에 그 효력을 발생시키는 조치를 취하였다.

이러한 경제특구법 및 경제개발구법의 특징적인 주요내용은 각 특구법 및 개발구법은 경제특구 및 경제개발구로 지정된 당해 특구 및 개발구에만 적용되며, 당해 특구 및 개발구에서 토지이용권을 설정할 수 있도록 하고, 그 토지이용권을 이용하여 건물을 사적(私的)으로 건축할 수 있도록 하여 건물에 대하여는 사소유권을 인정하고, 그 토지이용권과 건물소유권의 임대 및 저당설정을 가능케 하며 상속도 인정하고, 토지거래를 전면적으로 금지하던 사회주의 토지소유제도에 유동성을 부여하고자 하는 법률이다.

그러나 각 경제특구법 및 경제개발구법에서는 특구 및 개발구에서의 토지이용권의 설정도 외국투자개인 및 외국투자기업에게만 설정하며, 특구 및 개발구 이외의 북한지역의 토지에 대해서는 토지임대법(1993)에 의하여 북한의 기관, 기업소, 단체가 외국투자자와의 합영 또는 합작기업에 현물투자를 하고자할 때에만 허용하며, 북한 주민에게는 어떠한 경우에도 토지이용권 설정을 인정하지 않고 있다.

이와 같이 북한이 외국자본의 유치를 위한 경제특구법과 경제개발구법의 제정에 의한 사회주의법의 변화에도 불구하고 북한은 근본적으로 사회주의와 계획경제 체제를 수호하기 위한 법적 조치도 함께 취하였다. 그 결과 사회주의 소유제도를 지키기 위한 사회주의재산관리법(1996), 국가의 지도가격을 유지하기 위한 가격법(1997), 계획경제의 공고화를 위한 인민경제계획법(1999)을 순차적으로 제정하였다. 더 나아가 2002년 7월 1일에 북한이 경제개혁조치를 취하기 전에 혹시나 일어지도 모를 계획경제체제의 이완현상을 사전에 방지하기 위하여 손해보상법(2001)을 제정하였다.

이와 같이 북한은 경제특구와 경제개발구에서만 사회주의계획경제의 완화를 허용하는 입법을 하고, 북한주민에게는 토지이용권의 설정을 허용하지 아니하며, 사회주의 계획경제의 기본을 유지하기 위한 법적조치도 함께 취하고 있다. 그러나 북한의 사회주의 계획경제도 변화하지 아니할 수 없을 것으로 생각한다.

Ⅲ. 사회주의 북한의 보통국가로의 전환과 북한주민의 세계시민으로의 의식의 변화를 위한 지원

사회주의 북한에서는 사회주의 체제가 본질적으로 북한주민 개인의 인격의 존엄과 천부의 인권을 인정하지 아니하여, 북한에서는 인간 개인은 공동체의 구성원으로서의 자격만을 인정하고 자연인으로서의 천부적인 인간 개인의 가치를 인정하지 아니한다. 그리하여 개인의 천부적인 자유와 인격을 인정하지 아니하는 사회주의의 인간에 대한 태도가 근본적으로 잘못되었다고 생각된다.

이러한 북한의 사회주의체제에서의 인권 경시는 시정되어야 하며, 북한주민들도 폐쇄적인 사회주의 인권억압상태에서 세계시민으로서 자기의 존재가치를 인식할 수 있도록 북한 주민의 인권의식을 깨우치고, 북한체제도 민족주의를 강조하는 폐쇄적인 체제에서 보통국가로 세계 속의 보편적인 나라로 전환하도록 하게 하는 것이 북한 인권문제의 핵심내용이라 생각한다. 이를 위한 노력이 국내적으로는 물론 세계적으로 진행되고 있는 북한 인권법의 문제영역이라 생각한다.

북한주민의 인권개선을 위하여 남한은 물론 국제적으로 많은 노력을 기우리고 있다. 국내적으로는, 2016년 3월에 발의된 지 11년만에 북한인권법이 제정되었으나 지금까지 북한인권재단의 설립과 운영은 정치적인 의견불일치로 이루어지지 못하고 있다. 북한주민의 인권개선은 북한주민들이 존엄한 인격적 존재로서 폐쇄적인 사회주의 틀안에서의 공동체의 구성원에 불과한 공민(公民)에서 존엄한 인격을 가진 세계시민으로의 의식의 고양과 전환 및 세계속에서 활동할 수 있는 있게 하기 위하여 필요하다고 생각한다.

그러나 북한주민의 인권문제는 무엇보다도 먼저 북한주민으로 하여금 자기 인권에 대한 이해를 갖게 하는 일이 급선무라 생각한다. 북한주민들 스스로 세계 속에서 세계시민으로서 세계인들과 함께 가치있는 존엄한 존재라는 의식을 갖도록 하는 것이 가장 중요하다고 생각되며, 그 일을 위하여 남한에서 할 수 있는 일과 방법을 모색하는 일이 지속적으로 진행되어야 한다고 생각한다. 사회주의는 인간의 인권을 존중하는 사상이 아니라는 사실을 깨닫도록 하는 방안을 강구함이 좋을 것으로 생각된다. 그것도 중단없이 지속적으로 이루어져야할 일이라 생각한다.

그리고 사회주의 체제는 결코 북한주민을 인간으로 대접하는 질서가 아니라는 사실을 북한주민들로 하여금 깨닫게 하고 북한체제가 자유로운 세계의 보통국가로 변화하여야 한다는 진리를 깨닫게 하는 방법을 찾아야 할 것으로 생각한다. 북한주민의 세계시민으로의 고양, 북한체제의 보통국가로의 전환을 목표로 하는 북한인권개선의 방법을 찾아나가는 것이 가장 중요하다고 생각한다. 그리고 북한 주민의 인권개선은 북한주민 스스로가 추구하여야 성과를 낼 수 있다. 이 일을 위하여 먼저 북한주민의 자기 인권에 대한 의식을 갖게 하는 것이 긴요하다고 생각한다.

또한 억압체제는 강한 것 같지만 오래 가지 못함도 북한주민들에게 깨닫게 하여야할 것이다. 사랑이 오고가는 형제애, 사해동포주의, 인류애의 사상이 북한 주민을 구하는 길임도 알리는 방법을 찾아 나가야 할 것이다. 북한 인권의 개선은 인간 본성에 가장 충실한 사랑의 방법이 가장 효과적이라는 사실도 우리가 북한 주민에게 알리도록 하여야할 것으로 생각한다. 이러한 북한주민의 인권개선의 노력은 바로 북한주민은 천부의 존엄한 인간으로서의 가치를 가진 존재이나, 이를 용인하지 않는 북한 사회주의 체제가 저지르고 있는 행위들은 악의 행위임을 북한주민들로 하여금 알게 하여야한다고 생각한다.

Ⅳ. 평화적 남북관계의 형성으로 자유왕래와 상호교류의 실현

남북이 통일이 되기 이전에 남북한 주민은 서로 자유롭게 왕래하며, 서로에게 다가가고, 서로가 서로를 이해하며, 함께 더불어 살아갈 수 있는 의식의 변화를 이루어 나가야 함은 자명의 일이다. 그러나 남북한의 관계단절은 너무 오래되었고 굳어져서 서로의 세계를 이해하지 못하고 이해하려고도 하지 않는 상태에 왔지 않나 생각된다.

남북 주민은 서로를 형제애로 이해하고 사랑하고 서로 다가가야 한다고 생각한다. 그 길이 막혀 있지만 서로가 다가갈 수 있는 길을 찾아야 하며, 북한주민이 세계시민으로서 당당히 나올 수 있도록 하여야 한다고 생각한다. 무엇보다도 북한으로 하여금, 인류보편의 가치에 반하는 폐쇄적인 사회주의 체제로는 북한이 그들의 체제를 유지할 수 없다는 진리를 깨닫게 하고 세계 속의 보편국가로 나오도록 하여야 한다. 북한이 불량국가로는 제대로 살아갈 수 없다는 진리를 깨닫도록 하여야 하며, 세계평화에 기여하는 보통국가로 전화해 나가야 북한의 존립이 계속될 수 있다는 진리를 깨닫도록 하여야 할 것으로 생각한다. 사회주의 생명력은 이미 소멸하였다는 사실을 구소련과 동구사회주의 국가의 폐망의 교훈을 북한이 깨닫도록 하고, 남한은 이를 위하여 북한을 지원하여야 한다고 생각한다.

무엇보다도 남북의 자유로운 왕래와 교류가 통일로 가는 최선의 길임을 서로가 깨달아야 하며, 이를 위해 서로를 이해하고 한민족으로서의 함께 더불어 살아가야할 관계임을 깊이 깨닫고, 형제애로 사랑하고 지원해야 할 것이다. 남한에서는 이러한 북한과 북한주민에 대하여 사랑으로 다가가고 지원할 준비와 훈련을 지속하여할 것이며, 북한과 북한주민들도 폐쇄적인 자세에서 벗어나 서로 이해하고, 오고 가고, 서로 지원하고 사랑하며 서로가 서로에게 힘이 되어 세계속의 평화로운 한반도를 이루도록 협력하여야 한다. 남한 주민들은 북한주민들을 우리와 동일한 존엄한 인격자임을 인정하고 그러한 자세로 대하여야 하며, 북한 주민들이 마음을 열 수 있도록 사랑으로 다가가야 한다고 생각한다.

통일은 결코 일방만에 이해서 이루어지는 것이 아니다. 쌍방의 의견의 합치가 있어야 통일이 가능하다. 우리가 추구하는 평화적인 통일은 결국 남북한주민의 합의에 의한 통일이다. 그러한 합의에도 합의할 수 있는 한계가 있다는 점도 잊지 말아야 한다. 사회주의로의 통일은 합의의 한계 밖에 있다. 인류보편의 가치로의 합의만이 허용될 수 있는 통일을 위한 합의임을 잊지 말아야 한다.

독일의 통일도 역시 구동독의 라이프치히의 니콜라이 교회에서의 구동독민들의 자유를 위한 예배에서 시작되었다. 동독내에서 동독민 스스로 자유를 위한 운동이 일어났기 때문에 독일통일이 가능할 수 있었다고 생각한다. 우리의 통일도 북한과 북한주민의 변화가 북한내에서 일어날 때에 비로소 가능함을 이해하고, 우리는 북한의 변화를 위한 지원을 하여야 하며, 북한체제는 보통국가로, 북한주민은 세계시민의 품격을 갖추도록 인내를 가지고 지원하여야 한다고 생각한다. 그러한 노력의 과정이 바로 발표자의 사랑의 자연법의 실천이라 생각한다. 그것이 바로 북한과 북한주민에 대한 사랑이라 생각한다. 또한 그것이 바로 사해동포주의 실현이다.

Ⅴ. 북한토지의 북한주민에게의 귀속원칙의 확립과 실현: 북한토지의 정리를 위한 토지이용권 활용방안의 강구

북한주민에게는 통일의 중요성과 인간성의 회복 및 북한주민의 생활의 안정을 이해시키고 그러한 방향으로 통일을 추진할 것임을 지속적으로 북한주민에게 알림이 필요하다고 생각한다. 북한주민에게 통일의 불안을 해

소할 수 있는 가장 중요한 내용이 바로 북한주민의 삶의 기초인 북한토지를 북한주민에게 귀속시키는 일일 것이다.

북한의 토지는 근본적으로 북한주민에게 귀속시켜야한다. 그렇게 하여야 북한주민들의 생활안정과 함께 변화를 이끌어낼 수 있다고 생각한다. 통일이 북한주민의 인간다운 삶을 위한 최선의 길임을 알려야 한다고 생각한다. 그 방법으로 가장 중요한 것이 북한의 토지는 북한주민의 소유에 이르도록 하겠다는 것을 명백히 하는 일이라 생각한다.

북한주민에게로 북한토지를 귀속시키는 일은, 그 첫 단계로 북한주민에게 지금 외국투자개인과 외국투자기업에 인정하고 있는 토지이용권을 북한주민에게도 인정하여, 북한주님들이 통일 후는 물론 통일 전에라도 현재의 위치에서 토지에 대한 자기 권리를 가지고 안정적인 삶을 살 수 있도록 하여야 한다고 생각한다.

그리고 북한의 토지개혁과 그 사회화의 추진에 의하여 무상으로 몰수되어 사회주의소유로 전환된 토지도 북한주민에게 귀속토록 하여야 한다고 생각한다. 북한의 토지는 북한주민이 현재 이용하고 있는 토지에 대한 불법적인 이용을 적법한 점유권으로 전환하여 북한주민이 현재 이용하고 있는 토지를 계속해서 합법적으로 장기간 이용하고 당해 토지에 대한 북한주민이 이용하고 있는 토지로부터의 수확물의 일정부분으로 장기간에 걸쳐서 토지대금을 분할납부하도록 하여 궁극적으로는 소유권을 취득할 수 있도록 하여야 하며, 몰수를 당한 원소유자 및 그 상속인들은 북한주민에 대한 아가페 사랑으로 몰수당한 토지의 소유권의 원상회복을 포기하거나, 원상회복은 청구하지 못하고 금전에 의해 보상을 받도록 하되 그 금전보상도 명목적인 보상으로 종결하도록 함이 바람직하다고 생각한다.

그렇게 할 수 있는 것은 통일 후의 통일한국의 입법에 의해서 가능하다고 할 수 있을 것이라 생각을 할 수도 있지만, 그렇게 법적으로만 처리하고자 하면 국민의 재산권의 본질적 내용을 침해해서는 아니된다는 헌법의 대원칙(헌법 제37조 제2항)에 반하여, 비록 입법적으로 해결을 하고자 하지만 당해 입법이 위헌시비(違憲是非)를 벗어날 수 없게 된다.

따라서 통일 후의 북한의 불법적인 몰수토지의 처리는 사랑으로 해결함이 가장 이상적이라 생각한다. 그 사랑은 바로 북한주민을 위한 아가페 사랑이다. 아가페 사랑으로 몰수토지의 통일 후의 처리를 시도함이 자연법에 의한 해결이며, 원소유자와 그 상속인 및 국민들의 이해와 마음으로부터의 동의를 얻어 해결할 수 있다고 생각한다. 통일 후의 통일 대한민국은 원소유자 및 그 상속인들의 몰수토지에 대한 소유권의 포기를 아가페 사랑으로 동의해 줄 것을 요청하고, 원상회복은 허용하지 아니하며 금전보상을 한다고 하더라도 북한주민이 합법적인 점유권을 갖고 이용하고 있는 토지로부터 얻게 되는 수확물의 일정부분을 국가가 수령하고 그 국가수익의 범위내에서 명목적인 수준으로 원소유자에게 보상을 해 줌으로써 북한주민은 당해 토지의 소유권을 취득하게 되고, 몰수당한 원소유자에게는 몰수토지의 소유권에 대한 법적처리를 종결짓는 방안을 강구하면, 통일한국의 국가의 별도의 재정지출없이 몰수토지에 대한 원소유자와 그 상속인의 소유권의 소멸 및 북한주민의 토지소유권의 취득으로 남북주민 상호간의 아가페 사랑을 실천하는 길이 될 것으로 생각한다.

그리하여 북한의 몰수토지의 통일 후의 처리에 관하여는 사랑의 자연법으로 처리함이 바람직하며 가장 설득력이 있다고 생각된다. 이러한 사랑의 자연법을 통일 후의 통일 한국에 실정법으로 입법하여 처리함도 실현가능한 이상적인 방법이라 생각한다.

이와같이 사랑으로 북한의 몰수토지를 처리하자는 주장은 이미 기독교 사회운동으로 주장되고 있다. 기독교 사회운동으로 주장되는 몰수토지에 대한 처리 방안은 기독교인인 실향민들이 북한에서 몰수당하거나 남기고 온 재산에 대한 포기운동으로 주장되고 있다.[6] 이는 실향민인 기독교인들을 향한 호소이다. 그러나 이러한 기독교 실향민들의 북한에 남겨두고 온 재산의 포기운동은 국민 모두에게로 확대되어야 할 것으로 생각하며, 이는 바로 아가페 사랑의 실천이며, 사랑의 자연법에 의한 북한의 몰수토지의

---

6) 이에 관한 자세한 내용에 관하여는, 정종훈, 기독교 사회운동 어떻게 할 것인가? (한국장로교출판사, 2006), 95~121면 참조.

법적처리라 생각한다. 통일 후의 북한토지의 처리를 전적으로 법적인 측면에서만 논할 수 있는 문제인가, 아니면 법적인 차원을 넘어선 원소유자와 그 상속인들의 북한주민에 대한 아가페 사랑으로 해결해야할 것인가에 관하여, 통일 후에 북한주민들이 현재의 삶을 꾸려나가고 있는 기초를 상실하지 않고 유지할 수 있도록 하는 것이 최우선 과제라 생각한다. 발표자는 통일은 남북한주민 모두가 더 평화롭고 더 풍요로운 삶을 살 수 있기 위한 국가적 및 역사적 과제의 관점에서 통일 후의 북한토지를 처리하도록 하여야 한다고 생각한다. 그리하여 통일 후의 북한토지의 처리에 있어서는 현재의 북한 주민의 생활을 계속할 수 있도록 보장하고 보호하는 방안을 찾고 원소유자 및 그 상속인들의 이해를 구하는 일부터 하여야 한다고 생각한다. 통일로, 불법으로 몰수된 북한토지를 이용하고 있는 북한주민은 삶의 터전을 잃고 원소유자와 그 상속인들은 토지를 원상회복하여 부를 누리도록 하는 것은 법적인 관점에서는 정당성이 있다고 할 수도 있지만, 그것은 통일의 목적도 아니며 통일의 이상도 아니다.

참고로 독일도 통일 후에 독일기본법에 따라서 구동독의 몰수토지에 대하여 원소유자에게로의 원상회복을 입법을 하여 원소유자들로부터 몰수토지의 원상회복신고까지 받았다. 그러나 구동독의 몰수토지에 대한 신고가 되어 있는 토지에 대해서는 당해 토지의 개발을 위한 투자를 유치할 수 없었다. 왜냐하면 원상회복신고가 이루어진 토지를 개발업자가 개발을 위하여 투자를 하고자 하여도, 나중에 소유권의 원상회복이 결정되면 개발업자는 당해 토지를 원소유자에게 반환하여야 하였기 때문에 개발업자가 개발투자를 하지 않았다. 그리하여 통일 독일정부는 몰수토지에 대하여 원상회원의 원칙에서 금전보상의 원칙으로 전환을 하였으며, 금전보상에 있어서도 보상금이 많으면 많을수록 감액을 많이 하여 사실상 명목적 보상에 그쳤다. 금전보상도 현금으로 즉시 보상하지 아니하고 보상채권(補償債券)으로 지급하고, 그 보상채권의 상환기간도 10년으로 장기화하여 원소유자가 실질적으로 보상받게 되는 금액은 실거래가에 크게 미치지 못하였다. 이와 같이 독일에는 원상회복의 경우와 금전보상의 경우의 불평등의 문제가 발생하고 원상회복청구기간 및 보상청구기간을 단기간으로 하여 원소유자의 재산권 행사를 제한한 결과로 위헌문제가 발생하게 되었으나, 독일연방헌법재판소는 모두 합헌으로 판결하여 구동독의 몰수토지에 대한 법적인 처리를 신속하게 그리고 과도한 국가의 재정부담없이 처리하였다. 통일독일이 취한 구동독의 몰수재산처리도 법률에 의하여 이루어졌지만, 그 근저에는 구동독민들에 대한 원소유자들의 아가페 사랑이 이를 뒷받침하였다고 평가된다.

그리고 통일독일은 구동독의 사회주의토지의 사유화를 위한 일에 있어서, 행정부는 사유화를 위한 법안을 신속히 마련하고, 의회는 그러한 법안을 신속히 통과시켜 시행하도록 하였으며, 헌법재판소는 그러한 법률에 대한 위헌시비에 대하여 이론(理論)만에 의해서만이 아니라, 실질적인 통일의 완성을 위해 전부 합헌으로 판결하였다. 또한 그러한 법률은 그 효력기간을 단기로 하여 통일의 완성에 기여하도록 하였다.

Ⅵ. 북한을 향한 기도

북한법 연구의 목적은 사회주의 북한법 이해만에 있는 것이 아니라, 북한 사회주의법의 점진적인 변화와 궁극에는 인류보편의 가치를 담아 이를 실현하는 법으로 전환해 나가도록 함에 있다고 생각한다. 이를 위해 북한법 연구도 북한의 변화의 방향과 변화의 내용을 제시하는 방향으로 진행되어야할 것으로 생각한다. 이러한 북한법에서의 변화가 있기 위해서는 북한내의 모든 부문의 변화가 선행되어야 가능함은 자명의 일이다.

발표자의 생각으로는, 사회주의 북한은 정상국가라고 할 수 없다. 또한 북한의 변화를 위한 남한의 시도도 북한핵의 위협하에서는 무력해질 수 밖에 없다. 그러나 북한도 변화할 수 밖에 없다고 생각한다. 북한의 변화에 대하여 희망을 갖고 인내로 접근하고 나아가야 한다고 생각한다.

북한의 변화를 위한 소망 중에서도, 북한주민들을 세계시민으로 나오게 하는 일이 가장 중요한 일이라 생각한다. 북한의 변화는 북한 주민 스스로 변화를 추구하여야 성공할 수 있다고 생각한다. 그 일을 위해서 북한주민들로 하여금 북한주민 개개인이 신(神)의 형상을 따라서 창조된 고귀하고 존엄한 인격체임을 자각하도록 하고, 북한주민들이 세계속에서 자유와 평화를 누리면서 인간존엄의 가치를 향유할 수 있도록 지원하여야 한다고 생각한다. 그러나 폐쇄적인 북한에서 그 일이 지난(至難)의 일임을 알고 있지만, 북한주민을 깨우는 일을 하여야 한다는 것도 또한 자명의 진리라 생각한다. 그 일을 위해 우리는 북한주민을 살려야 한다고 생각한다. 남북한주민 모두가 다같이 신의 형상을 닮은 인간임을 서로 깨우쳐 나가며, 신의 형상의 회복을 위한 노력을 해 나가야한다고 생각한다.

첨언하면, 북한주민들도 모두가 하나님이 자신의 형상을 따라서 창조한 하나님 형상을 닮은 사람이다. 남한의 주민들과 마찬가지로 하나님의 형상으로 창조된 피조물이다. 다만 정치적인 이유로 북한주민은 그들 스스로 하나님의 형상을 따라서 창조된 피조물임을 부인당하고 있다. 그러나 북한주민도 하나님의 형상을 가진 존엄한 인격적 존재이다. 그들 스스로 하나님의 형상을 입은 존엄한 존재임을 인식하여야 한다. 남한의 주민은 북한 주민에게 그들 스스로가 존엄한 인격적 존재임을 깨닫도록 일깨어 주어야 한다고 생각한다. 남북한의 일은 결코 남한이 북한을 지배하기 위한 것에 있지 않음을 일깨워주어야 하며, 통일과 통일 후의 안정되고 평화로운 통일한국의 건설은 바로 아가페 사랑의 실천임을 깨닫고 이해시켜야 한다고 생각한다. 통일을 위한 관련법들도 사랑의 자연법이어야 하며, 그 사랑의 자연법의 실정법으로의 제정에 의해 실천해 나가야 한다고 생각한다. 아가페 사랑의 이해와 실천을 위해 남북한 주민 모두가 나서야 한다고 생각한다.

북한의 변화를 추진하면서, 동시에 우리는 더 사랑의 품격을 갖춘 한국인으로 성숙해 나가고, 통일과 북한법연구회도 북한의 변화를 위한 노력과 남한 주민의 품격과 남한의 국격을 높이도록 법적 뒷받침을 해 나가야할 것으로 생각한다. 그것이 진정한 통일을 위한 길이고 통일 후의 평화롭고 풍요로운 품격있는 세계 속의 한국이라 생각한다.

그리고 급변사태에 신속히 대처하기 위해서, 단기간에 성안하여 시행하여야할 필요가 있는 법안들을 미리미리 준비해 두어야 할 것으로 생각한다. 이는 통일부가 주도하여 준비함이 마땅하다.

<통일과 북한법 연구회 창립 30년주년 기념 공동학술대회 기조연설, 2023. 12. 28.>

[저자 약력]

金 相 容

서울大學校 法科大學 法學科 卒業(法學士)
檀國大學校 大學院 法學科 卒業(法學碩士)
서울大學校 大學院 法學科 卒業(法學博士)
忠北大學校 社會科學大學 法學科 助敎授
漢陽大學校 法科大學 敎授
延世大學校 法科大學 敎授
延世大學校 法學專門大學院 敎授
韓國土地法學會 會長
韓國民事法學會 會長
韓獨法律學會 會長
韓國法制硏究院 諮問委員
법무부 법무자문위원회 민법(재산법)개정특별분과위원회 위원
법무부 법무자문위원회 신탁법개정 특별분과위원회 위원장
법무부 법무자문위원회 남북주민 사이의 가족관계와 상속 등에 관한 특례법 제정 특별분과위원회 위원장
법무부 법무자문위원회 남북법령연구특별분과위원회 위원장
獨逸 Hamburg 소재 막스 플랑크 외국사법 및 국제사법 연구소에서 比較私法 硏究
독일 Frankfurt/M 소재, 막스 플랑크 유럽法史硏究所(Max−Planck−Institut für Europäische Rechtsgeschichte)에서 法史學 硏究
獨逸 Trier 大學校에서 社會主義法과 社會主義的 所有財産의 私有化 硏究
독일 Köln 大學校의 住宅法 및 住宅經濟硏究所(Institut für Wohnungsrecht und Wohnungswirtschaft an der Universität zu Köln)에서 舊東獨住宅再建에 관한 硏究
독일 München 대학교 舊約學神學大學(Katholisch−Theologische Fakultät)에서 교회법과 자연법 연구
美國 School of Law(Boalt Hall), University of California, Berkeley에서 英美私法 硏究
일본 동경, 와세다대학에서 근저당권에 관한 비교연구
日本 교토(京都)의 同志社大學에서 法과 聖書에서의 正義에 관한 연구
中華民國(臺灣) 土地改革訓練所에서 土地思想 硏究
Hong Kong 中文大學校 소재, IASACT(Institute for Advanced Study in Asian Cultures and Theologies)에서 아시아문화와 신학에 관한 연구
中国 山東省 済南, 山東大学에서 中国 土地使用權 終了 時의 法的處理 問題 연구
연세대학교 우수업적교수상 수상
한국토지법학회 학술상 수상
독일, 훔볼트學術賞(Humboldt-Forschungspreis) 受賞
옥조근정훈장 수훈

현, 대한민국학술원 회원
연세대학교 명예교수

[주요 저서]

민법총칙, 제4판, 전경운 증보, 화산미디어, 2018
물권법, 제4판, 화산미디어, 2018
채권총론, 제3판, 화산미디어, 2016
채권각론, 제4판, 화산미디어, 2019
민법개론, 화산미디어, 2015(공저)
民法思想史: 법과 성서와 역사 연구소 연구 시리즈 제1권, 피앤씨미디어, 2016
西洋法史와 法政策, 피앤씨미디어, 2014
韓國法史와 法政策, 피앤씨미디어, 2014
한국민사법의 발전적 변화(1960~2023); 한글과 영문 합본, 화산미디어, 2024
自然法論과 法政策, 피앤씨미디어, 2015
(법정책 방향으로서의) 정의와 사랑: 법과 성서와 역사 연구소 연구 시리즈 제5권, 피앤씨미디어, 2019
자연법, 화산미디어, 2023
比較契約法, 法英社, 2002
不法行爲法, 法文社, 1997
民事判例評釋(1), 法元社, 1995
民事法研究(2), 法元社, 1997
民事法研究(3), 法元社, 2000
民事法研究(4), 法元社, 2000
民事法研究(5), 法元社, 2004
民事法研究(6), 法元社, 2007
民事法研究(7), 法元社, 2010
民事法研究(8), 法元社, 2013
민사법연구(9), 피앤씨미디어, 2015
민사법연구(10), 화산미디어, 2017
자연법적 민법을 위한 제언: 민사법연구(11), 화산미디어, 2022
참회와 속죄, 피앤씨미디어, 2023
土地正義論: 법과 성서와 역사 연구소 연구 시리즈 제2권, 피앤씨미디어, 2017
土地所有權 法思想: 大宇學術叢書, 人文社會科學 87, 民音社, 1995
土地法, 鄭愚衡 增補, 法元社, 2004
비교동산담보법, 법원사, 2011
根抵當權比較研究, 화산미디어, 2013
美國不動產法論, 三知院, 1986
不動產去來의 公證과 不動產登記의 公信力 研究, 法元社, 2008
不動產擔保法(改訂版), 법원사, 1996
바다와의 대화: 함부르크에서 홍콩까지의 항해(여행기), 법원사, 2001

삶 속에서의 신앙고백

초판발행 2024년 8월 30일

지은이 김상용
펴낸이 박노일

총괄기획 최준규
편 집 이상민

펴낸곳 피앤씨미디어
경기도 고양시 일산동구 강송로 153 310-1501
등록 제396-2012-000203호
전 화 070)7550-3758 팩 스 02)6280-3758
홈페이지 www.pncmedia.co.kr 이메일 pnc@pncmedia.co.kr
ISBN 979-11-5730-950-4 03230

정 가 50,000원